源氏物語論

源氏物語論

藤井貞和著

岩波書店

凡　例

一　『源氏物語』の引用本文は〝新日本古典文学大系〟(新大系、全五冊、岩波書店)をもってする。これの底本には古代学協会蔵、飛鳥井雅康等筆本五十三冊(いわゆる大島本)が用いられ、浮舟の巻のみは東海大学付属図書館蔵の明融本によって充てられる。たとえば五‐一二三ページとあるのは新大系第五分冊の一二三ページを表示する。
新大系の『源氏物語』は本文の様態がかなりの精度でたどれるように工夫されている。すなわち漢字を宛てる場合はもとのかなを読み仮名(振り仮名)にしてのこしてある。原漢字に読み仮名をあたえる際には(　)にいれてある。当て字はすべて原文を踏襲する。仮名遣い、送り仮名も原文通りで、歴史的仮名遣いは適宜、(　)で傍記する。句読点をいれ、会話文には「　」がほどこされる。

一　和歌や歌謡の表記については句読点「。」「、」をほどこす。さらに新たに「―」を採用する。「―」は語勢がしたへかかってゆく感じをあらわす一種の句読点で、多く枕詞や序詞、比喩的表現、係助詞のあと、強調などのあとに置かれる。

一　現代語訳を多くの引用本文のあとに〔　〕を付して掲出する。忠実な現代語訳の場合は過不足ない訳出をめざす。(　)は付加を、(―　)は言い換えをあらわす。しかし漢文の現代語訳などでは意訳や踏みこんだ解釈文も多い。この〔現代語訳〕によって本書の著者としての読みを提出する。本文は新大系であるから、それと本書の〔現代語訳〕とを比較して、句読点の相違などが見られる場合はその理由による。

一　『源氏物語』以外の古文や漢文などの引用本文は手元にある信頼できる翻刻や校注本をもってし、漢字や仮名遣いなどは適宜あらため、また書きくだし文をもってすることもある。

一『源氏物語』関係の略称は、『源氏物語大成』→大成、『日本古典文学全集』(小学館)→全集、『新編日本古典文学全集』(同)→新編全集、『日本古典文学大系』(岩波書店)→旧大系、角川文庫『源氏物語』(全十冊、玉上琢彌)→角川文庫、など。

一各節のもとをなす論文は今回、初出のそれに大きく手をいれて、論旨の一貫性と内容の重複がないことを心がけた。しかし論をすすめるうえでの避けられない繰り返しや、初出の状態をいくぶんか残存させてあるところもあって、完全に統一したとは言いがたい。初出一覧を参照されたい。

一「 」は引用を、《 》や〝 〟は思い入れや強調を示すものの、厳密でない。

一翻訳による英文論稿は二種からなる。

① Genji Monogatari as Myth (translated by Michael Kelsey)

② The Essence of Genji Monogatari (translated by Janet Goff)

①は元原稿を Michael Kelsey 氏が英訳した。そのあと、邦文原稿が著書『日本〈小説〉原始』で改稿された経緯もあり、今回、Janet Goff 氏に依頼して、その改稿を参照しながら英文を整定する。全体の構成や内容はすべて元原稿に拠るので、本書第五章第四節「神話としての源氏物語」とは大きく相違する。

②は “iichiko intercultural” (1991, no. 3) のために書かれた邦文原稿の翻訳で、やはり今回 Goff 氏による検討の手をへてある。本書第三章第一節「もう一つの王朝の実現」とは成立の経過をことにするので、字句などが一致しない。

①②ともに、『源氏物語』の引用部分の確認に力を注いでいただいた。Goff 氏、Kelsey 氏の両度にわたる厚誼にたいし謝意を申し上げる。

目　次

第五章 物語と神話——夕顔／玉鬘

目　次

第九章　赤い糸と家を織る糸

第一章　和歌の力

第一節　歌人浮舟の成長——物語における和歌

一　作歌という方法

作り物語(『竹取物語』『落窪』『うつほ』『源氏物語』、……)のなかに見いだされる、おびただしい数量の和歌は、ほぼすべて、物語歌と称される。贈答歌などの生活和歌や、いわゆる創作歌とはちがう。故事をともなう伝承歌ともちがうし、『大和物語』のような歌語りの世界ともことなる。物語歌は作品のなかに創りだされてある作中人物が場面や状況にあわせて詠み、あるいは詠むことによって場面や状況を切りひらいてゆく、物語創作上の重要な道具、方法としてある。

物語歌は、作品の内部での、作中人物たちの和歌生活を彩る中心の場面や状況に置かれる。作中人物は作品のなかで、うたの贈答などの和歌生活をいとなむ。また作り物語は創作であるから、作中の和歌は作者にとって一種の創作歌の意義を持つことが考えられる。作り物語のなかの和歌として、歌語りの伝統を引きずり、それの方法化によってもたらされる一面のあることも否定することができない。そうしてみれば物語歌は、生活和歌の描写としても読むことができ、創作歌でもあり、伝承歌や歌語りとしての考察もまた可能である、という多面的な考察の視野をあたえることになる。

一般に和歌は、それを詠む歌人の個性がついてはなれない。たとえば和泉式部のうたには和泉式部のうたらしさがつきまとう。ああ、これは和泉式部のうただ、と感じさせる何かを消し去った和歌の鑑賞は困難だと思う。和歌表現の研究は歌人研究の色彩を帯びざるをえないのではなかろうか。

物語歌においても、すぐれた作り物語の場合、ある作中人物のうたは、その人物の詠み方の特徴が考慮されており、その特徴を生かして人物に作歌させることによって、歌人としての作中人物像を作品のなかに定着させる、という技巧がこらされていないかどうか。和歌がそれを詠む歌人のひとがらをあらわすからには、物語作者として、和歌を利用して人物を性格づけるという技巧を試みるのではないか。

作中人物を、すぐれた歌人と、そうでない人物とに描きわけるために、すぐれた歌人にはすぐれた作歌を、そうでない人物には凡庸な作歌をあたえる、などの描きわけは、物語作者の苦心して取りくむことがらとしてあろう。また、痛切な体験があるときには凡庸な人物でも秀歌をのこすであろうし、気分がのらなければすぐれた詠み手なのに駄作に甘んじる、ということは現実の和歌生活上にいくらもあろう。それと同じことが、物語作品のなかで、意識的に作者によって試みられると想像される。

かつて私は『源氏物語』の作中人物である明石の君を、作者によってすぐれた歌人として設定されてきた人物であると推定して、一文を草したことがあった(1)。今回はすこし視点をかえて、人物の性格づけとしての和歌の方法ということを、おなじく『源氏物語』の作中人物である浮舟の作歌に考察する。歌人としての浮舟の存在は、数量から見ると二十六首あり、作中人物の第四位にある。第一位光源氏の二百二十一首、第二位薫の五十七首、第三位夕霧の三十九首につぐ。そのことは女性歌人で見ると、紫上の二十三首を抜き、明石の君の二十二首を抜き、何とトップにある。注目しないわけにゆかない。しかし浮舟をはたしてすぐれた歌人であると見なしてよいかどうかということになると、二の足を踏んでしまう。

(浮舟の贈歌、母へ《手紙のうちに》)

1 ひたふるに、うれしからまし。世の中にあらぬ所と、思はましかば　(東屋の巻、五-一七一ページ)

(同、贈歌、中の君へ)

2 まだふりぬ物には―あれど、君《きみ》がため、深《ふか》き心にまつ、と知《し》らなん　(浮舟の巻、五-一九五ページ)

(同、返歌、匂宮へ)

3 心をば―嘆《なげ》かざらまし。命《いのち》のみ、さだめなき世《よ》と、思《おも》はましかば　(五-二一〇ページ)

(同、返歌、匂宮へ)

4 涙《なみだ》をも―ほどなき袖《そで》に、せきかねて、いかに別《わか》れをとゞむべき身《み》ぞ　(五-二一二ページ)

(同、返歌、薫へ)

5 絶《た》え間《ま》のみ、世《よ》には―あやうき(ふ)宇《う》治《ぢ》橋《はし》を、朽《く》ちせぬものと、猶(なほ)たのめとや　(五-二一九ページ)

浮舟の作歌を物語に出てくる順序に五首ほどならべてみる。これらのうたどものうちに秀歌であると言えるのがあるか、むしろ多くは拙劣としか言いようのない歌群である、と言いたいきもちを抑えることができない。しかし『源氏物語』の作者、ひいては当時の読者の評価をわれわれはさきに知りたいのであって、現代人としての評価をくだすのはそのあとでなければならない。これらのうたのうちの何首かはたしかに作者によって拙劣な作歌として設定されてあるとしても、しかしどんな根拠によってそれが言えるのか。特異な調子のうたどもであることだけはたしからしく思われる。

二　手習の巻のうたから

（浮舟《独詠（書く）》）

26尼衣《あま》、かはれる身にや―ありし世《よ》のかたみに、袖を、かけてしのばん　（手習の巻、五-三八一ページ）

（同、《独詠》）

25袖ふれし人こそ―見《み》えね。花の香の、それか―とにほふ春の明《（あけ）》ぼの　（五-三七八ページ）

（同、返歌、妹尼へ）

24雪ふかき野辺《べ》の若菜《わかな》も―今よりは―君がためにぞ―年も―つむべき　（五-三七七ページ）

（同、《独詠（手習）》）

23かきくらす野山の雪を、ながめても―ふりにしことぞ―けふも―かなしき　（同）

（同、手習うたを中将への答歌にしたてる）

22心こそ―うき世の岸を、はなるれど、行《（ゆく）》ゑ《（へ）》も―知《し》らぬ、あまのうき木を　（五-三六八ページ）

浮舟の作歌二十六首のうち、物語のなかの順序で、あとのほうから五首、書きだしてみることにした。一読して、不安定な感じのない、歌意の伝わってくる作歌がここに三首はある。25歌、24歌、および23歌がそれらで、そのうち24歌と23歌とにはやや瑕瑾があるといえるかもしれない。しかし大体は歌意をすなおに伝えてくるし、すがたもわるくない。25歌と24歌とにはもとになる引き歌があったといわれる。

（『古今和歌集』春上）

色よりも―香こそ―あはれと思ほゆれ。たが袖ふれし宿の梅ぞ―も　（詠み人知らず、一-三三歌）

（同）

君がため、春の野にいでて、若菜つむ。わが衣手に雪は—ふりつつ　（仁和帝《光孝天皇》の皇子の時、一‐二一歌）

『源氏物語引歌索引』（伊井春樹編）によると、いずれも近代以降指摘された元歌で、疑問はない。『古今和歌集』に元歌のある作歌が、すがたのよい、すなおなひびきをもつ、という『源氏物語』歌についての実感はたれしも抱くことだろう。ここでもそれがたしかめられる。

25歌「袖ふれし人こそ—見《み》えね。花の香の、それか—とにほふ春の明《あけ》ぼの」について、古来「それ」と言い、「袖ふれし人」とあるのはだれか、注釈でも薫（旧大系）、匂宮（新大系）と分かれる。一首の歌意には不明なところがない。夜明けの勤行に紅梅の匂いのしてきて、その人かと心のうごく、悟りがたい出家後の浮舟がそこにいる。恋しい人といえば匂宮のことだと判断してよいかというと、ここばかりはそうとも言い切れないのが、意見の分かれてきた理由としてある。出家前にすでに匂宮のことを「こよなく飽《あ》きにたる心《ここ》ちす」（手習の巻、五‐三六一ページ）と言い、出家後にも「心《こゝろ》うしと思《おもひ》はてにたれど」（五‐三七七ページ）とある。これを口ずさんだのか、手習にしたのか。むろん手習うたにしたのであろう。書くことが心を覗かせる。すなおな手習がこれをよいうたにする。

24歌は妹尼との贈答で、瑕瑾は、

雪ふかき野辺《べ》の若菜《わかな》も—今よりは—君がためにぞ—年も—つむべき

（浮舟）

の「も」「も」にあらわれる。「年もつむべき」の意味がとりにくいのか、現代の注釈は、たとえば「……今後は、あなたのためにと、いつまでも摘みましょう」（角川文庫、現代語訳）とするのもあれば、「……私も、あなたのために年を重ねて長らえもいたしましょう」（全集の口語訳）と理解するのもある。これは全集の解釈（旧大系もほぼおなじ）でよいので、言わんとする内容が短歌の定型からすこしはみだしてくる。「あなたのために摘む」「自分も長らえて年を積む」を一語句にする技巧にやや無理があるのか、「も」「も」のかさなるちいさな瑕瑾となってあらわれた。

23歌も「も」「も」をかさねるところがあって、うたの位をすこし低くする。

(浮舟)

かきくらす野山の雪を、ながめても——ふりにしことぞ——けふも——かなしき

もしこう言ってよければ、「も」をくりかえすのは口語的(話しことば的)な調子としてあろう。[2] 手習うたは浮舟の自己との対話としてある。だれに見せることでもない、勤行のひまの、自己慰安としての。和歌は技巧の世界のことであるにしろ、技巧のうえに技巧をかさねてどうなるものでもない。「も」の多用がこの作歌を軽くするのは、たくまざるこのうたの口語性、手習のそれであることをあらわしていよう。「ふりにしこと」とは匂宮とのあったこと。過去として回想されるのであり、現在をおそってくるような動揺はない。その点は25歌と同じで、歌意をとりちがえようのないうたとしてある。

それにたいして26歌はどうだろうか。浮舟そのひとの一周忌のための女の装束を、みずから裁ち縫いするとは、はげしい動揺におそわれざるをえないではないか。しかもその法要を薫の君が主宰する、それの料としての女の装束であった。わが身は墨染めの衣裳をまとっていまある。手習に26歌を書きつける、これが物語のなかでの浮舟のさいごのうたとなる。

(浮舟)

尼衣《あま》、かはれる身にや——ありし世《よ》のかたみに、袖を、かけてしのばん

これは歌意をぴたりとおさえることがむずかしい。旧大系と全集とを較べても、まるで意味を別様に解釈する。

（旧大系）尼の衣（姿）に変った私の身に、俗体であった昔の時代の形見として、桜の花模様の花やかな衣裳（小袿）を掛（つ）けて、昔を（心に掛けて）思出そうと思う。〔頭注〕

（全集）尼衣の姿に変わりはてたこの身に、いまさら在俗のころの形見としてこのはなやかな袖をうちかけて昔をしのぶことがあろうか。〔口語訳〕

うたの呼吸も乱れているのではなかろうか。「尼《あま》衣、かはれる身にや」の「や」のいきおいがよくつかめない。反語的な用法なのだろうか。それにしては文末「かけてしのばん」とはなれすぎる。軽い疑問形のようにとられる。「尼《あま》衣、かはれる身にや……の……を」ぐらいの、「を」音が欲しいところなのに、「かたみに」がはいって「袖を」がそのあとに来る。どうにも音のひびきの不協和な感じが落ち着かない[3]。

上二句は尼装束に変わりはててある身の意味であろう。隠れたこのような「に」もひびいてくる。「尼《あま》衣」といえば、〝雨衣〟と懸けるのかと思うと、そうでもなく[4]、海人《あま》の着る衣の意味ならば袖をぬらして泣くという感じがこもる。しかし上二句と下三句とのかかわりが、わかるようでわからない。ただわかるのは浮舟のはげしい心の動揺だろう。いや、作歌から直接、動揺が見てとれるのでなく、心の動揺に見舞われているはずの場面に、首尾のさだかでないこのうたが置かれる。

22歌もまた不思議な音のひびきを持つ。一首のいきおいにもつかみがたい感触がある。こういう作歌をまえにして、私どもが何となくこれをよい作品であるように心え、わかったようなつもりになって読みすすめるのは、それでよいのだろうか。

（浮舟）
心こそ—うき世の岸を、はなるれど、行《ゆく》ゑ《へ》も—知《し》らぬ、あまのうき木をまえの「を」は対象格を提示する「を」、あとの「を」は万感をそこに込めておさめたつもりの「を」であろう。いってみれば間投助詞の「を」であるとして、『源氏物語』の七百九十五首のうたどもをあらかた読みすすめてきた読者が、この「あまのうき木を」の「を」に出会うとき、こんな「を」をここまでに見なかったのではないか、とほとんど思う。もちろん「を」を歌末に持つ作歌はたくさんあるにしろ、大部分、対象格を提示する「を」を倒置的に文末にした抒情の方法としてある。

（光源氏）
かざしける心《こゝろ》ぞ―あだに思《おも》ほゆる。八十氏人《やそうぢびと》になべてあふひを　（葵の巻、一―二九九ページ）
浅《あさ》みにや―人は―下《お》り立《た》つ。わが方《かた》は―身も―そぼつまで、深《ふか》き恋ぢを　（一―三〇三ページ）
命こそ―絶《た》ゆとも絶《た》えめ。さだめなき世《よ》の常《つね》ならぬ中の契《ちぎり》を　（若菜上の巻、三―二四一ページ）

また、

（光源氏）
伊勢人の、浪のうへこぐ、小舟《をぶね》にも―うきめは―刈《か》らで、乗《の》らましものを　（須磨の巻、二―二九ページ）

のような用法にも疑問はない。

（雲居雁）
人の世《よ》のうきをあはれと、見《み》しかども、身《み》にかへんとは―思《おも》はざりしを　（夕霧の巻、四―一五五ページ）

（紫上）
消《き》えとまるほどやは―経《ふ》べき。たまさかに、はちすの露《つゆ》の、かゝる許《ばかり》を　（若菜下の巻、三―三七八ページ）

（木工の君）

ともーかくもー岩間《いはま》の水の結《むす》ぼほれ、かけとむべくもー思《おも》ほえぬ世《よ》を　（真木柱の巻、三-一二八ページ）

とならべると、浮舟の「あまのうき木を」のうたは木工の君の作歌に一番近いといえば近い。木工の君の作歌はしかし「……を……を」のようなきびしい律動を持たない。ひとり浮舟のこの作歌のみ屹立することを知らされる。

心は憂き世の岸をはなれるけれども行くえも知らないあま（海人、尼）の浮き木デアルコトヨ

「を」はデアルコトヨとでもしなければ、おさまりがつかない。何が、という提示はない。むろん、浮舟が、であるのに、その提示はなく、ただひたすら述部としてある。しかもその述部こそ浮舟の意味をあらわす。そして中将という男に贈るうたであるとはいえ、手習うたとしてある。ここにおいて物語の書き手は、この一首をもって浮舟の主題を込めたのだと見るべく、この特異な歌調は浮舟という歌人の特質をそこにあらわそうとする創作の苦心の結果であると推測しないわけにゆかない。

三　歌人の出発

手習の君ともいわれた浮舟の作歌を五首ほど、みぎは、手習の巻のあとのほうから順次、取りだしてみた。この五首を見ただけでも、ある浮舟らしさ、とでもいうべき性格がうかがわれる。これは物語歌であるから、浮舟という女性が実在して作歌を試みるというのとちがう。物語の書き手が、浮舟には浮舟らしいうたを、という配慮によってもたらされたと理解される。これらの五首が秀歌であるか、拙劣歌であるかの判断はまだできない。それにたいするのに、冒頭にあげた浮舟初期の和歌群はどうであろうか。

（浮舟）

1 ひたふるに、うれしからまし。世の中にあらぬ所と、思はましかば

これにつづいて、「お《(を)》さなげに言《い》ひたる」(五‐一七一ページ)とはっきり書かれるから、これを拙劣歌と感じるわれわれの感覚に、まずまちがいはないと思う。幼げに言う、とは言い方もさることながら、うたの内容をもさしていよう。「ひたふるに」という起こし方は雅趣に欠けるし、「……まし……ましかば」は3歌にも同型のそれを使用するから、目もあてられない。

(同)

3 心をば—嘆《なげ》かざらまし。命《いのち》のみ、さだめなき世《よ》と、思《おも》はましかば

『源氏物語』の七百九十五首には「……ば……まし」「……ずは……まし」のかたちをとる作歌がたくさんある。「……ましかば……まし」のかたちも、

(光源氏)

下《した》露に、なびかましかば、をみなへし、あらき風《かぜ》には—しほ《(を)》れざらまし　(野分の巻、三‐四九ページ)

(藤壺中宮)

おほかたに、花のすがたを見《み》ましかば、露も—心のおかれましやは　(花宴の巻、一‐二七五ページ)

(宇治大い君)

君がお《(を)》る峰《みね》の蕨《わらび》と、見《み》ましかば、知《し》られや—せまし、春のしるしも　(椎本の巻、四‐三七二ページ)

というのがある。これらには難を感じない。しかるに浮舟の1歌と3歌とは、この「ましかば」と「まし」とを倒置して、奇妙な律動にしたてる。

(宇治中の君)

奥《おく》山の、松葉につもる雪とだに、消《き》えにし人を思はましかば　(四‐三六六ページ)

（大輔の君）

あり経《ふ》れば、うれしき瀬《せ》にも―あひけるを、身をうぢ河に、投《な》げてましかば　（早蕨の巻、五‐一六ページ）

という作歌はある。中の君のうたには一首に流れがあり、それを「……ましかば」で切って哀情をあふれさせており、これが幼いうたなのか、技巧の高級なうたなのかよくわからない。一方、大輔の君のうたのほうは拙劣歌としてあるのではなかろうか。うたの文句が言いさしになる舌足らずな感じは気味のよいものでない。

拙劣歌はいくつか『源氏物語』のなかに意識的に置かれる。近江の君の贈答歌は論外として、末摘花の、

（末摘花）

からころも―君がこゝろのつらければ、たもとは―かくぞ―そぼちつゝ、のみ　（末摘花の巻、一‐二二九ページ）

など、古風であるのはよいとして、「たもとは―かくぞ―そぼちつゝ、のみ」というところが何といっても拙劣。

（大輔命婦）

くれなゐのひと花ごろも―薄《うす》くとも、ひたすらくたす名《な》をし―たてずは　（一‐二三〇ページ）

は言い切らないために拙劣。これほどでなくとも小野の妹尼のうたは「腰お《（を）》れ歌」（手習の巻、五‐三五一ページ）として形象されていよう。

（小野の妹尼）

うつしうへ《（ゑ）》て、思《（おもひ）》みだれぬ。女郎花《をみなへし》。うき世をそむく草の庵に　（手習の巻、五‐三四八ページ）

秋の野の、露わけきたる狩《かり》衣、むぐらしげれる宿にかこつな　（五‐三五〇ページ）

浮舟の1歌もまた拙劣で、「……まし……ましかば」を3歌においてまた利用する。あえていうならば、この匂宮との最初の贈答である3歌――

（浮舟）

心をば—嘆《なげ》かざらまし。命《いのち》のみ、さだめなき世《よ》と、思《おも》はましかば

は、これだけ取りだしてみるなら、答歌として、けっしてわるいうたでない。「心をば—嘆《なげ》かざらまし」と上二句に詠んで、何を言うのかと相手を惹きつけ、「命《いのち》のみ、さだめなき世《よ》と思《おも》はましかば」と下三句をおさめるのは、これを紙に書くのでなく、声にして演出したなら、もっと効果があろう。1歌を浮舟に詠ませたのは物語作者、3歌を浮舟に詠ませたのも物語作者のなすところ。匂宮はゆめにも知らなくて、われわれの所持する浮舟歌集には1歌と3歌と、「……まし……ましかば」がならぶ。芸がない、といわれるべきだろう。そのように物語作者がしくんでいることだとなると、ここに浮舟らしさを出そうとする意図が汲みとれる。みぎに拙劣歌の例として、末摘花歌や大輔命婦歌、あるいは「女郎花《をみなへし》」や「狩衣《かり》」のうたをだしたのは、それと比較して浮舟のうたが、けっして拙劣な歌人の作歌として作中に置かれたのでないことを実は言いたくて、失礼ながら末摘花らに登場してもらった。一見、拙劣にみえる浮舟の作歌的出発は、二つの要因、つまり東国育ちで大和うたにまだ習熟していないことと、物語の重要な女主人公の一として、特色ある歌人に成長してゆかなければならないこととの、複合的な形象としてあるのだ、といえるのではなかろうか。

浮舟は東国育ちで、大和うたの道を知らない、と謙遜する（東屋の巻、五 - 一八三ページ）。それはかならずしも謙遜でなく、浮舟の学び、習得してゆかなければならないこととしてこれからある。2歌の、

（浮舟）

まだふりぬ物には—あれど、君《きみ》がため、深《ふか》き心にまつ、と知《し》らなん

は「まだふりぬ」と〝またぶり〟、「まつ（—待つ）」と〝松〟とを懸ける技巧を持つものの、「ことなることなき」（浮

舟の巻、五-一九五ページ)うただ、とされる。作歌のよしあしを物語作者は書きわけたことになる。

4歌──

(浮舟)

涙《なみだ》をも─ほどなき袖《そで》に、せきかねて、いかに別《わか》れをとゞむべき身《み》ぞ

別れる際の凡庸なうたでしかない。浮舟は歌人としての力をどのあたりから発揮してゆくのであろうか。ひとは一体どのようなときに秀歌を口ずさまずにいられなくなるか。

それは浮舟の場合、いってみれば浮舟的状況においてであろう。薫、匂宮のはざまに立たされ、死、出家へくぐりぬけてゆく浮舟の物語内的状況が、深まりを見せるのに応じて、作歌も浮舟らしさを持つ秀歌へと、成長してゆくのではあるまいか。

和歌は現実性、生活性をはなれてついにありえないのだと思われる。痛切な体験、生活の不如意、危機、そういうときにおぼえずして秀歌が口をついて出てくるのではないか。和歌が生活のなかに生きるとは、ついにそういうことであるとすれば、物語においても、物語のなかの現実が危機の状況にあるとき、主人公や女主人公は秀歌を詠まずにいられなくなる。すぐれた物語作者ならそうしなければならないことだろう。

5歌──

(浮舟)

絶《た》え間《ま》のみ、世《よ》には─あやう(ふ)き宇治橋《うぢはし》を、朽《く》ちせぬものと、猶(なほ)たのめとや

これは薫のうた「宇治橋《うぢはし》の長《なが》きちぎりは─朽《く》ちせじを、あやぶむかたに心さは(わ)ぐな」(五-二一九ページ)への、返歌であるものの、薫の愛情が朽ちるのではないかと疑う内容を詠む。これに反して匂宮の愛情は不変だ、と思った。浮

舟の判断のあさはかさ。すでに浮舟的状況というべき物語がはじまった。5歌と6歌(次掲)とは、浮舟のきもちをはっきり詠みわけた、とみたい。(5)

(浮舟の返歌、匂宮へ)

6たち花の小島《こじま》の色《いろ》は—かはらじを、このうき舟《ふね》ぞ—ゆくゑ《(へ)》知《し》られぬ　(浮舟の巻、五-二二三ページ)

薫の〝女〟であり、匂宮にも愛されるという、浮舟的状況のはじまりとともにこの秀歌がもたらされたことに、不思議はない、といえるのではなかろうか。薫の愛情を疑い、匂宮の愛情へひかれてゆく浮舟の錯誤が、入水からの蘇生以後、反省されてゆく、そういう主題の出発をなりたたせる。いうまでもなくこのうたが、のちに巻名「浮舟」となり、女主人公の象徴名ともなってゆく。すでにみた22歌でもくりかえされる主題的な作歌としてある。匂宮の愛情が不変であるとは、匂宮の贈歌「年経《としふ》とも、かはらむものか。橘《たちばな》の小島《こじま》のさきに、ちぎる心は」(同)にたいし、浮舟の「たち花の小島《こじま》の色《いろ》」つまり匂宮の愛情を「かはらじ」＝変わらないことだろうと詠む答えからわかる。作歌には女主人公の心がはっきりと刻まれてある、といえるのであった。

四　浮舟的状況と作歌

(浮舟の返歌、匂宮へ)

7降《ふ》りみだれ、みぎはにこほる雪《ゆき》よりも—中空《なかぞら》にてぞ—われは—消《け》ぬべき　(浮舟の巻、五-二二五ページ)

浮舟は匂宮と一緒にいる。匂宮はまさに女色にまどいつつあるにすぎない。匂宮の贈歌「峰《みね》の雪《ゆき》、みぎはの氷《こほり》、ふみわけて、君《きみ》にぞ—まどふ。道《みち》は—まどはず」(五-二二五ページ)への、浮舟のみぎの返歌は贈答のうたであるとともに、手習うたでもあった。7歌は一見して6歌と同想をなす。「中空《なかぞら》にてぞ—われは—消《け》ぬべき」というところに、女主人公の心が映じだされる。手習の君(浮舟)にとって手習とは何か。書くことが心をあかすこの自動記述のあらわした「中空《なかぞら》」という語を匂宮にとがめられる。空の中途に、雪が消えるように、わたしも消えてしまうのだろう……歌意はそのつもりであった。しかしうたは心の深層をあらわした。匂宮は、「中空《なかぞら》」という語に、匂宮、薫のどちらとも定めがたくなっている中途半端なきもちを読みとってとがめた。浮舟はそう解釈されたことを、「げににくゝも書《か》きてけるかなと、はづかしくて」(五-二二五ページ)、このうたを破ってしまう。ここの趣意として、思いもよらない解釈をされたので破棄したのだ、という箇所ではない。うたがもうひとつの意味を開拓する。うたがあらわした深層の意味を、本人といえども否定できることでない。いや、思いもよらない解釈をされたことを恥じて、破棄したとしてもよい。解釈とは何か。心を解釈するのではない。作歌を解釈する。作歌があらわした意味の深層は消すことができない。浮舟は「中空《なかぞら》」に消えようとする宿命の途を今後、あゆまされる。手習うたを破棄しても、宿命を破棄することはできないはずではないか。もしここに匂宮がそんな解釈をしなかったら……　なるほど、浮舟の悲劇は避けられたかもしれない。解釈とは、夢想における夢あわせのように、宿命を読む技術としてある。匂宮がそんな解釈をしなかったらよかった。しかしこれは物語歌であるから、解釈、つまり宿命の途を前提にした作歌になる。匂宮はそのように解釈するほかないし、浮舟は「中空《なかぞら》」の途に追いつめられてゆくしかなかった。宿命をあやつる作者。宿命を宣告する道具、物語歌。しかし物語が現実の似せ絵としてあることもまたいうまでもないことだ。物語歌はやはり和歌以外の何ものでもない。

8歌、9歌、10歌は匂宮、薫の作歌と複雑な対応をするので、書きだしておく。

(匂宮の贈歌)

イながめやる、そなたの雲《くも》も──見《み》えぬまで、空《そら》さへくるゝころのわびしさ　(五-二二八ページ)

（薫の贈歌）
ロ水《みづ》まさる、をちの里人《さと》、いかならむ。晴《は》れぬながめにかきくらすころ（五-一二九ページ）
（浮舟、《独詠（手習）》）
8里《さと》の名《な》をわが身《み》に知《し》れば、山城《しろ》の―宇《う》治《ぢ》のわたりぞ―いとゞ住《す》みうき（五-一三〇ページ）
（浮舟の返歌、匂宮へ）
9かきくらし、晴《は》れせぬ峰《みね》の、あま雲《ぐも》に、浮《う》きて世《よ》をふる身《み》とも―なさばや（五-一三〇ページ）
（浮舟の返歌、薫へ）
10つれ〴〵と身《み》をしる雨《あめ》の、をやまねば、袖《そで》さへいとゞみかさまさりて（五-一三〇ページ）
イ―9歌、ロ―10歌の贈答のあいだに、手習うたが一首介在する。その手習うたには薫の作歌がかげを落としており、9歌の匂宮への返歌に「かきくらし」とある語は薫のうたにもあった。8歌、9歌は、宇治の里を住みづらいところだと言い、雨雲のように消えてしまいたいと詠む。浮舟の主題に沿ううただということができる。10歌の「身《み》をしる雨《あめ》」は、
（『古今和歌集』恋四）
かずかずに、思ひ思はず、問ひがたみ、身を知る雨は―降りぞ―まされる（在原業平、十四-七〇五歌）
に拠るから、薫の来訪のないことを、自分の身分のつたなさにひきあわせて嘆く。微妙なことかもしれないが、9歌と、10歌ともまた、すこしあいてによって詠みわけられているように読まれる。薫にたいしてはさきに、宇治橋を朽ちないものと信頼せよというのかと詠み、ここに身を知る雨が止まないからと詠む、縁うすい夫婦のちぎりを嘆くかのようであり、匂宮にたいしてはわが身の「中空《なかぞら》」に消え、雨雲にもなってしまいたいと詠む、のちの入水事件の主

題につながる作歌としてある。うたのうえでも、匂宮が浮舟を入水へみちびく舞台まわしとしてあることを知る。浮舟を危機的な状況へ追いつめてゆくのは匂宮であり、したがって浮舟の秀歌は匂宮との贈答において多出する。10歌（薫への返歌）は不安定である。それは、

（浮舟）
つれ〴〵と身《み》をしる雨《あめ》の、をやまねば、袖《そで》さへいとゞみかさまさりて、

の「て」で止めるところに感じられる。歌中に句点のないままに、歌末が「て」で止められる作歌は『源氏物語』のなかにめったに見ない。こういう「て」止めには歌中に句点の文末がほしい。歌中に句点の文末がなく、歌末が終止形（ないし終止すべき形）以外で終わるうたは、

（左大臣）
結《むす》びつる心も―深《ふか》き元結《もとゆ》ひに、濃《こ》き紫《むらさき》の色《いろ》し―あせずは　（桐壺の巻、一‐二五ページ）

（末摘花）
からころも―君がこゝろのつらければ、たもとは―かくぞ―そぼちつゝのみ　（末摘花の巻、一‐二二九ページ）

（大輔の君）
あり経《ふ》れば、うれしき瀬《せ》にも―あひけるを、身をうぢ河に、投《な》げてましかば　（早蕨の巻、五‐一六ページ）

（宇治中の君）
奥《おく》山の、松葉につもる雪とだに、消《き》えにし人を思はましかば　（椎本の巻、四‐三六六ページ）

（光源氏）
見《み》し人の、雨となりにし雲井さへ、いとゞ時雨にかきくらす比（ころ）　（葵の巻、一‐三一九ページ）

（藤壺中宮）

ながらふるほどは―うけれど、ゆきめぐり、けふは―その世にあふ心《ここ》ちして　（賢木の巻、一‐三七五ページ）

（木工の君）

とも―かくも―岩間《いはま》の水の結《むす》ぼほれ、かけとむべくも―思《おも》ほえぬ世《よ》を　（真木柱の巻、三‐一一八ページ）

（夕霧）

山里《ざと》の、あはれをそふる夕霧《ゆふぎり》に、立《た》ち出《い》でん空も―なき心《ここ》ちして　（夕霧の巻、四‐九四ページ）

など。拙劣歌や、すでに問題にしておいたうたどもがここにはいってくる。浮舟の10歌も、そんなによいうたではないように思われる。しかし不安定な状態はそのままうたのすがたになってあらわれる。薫にとっては満足すべき返歌であったろう。

五　歌物語的世界

（浮舟《独詠》）

11 嘆《なげ》きわび―身《み》をば―捨《す》つとも、亡《な》き影《かげ》に、うき名《な》流《が》さむことをこそ―思《おも》へ　（浮舟の巻、五‐二五五ページ）

浮舟の巻の巻末に、浮舟の作歌が四首、集中して出てくるのは印象深いことだ、といわれなければならない。独詠歌が一首、匂宮への返歌が一首、母中将の君への贈歌が二首。それらのうち、あとの母中将の君への二首は、返歌をこの世で受けとることのできない遺言としてある。

みぎの11歌は手習にしたのであろう。匂宮からの「いづくにか―身《み》をば―捨《す》てむと、白雲《しらくも》のかゝらぬ山も―なく〳〵ぞ―ゆく」（五‐二五四ページ）といううたとは、身を捨つ、という表現が一致する。その点で匂宮のうたを浮舟の

11歌は受けるにしろ、匂宮の〝身を捨つ〟がいわば和歌的表現であるのにたいして、浮舟の〝身を捨つ〟は自殺を決行することを前提にした表現であるから、ことばの重みがちがう。浮舟のうたは匂宮のうたの語句を利用しながら、けっして答えていない。独詠歌の圏内にあろう。「うき名《な》流《ゝが》さむことをこそ―思《おも》へ」という思いがこの一首の中心となる。この思いはいまだれにぶつけようもない浮舟一個の内面にあるから、独詠歌としてのみ表現される。「うき名《な》流《ゝが》さむことをこそ―思《おも》へ」とは、生き恥よりも自殺の非難を甘受しようという。

浮舟の恥の意識がどこからきたのか、東国出自の女性として浮舟が形象されることとかかわりがあるらしく読まれる。自殺の決意を作者はそのせいにする（五‐二四九ページ）。11歌の直前の「心あさくけしからず人笑《ひとわら》へならんを聞《き》かれたてまつらむよりは」（五‐二五五ページ）という恥の意識は、入水後にもくりかえされる（手習の巻、五‐三三七ページ）。東国出自であることと恥の意識とはつながりがあって、それには生田川伝説のような説話（『大和物語』百四十七段）が思いうかべられているらしい（浮舟の巻、五‐二四八ページ）。浮舟の物語をめぐって和歌が多出する理由は言ってみればこの物語の〝歌物語〟性にあるのではないか。

浮舟の、匂宮への返歌はつぎのようにある。

（浮舟の返歌、匂宮へ《手紙として》）

12からをだに、うき世の中にとゞめずは―いづこをはか―と、君《きみ》も―うらみむ　（五‐二五五ページ）

匂宮のうた「いづくにか―身《み》をば―捨《す》てむと」にたいして、せっぱつまった浮舟的状況はよいうたを産みだした。入水であるから「から」をとどめず、したがって埋め墓をさがしあてるすべもない。匂宮のうたの「いづくにか―身《み》をば―捨《す》てむ」の「身《み》」を、浮舟はおのれの身にとりかえた。

13歌、14歌は母中将の君への手紙うたと、それに独詠の一首とつづく。さきの匂宮にたいしてもそうだが、手紙文がただ一首、和歌だけから構成されるらしく読まれるのは、万感を一行の抒情と平衡させる、歌物語的要素をここに見てもよいかもしれない。

（浮舟の返歌、母へ《手紙として》）

13 のちに又あひ見《み》むことを思《おも》はなむ。この世《よ》の夢《ゆめ》に心まどはで　（五-二五七ページ）

（浮舟《独詠》）

14 鐘《かね》の音《おと》の絶《た》ゆるひゞきに音《ね》をそへて、わが世《よ》つきぬ、と君《きみ》に伝《つた》へよ　（五-二五七ページ）

こうして薫への贈歌ないし返歌なきままに浮舟の巻はとじられる。むろん蜻蛉の巻、手習の巻以降にも薫へのうたはない。見られるような匂宮との贈答や、入水へ追いつめられてゆくあたりなど、和歌を多出して、多分に〝歌物語〟的な、そういう箇所がたくさんある。一方に、『源氏物語』全体としてみれば、和歌をほとんど方法として利用しない、たとえば若菜上の巻のある部分など、著名な箇所もあって、つまり和歌がすべてではない。和歌と物語性とは、『源氏物語』を通じてずっと対立してきたし、物語のさいごにいたるまでその対立を引きずる。薫と浮舟との関係はついに和歌を利用して描きおおせる性格でありえない。

六　「手習の君」

和歌は、手習の巻以降、独詠の世界へ移行する。むろん独詠のうたはいままでにもたくさんあった。しかし孤絶した状況へ追いこまれて男との贈答が不可能にさせられてある比類ない物語内的世界において、女主人公がくりひろげてみせるこの手習うたのかずかずは、真の意味での独詠歌たりえている、との感を深くせざるをえない。けっして贈答歌のかたわれのような独詠でなく、真の独詠としてある。

もののけが去り、正気にもどった浮舟は、まだ出家にいたらない。出家にいたるまで、そして出家してからも浮舟は和歌を手習のようにしてものに書きつけることに明け暮れる。彼女のことを手習の君と読者はいつか名づけるようになった。

（浮舟《独詠（手習）》）

15 身を投《な》げし涙の河の、はやき瀬を、しがらみかけて、誰《たれ》か──とゞめし　（手習の巻、五‐三四〇ページ）

浮舟歌集（とでもいうべきものが編纂されるとして）の15番歌から21番歌まで、手習の巻の歌十二首のうち前半の七首を取りあげてみると、十九首めは贈答歌で、これを除きすべて手習うた、つまり紙に向かって書く独詠歌、黙詠歌ばかりであった。日記的私家集の編まれてゆく過程をふとかいま見させてくれるようだ。作歌にみる限り、出家前と出家後とで、浮舟は本質的にかわらない。20、21両首は出家後のうた、これも手習を心のささえにしての、内面が自然に吐露せられてきた詠歌としてある。以下、うたに沿って行わけの現代語訳をもかかげておく。

（悲嘆にくれて）身を投げた、涙の川の、
はげしい瀬（であるわたし）を、
だれ（が）しがらみ（を）かけて、
（この世におし）とどめた（の）か！

手習にこのようなうたを書きつけると、うたのほうがわが心情を照らしだしてくる。

（同、《独詠》）

16 われかくて、うき世の中にめぐるとも、誰《たれ》かは──知《し》らむ。月の都に　（五‐三四〇ページ）

わたし（が）かようにして、つらい、

(この)世の中に(生きて経)めぐると(して)も、
だれ(が)気づき(など)はしようか!
(あの、異郷のような)月光の都で(だれが)!

「月の都」は薫の君らの住む京都のことで、それは異郷のようにとおく感じられる。いま小野の山里に浮舟は宗教者として住むことを次第にえらびとるきもちになってゆく途中だ。でも恋しい人、母親や乳母《めのと》ら、右近などをも思いださずにいられない。そして無意識裡には恋しかった男のことをも。

(同、《独詠(手習)》)

17 はかなくて、世にふる河の、うき瀬《せ》には――尋《(たづね)》も――ゆかじ。二本《もと》の杉　(手習の巻、五‐三五六ページ)

はかなくて、世にふる(わたし)、
(世にふるわたしは、)古川の、
(つらい)憂き瀬には、
尋ね(て)ゆこう(と)も(思わ)ない。
(かの)二本の杉(を、尋ねてゆこうとも思わない)

妹尼が初瀬観音にお礼参りにゆくのを同道しないかとさそわれた浮舟が、それをことわるときの手習うたに、みぎのようなのがまじっていた。それを妹尼が見つけて、冗談言《ごと》に「二本《ふたもと》は、またもあひきこえんと思給《(おもひたまふ)》人あるべし」(五‐三五六ページ)、好きな男がいるのだろうと妹尼は言いあてた。手習うたは心理の秘所にひめられた思いを明るみに出してしまう。本文にはっきりと「戯《たはぶ》れ言《ごと》を言《い》ひあてたる」(五‐三五六ページ)とある。二人の恋人がいることをうたが言いあてる。

(同、《独詠》)

18心には—秋の夕《ゆふべ》を、わかねども、ながむる袖に、露ぞ—みだるゝ　(五 - 三五七ページ)

(わが)心には、秋の夕べ(の情緒)を、わからないけれど、

もの思いに沈む袖に、(涙の)露(が、ここ)ぞ(とばかり)乱れ(散)る

妹尼らを送りだしたあとの独詠歌としてある。

(同、返歌、中将へ)

19憂《うき》物と、思《おもひ》も—しらで、すぐす身を、物おもふ人と、人《ひと》は—知《し》りけり　(五 - 三五八ページ)

つらいもの、と思う(自分のこと)もわからないで、

過ごす(わが)身を、もの思う人(である)と、

他人は、(ずっと)わかっておったというの(ですね)

昔よりのことを反省してみると、匂宮を好きになった心こそ「けしからぬ」(五 - 三六一ページ)ことであり、信頼すべきは薫の君の愛情であったのだと、匂宮との色恋ざたにすっかりいや気がさすとともに、薫の君とは二度と会うことがならないのだと、ややもすれば弱くなりそうな心をはげましての出家であった。

(同、《独詠(手習)》)

20亡《な》きものに身をも—人をも—思《おもひ》つゝ、捨《すて》し世をぞ—さらに捨《す》てつる　(五 - 三六七ページ)

(わが)身を亡きものに、(そしてその)お人を無きものに、

(と、どちら)も思いながら、捨ててしまった世をば、

さらに捨ててしまう(よ)

（同、《独詠（手習）》）

21 かぎりぞ—と思《おもひ》なりにし世間《よのなか》を、返《かへすかへす》〳〵も—そむきぬるかな　（五－三六八ページ）

（これがさいご、）限り（である）ぞと、

思ひ決めてしまった世の中を、くりかえしても、（もう一度、）

そむいてしまう（のである）かな（、わたしは）

一種の再出家というかたちになるかと思う。両首のうたは二度「世間《よのなか》」を棄てるという浮舟出家の特異なあり方をうまく伝えてくれる。再出家の構造を取る以上、浮舟に還俗、出家の身から俗体にもどることなどありえないことは明らかだ、といえる。

浮舟出家に立ちあううたの位置をずっと見てきた。『源氏物語』が物語のさいごにいたるまで、うたの力をこのように深く信頼し、浮舟の唯一の友人とする設定はやはり注意しておくべきことがらであったろう。内省的なそのかずかずに吐露された思いは真率であり、読者をうつものがある。宗教者に生まれかわろうとするかたちであるものの、真率に人生を見つめようとする裏面が、おもてに出た和歌のかずかずをささえるからだろう。

注

（1）藤井貞和「うたの挫折——明石の君試論」『源氏物語及び以後の物語』古代文学論叢七、紫式部学会、武蔵野書院、一九七九《昭和五十四》年（『源氏物語入門』講談社学術文庫、一九九六《平成八》年、所収）。

（2）「も」の多用は会話的であり、文章語としては悪文化することが現代語について指摘できよう。

（3）「かたみに」は河内本系統など「かたみの」。これでも不協和な調子をまぬがれない。

（4）「天衣」＝天の羽衣とみて、『竹取物語』的なプレテクストをここに読む小林正明氏の発表がある（「宇治十帖自閉の構造

――招魂・竹取・長恨歌」物語研究会例会、一九八二《昭和五十七》年九月、なお「最後の浮舟」『物語研究』新時代社、一九八六《昭和六十一》年にまとめられる）。散逸物語『いはや』を先行文学の一とみるのは三角洋一氏（「散佚物語研究の現在」『国語と国文学』一九八〇《昭和五十五》年十一月）。

（5）　参照、藤井貞和「王権・救済・沈黙――宇治十帖」『源氏物語入門』（↓注1）所収。

第二節　光源氏の作歌をめぐり――地名歌枕

一　歌枕の本と和歌の革新

『源氏物語』に一回だけ出てくる語「歌《うた》枕」は、地名のみならず、歌ことばをあつめてある書物という意味として知られる。

（光源氏の言）

よろづの草子《さうし》、歌《うた》枕、よくあなひ《(い)》知《し》り、見尽《みつ》くして、その中《うち》の言《こと》葉を取《と》り出《い》づるに、よみつきたる筋《すぢ》こそ強《つよ》うは変《か》はらざるべけれ。常陸《ひたち》の親王《みこ》の書《か》きを《(お)》き給へりける、紙屋《かうや》紙《がみ》の草子《さうし》をこそ見《み》よ、とておこせたりしか。和歌《わか》の髄脳《ずいなう》いとところせう、病《やまひ》さるべき所多《おほ》かりしかば、もとよりを《(お)》くれたる方《かた》の、いとゞなか〳〵動《うご》きすべくも見《み》えざりしかば、むつかしくて返《かへ》してき。よくあなひ《(い)》知《し》り給へる人の口《くち》つきにては、目馴《めな》れてこそあれ。（玉鬘の巻、二-三七〇～三七一ページ）

〔もろもろの草子、歌枕（の）、よく内容（を）知り、目を通し尽くして、そのなかの言葉を取りだすとして、

(平素)詠みこなしている性質(はそれ)こそ極端には変わらないことだろうよ。常陸の親王(—末摘花の父)の書き置いてこられてある、紙屋紙の草子を(それ)こそ、見よといって(末摘花が)よこしてあった。(そこには)和歌の髄脳(が)えらくぎっしりと(あって)、(うたの)病(を)避けなければならない箇所(が)仰山だったから、(私は)もとより才能のない(和歌の)方面の(—であり)、かえってあまりうごき(が)とれそうにもみえなかったから、厄介で返してしまった。よく内容(を)知っていらっしゃる人(—末摘花)の詠みぶりにしては、(よく)見かける(感じのうた)だね。」

本来、歌枕は『隆源口伝』『綺語抄』『古今集序註』『袖中抄』などに引かれる「古歌枕」や「四条大納言歌枕」の逸文に見ても、また現存の『能因歌枕』などに見ても、歌語集以外の何ものでもない。古語や地名が和歌のなかにどう使われるかを簡便に示してある一覧する書物、それが歌枕の意味であった。それを、「よろづの草子《さうし》」もそうだが、「よくあなひ《(い)》知《し》り、見《み》尽《つ》くして、その中《うち》の言《こと》葉を取《と》り出《い》づる」というのだから、日ごろからせっせと習い、いざ詠歌という際にはそのなかから取りだして利用するためのマニュアルとしてあった。ただし「よろづの草子《さうし》」にしても、歌枕にしても、それらを見て作歌の方法が大きく変わることはあるまいからと、それらの利用にたいして消極的であろうとする。自分が和歌をそんなに得意ではないという謙遜もこれの背景にあろう。消極的であっても、古めかしい「和歌《わか》の髄脳《ずいなう》」(歌学書)をきっぱりと返却したのに較べるなら、歌枕書は否定するというほどでもないらしく、一応の存在価値を認める。

源氏の君の脳裏に描く歌枕書の実態がわれわれによくわからないから、なぜそれにたいして消極的であろうとするのか、いまひとつ明瞭でない。『古今和歌集』時代から『拾遺和歌集』時代へ、確実に和歌の流れは変化をもとめて、修辞の革新があったろうから、そんな流れや変化の反映として『源氏物語』のうたもまたあるのではないか、という思いにいま捉われる。これは歌枕でなく、枕詞について見ると、「拾遺集時代の枕詞」(1)という論文で、滝沢貞夫氏の言うところによると、『拾遺和歌集』時代(とは『拾遺和歌集』が読まれるころ、『源氏物語』の同時代)において、伝統的な枕詞がかずを減じ、あるいは実体化し、新用法や新解釈によって活用され、また一回的に作られる枕詞は一首のなかで主題に密着し、ついには歌枕(地名)に匹敵するほどの語の属性と意味内容とを発揮し、よく一首の中心となりうるかのようであり、また懸かり方が分裂して、複雑に被枕にかかってゆく、そんな創意工夫が専門歌人に広く受けいれられるようになって、古代性を脱していった。みぎは枕詞に限っての意見であるけれども、『源氏物語』の和歌にどこか新しさを感じてならない一読者として、『拾遺和歌集』時代なる時代での、和歌の修辞の革新があったとする意見には、だいじな示唆がありそうに思われてならない。

『源氏物語』の和歌が守旧的なそれでなく、いわば〝現代短歌〟らしさに視野をひらいてゆくらしいことと、冒頭に示した源氏の君の和歌関係書の批判とは、何らかの関係がないかどうか。歌枕書自体がけっして守旧的な性格でないことと、『拾遺和歌集』時代の新しい和歌の動向とは、すくなくとも対応する、と思う。源氏の君の言辞がけっして無下に否定的でなくて、消極的であるように言うのは、それが新しいうごきであるだけにかえってそんな発言内容になるのではなかろうか。主人公の、自分は和歌が不得意だという言い方で新しい時代と向き合う、そういう対処のしかたはわかるような気がする。

二　明石の君にどんなうたを贈るか

かといって、何が新しい傾向で、どこから現代短歌式か、といったことがすっきりと指摘できるはずもない。われわれが『源氏物語』のうたに接して、言ってみれば古今調の、といってよい、格調高いうたのほうに秀歌らしさを感じ、新しいはずの、いわば口語短歌めく歌風にたいしてはどうしても評価が低くなる、というようなことがきっと起きそうではないか。

また、歌中に出てくることばがたえず新しいということと、いわば修辞的に新しいということとを、われわれは分けきれないで混同することだろう。うたが耳馴れないことばを詠みこむ、ということがいけない理由もない。適切な例かどうかを知らないが、

（光源氏《独詠》）

海にます神のたすけに、かゝらずは—潮《しほ》のやを《(ほ)》あひにさすらへなまし　（明石の巻、二‐五六ページ）

というようなうたでの、「潮《しほ》のやを《(ほ)》あひに……」と詠むようなのは、うたのことばとしてめずらしいかもしれない。参考歌に「あら塩のみつの潮あひ（イしほのやほあひ）に焼く塩の—からくも—われは—老いにけるかな」（和歌九品）がある。須磨の里の暴風雨がようやくやんで月がさし出てくる、というところ、高潮の心配があったことなどを海人たちが言うのを聞いて、みぎのうたを独詠する。めずらしいようで、「潮のやを《(ほ)》あひに……」というのは、かえって古語的であり（大祓の祝詞に「塩の八百会」とある）、神威に向き合うような、ある程度の格調をともなううたとしてあろう。このうたと関係があるのかどうか、桐壺院の亡霊があらわれて源氏の君に指示をあたえるのはこの直後のこととしてある。

みぎの格調ある風情のうたにたいして、つぎのようなうたは、どう新しそうだといえるのか、説明に窮してしまうものの、一応引くと、明石入道と対面している源氏の君の答歌で、

（光源氏の返歌、明石入道へ）

旅《たび》ごろも—うらがなしさに、あかしかね、草の枕は—夢も—むすばず　（二‐七〇ページ）

という、これを詠んで源氏は「うち乱《みだ》れ」るというのだから、えらくくだけた詠みぶりなのではないかと思う。「旅《たび》ごろも」を「うら」に懸かる枕詞にしたて、「あかしかね」は懸け詞というよりほとんどジョークであり、「草枕」という枕詞はひらいて実体のある歌語に変えてしまい、夢を結びたいと言って入道の申しいれ(娘のもとにかよってほしい旨の)にたいし承諾をにじませる。

つづく一首は、こんな田舎にやってきて、そこの教養ある娘にたいしどううたを贈るか、いわば格調のたもち方あるいは下げ方がなかなか苦労させられるところではなかろうか。明石の君に宛てて、どうにも凡庸な作歌であるようにわれわれには聞こえる。

(光源氏の贈歌、明石の君へ)

をちこちも─知《し》らぬ雲居《ゐ》に、ながめわび、かすめし宿《やど》の木《こ》ずゑをぞ─とふ　(同)

自分を鳥にたとえる凡庸な比喩と、入道に言われたから訪問するのだという何とも率直な詠みようとからなる、とわれわれには感じられる。〝都からはなれて左右もわからず、物思いに疲れ果てて(入道が)ちらりとはなしたあなたのもとへ手紙をさしあげる〟とは、女にたいして失礼なだけの、気のりしないうたでしかない。しかし入道から言われ、その教養あるらしい娘に向けてうたを贈るのに、どの程度の格調で書きあたえればよいのか、ここでの源氏の君にたいし同情を禁じえない。

これにたいして娘は、気おくれして、ともあれ、返辞をしたためない。いきなり応えない、ということはこのような際のルールとしてあるのかどうか、知らない。明石の君は結果から見ると、みぎの一首をやりすごして、対等に贈答するための、もっと本格的な男のうたを要求することになる。

(同)

いぶせくも―心《こころ》にものをなやむかな。やよや―いかに、と問ふ人も―なみ　(二一‐七一ページ)

これが源氏の君の明石の君に贈った一首で、格調という点において、また若人むけの筆跡や紙料からも、申し分なかったのではないかと想像する。「やよや―いかに、と問ふ人も―なみ」というあたり、佶屈で、かならずしも最高のうたとはいわれないかもしれないにしても、明石の君の、これはまぎれもなく名歌であるつぎのうたをみちびきだした、よいうたとみなして、一定の評価をあたえることができる。

これにたいして明石の君は秀歌と称してよい一首で応える。

(明石の君の返歌)

思《おも》ふらん心《こころ》のほどや―やよ―いかに。まだ見《み》ぬ人の聞《き》きか―なやまむ　(二一‐七二ページ)

都の高級貴族家の娘たちのうたに比較しても遜色のない詠みぶりで、源氏の君の心を捉えだした、という設定でかならずやここに置かれた一首としてある。

三　光源氏歌の新奇な側面

どうも搦め手からの推測をかさねることになるものの、あまり秀歌と言えないかもしれない歌群において、光源氏のうたが新しい様相を示すかもしれない、ということになろう。

明石の巻の作歌から、光源氏歌の後半を列挙してしまおう。

(光源氏の作歌)

秋の夜《よ》の月《つき》げの駒《こま》よ。わが恋《こ》ふる雲居《ゐ》をかけれ。時《とき》の間《ま》も―見《み》ん　(二一‐七六ページ)

むつごとを語《かた》りあはせむ人もがな。うき世の夢も―なかばさむや―と　(二一‐七七ページ)

しほ〳〵と、まづぞ―泣《な》かる、。かりそめのみるめは―海人《あま》のすさびなれども　(二-七九ページ)
このたびは―立《た》ち別《わか》るとも、藻《も》塩焼《しほや》くけぶりは―おなじ方《かた》になびかむ　(二-八三ページ)
あふまでのかたみに契《ちぎ》る中の緒《を》の、調《しら》べは―ことにかはらざらなむ　(二-八四ページ)
うち捨《す》てて、立《た》つも―かなしき浦《うら》波の―なごりいかに、と思ひやるかな　(同)
かたみにぞ―かふべかりける。あふことの、日かず隔《へだ》てん中のころもを　(二-八五ページ)
宮《(みや)》こ出《い》でし春の嘆《なげ》きに、おとらめや。年《とし》ふる浦をわかれぬる秋　(二-八六ページ)
わたつ海に、しなへ《(え)》うらぶれ、蛭《ひる》の子《こ》の、脚立《あした》たざりし―年は―経《へ》にけり　(二-八九ページ)
嘆《なげ》きつゝ、あかしの浦に、朝《あさ》霧の―たつや―と人を思ひやるかな　(二-九〇ページ)
帰《(かへり)》ては―かことや―せまし。寄《よ》せたりしなごりに袖の干《ひ》がたかりしを　(同)

これらのなかには秀歌もありそうであり、そうでない場合のほうが多いかもしれないとしても、主人公光源氏が、明石の君への求婚と結婚、そして別離と、一方に都にのこした紫上を思いやりつつ、人生の重大な局面局面をうたで越えてゆくのにはふさわしい、意欲的な歌群としてある。

「秋の夜《よ》の」歌は明石の君のもとを訪ねるというのに、紫上を思いやる、という状況での、「月《(つき)》げの駒《こま》よ」など、歌句は目新しい。「むつごとを」歌にいたっては、『源氏物語』以前にこんな和歌を、類歌のたぐいに見たことがあったか。「なかばさむや―と」について見ると、憂き世を忘れられるかと詠むのに「むつごと」に組みあわせる、このような詠み方をするのは、『源氏物語』以後にしろ、めったになかろう。答える明石の君の「明《あ》けぬ夜に、やがてまどへる心には―いづれを夢と、わきて語《かた》らむ」(二-七七ページ)をみちびくうたとしても印象深い。

物語歌として、物語状況に沿うとはいえ、紫上宛てのうたの「しほ〳〵と」、「あふまでの」歌(明石の君への返歌)

の「中の緒《を》」「調《しら》べ」「ことに」、「わたつ海に」歌（朱雀帝宛て）の「しなへ《（え）》うらぶれ」「蛭《ひる》の子《こ》の」や「脚立《あした》たざりし」など、どこかヒューモア、おもしろみのある感じは、どのうたにも多かれすくなかれ感じられる。「わたつ海に」歌はヒューモアに託してある種の無念さをおし隠さず、「宮《（みや）》こ出《い》でし」歌は入道へあたえるうたであるから一転して謹直になる。

「このたびは」歌（明石の君との別離）、「うち捨《す》てて」歌（明石の君へ）、「かたみにぞ」歌（明石の君への返歌）、「嘆《なげ》きつゝ」歌などの、明石の君にあたえる歌群は、どれも似かよっており、やや力を下げてくるから、光源氏の心が都へ向いてゆく証左かと思う。さいごに帥の娘五節へ帰京後にあたえる「帰《（かへり）》ては」歌は、「たりし」をくりかえしてどうにもよいうたとは言いかねる。これも五節にたいして情熱が冷えつつあることをあらわしていないか。

こうしてみてくると、物語作者は物語状況に応じての差異の大きい各種のうたを主人公の心意に沿ってよく書きわけており、和歌というものをいわば物語制作上の道具として、うまく使いこなしている、という感想をもたされる。もしこう言ってよければ、みぎにあげたようなうたどもは〝現代短歌〟らしさをたたえる、ということにならないか。具体的には『後撰和歌集』以後に立ち、あるいは『拾遺和歌集』歌の世界をこちらへ引き寄せる、という感じとしてある。

四　秀歌であることとは

光源氏の作歌についてさらに近づく。

（光源氏の返歌、惟光へ）

あらかりし波《なみ》のまよひに、住吉《よし》の神をば―かけて忘《わす》れやは―する　（澪標の巻、二-一一五ページ）

（光源氏の贈歌、明石の君へ）

みをつくし―恋《こ》ふるしるしに、こゝまでも―めぐりあひけるえには―深《ふか》しな　（同）

前者がどうということもない一首であるのに較べて、後者は一読して秀歌であることが感じられる。それはどうしてだろう。状況が、うたを介してしか明石の君に思いを訴えられない、というせっぱつまった段階にあることはみぎに説明してきた通りだ。それはいわば外的な条件として、われわれのような後代の読者が判断するための素材であって、うた自体の秀歌であることをかならずしも内的に説明できたことにならない。

そういう客観的な判断基準はほとんどないはずだ、と決めておくべきだろう。しかしそれでも、当意即妙の際にはうたのよしあしを問われなくてよい反面、自己の運命を定めるようなときや、深い感慨を吐きだしたい場合には、すぐれていると、評価されたいうたを詠みたい、と思うのが一般だろう。とすると、秀歌、非秀歌の区別はあることになるし、歌人たちが身を磨りへらすような思いでうたに精進するのも、すべてがその理由ではないにせよ、すくなからぬ理由となるはずだろう。

判断基準が複数に、おそらくかぞえきれないぐらいある、ということだろう。複雑なうたはそれで複雑であることがよく、一方に簡潔をむねとした作品もまた、うたの世界には多くあってほしい。専門の歌人にはいろいろに言い分があろう一方に、大衆文学としての和歌をよしとする一般のひとびとはあまり高くないバーで評価してもらいたいと思うかもしれない。何よりも個性尊重ということはかれらの一番大切にしてきたことではなかったか、という気がするし、かといって伝統ばなれが極端だったり、歌語を使いこなせなかったりする無教養はもっと困る。多くの判断基準が複合するそのバランスと、それにちょっぴり加味される目新しさや高さとの関係において、微妙に秀歌が成立する、ということではなかろうか。

だからなかなか困難であるにしろ、秀歌であることはその多くの基準の分析を通してある程度なら判断が可能ではないか、ということになろう。

久しい疑問は、作中人物のなかの最大の歌数の持ち主、光源氏の作歌のできばえをどれほどのものと評価できるのか、という点についてであった。『源氏物語』の、七百九十五首とかぞえられる和歌のうち、約二十八%(二百二十一首)を占めるこのひとの作歌は、ぶちわって言えばうまいのか、よろしいという程度なのか。なかなか話題になりにくいことの一つがこうした鑑賞めく和歌の評価にかかわることどもとしてあった。

光源氏の地名歌枕のうたは若菜下の巻までに三十五、六首あり、なぜか若菜下の巻のあとばったりと途絶える、という現象があるけれども、ともあれ秀歌らしきいくつかをあげて検討してみる。

五　光源氏の地名歌枕のうた

いくつかの秀歌の認定を、ここでは地名歌枕をもつそれらに焦点化させて、うたの心や技法についていささかさぐってみることにしよう。

(光源氏の贈歌、空蟬へ)

は丶き木の心を知《し》らで園原《その》の道《みち》にあやなくまどひぬるかな　(帚木の巻、一‐七六ページ)

秀歌であることのそとからの判断として、巻名となる、いわば表題作であることはその一つとなる。歌語「は丶き木」、地名歌枕「園原《その》」は、物語の地の文にそれらを引きだす予告めく記事をみることなくいきなり歌中に出てくる。空蟬という女性を、「は丶き木の心」をもつ女だ、と嘆いてみせるその歌意は、本歌にみると、「は丶きゞの—ありとてゆけど、あはぬ君哉」(『古今和歌六帖』五‐四四歌)とあるように、逢おうとしない心をさして、空蟬は訪ねていっても逢わない女だと言う。「園原の道」は『古今和歌六帖』の本歌の前半部、「そのはらや―ふせやにおふる」をふまえ、けわしそうな原で途方に暮れる感じに詠む。

逢おうとしない女の心を知らないで、わたしは園原の道に、わけもわからず迷ってしまうよ、という程度の意味をあらわす。

返すつぎの女のうたのほうで、「消《き》ゆるは、木《き》ゞ」というように、帚木伝説をはっきりとおもてに出す。つまり逢おうとしない女をなじる男のうたにたいして、帚木という木の本性は〝消える〟というところにある、という切り返しが女のうたにある。消えいる思いにもう生きていられないと感じられる、という。

(空蟬)

数《かず》ならぬ伏屋《ふせ》に生《お》ふる―名のうさに、あるにも―あらず、消《き》ゆるは、木《き》ゞ　(同)

懸け詞として、「伏屋《ふせ》」(粗末な家)に地名歌枕「ふせや」をひびかせる。地名歌枕の使い方が、男君のうたでは「園原の道」とのみあって、「ふせや」が隠されたのにたいし、女のうたにあっては、その「ふせや」をおもてに出し、しかも表面がおのれのかずにもはいらぬ身のほどをうちこめる粗末な伏せ屋とし、裏に地名歌枕を隠す。こうした配慮はすべて贈答歌での変化をねらったこまやかな技巧であると見たい。

(光源氏の贈歌、尼君へ)

あさか山―浅《あさ》くも―人を思《おも》はぬに、など山《やま》の井の―かけ離《はな》るらむ　(若紫の巻、一 - 一七五ページ)

尼君の手紙のなかに「(紫上ハ)まだ難波津《なにはづ》をだにはかぐ゛しうつゞけ侍らざめれば」(一 - 一七四ページ)とあって、それをうけて「難波津《なにはづ》」のうたとならぶ手習用のうたとして名高い「あさかやま―かげさへみゆる山の井の―浅くは―人を思ふものかは」(『古今和歌六帖』二 - 一〇一七歌、万葉歌でもある)を本歌とする。このうたへは(紫上の祖母である)尼君がただちに返しているけれども、だれへ贈るうたと見るか、視界にはむろん紫上そのひとがはいってくる。習字の手本としてなら、紫上のよく知るはずのその本歌を、光源氏はほとんど字句の順序をいれかえるだけで、自分のうたへしたてる。読み手に紫上を見込んでいる証拠ではあるまいか。「山《やま》の井」は地名歌枕と見るにおよばず、あさか山の井戸ないし泉と見るのでよく、本歌では序詞あつかいでよかったそれを光源氏の作歌では「かけ(―かげ)離《はな》る」を呼び起こす枕詞ふうにはたらかす。

尼君の返歌「汲《く》みそめて、くやしと聞《き》きし山の井の―浅《あさ》きながらや―影《かげ》を見《み》るべき」(同)は、いかにも凡庸な作歌で、重要でない人物にへたなうたを詠ませることは作者の技量のみせどころとしてあろう。

(光源氏の贈歌、紫上へ)

ねは―見《み》ねど、あはれとぞ―思《おも》ふ。武蔵野《むさしの》の露分《わ》けわぶる、草のゆかりを　(一―一九六ページ)

「ね」は「寝」と「根」との懸け詞で、迷うものの表面を「根」とし、裏に「寝」をひびかせる、と見ておきたい。本歌は「しらねども、むさしのといへば、かこたれぬ。よしやそこそは―むらさきのゆゑ」(『古今和歌六帖』五―九八二歌)および参考歌として「むさしのゝ、草のゆかりと、きくからに、おなじ野べとも―むつましきかな」(同、二一―三九歌)がある。「根は―見ねど」の裏に「寝は―みねど」(共寝はしてみないけれど)を懸けて、歌意として不安があろうか。うたであるからこそこう大胆に詠みかけて何がわるいか、というところではないか。

(光源氏の贈歌、朧月夜へ)

梓弓《あづさゆみ》―いるさの山《やま》に、まどふ哉《(かな)》。ほのみし月のかげや―見《み》ゆると　(花宴の巻、一―二八四ページ)

「梓弓《あづさゆみ》」がでてくる理由は「弓《ゆみ》の結《けち》」(競射で勝敗を決める)の藤の宴にちなむからで、源氏は有明の君(―朧月夜)に再会する。几帳ごしに手を捉えてみぎのうたを詠みかける、というところ。「梓弓《あづさゆみ》」を枕詞にして「射る」から

「いるさの山」を呼び起こし、さらに(月が)「入る」をひびかせて下句の「ほのみし月」(はかない逢瀬のままに隠れた月＝女君)を呼び起こす。ここは女君の手をとって、とっさのうたであるにしろ、二人が引き寄せあう決定的な段階であり、物語作者は惜しげなくかれらに秀歌をめぐむ場面であるにちがいない。無理なく二度屈折させる技巧を駆使してなる。女の返歌も書きだしておきたい。

(朧月夜の返歌)

心―いる方《かた》ならませば、弓張《ゆみは》りの月なき空に、まよはましやは　(同)

「心いる」(気にいる、心をとらえられる)という語の「いる」に「射る」をひびかせて、「弓張《ゆみは》りの月」を呼び起こす。「つきなき」(すべがない、ふさわしくない)をも懸けていよう。朧月夜らしい、よいうたをさきの源氏のうたは引きだした。

(光源氏《独詠》)

行《ゆ》く方《かた》をながめも―やらむ。この秋は―逢坂《あふさか》山を霧なへだてそ　(賢木の巻、一―三五一ページ)

六条御息所を伊勢に送っての翌朝、あとの思いがのこる独詠のうたを詠む。「逢ふ」という名を負う逢坂山を、霧よ、へだてないでくれ。心意は古いが歌調がきれいであるから、秀歌としておく。

(光源氏《独詠》)

唐国《からくに》に名を残《のこ》しける人よりも―ゆくゑ《へ》しられぬ家居《いへゐ》をや―せむ　(須磨の巻、二―二二ページ)

唐国に名をのこしたと伝えられる人以上にもわたしは、行くさきのわからぬ家宿りをするのであろうか、の意。散逸物語に『唐国』というのがあり、本邦から唐土へわたった主人公の物語であるらしい。もしかするとこれではなかろうか。ともあれ諸注に屈原をあてるのは失考だろう。スケールの大きさがこのうたの位を高くする。

（光源氏《独詠》）

あは—と見《み》る、淡路《あはぢ》の島《しま》の—あはれさへ、残《のこ》るくまなく澄《す》める夜《よ》の月　（明石の巻、二‐六四ページ）

本文中に引かれる、「あはぢにて、あは—と雲井に（イはるかに）みし月の、ちかきこよひは—所からかも」（みつね、『古今和歌六帖』一‐三二歌）に触発されての、これもスケールの大きさがまずもって評価できる。「あは」という音の三連続は内容やおくゆきの雄大な感じに見合う。この場面が松風の巻に、「かのあわ《(は)》ぢ島《しま》をおぼし出《い》でて、躬恒《みつね》が、「所《ところ》からか」とおぼめきけむことなどの給ひ出《い》でたるに、ものあはれなる酔《ゑ》い《(ひ)》泣《な》きなどもあるべし」（松風の巻、二‐二〇七ページ）と引かれるから、源氏の「あは—と見《み》る」歌が凡河内躬恒の作歌という「あはぢにて」の六帖歌（新古今和歌集歌でもある）をふまえ、〝あれは！と見る淡路の島の感慨〟とは、躬恒のそれを直接にさし、自分へかさねる、というので、かなりめずらしい技法ではないかと思う。〝あれは！と見る〟のはそうすると月を、であって、淡路島ではない。源氏のうたでも躬恒の月を詠むという趣向である。しかし島を遠望して明石の里から詠むのであるから、〝あれは！と見る〟のは淡路島を、というようにもふと鑑賞されるので、そこのところをこのうたの瑕瑾とみるか、考慮の余地はあろう。

みぎに述べた松風の巻の箇所のついでに、同じく気にしたい一首がある。

（光源氏の返歌、冷泉帝へ）

ひさかたの—ひかりに近《ちか》き名のみして、あさゆふ霧《きり》も—晴《は》れぬ山里　（松風の巻、二‐二〇七ページ）

うたの意図は行幸を待ちのぞむ心ばえであると本文にある。「ひさかたの」は、枕詞であるとされる一方に、月を意味する「久方」（月の異名）としてあって、こういうたぐいの異名を一々指摘する書物が、歌枕書にほかならない。この種類の〝枕詞〟を『拾遺和歌集』あたりからの実体化と見るか、私などは異名の由来が〝古語〟（＝フルコト）にあると考えようと思っている。(2) そのフルコトたるや、真性の古語でなくともかまわないので、『拾遺和歌集』にいたって考案された〝古語〟であっていけないはずがない。厳密に地名歌枕のうたではなくて、月のひかりに近い名とは「かつら」であるから、桂の里を詠みこむ。

（光源氏《独詠》）

思はずに―い《(ゐ)》手《で》のなか道《みち》―へだつとも、言《い》はでぞ―恋《こ》ふる山吹《ぶき》の花《はな》　（真木柱の巻、三－一四二ページ）

玉鬘の女君を鬚黒にとられたという喪失感を噛みしめるところに置かれるこの一首は、複雑に詠むようでいて調子によどみがなく、新しみはないにしても秀逸だと思う。前後に引き歌を二首配置して、趣向を凝らしたとは言えるかもしれない。

（同）

「（イ）色《いろ》に衣を」などの給《(たまひ)》て、

「思はずに―い《(ゐ)》手《で》のなか道《みち》―へだつとも、言《い》はでぞ―恋《こ》ふる山吹《ぶき》の花《はな》

（ロ）顔《かほ》に見《み》へ《(え)》つゝ」などの給《(たまふ)》も、聞《き》く人なし。かくさすがにもて離《はな》れたることは、このたびぞおぼしける。

（同）

（イ）は「おもふとも、こふともいはじ。くちなしのいろにころもをそめてこそ―きめ」（『古今和歌六帖』五－九八三歌）であろう。「くちなしのいろ」は黄色、山吹の色で、『古今和歌集』歌の「山吹の花色衣、ぬしや―たれ。問へど答へず。くちなしにして」（素性法師、誹諧歌、十九－一〇一二歌、『古今和歌六帖』にも《五－九八四歌》）を参考歌とする。（ロ）は「夕されば、野べに鳴（く）てふかほどりの―かほにみえつゝ、わすられなくに」（『古今和歌六帖』六－九四五歌）とされる。「かほにみゆ」とは面影にほのかに見える、といったところであろうか。

これらの二首を前後にしたがえて、「思はずに」＝〝不本意で〟いることから「井手の中道」を呼び起こし、「思はずに―井手の中道」を序詞にして「へだつとも」を起こし、六帖歌の「おもふとも、こふともいはじ」をかすめてくちなしの花だからと、口に言わないで恋いつづけることを理由づける。

以上のようにして、わずかにしろ光源氏の地名を詠みこむうたを見てきた。

作歌の特徴を言うためには、多く比較の作業を必要とするから、やはりこれだけでの断言をさしひかえなければならないものの、『源氏物語』全体の傾向に大きくかかわるこの主人公の作歌として言うと、すなおな秀歌は、多くの場合、あまり目新しいところばかりをねらっているように見えない。『拾遺和歌集』以前の歌調をよくのこしている、という感を否めないと思う。『古今和歌六帖』の引用が多いこともその特徴を加速するかと見える。また贈答に意をもちいて相手に秀歌をゆずることもありそうではないか。

六　「露けさのむかしに似たる旅ごろも」

『源氏物語』のなかで随一の歌人はだれか、というはなしになれば、私は明石の君を推したいと思う。(3) 物語作家は作中の、すぐれた歌人にすぐれたうたを詠ませる。また人物たちの状況が、和歌にしか思いを吐露できない、といった場所にさしかかると、物語は俄然、詩的凝縮をみせはじめる、つまり和歌や引き歌がしきりに出てくることは物語文学の習いとしてある。まして作中の和歌作者が明石の君であってみれば、秀歌は心をしぼるようにして出てくる。いや、これが秀歌であることをこそ論証せよ、と責める議論があるかもしれず、しかもそれは当然の意見であるにちがいない。矛盾するようながら、この明石の君の状況に置かれるならば、何ぴとといえどもよいうたを詠もうとせずにいられるか、まして明石の君ならばかならずよいうたのはずだ、と答えておくことにする。

明石の君は、おりしも住吉詣でにやってきて光源氏の一行と来あわせ、そのあまりの権勢に、わが身との懸隔をひどく感じさせられ、参拝を遠慮して難波へと向かう。そのことを惟光から聞いて知った光源氏は、逢えないにしろ近くにいる明石の君にうたを遣わす。

それにたいする明石の君の返歌はこうだ。

（明石の君の返歌）

数《かず》ならで、なには（―難波）のことも―かひなきに、などみをつくし、思《おも》ひそめけむ　（澪標の巻、二‐一一六ページ）

「なに（―何）は」に《難波》をひびかせ、人かずにもいらぬ身で、何ごととても思うかいはないのに、どうしてその身をつくし、あなたを恋しく思いそめたのだろうと、「かひ」に《貝》を、「身をつくし」に《澪標》を隠して思いをうたに託す。源氏の贈歌とともに全体の巻名である「澪標」をみちびく、いわば表題作であるから、その点でも秀歌であることはうごかない。

カズナラデ、ナニハ、コトモ、カヒナキニ、ナド、といった「な」音や「か」音や「に」音やの同音やその系列の音をかさねてゆくことは日本語の詩としてこころよさを産む。「ならで」「何は」「なきに」と、否定や否定に準じる表現をかさねるところには非充足の美感がある。また「思ひそめけむ」にこもる哀切さがある。そして特に注意されるのが、「なには」と「みをつくし」という二つの歌語を二句めと四句めとに配置するたしかさだろう。

さて、そのあとにつぎの一首がある。

うたをどう詠んでもよい、という前提からは、あやうい自由さのある詠み方であり、秀歌とは到底、言えなくとも、前歌に応えようとしている、と一応評価できるかもしれない。しかし独詠歌であり、源氏のうたならばもうすこし内省的な詠み方であるべき場所ではないか。明石の君のうたからの落差は覆いようがなかろう。

　露けさのむかしに似《に》たる旅《たび》ごろも。田蓑《たみの》の島《しま》の名《な》には（—難波）—かくれず　（同）

このうたには、先行する、貫之の「雨により—田蓑の島を、今日ゆけど、名には—隠れぬものにぞ—ありける」（『古今和歌集』雑上、十七-九一八歌）（『拾遺和歌集』にも「雨により—田蓑の島を、分けゆけど、名には—隠れぬものにぞ—ありける」《別、六-三四三歌》として重出）といううたがあって、これにしばられているか、これから出ようとしているか、意見の分かれるところだろう。小町谷照彦氏によって、「この本歌を前提とするかぎり、光源氏の独詠の下句の発想は感情を盛り込む類型的な形式をふまえたものとなり、趣向が際立ちすぎることはない(4)」と言われるところにしたがえば、貫之のうたを先行とすることによってなりたつうたとなる。

もう一度書いてみる。

　露けさのむかしに似《に》たる旅《たび》ごろも。田蓑《たみの》の島《しま》の名《な》には—かくれず

どうにも重たい、という難点を避けきれない。さきに見た、明石の巻にこれと類似する光源氏のうたがあるから、それとならべてみよう。

（光源氏の返歌、明石入道へ）

　旅《たび》ごろも—うらがなしさに、あかしかね、草の枕は—夢も—むすばず　（明石の巻、二-七〇ページ）

二首を比較すると、相違は、「旅ごろも」の位置がちがう、という見かけのそればかりでなかろう。「旅《たび》ごろも」が、明石の巻歌ではかろやかに、あたかも「うらがなしさ」の「うら」にかかる枕詞でもあるかのように、導入部に位置するのにたいし、澪標の巻歌の場合、歌語として一首の中心部につよく実体的にある。その「旅《たび》ごろも」がつよいうえに、地名歌枕「田蓑《たみの》の島《しま》」もまたごつごつと存在感があって、しかも両者が接するために、そのさかい目からひ

びがはいりそうな、一首がそこから分裂する恐れがある。さらに言ってよければ、「名には」に隠された地名〝難波〟が弱くて、これはマイナスになっているのではないか。

七　絶唱のあと、物語を収める

光源氏のうたであるかどうかを疑うことはむずかしいことで、古来、源氏の君歌としてある。

（『岷江入楚』十四、澪標）

露けさのむかしに似たる旅衣たみの、島の名にはかくれず

河花 古今「雨によりたみの、島をけふゆけば名にはかくれぬ物にぞ有ける

弄 名にはかくれず　難波をよそへたり。雨によりの歌によそへる也。私、明石にての事などを折ふし参り逢たるに覚し出られて、露けさのむかしに似たるとよみ給ふにや。

と、古くから源氏のうたであることを疑わない。

凡庸な作歌だから光源氏のうたではあるまい、という推定はできない。すぐれた詠み手であっても、凡庸なうたに甘んじるときには甘んじる。逆に凡庸な詠み手が、だいじな場面でせいいっぱいの秀歌を詠まないことがあろうか。作者は場面ごとに、うたのよしあしを書きわけ書きわけして、作品をうごかしすすめる。

これにさき立つ歌群から注目してみよう。

明石の君たちが、願解きのために住吉の神に詣でようとすると、一足さきにやってきた光源氏の一行が、盛大に社頭を占めている。

（惟光）

(1)　住吉《すみよし》の松《まつ》こそ―ものは―かなしけれ。神世のことを、かけて思《おも》へば　（澪標の巻、二―一一五ページ）

みぎは惟光という、源氏にしたしく仕える、乳母子でもある中流クラスの作歌で、源氏の須磨、明石流浪のとき苦難をともにした腹心として知られる。

（光源氏の返歌、惟光へ）

(2)　あらかりし波《なみ》のまよひに、住吉《よし》の神をば―かけて忘《わす》れやは―する　（同）

みぎが源氏の返歌で、惟光へ応えるのにはこの程度のうたを、ということだろう。

明石の君たちは、帰ることもならず、難波に船をさしとめて、祓えだけでもしようと思う。すると、住吉参詣を終えた源氏の一行が、こんどは難波へ祓えをしにやってきて、明石の一行がここにきていることを知る。源氏は「いまはた同じ難波なる」という、よく知られる『百人一首』にも採録される元良親王のうたを思わず口ずさむ。おなじ難波に明石たちもわれも来あわせてあることの思いをそこににじませる。

気をきかせた惟光がさっとさしだす筆記用具で、畳紙に書いた源氏のうたは、

（光源氏の贈歌、明石の君へ）

(3)　みをつくし―恋《こ》ふるしるしに、こゝまでも―めぐりあひけるえには―深《ふか》しな　（同）

という、巻名の「澪標」をみちびくいくつかの作歌の一つであるこれは、光源氏のそれであることがはっきりわかる一首としてある。

このうたが、しもびとの手をへて明石の君へわたると、思いにたえず、ほろほろと泣いてしまう。(3)「みをつくし」歌への返歌が、

（明石の君の返歌、光源氏へ）

(4) 数《かず》ならで、なには(―難波)のことも―かひなきに、などみをつくし、思《おも》ひそめけむ　(二―一一六ページ)

という、秀歌の名をほしいままにする明石の君のうたで、この返歌を絶唱とわれわれは評して不足がない。田蓑の島での祓えのものにつけて明石の君はこのうたをたてまつる。「なには」に地名を隠す。

このうたが返されて、源氏はもう、たったいま、ゆるされることなら明石の君を、ここで人目もつつまず抱きたいとさえ思う。それぐらい、源氏を感激させる、もう一度言う、絶唱としてこの「数《かず》ならで」歌はある。

その直後にくだんの、

(5) 露けさのむかしに似《に》たる旅《たび》ごろも。田《た》蓑《みの》の島《しま》の名《な》には―かくれず

が置かれる。

思うに、(3)「みをつくし」歌、(4)「数《かず》ならで」という達成された贈答の高さにたいして、(5)「露けさの」歌がすこし重たげに程度をさげながら場面を収めてゆく、という効果を見のがすべきではなかろう。正直言って、この(5)「露けさの」歌が、惟光らによる唱和歌ではないか、とする一案を考えないではない。けれども、田蓑の島での明石の君の祓えのものを眼前にして詠む、というモチーフとしてなら、源氏の君の作歌でないとも言いにくいことで、迷うもののやはり源氏の君歌であろうと思い直すほかない。

注

（1）滝沢貞夫、『国語と国文学』一九七三《昭和四十八》年一月。
（2）藤井貞和『物語文学成立史』東京大学出版会、一九八七《昭和六十二》年、一四九ページ以下。
（3）藤井貞和「うたの挫折――明石の君試論」。→前節注1。
（4）小町谷照彦『源氏物語の歌ことば表現』東京大学出版会、一九八四《昭和五十九》年、一五二ページ。

第三節　物語文学と和歌生活

一　うたう「うた」

『源氏物語』をはじめとして、物語文学が、作品のなかに、和歌をふくまない場合はないといってよい。最初の物語文学とされる『竹取物語』には十五首、『うつほ』に見ると九百八十五首あり、当の『源氏物語』は七百九十五首をかぞえるとされる。『落窪』にはすくないものの、それでも七十首余がある。また『伊勢物語』や『大和物語』などの歌物語のすべてが多くの和歌を擁してなる。

しかし和歌には、うたうそれと、うたわないそれとがあった。五七五七七短歌形式のうたの多くは、言うならば詩(poem)であって、歌謡(唄、song)ではない。うたわれず、詠むこと、口ずさむことをもっぱらとし、紙のうえに書かれて作られることもすくなくない。

五七五七七をうたうという場合は『源氏物語』の若紫の巻その他にすこしあって、その若紫の巻というのは、光源氏が女の家のまえを通るところに、

(前渡り、光源氏の作歌)

門《かど》うちたゝかせ給へど、聞《き》きつくる人《ひと》なし。かひなくて、御供《とも》に声《こゑ》ある人して歌《うた》はせ給ふ。

あさぼらけ、霧立《きりた》つ空の—まよひにも—行過《(ゆき)す》ぎがたき妹《いも》が門《かど》かな

と二返《ふたかへり》ばかり歌《うた》ひたるに、……　(若紫の巻、一‐一八七ページ)

とある。つまり、明け方、源氏の君は、あるかよい所の前渡りに、門をたたかせると、返事がないので、供の声ある人してこれを「歌《うた》はせ給ふ」とある。それを二返りうたいいれる。

みぎへの返歌は「言《い》ひかけ」る、というので、もううたわれない。

（女の返歌）

……よしある下仕《しもづか》ひを出《い》だして、

立《た》ちとまり、霧《きり》のまがきの過《す》ぎうくは――草の戸ざしに障《さは》りしも――せじ

と言《い》ひかけて入《いり》ぬ。（同）

贈る「あさぼらけ」歌のみが、めずらしいうたうたとしてある。「あさぼらけ」歌は作られたうたであるにもかかわらず、うたわれるためのそれらしい詠みぶりであることに注意したい。「行《ゆき》過《す》ぎがたき妹《いも》が門《かど》かな」とは催馬楽「妹が門」をふまえ、素通りしにくい恋人の家よな、とうたう。大きな美声で家へうたいいれるためにはこんな大らかなうたをよしとするのだろう。

『竹取物語』の求婚者たちは、日が暮れるほどにあつまると、

あるいは笛を吹き、あるいは歌をうたひ、あるいは唱歌をし、あるいはうそぶき、扇を鳴らしなどするに、……

（『竹取物語』）

ということをする。ここの「歌をうた」う、というのはうたううたを演唱することを言う。証拠はないが、『源氏物語』若紫の巻にみられるように、かれら『竹取物語』の求婚者たちもまた五七五七七をうたったのかもしれない。「唱歌」をする、というのは暗譜を声にすること、うそぶくというのは口笛らしい。求婚者たちは女の家のそとでしきりに音を立てて気を引こうとする。

以上のような音楽的なうた、つまりうたうそれの基準を、古代歌謡やおもろなどにもとめると、いくつかの条件にふれることができる。

(1)「ふし名」や歌謡名をもつ。[1]

(2) 装飾音韻をもつ。[2]

(3) 繰り返しをもつ。

『古事記』の歌謡にみると、そのほとんどはうたわれるうたとしてあり、[3]いかにも古代歌謡というのにふさわしい状態であって、五七五七七の場合も多い。

(4) うたわれる場所、状態、時日がある。

という条件をもあげておきたい。

和歌を贈答するというのは、みぎのうたううたの場合とちがって、手紙や伝言などで五七五七七の作歌をあいてに伝え、またあいてから返される、というやりとりとしてある。歌謡のような歌声をともなわず、したがって「うたふ」とは言われない。返事のうたをもらえなければ、くりかえしてうたを贈り、ついにそれきりに終わることもある。「文を書きてやれども、返事《かへりこと》もせず、わび歌など書きておこすれども、かひなしと思へど……」(『竹取物語』)とあるのはそれきりで終わりそうな場合。

うたわないうたは、みぎにあげたうたううたの諸条件のいくつかを欠き、うたううたの代用や、音楽の経済化、説話への取りくみ、創作文学性の発展など、考えられるいくらもの理由によってひろがった。うたううたと言ううたとの区別のようなものはどんな社会にもあることらしく、[4]その社会での文字の有無により生じた区分とみることはとりあえず当たりそうにない。

『万葉集』などでみると、うたは多くうたわれないそれらであり、『古今和歌集』のなかのうたもまた、巻二十などを除いてほぼうたわれない。特殊な条件下においてうたわれるのがあるということらしく、絶対大多数は『源氏物語』なら『源氏物語』にみるとうたわれない五七五七七としてある。

二　贈答歌の性格

五七五七七は、一般にならうたわないうた、言ううた、詠むうたであって、しかも「うた」と言いならわす。声には出すから、競いあう才能があるとするると、美声や節まわしのおもしろさをもとめることはあってよい。しかし言ううたや詠むうたの場合には、おのずから歌意や詠みぶりのよしあしに次第に重きがおかれるようになろう、という見当がつけられる。詠み手の個性が競いあうというように言えるかもしれない。

多くが贈答歌のようであるのは、物語がそれの産みだされた社会背景としての和歌生活(5)の描写であることに多くを負う。反面に、独詠は物語の主人公たちの孤独な心理をかたどる要素をなして、口ずさむという場合や手習にする場合がある。

（薫の贈歌、中の君へ）

見《み》し人の形代《かたしろ》ならば、身にそへて、恋しき瀬々《せ（ぜ）》のなで物にせむ　（東屋の巻、五-一五〇ページ）

男君は、例の、たわむれに言いなしてまぎらわす。つまり愛撫する「なで物」というのはうたのうえでの冗談である、と。男のうたは「恋しき瀬々《せ（ぜ）》」というのも、大い君を恋しくなるおりおりというほどの表面の意味をはずさない。この典型的な、欲望すれすれであるかのように詠む男うたは、むろん中の君の返歌を引きだしやすくする技巧かとみよう。死んだ女が恋しくなるときどきに撫でさするための代わりの女という露骨な感じは、たわむれの詠み口だとしたら中の君は返しをしやすい。

(中の君の返歌)

みそぎ川、瀬《せ》ゝ《(ぜ)》にいださんなで物を、身にそふ影と、たれか―頼《たの》まん　(同)

女の返歌は文字通り、みそぎ川の「なで物」(からだを撫でてから河に流す人形)の意味にとりなおして、男うたを非難してみせる。典型的な〝女歌〟[6]で切り返すという方法だろう。よい呼吸の雰囲気で交わされるこうした贈答は、みごとに個性をわかちあい、なつかしさの雰囲気がそこにただよって、詩的生活としてのかれらの刻々がそこに印象づけられる。

和歌の実用性の側面、つまり会話の機能[7]の呼びこまれることが、物語の叙述の進行上、不可欠であったという、贈答歌[8]の性格からの要請が和歌を作品のなかにあふれさせる原因のひとつであった、ということをおさえよう。

そもそも『万葉集』が贈答のうたらしきものを満載する。いわゆる〝相聞〟という語からして、相聞往来などといわれるように、手紙や伝言などのやりとりを意味する言葉らしく、恋歌でない〝相聞〟歌がたくさんあることはそのうごかない証拠としてある。[9]

『万葉集』の和歌がどのようなシチュエーションで詠まれるかを見ると、大多数が、はなれている関係の人間同士のやりとりとしてある。つまり声をかけられない距離が介在する限りで和歌が必要であった。

このことは物語文学のなかのシチュエーションにも、ある程度あてはまる。つまり和歌は、実用的に、人と人とのあいだ、とくに愛人同士を媒介する具として、それなしには恋愛その他の交際や結婚がありえぬほどの、一種の対話、会話をそこに成立させる重要なメディアとしてある。現実上においてももちろんのこと、物語文学のなかでも事情はまずもっておなじことで、女歌の機能[10]ということにからみ、そのことが注意されてきた。しかしながら、会話の機能にそれが奉仕させられるからといえ、厳密には、抒情的な詩を会話の場にもたらすことによって会話以上のものを現出させることができる、ということを要点とするらしい。

とともに、物語文学のなかでは、すぐ近くにいる、または向きあう男女なら男女のあいだに和歌が積極的に交わされる、ということがある。実際に届きあう声をともない、しかも作品としては個性がもとめられる、という絶妙の距離感覚で物語歌どもが量産される。それをしも詩的機能の実用化がそこにもとめられた、というべきだろう。物語文学はとくにその詩的機微を叙述の進行のかなめとする。

三　和歌および和歌的表現の利用

和歌の言語は物語のなかで、五七五七七を詠む場合にとどまらず、地の文や会話文などでの引き歌のたぐい、あるいはそことさし示すことができなくても、和歌的発想のうち沈められる場合において広く見られる。たとえば篝火の巻にある、

（源氏、玉鬘と語らう）

五六日の夕月夜《づくよ》はとく入《い》りて、すこし雲隠《くもかく》るゝけしき、お《(を)》ぎのを《(お)》ともやう〳〵あはれなる程になりにけり。（篝火の巻、三―三〇ページ）

を取りあげている小町谷照彦氏[11]によると、古今／後撰のうたによって夕月夜には〝おぼつかなし〟という印象があり、また空に雲がかかることから、女主人公玉鬘への手ごたえのない愛を表現し、荻の音は『後撰和歌集』のうたや和泉式部のそれによって、待つ人が来ず満たされない愛の苦悩、煩悶という印象があり、それらによって飽き足らぬ玉鬘への思いが表現される、という。

引き歌の方法は「ふること」と言われる古歌の朗唱や、また引詩としても見られる。

（冷泉帝の言種）

「赤裳《あかも》垂《た》れ引《ひ》きいにしすがたを」と、にくげなる古言《ふること》なれど、御言種《ことくさ》になりてなむながめさせ給《たまひ》ける。（真木柱の巻、三‐一四一ページ）

（五月雨の夜に）

「窓《まど》を打《う》つ声《こゑ》」など、めづらしからぬ古言《ふること》をうち誦《ず》じ給へるも、おりから《を》にや、妹《いも》が垣根《かきね》にをと《お》なはせまほしき御声なり。（幻の巻、四‐一九九ページ）

そのような技巧を読みとる読者がわからの知識による協力ということは、物語文学のうちで、『源氏物語』などにおいて高い水準をなす。『源氏物語』は和歌的表現に関する限り、底無しのように深くて、読者をいくらかでも不安にさせる。そういうことをほぼ要求しない、たとえば『落窪』は読みやすくしたしまれやすい。うたの祭典のような物語舞台、ということにもここで言いふれておく。『うつほ』には、一千首近いおびただしい和歌をかぞえる、ただならなさがある。『うつほ』の散文性はまさに野放図に和歌を飲みこむウワバミ式のそれであろう。

藤原君の巻に、春宮から、

（『うつほ』藤原君の巻）

思ひきや。わが待つ人は―よそながら、たなばたつめの逢ふを見むとは

といううたがとどけられる。大宮が返りをしたためる。

七夕は―すぐさぬものを、姫松の色づく秋のなきや―何なり

と。春宮のうたを大宮があて宮にとどけるにあたって添える。

巣守り子と思ひしものを、ひな鳥の、ゆふつくるまで、なりにけるかな

あて宮がこのうたを仁寿殿女御にみせる。すると女御は、

珍しく、かへる巣守りの、いかでかは―ゆふつけそむる人も―なからむ

と詠む。

こんな調子で、うたの羅列が以下に延々とつづく。七夕のうたのやりとりがはなやかな貴族生活の一環としてつづけられるその華麗さを、省略することなく書きつづけて倦まないそのリアリズム、散文精神。それは『落窪』にも見られて、「うるさければ書かず」などと断っておきながら、屏風歌を、一月、

(『落窪』巻三)

朝ぼらけ、霞みて見ゆる吉野山。春や―夜の間に越えて来つらん

以下、二月、三月……と十二月まで書いてのける。物語の叙述がけっしてこれによって中断されたわけではない。この屏風歌が物語のなかの事実としてそのままに描かれることはリアリズムなのだろう。

注

(1)　藤井貞和「謡う歌、語らぬ語り」『口承文藝研究』十二、一九八九《平成元》年三月、同『「おもいまつがね」は歌う歌か』新典社、一九九〇《平成二》年。

(2)　意味音韻／装飾音韻の対立を考える。

(3)　↓注1。

(4)　川田順造「口頭伝承論」一(『社会史研究』二、一九八三《昭和五十八》年、『口頭伝承論』河出書房新社、一九九二《平成

四》年）に、興味深い事例として、はなしのなかでのうたのメッセージは、地の部分で「蛙（その他）はこう言った」と表現されており、つまり「言う」行為としてとらえられていて、「うたう」とはみなされていない、というのがある（『口頭伝承論』七八ページ）。

（5）「和歌」という言い方は『源氏物語』に一例ある。大夫監が「この和歌は仕《つか》うまつりたりとなむ思ひ給《たまふ》る」（玉鬘の巻、二-三四〇ページ）という。和歌は「うた」と単に言うほかに、「山《やま》とうた」（行幸の巻、三-八四ページ）、「やまとうた」（総角の巻、四-四三七ページ）、「やまとことば」（東屋の巻、五-一八三ページ）、「やまとことのは」（桐壺の巻、一-一五ページ、薄雲の巻、二-二四二ページ）という言いまわしが見え、別に「ふること」と称して古歌や古詩を意味する例は多い（省略する）。「ながうた」という語が二例ある（行幸の巻、三-八四ページ、若菜上の巻、三-二八五ページ）のは、短歌のことを言う、とする説と、いわゆる五七五七……七七の長歌を言う、とする説とがある。

（6）女歌という語は、言いだした折口信夫の場合、女性差別の発想を色濃く有しており、注意を要する。注10を参照のこと。なお藤井貞和「物語に語り手がいなければならない理由」（『国語と国文学』一九九八《平成十》年八月）に折口批判について述べるところがある。

（7）時枝誠記に『古典解釈のための日本文法』（至文堂、一九五〇《昭和二十五》年）以来いくつかの論文がある。参照、鈴木日出男『古代和歌史論』東京大学出版会、一九九〇《平成二》年、第五篇第一章。

（8）なお贈答歌のほかに、三人以上で詠みあう場合を特に「唱和」ということがある。竹河の巻に六人による連作的な場合が見られる。唱和歌については、参照、小町谷照彦「唱和歌の表現性」『源氏物語の歌ことば表現』東京大学出版会、一九八四《昭和五十九》年。

また連歌式という展開もありうる。『落窪』（巻二）の一例に、女君が、灰に、

はかなくて消えなましかば、思ふとも──

と書くと、男君が、

言はでを恋に身をこがれまし

とつづけ、ついで男君は「埋み火の—生きてうれし、と思ふには—わがふところにいだきてぞ—寝《ぬ》る」と書いて、女君をかき抱いて寝る、というところがある。

(9)「相聞」がけっして恋愛歌でなかったことについては、参照、藤井貞和『詩の分析と物語状分析』若草書房、一九九九《平成十一》年、三二〇ページ以下など。

(10)男のうたの積極性にたいして、女のそれがそれを跳ね返し、切り返し、あるいははぐらかすことを特徴とすることを言う。折口信夫はそこに媚びがあると言い、女のうたの誠実さを疑う論文をいくつも書いた。『万葉集』にみると、女から積極的にうたを男に詠みかけるケースがけっしてすくなくないから、折口説はかならずしもなりたつと言えない。女歌については、参照、鈴木日出男『古代和歌史論』(→注7)、序の第三章ほか。

(11)小町谷照彦『源氏物語の歌ことば表現』(→注8)、二一七ページ。

第二章　雨夜のしな定めと蛍の巻の〝物語論〞

第一節　雨夜のしな定めから蛍の巻の〝物語論〞へ

一　モノガタリの夜

モノガタリは雑談、談話を意味する。モノガタリをする日、モノガタリをする夜がやってくると、世間話や、内外の興味ぶかい伝聞がさまざまに語られた。世説、ハナシ、説話と言いかえてもよい。説話のことを一般に平安時代以後、モノガタリと言いならわす。昔話や、作り物語も享受されたし、専門の徒に語り物を語らせることもあった。それらはすべてモノガタリとする。(1)それらを語りあかす夜や、語りくらす一日がきまっていた。三谷栄一氏の『物語文学史論(2)』がくわしくその実態を明らかにしてきた。

昔話は、神話なるものが聖なる場所と日時とにおいて厳重に伝承されるのにたいして、その神話の内容を、場所や日時を変えても語ってよいようにした語りあるいははなしで、それでも神話の約束ごとを色濃くのこす。三谷氏によると、正月のコトハジメの日に昔話が語られた。正月の神として祖霊が家や集落に来ている期間であった。あるいは五月のあるきまった日に昔話を語る。田植えのちょうど終わる日ごろ、祖霊に豊年を祈願する(—予祝の)重要なおりめであったかと思われる。五月は一年のうちで恐れられる期間のひとつであった印象が深い。祖霊は強力な神威、悪霊とも見紛《まご》うおそろしさでひとびとの生活領域へ接近してくる。祖霊が守護神であると同時に下罰神でもある両義的存在であることはあまたの例を引くまでもない。ひとびとは厳重な物忌みに服さなければならない。庚申の夜、眠らず、語りあかさなければならないという習俗には古代心意がのこされていよう。

作り物語もまた、モノガタリとして、そのような特定の夜、特定の日の心意から、まったく自由なところで作られたり、享受されたりした、とは言いきれないのではないか。有名な禖子内親王家の天喜三年の物語合せは五月三日庚申の夜のことであった。このことについても三谷氏にくわしい。[3] さて、『源氏物語』のなか、帚木の巻の前半、いわゆる雨夜のしな定めの部分は、当時のモノガタリの状況をよく伝えると判断される貴重な場面であることを、まずおさえておく。それは「長雨晴《ながあめは》れ間《ま》なきころ、内の御物忌《ものいみ》さしつゞきて、いとゞ長《なが》ゐさぶらひ給《(たまふ)》」(帚木の巻、一－二二ページ)夜のことで、長雨とは五月雨《さみだれ》だろう。それから、この雨夜のしな定めと密接な関係にあることを私の後述しようとしている、蛍の巻のいわゆる物語論の箇所も、「長雨例《ながあめれい》の年《とし》よりもいたくして、晴《は》るゝ方《かた》なくつれ〴〵な」(蛍の巻、二－四二七ページ)るころ、と、これははっきり五月雨だという。[4] モノガタリの日あるいは夜という、古代心意のなかから平安時代の作り物語が産みだされ、享受される一面をこれらの記事ははからずも伝える。

もちろんあらゆる平安物語に適用して言えることではなかろう。さしあたり、『源氏物語』の発生的場面ともいうべき、雨夜のしな定めの箇所が、(五月の)長雨に降りこめられた物忌みの夜、モノガタリを語りあかすこと[5]で時間を超えてゆくという基本の構造を提示していることに注目する。雨夜のしな定めや、それに十数巻をへだてて密接に後続する(蛍の巻の)物語論なるものが、一見、斬新な文学観や思想をはらむように見え、また事実、斬新な文学観や思想をふくんでいることを否定できないにしても、それは古代心意をゆたゆたとたたえるモノガタリの現場において、登場人物たちの口を通して語られる。雨夜のしな定めや〝物語論〟の、いわば古代性と新しさとを、古代物語の論理に即して測ってみたいので、いきなり近代の虚構論に照らして文学観や思想の新しさと限界とを指摘するといった作業はつつしみたいというのが本節の趣意となる。

二 体験談の〝志怪〟

雨夜のしな定めのなか、光源氏を除く三人の男性が、それぞれ体験談をモノガタリする。藤式部丞が語るかしこき女のためしは、あまりにも荒唐無稽というか、できすぎたはなしというか、すっかり君達の失笑をかってしまう。もちろん藤式部丞はそんな〝失笑〟まで計算に入れて語る。事実談として語ったのか、作りばなしなのかは問題でない。モノガタリの本領は無責任であって、作りばなしを事実談のように語りなすことが眼目としてある。君達は藤式部丞のはなしを「あさまし」(=あきれたよ)と思い、「そらごと」(=うそっぱち)と失笑する。そして非難のしぐさであるつまはじきをしながら、

(君達の〝非難〟)

いづこのさる女かあるべき。おひ《い》らかに鬼《おに》とこそ向《む》かひゐたらめ。むくつけき事。(帚木の巻、一－五九ページ)

と式部丞を〝あはめ(=軽蔑し)にく〟んだという。式部丞のはなしは大成功であった。ところでみぎの〝非難〟の、「……おひ《い》らかに鬼《おに》とこそ向《む》かひゐたらめ」とはどんな意味であるか。角川文庫の口語訳からそのあたりをぬき出してみれば——

そんな女を相手にするくらいなら、おとなしく鬼とさしむかいでいようよ。

とある。以前の注釈から現代の注釈までこれと大同小異で、「……おとなしく鬼とでも差向いでいるほうがましだ」(全集、口語訳)という意味にとっている。しかし、ここの「こそ―たらめ」のかたちに勧誘のニュアンスを読みとることには、どうもためらいをおぼえる。かれらの会話の真意はこうだったろうという臆測をするばかりだが、「……

何も知らずにもののけと向きあっていたのだろうよ」という意味なのではないか。藤式部丞のおこな話題を頭中将たちが〝非難〟し、まぜかえす場面で、「おにと向きあっているほうがましだ」というのではいかにも皮肉がきかない。「気がつかないで女のもののけとつきあっていたんだろう」ぐらいならば落ちになる。従来の解釈にはなお難点がいくつかありそうだ。「おいらかに」の意味が曖昧にすぎる。それから「鬼《おに》」が何であるかを言いあてていない。「鬼《おに》」はそのまま幽霊、もののけを意味する。諸注の口語訳などに、言いかえることなく鬼とするのは、不親切というより誤訳に近い。「おいらかに」は古注でも意義をいろいろと推測する。けれどもこの「おひ《(い)》らかに鬼《おに》とこそ向《む》かひゐたらめ」の用例が、端的に「おいらかに」の語感をあらわしているので、相手がもののけであることに気づかないで……、という無邪気な鷹揚さが「おいらか」であった。「おひ《(い)》らかに鬼《おに》とこそ向《む》かひゐたらめ」は、君達が式部丞に、おまえは気づきもしないで、もののけの女を相手にしていたのだろう、とからかう感じで、そう解釈することによってはじめて「……むくつけき事」が生きてくる。気味が悪い、というので、むくつけしという語はまさにもののけに出会ったときなどの気味わるさをあらわすことばであった。

　さてみぎの臆説が、たとい不当であっても、つぎのことは言えよう。私の言いたいことは、三人の男性が、式部丞を〝非難〟して、もののけの女とつきあっていたのだろう(あるいは従来の解釈にしたがうならば、——もののけの女とあそぶほうがまだましだよ)とまぜかえしたとき、かれらの知識のなかに、やはり、中国小説の志怪の印象があったろう、ということに尽きる。一体、中国六朝から唐代にかけて志怪(＝怪異を誌す)が大流行を見た。中国で鬼とは、死霊ないし幽魂という意味で、厖大な志怪小説の中心人物たち(?)はかれら死霊、つまりもののけであった。死霊である霊界の美女と、知らずに夫婦のちぎりを結ぶというはなしは、近世の『雨月物語』経由でわれわれにしたしく、それの原話が中国種であることもよく知られる。唐代伝奇といわれる述作のなかにも志怪は多い。雨夜のしな定めで君達が円居《まどい》して語りあうという構造、とくに語りあうかれらを描写しつつ、語られるそれぞれのモノガタリの内容をも読者に伝える、という方法は、六朝の時代になかった唐代伝奇の新しい形式にかようものがある。伝奇そして志怪の世界を平安時代人は知っていたにちがいない。[6] 雨夜のしな定めで、かれらが志怪のたぐいを、語りこそしなくとも、思いうかべていたとみて大過ない。『集異記』(薛用弱、九世紀)に、水汲みの娘とちぎったのが、ある晩、あかりを持ったまま寝室にはいって見ると白骨であったとか(『太平広記』三六四)、白衣の美女と交じわったのは百合《ゆり》の精《せい》であったとか[7](同、四一七)、同種の志怪はいくらでもあるのではなかろうか。志怪は本邦でも『善家秘記』『紀家怪異録』が編纂されて知られる。『日本霊異記』もある意味で志怪であった。雨夜のしな定め以下の叙述に、それら志怪の印象が思いうかべられたとして不思議ではない。雨夜のしな定めに連続する物語に、霊界の美女があらわれて夕顔をとり殺してしまうはなしは、この志怪の線に沿ってはじめて理解が届く。[8]『源氏物語』の本伝系にあらわれるもののけ、いわゆる六条御息所の生き霊や死霊と、別伝系(帚木系)に出てくるもののけとは、まったく印象がちがう、という感じを持たされる、それは出自のちがい、一方が志怪の印象からもたらされた性格だからではないかと考えられる。

三　評論とモノガタリ性と

藤式部丞の語るかしこき女(―博士家の女)のエピソードに、女の親が聞きつけて、盃を持ちだし、「わが両《ふた》つの途《みち》歌《うた》ふを聴《き》け」(帚木の巻、一 - 五七ページ)といって聞かせた、というのは『白氏文集』秦中吟のなか、「議婚」の一句で、雨夜のしな定め全体の背景にこの「議婚」一編を敷いて読んでみようとする意見に、古沢未知男氏の研究がある。[9] 雨夜のしな定めに実意第一主義の主張を読む氏の所論にはしたがえないにせよ、「議婚」一編が何らかのかたちで雨夜のしな定め全体に投影しているのではないか、という問題の当否は、依然として検討にあたいする。

……主人良媒ヲ会ス、置酒シテ玉壺ニ満ツ、四座且《シバラ》ク飲ムコト勿レ、我ガ両ツノ途歌フヲ聴ケ、富家ノ女ハ嫁シ易シ、嫁スルコト早ケレドモ其ノ夫ヲ軽ンズ、貧家ノ女ハ嫁シ難シ、嫁スルコト晩ケレドモ姑ニ孝ナリ、……（「議婚」、原漢文《部分》）

傍線部分にとどまらず、婚を議するという一編全体の趣旨が〝投影〟するのだという。しかし雨夜のしな定めを、何らかの評論のような性格として読もうとするとき、私どもは大きな何か、創作の秘密に属する何ものかを見落としてしまうことになるのではないか。近代の国文学者藤岡作太郎が、「雨夜の品定が源氏一篇の総評ともいふべきは論なし」[(10)]と、『源氏物語』の本意を婦人の評論であるとしていることは有名であるものの、「論なし」どころか大いに異議がある。雨夜のしな定めが、何かの評論のように、最初に構想があって、たとえば実意を宣揚するといった意図があって、「議婚」などを背景にしながら執筆された、などとは到底、考えることができない。雨夜のしな定めが何であるかということは、虚構のしかた、方法の問題としてみられるのがよい。雨夜のしな定めのなかにわれわれが〝評論〟を読みとることができるとしても、作家が物語の展開のさなかに位置づけるそれを、われわれはあくまで物語される範囲で読むようにしたい。

手っとりばやくいうと、雨夜のしな定めのなかで左馬頭の論じた主婦論とでもいうべき部分[(11)]は、儒教の素養もあり、学問もある男性貴族のそれとして描かれているので、かれらのモノガタリならばこれぐらいの議論は展開することだろうというほどの、これは一種の描写だ。作家の思考はそこに賭けられるので、描写以前に評論があるわけでない。むしろここで必要な予断を凝らすとすれば、純粋に儒教的な理想の主婦論は、制度としてのポリガミー、一夫多妻と矛盾せざるをえない、ということがある。だから現実そのものが、中国でも日本でも、正妻と側妻という妥協を用意して矛盾を回避しようとする。左馬頭の意見はそれならば正妻主義とでも称すべき思想であろうか。しかしながら左馬頭そのひとが、そのあたりの焦点をしぼりかねているといわざるをえない。理想主義と現実主義とのあわいを揺れてかれは話題をすすめてゆく。「議婚」の評論を知らなかったはずはない。知らないはずはないという意味で、登場人物たちの討論の場所を、それはぼんやりと照明する。けれども「議婚」が持ちこまれたらまったく滑稽をきわめる。そして雨夜のしな定めにそれが生まな状態で持ちこまれることで、みごとに滑稽譚をつくりだしたのが前述の藤式部丞のはなしであった。

　左馬頭は、一般論を超えて、さらに比喩を弄し、具体例に立ちいって議論をおしすすめてゆかなければならない。その構造は法華経の三周説法によるといわれる。(12) 三周説法によってこれを構想したかどうか、そんなことはわからない。ただし構造の類似によって作家が三周説法をはっきり意識していた、とはいえることだろう。

四　昔物語の批評

　一般論の「いまは、たゞ品《しな》にも寄《よ》らじ、かたちをばさらにも言《い》はじ。……」(帚木の巻、一 - 四一ページ)以下、左馬頭が本格的に論を展開しはじめた。「艶《えん》にものはぢして、うらみ言《い》ふべきことをも見知《みし》らぬさまに忍《しの》びて、上《うへ》はつれなくみさををづくり、心《こゝろ》ひとつに思《(おもひ)》あまる時は、言《い》はん方《かた》なくすごき言《こと》の葉《は》、あはれなる歌《うた》を詠《よ》みを《(お)》き、しのばるべき形見《かたみ》をとゞめて、深《ふか》き山里《ざと》、世離《ばな》れたる海《うみ》づらなどにはひ隠《かく》れぬるおり《(を)》」(同)といわれる女のタイプが、どうやら昔物語のなかで育てられてきた女主人公たちを思いうかべるそれらしいことに注意しよう。というのは、つづけて「童《わらは》に侍《(はべり)》しとき、女房などの物語《がたり》読《よ》みしを聞《き》きて、いとあはれにかなしく心深《ふか》きことかな、と涙をさへなん落《お》とし侍《(はべり)》し」(一 - 四一～四二ページ)と言う。こどものころ、作り物語を女房らが読んで聞かせてくれた、それら作り物語の女主人公たちを左馬頭は思いだしているのだ。「いま思《おもふ》には、いと軽《かる》〲しくことさらびたる事也《なり》」(一-四二ページ)とかれが批評しているのは、女主人公の行為をであって、物語そのものを、軽薄だ、わざとらしいと批判したのとちがう。このような女主人公の形象は物語が産みだしたものであること、そして彼女の態度を、こども心には「心深」いと思い、大人は〝軽薄だ〟と思うにしても、物語がそのような女性像をつくりだす機能と現実性とは、何ら疑われていない。「深《ふか》き山里《ざと》、世離《ばな》れたる海《うみ》づら」と、対句になっているから、具体的な作り物語をさして言われているわけではなかろう。とにかくに先行物語のはらむ人物造型を背景として左馬頭の批評がおこなわれるという図としてある。

作家はこのような書き方を通じて、昔物語というもの、またそれが産みだした主人公や女主人公のさまざまな形象を、自分の文章のうえで、自分の想像力を通して深く考察せざるをえない。以下、男の心を見ようとして逃げ隠れ、夫婦の縁が切れてしまう女や、さらにとりかえしのつかない尼すがたになってしまう女、嫉妬をおもてに出して男に反抗する女なども批判される。昔物語に、具体的にこれらの形象があったということではない。『伊勢物語』や『大和物語』その他、散逸物語、またはモノガタリの場所で語られただけで書かれることなく終わった説話や、現代でのいわゆる昔話のたぐいでもよい、それらのなかにさまざまにかたどられてきた女性像にならべて、左馬頭もまたかれなりに抱く女性像をモノガタリする。「つながぬ舟の浮《う》きたるためしもげにあやなし」[13](一-四三ページ)と左馬頭の言う、「ためし」というようにこれはけっして空論でない。こうした女主人公たちが物語のなかだけにいて、現実にない存在である、と作家は言わない。あくまで現実にある、ありうる「ためし」として述べる。それが『源氏物語』の(第二の)[14]冒頭でかえりみられるということが重要であった。

それらは女性像の一般としてある。以下にさまざまに人物をかえ、形象を変えて具体的に作品のなかでさらに追求され、あるいはまたまったく新しい創造を、作家は作品全編にわたって試みてゆくことになる。私がこの雨夜のしな定めに、蛍の巻の〝物語論〟の、いわば第一稿的な、試行のすがたを見よう、と思うのはそのような意味においてであって、登場人物たちのモノガタリがさらにおのおのの体験談へと進展する。

　頭中将の語る体験談はのちに夕顔の巻の女主人公として登場するはなしに発展する。前述した、左馬頭の批判する、「艶《えん》にものはぢして、うらみ言《い》ふべきことをも見知《みし》らぬさまに忍《しの》びて、……心《こゝろ》ひとつに思《(おもひ)》あまる時は、言《い》はん方《かた》なくすごき言《こと》の葉《は》、あはれなる歌《うた》を詠《よ》みを《(お)》き、しのばるべき形見《かたみ》をとゞめて、深《ふか》き山里《ざと》、世離《ばな》れたる海《うみ》づらなどにはひ隠《かく》れぬる」（前引）タイプの女であることは、頭中将そのひとが「これこそのたまへるはかなきためしなめれ」（一－五五ページ）と認める。作家としては左馬頭のモノガタリのなかに端緒を示し、頭中将のモノガタリによって構想をふくらませて、夕顔の巻を用意する。しかもその淵源が昔物語であったことを、頭中将の口をかりて、はからずもあかした。

「……例《れい》のうらもなきものから、いともの思《おも》ひ顔《がほ》にて、荒《あ》れたる家の露しげきをながめて虫《むし》の音《ね》にきほへるけしき、昔《むかし》物語《がたり》めきておぼえ侍《(はべり)》し」（一－五四ページ）、と。

　雨夜のしな定めのなかで、この頭中将の語る常夏の女（―夕顔の女）は、おさない子供がいたことをひとつの動機づけにしている点で、夕顔の巻への展開はもちろんのこと、のちの玉鬘十帖をも構想上の射程に取りこむらしい。ないし玉鬘十帖をたぐりよせずにいない。

五　〝物語論〟への途

　雨夜のしな定めの、書かれている限りでの締めくくりはつぎのような左馬頭の〝評論〟としてある。

（左馬頭の〝結論〟）

　すべて男も女も、わろものはわづかに知《し》れる方《かた》の事を残《のこ》りなく見《み》せ尽《つ》くさむと思へるこそいとお《(ほ)》しけれ。三史五経、道《みち》〳〵しき方《かた》を、明《あき》らかに悟《さと》り明《あ》かさんこそ愛敬《あいぎやう》なからめ、などかは女と言《い》はんからに、世にある事の公《おほやけ》私《わたくし》につけて、むげに知《し》らずいたらずしもあらむ。わざと習《なら》ひまねばねど、すこしもかどあらむ人の、耳《みゝ》にも目《め》にもとまる事自然《じねん》に多《おほ》かるべし。さるまゝには真名《まむな》を走《はし》り書《か》きて、さるまじきどちの女文《ぶみ》になかば過《す》ぎて書《か》きすくめたる、あなうたて、この人のたをやかならましかば、と見《み》えたり。……　（一 - 五九ページ）

〔総じて男も女も、劣る連中はわずかに知っている方面の事柄をのこりなく見せ尽くそうと思っている（のがそれ）こそ（見ていて）つらいよ。三史《史記、漢書、後漢書》、五経《詩経、礼記、春秋、周易、尚書》（といった）道々しい（―学問、道徳、政道などの）方面をくもりなく会得し通暁しよう（とはそれ）こそ愛想のなかろうことで、いくら何でも女（だから）といって世間に存在する事柄の、公私につけて、（漢学関係を）まるでわからない、理解しないでよかろう（こと）か。とりたてて習得せずとも、（漢字漢文が）多少なりとも才能（の）あろうひと（―女性）の、耳にも目にもとまること（は）自然と多かろう。そんな次第で（あるから）は、漢字を走る（かのように）書いて、そうしないはずの女同士の手紙に、半分（を）越えて（漢字を）書き縮めている（のは）、ああいやだ、この人（にしてもっと）たおやか（に書いて）あったら（よいのに）と見られている。〕

女の心得とでもいうべき〝評論〟についての結論をなす。傍点をほどこした「世にある事」の意味限定がむずかしい。女は政治むきや公事に、口だししないのが一般だ、という通念は、『うつほ』や、この『源氏物語』で、しばしばくりかえされる。ここに「世にある事」というのは、政治よりももっと広く、世間、社会一般の事象をさしていよう。公私それぞれについて、世間のできごとを全然わからぬ、できぬでは済まない、と左馬頭がここに言っていることから判断すると、当時、女は世間のできごとなんかわからなくてもよい、という通念もあったのであろう。政治むきのことはもちろん、世間一般のこともできなくてよい、という女子教育の考えが存在していたとすれば、左馬頭はそんな通念を超える考えの持ち主であった。女は、わざわざまなぶことをしなくとも、「世にある事」を目にふれ、耳にふれて知るものだ(―全然そういうことのない女は無才だ)、けれども漢文をさらさら書くのや、手紙に半分以上漢字を使って書くのはああいやだ、とみぎのように言う。

さらに、詠歌にしても、典故をとりこんであるうたを、あいての忙しいときとか、興ざめな状況で詠みかけてくるのは、かえって気がきかない、……すべて知っていようことも知らず顔にもてなし、言いたいことも(十のうち)一つ二つは言わずにいるべきなのだ、という結論で左馬頭は〝評論〟を締めくくってゆく。

結論として、女の理想的な身の処し方というところに落ちついたというより、現実的な次善をえらんだという感がある。かれらの体験談のなかには、そのような、消極的な進退を美徳とする女性はいなかった模様だ。『紫式部日記』の紫式部が、現実的理想的に考えつづけた消極的な進退を美徳とする後宮社会での女性の身の処し方に、それは似かようものがある。みぎの引用のうち、傍線をほどこした部分にいささか注意を向けてみたいので、

三史五経、道《みち》〳〵しき方《かた》を、明《あき》らかに悟《さと》り明《あ》かさむこそ愛敬《あいぎやう》なからめ、

とある、作家の肉声にこれは近いといえるにしても、だからといってここに作家の主張が(左馬頭の口をかりて)おこなわれているという見方を、私は厳重につつしむ。作家のある時期の人生観に近いかたちを左馬頭に代弁させたにしても、左馬頭は、物語のなかの、一登場人物であることを超えた、超越的な評論家であることができない。雨夜のしな定めという討論のなかのひとつの力点でしかない。作家の考えによく似た考えが、物語のなかに、他の考え(や通念)と対立し、許容もする限定的な立場として投げだされたにすぎない。

ここに思いあわせなければならないのが、蛍の巻の〝物語論〟での、つぎのような光源氏のことばだ。すでに作家は夕顔の物語を語りつぐ玉鬘十帖のさなかにさしかかる。

（光源氏の言）

骨《こち》なくも聞《き》こえおとしてけるかな。神代《よ》より世にあることを、記《しる》しを《（お）》きけるななり。日本記《（にほんぎ）》などはたゞかたそばぞかし。これらにこそ道《みち》〳〵しくはしき事はあらめ。（蛍の巻、二‐四三八〜四三九ページ）

〔（私は）無作法にも（物語を悪く）けなして申しあげてしまいましたよなあ。（物語は）神代より（この）世にあることを記録しとどめてきてあることのようだ。国史などはほんの片端であるよ、たしかに。これら（―物語類）にこそ道々しい、こまごまとした事柄はあろうよ。〕

と、一読して、雨夜のしな定めの〝結論〟の部分を、するどく意識しながら書かれてあることがわかる。そして両者を読みくらべてみると、内容に、前者から後者への進展が見られる。さきに述べたように、この蛍の巻の〝物語論〟は雨夜のしな定めと同じ五月雨のなか、そして女にとって物語とは何かを（光源氏と玉鬘とが）討論する場面で、そこに、さきの雨夜のしな定めにおける消極をきわめた女性の身の処し方はすがたを消して、むしろ積極的に、「世にあること」「道《みち》〳〵しくはしき事」をまなぶのに、ほかでもない物語が推奨される。物語こそが神代より世にあることを記しおいてある、ということ、〝日本記〟（―さきに三史五経とあったのに相当する）は一面的で、物語にこそ政教の面から個人の裏面にいたるまで、道ということが描かれていよう、ということ。

この「世にあること」を描く方法として物語がある、という積極的な認識とともに、ここに「神代《よ》より……」というおおげさな表現が異常といえば異常で、光源氏ほどの男が「女ノ御心《みこころ》ヲヤル[15]」物語を論じようとする場合の、照れを感じさせて有効だ。これは礼楽、詩歌の起源を説明するときの常套文句で、物語の起源の説明にそれを援用した表現にほかならない。そのことについては後述しよう。「道《みち》〳〵しくはしき事」というのも効果を狙った表現で、〝日本記〟（や三史五経）かお負けの、ご政道から人の道までが描かれるというおおげさな言いまわしであった。六国史の序を見ればわかるように、「妄誕の語」「瑣詞細語」「尋常の砕事、その米塩たるもの」「細微の常語、麁小の庶幾」（それぞれ六国史の序から）は載せないというのがたてまえで、実際には世説、怪異の記事が頻見されるにしろ、(16)おのずから〝日本記〟の自己限定はあった。

雨夜のしな定めと蛍の巻と、このふたつの場所の照応は、さらに物語の音読や立ち聞きの場面がある。また「……目《め》おどろきて」「ふとお《（を）》かしきふしあらはなるなどもあるべし」と思うところ（蛍の巻、二‐四三八ページ）は左馬頭とおなじことを言う。かれに三周説法の影響がみられ、これに方等経の方便を説くのは呼応であろう。成立過程論上の仮説(17)を導入しても、両者ともに玉鬘系であって、帚木の巻から蛍の巻への深まりをみるうえで特に困らない。

六　〝物語論〟の定位

神代《よ》より世にあることを、記《しる》しを《（お）》きけるななり。

これには物語の起源が神代からのものであることを言う。書かれる内容が「神代《よ》より世にあること」だと言うので、物語の起源が神代にある、とまではこの本文の言うところでない、という意見もあるかもしれない。しかしながら「……記《しる》しを《（お）》きけるなり」とは遠い過去からの伝聞であることを強調した表現としてある。そもそも礼楽その他、人文にかかわるもろもろのはじまりを神代に見る考えは内外に多い。小沢正夫氏の著書『古代歌学の形成』(18)によって学ぶことにしよう。

礼之可㆓以為㆒㆑国也久矣。与㆓天地㆒並。（『春秋左氏伝』昭公二十六年）

敬愛為㆓礼之本㆒、是与㆓天地㆒並興。（『春秋正義』）

是天地未㆑分之前、已有㆑礼也。礼者理也。其用以治。則与㆓天地㆒倶興。（『礼記正義』）

などは「礼」の起源、

　是文字与二天地一並興焉。（『尚書正義』）

は文字の起源、「文」については、

　文之為レ徳也大矣。与二天地一並生者何哉。（『文心雕龍』原道編）

があり、これにさき立つものとして陸士衡の「文の賦」の例があるなど、小沢氏は諸家の研究によって紹介する。さらに「宮商与二二儀一倶生」（『詩品』下巻）は音楽の起源であり、本邦に来て「夫文章之興、与二自然一起。宮商之律、共二二儀一生。」（『文鏡秘府論』西巻・小序）、「春生秋殺、刑名与二天地一倶興。」（『令義解』序）などもある。

　内外の詩歌起源論はこれらと軌を一にする。和歌の起源について、『土佐日記』に「わが国にかゝる歌をなむ、神代より神もよんたび……」（正月二十日条）と、安倍仲麿のことを記してある。「夫和歌者、我朝之風俗也。興二於神代一、盛二于人世一」（『和歌体十種』壬生忠岑）、「風聞、和歌自二神御世一伝而未レ定二章句一。……」（『喜撰式』序）、「夫和歌之興来尚矣、自二神代一至二聖朝一。」（『本朝文粋』十一、藤後生、和歌序）、「和歌者本朝之風俗也、源流起二於神代一、……」（『玄々集』序、能因）などあるのは、いずれも「神代より……」という表現をしているところに、いま大いに注意したいと思う。そして、和歌起源論の知られるのが、いうまでもなく『古今和歌集』の仮名序および真名序であって、中国の詩学の影響下に書かれたそれであることをここにくわしく説く必要もない。

　この歌、天地《あめつち》のひらけはじまりける時よりいできにけり。
（『古今和歌集』仮名序）

とあり、〝神代〟とは言わない。しかしすぐあとに、「ちはやぶる神世には、歌の文字もさだまらず、すなほにして、ことの心わきがたかりけらし」とある。真名序は、仮名序よりさきに書かれた、草稿土代とでも見なすべき漢文であろうか。現存本のうしろに付録されて現代に伝えられた。それには「然而神世七代、時質人淳、情欲無レ分、和歌未レ作。」とみえる。仮名序の「歌の文字もさだまらず……」云々というのは実のところ曖昧で、真名序が端的に語るように「神世……和歌未レ作。」の意味にとるべきであるかもしれない。和歌は神代から、という『土佐日記』(これももちろん紀貫之)などの起源論と、ちょうど表面の意味は逆になるけれども、それで支障はないので、類想とみなせる。和歌起源論の「神代より……」と同じく、起源論を仮名序でも真名序でも述べる。和歌起源論の「神代より……」の考えにのっとって、光源氏の物語起源論「神代より世《よ》にあることを……」云々というのが出てきたのではなかろうか。『古今和歌集』両序の思想は、蛍の巻の〝物語論〟全体に影響をあたえる。(19) 中国文学の文学観が、『古今和歌集』両序というチャンネルを具体的に通って、光源氏の物語観へ流れこむかのようだ。

(『古今和歌集』仮名序)

やまとうたは、人の心を種として、よろづの言の葉とぞなれりける。世の中にある人、ことわざしげきものなれば、心に思ふことを、見るもの聞くものにつけて、言ひいだせるなり。花に鳴く鶯、水にすむかはづのこゑをきけば、生きとし生けるもの、いづれか歌をよまざりける。力をもいれずして、天地《あめつち》をうごかし、目に見えぬ鬼神《おにかみ》をもあはれとおもはせ、男、女のなかをもやはらげ、たけきもののふの心をもなぐさむるは歌なり。この歌、天地のひらけはじまりける時よりいできにけり。……

(『源氏物語』蛍の巻)

かゝる世《よ》の古《ふる》事ならでは、げに何《なに》をか紛《まぎ》るゝことなきつれづれを慰《なぐさ》めまし。さてもこのいつはりどもの中《なか》に、げにさもあらむとあはれを見《み》せ、つき〴〵しくつゞけたる、はた、はかなしごとと知《し》りながら、いたづらに心動《うご》き、らうたげなる姫《ひめ》君のもの思《おも》へる見《み》るに、かた心つくかし。またいとあるまじき事かなと見《み》る〳〵、おどろ〳〵しくとりなしけるが、目《め》おどろきて、静《しづ》かにまた聞《き》くたびぞ、にくけれどふとお《を》かしきふしあらはなるなどもあるべし。（二一‐四三八ページ）

〔かようなる世の古伝承でなくては、なるほどどうしてまぎらわせようのない無聊をなぐさめえようか。それにしてもこのいつわり（の物語）どものうちに、なるほどそうもあろうと情愛を見せ、（いかにも）ふさわしげに（ことばを）つづけている（のは）、かといって、とるにたらないことと知りながら、むやみに心（が）うごき、愛らしげな姫君が、物思いに沈んでいる（のを）見ると、半分納得する（よ、）たしかに。またあまりありそうもないこと（である）なあと見い見い、（それでも）目にあやに（——仰山に）作りなしてきた（箇所）がはっとさせられて、冷静にもう一度聞くにおよんでにくたらしいけれど、ふっと印象にのこる一節が出ている、など（のこと）もあるにちがいない。〕

（同）

その人の上《うへ》とて、ありのまゝに言《い》ひ出《い》づる事こそなけれ。よきもあしきも世に経《ふ》る人のありさまの、見《み》るにも飽《あ》かず聞《き》くにもあまることを、後《のち》の世にも言《い》ひ伝《つた》へさせまほしきふし〴〵を、心にこめがたくて言ひを《お》きはじめたるなり。（二一‐四三九ページ）

〔だれそれの身のうえ（について書いてある）などと、ありのままに言い出すことこそないけれども、よき（につけて）もあしき（につけて）も、世間に生きつづける人（たち）のありさまが、見るにも飽かず聞くにもあまることを、後世に（まで）も言い伝えさせたい一節一節を、心に納めきれなくて言い置きはじめていることだ。〕

傍線の部分を読みくらべてみるというより、全体の近似に注意しよう。そして和歌と物語とのちがいということもここには出ているので、すなわち傍点をほどこした部分にあらわれるように、言い伝え、語り伝えたいという意志から物語は発生した、と言う。これは古代伝承についての、伝統的な考えで、『万葉集』などによく見いだされ、藤壺事件で世語りになることをおそれた若紫の巻のうたもあり、またこの蛍の巻で光源氏が、この〝物語論〟をまったくみごとに利用して〝養女〟玉鬘にせまることになる。「いざ、たぐひなき物語《ものがたり》にして、世に伝《つた》へさせん」(二-四四〇ページ)、と。

すぐれた虚構論だといわれる〝物語論〟の淵源を、以上いささかさぐってみた。〝物語論〟のうち、これまでの引用だけではきわめて不十分で、虚構論として特異だと思われる部分はこのさきにある。あまりにもよく知られる部分ながら、以下に書きとどめておきたい。――

(光源氏)

よきさまに言《い》ふとては、よき事のかぎり選《え》り出《い》でて、人に従《したが》はむとては、又あしきさまのめづらしき事をとり集《あつ》めたる、みなかたがたにつけたるこの世《よ》の外《ほか》のことならずかし。人のみかどの才《ざえ》、つくりやう変《か》はる。同じ大和《やまと》の国《くに》のことなれば、むかしいまのに変《か》はるべし。深《ふか》きこと浅《あさ》き事のけぢめこそあらめ、ひたふるにそら事《(ごと)》と言《い》ひはてむも、ことの心たがひてなむありける。仏《ほとけ》のいとうるはしき心にて説《と》きを《(お)》き給へる御法《(みのり)》も、方便《はうべむ》といふ事ありて、悟《さと》りなき者《もの》は、こゝかしこ違《たが》ふ疑《うたが》ひをおきつべくなん、方等《はうどう》経の中に多《おほ》かれど、言《い》ひもてゆけば、一《ひと》つ旨《むね》にありて、菩提《ぼだい》と煩悩《ぼむなう》との隔《へだ》たりなむ、この人のよきあしきばかりの事は変《か》はりける。よく言《い》へば、すべて何事《なに》もむなしからずなりぬや。(二-四三九ページ)

〔よいありさまだとして言う(場合)には、よいことの限り(を)選りすぐって、人(の好みに)したがおうと(いう場合)には、また悪のさまがめったにない事件をとりあつめてある(のは)、全部、各方面方面に所属する、この世のほかのことではないね。よその朝廷(―中国)の学識(はちがうから)、(文の)作りよう(が中国と本邦とで)変わる。おなじ大和(―本邦)の国のことであるから、むかし(は)いまの(作り方)にちがいがあろう。ことの深浅(がさまざまに)区別こそあるにしても、一途に〝そらごと〟(―うそ)と言いきる(なら、それ)も、言わんとする趣旨(に)ちがったという次第だ。仏陀がまことに心麗々しくて説きおかれたる仏法(の世界にして)も、方便ということ(が)あって、悟りのない者はここかしこ(に)、疑いを(きっと)置いてしまうことでのう。方等経のなかに多くあるけれど、言いもてゆけば、(本旨は)一つにあって、菩提と煩悩とのへだたり(が)のう、この人間のよいと悪いと(の区別)程度のちがいであったことだ。よいように言えば、何でもすべてのこと(が)意味あることになってしまうので(はないか)。」

物語は作り物(―虚構)であるのに、それをかならずしも虚言《そらごと》だと言い切れないのは、登場人物たちが、現実のだれかれと具体的人物を名指しで言われるわけではない(―だから架空の人物である)にしても、登場人物たちに似た人物を、この世の人のうえにかならず見いだすことができるからだ、ということ、そして登場人物(それは現実の世に経る人々の似せ絵である)には善人もいれば悪人もいる、その善悪のへだたりも仏説にいう菩提(―悟り)と煩悩(―迷い)との二極のあいだにあるものでしかない、ということがこの虚構論で認識される内容としてある。仏説にひきしぼってゆくところは、近代文学の虚構論とずいぶんかけへだたる独自の〝評論〟にしたてられた。

注

(1) 藤井貞和「物語文学の成立――街談巷語の世界から」『国語と国文学』一九七三年十月。この課題は『物語文学成立史』(東京大学出版会、一九八七《昭和六十二》年)に集大成する。

(2) 三谷栄一、一九五二《昭和二十七》年、新訂版、有精堂、一九六五《昭和四十》年、三九ページ以下。

(3) 同、五九ページ以下。

(4) 「……暑《あつ》かはしきさみだれの、髪《かみ》の乱《みだ》るゝも知《し》らで」(二－四三八ページ)。

(5) 「はて〳〵はあやしき事どもになりて明《あ》かし給《(たまひ)》つ」(一－六〇ページ)。なお、この場面の本《もと》は「五月雨といふ雨季を忌み籠りし、夜一夜寝ずに起き明さねばならぬといふ霖忌《ナガメイミ》、又雨障《アマヅツミ》」にある、と高崎正秀氏はいう(「源氏物語私論――空蟬の場合」『古典の新研究』三、一九五七《昭和三十二》年)。

(6) 藤井貞和「源氏物語のもうひとつの端緒の成立」。→第十五章第一節。

(7) 『唐代伝奇集2』(前野直彬編訳、東洋文庫、平凡社)による。

(8) 空蟬の物語は伝奇として読むことができ、夕顔の物語は志怪として読むことができる。雨夜のしな定めの形態は世説とみなすことができよう。

(9) 古沢未知男『漢詩文引用より見た源氏物語の研究』桜楓社、一九六四《昭和三十九》年。

(10) 『国文学全史 平安朝篇』一九〇五《明治三十八》年。

(11) 「おほかたの世に……」(一－三八ページ)から「……あはつかにさし仰《あふ》ぎゐたらむは、いかゞはくちおし《(を)》からぬ」(一－四〇ページ)までの部分は明らかに左馬頭のことば。

(12) 阿部秋生『源氏物語研究序説』東京大学出版会、一九五九《昭和三十四》年、五一七ページ以下、九六六ページ以下。

(13) 『文選』十三「鵩鳥賦」(賈誼)、『白氏文集』三十六「偶吟」などに出典を指摘できるという(→第十四章第一節)。しかし昔物語の世界が考えられているのではないか。当然、ここに浮舟をわれわれは思いおこす。彼岸と此岸とのあいだにただよい浮いている舟とは仏教のイメージを考えあわせなければならない。

(14) 注6を参照。

(15) 『三宝絵』序。

(16) 原国人「源氏物語への序章――文学と歴史のあわい」『日本文学』一九七四《昭和四十九》年四月。

(17) 武田宗俊氏の仮説(『源氏物語の研究』岩波書店、一九五四《昭和二十九》年)をいまたとえば思いうかべる。

（18） 小沢正夫、塙書房、一九六三《昭和三十八》年、四七ページ以下。
（19） このことについての先行論文に村井順「『古今和歌集序』と源氏物語」（『国文学研究』十二、一九三九《昭和十四》年十二月、『源氏物語論』上に所収）がある。

第二節　物語論——蛍の巻

一　〝物語論〟の限定

蛍の巻のなかば、いわゆる〝物語論〟とその前後は、『源氏物語』を書きあらわした意図を表明したかどうかはともかくも、つまり作者の意見であるかどうかを別にして、〝物語〟についての考えが主人公の口から述べられるということだけでも貴重だと言える。「その人の上《うへ》とて、ありのままに言《い》ひ出《い》づる事こそなけれ」（蛍の巻、二一‐四三九ページ）以下、源氏が玉鬘という女君をあいてに〝物語とは何か〟を説明する。

（光源氏の言）

（イ）その人の上《うへ》とて、ありのまゝに言《い》ひ出《い》づる事こそなけれ、よきもあしきも世に経《ふ》る人のありさまの、見《み》るにも飽《あ》かず、聞《き》くにもあまることを、後《（のち）》の世にも言《い》ひ伝《つた》へさせまほしきふしぐ〵を、心にこめがたくて言《い》ひを《（お）》きはじめたるなり。（ロ）よきさまに言《い》ふとては、よき事のかぎり選《え》り出《い》でて、人に従《したが》はむとては、又あしきさまのめづらしき事をとり集《あつ》めたる、みなかたがたにつけたるこの世《よ》の外《ほか》のことならずかし。（ハ）人のみかどの才《ざえ》、つくりやう変《か》はる。おなじ大和《やまと》の国《くに》のことなれば、むかしいまのに変《か》はるべし、深《ふか》きこと浅《あさ》き事のけぢめこそあらめ、ひたふるにそら事《ごと》と言《い》ひはてむも、ことの心たがひてなむありける。(二)仏《ほとけ》のいとうるはしき心にて説《と》きを《お》き給へる御法《みのり》も、方便《はうべむ》といふ事ありて、悟《さと》りなき者《もの》は、こゝかしこ違《たが》ふ疑《うたが》ひをおきつべくなん、方等経《はうどう》の中に多《おほ》かれど、言《い》ひもてゆけば、一《ひと》つ旨《むね》にありて、菩提《ぼだい》と煩悩《ぼむなう》との隔《へだ》たりなむ、この人のよきあしきばかりの事は変《か》はりける。よく言《い》へば、すべて何事《なに》もむなしからずなりぬや。(同)

一体、ここで言われていることは何か。蛍の巻という文脈のなかにあくまで置いて読まなければならない。この部分だけ取りだしてわれわれも源氏と一緒になって〝物語〟を論じるようであっては、どこか深読みをみずからにゆるすことになる。『細流抄』巻五(蛍)「その人のうへとて」条に、「源の詞也。下は紫式部此物語を作せる大意をあげていへり。荘子寓言のごとし。寓言者、以㆓己之言㆒借㆓他人之名㆒以定也、と注せり」とあるのは、『細流抄』の書き手が、源氏のこのことばをどう理解したかはさておき、「下は紫式部此物語を作せる大意をあげていへり」と、作者(紫式部)が創作意図をここに表明しているのだ、とみる点で、周知の本居宣長の『源氏物語玉の小櫛』における指摘、すなわち、この〝物語論〟を大きく評価し、「紫式部が、此物語かける本意《ホイ》は、まさしく蛍巻にかきあらはしたる」[1]としているのとおなじレベルだ、ということになる。これらのような論調の場合、深読みに陥る危険にたいする歯止めはどのようにかけられるか、疑わしい。早く淵江文也氏は「蛍巻の物語談議は古典的な文学性に同調し、それを援用しているのである」[2]と、古典的な「文学」概念のほうから歯止めをかけようとした。阿部秋生氏は、『源氏物語』の本意は、もっと『源氏物語』に即して検討してみなければならない」[3]と宣長を批判する。

思うに、『源氏物語』程度の雄大かつ複雑な物語作品が、その創作意図のおおよそを、一～二ページほどのことばで語りつくせることであろうか。会話のなかでの源氏のことばは、物語享受者の心得を述べるにしろ、物語の創作意図にまでほんとうに立ちいるといえるか、疑問なしとしない。光源氏そのひとが良質の享受者であっても、ついに創作する立場とちがう。

ともあれ、〝物語論〟について、古典的な〝文学〟概念のほうからの限定と、『源氏物語』そのものの構造に即しての限定とを試みるしかない。

二　起源論としての〝物語論〟の特質

みぎに引用した源氏のことばは、これも周知の、

骨《こち》なくも聞《き》こえおとしてけるかな。神代《よ》より世にあることを記《しる》しを《(お)》きけるななり。日本紀《にほんぎ》などはたゞかたそばぞかし。これらにこそ道《みち》〳〵しくくはしき事はあらめ。(蛍の巻、二-四三八〜四三九ページ)

(光源氏の言)

といって源氏が笑ったという記事をさき立てて語りはじめられており、終わりに「物語《ものがたり》をいとわざとのことにのたまひなし」(二-四三九〜四四〇ページ)た。

「神代《よ》より世にあることを記《しる》しを《(お)》きけるなり」というところをとりあげてみようか。これを端的にいうと、物語は「神代《よ》」に発生したという、物語起源論として知られる。絵合の巻の、「物語《ものがたり》の出《い》で来《き》はじめのおやなる竹取《たけとり》の翁《おきな》」(絵合の巻、二-一七六ページ)に『うつほ』を合わせたという有名な物語合せの記事で、『竹取物語』について「神世《(かみよ)》の事なめれば、あさはかなる女、目《め》を《(お)》よばぬならむかし」(絵合の巻、二-一七六ページ)とは、『竹取物語』が「神世《(かみよ)》」のことを伝えるという、「神代」起源の物語だとする認識ではなかろうか。蛍の巻の「神代《よ》より世にあることを記《しる》しを《(お)》きけるなり」もまたそれと同一の、物語を神代起源とする認識であったとみたい。

このような認識はどこから来たのか。早く村井順氏の論じた『古今和歌集』仮名序の影響[4]は、私も前節のように注

意してみた。村井氏が五か条を挙げるのは、かならずしも賛成できない。しかしみぎの「神代《よ》より……」が、『古今和歌集』仮名序の「この歌、天地のひらけはじまりける時よりいできにけり」と深く通じることは、否定しがたいところだ。和歌が神々の世に起源を持つという考えは、『土佐日記』、『喜撰式』序、『和歌体十種』(壬生忠岑)その他、いくらも見いだすところであった。礼楽その他、人文にかかわるもろもろのはじまりを神々の世にみる見方は中国大陸に淵源がある。当時おこなわれていた和歌起源論の考えを援用して、物語についてもまた、「神代《よ》より世にあることを……」という起源論が成立してきたのではなかろうか。

やまとうたは、人の心を種として、よろづの言の葉とぞなれりける。世の中にある人、ことわざしげきものなれば、心に思ふことを、見るもの聞くものにつけて、言ひいだせるなり。(『古今和歌集』仮名序)

花に鳴く鶯、水にすむかはづのこゑをきけば、生きとし生けるもの、いづれか歌をよまざりける。力をもいれずして、天地《あめつち》をうごかし、目に見えぬ鬼神《おにかみ》をもあはれとおもはせ、男、女のなかをもやはらげ、たけきもののふの心をもなぐさむるは歌なり。(同)

は、はっきりと、さきに引いた源氏のことばのうち、(イ)の部分への影響が感じられる。「その対照によって逆にきわだつ、和歌とは異った物語意識に注目したい」(高橋亨「物語論の発生としての源氏物語」(5))というのはその通りながら、いまはむしろ両者の類想、論の展開の不思議なほどの照応に「注目」しつづけたい。すなわち、みぎにつづく、以下、和歌の伝流や、中国詩学の六義にもとづく論説などに、むろん論じられる内容のちがいはあるものの、源氏のことばの(ロ)から(ハ)への展開のしかた、両者の文体における、よく似る傾向のあることをわれわれは感じとらないことであろうか。

以上を要するに、直接『古今和歌集』序の影響であると論断しなくても、当時の古典的な〝文学〟概念に大きく規制されたところから、源氏のことばは出てくる、ということが指摘されよう。そして、『古今和歌集』序と比較するとき、「よきもあしきも」と言い、「人に従《したが》はむとては、又あしきさまのめづらしき事を」と言う、「あしき」ことをも物語は描くというところに、「物語論としての負の位相」(高橋亨氏)が、その独自性として見えてくる、ということになろう。

なお絵合の巻と『古今和歌集』序とのかかわりについては藤村潔氏によって剴切に論じられた。(6)

三　雨夜のしな定めの延長

『源氏物語』の構造に即して、この〝物語論〟がどういうところからもたらされたのかを考えてみると、帚木の巻のかの雨夜のしな定めは、女性の心得を〝論〟じた点で、この玉鬘あいてに源氏の述べる内容にかよい、また両者ともに五月雨の季節であるなど、考えあわせなければならないところで、とりわけ雨夜のしな定めの結論部の、

(左馬頭の〝結論〟)

すべて男も女も、わろものはわづかに知《し》れる方《かた》の事を残《のこ》りなく見《み》せ尽《つ》くさむと思《おも》へるこそ、いとお《(ほ)》しけれ。三史五経、道《みち》〳〵しき方《かた》を、明《あき》らかに悟《さと》り明《あ》かさんこそ愛敬《あいぎやう》なからめ、などかは女と言《い》はんからに、世にある事の公《おほやけ》私《わたくし》につけて、むげに知《し》らずいたらずしもあらむ。(帚木の巻、一－五九ページ)

とあるのが注意される。つまり蛍の巻の、「骨《こち》なくも聞《き》こえおとしてけるかな。神代《よ》より世にあることを記《しる》しを《(お)》きけるなり。日本記《(にほんぎ)》などはたゞかたそばぞかし。これらにこそ道《みち》〳〵しくはしき事はあらめ」とあるのは、雨夜のし

な定めの左馬頭の言を光源氏がいわば復唱する感がある。

　多言を要しないことだろう。雨夜のしな定めにおいては消極的に述べられたことが、ここ蛍の巻では、積極的に「世にあること」「道《みち》〳〵しくくはしき事」を、学ぶことができるとして、女性のまえに呈示される。蛍の巻の〝物語論〟は雨夜のしな定めの女性評論の延長、あるいはそれを深めることとしてある。

　玉鬘の姫君は、『住吉物語』をひらいて、

（玉鬘の感想）
住吉《すみよし》の姫《ひめ》君のさしあたりけむお《(を)》りはさるものにて、いまの世《よ》のおぼえもなを《(ほ)》心ことなめるに、主計《かぞへ》の頭《かみ》がほと〳〵《(ほと)》しかりけむなどぞ、かの監《げむ》がゆゝしさをおぼしなずらへ給ふ。（蛍の巻、二一‐四三七ページ）

とあるから、彼女は「物語の世界と現実の出来事とをやや混同しているらしい」(全集、頭注)として、源氏のことば「その人の上《うへ》とて、ありのまゝに言《い》ひ出《い》づる事こそなけれ」以下のおしえをきいて、そのような〝混同〟を彼女は脱却したろうか、それともますます物語が現実にあるものであるとの確信を持つようになっていったろうか。

　もし源氏が冗談を言っているのだ、という見解をわれわれがとらない限り、源氏はおしえて、物語は、「よき事のかぎり」や「あしきさまのめづらしき事」をとりあつめた、「後《のち》の世にも言《い》ひ伝《つた》へさせまほしきふし〴〵」を語るので、「ありのまゝ」ではないが、現実の「この世」にあったことをあつかっているのだ、と述べたことになる。

　むろん冗談であるとみる必要はなかろう。物語のなかに書かれることは、「よき事」や「めづらしき事」が選択されるから、けっして「ありのまゝ」でないにしても、現実にあったことであるという源氏のことばは、『源氏物語』のなかに置かれた〝論〟である限り、他の論じ方など考えられない。もし根っから虚構であることを認めたら、『源氏物語』と、玉鬘的な読者とのあいだの連帯感はどうなるか。連帯感は、一挙に崩壊するか、さもなければ近代文学のある場合のように、作家と読者とのなれあい(―虚構であることの合意)のうえに物語を構築してゆかなければならないことになろう。

源氏の、

(光源氏の言)

か丶る世《よ》の古事《ふる》ならでは、げに何《なに》をか紛《まぎ》る丶ことなきつれづれを慰《なぐさ》めまし。さてもこのいつはりどもの中《なか》に、げにさもあらむとあはれを見《み》せ、つき〴〵しくつゞけたる、はた、はかなしごとと知《し》りながら、いたづらに心動《うご》き、らうたげなる姫《ひめ》君のもの思《おも》へる見《み》るに、かた心つくかし。(蛍の巻、二―四三八ページ)

という発言は、古物語の虚構性をはっきりあばき立てる。「らうたげなる姫《ひめ》君のもの思《おも》へる」というのも物語の姫君だろう。それでいながら、結局「その人の上《うへ》とて、ありのま丶に言《い》ひ出《い》づる事こそなけれ」云々と、物語が現実にほかならず、虚構は「ありのま丶」でない限りで胚胎するのだ、と論じすすめてゆく源氏のことばは、読者に物語の虚構性を忘れさせようとする。まことにこのひょんな主張から、古物語に袂別する『源氏物語』の、いわば真実性は産みだされてきたのではないか。

いうまでもないことながら、物語中の人物が、「ありのま丶」ではないにせよ、実在しているかのように言いくるめる源氏のことばに、われわれまでが言いくるめられるにおよばない。作家の嚢中から産みだされた架空の人物であるからこそ、見やぶられないようにするために、物語のなかにまでこの〝物語論〟を置いてくる。架空の人物ではないのだ、と言いくるめたのにすぎない。くれぐれもわれわれはここから安易にモデル論のたぐいを引きださないように気をつけなければならない。

注

（1）『本居宣長全集』四、筑摩書房、一九六九《昭和四十四》年。
（2）淵江文也「蛍巻の物語論議」『物語文学の思想序説』一九六三《昭和三十八》年。
（3）阿部秋生「蛍の巻の物語論」『東大教養・人文科学科紀要』24、一九六〇《昭和三十五》年。
（4）村井順「『古今和歌集序』と源氏物語」『国文学研究』十三、一九三九《昭和十四》年十二月。
（5）高橋亨、『名大教養部紀要』22、一九七八《昭和五十三》年。
（6）藤村潔『古代物語研究序説』笠間書院、一九七七《昭和五十二》年。

第三章　歴史をよそおう

第一節　もう一つの王朝の実現——源氏物語の本質

一　物語の現在時制

厳密には不可能だということを十分に承知のうえで、極力、先入観を廃して、古文を原文の古代語の生理のままに忠実に読むことを希求する。というのは、日本語の過去の歴史は、不幸なことに、十三世紀以後、武士たちの政権が誕生して、それ以前の貴族的な文化の破壊をつよく推しすすめたので、そのころから十五～十六世紀にかけての時間は、まさにそれ以前の言語が大きくとって代わられるそれとしてある。日本語の近代の特色をそのまま古代に持ちこんでも、不毛の限りだろう。それ以後の言語について言える特色とは対照的に、それ以前の古代語は、きわめて情感のこまやかな言語であった。

情感がこまやかであるとは、具体的に言うと、時制とそのアスペクトとをあらわすのに、古代語は何と「き」「けり」「つ」「ぬ」「たり」「り」さらには推量の「けむ」というのをもふくめて、七種類の助動詞を持ち、使いわけることができた。ムード(＝法)的助動詞もまたかずをほこる。そのほぼ全部が古代語の終わりとともにほろび、代わりをたいして産みださなかった。私に言わせれば、十五～十六世紀に日本語は情感の区別のこまやかさを捨てて真の〝野蛮語〟になり、そこから新しい近代語が成長しつつあったものの、洗練されないままに明治時代を迎える。それにたいして古代語は、多くの助動詞によって情感を精密に表現できる〝論理的な〟言語であった。欧米の言語が論理的だといわれる意味での論理性とちがうかもしれないにせよ、情感の複雑さが表現しわけられるという点で、古代日本語は理路を持つ言語であったという特徴を持つ。

それを論理的とは言わない、と非難されるなら、情理的という語を作って言いあらわしてもよい。『源氏物語』は十一世紀初頭に書かれた古代語の代表的な物語文学の作品としてある。したがって、いま述べたように、その言語は情感あるいは情理を尽くして書かれるから、古代語の文章の生理をすなおにつたって読むならば、主人公の心理も、舞台や事件の現象学的意味も、手に取るように分かると思う。

私はそのような古代語の文章の生理にしたがう読みを提唱したい。

（物語の冒頭部）

いづれの御時《とき》にか、女御、更衣《かうい》あまたさぶらひ給ひける中《なか》に、いとやんごとなき際《きは》にはあらぬがすぐれてときめき給ふ有《あり》けり。（桐壺の巻、一-四ページ）

〔どの（帝の）ご治世にか、女御（—高級の夫人や）更衣（—女御に次ぐ位の夫人が）たくさんお仕えしこられてあるなかに、たいして重々しい家柄ではない（お方）がずばぬけて寵愛されていらっしゃる（そんなお方が）ありきたる（—仕えきたっていまにある）。〕

古代のある国のある王朝の、宮廷社会における帝をめぐる一夫多妻現象のもとに、ある更衣が、他の妻たちによる迫害をこうむりながら、その帝の寵愛を受けていることの紹介から、『源氏物語』ははじめられる。みぎの引用のうち、現代語の文が、従来の現代語訳（あるいは英語訳、フランス語訳、……）といささかちがう雰囲気があるとしたら、古代日本語の時制や「けり」という助動詞を忠実に訳してみようとするところにあるかもしれない（「お方」「そんなお方が」は補入する)。ここに示されるように、物語文学は基本的に現在という時制で訳されるべきではなかろうか。

つまり語り手からは過去ないし過去の推量であるできごとを、その語り手が語りのなかにはいりこみ、ほぼ現在として語る、というのが基底の姿勢としてある。従来の読みは日本語が古く時制を発達させなかったと理解するためか、全体に過去の時制をあらわす語をおぎなって読むことが通例になってきた。大きな叙事のわくはたしかに過去にある。語り手があらわに語りの前面に出てくるときには基本的に草子地において過去の時制となる。しかし、だからといって全体の内容を過去の時間であるかのように読むと、日本の物語の実情にあわないのではないか、と私は考える。「き」という過去の助動詞がちゃんと古代日本語にあるので、それが使われるべきときにはいくらも使われる。とは、使われていない場合に、文法上の過去でなくなる。非過去の時制で読むべきことを作者は前提にする。論理的な言語であるとは、そのような、文体の論理のことであるとともに、作者の意図のおもむくままにそうある、という意味でもある。

「けり」(keri)は、そのなかに要素として「あり」(ari, to be)がはいっているように(ki/ari→keri)、〈大きな〉時制としては現在の状態に属しよう。過去から現在へありきたることを示し、その ki は「来」(to come)であろう。[1] ついでに、完了といわれる「ぬ」や「つ」は、切迫した未来にも使われるように、それ自体として時制を持たない。さらについでに言えば「たり」および「り」も、現代語で言えば《ている》に近くて、けっして過去の状態ではない。このように物語文学が発達させてきた古代の時間は、語りの内容を、臨場感があふれるように、だいたい現在へ集中する感じに設定される。従来「けり」「ぬ」「つ」および「たり」が、一部の国語学者の鋭い警告にもかかわらず、漠然と過去の状態をあらわすかのように理解されつづけてきたのは、近代語から類推されたあまり根拠のない理解である、とここに強調したい。従来の現代語訳のたぐいはこれから書き換えられる必要があろう。

語りのまっただなかでは、かように、現在から現在へと語るのが基本としてあって、そこに過去をないまぜたり、未来を織り込んだりしてすすめられる。桐壺更衣は一子光宮(のちの光源氏)をのこして亡くなる。その死後、更衣の老いた母から知らされるところによると、故大納言(更衣の父)のつよい遺志によって更衣は宮仕えに出たのであった。宮仕えするとは、彼女の場合、出仕して帝の寵愛を受けることを目的とする。そういう過去が登場人物(老いた母)の語りとして知らされる。更衣の宮仕えの起源をそれによってわれわれは知ることができた。ここに生まれた遺児にはどんな将来の運命が待ちかまえているか。

(高麗の相人がやってくる)

そのころ高麗人《こまうど》のまい《(ゐ)》れるなかに、かしこき相《さう》人有《(あり)》けるを聞《き》こしめして、宮の中《(うち)》に召《め》さんことは宇多のみかどの御誡《いましめ》あれば、いみじう忍びてこの御子を鴻臚《こうろ》くは《(わ)》んに遣《つか》はしたり。(一―一九〜二〇ページ)

〔そのころ、こま国の人が参っているなかに、霊力のある占い師が来てあるのを(帝は)お聞きあそばして、宮廷内に召すようなことは、宇多帝のおん戒め(が)あるから、このうえなく秘密裡に、この皇子を鴻臚館(―外国人を接待する所)に遣わしている。〕

高麗人の占い師による、遺児の将来にかかわる〝予言〟があたえられるところ、〝予言〟が未来にかかわるその臨場感は、ここの語りが過去であるよりも、現在の状態であることのほうが高まる、と私には思われる。私はここに構想論を言いだしたいのではない。構想的に、ここがさしあたって藤壺妃の宮の登場をうながし、いくつかの変転、段階を経て、ついにはこの子が准太上天皇位(―上皇に準じる地位)にいたるという、物語の未来にかかわる記事だ、ということは、何ら疑問がないので、私としては〝予言〟が謎に満ちたものであることを起点として未来にそなえ、いわば構想以上のものをこれから実現させるための現在をつくりだしている、といった感じの、時間の現象学、ないし語りの性格がここにある、としたい。

占い師は何度も何度も首をかしげながら言う。それは、

(高麗の相人の予言)

国の祖《おや》と成《なり》て、帝王の上《かみ》なき位《くらゐ》に上《のぼ》るべき相《さう》を《(お)》はします人の、そなたにて見《み》れば乱《みだ》れ憂《うれ》ふることやあらむ。おほやけのかためと成《なり》て、天下をたすくる方《かた》にて見《み》れば、又その相《さう》たがふべし。（一‐二〇ページ）

〔一国の開祖となって、帝王という無上の位に上るべき相(の)おありの人が、そう(―帝王の相がある)として(未来を)占い見ると、世の乱れ、民の憂い(がある)のではないか。朝廷の固めとなって、天下(の政治)を(臣下として)輔弼するという方向で占い見ると、またその相(が)ちがうようだ。〕

という難解な〝予言〟であった。ここに「一国の開祖となって」というの開祖の原文は「おや」つまり祖(―親)とあって、『源氏物語』内での用例として、開祖の意味に取ることはけっして無理でない。ここは高麗人つまり渤海国人のそれであるから、中国的な王朝交替を頭に描いた発言なのではなかろうかと私は考えて、開祖と解釈する。〝日本人〟読者は王朝をずっとつづくと考えやすいために、ここを文字通り親か何かであると見て、始祖の意味に取るのは少数派だろう。しかし中国大陸からの発想としては、端的に言えば前王朝を倒し新王朝をひらく人の意味にとるのが自然であり、[2] 中国文学に造詣の深い作者である紫式部として、そこまで考えたろう。したがってこの示しは、光宮の将来を帝になる(あるいは准太上天皇位につく)と占い見ているかどうかをおいて、ある国の新しい王になるらしいとはたしかに予言している、と私に読める。

構想的には将来の展開が大体のところあってここが書かれる、ということになろう。構想論というものは、そう言えるかもしれないが、しかしそうではないかもしれない、という疑問にいつでもつきまとわれることを弱点とする。要するに構想論は水掛け論に終わろう。ある国の新しい王になる、という予言まで書いて、さてそのさきは読者にばかりか、作者にもお楽しみ、という程度のことかもわからない。物語の語りの時間が現在に引きつけられてあるのは、そのスリリングなこれからの展開が、読者にとっても作者にとってもまさにたまらない創作の楽しみとしてあるからではないのか。

三　もう一つの王朝という構想

新しい王朝の支配者が成立するまでの過程を想像しよう。(イ)神秘的な生誕、(ロ)予言、(ハ)聖なる結婚、(ニ)印し、(ホ)苦難と流離、(ヘ)前王との戦いと勝利、(ト)即位、(チ)宮殿造営、という八条件を挙げられるのではないか。この過程を光源氏がどれほどつたって王権を掌握したかどうか、ということの検証はここでおこなわなくてもよかろう。そのような神話論的な考証は、十分に興味深いものであるにせよ、深くふれないことにする。その理由は簡単なことで、『源氏物語』は物語文学であって、神話そのものとちがう、ということによる。『源氏物語』の男主人公はみぎの八条件のいくつかを満たし、いくつかを満たさない。たとえば藤壺妃の宮との密通は聖婚かとする日向一雅氏の意見[3]によれば、(ハ)が満たされる。物語文学としては、それが神話的な話型にもとづくものであるにしても、なおその話型を作者がいかなる主題的意図から選択し、あるいは具体的な造型に成功しえたか否かまでが問いおろされずにいない。

そのうえ、源氏の君がこの八条件を満たしているとは、物語内容の性格上、けっして考えられない。なぜなら源氏の君は桐壺帝~朱雀帝~冷泉帝~今上帝と流れる王統(4)を実際に打ち倒して自身が即位する、といった乱暴なことを何一つしないのだから。国が乱れ、民が憂えるという事態は、たしかに避けたのではなかったか。(5)だから源氏の君の「(ト)即位」はありえないことになる。物語作者は桐壺帝~朱雀帝~冷泉帝~今上帝という作品内に系列化してみせた〝現実〟にかさね合わせるようにして、もう一つの王朝をつくりだし、源氏の君にそれをになわせようとする。あらわに幻想的な王朝物語になることを避けて、しかも新しい王朝誕生という物語を産みだすための、これはすぐれた方法ではなかったか。物語が神秘な、〝現実〟ばなれした内容になることを恐れないことは須磨、明石の巻々からうかがい知れよう。(6)

須磨の巻、明石の巻の行程から帰還して、源氏の君はまさに予言通りに、世俗上、人臣としての位をきわめてゆく。「朝廷の固めとなって天下の政治を輔弼するという方向で占い見ると、またその相がちがうようだ」という予言の内容は、臣下としてきわめるところまですすむ、ということをふくむのだろう。きわめたのちになって、王になるという読み方をするなら、藤裏葉の巻で光源氏が准太上天皇位についたことをもって予言が実現したと見る、従来の通説に落ち着くことになる。その通説に私として反対というわけではないものの、深沢三千男氏の論じたように、(7)少女の巻の終わりに造営される六条院という豪華な御殿は、源氏の君の、隠れた王としての宮殿である、と見るのがよい。だから臣下でありつつ同時にもう一つの王朝での〝王〟である、ということになるのではなかろうか。

少女の巻の三年めの二月二十日余りに、冷泉帝による、朱雀院への行幸がある。召しがあって、源氏の君(今は太政大臣になっている)が参上する。帝の赤色とおなじ赤色を源氏は着て、「いよいよもって一つのものとして輝いて見分けがつかない」と本文は書く。源氏の君はまさに実質的な帝王であった、と言ってよく、舞楽「春鶯囀」をふまえる源氏の君のうたがある。

（光源氏）

うぐひすのさえ《（へ）》づる声《こゑ》は—むかしにて、むつれし花のかげぞ—かはれる　（少女の巻、二‐三一九ページ）

鶯がさえずる鳴き声はむかしのままで、
むつびかわした花のかげは変化しているよ

かつて花宴の巻に、父の桐壺院が在世のおり、源氏の君は宮中で「春鶯囀」を舞ったことがある。そのときは朱雀院が皇太子であった。いま朱雀院は院の帝になり、源氏の君の秘密の子、つまり源氏の君が藤壺妃の宮に通じて生まれた冷泉帝が天皇位にある。このうたが、時勢の変転を詠む内容であることは言うまでもないとして、その時勢の変転とは、秘密裡に、冷泉帝が朱雀院の王朝から切れて源氏の君の王朝によってもたらされた帝王であることを深くも意味する。明らかだと思う、澪標の巻に冷泉帝が即位したことによって、暗々のうちに源氏の君の王朝は発足したのだ。

ぜひ、琉球の歴史をここにかさね合わせたくなった。尚巴志は覇を唱えて統一を成し遂げ、第一尚氏の王統をひらくと、父の尚思紹を第一代の王に据え、自分は第二代を名のったという。藤壺が亡くなってのち、真相を知った冷泉帝が何とか自分の父を即位させる方法はないかと「学問《がくもむ》」（薄雲の巻、二‐一三七ページ）したという記事は尚巴志の考えたことの内容をおしえてくれそうではないか。

四　〈王宮〉建設

少女の巻にもどり、行幸の夜のはなやかな宴が終わると、帝は、朱雀院の母でいまはこの院に住む弘徽殿大后のいる居室を訪れる。源氏の君も同道する。弘徽殿大后はいうまでもなくかつての弘徽殿女御で、源氏の君の母桐壺更衣を迫害し、源氏の君を須磨、明石へ退去させて、朱雀院の世をたもつためにその中心になった、『源氏物語』のなかでは敵役としてある。まさにその前王朝を象徴するような存在である老婦人のもとを訪れる源氏／帝の父子にたいして、迎える彼女の心底の思いはいかばかりであったろうか。

（弘徽殿大后の思い）

のどやかならで帰《かへ》らせ給《(たまふ)》ひゞきにも、后《きさき》は、猶《(なほ)》胸《むね》うちさは《(わ)》ぎて、いかにおぼし出《い》づらむ、世をたもち給《(たまふ)》べき御宿世《すくせ》は消《け》たれぬものにこそ、と、いにしへを悔《く》ひ《(い)》おぼす。（少女の巻、二一-三二〇ページ）

〔あわただしく（源氏の君が）お帰りあそばす（その）さわぎ（につけて）も、后はやはり胸（が）穏やかでなくて、「（あの君は昔を）どのように（いま）思いだしておられよう。天下をお治めになるはずのご宿世は消されぬものであるよ」と、いにしえをくやしく思いいらっしゃる。〕

物語の叙述はこうして最大の敵役をくやしがらせておさめる。「天下をお治めになるはずのご宿世は消されぬものであるよ」という表現に注意が向けられよう。というより、やや注意を要する。源氏の君が将来に即位することだろうと、ここに大后は見てとったのであろうか。そうではあるまい。「天下をお治めになるはずのご宿世」を最初から、つまり桐壺の巻以来ずっと感じとっていたからこそ、また高麗人の〝予言〟を洩れ聞いて、大后は、源氏の君たちにたいして迫害につぐ迫害を加えてきた。ここはその宿世がついに消されぬものであったという敗北宣言にほかならない。真実を知らない大后として、言いうることはここまで、つまり敗北を表明することであった。大后はそののちぐちっぽく、また老年になるとともにどんどんひがみっぽくなってゆく、と伝えられる。『源氏物語』よりすこしまえにあらわれた物語文学である『落窪』のなかにでてくる継母北の方の老後が、そんなひねくれ方で書かれているのと類型的であろう。

少女の巻における書き方は、この行幸の記事に引きつづいてすぐに六条院の造営にはいる。六条院が、王者である源氏の君の潜在王権を表現する建物であるからには、行幸の記事から六条院の建設へ、という展開に何ら疑念がない、と断言してよい。ただし、行幸の記事によって帝王たることを確認された源氏の君が、ついで宮殿の経営にとりかかる、という叙述のあわただしい順列はあられもなさすぎる。二条東院という御殿が、記事のなかではこってりと時間をついやして建設されたのに較べると、もっと大きい六条院が少女の巻のとじめになってばたばたと建てられてしまうのはあっけない。むろん引きつづく玉鬘十帖(玉鬘、初音、胡蝶、蛍、常夏、篝火、野分、行幸、藤袴、真木柱の巻々)の、六条院を中心とする物語が予定されているから急がれたので、他意はない、と判断するしかない。モノガタリ(―おはなし)[9]であるからには、そのような都合からでも何でも、叙述に手ごころの加えられることがある、ということだろう。『源氏物語』は作り物語であることの本性をそういうところにすっかりあらわす。

五 『源氏物語』の生活世界

『源氏物語』の大きなわくが〈王権〉を描いてゆくことは、ここで一旦、傍らにおこう。『源氏物語』のあらわす社会ないし生活は、描かれることを中心にしてそれに読者の想像の参加をえて、現象として示される、文学現象学的な世界であると言おうか。『源氏物語』が具体的な描写として延々と語るのは〝世間話〟的世界であって、社会ないし生活はそのように現象される。そこにはどのような特徴が見いだされるか。

玉鬘十帖にはいると、その四巻めを蛍の巻という。そのなかに文学としての物語が論じられるところがあって、古来あまりにも名高い〝蛍の巻の物語論〟がそれだ。

実際には主人公の光源氏の意見であるから、作者の考え方でない、と言えるにしても、物語の作り手として、ほかの明瞭な意見があったわけでもなかろう。物語とは何か、『源氏物語』とは何かを考えるにあたって物語作者が書きおいた一つの解答としてこれ以上に貴重なものはほかにない。

そこにいろいろな観点が論じられるなかに(前章を参照)、「物語に書くことはこの世のほかのことでない」と言い、書かれていることが実際にないことだと言っても、すっかり「そらごと(――うそ)」であるかと言えばそれは言えない、とするところがある。そして、そのことを仏教における方便に較べる。方便は、仏が衆生をみちびくにあたって、臨機に便宜的な手段を取るから、悟りのない者は、あれこれ矛盾するのではないかという疑念を持つかもしれない、しかしずっと言いつめてゆくと、結局は同一の趣旨によっていて、(仏のおしえに言う)「菩提と煩悩とのへだたりこそが、物語の人物の善と悪との差ぐらいに変化している」のであった、と、そう論じられる。

このような、人物の善悪の差ということを〝菩提と煩悩との隔たり〟の範囲内に捉える発想は注意するに足ることで、前章に述べたところを、もうすこし敷延しておくと、人物における善と悪との差ということは、そのまま『源氏物語』が描く社会や生活に当てはめることができるのではないか。人々の生活や社会が〝菩提〟と〝煩悩〟とのあいだに置かれるという考え方は実感としてわれわれにも非常にわかり易いものがある。

経文などに、〝菩提と煩悩との隔たり〟ということを説く場合を、実はなかなか見いださないという問題があって、あとで「異界と生活世界」(第十六章第三節)においてふれるように、『河海抄』などが『法華玄義釈籤』という仏教書を引いて、「菩提即煩悩、生死即涅槃」という注をつけるのは、今日にあってこれにしたがうのが一般であるけれども、〝菩提と煩悩との隔たり〟がどうして「菩提即煩悩」とおなじことになろうか、われわれは慎重でありすぎてはいけないはずがない。

「へだたること」と「即」とは対照的だという気がする。こう言ってよければ〝菩提と煩悩との隔たり〟は、華厳のようにひろがりがあって多元的であり、「菩提即煩悩」は一点に集中する悟りであって、一元的ではないか。『源氏物語』に言うところの〝菩提と煩悩との隔たり〟はその二つのへだたりのあいだに生かされる生であり、それは知覚可能な生活世界であったように思われる。

六　虚構であることの本性

平安時代の王朝の宮廷、政治、制度に取材して、それらを時代背景や舞台設定に利用することによって、内容が非現実になり過ぎないようにはかりながら、もう一つの王朝の成立と展開と、そしてほろびとを作品のなかにつくりだそうとしたら、『源氏物語』のように書くのが一つのありうる書き方であろう、と言うことと、具体的な描写としては現象学的な生活世界の克明な探求に物語はこれ努める、ということとを見てきた。むろん、描かれた限りのことは、ほかに無数に書きうる内容のなかの一つである。

ありうる可能態の物語内容を一々あげつらうのは、このうえなくむなしいことではないか。だが可能態という用語が、『源氏物語』の研究者によってしばしば利用されることがあとを立たないのは、きわめて魅力に満ちた考え方がそこにひそむからであろう。書かれた物語内容は、ありえ、あるいはあったかもしれない無数の可能態のうちの実現したひとつとしてある。実現する限りで可能態とは言えないにしても、もし別の書き方がなされたとしたら、眼前の物語内容はわれわれの目に隠されることになって、可能態のそれであることになる。かくてわれわれは物語内容なるものが、書かれて実現した場合であるにせよ、可能態そのもののたばのうちの一個としてそれがあることを知らなければならない。

虚構とはそういうことだろう。『源氏物語』の本質は、ということを考えると、そういう虚構だ、という答えに行きつかざるをえない。〝源氏物語の特性〟は、ということならば、他の作品にない特徴をあげつらえば済む。『源氏物語』の本質ならむしろすべての物語文学に共通して見いだされるものをこそ指摘すべきだ、という感じがする。世態、女の物語、愛、〝(ものの)あはれ〟、みやび、色好み、王権、浄土教、救済と、『源氏物語』のなかに深くあらわれつづく作者渾身の美的課題のいずれもが、『源氏物語』にだけあって他の作品にはない、といった性質ではない。これらのさまざまな課題を自由に任せるために大わくの〝虚構の王朝〟(大状況)と克明な〝生活世界〟(小状況)とをつくることがえらばれた。そういうことだろう。

『源氏物語』の続編(匂宮の巻以下)を以下に見通しておく。

光源氏は初代の王であり、かつ一代限りの王である。しかし、もし第二代の王を描かなければならないのなら、その栄光はむろん薫の君が負うべきだ。宇治十帖が『源氏物語』正編(幻の巻まで)につづいて書きすすめられるにいたる最深の理由としてである。初代の王に血がつながらない、柏木が光源氏の妻である女三宮に通じて生まれるという秘密の関係によって、薫の君は王権物語の潜在的な一主人公たるの資格を持つ、と言うことができる。偽者の物語はそれなりに正編の『源氏物語』にたいする続編にふさわしかったといえる。偽の王である薫の君は色好み者としてうその皮が最初からはがれるしかなかった、それが宇治十帖だった。

注

(1)　藤井貞和『物語文学成立史』東京大学出版会、一九八七《昭和六十二》年、第五章、第九章。
(2)　藤井貞和「源氏物語と歴史叙述」。↓次節。
(3)　日向一雅『源氏物語の王権と流離』新典社、一九八九《平成元》年、二三五ページ。
(4)　桐壺帝の第一皇子(母は弘徽殿女御)が朱雀帝、第十皇子(母は藤壺妃の宮)が冷泉帝(実は光源氏の子)、朱雀帝の御子が今上帝。

(5) 藤井貞和「「宿世遠かりけり」考」、中古文学研究会編『源氏物語の表現と構造』笠間書院、一九七九《昭和五十四》年(『源氏物語入門』講談社学術文庫、所収)。

(6) 超自然的存在や神秘的な暴風雨、父帝の亡霊が出るなども現実ばなれであり、そればかりか無防備なこども(光源氏の秘密の子でのちに冷泉帝になる)が後見のない状態で都に安泰であることもまったく自然でない。

(7) 深沢三千男『源氏物語の形成』桜楓社、一九七二《昭和四十七》年、七〇ページなど。

(8) ↓注7。

(9) 「ものがたり」は本来、おはなし、おしゃべりの意。参照、玉上琢彌「物語音読論序説」『国語国文』一九五〇《昭和二十五》年十二月、『源氏物語研究』(『源氏物語評釈』別巻)、所収。

第二節　源氏物語と歴史叙述

一　歴史をよそおう

『源氏物語』が何らかの史実にもとづく物語であるとはけっして言えない。しかし歴史めかし、史実らしくよそおうためにいろいろにしかけをこらした物語として書かれる。このことは、本居宣長が、近世にはいって主張したことにより、ほぼ確定的に言えるところまで来たはずなのに、いまでも牢固に、〝『源氏物語』は何らかの史実にもとづく物語なの〟だと読む読み方が、現代の随筆家や批評家ばかりでなく、研究者の書く『源氏物語』論のなかにまで見られる。残念だ、というほかはない。

（高麗の相人がやってくる）

そのころ高麗人《こまうど》のまゐ《ゐ》れるなかに、かしこき相人《さう》有《あり》けるを聞《き》こしめして、宮の中《うち》に召《め》さんことは宇多のみかどの御誡《いましめ》あれば、いみじう忍びてこの御子（—光宮）を鴻臚《こうろ》くはん《わ》に遣《つか》はしたり。（桐壺の巻、一-一九ページ）

みぎは、桐壺更衣の死後、宮廷で成長する光宮（のちの光源氏）について、その美貌、才能、学問がいかに優秀な人物であるかについて述べたてたすぐあとのところで、外国の占い師に、その子の将来の運命を見立てさせようと、極秘に連れて行かせる、という場面を描く。

そのなかに、「宇多のみかどの御誡《いましめ》あれば」とあるところ、宇多天皇の有名な『寛平遺誡』（『寛平御遺誡』とも、八九七《寛平九》年）がここに取りいれられている、とされる。歴史上の著名な遺誡がここに出てくることについて、何ら疑問のあるはずがない。歴史めかし、史実らしく見せるためにいろいろにしかけをこらした物語であるから、平気でこの遺誡が、ここに出てくるのだ。史実の宇多天皇のそれを持ちだして、あたかも外国人の宮中での謁見がいけないことであるかのように読者に思わせる、そういう技巧としてあった。

しかもここには、巧妙な創作があって、実際の遺誡に見ると、「外蕃の人の必ず召見すべき者は、簾中に在って見るべきで直対してはならない」としか書かれない。宮内に呼ぶことを禁じていないことが知られる。『源氏物語』の作者は、したがって『寛平遺誡』の内容を〝正しく〟ふまえたのでなかった。源氏の君を鴻臚館に連れだすのにあたって、史上の遺誡、一種の法律の存在を利用したのに過ぎない。

高麗人というのは、これも史上にもとめると、渤海国の使いが日本に何度も来たことがあり、それを高麗人と称していたらしい事実が歴史書などによってたしかに知られる。物語のなかに高麗人が出てくることは、物語のなかをいかにもそれらしくする、というほかはない。史実らしく見せかける、という技巧にほかならない。

誤解は起きないと思う。読者に、物語のなかを史実にそのようなことがあったかと思わせるために、そんなことを作者が書く、ということではない。史実としてありえない、架空の、どこにもない事実を内容とすることは、作者と読者との合意事項でなければならない。これは一種の信頼関係だろう。史実としてありえないことを読者がわかってくれるから、安心しきって作者は物語の内容を歴史上の事実に借りたり寄せたりして見せる。物語は虚構であり、最初から〝ない〟のであって、虚偽あるいはうそとちがう。しかも心理的に、読者を一瞬にでも、あったかもしれないことであるかと思わせでもしたら、大成功だ。

高麗の相人は、何度も何度も首をかしげ、この皇子の将来を占う。

(高麗の相人の予言)

国の祖《おや》と成《(なり)》て、帝王の上《かみ》なき位《くらゐ》にのぼるべき相《さう》を《(お)》はします人の、そなたにて見《み》れば、乱《みだ》れ憂《うれ》ふることやあらむ。

おほやけのかためと成《(なり)》て、天下をたすくる方《かた》にて見《み》れば、又その相《さう》たがふべし。（一―二〇ページ）

現代語訳を前節に一応、ほどこしておいた(八九ページ)。「国の祖《おや》」云々は、「祖《おや》」を始祖の意味だとすると、一王朝をひらく人か、中国史で言えば、始皇帝、太宗などと、渤海国人ならそのように解きそうだと考えてみる。こんな予言と言い、こんな超人的なこどもと言い、ありえない物語上の創造であることをむしろはっきりと読者は認識させられると言いたい。

むろん、それでよかろう。この物語はけっして〝何らかの史実にもとづく物語なのではない〟ので、いかに歴史めかして書かれるかを興味津々と読んでくれる読者こそたくさんいてよい。それを史実の隠されてある物語かもしれないと読む読者がすくなからずいるとしたら、物語作者はむしろ不満に思わないかと、私などは恐れる。

二　「例」「ためし」「なずらへ」という方法

天皇の名称にも注意を向ける。「宇多のみかど」が出てくることはみぎに見た。史実めかして書かれる、ということは否定しえない。そんなことをとがめだてしない。後代の読者がでなく、当時の読者がどう、そのことを受けとったのかについて知りたい。物語のなかに、冷泉帝という重要な人がいる。あるいは朱雀院(朱雀帝)という人がいる。朱雀院にしろ、冷泉帝にしろ、史上の天皇たちと結びつけられることなど思いもよらなかったろう、というのに尽きる。

読者の納得できない内容へ物語がすすむとは考えにくい。冷泉帝は源氏の君が藤壺妃の宮に産ませた秘密の子で、即位する。みかど、上、冷泉院、院のみかどなどと称する。

史上に、冷泉天皇というひとがいる。冷泉天皇というのは歴史上の呼称で、実際に「冷泉天皇」などとは言わなかったろう。冷泉院と一般に呼称した。

はやとちりする後代の読者が、『源氏物語』に出てくる冷泉帝は、史上の冷泉天皇と何らかのかかわりがある、たとえば後者をモデルにして前者があるのかもしれない、と思うとしたらどうなる。史上の冷泉天皇は病疾がちとして知られる。モデル論をおし立てると、作品のなかの冷泉帝は史実の天皇の不幸を反転し、救済しているのだ、とでもいった奇妙な論法となってまかり通る危険がないか、どうか。

南北朝時代の『河海抄』は、作品の冷泉帝を史上の村上天皇に準じる、とする。史上の冷泉天皇とは性格が反対だから、〝準拠〟を村上天皇にもとめた。物語を何らかの史実にもとづくかのように『河海抄』は考えた。あるいは朱雀院という物語のなかの人にたいして、史上にも朱雀天皇つまり朱雀帝がいる。後代の読者が、作品のなかの朱雀院(―帝)と、史上のそれとを結びつけて、『源氏物語』を何となくわかった気になる、ということはないのだろうか。その場合の読者は『源氏物語』を史実に似せて書かれた文学だと理解したことになる。

物語の桐壺帝を史上の醍醐天皇に当てはめると、物語のなかの朱雀帝は桐壺帝の子、史上の朱雀帝は醍醐天皇の子と、まさに一致する。史上の冷泉天皇は醍醐の子である村上天皇の子で、『源氏物語』にあってはおもて向き桐壺帝の子で、事実は源氏の君の子だということになる。

『河海抄』はそんな〝準拠〟なるものの探求をことととした。『源氏物語』を史実の何らかの意図的な反映かと『河海抄』は見る。「物語の時代は醍醐、朱雀、村上、三代に准ずる歟《か》」と。では光源氏そのひとは史上のだれか、紫上は史上のだれか、というはなしになる。それについては、

光源氏を左大臣(―源高明)になぞらへ、紫上を式部が身によそへて、周公旦、白居易のいにしへをかんがへ、在納言、菅丞相のためしをひきてかきいだしけるなるべし。

(『河海抄』料簡)

云々、という説明をする。要するに、『河海抄』の筆者にとって、『源氏物語』は何らかの史実に「なぞらへ」「よそへ」「かんがへ」そして「ためしをひき」書かれた世界だと考えられた。しかしそれはあくまで後代の、中世的な読みでしかない。

現実の天皇たちと混同される恐れが絶無であるからこそ、作者は安心して、物語のなかの帝たちの名を、史実めかして朱雀にしたり、冷泉にしたりしたのだ、と私は考える。物語は物語だよ、架空だよ、というぐらいの信頼関係が読者とのあいだにあるから物語はやってゆけた、と。このことについて、何ら疑問はないと思う。

加藤洋介氏の最近の研究によると、平安時代人は先例主義者たちだった。儀式など何ごとをおこなうにも、先例と

いう名の史実がもとめられた。『源氏物語』が、平安時代人の社会や習俗を描くことにこれ努めるからには、その登場人物たちがとかく歴史上の先例をもとめるのは自然のこと。しかし『源氏物語』自体が先例という史実をもとめるように書かれているとまで理解するにはおよばない、という。むしろ『源氏物語』は巧妙に歴史ばなれをやっている、というのがこのころの加藤氏の一連のめざましいばかりの研究発表であった。[1]

加藤氏は『源氏物語』が、史上に見つからないことを承知のうえで、「河原《かはら》のおとゞの御例《れい》をまねびて」(澪標の巻、二-一一四ページ)、「良房《よしふさ》のおとゞと聞《き》こえける、いにしへの例《れい》になずらへて」(少女の巻、二-三二七ページ)、「むかしの例《れい》などひき出《い》でて」(竹河の巻、四-二八三ページ)などとする、捏造した「例」や「ためし」の例を多数、引いて見せた。先例がなくて、類似した場合や類推ができる場合には「なずらふ」とか「準拠す」とか称するのだという。「なずらふ」という場合もまた『源氏物語』にはかなり見受ける。

「例」「ためし」「なずらへ」を方法にして、物語は史実めかした叙述をする。何度も言うように、史実と思わせるのではけっしてない。史実めかした書き方をして、読者の共感を得なければならないのが、『源氏物語』の役割であった、というばかりだ。それをしつつ巧妙に歴史からの乖離、ありえない歴史に向かっての巨歩をすすめんとする。つまり『源氏物語』は、平安時代という時代の、日本型の王権、天皇を頂点とする、あるいは深く天皇を陥没させた構造の社会に、徹底的に取材しながら、そのまったき中心部に壮大な空虚をつくりだすことをする。歴史物語をよそおいつつ、そのただなかに虚構空間を産みだそうとした文学ではないか、と考えられる。

三　架空の氏族をつくりだす

高麗人が若宮について、「国の祖《おや》と成《(なり)》て、帝王の上《かみ》なき位《くらゐ》にのぼるべき相《さう(お)》をはします人の」云々と予言したことは、周囲に深刻な波紋を投げかけずにいない。この予言自体、謎につつまれた、解きがたい内容のそれであった。宮廷社会に后候補を送りこむ誉れ高い貴族家であればあるほど、この予言を知って、ある種の心配におそわれる。

（右大臣の心配）

を《（を）》のづからことひろごりて、漏《も》らさせたまはねど、春宮《（とうぐう）》の祖父《おほぢ》おとゞなど、いかなることにか、とおぼし疑《うたが》ひてなん有《（あり）》ける。（一‐二〇ページ）

〔自然とこれ（―うわさが）（世間に）知られわたって、（帝は）お漏らしあそばさぬものの、春宮の祖父の大臣など（は）「いかなることだか」と、疑ってのう来られるよ。〕

若宮（―光宮）が後見のない、第二皇子であるのに比較して、春宮（皇太子）は第一皇子、母が弘徽殿女御であり、この第一皇子が春宮であることに疑問も不安もあろうはずはない。であるのに、弘徽殿女御の父である右大臣は、「いかなることにか、とおぼし疑《うたが》ひてなん有《（あり）》ける」と、ややおおげさに言えば、第二皇子が皇位を窺覦するのかと疑う文脈と見られる。第二皇子が皇子である限り、その恐れ（第二皇子が第一皇子をさしおいて皇位につくということ）が絶無ではない、ということなのか。

桐壺帝はそんな、針の穴を通るほどの可能性もないようなことであるのに、その疑念の余地を断とうというのか、若宮を皇族から離脱させる。臣下の身になり、朝廷の後見をすることが行くさきもたのもしそうだ、と決意して、その向きの学問などもさせ、源氏にしようと予定する、とある。

（桐壺帝の決断）

源氏《げむじ》になしたてまつるべくおぼしを《（お）》きてたり。（一‐二一ページ）

〔（桐壺帝は光宮を臣下の姓である）源氏になしてさしあげるべく（心に）お決めになっている。〕

ここが〝源氏の物語〟という呼称にかかわるところとして注意される。〝源氏〟が本来、皇族を意味した語ではなかったかということはそれとして、源氏になすとは、皇族にかかわる氏に下ろした、ということとしてある。単に臣下にした、ということではない。源氏という一族をここに創設した、とみるのがよかろう。以後、源氏の君、あるいは光源氏と呼ばれる。

氏族について注意をうながしたい。第一皇子の祖父、右大臣について、物語のなかで、この人の氏が何氏であるかを知ることはできないことであろうか。これについては、その子にあたる大納言が、賢木の巻に、青表紙本系統でも河内本系統でも「藤大納言」(一-三七二ページ)と書かれる。すなわち藤原氏の大納言の意味である。したがって右大臣は藤原氏であり、弘徽殿女御は藤原氏からはいった后候補の女性であった。

左大臣はどうだろうか。源氏の君をわが娘葵上に婿どり、息子の頭中将が源氏の君としたしい、物語のなかでは善玉として描かれつづける高級の貴族、左大臣が、かれも藤原氏であったことは、頭中将の子にのちに紅梅大納言と呼ばれる「藤大納言」や、また「藤侍従」や「藤宰相」がいるらしいことから、まちがいない。源氏の君は藤原氏に婿どられたことになる。

ほかに『源氏物語』のなかで藤原氏であることがはっきりしている場合としては鬚黒大将の一族がいる。鬚黒は、みぎに挙げた右大臣と別の右大臣の子で、その弟に「藤少将」、子に「藤中納言」がいる。

源氏の君につきしたがう「これみつ」(いわゆる惟光)という乳母子も、その娘が「藤典侍」とあるから藤原氏である。別にも「藤」のつく人を物語のなかに見ることができる。『源氏物語』のなかには藤原氏であると知られる氏族出身の人がいくらも見られる、ということを確認したことにしよう。

物語のなかの左右の大臣が藤原氏であることは、まさに平安時代が藤原北家を中心に権力が掌握された時代であったことのすなおな反映であった、と見てよかろう。けっして史上の藤原氏や藤原氏の人物、たとえば藤原道長をモデルにしているなどと安易に読まないようにしたい、とぜひ言っておく。

それにたいして、源氏の君(—光源氏)の母桐壺更衣が何氏の出であるかを、われわれは知ることができない。書かれていないし、それらしきヒントになる記事にも出会わない。むろん、作者の意図をそこに読みとるべきだろう。桐壺更衣は無名氏、何ものでもない氏の出身であった、と。

桐壺更衣の父は故按察使大納言で、男子に雲林院律師がいる。按察使大納言の兄弟に、明石入道の父にあたる大臣がいる。すなわち、明石の一族と桐壺の一族とは同じ族としてあり、ちなみに六条御息所の父大臣もおなじ族か、との推定が世にある。

『源氏物語』は権力者であり大臣家である、藤原氏を左右に周辺化して、中心に架空の族を定めた、という構図であるようなのだ。『源氏物語』は桐壺の一族がこの世にのこした主人公光源氏およびそののちの人々の、栄光ならびに富が、同族である明石の一族によってもたらされる、という太い構想の線を、桐壺の巻からずっと持ちこらえる、と言いたい。その桐壺の一族も、明石の一族も、架空の氏、どこにもない氏として設定されている、そう読めるのではないか。あえて名づければ、桐壺氏、あるいは明石氏。

『源氏物語』のまっただなかにある空虚とは実にこの架空の氏族に最初から表現されてある、とここに読みたい。もしそれが言えるとすれば、『源氏物語』は何らかの歴史の反映した物語であるどころか、その逆に、どこにもない社会をまんなかにつくりだすために、総力を挙げて時代に取材し、それを周辺的な〝事実〟とした。その取材して克明に描かれた〝事実〟こそ貴重な時代の証言としてある、と知るのだ。

源氏の君が、桐壺氏の〝断絶〟ののち、源氏という家を創設するところから、この物語ははじめられるように見える。その意味では、桐壺氏にかかわる話説は〃前史〃に相当して、かならずしも中心でない。しかしそれはきわめて重要な〃前史〃であり、明石の一族の登場によって、あるいは生きて生き霊、死しては死霊となって活躍する六条御息所の存在によって、単なるそれでなかったことを知らされる。

六条御息所のなくなったあとの敷地を、何と四倍にひろげて、源氏の君は、おのれの権力の象徴である六条院という御殿を造る。六条院の「六条」は六条御息所の「六条」にほかならない、と見ぬきたい。現実にありえない壮大な中心である六条院は、四季を四町に配した、源氏の君の潜在的な王権を表現した御殿だ、と言われる。それは六条御息所の死霊に見守られた栄華であった。日本型王権である天皇制の空虚な構造を、まさにそれ自身のありえなさの構築によって、みごとに描きだしてみせた、ということになるかと思う。

四　六条院は京極大路のまうえに建てられたか

『源氏物語』がけっして史上の事実をふまえていないことの決定的な証拠として、六条院の敷地問題を挙げることができる。

（六条院の計画）
大殿、静《しづ》かなる御住《す》まひを、同《おな》じくは広《ひろ》く見所《みどころ》ありて、こゝかしこにておぼつかなき山里《ざと》人などをも集《つど》へ住《す》ません御心にて、六条京極のわたりに、中宮の御古《ふる》き宮のほとりを、四町《よまち》をこめて造《つく》らせ給《たまふ》。（少女の巻、二一―三二一ページ）

「〜のわたり」「〜のほとり」「をこめて」など、微妙な語がつぎつぎに使われることを見のがしたくない。「六条京極のわたり」とはどの辺なのか。「中宮の御古き宮のほとり」とはどういうことか。「四町《よまち》をこめ」るとはどうすることか。

六条御息所は「かの六条の古《ふる》宮をいとよく修理《すり》し」（澪標の巻、二-一一七ページ）て、優雅に住みつづけ、そこで亡くなる。死後の伝領としては娘の秋好中宮が受けとったと推定される。そしていま、その「ほとり」に、「四《よ》町《まち》をこめ」て六条院を建設する。

できあがった六条院の南西の町が秋好中宮の住む屋敷であるから、それが「六条京極のわたり」にあった「中宮の御古《ふる》き宮」のあとだとすると、何と京極大路は六条院の中心をつらぬくことになる。そしておそらく六条大路もまた六条院をよこぎることになるのではないか。

「中宮の御古《ふる》き宮」の「ほとり」に「四《よ》町《まち》をこめ」て六条院を建立する。その理由の一つとして、紫上の父親（―式部卿宮）が来年に五十歳になる、ということがあり、その御賀のために新しい御殿がほしい、ということがあって、紫上の住まう屋敷を東南の町に設定する。

（六条院の完工）

八月にぞ、六条院《（ろくでうのゐん）》造《つく》りはてて、渡《わた》り給《（たまふ）》。未申《ひつじさる》の町《まち》は、中宮の御古《ふる》宮なれば、やがておはしますべし。（少女の巻、二-二三三ページ）

というので、何ら疑問はない。秋好中宮の住まう未申の町は南西にあり、そこが「六条京極のわたり」（二-二三二ページ）なのだから、このままでゆくと、その東がわに紫上の主宰する町があることになって、京極大路は四町を占める六条院のまんなかを通ることになる。確実ではないにせよ、同じく六条大路もまた六条院をよこに走ることになりそうなことは、京都の碁盤目の地図を『源氏物語』の六条院のうえにかさねてみるならば、およそ明らかになってくる。「六条京極のわたり」が南西であるような四町という敷地は京極大路および六条大路をなかにとりこまなければなりたたない。

　むろん、作者は、そのように書いて、六条院が、現実にありえない、つまり架空の御殿であることを読者に強力に示そうとしている。現実になら二つの大路をまたぐような建て方を作中でしてみせて、それがありえない敷地であることを読者につよく暗示する。このことは中世のもろもろの準拠説をほとんどあざわらう事態ではないか。虚構の物語とは何かを示してやまない。言うまでもないことながら、六条院は現実に存在せず、主人公の光源氏はどこにもいず、六条御息所なる女性の生き霊も死霊も所詮は架空の作り物として作内にまさに跳梁する。

　読者はそのことから、『源氏物語』の六条院を、現実にありえない敷地であると、ただちに了解できたろう。書き手としてもそれが現実にありえないことを、京極大路と六条大路との交差点上にそれを建立することによって、強力に訴えようとする。

注

（1）　物語研究会、一九九〇《平成二》年一月発表、日本文学協会研究発表大会、一九九〇年七月発表などによる。のちに、同「中世源氏学における准拠説の発生——中世の『准拠』概念をめぐって」『国語と国文学』一九九一《平成三》年三月、など。

第三節　越境する『源氏物語』

　何百年もまえのことをつい昨日のことのように語るのが伝承の時間だとすると、古代の空間についてもそのような、現代からみて特殊な構造が見られるのではないか。

須磨と明石とのあいだは、われわれ現代人のものさしで測ると、たとえばJR(旧「日本国有鉄道」)の営業キロ数で十二・一キロある。古代人にとってそれぐらいの距離が、何ら難儀すべきへだたりでありえないことは、『源氏物語』明石の巻に、光源氏をのせた明石一族の航程が、須磨から明石への距離を「たゞはひ渡《わた》る程」(明石の巻、二-六〇ページ)と述べているのを見てもわかる。

『源氏物語』には、新古の層がある。具体的に新層と古層とに分けられるという意味でなく、いってみれば当時の感覚で物語が書きすすめられてゆくことの下面に、さらに古代的な感覚がうち沈められて、それが物語を深く規制するらしい。「たゞはひ渡《わた》る程」というのは、経験的な、ふつうの感覚であっても、実際の光源氏には須磨を出ることなど思いもよらなかったことで、超自然的な暴風雨に追いたてられたり、亡き桐壺院の霊にみちびかれたりという大がかりな装置に乗ってはじめて須磨を出、明石に着くことができた。これは須磨と明石とのあいだに深い裂けめがあり、容易にそれを越えることができない、という古代的な感覚が深くよこたわっている、という前提を考えてみてやっと納得されることではないか。

まことに播摂の境は、単なる国と国との分かれめであるばかりでなく、一方が畿内、一方が畿外の相違であった。周知のように、「凡そ畿内は、東は名墾《なばり》の横河より以来、南は紀《き》伊の兄山《せのやま》より以来、西は赤石《あかし》の櫛淵《くしふち》より以来、北は近江の狭狭波《ささなみ》の合坂《あふさか》山より以来」(『日本書紀』孝徳天皇、原漢文、大化二年正月条)とあって、「赤石」は明石という国あるいは播磨国明石郡であり、明石の「櫛淵」については、『大日本地名辞書』に「今詳ならず、垂見村塩屋の境川の古名か、境川は往昔より播摂の州界なれば」云々とある。

須磨に来て謹慎したひとは在原行平が知られる。須磨はあくまで畿内であり、王化のとどく範囲であるから、このぎりぎりの畿内のかべぎわまできて、一定期間、謹慎することにより、京都へ復帰することができたろう。藤原伊周が大宰府へ護送される途中、播磨国にとどまったというのは、畿外へ来たことを意味する。化外の民の住みうる畿外の地へ出されることで、京都への復帰は望みないものになる危険性が十分にある。

須磨と明石とのあいだは、距離にしてわずかであるのに、深い裂けめが走っていたということができる。光源氏はみずから須磨まで退居してきた。あくまで王化の範囲にふみとどまりつつ、恭順の意を明らかにする。そのそとへ、明石の地に行くことなど思いもよらないことではないか。それは謹慎から、叛逆へと、態度を変化させるのにもひとしいことであったように思われる。

播磨国については、「晴《は》れ間《ま》」の国ということから、訛ってハリマになった、という地名起源説話がある。神功皇后が舟を出そうとするのに、「霖雨、暴風、連日ヤマザリケリ」、されどもある日の晴れ間に舟をだして、的涯《まとがい》というところに着いた、というようなのが伝わる（『国名風土記』[1]による）。『源氏物語』の須磨、明石一帯をおそうあの暴風雨を思わせる説話であるから、注意させられる。明石の者どもは「かならず雨風やまばこの浦にを寄《よ》せよ」（明石の巻、二－五八ページ）という神示を得て舟出してきたのであった。

源氏は須磨に踏みとどまる限り、次代の王者になることができない。一旦、畿外に出て、叛逆の魂をふきこまれることが必要だったので、明石という空間は、次代を征服する源氏の未来を約束する場所であった。

『源氏物語』という文学は、それを通して歴史を知ることができる、いってみれば〝詩的歴史書〟だ、というのが私の主張になる。『峯相記』[2]（一三四八《貞和四》年）を見ると、文永（一二六四－七五）の頃、当国（播磨国）の富貴の輩が入道してしきりに寺院を建立する。そんなことは平安のむかしからおこなわれたことが、明石入道の描写から想像される。南北朝時代の琵琶法師、明石覚一《かくいち》は書写山に所属した模様で、明石地方に由来する名だろう。明石入道は「びわ《（は）》の法師になりて」（二－六五ページ）云々と描写される。連想がはたらかなかったかどうか、筑土鈴寛氏[3]などが注意するように、播州一帯の早い芸能の徒の活躍ぶりが『源氏物語』に反映していると当然考えるべきだろう。須磨の巻の祓えの場面に出てくる陰陽師は、「この国《くに》に通《かよ》ひける」(須磨の巻、二-四四ページ)とあるものの、そうかれらが自称するだけで、地方の陰陽師にほかなるまい。播州のかれらのこともまた『峯相記』に見える。

芸能の歴史は、史料的な欠損部を、『源氏物語』のような文学がほの明るく照らしてくれるようだ。

注

(1)『続群書類従』三十三上。「日本得名」とも言う。

(2)『続群書類従』二十八上。

(3)→第十六章第二節、注1。

第四章　物語はじまる

第一節　桐壺院の生と死

一　その生前と死後

桐壺院という名、あるいは桐壺帝という言い方は『源氏物語』の本文に見ることができない。桐壺の巻に由来して読者により名づけられた。上、内《うち》、みかどと呼称され、譲位ののちは院、院の上と言い、死後にあっては院、故院、院のみかど、あるいは故院の上などと呼ばれる。譲位のまえに院とは言われない。ほかに国王、父帝、帝王などの呼称がある。

主人公光源氏の父帝として冒頭の桐壺の巻に印象深く登場し、その治世のさまはおもに紅葉賀、花宴二巻に語られ、葵の巻ではすでに譲位して院と呼ばれ、賢木の巻において亡くなる。死後は光源氏その人の守護霊的な存在として、明石の巻にあらわれる亡霊となり、朱雀帝にたいしては戒めるなど、祖霊、ないし御霊の性格を有するといわれる。物語の須磨、明石の巻までの光源氏の運命の展開は桐壺院の意志(ないし遺志)をどう描いてゆくかという作者の腐心に委ねられる方面が大きい。

(1)桐壺の巻での帝、(2)紅葉賀、花宴の巻における帝、(3)葵、賢木の巻での院、その遺言と死去、(4)桐壺院亡霊、という四パートに考察は分けられる。あえて問題を立てるなら、生前と死後との関係は如何、ということが一つあろう。(4)の亡霊出現ないしその京都を巻きこむ暴戻のさまは、生前の(1)(2)桐壺帝〜(3)桐壺院のうちに何らかの予定ないし前提としての形象が見られるか。

つぎに、これと関係深いこととして、その祖霊、ないし御霊の性格を『源氏物語』のなかにあらわすことは、横笛の巻での柏木亡霊の出現するところとともに大いに気になる。政治的敗北者が都に危害をもたらす、というのならわかる気がする。けっして敗残の帝ではない桐壺院がなぜ怨霊めいてこの世に立ち返らなければならないのか、わかりにくい一面がありはしないか。宇治八の宮は、宇治八の宮ですらといわれるべきか、早く政治的に挫折し、娘たち(大い君、中の君)に懇切な遺言をして入山、帰幽ののち、心をのこして中空から彼女たちを長く見守るようであるものの、亡霊ないし怨霊になりすがたをあらわす、ということがない。死後の出現はこの世に恨みをのこしている存在が緊急避難めいてある種の秩序の回復をもくろむためにそれをする。

それなら、桐壺院は何かの恨みをこの世に持っているというのか。子の光源氏の苦悩を救うために、ということだけなら、いかに帝王であったとはいえ、過ぎたわがままを通しているのにすぎまい。しかも冷泉王朝をもたらすというその結果たるや、皇統の乱れを現実のものとする、という実質にほかならないのではないか。われわれは疑問を大いにかきたてられる。

二　源氏物語のはじまり

病がちの桐壺更衣を、帝はいろいろ飽かず不憫なものに思って、他人のそしりまでも憚ることができない、世のためしにもなりかねないほどのもてなしようだ。このような非難は若宮の袴着の際の「世の譏《そし》り」(桐壺の巻、一-七ページ)、更衣死後のあまりに悲嘆にくれているときの「そこらの人の譏《そし》り、うらみ」(一-一八ページ)と、くりかえされる。

更衣への非難か、間接的にしろ帝へのそしりとなろう。

　世になくきよらな玉のおのこ御子（光宮、第二皇子）が生まれると、第一皇子をさしおいて、この若宮を「わたくし物」（一-五ページ）として大切にいつくしむ。較べられない「にほひ」であったという。弘徽殿女御は、この第二皇子がもしかすると立坊するのではないかと思い疑う。帝はこのおん方の諫めだけがわずらわしい。桐壺更衣に上局をあたえるために帝は別の更衣をほかへ移すことまでするので、その移された人の「うらみ」（一-六ページ）はましてやる方がない。こんな恨みは桐壺更衣へ向けられる性質のものとしてあろう。

　重態の更衣を帝は退出させようとしない。

（桐壺帝の惑乱）

限《かぎ》りあらん道《みち》にもをくれ《（お）》先立《さきだ》たじ、と契《ちぎ》らせ給ひけるを、「さりともうち捨《す》てはえ行《ゆ》きやらじ」とのたまはするを、……　（桐壺の巻、一-八ページ）

〔限りあろう道にも後れ先立ち（は）しまいと、約束しあそばしてこられたことだから、「そうとしても（私を）うち捨てては行けまい」とおっしゃる（の）にたいして……〕

という。本文「え行《ゆ》きやらじ」は〝死ぬにも死ねまい〟といったところ。帝は更衣の必死のうたに返歌をすることも考えつかない。

　亡くなる更衣に三位を追贈する。女御とすら言わせず終わった口惜しさからであるにしろ、こんなことまでが更衣には周囲のにくしみの対象となる。

　靫負命婦を使者に立てて、遺族である祖母君をとぶらい、若宮参内を要請する。

（桐壺帝の贈歌）

宮城野《みやぎの》の、露吹《つゆふ》き結《むす》ぶ風の音に、小萩《こはぎ》が本《もと》を思ひこそ—やれ　（一‐一二ページ）

祖母君はここで重要な情報を命婦を介して帝に伝える。つまり桐壺更衣は、生まれたときから「思ふ心有《あり》し人」（一‐一三ページ）で、故大納言（—父）が、さいごまで、「たゞこの人の宮仕《みやづか》への本意《ほい》かならず遂《と》げさせたてまつれ。……くちをしう思ひくづを《ほ》るな」（同）と諫めておいたという。故父大納言の〝遺言〟はこうして帝に知らされる。帝は桐壺家の挫折を（命婦とともに）知るかずすくない物語上の人物となる。帝としても前世がゆかしい二人のちぎりであると思わずにいられない。

（桐壺帝の慨嘆）

故大納言の遺言《ゆいごむ》あやまたず宮仕《づか》への本意《ほい》深《ふか》く物したりしよろこびは、かひあるさまにとこそ思ひわたりつれ。言《い》ふかひなしや。（一‐一六ページ）

〔故大納言の遺言（を）過つことなく宮仕えの本意深く守（って宮仕えし）たその褒美は、かいあるさまにと（それ）こそ思いつづけたところなのに、ああ残念だ。〕

と帝は言う。これによれば故大納言の遺志は帝がずっと知ってきたことになる。若宮が成長するなら、さるべきついでもきっとあろう、長生きをするように、と祖母君に伝えさせる。「長恨歌」をしたじきに帝の悲しみは尽きない。

（桐壺帝《独詠》）

尋《たづ》ねゆくまぼろしもがな。つてにても—玉《たま》（—魂）のありかをそこと知《し》るべく　（同）

と死者への鎮魂の思いは、異国情緒に彩られるようでいて、古風な霊魂観をもそこに覗かせていよう。

翌年、第一皇子が皇太子にきまると、祖母君はがっかりして亡くなる。

高麗人に若宮の観相をさせる。それは「一国の開祖となって、帝王の上なき位にのぼるべき相のおありの人が、そういう相として観ると、乱れ憂えることがあろうか。……」（一‐二〇ページ）[1]という〝難解〟な占示であった。臣下に終わることもない、という。帝は大和相にもすでに合わせてみて思いよってあった方面のことなので、親王の道を断ち、臣下の道をあゆませることにする。かくて臣下である光源氏が誕生する。国乱をみちびき新王朝を建てるという相が若宮にあることを知る父帝が、若宮を「たゞ人にておほやけの御後見《うしろみ》をするなむ行《ゆく》先《さき》も頼《たの》もしげなめること」（一‐二一ページ）と思い定めて、臣下への道にすすませる。

この処置は、森一郎氏がかつて言われたように[2]、明断な透察による決断であって、したがってその相は帝にとり、全然〝難解〟であるはずがなかろう。国乱を避けるために帝王への道を閉ざしたということか。そんな処置なら父として愚にもつかない凡庸な拙断になる。そうではあるまい。「おほやけの御後見《うしろみ》をする」（同）ことによって「行《ゆく》先《さき》も頼《たの》もしげ」であるらしい、という判断によって、光宮のたぐいまれなる運命の開展に沿う方向にのみ父はその処置をおこなう。だから皇族をやめさせて臣下にする、という帝の判断に疑わしい点はあるまい。

帝がなぜそんなにも光宮（―光源氏）というその皇子に肩入れするのか、その理由はただひたすらその男の子の美質にあって、観相によりその美質がたぐいまれなる帝王相であるとわかるまでは、えこひいきする愚かな父として描かれていると読まれなくもない。しかし事実上、愚かな父であると描かれるわけでないから、結局、身も蓋もなく言ってしまえば、帝の偏愛的な肩入れは、理由のおくの真の理由として、光源氏の運命ひいては桐壺一族の思いが物語の前提にあり、それに沿ってすすむ物語の将来の方向をあやまたないように帝の思いも行動も規制される、ということの結果であるにほかなるまい。この物語は光源氏のそれなのだ。

三　すぐれた治世とは——物語のあやうい論理

桐壺更衣を忘れられない帝のもとに、藤壺妃の宮が入内する。自然に心が藤壺のほうへ移って、思いなぐさめられるきもちになるのは自然のなりゆきだろう。源氏はこの人に引かれてゆく。母更衣がなぜ藤壺に似るのか。そのわけは物語に書かれないので分からない。帝は、この藤壺妃の宮と光源氏とをならべて限りなく愛する。

元服の夜、源氏は左大臣家に婿どられる。

（桐壺帝の贈歌）

いときなき初元結《はつもとゆ》ひに、長《なが》き世を契る心《こゝろ》は—結《むす》びこめつや　（一‐二五ページ）

（左大臣の返歌）

結《むす》びつる心も—深《ふか》き元結《もとゆ》ひに、濃《こ》き紫《むらさき》の色《いろ》し—あせずは　（同）

だが源氏の君の心は新妻葵上に向かわず、ひたすら藤壺をたぐいなしと思って、内裏住みに明け暮れる。そればかりか、二条院に自分の「思ふやうならん人」（一‐二七ページ）を住ませたい、と思いつづける。その「思ふやうならん人」とは若紫の巻で見いだされる、紫上だ。その若紫の巻でも、すぐまえの夕顔の巻でも、源氏はその若い恋の冒険と結果としての病気をくりかえして、帝を心配させつづける。

わらわやみから回復したものの、痩せおとろえたすがたを見て、帝は「ゆゝし」（若紫の巻、一‐一七一ページ）と思う。夕顔の巻でも、帝だけが思うというわけでなくて、東山からの帰還ののち、よわりゆく源氏にたいして、「世《よ》にたぐひなくゆゝしき御ありさま」（夕顔の巻、一‐一三六ページ）と、周囲の心配はひと通りでなかった。その中心に源氏のゆゆしさを心配する父帝がいることはのちのちも描かれつづける。

性懲りもなく、源氏はついに、里帰りしている藤壺を狙って近づき、思いを遂げる。帝は思いがけない妃の宮の妊娠を、まさか源氏が通じてのそれと知る由もなく、七月に参内した彼女を見て、「めづらしうあはれにて」(若紫の巻、一-一七八ページ)いよいよ寵愛がまさる。新皇子が誕生するのはおもて向きの出産予定日をはるかに過ごしての、二月十余日のことであった(紅葉賀の巻、一-二五〇ページ)。

紅葉賀の巻、花宴の巻は、朱雀院(上皇の一人)への行幸からはじまって、桐壺帝治世のはなやかさをこれでもかと描く。むろん、葵、賢木の両巻の暗転と対照的に描く、という意図が感じられる。だがそれ以上に、源氏が藤壺に通じて子をなしたというその宮廷秘事の暗さを押し隠す表面のはなやかさなのだろう。源氏は父帝よりもさきに新皇子に対面したいと懇願し、それを藤壺は謝絶する。いうまでもなく源氏に生き写しの子であった。父帝への重大な秘密を、絶対に知られてはならない。藤壺とて、夫である帝にけっして知られてはならない性質の秘密であった。

さて、問題は、光源氏の運命を切りひらくために、父帝がどのように手を貸すか、というところにあった。結果的にみると帝は、源氏の秘密の子である新皇子を、自分の退位とともに次代の皇太子として立坊させ、ついでそれを即位させる、とりもなおさず源氏は天子の父となる。結果はそうであれ、源氏と新皇子との関係を知らない帝が、どのようにして新皇子を立坊にまで持ってゆくか、物語の進行上、興味深いところとしてある。

実にあやうい論理がそこに敷かれる。紅葉賀の巻によれば、帝は、源氏の君を、かつて(桐壺の巻で)限りなきものに思ったのに、世の人がゆるさないようであったから、坊にも据えることがならなくて終わった、そのことを飽かず口惜しく、ただ人(臣下)の身で「かたじけなき」成長を示す源氏のありさまを見るにつけ、心苦しく思っていると、かように身分の高い(藤壺)腹に、おなじ光として新皇子がご誕生になるのは、疵なき玉である、と思いかしずいている、という(紅葉賀の巻、一-二五三ページ)。

つまり、源氏の君にほどこしてやれなかった立坊を、これとそっくりに生まれた新皇子のうえにかなえてやろう、と、そういうことだろう。これを桐壺の巻にかさね合わせると、大和相に見せ、高麗人の観相をえるまでは、光宮の立坊を考えたらしい。このことは故大納言の遺志を知ってきた帝として自然だろう。大和相や観相によって源氏のたぐいまれな運命を知る帝は、かれに臣下の道を用意した。つまり処置としてそれはただしい。ここにのこるのは心苦しく思うその思いである。ただ人で終わるはずのない人が、「かたじけなき」ありさまで臣下のまま成長していまにある、ということへの心苦しさ。その思いを源氏にそっくりの新皇子のうえに晴らすことにしよう、という。
あやうい理屈ながら、物語はそのようにしてはなしの穂をさきへ継いでゆく(3)。

四　遺言と死去

桐壺帝の形象に史上の延喜帝、醍醐天皇が利用されている、という証拠はない。第一に、史上の聖代であるかのようには書かれない。第二に、死後の延喜帝堕地獄説話は聖代であることを前提としてはじめてなりたつ。前提が根拠薄弱であるなら、それを準拠として桐壺院の死後受苦があるとする見方はほとんど無意味となろう。

紅葉賀の巻には、

（よしある宮仕え人たちが多くあること）

みかどの御年《とし》ねびさせ給《（たまひ）》ぬれど、かうやうの方《かた》、え過《す》ぐさせ給はず、采女《うねべ》、女蔵人《（によ）くら（うど）》などをも、かたち心あるをば、ことにもてはやしおぼしめしたれば、よしある宮仕《みやづか》へ人多《おほ》かる比《（ころ）》なり。（紅葉賀の巻、一―二五八ページ）

（帝のご年齢(が)高くなっておしまいであられるけれど、かようの方面(は)見過ごしあそばされず、采女、女蔵人などをも、美貌と心とのそろったのをば、格別にもてはやしお心にかけられるので、よしある宮仕え人(が)多くあるころである。」

花宴の巻には、

地下《(ちげ)》の人はまして、みかど、春宮の御才《ざえ》かしこくすぐれておはします、か丶る方《かた》にやむごとなき人多《おほ》くものし給ふころなるに、はづかしく……　(花宴の巻、一-二七四ページ)

〔地下《ちげ》の人はまして、帝、春宮のおん学才(が)賢くすぐれていらっしゃる、かような方面にやんごとなき(一流の)人(が)多く何していらっしゃるころであるから、恥じられて……〕

とある。

物語のなかの帝の世をこの程度にすぐれた治世であったと書くのはありふれたことだろう。前者は女色をこめた讃辞であろうし、後者は春宮をならべ、漢学の才人が多かったとするあたり、史上の醍醐時代を準拠としていると思えない。かならずしも史上に準拠をさがすことはないのであって、聖帝なお堕地獄の責め苦を受ける、ということの根拠としてここを読むのは強引に過ぎるきらいがある。

桐壺帝は、桐壺の巻以来、色好みをよしとする古代にふさわしい天皇像としてあろう。源氏への戒めも、そのような帝であることのほうが、何と言えばよいか、迫力があろう。源氏が二条院に女(実は紫上)を囲ったらしいと言ううわさを聞きつけて、帝は戒める。

(桐壺帝の言)

いとおし《(ほ)》くおとゞの思ひ嘆《なげ》かる〔なることも、げに。ものげなかりしほどを、おほなおほなかくものしたる心を、さばかりのことたどらぬほどにはあらじを、などかなさけなくはもてなすなるらん」　(紅葉賀の巻、一-二五七ページ)

〔気の毒におとど(―左大臣)が思い嘆かれていると聞くことも、もっともだ。(幼くて)何ほどでなかった時分を、(大臣が)わが身をわすれて何している(―婿として大切にしている)心なのに、そればかりのこと(を)思いあたらぬ年ではあるまい(という)のに、どうしてなさけなくあつかいはしているのであろうか。〕

とたしなめるのにたいして、源氏が返辞をしないので、納得しないようだ、と帝はかわいそうに思う。帝は「そうはいっても、すきずきしく思い乱れて、このあたりに見られる女房にもあれ、またこなたあなたの女たちなど、格別に打ち込んでいるとも見えぬし、そんなうわさにも聞こえて来ないし、どんな物陰に隠れ歩いて、かように人にも恨まれているのだろう」(同、一‐二五七～二五八ページ)とも言う(源氏はこの桐壺帝の言を梅枝の巻で思いだす)。

退位後にも、葵の巻で、六条御息所との関係について、桐壺院は源氏に自重をもとめる。

(桐壺院の訓戒)

故《こ》宮のいとやむごとなくおぼし、時《とき》めかしたまひしものを、軽《かる》〳〵しうを《(お)》しなべたるさまにもてなすなるがいとお《(ほ)》しきこと。斎宮をもこの御子《みこ》たちのつらになむ思《おも》へば、いづ方《かた》につけてもおろかならざらむこそよからめ。心のすさびにまかせてかくすきわざするは、いと世《よ》のもどき負《お》ひぬべきこと也《(なり)》。(葵の巻、一‐二九一ページ)

〔亡くなった前春宮がまことに大切にお思いになり、ご寵愛になったというのに、軽々しく(並の女で)あるようなあつかいをしていると聞くのが気の毒なことよ。斎宮(―六条御息所の娘)をも、ここの皇女と(同じ)列に思うから、どちらにしても粗略にせぬようなのがよかろう。心のすさびに任せてかように好きごとをする(の)は、まことに世の非難をきっと負うにちがいないことだ。〕

などと、桐壺院はけしきがよくない。「相手の面目をつぶすことなく、どちらをもなだらかに(角の立たぬように)もてなして、女の恨みを負うな」(同)と忠告する。源氏は、こういう院の忠告を聞くにつけても、もし藤壺を慕うおのれのけしからぬ、大それた心を院が聞きつけているとしたら、そのような時は、とまことにおそろしく、恐縮して退出してしまう。

のちのちに源氏は「故院の上《うへ》も、かく御心にはしろしめしてや、知《し》らず顔《がほ》をつくらせ給ひけむ」(若菜下の巻、三-三八五ページ)と思い起こすところがあって、生前の桐壺院が藤壺との不義を知っていたかもしれない、という思いはいわば源氏の心の鬼となりつづける。

さて、忠告ずきの院のさまは重態の病床における、朱雀帝への遺言にもっともよく見ることができる。春宮のこと、大将(源氏)のことをくれぐれも言い置く。ここばかりは政道に関する〝忠告〟であり、したがってかの「女のまねぶべきことにしあらねば……」(賢木の巻、一-三五一ページ)という草子地が生きるところであった。

侍《(はべり)》つる世に変《か》はらず、大小のことを隔《へだ》てず、何《なに》ごとも御後見《うしろみ》とおぼせ。齢《よはひ》のほどよりは、世《よ》をまつりごたむにも、おさ《(を)》〳〵はゞかりあるまじうなむ見《み》給ふる。かならず世中《(よのなか)》保《たも》つべき相《さう》ある人なり。さるによりて、わづらはしさに親王《みこ》にもなさず、たゞ人にておほやけの御後見《うしろみ》をせさせむと思《(おもひ)》給へしなり。その心違《たが》へさせ給《(たまふ)》な。

(同、一-三五一ページ)

〔(私の)在世時に変わらず、大小のことをへだてなく、(源氏を)何ごともおん後ろ見とお思いあれ。年のわりには、世の政《まつりごと》をおこなおうにも、けっして心配すること(は)あるまじく見申す。かならず世の中をたもつべき相(の)ある人である。そのようなわけで、わずらわしさに、親王にもなさず、ただ人(臣下)で朝廷のおん後ろ見をさせよう、と思い申したのだ。その心(を)そむきなさるな。〕

と、感銘深い遺言が多くあったけれども、草子地に言うように、女の書く物語として以上のように書くだけでせいいっぱいであった。

源氏には朝廷に仕えるべき心づかい、春宮の後ろ見をするべきことについて何度も言い置いて、しばらくもせず亡くなる。

五　亡霊としての桐壺院

藤壺中宮は源氏の執拗な懸想にたいして、「かようなことが絶えないようでは、いよいよつらい世に、うき名さえが漏れでてしまおう。(弘徽殿)大后があるまじきこととおっしゃると聞く(中宮の)位までも去ってしまおう」(賢木の巻、一-三六四ページ)と、出家を決意する。一周忌の十一月が終わり、法華八講(十二月)の果ての日に、出家することを仏に申し上げさせる。

藤壺が夫の一周忌を越えて出家をするというところに、真のその出家の意味をさぐり取るべきだろう。源氏の手をのがれて出家をするということは、さらなる密会を避けるためであり、そのことは出家によって夫にたいして犯した不義の罪をこの世でいささかでも減するためであることと連動する。ここまでのところ、夫である院が何らかの犯しを持っており、それを藤壺がすすぐために出家をする、というようには見えない。藤壺の出家はこの限りで藤壺の都合であるということになるらしい。

藤壺が出家し、源氏は須磨へ退去する。桐壺院はそのころ、どこにいるか、と発問するのもおろかなことながら、あとに明石の巻に見るように、死後の世界で、苦しみを受け、そのことに余念がないはずである。須磨の巻では、京都を去り須磨に向かおうとする源氏が、そのまえに藤壺のもとに参って、「思《おも(う)》ふ給へあはすることのひとふしになむ、空《そら》もおそろしう侍《(はべる)》」(須磨の巻、二-一七ページ)と述べると、彼女の意志をも体するかたちで御山(山陵、御墓)に詣でる。おりしも月が雲がくれて、院の「ありし御《(お)》をもかげ」(二-一九ページ)がさやかに見えてくるのはそぞろ寒いほど

で、うたに、

（光源氏）

なきかげや―いかゞ見《み》るらむ。よそへつゝながむる月も―雲がくれぬる　（二―一九ページ）

と詠む。故院は山陵から子孫を見守る祖霊という存在としてあるのだ。

このように遺骸は山陵におさめられ、祀られていまある。「この院が、御陵に祀られた天皇であることは、記憶に留めてよいことだと思う」と斎藤暁子氏が書いている(4)。氏は、史上の天皇のなかに山陵を忌避するのがめずらしくなかった（その理由は仏教帰依だったという）のに、桐壺院は「比較的自己の意志を堅持し」て、仏教的傾斜がなく、山陵に祀られた、と論じる。

苦しみを受けていたとは、明石の巻の冒頭近く、暴風雨におそわれる源氏の夢に、院が亡霊になってすがたをあらわすところに述べられる。亡霊を呼びだす直接のきっかけは、

（光源氏）

海にます神のたすけに、かゝらずは―潮《しほ》のやを(ほ)あひに、さすらへなまし　（明石の巻、二―五六ページ）

であったろう。精根尽き果てた源氏の呼びかけに応じて父院の亡霊は源氏のうちまどろみのなかに出現する。「など、かくあやしき所に物するぞ」（どうしてかように見苦しい在所にいるのか）（同）とて、源氏の手を取って引き立てる。「住吉の神のみちびきなさるままには、はや舟を出してこの（須磨）浦を去ってしまえ」と。源氏はうれしくて、「恐れ多きおん影に別れ申してしまってよりこのかた、さまざま悲しいことばかり多くござるから、いまはこのなぎさに身を捨ててしまいたく思うのでござる」と言う。これはうたで訴えたことに一致する。

院は、

(桐壺院亡霊の言)

いとあるまじきこと。これはたゞいさゝかなる物の報《むく(い)》ひなり。我は位にありし時、あやまつことなかりしかど、を《(お)》のづから犯《をか》しありければ、その罪《つみ》をおふ《(を)》る程、暇《いとま》なくて、この世をかへり見《み》ざりつれど、いみじき愁《うれ》へに沈《しづ》むを見《み》るに、耐《た》へがたくて、海《うみ》に入《い》り、渚《なぎさ》に上《のぼ》り、いたく極《ごう》じにたれど、かゝるついでに内裏《(だいり)》に奏《そう》すべきことのあるによりなむ、急《いそ》ぎのぼりぬる。（二一‐五六〜五七ページ）

〔それはあってなるまいこと。これはただいささかな物の報いである。われは位に在った時、過つこと(が)なかったのに、おのずから犯し(が)あったことだから、その罪を終える期間、余裕(が)なくて、この世をかえりみなくてあったところであるけれど、(汝の)いみじき憂えに沈むのをみるに、耐えずして、海にはいり、なぎさに上り、はなはだ疲労してしまってあるけれど、かかるついでに内裏(―朱雀帝)に奏すべきことがあるによりのう、急ぎ上京するところだ。〕

と言う。京都ではその年、朝廷にもののさとしがしきりにあり、もの騒がしく、三月十三日には雷がひらめき、雨風が騒々しい夜、朱雀帝の夢に、院の帝が御階のもとに立って、けしきあしく睨む。そして懇々と何かを言う。源氏のことらしい。朱雀帝は目をわずらい、たえがたくて病気になる。太政大臣の死などがつづく（二一‐七三ページ）。こういうところは、もしこれを桐壺院の霊魂のなせる一種の暴力としてみると、御霊的だろう。ついに翌年、帝は譲位の決意をして、源氏赦免の宣旨がくだる（二一‐八〇〜八一ページ）。

斎藤氏によれば、院の霊は御霊的と祖霊的との二つの性格をあわせ持つということで、それをたしかに認めることができた。以上で、もう問題はないようながら、亡霊が出現したときの、「われは位に在った時、過つことがなかったのに、おのずから犯しがあった」（二一‐五六ページ）というのはどういうことか、という興味があとにのこるといえばのこる。述べてきたように、光源氏のたぐいまれなる運命をひらくという方向に沿って、精根尽き果てたぎりぎりのとき、すがたを見せた桐壺院のありようはまさに祖霊としてある。祖霊であることを基礎に、うえにかぶさるようにして仏教的な霊魂観もまたここに見られる、ということだろう。この物語がいろいろな思想を混在させてなることをここでも観察できる、ということにほかならない。天皇の位にあることが仏教的には罪障を構成するという理屈は、山陵を忌避せずにそこに鎮座するほどの神祇的な桐壺院が、その在位によって仏教からするなら一定の罪をなしたということであろう。藤壺の出家はそういう面から見る限りでなら、自分都合だけでない、夫の滅罪という意味が加味されてあるかと判断できる。

注

(1) 高麗人の予言について、前章第一節／第二節参照。
(2) 森一郎「桐壺帝の決断」『源氏物語の方法』桜楓社、一九六九《昭和四十四》年。
(3) 藤井貞和「神話の論理と物語の論理」『源氏物語の始原と現在』(定本)、『源氏物語入門』所収。
(4) 斎藤暁子『源氏物語の仏教と人間』桜楓社、一九八九《平成元》年、四四ページ。

第二節　藤　壺──人物造型からみた

一　藤壺歌集、賢木の巻から薄雲の巻へ

藤壺は、先帝の四の宮、后の宮の姫宮、かかやくひ(＝妃)の宮[1]、藤壺の宮、藤壺、女宮、后、中宮などと称される

女性としてあり、后の宮、入道の宮、入道后の宮、（当帝の御）母后とも呼称されるのにたいして、藤壺中宮という呼び名は作中にみられず、また薄雲女院という名も女院という号もなく、また女御であったたしかな証拠もなく、おそらくそうではなかったろう、と判断される。

藤壺の宮の物語の前半と、後半とは、全十二首からなる藤壺歌集——という歌集があるわけではないが——の構成によって、くっきりと示すことができる。第七首め以下からさきに見ると、

（藤壺の作歌、光源氏への返歌）

7 ながらふるほどは—うけれど、ゆきめぐり、けふは—その世にあふ心《ここ》ちして　（賢木の巻、一‐三七五ページ）

と、覚悟の出家を直前に、一周忌において故院（—桐壺院）にめぐり会う思いがするといううた（やや秀歌）をはじめとして、

（返歌、光源氏への）

8 おほふかたのうきにつけては—いとへども、いつか—この世をそむきはつべき　（一‐三七八ページ）

は、「憂し」と「世」という語を7歌と同じくし、「此の」「子の」を懸けて子ゆえの妄執があることを詠み、

（返歌、光源氏への）

9 ありし世のなごりなきだに浦島《うらしま》に、たち寄《よ》る浪のめづらしきかな　（一‐三八一ページ）

では「世」を捨て、

（贈歌、光源氏への）

10 見《み》しは—なく、あるは—かなしき世《よ》の果《は》てを、背《そむ》きしかひも—なく〳〵ぞ—経《ふ》る　（須磨の巻、二‐一七ページ）

もまた類歌としてつづき（「見し」は故桐壺院のことをさし、「ある」は源氏の君のことをいう、やや秀歌）、

（返歌、光源氏への）

11しほたる〻ことをやくにて、松島《まつしま》に年《とし》ふるあまも―なげきをぞ―つむ　（二―一二六ページ）

はあま（海人、尼）に託すうた、

（唱和歌）

12みるめこそ―うらふりぬらめ。年《とし》へにし伊勢《いせ》の海人《あま》の名《な》をや―沈《しづ》めむ　（絵合の巻、二―一七七ページ）

も、『伊勢物語』に勝ちを認定するのに11歌の類歌をもってする、意図的な、うたによる人物の造型だと言ってよかろう（ただし「うらふる」という言い方には不安定な感じがのこる）。

12歌をさいごに、藤壺は物語のなかでの歌人であることをやめ、亡くなる薄雲の巻には一首をものこすことがない。そのこと自体に深い意味を、おそらくは考えなくてよいことだろう。7歌から12歌までに見ると、藤壺は、そんなにすぐれた歌人だと言えそうになくて、類歌をこらし、出家の身らしさにしばられるらしく、〝短歌的抒情〟に思念を垂らすといった造型がかならず彼女にふさわしいか、ということを思うと、薄雲の巻に彼女の作歌はなくてよかった、という感じがしてくる。

二　桐壺の巻、中宮らしさの出発

桐壺の巻から、その〝人物造型〟つまりその語り方を見る。

容貌がすぐれているという評判が、高くてあるとともに、その方は桐壺更衣にそっくりだと感じられて、えがたい〝御かたちびと〟であると、宮中のことを知り尽くしてきた内侍のすけ（―典侍）が奏上する（桐壺の巻、一―二一ページ）。出仕させるようにとの帝がわからの懇請にたいし、先帝ののこされた妻である藤壺の母后は、ああおそろしいこと、春宮の女御(弘徽殿女御)がまあ意地悪な性格で、あの桐壺更衣がおおっぴらに軽々しく取りあつかわれてしまった例もいまわしいことで、とためらって、出仕を思いたたない。

(母后のためらい)

あなおそろしや、春宮《とうぐう》の女御のいとさがなくて、桐壺《きり》の更衣のあらはにはかなくもてなされにしためしもゆゝしう、(桐壺の巻、一-一二ページ)

桐壺更衣を死に追いやったのが弘徽殿女御であったかどうかについて、私は以前に、そのようにも理解できるかのように説いた、つまり弘徽殿女御のおそろしくゆゆしい魂が発動して桐壺更衣を病死にいたらせたのではないか、と論じたことがある。しかし『源氏物語』の本文は真犯人を暗示する書き方だとどうやら読める。藤壺の母后の言う「桐壺《きり》の更衣のあらはにはかなくもてなされにしためし……」とは、更衣が迫害を受けたことを言うにとどまろう。「あらはにはかなく」もてなされた、とは、打橋や渡殿にあやしきわざをしかけられたり、避けられない馬道の戸をとじてはずかしめられたりということがあったことを意味する。それをかわいそうだと思った帝は、後涼殿にまえから伺候している別の更衣をほかに移して、あいた曹司を桐壺更衣のうわ局としてあたえた。追いだされた更衣「のうらみましてやらん方《かた》なし」(一-六ページ)とあるから、はっきり言って呪詛のようなことをしたのはこの更衣だろうと推定できないか。

藤壺ほどの身分ならば、そういう身の危険はないと断言してよい。「母后《きさき》世になくかしづききこえ給ふ」(一-一一ページ)というのは、単に愛育していたと見るよりは、何らかの結婚前提の「かしづき」のように見える。入内を考えながら、弘徽殿女御の存在が唯一の気がかりで、決心がつかない、ということだろう。皇女不婚の時代が終わりつつあるとして、臣下への降嫁はのちの、若菜上の巻の女三宮をもって最初としてほしいようにわれわれには思われ、母后にしても降嫁を考えるのでなくて、しかも結婚をさせたい、と考えたとすると、当帝の後宮への入内以外にない。先帝とは、あるいは皇位継承とは、どういう存在であり、どういう制度なのだろうか。一代限りの大嘗祭によって国の最初に立ち返るところからはじめられる当帝にとって、先帝という存在は過去のものとしてあり、みずからは王朝を開始し、即位して後宮を創設する、という一面があろう。〝先帝〟家としては後宮へ女性を送りこむがわにまわった、ということになろう。母后がなくなり、さぶらう人々や、後ろ見たち、とりわけ兵部卿宮などがあいはからって、藤壺を出仕させてしまう。いわば〝先帝〟家から当帝の後宮へ送りこまれた女性という面と、一女性としての結婚ということとの、両面がここにあって、女主人公藤壺は誕生する。

藤壺の若くてうつくしげなさま、また桐壺更衣にあまりにも似るとの帝の思いにたいして、藤壺そのひとがどう思っているか、「受《う》けばりて飽《あ》かぬ事なし」(一―二二ページ)とあるのは、藤壺についてを言う、という読みがあり、新大系はそれにしたがう。気がねなくふるまって飽き足らぬところがない、とは、入内した藤壺には桐壺更衣のような不如意とちがい、困ることが何一つなかった、ということであって、高慢な女性だということではない。しかしのちに出家しても皇権を左右するある種のしたたかさ、中宮らしさの出発点は桐壺の巻にある、と見てあやまりなかろう。

かかやくひ(＝妃)の宮という名まえは、光君に併称されてある(一―二三ページ)。〝かかやく〟について、紅葉賀の巻のとじめ近くに、「同《おな》じ宮と聞《き》こゆる中にも、后腹《きさいばら》の御子《みこ》、玉光《たまひか》りかゝやきて」(紅葉賀の巻、一―二六七ページ)とあるのは、一般に藤壺のことと注されるものの、若宮を言う形容かとみて実際に支障がないから、よって藤壺を形容する事例とはみなしがたくて、かかやくひ(＝妃)の宮らしさを実際に証しだてる〝かかやく〟という語の使用を桐壺の巻以外にさがしあてられるにいたらない。

光源氏はこの女性を慕う。五つぐらいの年上を男がもとめる、という構成になっており、母の面影をなずらいの女性に見るという動機づけにふさわしい両人の年齢差だ、と判断してよかろう。管絃のときには、藤壺の琴に、源氏の君が笛をあわせて聞かせ、また簾中のほのかな声を聞いて源氏の君は心なぐさめられる(桐壺の巻、一－二七ページ)。一方的な男の心寄せであって、女のほうからは、心理の深層といえども、どう源氏のことを思っていたか、知るすべが何もない。すがたを見られたことがあっただけだという(一－二三ページ)。藤壺の深層において源氏を迎え入れる余地があったかどうか、安易な予想はいくらでも可能だとして、本文に書かれないことを推測するわけにゆかない。桐壺の巻にはまだ藤壺のうたをみない。

三　若紫の巻、世語りへの恐れ

(藤壺懐妊、退出と、光源氏の行動)

藤壺《ふぢつぼ》の宮、なやみ給ふことありて、まかで給へり。上《うへ》のおぼつかながり嘆《なげ》ききこえ給ふ御けしきも、いといと《〱》お《(ほ)》しう見《み》たてまつりながら、かゝるおり《(を)》だにと心もあくがれまどひて、いづくにも〳〵参《ま》うで給はず。内《うち》にても里《さと》にても、昼《ひる》はつれ〴〵とながめくらして、暮《く》るれば王《わう》命婦を責《せ》めありき給《(たまふ)》。いかゞたばかりけむ、いとわりなくて見《み》たてまつるほどさへうつゝとはおぼえぬぞわびしきや。(若紫の巻、一－一七五～一七六ページ)

〔藤壺の宮(が、病に)なやみなさること(が)あって、退出しなさっている。帝が不安がり(──会いたく)嘆き申しなさるご様子も、えらく気の毒に(──源氏の君は)見たてまつりながら、(せめて)かかるおりなりとも、と心もはなれさまよって、どちら(の婦人)にもどちら(の婦人)にも参上しなさらない。内裏でも里邸でも、昼は所在なくながめくらして、暮れると王命婦を責めあるきなさる。(王命婦が)どう計画したのだろうか、えらく無理してお会いし申す時間すら、現実とは思われないなんぞつらいことよ。〕

逢瀬は夢ならぬ現実のはずなのに、その逢瀬ですら現実であると思われないつらさを語り手は、「いかゞたばかりけむ、いとわりなくて見《み》たてまつるほどさへうつ、とはおぼえぬぞわびしきや」とくくる。

〝人物造型〟といっても、語り手による語り口によってどう人物を〝造型〟するかということにほかならない。源氏について語る場合、人称としては第三人称の叙述ながら、「けむ」「ぞ……や」など、語り手の叙述がもろに出てきて、いわゆる(狭い意味での)草子地に近く、ないし人によっては草子地と認定する文体としてある。第三人称の叙述であること自体がそれらによってゆらぐわけではなくて、語るひとの思いいれがつよいこのような箇所では、その語り手をかげに隠れた存在でありつづけるとも言いにくい。「けむ」や「ぞ……や」をかさねて、語り手人称(ゼロという人称)(2)が、日本語の特質として、それらの〝辞〟(助詞や助動詞)という窓から透かし直接に覗けるような構造をとる。その強度によって、単なるゼロでありえない、(語り手の)第一人称式の叙述らしさを出しているとみなすなら、語りかける草子地としてここを認定することはかならずしも不当でない。

たいするに藤壺の宮の反応はどうか。

(藤壺の様子を通して)

宮もあさましかりしをおぼし出《い》づるだに世《よ》とともの御もの思《おも》ひなるを、さてだにやみなむ、と深《ふか》うおぼしたるに、いとうくて、いみじき御けしきなるものから、なつかしうらうたげに、さりとてうちとけず心《こゝろ》ふかうはづかしげなる御もてなしなどのなを(ほ)人に似させ給はぬを、……　(一-一七六ページ)

〔(藤壺の)宮(にして)も、(あの)情けなかった(事件)をお思いだしになるだけで、世のつづく限りおなやみ(の種)であるから、そう(し)てだけで終わってしまおう、と深うお思いになっている(の)に(―から)、(今回またこういうことになるのが)まことにつらくて、たいそうなお顔色であるものの、(人柄が)なつかしゅう愛らしげで、さりとてうちとけず心深う(こちらが)はじられそうな(身の)おこなしなどが、やはり他人に似てあそばさぬ(の)を、……」

と、描写は藤壺の様子を語りながらも、傍線部分の「いみじき御けしきなるものから……」というあたりより、あいたいして顔色をうかがう光君の視野から見たり感じたりする描写がかさなり、それをさらに語り手が敬語をほどこすといった造型のしかたを見る。物語という第三人称の世界を、光源氏自身の人称が何となく覆うような印象があって、こういうのを純粋な第三人称とはすっかり言いにくい気もする。かといって、語り手人称がゼロであることがゆらぐわけでない。

ここには光源氏からの視点がつけ加わって、その視点から見られた藤壺の造型としてあるとすると、たとえば傍線部分のうちの「はづかしげなる」〔(こちらが)はじられそうな〕とは、藤壺をそう感じとる源氏の君(＝こちら)の思いであって、登場人物(光源氏)の第三人称が第一人称でもあるという、語りが二重化しているとも、二つの人称が微妙に複合している、とも言えるから、人称の序数(第一、第二、第三、……)にやや変化が生じるかもしれない(言い換えると第四人称が物語の文法として生じようとしているのかもしれない)。

本文にもどると、「あさましかりし」ことがあったとは、何かがあったということまでを書いて、そのなかに立ちいることをしないから、何があったかの具体を確定することはできない。しかし「だに」を二つかさねているところから見ると、源氏が寝所をおそうというような突発事件に遭遇しながら、かろうじて身はまっとうしたらしいと見てとれる。だから今回も、おそわれるぐらいなら、身を守りきろうと思えば守られる場面かもしれないと読者は思う。二十歳をいくつか過ぎており、密通し、それによって妊娠する女性として描かれるそのさまは、わりあい目鼻立ちのしっかり書かれてある、というほかなく、情事ののちに和歌を贈答し、衣類をつけて男が帰ってゆくまでを、印象的に、そして描写として積極的に、おぼつかなからず、はぐらかすことなく書いて、読者にあらぬ想像でつけいらせる余地をもたない。

しかし、情事がどのように書かれてあるか、ということになれば、省筆がほどこされている、と見るべきだろう。王命婦がどう手引きしたのかということも書かれなくて、かの夕顔が源氏にかよわれだす夕顔の巻の箇所が省筆されているのと同一の手法としてある。つづく、

（男君の思い）

などかなのめなることだにうちまじり給はざりけむ、とつらうさへぞおぼさるゝ。（同）

〔（光君は）どうして（せめてここは）不足だという点なりとおありでなかったのかしらと、うらめしくまでお思いになる。〕

とある、心内語の部分は、直前の、男主人公の判断のかさなる第三人称叙述（「……人に似させ給はぬを」）の延長上に、ごく自然に出てくる。それは、みぎのように、「と、つらうさへぞおぼさるゝ」をへだてて、さらに源氏の君の思いに密着するような、

（男君の思い）

何事《なに》をかは聞《き》こえつくし給はむ、くらぶの山に宿《やど》りも取《と》らまほしげなれど、……（同）

〔何ごとをば（ことばに出して）申し尽くしなさろうか、くらぶの山に宿りも取りたげである（─暗いならいつまでも一緒にいられる）けれど、……〕

という忖度をたどって和歌にいたる。本文で言うと、

……つらうさへぞおぼさるゝ。

から、

何《なに》事をかは聞《き》こえつくし給はむ、……

への、文の展開が微妙だ、という感じがするから、ここを情事の〝描写〟と読むのが至当かと思われる。光源氏の贈歌「見《み》ても―又逢《あ》ふ夜(―合ふ世)まれなる夢のうちに、やがてまぎる、わが身ともがな」につづき、藤壺の返歌が、

(返歌、光源氏への)

1 世《よ》(―夜)語《がた》りに人や―伝《つた》へん。たぐひなくうき身を覚《さ》めぬ夢になしても　(若紫の巻、一 - 一七六ページ)

世上(ならぬ夜の夢)の語り伝えとして、だれかは、
伝えることであろうや。類ないつらい身を(そのまま)、
覚めぬ夢(のなかのもの)にな(すと)しても

とあって、女主人公は内面をようやくあかす。うたのやりとりを成立させることによって、からくも源氏の無謀な思いを思いとして受けいれたことになろう。贈答の成立はその緊張感が高まるときに秀歌をもたらす。その意味で、これはなかなかのうたなのだと評価してよいのではなかろうか。憂き身を嘆くその思いははたして的中し、その逢いが運命的な懐妊をもたらす。〝世語り〟にさらされるという藤壺のその恐れはついに、彼女の生前を、さらには死後をもつらぬく物思いとなるはずで、このうたを起点にもつことの意味はあまりにも大きい。

四　夢のここち、から人の袖ふること

紅葉賀の巻、源氏の青海波を頂点とする試楽のさなかに、藤壺は、源氏の光るばかりの舞いすがたを見ながら、

(藤壺の思い)

おほけなき心のなからましかば、ましてめでたく見《み》えましとおぼすに、夢の心《（ここ）》ちなむし給ひける。（紅葉賀の巻、一―二四一ページ）

〔（源氏の君の）大それたきもちが（もし）なかったならば、一段とすばらしく見られることだろう、と思うと、
夢のここち（が）のうしてこられる。〕

と思う。密通の結果を恐れる藤壺の、傍らにいる桐壺帝への憚りが、ますます夢のなかにさまよう感覚へとかりたてる。この夢はいわれるような悪夢だろうか。むしろ、かの、「うき身を覚《さ》めぬ夢になしても」（若紫の巻、一―一七六ページ）と詠まれた通り、これから待ち受ける運命を思いたどる藤壺がここにいる、と見るべきところだろう。密通がいわば源氏の反逆の心へ奉仕してゆくところにこの物語の大すじがあるのだから、単に密通の露見をおそれる男女の描写のみであるはずはない。源氏の大胆さはその方向に沿ってのみ理解できるし、藤壺もまたそのところに反応するほかはない身体のうごきを抑えられない、ということだろう。

試楽の翌朝、源氏の「もの思《おも》ふに、たち舞《ま》ふべくも―あらぬ身《み》の、袖《そで》うちふりし心知《し》りきや」という手紙うたへの返歌、

（返歌、光源氏への）

2 から人の袖《そで》ふることは―とを《（ほ）》けれど、立《た》ちゐにつけてあはれとは―見《み》き　（紅葉賀の巻、一―二四一ページ）

唐人が袖（を）振ること（―古語《ふること》）は、
とお（く疎）いけれど、（舞の）立ち居につけて、
ああと（感動して）見た

に、女は、女としての心を、なるほど覗かせたかもしれない。うたの直前に「見給ひ忍《しの》ばれずやありけむ」という書

き手の推測があるから、そう読みとれる、たしかに。しかし、その返歌をうけとった源氏が、「人のみかどまで思《おも》ほしやれる、御后言葉《きさきことば》のかねても」（他国（―唐）の朝廷まで思いやりなさっている、（いかにも）后（―中宮らしい）お言葉の早くも」（一‐二四二ページ）と、立后を予想するかのような感想を漏らすのはなぜだろう。まあ、女の返歌の深層の部位を十分にくみ取ったうえでの、そこは言うまでもなく、という省筆としてあろう。とともに、表層において和歌の批評をしているということでもないはずで、「御后言葉《きさきことば》のかねても」という感想もまた、けっして他人にけどられてはならない、この物語の根幹にかかわる秘密にふれたのではないか。

藤壺は里さがりして、出産の期間にそなえるらしく、源氏は源氏で会いたくて三条宮に出向く、ということがあるものの、手引きの王命婦とてたばかりようがない。時間は過ぎて、「はかなの契《ちぎ》りや」（ああ、はかなきちぎりよ）（一‐二四六ページ）と、二人は思い乱れることがたがいに尽きない。こういう関係をこそ〝はかない〟というのだろう。運命のためにちぎりを結ばされ、男女のあいだとしてははかなくも密通という暗さに隠されつつ、結果はいやましにこれから物語のうえにのしかかる、というかかる関係のさまを。

「宮、いとわびしう、この事により身《み》のいたづらになりぬべき事」（（藤壺の）宮（は）身の細る思いで、この事情により身の破滅になるにちがいないこと）（一‐二五〇ページ）と、思い嘆いて苦しむ。実際には産褥の苦しみであるから、二月十よ日のほどに若宮が誕生してより、心をつよくたもってようやく快方にむかう。まさに源氏の君にそっくりの赤ん坊であった。藤壺は、「御心の鬼《おに》に」（一‐二五一ページ）まことに苦しく、だれかが赤ん坊を覗きこむたびに、われながら不思議としか思えなかったあの過ちを、人が見とがめないことがあろうか、わずかなことにさえ疵をもとめる世に、どんな評判がついに漏れでることだろうか、と思いつづけると、身のつたなさがあまりにもつらくなる。

しかし桐壺帝は新しい皇子を見て、源氏にそっくりであることを知ると、よろこんで、つぎの皇太子にはこの子を、とひそかに思うらしい。その資性にもかかわらず、反対があったために、源氏の君を皇太子としてのこしてやれなかった、それどころか、臣下におろして、皇位への道を断ち切った、その代わりに源氏にそっくりのこの若宮を将来の王者にしよう、と帝はここに思った、ということらしく読める。もしここに帝がそう思わなかったとしたら、いま生まれた子、のちの冷泉帝の即位はありえないし、したがって源氏がその父としての権力と栄華とを掌握することもない。構想上の隘路を源氏と若宮との〝そっくりであること〟によってからくも作家は突破する(3)。

だから帝は若宮を「疵《きず》なき玉《たま》」(一-二五三ページ)と思いかしずく、そのこと自体が藤壺には、いつ発覚するかという思いもあってだろう、誕生した子をうとましく思わされる原因となる。源氏のうた「よそへつゝ見《み》るに心は─なぐさまで、露けさまさるなでしこの花」に答える「猶《(なほ)》うとまれぬ」のうたにそれを見る。

(返歌、光源氏への)

3 袖ぬるゝ露のゆかりと思《おも》ふにも─猶《(なほ)》うとまれぬ。やまとなでしこ　(一-二五四ページ)

袖(が)濡れる露(─涙)の縁と思うに(つけて)も、
やはり(それでも)疎遠に思われてしまう。
大和撫子(─撫でし子、若宮)よ

この若宮を次代の皇太子に、と心を定めてから、帝はさらに藤壺を立后させ、源氏は宰相になり、将来の皇位継承にそなえる(一-二六六ページ)。源氏と勢力をあらそうという意味では頭中将が対抗馬となってくることだろう。

(頭中将の思い、語り手の言)

……我も、同《おな》じ大臣と聞《き》こゆれど、御おぼえことなるが、御子腹《みこばら》にて、またなくかしづかれたるは、なにばかり劣《おと》るべき際《きは》とおぼえたまはぬなるべし。人がらもあるべきかぎりととのひて、何《なに》事もあらまほしく、足《た》らい《(ひ)》てぞものし給《(たまひ)》ける。この御中どものいどみこそあやしかりしか。されどうるさくてなむ。七月にぞ后《きさき》ゐ給《(たまふ)》めりし。源氏《じ》の君、宰相になり給《(たまひ)》ぬ。みかどおりゐさせ給はむの御心づかひ近《ちか(う)》ふなりて、この若《わか》宮を坊にと思ひきこえさせ給《(たまふ)》に、御後見《うしろみ》し給《(たまふ)》べき人おはせず、御母方《はゝかた》の、みな親王《みこ》たちにて、源氏《じ》の公事《おほやけ》知《し》り給《(たまふ)》筋《すぢ》ならねば、母《はゝ》宮をだに動《うご》きなきさまにしを《(お)》きたてまつりて、強《つよ》りにとおぼすになむありける。（紅葉賀の巻、一―二六六ページ）

〔……私（―頭中将）も、（父左大臣は）おなじ（右も左も）大臣と申すけれど、おんおぼえ格別である（の）が、皇女腹で、またなくかしずかれている（の）は、何ばかり劣るような分際と思われなさらぬ（の）であろう。人柄も（そう）あるべき限りととのって、何ごとも（こう）ありたく、（満ち）足りて何いらっしゃったことだ。この（源氏と頭中将との）おん仲どものいどみこそ見苦しかった。そうだけど、わずらわしくてのう。七月になんぞ后（は）おつきになるようだった。源氏の君（は）宰相におなりになってしまう。帝（は）退位しあそばそうの（―という）お心遣い（が）近うなって、この若宮を坊（―皇太子）に、と思い申しあそばすに、おん後ろ見しなさるべき人（が）いらっしゃらず、おん母方の、みな親王たちで、源氏（―皇族）が公事（を）掌握なさるすじでないから、母宮をせめて揺るぎ（の）ないさまに仕置きたてまつって、補強にとお思いにのう、なってこられたことだ。〕

「七月にぞ后《きさき》ゐ給《(たまふ)》めりし」の「し」は、直前に「この御中どものいどみこそあやしかりしか。……」とある草子地と、話題こそちがえ、おなじ草子地式の表現であり、語り手の説明がおもてにでてくるところだろう。「ぞ〜めりし」というたぐいの思いいれのつよい文体、表現には、〝后が立つ〟という第三人称的な内容以上に、語り手の語りが前面に出ていると考えて、語り手の第一人称の露出と判定することにし、そういうのを草子地であるとしようか。あえ

て認定すると、

この御中どものいどみこそあやしかりしか。されどうるさくてなむ。七月にぞ后《きさき》ゐ給《(たまふ)》めりし。

という一連の草子地と見よう。

五 藤壺のうた、その性格

4歌、5歌、6歌をもかかげておく。

(独詠)

4 おほかたに、花のすがたを見《み》ましかば、露も──心のおかれましやは (花宴の巻、一-二七五ページ)

(返歌、光源氏への)

5 ながきよのうらみを人に残《のこ》しても──かつは──心をあだと知《し》らなむ (賢木の巻、一-三六三ページ)

(贈歌、光源氏への)

6 九重《(ここのへ)》に霧や──へだつる。雲のうへの月をはるかに思《(おもひ)》やるかな (一-三七三ページ)

凡庸と評するよりは、「御后言葉《きさきことば》のかねても」(紅葉賀の巻、一-二四二ページ)とあったことを思いださせる、中宮らしい作歌群として鑑賞されるのがよかろう。藤壺というひとは若紫の巻の1歌を絶唱として、紅葉賀の巻の2歌、3歌と秀歌をつづけるものの、次第に中宮という地位にしばられて、秀歌というよりは鷹揚なところに甘んじる作歌にはいってきた、という印象がする。技巧の細部にあまりこだわらない作風は、冒頭に見たように、7歌の出家前後からそのあとへの歌群をも律し、それはおもむくところ、類歌をかさねることを恐れずに、悲痛なら悲痛をもってする誠意のある詠みぶりにすなおにしたがう。光源氏の作歌にどこか通じるところがある、という感想を容易に抱かされることだろう。

注

（1）参照、今西祐一郎「『かかやくひの宮』考」『文学』一九八二《昭和五十七》年七月。北山谿太『源氏物語辞典』（平凡社、一九五七《昭和三十二》年）は「かがやくひのみや（輝妃宮）」の項目に、古写本にある「日の宮」の「日」は「ひ」の変体仮名であろうとし、引用文に「かがやく妃の宮」とする。

（2）藤井貞和「語り手人称はどこにあるか」（『源氏物語試論集』論集平安文学4、勉誠社、一九九七《平成九》年）に論じた。

（3）藤井貞和「神話の論理と物語の論理」『日本文学』一九七三《昭和四十八》年十月、『源氏物語の始原と現在』（定本）、『源氏物語入門』所収。

第三節　密通という禁忌の方法

一　藤壺事件の責任者は

紫上と光源氏とが藤壺のうわさをすることによって、〝漏らすまい〟との約束を、藤壺にたいし、破ったことになるのかどうか。

（藤壺亡霊の言）
漏《も》らさじとのたまひしかど、うき名《な》の隠《かく》れなかりければ、はづかしう苦《くる》しき目《め》を見《み》るにつけても、つらくなむ。
（朝顔の巻、二-二七一ページ）

〔(あなたは秘密を)漏らすまいとおっしゃったけれど、(私の)いやな評判が知られることになったからには、恥じられ、苦しい憂き目にあうにつけても、うらめしくのう。〕

と、藤壺亡霊は恨みをこめて言う。しかし光源氏はけっして藤壺事件のことを漏らしていない。そんなことは絶対にできない。評釈書のたぐいに見ると、紫上をあいてに藤壺のうわさをしたことで源氏が藤壺事件について漏らしたかのようにとる向きがなくはない。それでよいのだろうか。二人がうわさをしたことをきっかけにして亡霊は出てくることができたというに過ぎない。藤壺事件は源氏の漏らすことのできないこととしてある。

いみじく恨み、「……つらくなむ」(同)と言う藤壺は、怨霊以外ではない。「うき名《な》の隠《かく》れなかりければ」の「うき名《な》」は男女関係のそれをあらわし、「苦《くる》しき目《め》」とはいま冥界に苦しむことを言う。生前の仏道修行にもかかわらず、これだけはすすぐことがならない。となると、漏らすというのは冷泉帝に漏れたことを端的に言うので、その漏れたことが源氏の責任となる。けっして漏らさないと誓ったことが漏洩したら、漏らした人(夜居の僧都)に責任が行くのでなく、誓った人に行くことは見易い理屈だ。傍らの紫上が介入する余地のない、源氏と藤壺との関係としてある。

冥界を訪ねて罪を代わってあげたいとまで源氏は考える。

藤壺が重態に陥り亡くなる直前のところ、「宮」は藤壺をさす。

(藤壺の思い)

宮いと苦《くる》しうて、はか〴〵しうものも聞《き》こえさせ給はず。御心のうちにおぼしつゞくるに、高《たか》き宿世《すくせ》、世の栄《さか(え)》へも並《なら》ぶ人なく、心のうちに飽《あ》かず思ふことも人にまさりける身、とおぼし知《し》らる。上《うへ》の、夢の中にもかゝる事の心を知《し》らせ給はぬを、さすがに心ぐるしう見《み》たてまつり給《(たまひ)》て、これのみぞうしろめたく、結《むす》ぼほれたる事におぼし《(お)》をかるべき心《(ここ)》ちし給《(たまひ)》ける。(薄雲の巻、二―二二九〜二三〇ページ)

〔(藤壺の)宮(は)たいそう苦しくて、はっきり受け答えもしあそばさず、お心のなかで考えつづけなさるに(は)、高い宿運、世の栄達も並ぶ人(が)なく、心内に飽かず思うことも、他人にまさってきた(わが身よ)と、思い知らされなさる。(冷泉)帝が、夢のうちにもそのことの真意を存じあそばさない(の)を、さすがに心苦し(いと)拝見しなさって、こればかり(が)いっそ気がかりで、もつれている(—解けない)状態であると思いのこすはずの心地(が)してこられる。〕

夜居の僧都が冷泉帝に藤壺の宮と源氏とが密通したことを伝えるのは、藤壺が亡くなるこのすぐあとのところに見える。みぎで、宮が、「かゝる事の心を知《し》らせ給はぬを、さすがに心ぐるしう見《み》たてまつり給《たまひ》て」と言うのは、冷泉帝に知られる直前のところであり、この文章をさっと読むと、藤壺が冷泉帝に秘密を知られたいと思っているように読まれるかもしれない。自分はいま死んでゆこうとしているのに、冷泉帝が真相を知らない、そのことを心苦しいとある。冷泉帝に秘密を知られたいと思うはずのないところであるのに、本文の「これのみぞうしろめたく」は、源氏との密事をさすにもかかわらず、帝に知られないことがうしろめたいのだ、気がかりだ、という読み方も、軽々しく読んでしまうとなりたちそうに見られる。

しかしたとえば全集に見ても、藤壺が冷泉帝に知られたいとここに思うという読みは否定される。「かゝる事の心を知《し》らせ給はぬ」と、冷泉帝がことの真相を知らないのは心苦しい。それだけのことであって、真相を知られたいと思うとは、ここにまったく書かれていない。そこを勝手に早読みしたくなるところであるにせよ、そうしてはならない文体としてあろう。

「さすがに心ぐるしう見《み》たてまつり給《たまひ》て」の「て」は接続助詞で、そのはたらきには条件節を作る場合があるから、そういう早読みを誘発するのにしても、物語を読むうえで、接続助詞の「て」は一種の曲者であって、この接続助詞の上と下とが途切れてしまう、意味的に文を中止してしまう場合があるし、「て」の上と下とで主語が入れ換ったり、時間的にくいちがったりする場合もあって、「て」の接続の条件性は信用できないことがある。信用できないといっても、われわれが信頼を置くことをゆるされないということであって、「て」がくると、現代語の感覚で早読みをさせられそうになる。

こういう「て」は下に条件的につながってゆくと考えないほうがよいと思う。一旦、切ってしまうぐらいがよい。「これのみぞうしろめたく、結《むす》ぼほれたる事」というのは、独立した情報として見て、上と緊密に結びつけないのがよろしい。

「これのみぞうしろめたく、結《むす》ぼほれたる事」という「これ」は、源氏との密通事件がこの世への執としてのこるということを言うので、それだけのことだろう。この世への執としてのこるのは困るから、自分の息子である冷泉帝に知らせた方がよいといった、そんな読み方はできない。自分の密通事件を子の冷泉帝に知らせたからといって、どうなることでもない。密通事件をかかえこんだまま、自分は死んでゆく。それがこの世への執念となる。自分はそれによって成仏できない、さまよう、あるいは地獄へ落ちるという場面なのであって、密事をだれかに知ってもらうことで救われるはずがない。そこを小学館版（—全集）は正解する。

それにもかかわらず、この直後、つまり藤壺が亡くなったあと、夜居の僧都が冷泉帝に、ことの真相をおしえてしまう。だから藤壺は朝顔の巻に亡霊として出現し、恨みを言う。漏らさないでくれと言ったのに漏れてしまったではないか。絶対に知られてはならない冷泉帝に知られてしまった。それが一番の恨み言で、知らせたのは夜居の僧都であるにもかかわらず、責任は源氏にある。

この密事が漏れては困るということについて、しばしば出てくる。「いかなる名のつゐ（ひ）に漏《も》り出《い》づべきにか」（紅葉賀の巻、一‐二五一ページ)など。そういうふうに世間にその名を知られることを藤壺はもっとも恐れる。その直前に「身《み》のいたづらになりぬべき事、とおぼし嘆《なげ》くに」(一‐二五〇ページ)とあるように、漏洩することが、身の破滅、「いたづら」になるのだと恐れている。その破滅の具体的な内容はどういうことが考えられるか。妃の宮や中宮であることを廃されるとか、後宮から追放されるとか、帝との夫婦関係を解消されるとかいったことだろう。密事露見による破滅があやぶまれる。

だから源氏は「漏《も》らさじ」と約束をしたはずで、それはどこでの約束だったか、ずっと本文をさかのぼってさがしてゆくことにする。極端に漏洩を恐れるところは点々と出てくる。でも、光源氏が秘密を漏らすまいと約束する場面というのはついに見つからない。結局、若紫の巻の藤壺との密通事件という出発点が、漏らすまいと約束した場面だったという暗示となろう。

光源氏と藤壺とが密通する場面は若紫の巻にはっきりと描かれた。藤壺が病気で退出する場面を、懐妊によるものだとする読み方はあるし、私もずっとそう考えてきた。しかし、やはり、病気は単なる病気であって、いまここに密通することによって懐妊する、と考えた方がよいと、考えを訂正せざるをえない。ここが初会ではない、ということもよく言われる。そう判断しなければならない理由もまたないといえばないから、これが初会であり、懐妊したのはこの一度の逢瀬であったと考えよう。「宮もあさましかりしをおぼし出《い》づるだに世《よ》とともの御もの思《おも》ひなるを」(若紫の巻、一‐一七六ページ)とある、この「あさましかりし」は、何が起きたのか、あやうくのがれるようなことでもあったのではあるまいか。

(密通の場面)

宮もあさましかりしをおぼし出《い》づるだに世《よ》とともの御もの思《おも》ひなるを、さてだにやみなむ、と深《ふか》うおぼしたるに、いとうくて、いみじき御けしきなるものから、なつかしうらうたげに、さりとてうちとけず心《こゝろ》ふかうはづかしげなる御もてなしなどのなを《(ほ)》人に似させ給はぬを、などかなのめなることだにうちまじり給はざりけむ、とつらうさへぞおぼさるゝ。（若紫の巻、一-一七六ページ）

〔(藤壺の)宮(にして)も、思いよらざりし(あの事件)を思いだされるだけ(でも)、世のつづく限りのおん物思いであるから、あれだけで終わらせてしまいたい、と深く思っておられる(というの)に、実につらくて、非常なおかお色であるにせよ、はなれたくなく(いかにも)愛らしげに、かといって乱れることなく心(のおくが)深く(こちらが)恥じられそうなおん身のこなしなどが、それでも他人に似おわしまさぬ(さま)を、どうして、(せめてここは)不足だということなりと混ざり(もせ)ずこられたのだろうと、(源氏は)恨めしくさえぞ思われなさる。〕

欠点でも見いだせれば、あきらめることはできなくても、なぐさめになるものを、まったく比類のない、心深く、はづかしきさまである、そういう藤壺にたいして身も心もとろける思いになるという、せいいっぱいの性描写の場面は、ついで明け方の別れとなる。

(明け方の別れ)

何《なに》事をかは聞《き》こえつくし給はむ、くらぶの山に宿《やど》りも取《と》らまほしげなれど、あやにくなる短《みじか》夜にて、あさましう中〳〵なり。

見ても—又逢《あ》ふ夜(—合ふ世)まれなる夢のうちに、やがてまぎるゝわが身ともがな

とむせかへり給ふさまもさすがにいみじければ、

世《よ》(—夜)語《がた》りに人や—伝《つた》へん。たぐひなくうき身を覚《さ》めぬ夢になしても

おぼし乱《みだ》れたるさまもいとことはり《わ》に、かたじけなし。（同）
〔どんなことばを尽くし申し上げなさろうか、（いつも暗いという）くらぶの山に宿り（で）もとりたい感じであるけれど、あいにくの（夏の）短夜で、あまりのことにかえって中途半端だ。
（源氏の贈歌）
（夢を見るようにあなたを）見ても、また逢う夜（が）めったにない（この）、
夢のうちに、そのまま紛れこむわが身としたいものよ
（藤壺の返歌）
世間の語りとして人（が）伝えるのやら。類のないつらいわが身を、
覚めぬ夢にする（として）も
思い乱れておられる様子もまことにもっともで、もったいない。〕
漏らさじと告げたようには、ここに書かれていない。「世語《よがた》りに人や─伝《つた》へん」というのは、恐れを述べているので、伝えるのではないかという恐れであるから、「漏らさじ」と告げる場面とちがう。
この逢瀬によって、藤壺は懐妊をする。「世語《よがた》りに人や─伝《つた》へん」と、つまり世語りに人が伝えるかという、この藤壺の恐れがその通りになる。夜居の僧都を通してついに冷泉帝に密事が知られ、さらにはこの事件の証言者がだれかいて、それが伝えられ、物語作家の耳にはいり、物語として書かれるという、そんなプロセスを経てわれわれに伝えられる順序であるから、結局この恐れは実現した。世語りになってしまった以上、藤壺が亡霊となって恨みを述べるというのは当然のことではないか。
そういう亡霊、もののけは、よわい存在、人間よりも弱者としてある。恨んでいるからといって、人間のまえに出

てこられるとは限らない。源氏が紫上とはなしをする、その時には源氏の心理にいろいろな負い目があろうから、その負い目につけいり、亡霊となって、朝顔の巻末に出てこられる。むろん朝顔の巻が書かれなければならない最深の理由はここにある。源氏がよわみを見せなければ、藤壺は恨みを抱いたままいつまでも出てくることができない。ここに出てくることができたので、思いがうすらいだのか、これをさいごにすがたを見せなくなる。

二　秩序の破壊者藤壺

密通とは何か。密通のいわば神話的意味でなく、物語的意味について考えてみようと思う。『源氏物語』には大きなのだけでこの藤壺事件と、女三宮事件と、それに浮舟の物語と、密通がつぎからつぎへ描かれる、と言ってよい。藤壺事件を考察することは、物語文学の成立の秘密を明かすほどの、重要な意味合いを持ってくる、と信じられる。密通とは言うまでもなく、結婚という秩序の破壊だ。

結婚にいたる前提に、求婚が重要な課題としてある。ホメーロスの『オデュッセイア』が、オデュッセウスの帰還するまでの、妻ペネロペイアーを取り巻く求婚者による、彼女の貞操の危機を延々と描くことは周知の通りだ。では『イーリアス』はどうだろうか。『イーリアス』について、それがいかに結婚の文学であるかについて、興味深い考察が松本仁助氏にある。[1]『イーリアス』をつらぬくアキレウスの怒り。このはげしい怒りがこの叙事詩の全体をささえる。何の怒りか。この怒りにかかわる、松本氏の興味深い分析をしばしたどってみると、そもそもアキレウスがトロイア遠征に参加した目的は何であったのか。かれは、アガメムノーンとあらそったときに、つぎのように言う。「わたしが、この地に戦いをしにきたのは、トロイアの戦士らのせいではない。彼らは、わたしに何のとがもないのだから」、「わたしがあなたにしたがったのは、トロイア人にメネラーオスとあなたにたいして償いをさせて、あなたを喜ばせるためである」と。この償いとは、メネラーオスのうばわれた妻ヘレネーをトロイア人に返却させ、メネラーオスとアガメムノーンの名誉を回復させることであった、と松本氏は言う。

もうすこし氏の言うところについてみる。アキレウスは、「死すべき人間のうちで、妻を愛するのは、アトレウスの子らだけか。分別のある男ならだれでも自分の妻を愛し大切にするものだ。わたしも同じで、槍で得た女(―ブリーセーイス)とはいえ、心から愛していた」と述べる。アトレウスの子らというのはアガメムノーンとメネラーオスとで、後者の妻ヘレネーがパリスに略奪されたことからトロイア戦争が起きた、と普通には言われる。それにたいして、特定の妻ヘレネーを特定の夫メネラーオスに取りもどし、二人の関係を回復させるということのみが、彼にとってのトロイア戦争の目的ではなかった、とする。すなわちヘレネーとメネラーオスとは、アキレウスにとって、正常な関係をいとなむ一般夫婦の象徴であり、ヘレネーがうばわれたことはその正常さが破壊されたことを示しており、彼女を取りもどすことが、破壊された一般関係そのものをもとに回復させることを意味する、と。[2]

ヘレネーを取りもどし、夫婦関係を回復させることは、アキレウスそのひとの問題でもある。アキレウスにとってはブリーセーイスが、正式な妻であるべき女性なのに、それをアガメムノーンがうばったことにたいして、アキレウスの怒りが発せられる、という説明は示唆深い。アキレウスは一人の戦士として参加するにせよ、この『イーリアス』という叙事詩が、単に戦いの物語であるかというと、かならずしもそうといえない。その根底には、男と女、あるいは夫婦といったある秩序が物語の冒頭において破壊されているということがある。秩序としての男女関係、夫婦関係が破壊され、危機としての、何かそうあってはならない状態が起きている。そこから叙事詩が開始される。その破壊された秩序にたいするものとして怒りが発せられると、物語がはじまる。そしてそれはずっとつづけられる。そうした秩序が回復されない限り、物語がつづいてやまない関係のさまを、この『イーリアス』は非常によく示して見せたのではないか。

アガメムノーンは、かれに詫びを入れようとして、いろいろな贈り物を届ける。そのなかにブリーセーイスもはいっているにせよ、それを返してきたからといってアキレウスの怒りがとけるわけでない。かれらにとっては、ブリーセーイスは「たかが女ひとり」であり、アキレウスの傷つけられた名誉も、当時の慣習によれば、贈り物によって回復されるはずであった、と。だがアキレウスには、このようなことよりも、一度うしなえば二度と取りもどすことのできない、人間の命のほうがはるかに貴重だった。それであるにもかかわらず、死をも超越して回復すべきものは、何であったのか。ここからさきは、やや現代らしい解釈ながら、松本氏は、「その目的が、奪われた妻を夫のもとに取りもどし、夫婦という人間関係の本来の姿を回復し、夫婦愛にもとづく人間の幸福を再び獲得させるということなのである」という説明をする。

ちょっと思いだす作品に『将門記』がある。平安初期の、将門の乱に取材した、それが「女論」ではじまる。女性問題、女をあらそうというかたちの、それが原因で将門の乱がはじまったというように説明する。そういったのを見ても、『将門記』は「記」であって、一つの記録体を持ちこらえながら、その原型には地方で伝えられた語り物のようなものがあったにちがいない。規模を別にして、ホメーロスと比較できる一面があるのではないか。女性問題に端を発する抗争が起きて、それが叙事詩を成り立たせてゆくという、そういう関係を見いだすことができる。物語的な文学作品は、そのような秩序の破壊にたいして、語らずにいられない衝動というのか、そういうことが出てくる。

『源氏物語』のような大きな物語において、夫婦関係の秩序の破壊と回復といった主題が見いだされるというところに、共通する性格があるのではないか。端的にいって、結婚関係が正常におこなわれる限りは、物語にならない。文学として書きあらわす必要がない。あるいは、ある結婚関係が破壊される、またそれほどでなくても特殊な傾向を持つ、危機に瀕するなど、そうした状態があったとしても、すぐに回復されるなら物語に語る必要はない。回復に時間がかかるとか、回復されずに終わる可能性が考えられるとか、そういった時に物語が生まれる。端的に言って、物語はそういったところで生まれ、つづけられ、終わってゆくということではないか。

そうした関係が、危機に瀕しつつ、最終的に回復されるなら、世間的な物語にみるハッピーエンドになる。ある破壊された関係が回復されずに、特に死をもって終わる場合は、模式的な言い方をすると、悲劇的な結末を持ったことになるので、物語はハッピーエンドばかりでなく、悲劇的に終わる場合もあることになる。物語はいずれ終わらなければならないので、ある関係が作品のなかで描かれることが無意味になった時に物語は終わるという、そういう意味での終わり方として、物語にとって夫婦関係というのは大切な主題となる。それを方法として描きすすめるのが物語という文学であった。

『源氏物語』は長編であるだけに、どれをもって正式の関係とみなし、それ以外のどれをもって破壊とみなすのか、というのは、一義的に考え方を押しつけられないことで、あくまで模式的な意味においてであると了承してほしい。藤壺と源氏との関係に限っていうなら、この二人は正式のそれを破壊する力としてはたらく、と理解してよい。源氏にとっての正式なそれはどれかということになると、葵上との関係、紫上との関係、あるいは女三宮との関係などがある。一義的に決定できないにせよ、藤壺との関係に限っていうと、それは秩序破壊にはたらくそれだというふうに考えられる。

朝顔の巻にもどると、「漏《も》らさじとのたまひしかど、うき名《な》の隠《かく》れなかりければ、はづかしう苦《くる》しき目《め》を見《み》るにつけても、つらくなむ」とあった、直前に「いみじくうらみ給へる御けしき」(朝顔の巻、二一-二七一ページ)とあるように、藤壺は非常に恨むことをする。「つらくなむ」と言うから、まさに怨霊として出てきた。藤壺は結婚という秩序の破壊者であるから、秩序が回復されようとすると恨んで出てくるという関係で、このまま藤壺がずっと物語のうちに出てくるかというと、これ以上登場してこない。登場してこないとなると、光源氏の結婚が正常化されたといえる状態かどうか。まったく正常化されたら、物語はここで終わるということで、事態はそのまま凍結されて、以後、物語のうちにずっとのこってゆくことになる。藤壺がこれ以上出てこないことで、事態はずっとつづいていって、のちに六条御息所の亡霊をひきずり出してくる事態につながってゆくことだろう。ある破壊された状態をのこしながら、あと、御息所の代わりに物語のなかに出てくるのならはなしは簡単ながら、そうなってこない。藤壺がこの息所のような荒々しい亡霊にしたくないという、読者あるいは作者の期待があったことだろう。藤壺をあまり六条御

三　王権のタブーと結婚のタブー

藤壺の物語は、あられもない姦通にはじまり、それによって生じた秩序の破壊を恨みとして抱き、亡霊になってそれをアピールすることができた。とにかくに恨みを抱いて死んでゆき、中空にさすらうといった状態で終わるという藤壺の物語は、最初から結婚の秩序破壊として、ずっと一貫してあつかわれる。

そんな言い方をすればするほど、実は私はかつてこの物語について、王権のタブーに触れたところにテーマがあるのだといった読み方をしたにもかかわらず、その自分の読み方を追いつめ、変更をせまることになるのだろうか。ロイヤル・タブーに触れたにせよ、物語が藤壺という劇をどう描くかということをすなおに読む限りで、光源氏も藤壺も、王権のタブーに触れたことにたいして、実際に罪を犯したことはその通りであるのに、しかたがなかったというのか、そんなに悪いことをしたと、かれらは考えない。

かつてそのことについて「タブーと結婚」(3)という論文で書いたことを、ここに否定する理由がない。藤壺と光源氏

とが王権のタブーを犯したことを私は重視してきた。藤壺に罪の意識がないことは、以前から野村精一氏が指摘しており(4)、その意見にたいして賛意を表したい。本文に書かれたことをすなおに読んで、その結婚関係を追いかける目で読みすすめれば、藤壺が源氏と通じたということ、つまり結婚関係を破壊したにもかかわらず、さいごまで漏れてはならない、漏れたら破滅だと言いつづける本文上の事実に思いあたる。

藤壺は桐壺帝の後宮にはいって、光源氏と通じることにより、表面的には帝の皇子であるところの冷泉帝を産む。そして冷泉帝は最終的に皇位につく。彼女は先帝の四の宮であり、母親も先帝の妃であるから、由緒ある皇女であった。皇女が不婚という性格をもつことはわれわれの古典時代の知識としてある。皇女でありながら入内して皇子を産み、その皇子が皇位につくといったことが、まれな事態なのか、現実にありうることなのか、物語に即して考えなければならない。

結婚する時に、皇女不婚ということでまわりの人々が反対したのかどうか。これは桐壺の巻から読みとるしかない。「世になくかしづききこえ」(桐壺の巻、一-二一ページ)といった表現がそのなかにある。こういう言い方は結婚前提という感じがする。光源氏のところへ女三宮が降嫁するような臣下へのそれが藤壺の場合にも考えられる。もう一つには入内ということが考えられた。親がどちらの結婚を望んだのか、それはわからない。

大宮(―葵上の母)の場合を除き、物語のなかでなら、臣下への降嫁は女三宮の場合を最初としたい。女三宮よりまえにそういった事態があるとしたら若菜上の巻での試みが色あせないか。そう考えてみると、藤壺が降嫁することはありえなくなる。だから、藤壺の親は入内させてもよいということを考えてかしづいたのではないか、と読みとれる。入内させてよいにしても、後宮には弘徽殿女御がいるので、「あなおそろしや」「ゆゝしう」(一-二二ページ)と、思い立つことができない。そのうちに母親が亡くなるという、緊張した桐壺の巻になってゆく。

藤壺は兄の兵部卿宮の勧めなどで入内する。妃の宮という地位をあたえられて入内した。史上に、皇女の入内して産んだこどもが皇位につくという例は、奈良から平安時代までずっと見てゆくと、三条天皇の皇女の禎子内親王が後朱雀天皇の后となり、後三条天皇を産むというようなのがある。『源氏物語』制作時以前にはあるのだろうか。天皇の母親を見てゆくと、藤原氏とか、源氏とか、平氏その他から出るのが一般で、女王は一例あるにすぎない。そうした面から見ても、皇女の産んだ子が帝位につくことはきわめて異例だ、ということができる。史上にそういう例がなくても、おはなしなのだからどう書こうとゆるされるのであって、異例である感じ、物語のなかでつくりだされた帝位であることが注意されてよい。

もうすこし史上について言うと、こどもが帝位につくというところまでいかない場合はある。ある天皇の後宮に皇女がはいったという例ならすこしあって、たとえば嵯峨天皇の妃に高津内親王という人がいる。醍醐天皇の後宮にも、光孝天皇皇女の為子内親王が妃の宮として入内する。妃の宮というのは皇女が入内する時にあたえられる地位かということが考えられてくる。

それから淳和天皇の後宮には二人の内親王がはいって、それぞれこどもを産む。それらの子が帝位につくことはなくて、さきほどいったように帝位につく例は後三条天皇がはじめてとなる。後三条天皇は『源氏物語』制作時よりあとになるので、参照となりえない。しかし冷泉天皇の後宮には、内親王の入内が見られるなど、いくつかの史実を追うことができる。そういう内親王たちの入内は藤壺が妃の宮として入内することの何らかのヒントになったろう。その点、史実には合うことになる。

ほとんどの場合、天皇の後宮にはいるのは、藤原氏や、源氏、平氏その他の家からであって、皇女がはいるのはめずらしいにせよ、あることはある。そういうまれな場合を藤壺に応用しているということになろう。

藤壺はこういうかたちをとって桐壺帝の後宮にはいってきた。結婚関係として、正式には桐壺帝―藤壺という関係でなりたつ。それがなりたつ限り、物語ははじまる必要がない、つまりそういう関係が破壊されたのでなければ物語になる意味はない。藤壺と光源氏との密通が成立することによって、結婚を破壊されるというかたちにより、物語ははじまる。破壊する当の二人の関係が、桐壺の巻のさいごに、かかやく妃の宮対光君というペアで取りだされるというところ、二人の関係が光りかがやくこととして描かれる。それはアキレウスが怒り狂うおぞましい暗さの世界からすると、一見、対照的な設定であると思う。まえのほうに一義的に押しつけられないと言ったのは、そういう対照的なことにかかわる。

いま桐壺帝―藤壺という一つの正式な結婚から見た場合の、秩序の破壊を問題にしたことは、光源氏にとって、物語のうちに、葵上との関係、紫上との関係もあるから、それらの関係が破壊されたという見方にもなる。一義的でないというのはそういう意味になる。

注

（1）松本仁助解説、アリストテレス『詩学』世界思想社、一九八五《昭和六十》年。

（2）同右、一二九ページ。松本氏の『ギリシャ叙事詩の誕生』(世界思想社、一九八九《平成元》年)にもくりかえされるところ。

（3）藤井貞和『源氏物語の始原と現在』(定本)および『物語の結婚』(ちくま学芸文庫)所収。

（4）野村精一「藤壺の「つみ」について」『源氏物語の創造』桜楓社、一九六九《昭和四十四》年。

第四節　源氏物語作品論――第一部

一　作中人物とプロット

藤壺妃の宮は『源氏物語』作品論のかなめに位置すると見て、それを強調すると、彼女の亡くなる薄雲の巻は物語のプロット上のある種のとじめになろう。いや、薄雲の巻は一種のとじめだという考えがみちびかれてこよう、という程度だが、『源氏物語』は、読むたびに、このような人物とプロットとの関係が気になる。たとえば、亡くなる場合と逆に、若菜上の巻は女三宮のはじめて登場する部位としてあるから、物語の新しい部があたかも起筆されるような気分を読者は味わうことになる。作品論上のちょっとした難問ではなかろうか。

薄雲の巻に〝完結〟を見る立場に加納重文氏の『源氏物語の研究』(1)がある。それによると、光源氏は太政大臣になろうかという権勢を実現し、成人した紫上をただ一人の女君として愛情を尽くし、それから紫上にとり唯一の負い目である藤壺がいなくなる、これが薄雲の巻であった。薄雲の巻に完結された一次的『源氏物語』の構造はみぎのようであったのではないか。加納氏はそのように論じられた。

むろん作中人物とプロットとは、前者が作品のなかで、ある程度ながら自律的な意味合いをもってあたかも一個の人格であるかのように活動するのにたいして、後者、プロットは作家の意中にからめとられるという点で、両者を完全に分離すべきだ。完全に分離してしまえば〝難問〟でなくなり、加納氏の議論もあまり意味がないことになろう。

それにしても『源氏物語』のはじまりから薄雲の巻までの、藤壺の存在が大きくて、そのあと朝顔の巻などにちらりとすがたを見せつつ、ほとんど跡を絶つという劇的な進展は、やはり読者をとまどわせる。作品論からはプロットがきちんと把握されなければならない。薄雲の巻で藤壺がいなくなることはプロット上の要請であるというように。あたかも天女伝説の天女が、時あって地上を訪れ、いつか去らなければならないように、藤壺は去ってその不在を地上にもたらしたのだ、と論じるならばよい。それでも藤壺の存在の大きさは、彼女が一個の人格をもって物語のなかにあり、その終焉とともに物語が終わらないことによって、絶対的な女主人公ではなかったのだ、相対的な一登場人物であったのだとの奇異な印象を読者にもたらす。藤壺の死後、物語は延々とつづく。

さしあたり作品論はプロットの探求としてある。それをつづけるしかない。平安時代の物語文学の〝源泉〟〝影響〟論をわれわれにとって先駆的に展開された石川徹氏(2)は、藤壺の物語について『伊勢物語』六十五段からその照明を当てる。〝源泉〟〝影響〟論という領域は古注以来ある。石川氏によってそれは、先行文学や古伝承が『源氏物語』なら『源氏物語』のプロットにいわば対置され、今日に盛行するプレテクスト論の基礎を成す性格へ成長させられた。散逸物語の研究などは石川氏のそのような方法によってはじめて可能になったという一面がある。つまり先行文学や古伝承による『源氏物語』の探求は先行文学や古伝承の研究でもあった。かくて『源氏物語』のプロットは多様な系としてあたえられ、プレテクスト群を無視して考えられなくなってきた。

プレテクストの定義をするのもはかないことながら、それは『伊勢物語』なら『伊勢物語』の本文そのものでありえない。一般にA文献、B文献に先後があり影響関係があるとしよう。B文献にとってプレテクストはA文献そのものでなく、B文献によって読まれたところのA文献、B文献になかば内在するともなかば外在するとも言えるA文献つまりA′文献となる。B文献という窓から透かし読まれたA文献だけがプレテクストであって、それ以外ではない。これは難問と言ってよい。結局それはB文献というテクストのなかにのみプレテクストはある、ということになって、プレテクスト論自体はありえぬ不可能性の議論でしかなくなる。
むろんそういうことだ。AB両文献はおおまかなところで無視しがたい共通点を有していれば、十分に、源泉、影響の関係が、偶然の一致でない限り、そこにはある、と認定される。

二　帝の御妻をあやまつ

藤壺の物語を〝帝の御妻《め》をあやまつ物語〟[3]であると見ようとする場合、これと対立する見方は藤壺と光源氏との関係を継母子と見て、継母子の密通だと観察する立場がある。

藤壺と光源氏との関係は庶母と庶子、つまり継母子の関係だということにあやまりないようなものながら、当帝後宮の最高級の女性との密通を〝継母子の密通〟といういわば話型に押しこめてしまえるか、という、ことは話型の問題になりそうである。あるいは作中人物の持つ意識が継母子の密通という思いを持っていたかどうか、注意しないよりは注意しておいたほうがよい。注意といえば、これはよく注意されてきたこととして、弘徽殿女御と光源氏とのあいだも継母子の関係にある。弘徽殿女御が若いこの貴公子を須磨に追いやってしまうほど迫害するのは継子いじめの話型にもとづくからではないか、と最近もハルオ・シラネ氏の『The Bridge of Dream』[4]が論じた。迫害は容易に愛情に変化しよう。『うつほ』の忠こそや中世の愛護若のように、継母と継子とは特殊に引きつけあう関係であって一向にかまわない。『源氏物語』でも空蟬の物語にそれは読まれるのだと言う。藤壺と光源氏とのあいだが〝継母子の密通〟であるとの議論をだからうち消すことはむずかしい。

石川氏は言う、「けれども、光る源氏がその亡母桐壺に似た女性を、たま〳〵継母たる藤壺の中に見出したから母子の関係になつたのであつて、これは光る君が一世の源氏として臣籍に降つてゐる点からみても、山部親王（桓武天皇）ではぴったりしない。だから継母に密通の物語とするよりも、臣下である貴族の少年と王妃との密通といふ事の方に重点を置いて解すべきものであらう」(5)。山部親王云々は井上内親王との密通をさす。古注以来指摘するところだ。石川氏は史上の井上／桓武密通を藤壺／源氏密通と一つにできないとし、光源氏が臣下の身である以上、それと王妃との密通だということに重点を置くべきだとする。いわば家族関係の密通ではなく、身分差を超える密通の、つまり〝帝の御妻《め》をあやまつ物語〟であるとすべきだという。

実母に似た女性が「たま〳〵」継母であったという議論はあやうい感じがあるのにしても、大すじにおいて賛成したくなる。「……といふ事の方に重点を置いて」という氏の言い方につくのに躊躇する必要はほとんどないようなものだ。光源氏は母に似た女性をもとめた。一人の男がある女を好きになるのにこの動機は自然だ、と評してよかろう。まちがっても母子相姦とか、まして義母と通じた、などの議論に陥らないように。藤壺は光源氏にとって庶母でこそあれ、義母ではない。義母つまり配偶者の親との密通ならけっしてゆるされることのないタブーの違犯であるのにたいし、庶母との結婚関係そのものはタブーと言い切れない。庶母つまり継母は父の後添いであるから、父への反逆ないし家族関係の紊乱または人妻との密通ということになろう。もし父の死後ならば晴れての結婚もありうる。

「ままはは」の古い例は喪葬令の「古記」に「嫡母」をママハハと訓ませるらしいのが知られる。「嫡母」がなぜそれなのか、議論のあるところながら、庶子から見れば父の嫡妻がママハハだ、という理屈であろう。父の嫡妻が藤壺で、光源氏は庶子、という関係から、二人が継母子であることはいわば法的にうごかない。したがって、強調すべきことでないにしろ、二人のあいだに近親相姦的なタブーはよこたわっていないと言えるので、まれかもしれないのにしても結婚のありうるケースとして、継母子の磁場がまったくはたらかないと言い切れない。古代にありうる近親結婚の形態にオバ／オイ婚がある。オバを実母の代理と見ればこのオバ／オイ婚は継母子婚の可能性と微妙にかさなろう。日本神話に豊玉毘売が帰ったあとその妹の玉依毘売と結婚した波限《なぎさ》建鵜《たけう》葺草《がや》葺不合《ふきあえず》（『古事記』巻上）を思いあわせずにいられない。

本人たちの意識がどうであったか、それは知られない。藤壺、光源氏、この両人がおのおの〝罪〟をいかに考えるのか、それを克明に追ってゆくと、継母子であるゆえのなやみ、あるいは罪の意識があるようにはどうやら取れそうにない。その意味でも石川氏が藤壺の物語を〝帝の御妻《め》をあやまつ〟それの一類だとされたことを全体において承認せざるをえない。

三　廃太子の危険

賢木の巻で藤壺はなぜ出家を遂げたのであろうか。藤壺に言い寄る狂乱の源氏の君に、ひれ伏してその手をのがれようとする藤壺が、衣裳をすべらせてぬぐのを、また源氏の君は髪をとらえてはなさない。藤壺として、わが子の春宮のためを思うには、〝源氏の君をこばみつづけて、そのためにお心がへだたるのは春宮にたいして不憫であり、その源氏の君がこの世をあじきないものに思うようにおなりになるなら、さっさと出家のご決意を固めるのでは〟（賢木の巻、一‐三六四ページ）と、さすがに苦しく、〝このように源氏の君に言い寄られることが絶えないと、不都合なことが多い世間についには浮き名までも漏れでてしまおう、弘徽殿大后がゆるさぬこととおっしゃっていると聞く位をも去ってしまおう〟（同）と、次第に決意してゆく。〝万事が変わり果ててゆく世であるようだ。戚夫人の遣わされたようなことでなくても、かならず物笑いになることは起きるのにちがいない身であろう〟（同）と、世が疎ましく、このままに過ごしがたくて出家を決心する。

「位《くらゐ》をも去《さ》りなん」（位をも去ってしまおう）（一‐三六四ページ）とは、中宮位を辞退しようというので、春宮の安泰のためには、という前提のもとに決意するということであろう。出家後にも、「わが身をなきになしても東宮の御世を平《たひら》かにおはしまさば、とのみおぼしつゝ、御《(お)》をこなひたゆみなく勤《つと》めさせ給ふ」（一 - 三八二ページ）とある。

源氏の君もまた、藤壺のことを、「世のうさに耐《た》へずかくなり給《(たまひ)》にたれば、もとの御位《くらゐ》にてもえおはせじ」（一 - 三七九ページ）と憂慮している。すぐに「御位《くらゐ》を去《さ》り、御封《みふ》などのとまるべき」（一 - 三八二ページ）ことはないものの、出家し情勢が変わって藤壺の近辺は悪化していた。

もう一度問う、なぜ藤壺は出家を決意し、そして実行したのか。つまり春宮の安泰を思うのならば出家すべきではなかろう。そういう気がする。出家してなお春宮の庇護者たる力をうしなわない、というのならよい。中宮の位を去ろう、あるいは中宮の位にとどまっていられないことだろう、という、藤壺の思いと、出家の意志とはからみあっている。それならばまして出家などすべきでないのではないか。だが藤壺は、中宮の位を去って出家しよう、と言う。見てきた通りだ。そして出家ののちに、みぎに引いたように、すぐに御位を去り、御封などがストップすることはなかろう、と述べられる。中宮の位にいるべきか、下りるべきか。それと出家の時機とのかかわりは。いま一つプロットが細部まで決まっていないところではなかろうか。「わが身をなきになしても」（おなじ言い方を源氏が須磨の巻でしている）[6]とは、中宮を辞することか、もっと抽象的な身の破滅か、なかなかわからない。

藤壺が出家した端的な理由なら一つだけはっきりしている。夫であった故桐壺院の一周忌におこなわれた法華八講の果ての日に出家したというのだから、おのれの密通の罪をこの世ですこしでも軽くするために出家した。なぜなら『源氏物語』において、人妻として密通を犯した女性——空蟬や朧月夜や女三宮そして浮舟——はすべて出家し、密通を犯さない女性はほぼ出家しない。だから藤壺が出家するのは当然であるとともに、それが夫の一周忌においてであることによって、彼女が人妻として夫にたいし裏切り行為を犯したとの自覚があることを如実に示す。

密通した女性だから出家した。ということは、出家することによって春宮の安泰をはかることができるかどうかについて、大いに疑う余地がある、ということになる。春宮の安泰にたいする危惧とは何か。むろん廃太子の危険であろう。廃太子を何とかして避けなければならない、という思いが、賢木の巻をつらぬき通る。廃太子の危険を回避するためにはみずからが廃后になるような希望も甘受もあるべきでない、とごく自然に思われるところで、須磨の巻前後に藤壺の廃后が実際にあったかもしれない、と読みとられたのは後藤祥子氏の「藤壺の出家」[7]であった。

あるいは後藤氏の読みとられた通りかもしれない。だからここにはこれ以上、追求できない、つまり廃后があったとも、なかったとも、書かれていないのだから、深追いすべきことでない。作家がプロット作成のうえで書きつつ迷い、迷いつつ書きすすめた所ではなかったかとの思いを表明するばかりだ。藤壺が出家し、たのみの綱の源氏の君が須磨にのがれて、春宮が廃太子の憂き目に遭わないことのほうがよほど非現実的だ、と言いたい。物語のこのあたり〝歴史ばなれ〟していると評される理由の一つであろう。

四　須磨／明石、自然態

須磨、明石の両巻は、主人公である光源氏の危機であるばかりでなく、作家の書きすすめるうえでの重大な危機がここに訪れていたろう、ということをひしひしと感じてならない。

幼い皇太子を守ろう、というのであれば、源氏の君は都にとどまるべきだろう。藤壺は出家すべきでない。しかるに藤壺は、おのれの密通の罪を晴らすことを優先させるべく、といってもその罪が晴れるとは保証の限りでないのに、出家して権力の座を降りた。ここを逆に春宮の地位安定を図ろうとして出家したかのように読む読みが世上にないわけではない。しかし出家とはどういうことなのか。権力を放棄するあるいは権力に未練がないことの意志表示でこそあれ、それによって子の地位が得られる深謀遠慮であるとは物語のどこからもうかがえない。

藤壺が物語のなかで無力になったあと、源氏の君の役割は皇太子を守って都にとどまる、ということしか、まず考えにくい。それによって一大政争が惹起する、という次第だ。しかるに物語はそれを避けて須磨へ主人公を退去させる。桐壺の巻の高麗の相人の予言にある「乱《みだ》れ憂《うれ》ふること」は、もし源氏の君の治世になれば起こる予想であって、そんなことが賢木の巻のあと須磨退去の代わりに起こるなら、全体の構想がぶちこわしになる。だから退去した。ではのこされた皇太子をだれが守るか。こんなはなしの展開には先行文献などいくらさがしても簡単に見つかるまい。この方向ではまったくプレテクストなき道をどう語りすすめるか。作家の危機とはこれか、と思わずにいられない。

むろん、庇護する者のいなくなった皇太子をだれが守るか、はなしが非現実性を帯びてきた行くさきは神だのみのストーリーの展開以外になくなった。このさきは須磨の巻から明石の巻への、桐壺院の亡霊、住吉神の力、神秘な暴風雨など、こういってよければ物語ふうのではなく説話あるいは神話のプレテクスト群へのあられもないもたれかかりとしてある。

石川徹氏は『日本書紀』の記事にその源泉をもとめてゆく、すなわち彦火火出見が目無し籠に入れられて、「可怜《うまし》小《を》汀《はま》」に出、海神の宮に到着するところ、源氏の君が明石入道の館にゆくさまがそこに読みとられる、あるいは玉依姫が子を育てるところ、古伝承の通りではないが、明石の君が姫を紫上に渡して養育してもらうかたちに残存している、と云々[8]。まことに明石の物語はいわば基底にある神話の力をかりて、とどこおりがちな物語をそとから救おうとしている、との印象をぬぐいきれない。かくて明石からもたらされる姫君は、石川氏につけば〝夜光玉〟にほかならないのであった。

構想的に、ここ明石の巻で藤壺の物語が中断の憂き目をみることは、ほかならぬ明石の巻に藤壺そのひとが、たとえば手紙をよこす、ということすらしてくれないことに示される。琴の名手としてちらとうわさに出てくる程度であろうか。じっと、物語の表面を去って、仏道修行に明け暮れる、という趣向であるのにちがいない。源氏が都に復帰し、あるいは春宮の即位が現実上のことになるうごきは、藤壺が何もしないことによって、むろん源氏もまた何もしないことによって、まさに自然《じねん》に出来《しゅったい》する。

（赦免の定め）

年かはりぬ。内に御薬《くすり》のことあり。世中《(よのなか)》さま〴〵にのゝしる。当代《たうだい》の御子《(みこ)》は、右大臣のむすめ、承香殿の女御の御腹《はら》にお《(を)》とこ御子《みこ》生まれ給へる、二《(ふたつ)》になり給へば、いといはけなし。春宮《(とうぐう)》にこそは譲《ゆづ》りきこえ給はめ、おほやけの御後見《うしろみ》をし、世をまつりごつべき人をおぼしめぐらすに、この源氏のかく沈《しづ》み給《(たまふ)》こと、いとあたらしうあるまじきことなれば、つゐ《(ひ)》に后（──弘徽殿）の御諫《いさ》めをそむきて、赦《ゆる》され給《(たまふ)》べき定《さだ》め出《い》で来《き》ぬ。（明石の巻、二─一八〇ページ）

〔年が代わってゆく。内裏（──朱雀帝）にお薬のこと（──病気が）あって、世の中（が）さまざまに大騒ぎする。今上の皇子は、右大臣の娘（で）承香殿女御のおん腹に男御子が生まれていらっしゃる（のが）、二歳におなりだから、えらくちいさい。春宮にこそは譲位し申しなさ（るのがよか）ろう、朝廷のご後見をし、世のまつりごとをすべき人をお思いめぐらされると、この源氏がかように沈みなさること（が）まことに惜しまれ、あってはなるまいことであるから、ついに（弘徽殿）大后のお諫めをそむいて、赦免されなさるべき決定（が）出てくる。〕

と、つぎの子がまだ小さく、その後見役には源氏しかいない、という事情から「赦《ゆる》され給《(たまふ)》べき定《さだ》め出《い》で来《き》ぬ」、まさに「出《い》で来《き》ぬ」という自然態による〝解決〟であった。政争を避けて一人は出家、一人は退去し、何ひとつ手をくだすことをしなかったことの結果は、自然が〝解決〟してくれたと言わんばかりの展開。首尾一貫した書きざまだ、と大いに感心されてよいはずだ。

五　藤壺の恐れについて

藤壺は夫の故桐壺院の一周忌の明けに出家を遂げた。わが子春宮がそれによってより危険にさらされるかもしれないのに、それにもかかわらず俗世をはなれる。これは藤壺の感得する罪がわが夫を裏切ったという思いにあることを端的に示している時間の文脈であろうと知られる。述べてきた通りだ。

藤壺は光源氏に通じて一子をもうけた。それが春宮であり、明石の巻に即位の近いことが知らされ、澪標の巻の春二月、朱雀帝の譲位を受けて即位、冷泉帝である。不義の子であって、桐壺院のたねではない。藤壺が出家するのはこの密通行為の罪にたいしてであった。むろんこの密通行為は桐壺院の知るべからざること、知らせてはならない行為としてあった。胸ひとつにしまって出家し院の後世をとぶらうとともに、わが背徳の生をいくらかでもあがなうつもりの修行生活であるはずだ。

この密通のことはわが子冷泉帝にけっして知らせてはならないこととしてあろう。密通行為を子に知られてよいと思う母があろうか。のちの女三宮の不義から生まれた薫はついに母からそのことを聞くことがなかった。同工であるべきだろう。冷泉帝も藤壺の死去ののち夜居の僧都からそれを聞くので、生前の母から知らされることはない。絶対にありえない。

藤壺はこのことが源氏の口から冷泉帝へ知られることをすら恐れたはずだ。知られなければならない理由がないのだ。源氏との秘密の子が即位して皇統を継いだことは源氏の君の王権志向にかかわることで、藤壺そのひとには直接の関係がない。光源氏の王権簒奪に力を貸したのにすぎないのであって、藤壺にこの点についての罪の意識があまりないことの理由となる。王権簒奪者光源氏そのひとに罪の意識が濃厚でない以上、その協力者である藤壺も、王権にかかわる罪の意識は深いはずがない。何度も言うように罪の意識が深いのは夫にたいしてである。それとともに子にたいしてであろう。夫にたいしてそれを知られてならないのならば、子にたいしても知られてはならないこととしてある。言うまでもないことではなかろうか。

世上にはしかし一部に藤壺は冷泉帝にことの真相が伝えられないことを心のこりにして死んでいった、と解する読みがある。(9) これは藤壺が亡くなり、その直後と言ってよい記事に夜居の僧都が冷泉帝にことの真相をあかすという薄雲の巻の書かれ方から、あたかも藤壺の心のこりを晴らすかのように冷泉帝の耳に真相が吹きこまれる、という展開であると読まれることによる。

しかし藤壺がこれ、ことの真相を知られたいと思うか。思うはずがない。知られることを恐れに恐れつつ死んでいったので、その逆でない。夜居の僧都は藤壺の意志に反して、その意志を踏みにじるかのように帝の耳にそれを語った、と知られる。

むろん夜居の僧都をわれわれは非難すべきでない。ストーリーの展開上、ことの真相はどうしても冷泉帝の知らなければならないこととしてある。王権把持者として、隠れた父としての光源氏を知り、王統が乱れたこととその修復法とは冷泉帝の知りかつ取りくまなければならないこととしてある。源氏の君が准太上天皇位にまでいたる道がここにひらかれるか否か、その岐路であった。父が光源氏であることを知らなければならない。藤壺はわが密通により冷泉帝をこの世にもたらしたことを知られたくない。まさにジレンマであった。藤壺の死を待っていたかのようにことの真相が帝の耳に入れられたのだ、と理解するほかはない。

不審に見られる文脈の本文というのは、精密に読めば何ら疑問のないところで、藤壺の亡くなる直前の思いだ。

（藤壺の結ぼおれ）

宮いと苦《くる》しうて、はかぐ〳〵しうものも聞《き》こえさせ給はず。御心のうちにおぼしつゞくるに、高《たか》き宿世《すくせ》、世の栄へ《さか（え）》も並《なら》ぶ人なく、心のうちに飽《あ》かず思ふことも人にまさりける身、とおぼし知《し》らる。上《うへ》の、夢の中にもかゝる事の心を知《し》らせ給はぬを、さすがに心ぐるしう見《み》たてまつり給《（たまひ）》て、これのみぞうしろめたく、結《むす》ぼほれたる事におぼしを《（お）》かるべき心《（ここ）》ちし給《（たまひ）》ける。（薄雲の巻、二一二九〜二三〇ページ）

〔現代語訳は前節一四四ページにかかげてある。〕

傍線の部分〝帝が、夢のなかにさえも、かようなことの真相を知りあそばされぬことをば、それでもやはりいたわしく見申し上げて〟という「て」接続の句は、うかつに読むと、原因を投げかけて下文につづくかのように受けとられる。しかし、傍点の部分〝このことばかりが気がかりに、この世のお心のこりとなるべき鬱結した感じがなさったことですよ〟の文のさしあらわす内容はこれ以上でも以下でもない。ことの真相を藤壺が知られたく思う、とこの一文から受けとるのは過ぎたる読みとしてある。知られてはならないとする思いに変わりなく、この秘密のゆえにこの世の妄執となろうか、と言うので、それ以外でない。

そう読むことによってのみ、朝顔の巻に藤壺の怨霊の出てくることの説明がつく、と言うことができるのではないか。ことの真相は藤壺の死後、冷泉帝の知るところとなった。もとよりそれを恐れていたとは、それをついに阻止しえないことの恐れにほかならない。それを知られることにより妄執の晴れるわけがない。妄執の原因をなした源氏の君の夢枕に怨霊となって立つことはわかり易い。

注

(1) 加納重文、望稜舎、一九八六《昭和六十一》年、なお、『げんじものがたりのはなし』同、一九八七《昭和六十二》年も。

(2) 石川徹「伊勢物語の発展としての源氏物語の主想——輝く日の宮と光る君と」(『古代小説史稿』刀江書院、一九五八《昭和三十三》年)所収。

(3) 「みかどの御妻《め》さへあやまち給ひて」(須磨の巻、二-三九ページ)。具体的には朧月夜尚侍に光源氏が密通したことをさす。

(4) Stanford University Press, Stanford, California, 1987.

(5) ↓注2、三七四〜五ページ。

(6) 「お《(を)》しげなき身はなきになしても」(二-一七ページ)。参照、斎藤暁子「薄雲巻における冷泉帝の罪をめぐって」『源氏物語と和歌 研究と資料Ⅱ』武蔵野書院、一九八二《昭和五十七》年。

(7) 後藤祥子『源氏物語の史的空間』東京大学出版会、一九八六《昭和六十一》年。

(8) 石川徹「光源氏須磨流謫の構想の源泉——日本紀の御局新考」『平安時代物語文学論』笠間書院、一九七九《昭和五十四》年。

(9) 参照、藤井貞和「密通という禁忌の方法」(↓前節)および「もののけの世界と人間の世界」(↓第八章第四節)。

第五章　物語と神話――夕顔／玉鬘

第一節　三輪山神話式語りの方法――夕顔の巻

一　問題の所在

漢文学の黒須重彦氏が『夕顔という女』(1)という書をあらわし、従来から夕顔の巻にひそむとされるかずかずの謎に挑戦し、独自の解釈を試みようとされたことは、専攻の研究家たちのそとがわから『源氏物語』にとりくまれた意見として、貴重ではなかろうか。『源氏物語』にたいして、専攻の研究家とちがった立場の、また異質な方法による、さまざまな発言があらわれてくるのでなければ、研究の繁栄に隠れた低迷をつきくずすことができない。捉われない眼の読みが、いまほど請求されるときはほかにない。

黒須氏のような、国文学外からの発言にたいして、国文学の研究家が正面から答えることをせず、無視したようにとりあつかうのは、『源氏物語』のためによいことでない。すくなくとも無視してよい著述と、氏の書物とを同列にあつかうのはよくない。

実をいえば、田中(=鬼束)隆昭氏が(2)、黒須氏の初稿「白き扇のいたうこがしたる」(『平安文学研究』四六、一九七一《昭和四十六》年)にたいして、簡単ながら反論を試みている。田中氏の反論は、旧来の立場に立ってであるものの、その限りで要をえており、首肯されるべき点がいくつかある。ところが黒須氏は、さらに自説を強力に推しすすめるべく、単行本化された、それが『夕顔という女』であった。田中氏の反論にたいして、部分的にふれられるだけで、たしかに田中氏の反論自体は、従来から指摘される夕顔の巻の謎を解決したわけでなく、旧来の立場に立つ。新説を主張される黒須氏が反論をほとんど無視されるのは、一応もっともなことだ、といえる。

黒須氏に触発されつつ、夕顔の巻の前半部を中心に、その構造について、以下、私なりの考えを述べてみる。旧来の夕顔の巻に、さまざまな謎、矛盾といったことが指摘されるのは、はたしてほんとうに矛盾といえることであるかどうか、矛盾があるとすればどれがほんとうの矛盾であるかを考え、あわせて黒須氏にたいする反論を試みる。

二　夕顔の巻のうた

夕顔の巻のうたをすべて書きだしておくことにしよう。

a（女の贈歌）

心あてに、それかとぞ—見《み》る。白《しら》露の光添《ひかりそ》へたる夕顔《ゆふがほ》の花　（一‐一〇三ページ）

b（光源氏返歌）

寄《よ》りてこそ—それかとも—見《み》め。たそかれに、ほの〴〵見《み》つる花の夕顔《ゆふがほ》　（一‐一〇四ページ）

c（光源氏の贈歌、中将の君へ）

咲《（さく）》花にうつるてふ名《な》は—つゝめども、お《（を）》らで過《す》ぎうきけさの朝顔《あさがほ》　（一‐一一〇ページ）

d（中将の君の返歌）

朝霧《あさぎり》の晴《は》れ間《ま》も—待《ま》たぬけしきにて、花に心をとめぬ、とぞ—見《み》る　（同）

e（光源氏の贈歌）

優婆塞《うばそく》が行《おこな》ふ道《みち》を、しるべにて、来《こ》む世も―深《ふか》き契《(ちぎり)》たがふな　(一-一一八ページ)

f(女の返歌)

先《さき》の世の契《(ちぎり)》知《し》らる、身のうさに、行《ゆ》く末《すゑ》かねて、頼《たの》みがたさよ　(同)

g(光源氏の贈歌)

いにしへも―かくやは―人のまどひけむ。我《(わが)》まだ知《し》らぬ篠《(しの)》の目《(め)》の道《みち》　(一-一一八ページ)

h(女の返歌)

山の端《は》の心も―知《し》らで、ゆく月は―うはの空にて、影や―絶《た》えなむ　(一-一一九ページ)

i(光源氏の贈歌)

夕露に紐《ひも》とく花は―玉鉾《ぼこ》の―たよりに見《み》えしえにこそ―ありけれ　(一-一二〇ページ)

j(女の返歌)

光あり、と見《み》し夕顔《ゆふがほ》のうは露は―たそかれ時のそら目《め》なりけり　(同)

k(光源氏《独詠》)

見《み》し人の、煙を雲とながむれば、夕《ゆふ》べの空も―むつましきかな　(一-一四一ページ)

l(空蝉の贈歌)

問《と》はぬをも―などか、と問《と》はで、ほど経《ふ》るに、いかばかりかは―思《おも》ひ乱《みだ》る、　(一-一四二ページ)

m(光源氏の返歌)

空蝉《うつせみ》の―世は―うき物と、知りにしを、また言《こと》の葉にかゝる命《いのち》よ　(同)

n(光源氏の贈歌)

ほのかにも—軒端《ば》の荻を結《むす》ばずは—露のかことを、何《なに》にかけまし　（一 - 一四三ページ）

o（軒端荻の返歌）

ほのめかす風につけても—下《した》荻の、なかばは—霜に結《むす》ぼほれつゝ　（同）

p（光源氏《独詠》）

泣《な》く〳〵も—けふは—わが結《ゆ》ふ下紐《したひも》を、いづれの世にか—とけて見《み》るべき　（一 - 一四四ページ）

q（光源氏の贈歌）

逢《あ》ふまでの形見《かたみ》ばかり、と見《み》しほどに、ひたすら袖の朽《く》ちにけるかな　（一 - 一四五ページ）

r（空蟬の返歌）

蟬《せみ》の羽《は》も—たちかへてける夏衣、かへすを見《み》ても—音《ね》は—泣《な》かれけり　（同）

s（光源氏《独詠》）

過《す》ぎにしも—けふ別《わか》るゝも—二道《（ふた）みち》に、行《ゆ》くかた知《し》らぬ秋の暮《くれ》かな　（一 - 一四六ページ）

以上のように十九首のうたを見る。

aは女（—夕顔）のうた。古来〝侍女作歌〟説が出てくるのは、夕顔のようなつつましい女性が、知らない男にうたを詠みかけることがあろうか、という思案に発して、夕顔の女でなければ侍女が詠みかけたうただろうという理屈から出てきた説であるのにちがいない。無視してよかろう。このうたが夕顔の女の作歌であることはいうまでもない。

bはそれにたいする源氏の返歌。

c、dは六条わたりの女のもとを訪れた源氏が、侍女中将の君（—中将のおもと）と贈答する朝の別れのうたで、〝朝顔〟を詠むのは効果を狙っていよう。

夕顔の女のもとにかよいそめてからあと、e—f、g—hの贈答歌がある。g—hのほうはなにがしの院におけるうたとしてある。

このe—f、g—hには、キーワードであるべき「夕(顔)」および「光」二語を詠みこまない。なぜ詠みこまないのか。このe—f、g—hをへだてて、

i夕露に……

j光あり、と……

のうたの贈答がおこなわれるという、このことについて黒須氏の論じるところがない。問題ではなかろうか。

黒須氏はa、b、i、jの四首をとりあげた。たしかに(a、b)と(i、j)とは呼応するから、それは注意されなければならない。しかし(a、b)と(i、j)との呼応のあいだに、情愛をかよわしあうころの二人の(e、f)、(g、h)という二種の贈答が介在する。夕顔のこと、光のこととまるで無関係な二種の贈答を見せることは、夕顔の巻の構造を考えてみるうえで無視してよいことだと思われない。

k以下は夕顔の死後の歌群であるからここにふれないことにする。

三　「心あてに」の歌をめぐり

a歌、

心あてに、それかとぞ—見《み》る。白《しら》露の光添《ひかりそ》へたる夕顔《ゆふがほ》の花

について、本居宣長の『源氏物語玉の小櫛』[3]に、「源氏君を、夕皃の花にたとへて、今夕露に色も光もそひて、いとめでたく見ゆる夕皃の花は、なみ〱の人とは見えず、心あてに、源氏君かと見奉りぬと也、三四の句は、白露の、

夕顔の花の光をそへたる也、露の光にはあらず、細流に源氏と推《スキ》したるによりて、花の光もそひたると也とあるは、いみしきひがこと也、二の句のてにをはにかなはず」とある。

今日、大方におこなわれる解で、ほぼ妥当であるものの、しかしここにいたる古注の歴史の紆余曲折はただならない蓄積がある。古注の集成的意図をもつ『岷江入楚』の当該条を全文、引いておく(4)。

(『岷江入楚』四、夕顔)

河 心あてにをらばやをらむはつ霜のおきまどはせるしら菊の花　心あてはおもひあてなり。光源氏をいまだみしらざれども思ひあてにもしるきといへるなり。詞にもまだ見ぬ御さまなれどいとしるく思ひあてられ給へるとあり。又夕貌の花の美人にたとへたる事、秘説あり。

花 夕顔は女の我身にたとへてよめり。露の光は源氏によそへたるべし。河海に夕貌を美人にたとふる事をのせ侍り。ここには相当せざるべし。夕貌花はいやしきかきねに咲花なれば女も我身にたとへていへり。われと美人と称すべき事にあらざる物なり。毛詩に歯如瓠犀といへるは美人の歯をひさごのさねにたとへたる事もあれど、それも歌の心にはいらぬ事成べし。

弄 さし過たるやうなれど源氏と思ひやりて折ふしのなさけに出したる扇なるべし。光そへたるは源氏によそへたるなり。

聞書、夕顔の上の歌なり。但官女などのよめるにても有べし。

秘 心あてはおしあてにも源氏にてましますと推したるによりて花の光もそひたるとなり。夕貌上の歌と見るは卒爾なり。

箋云、この歌夕貌上の詠せるとみることはあまりに卒爾なりとて、天文十年六月十五日栖雲寺発起の時、今案の仰云(称名院の義なり)、遠方人に物申との給ひしを聞て何の花とも我さへ分別もなけれども、推あてに申さば道行人の光そへたる夕がほとこそ申べけれと云々。

これについて箋の義云、木枯の女のごとくならば此歌尤夕貌上の詠なるべし。夕顔上はさやうのかろ〴〵しき人にはあらず。自歌とは称しがたし。自然官女などの私の義としてかくのごときの時は相かはりて詠ずる事も有べし。然れば夕貌上の歌にあらざる所も決しがたし。所詮作者をつけずして見る義可然歟。奥に、光ありと見し夕顔の上露はたそがれ時のそらめなりけり、とあり。弥疑を決すべし。又此次の詞に夕貌上の歌にあらざるよし分明なり。

箋聞義は前に同じ。是は頭中将とみなして出したる成べしと云也。

ここには黒須氏の主張される「頭中将」説までが出そろう。このうたを、頭中将にあてたとみることがもし言えるとするなら、たしかに夕顔のような引っこみ思案の女が男に詠みかけるという行為について、説明がつく。もしそうなら、すがたを隠した女を頭中将はさがしているのにちがいない、このような陋巷にまで尋ねあてようとして、車をとどめたところなのかもしれない、夕顔が、男に〝それ(—頭中将)かとぞ見る〟と詠みかけるのは、かつての愛人であるからには、不自然でない、ということになろう。

しかし、女が、ここに来ている車の主を、源氏だと思ってうたを贈ったのでなく、頭中将ではないか、と「推測して、あるいはそう願って」(黒須氏著書、一七ページ)こういう行動に出た、ということは言えるのだろうか。「推測し」「そう願って」うたを贈ったとしても、もし人ちがいであれば、見知らぬ男に女のほうからさきに声をかけたことになる。それに、車を一目見るだけで、頭中将でありえないことなど判断つきそうだと思われる。光源氏は車をやつし、前駆も追わせず、自身の身分をわからないようにした。頭中将がもし愛人をさがすためになら、車を頭中将自身のそれとわからなくする必要などさしてないし、またたといやつして一般の目をくらましても、そのやつし方は愛人の眼に一目瞭然たる特色があるのではなかろうか。

「頭中将」説にも、通説と共通の前提がはたらいている。すなわち、相手が源氏であると見知って詠みかけるのならば夕顔らしくない、という意見は、女が男に挑発的に詠みかける好色のうたであるという前提に立っての疑問で、「頭中将」説は、その疑問にこたえて、あいての男が愛人であったひとならば不自然でない、とする。通説を前提にしての、いわば修正意見であるとみなすことができる。

好色のうた、という言い方は言い過ぎだろうか。もし好色のうたでないというのならば、この場面で女からさきに男に詠みかけるということの理由を呈示しなければならない。みぎの引用文中にみた『弄花抄』の説だという「さし過(ぎ)たるやうなれど源氏と思ひやりて折ふしのなさけに出(だ)したる扇なるべし」という意見は、風流ごととしてのうたとみるので、傾聴すべきであるものの、「折ふしのなさけ」という風流ごとだからといって、女のほうから「さし過(ぎ)たる」行為に出たというところに、のちの夕顔の引っこみ思案な性格とのあいだの割れ、〝矛盾〟は消えない。風流ごとであっても、女から男にうたを詠みかけるというところに、うたの好色的性格が出てくることは否定しがたく、近代の研究家もまた、このうたが女から詠みかけられる積極性に、一種異常な感じを読みとる。玉上琢彌氏はこのようにいう、「……この女あるじは、『源氏物語』の中でも無類のはにかみ屋であって、一目見た路上の人に、こんな歌を贈るべき人ではない。が、この歌がなくては、この巻の話は起こらないので、この一事は作者の無理、無策なのであろう」(『源氏物語評釈』[5]一)、と。田中氏もまた、前述の論考にいう、「……と挑発的ともいえる歌を女の方からよこしたこと」は「後に描かれる夕顔の人がらにふさわしくない」、「夕顔の源氏に歌を詠みかけた行動はやはり異常といわなければならない」、と。そして田中氏はこのような冒頭の場面と後の叙述との〝矛盾〟について、執筆動機のもととなった素材から生じたことではないか、という論を推しすすめてゆく。ここに玉上氏が「こんな歌」と言い、田中氏が「挑発的ともいえる歌」ということのうちに、近代の研究者たちのこのうたから読みとる特色のある感じは示されている。それを、厳密な意味では言えないにせよ、広くうたの好色的性格をそこに読む受けとり方だ、とみることができる。

しかし、それにしても、このうたはそんなに異常な作歌であろうか。

四　高貴な花盗人への挨拶

夕顔の巻の冒頭を見よう。よく知られるように、「六条わたりの御忍《しの》びありきのころ」(一-一〇〇ページ)、つまり源氏は、内裏を出て忍びに六条の女のもとにかよう中宿りに、病気の大弐の乳母をとぶらうとて、五条なる家を訪ねてくる。門をあけるまで、車のなかで待つあいだ、源氏は、ごちゃごちゃした五条大路のさまを見わたしていると、乳母の家の傍らに、檜垣を新しくした家を見いだす。半蔀はまだ上げたままで、簾のかげからしきりに女性たちがこちらを覗くのが見える。立ちあがったり、背伸びをしたりして[6]こちらを見るらしい。これが物語のはじまりであった。

源氏は身分を隠している。

(光源氏の様子)

御車《くるま》もいたくやつしたまへり、前駆《さき》も追《お》はせ給はず、……(一-一〇〇ページ)

格式以下の車を利用し(網代車かという)、前駆も追わせない、という身分のやつし方は、忍びの歩きであるにせよ、ある種の危険を早くも読者の嗅ぎとってよいところであろう。

南西諸島に「セジ高い」[7]という、おもに巫俗関係のことばがある。霊力(セジ)が高い人は、すぐれた巫者たりうる。

一種のタブー性のある内容の状態を意味していた。ふとここにセジということば、その意味する内容を思いあわせてみたい。古代の身分はそれの根源にある一種のタブー性をまつわりつかせる。高貴な身分といわれる人が、前駆を追わせてすすむのは、身分がつくりだすタブー的空間をそこにあらわし、悪霊、もののけのたぐいがはいってこないようにするきわめて古代的な信仰に根ざした習俗としてある。一般にいえば、身分が高ければ高いほど霊力、タブー性をつよめるから、前駆のかずも多くなり、一段と悪霊、もののけにたいする守りをかためて、つけいられないようにする。ほかによいことばがないので、セジという南西諸島の用語を利用して言えば、光源氏というひとは古代のセジ高さを背負った、タブー性のつよい身分にあったといえよう。

その源氏の君が、車をやつし、前駆も追わせない。いわば無防御のまま、五条大路あたりの陋巷へ進入してきた。これは危険なことだ、と思われる。だが、忍び歩きは私人としての行動であり、また源氏に、自分は若いという自覚があろう。まだ若いからという自分のセジ高さにたいする過少評価がここにはある。こういう油断が源氏の心のなかにあった。夕顔の巻の悲しい結末をまねきよせた遠因はこの油断にあったといえよう。早くこの油断を物語の冒頭からみせる。

みぎの引用にすぐひきつづく。

(さし覗く光源氏)

たれとか知《し》らむとうちとけ給《たまひ》て、すこしさしのぞきたまへれば、……　(同)

とある。『岷江入楚』に、「源(─源氏)と人の知(る)べきさまならば車のうちよりさしのぞきなどし給(ふ)はかろ〴〵しく人の思ふべきなり。是は忍び給ふゆゑに人のしらじとかやうにあるなり。是は車の袖よりのぞき給(ふ)なり。袖とは物見の事なり云々」というのが正解で、源氏は、物見の窓からかおをさしだして、外部を覗いたのだ。「たれとか知《し》らむとうちとけ」たというのは、そのようにさし覗いたかおを見られても、高貴な源氏の君であると気づかれるはずがない、という油断をあらわす。

「どこで夕顔あるいはその侍女たちが、源氏を見かける機会があったというのでしょうか。それどころか、そこに来ている車の主は、車の中にいるのです。どんな姿で、どんな容貌であるのかさえよくは分からないのです」(黒須氏著書、一三ページ)というのは大きな誤解で、源氏ははっきりと夕顔方にかおを見られた。

たれとか知《し》らむとうちとけ給《(たまひ)》て、すこしさしのぞきたまへれば、……

これは伏線でも何でもない、物語の状況設定であり、源氏が容貌を外部から見られたということを端的に言う。かおを見られても、それをかの雲のうえの赫々たる光源氏そのひとであるとだれも見知るはずはない、という油断が、物見の窓をあけて、すこしさし覗くことをゆるした。

すこしさしのぞきたまへれば、……

なぜさし覗いたのか。いうまでもない、檜垣のその家の様子をもうすこしはっきりと眼にいれたかったからだ。どのような住まいであったか。

(檜垣の家のさま)

門《かど》は蔀《しとみ》のやうなるを《(お)》し上《あ》げたる、見入《みい》れのほどなくものはかなき住《す》まひを、……(同)

光源氏の眼の観察としてある。門扉は、蔀のように、うえにおしあげるかたちになって、ひらかれている。見入れ、とは門からうちをみることで、庭がすくなく建物にすぐつづいていることを「見入《みい》れのほどなくものはかなき住《す》まひ」という。

視線はしたがって門をはいるとすぐに建物にとどく。建物に這いまつわる白い花を見る。

（白い花を見いだす）

切懸《きりかけ》だつものに、いと青《あを》やかなる葛《かづら》の心《(ここ)》ちよげに這《は》ひかゝれるに、白《しろ》き花ぞおのれひとり笑《ゑ》みの眉《まゆ》ひらけたる。

（一－一〇一ページ）

切りかけ、とは建物の板壁であろうか。夕顔の花は建物の壁いっぱいに白く咲きほこっており、源氏の視線をいたくとどめる。

（ひとり言に古歌を言う）

をちかた人に物申《(まうす)》（同）

門《かど》に入りて……

と古歌を口ずさめば、随身が〝あれは夕顔の花だ〟と告げる。「くちをしの花の契《(ちぎり)》や。一房《ひとふさ》お《(を)》りてまい《(ゐ)》れ」と源氏が命じる。随身は「このを《(お)》し上《あ》げたる門《かど》に入《い》りて」夕顔の花を折りとってくる。

もちろん無断で、他人の家の門にはいって、花をとったことになる。源氏の身分からすれば、無断で花をとらせることに何ら疑問はない。身分の問題ばかりではない。ここに白楽天（白居易）の詩の一節がひびいているかもしれない。「遥かに人家を見て花あればすなはち入《い》る、貴賤と親疎とを論ぜず」（遥見人家花便入　不論貴賤与親疎）、と。『千載佳句』『和漢朗詠集』にみえ、中世の文学にしばしば引用される（「尋春題諸家園林」『白氏文集』巻二十三）。源氏の場合、随身をして他人の敷地内に侵入させる、そのこと自体はとがめえない。

門《かど》に入りて……

だが、源氏の場合、他人の家に侵入したばかりでなく、花を折りとる。「見入《みい》れのほどな」き距離であっても、建物に這いまつわる夕顔の花をとるために、門にはいり、他人の敷地をおかさなければならない。しかもそれを命じた車の主が、ほかならぬかの有名な宮廷にいまをときめく源氏の君であるらしいことを、その家の女はさし覗いたかおから見てとる。この高貴な、優雅な花盗人にたいして、花をとられた家のほうとして挨拶のうたを贈って許可をあたえるのは理にかなった、自然の行為としてあろう。

（女の贈歌）

心あてに、それかとぞ―見る。……

源氏の君とお見受けしたから、花盗人の行為をゆるしてやろう、という。このような挨拶のうたであるならば、女のほうからうたを贈るということに、何ら疑問はないのではないか。

五　挨拶から好色への曲解

a歌は、したがって、宣長以下の、通行の解がすなおに、また正解しているので、けっしてとがめられるべき異常なうたでない。一に、女は、車の主を、そのさし覗いたかおから、当代随一の貴公子光源氏の君であると見てとっている。若い女性が、源氏ほどの美貌の男性を一目見て、評判にきいたことのあるあの光源氏以外でないと推量することは容易だったろう。二に、車の主は、随身に命じて、門のなかにまではいって、夕顔の花を折ってこさせた。花盗人ではないか。家の女として、一言なかるべからず、というところではあるまいか。

（女の贈歌）

心あてに、それかとぞ―見《み》る。白露《しら》の光添《ひかりそ》へたる夕顔《ゆふがほ》の花

夕光《かげ》にはっきり見てとった源氏の君の容貌を、おりからの景物夕顔の花によそえて詠む、すなおなうたを読者はそのまま受けとればよいので、曲解すべきでない。すぐあとにも「まだ見《み》ぬ御さま也《（なり）》けれど、いとしるく思《おも》ひあてられ

給へる御側目《そばめ》」(一―一〇五ページ)を見過ごさずに、女は「さしおどろかし」たのだ、とはっきり書かれる。

曲解したのは、光源氏そのひとであった。

曲解、――詳述する必要もないから、時枝誠記氏の『国語学原論〈続篇〉』[8]から引いてみる。

曲解とは、話手の表現に対する当然の理解を、故意に歪めて、別の概念として受取る場合である。多くの場合に、悪意に基づくのであるが、必ずしも常に悪意とばかりは云へないので、話手に対する善意から、或は諧謔による場合もあり得るのである。誤解に対する誤表があるやうに、曲解に対する曲表といふことも考へられなければならない。(五二ページ)

そして、時枝氏は、そのような曲解の成立する根拠として、「それぞれの語が、表現者の意図する思想内容を、そのまゝに表現せず、一旦、これを概念化して表現するからである」(五四ページ)と言い、懸け詞の技法や、連歌俳諧における附句の成立は、曲解の原理のうえになりたつことであるとした。

光源氏の場合、その作歌bは、女の挨拶のうたaを、どのように曲解したのであろうか。

b歌(光源氏)

寄《よ》りてこそ―それかとも―見《み》め。たそかれに、ほの〴〵見《み》つる花の夕顔《ゆふがほ》

これは明らかに好色のうたとしてある。すなわち女のa歌(挨拶)を、好色のうたであると曲解して、b「寄《よ》りてこそ―それかとも―見《み》め」と応じた。挨拶の概念を好色の概念に故意に曲解することにより、源氏は好色のうたにして返した、ここに好色人光源氏の面目があるので、この点についても疑問はない。贈答歌の技法にもこのような曲解の場合があるのだ、ということを指摘できるのではなかろうか。

近く寄ろう、とは知りあうことをさそうので、結局、女も何らかのかたちで応じてゆかざるをえない。挨拶のうた

が、単なる挨拶でなくなる。女はいつしか男をかよわせるようになる。源氏は、このa歌を詠みかけてきた冒頭の女に、好色のうたで返した。男の行動については疑問がない。女に近づいてゆき、ついにわが愛人にする。それにたいするのに女が男をかよわせるようになった経緯は、例の、省筆されて、夕顔の巻の構造が従来、うまくとらえられない憾みをのこすかのようだ。

もうすこし読みすすめてみる必要がある。

六　雨夜のしな定めの動機づけ

いま述べたように、源氏がこの女に好色のうたを贈り、わがものにしようとしたことについて、疑問はない。よく指摘されるように、帚木の巻の雨夜のしな定めの動機づけが夕顔の巻に伸びてきてある。

（頭中将の言）

さて、世《よ》にありと人に知《し》られず、さびしくあばれたらむ葎《むぐら》の門《かど》に、思《おも》ひのほかにらうたげならん人の閉《と》ぢられたらんこそ限《かぎ》りなくめづらしくはおぼえめ。いかではたかゝりけむと、思ふよりたがへることなんあやしく心とまるわざなる。（帚木の巻、一-三七ページ）

雨夜のしな定めについてすこしふれると、みぎは通説で左馬頭の言ということにされるにしろ、頭中将の論であるとしてみるのにさして支障はなかろう。雨夜のしな定めは男たちの円居、討論の場所であるとみるべく、左馬頭ばかりがひとりで中流重視、正妻論以下しゃべりまくったとみることはよくない。三階級説、中流重視を言いだしたのは頭中将であって（一-三五ページ）、左馬頭、藤式部丞が登場したあと、「成《な》り上《のぼ》れども……」（一-三六ページ）以下、三階級説と中流重視とを展開するのもまた頭中将でなければ辻褄があわない。左馬頭が発言するのは正妻論のところ、

「おほかたの世につけて……」(一-三八ページ)以下で、なお新大系四〇ページ一三行め「たゞひたふるに子《こ》めきて……」から四一ページ四行め「……出《い》でばへ《(え)》するやうもありかし」までは頭中将の発言だろう。四一ページ六行め「いまは、たゞ品《しな》にも寄《よ》らじ……」以下は左馬頭の発言が大部分になる。しかし頭中将の発言がすこしずつ混じよう。雨夜のしな定めはこのようにして討論としてすすむ。ト書きのない戯曲の台本をわれわれは読まされているのだと思えばよい。発言の内容、思想によって、だれの発言部分であるかを見分けなければならない。

みぎの引用部分は頭中将の発言としてみるのに、支障がないばかりか、これを夕顔の女の伏線としてみれば、頭中将の発言であることにふさわしい。夕顔の巻で、源氏の君は、この「思《おも》ひのほか」なる、頭中将のもとの女にひかれてゆく。

(女の贈歌にたいする光源氏の感想)

そこはかとなく書《か》きまぎらはしたるもあてはかにゆへ《(ゑ)》づきたれば、いと思《おも》ひのほかにおかし《(を)》うおぼえ給《(たまふ)》。(夕顔の巻、一-一〇三ページ)

と、「心あてに」のうたは、意外なほど源氏の興味をひきつける。もちろん頭中将のもとの女であると知らない。「世《よ》にありと人に知《し》られず、さびしくあばれたらむ葎《むぐら》の門《かど》に、思《おも》ひのほかにらうたげならん人の閉《と》ぢられたらん」という、雨夜のしな定めのことを思いあわせるだけでよい。

(往き来の前渡りのたびに)

……はかなきひとふしに御心とまりて、いかなる人の住《す》みかならむとは往《ゆ》き来に御目《め》とまり給《(たまひ)》けり。(一-一〇五ページ)

惟光に命じてその家のうちをうかがわせる。まことに意味ありげな女性が住まうらしい。源氏は「知《し》らばや」(一-

一〇六ページ)と思う。

(さらに興味をいだく)

かの下《しも》が下《しも》と、人の思《(おもひ)》捨《す》てし住《す》まひなれど、そのなかにも思《(おもひ)》のほかにくちお《(を)》しからぬを見《み》つけたらば、とめづらしく思《おも》ほすなりけり。(一―一〇七ページ)

ある日、惟光は、その家の様子をうかがう。すると、おりしも、頭中将の一行が門前を通りすぎてゆくのを、家のなかが、大騒ぎしながら見送ったという。この報告をきいた源氏は、その家に隠れ住む女が、かの頭中将の語った常夏の女正身ではないかと思いあたる。頭中将の妻に脅迫されて、どこかにすがたを隠したという、こどもまでなした女。源氏はいよいよこの女に興味を持つ。頭中将のもとの女か否か。

(光源氏の思い)

かりにても、宿《やど》れる住《す》まひのほどを思《(おもふ)》に、これこそ、かの人の定《さだ》めあなづりし下《しも》の品《しな》ならめ、そのなかに……

(一―一一二ページ)

さきに「人の思《(おもひ)》捨《す》てし」とあり、ここに「かの人の定《さだ》めあなづりし」とある。この「人」は頭中将のことにほかならない。ほかならぬ頭中将のもとの女が、いま「下《しも》の品《しな》」の生活をしているとは。もちろんまだしかとわかったわけではない。もしそれがほんとうだとしたら、頭中将のもとの女が、ほかでもなくかれの軽蔑した下々の生活に甘んじるさまを発見することになる。

七　三輪山神話式語りの意味

それにしても、女が源氏をかよわせるようになった経緯はよくわからない。省筆のために不明確となる。

（省筆のことわり）

このほどの事くだ〳〵しければ、例《れい》の漏《も》らしつ。（一 - 一一二ページ）

この省筆は、はなしの展開をたしかに曖昧にする。

夕顔の女は、新しい男との関係にはいってゆく。このことは、まえの男性関係である頭中将とのあいだが、すでに切れたことを暗示するのではあるまいか。もちろん実質的に切れた関係にある。夕顔の女は、頭中将の眼にふれるところからすがたを隠したので、実質上、切れた関係にあることはいうまでもない。しかしある男と切れるということの制度的意味を知りたい。結婚は制度的に規制される。

この夕顔の場合、まえの男（頭中将）と決定的に、というか、名実ともに切れたと見なすべき状態にあるとしたら、それは女が居所を移したことにあるのではないか。(9) 一つの仮説として申し述べるので、特に証拠を挙げられるわけではないにしろ、『伊勢物語』に、女が家を出る、という離別の形態の見られることをここに思いだす。(10) 招婿婚の時代において、女性は居所を移さないのが大原則であったから、(11) 居所を移すという離別の形態には、決定的な意味があったと考えられる。

頭中将と、名実ともに切れており、新しい男をかよわせることは、結婚のタブーにふれない、ということを確認してよかろう。黒須氏の主張はその意味でも当たらないと思う。夕顔の女は、たとい未練があり、侍女たちが口惜しく思っても、頭中将との関係を復活することはないので、女のほうの一方的な手つづきながら、離別したのだ。新しい居所で別の男をかよわせるようになったことにやましさはない、と見るべきだろう。

こうして源氏の君をかよわせることになった。惟光が、「をのれ《お》も隈《くま》なきすき心にて、いみじくたばかりまどひありきつゝ」（一 - 一一二ページ）才覚して、ついに源氏の君を女のもとにかよわせることに成功した、というから、『落窪』の帯刀があこきに通じているようなかたちをはなしの先蹤として考えることができる。何しろ源氏の君もまた(落窪の少将とおなじように)交野の少将に張りあっている(帚木の巻、一-三二ページ)。落窪の少将が女君のもとを訪れたのと同じような手段、状況で、源氏もかよいそめたのであろう。

　このほどの事くだ〳〵しければ、例《れい》の漏《も》らしつ。

という草子地の口吻は、たやすく納得される。先行の物語類の繰り返しのようになるから省筆するというので、読み手は『落窪』などを思いうかべればよいのだ。

　女が源氏の君をかよわせることになったという、そのことを読者はよく了解する。ところで、女はかよってくる男が源氏の君であるかどうか、わからないままでいる。従来、このあたりのはなしの展開について、不備、ないし矛盾を指摘する声がおこなわれてきたかと思う。しかしそれは当らないことだ。従来の不審とは、冒頭で〝それ(──光源氏)かとぞ──見る〟と言いあてているのに、ここでかよってくる男(源氏)を、だれであるかわからずに身辺調査するというくだりに、一応の辻褄はあうようでも、構想上のちぐはぐを感じるというので、不備ないし矛盾のようにかぞえられてきた。

　もし構想上のちぐはぐを感じるというのなら、それは〝省筆〟の部分のなせるわざであろう。〝省筆〟が、はなしの展開をいささか曖昧にしているので、ここでの眼目は、夕顔の女が、いま現実に自分のもとにかよわせている男を、光源氏の君そのひとであるかどうか、疑うということだ。

　夕顔としては、あいての男の素姓がわからない、という風がわりな形態の関係にはいってゆく。おのれもまた隠れがの、世を忍ぶ住まいにあって、名のる立場でない。匿名性において対等と言おうか。そして光源氏は、この女を、頭中将のもとの女ではないかとさぐりをいれる。女はこのかよってくる男の身元調査を試みるものの、成功しない。

ここに三輪山式神話のパターンが利用されていることはよく知られる。

(怪しむ女とかよう男)

女も、いとあやしく、心得《え》ぬ心《(ここ)》ちのみして、御使《つかひ》に人を添《そ》へ、あか月《(つき)》の道をうかゞはせ、御ありか見《み》せむと尋《たづ》ぬれど、そこはかとなくまどはしつゝ、さすがにあはれに見《み》ではえあるまじくこの人の御心にかゝりたれば、便《びむ》なくかろ〴〵しき事と思《おも》ほし返《かへ》しわびつゝ、いとしば〳〵おはします。(一-一一三ページ)

(同)

いとことさらめきて、御装束《さうぞく》をもやつれたる狩《かり》の御衣《ぞ》をたてまつる。さまを変《か》へ、顔《かほ》をもほの見《み》せたまはず。夜深《ぶか》きほどに、人を静《しづ》めて、出《い》で入《い》りなどし給へば、むかしありけんものの変化《へむげ》めきて、うたて思《おも》ひ嘆《なげ》かるれど、人の御けはひはた手《て》さぐりも知《し》るべきわざなりければ、たればかりにかはあらむ、猶《(なほ)》このすき者《もの》のし出《い》でつるわざなめり、と大夫《たいふ》(―惟光)を疑《うたが》ひながら、せめてつれなく知《し》らず顔《がほ》にて、かけて思《おも》ひ寄《よ》らぬさまにたゆまずあざれありけば、いかなることにかと心得《え》がたく、女方《がた》も、あやしう様《やう》たがひたる物思《おも》ひをなむしける。(一-一一四ページ)

このように三輪山神話式語りのパターンを利用するのは、女が、あいての男の素姓を思いあたることができないという動機づけを、より強調的にあらわすための方法であると考えられる。

八　夕顔の巻の冒頭、再び

夕顔の女は、あいての男の、源氏の君であるかどうかをわからない。冒頭にかおを見かけ、うたを贈答したあの男であるかどうかも知られず、したがってそれが源氏の君という当代随一の貴公子であるかどうか、よくわからないままにある。三輪山式神話のかよってくる青年は蛇の化身だという。村々や、家々の、始祖伝承である神人通婚の神話であった。宮古島の島立て伝承である張水御嶽《うたき》の説話は、三輪山式神話の語りで、夜な夜なかよってくる男によって、懐妊させられた娘が、針に糸をつけて男の首にさしておく。それをたぐってゆくと、洞穴のなかで蛇神が首を(あるいは眼を)さされて苦しんでいたという。狩俣の神話伝承もほぼおなじで、[12]かよってくる男は神としてある。夕顔の巻の場合、かよってくる男は、きわめて高貴な身分の男性であるらしいのに、素姓を知らない、という設定であるから、ここに三輪山式神話を援用したことは正確だろう。また逆にいうと三輪山式神話の話型を援用することにより、かよってくる男の、きわめて身分が高貴であることを暗示する。

人の御けはひはた手《て》さぐりも知《し》るべきわざなりければ、……

高貴の身分の男、いったいだれなのだろう。ここに三輪山式神話の話型を使用していることは、きわめて高貴な身分であることを暗示して、やがてこの男が、冒頭にうたをかわしたあの源氏の君にほかならないことを気づかせるにいたる、第一段階の予告としてあろう。

冒頭でうたをかわしたこと、そればかりでなく、源氏が「たれとか知《し》らむとうちとけ給《(たまひ)》て、すこしさしのぞき」、夕顔方にかおを見せたことが、決定的な意味をもつ動機づけであったことを、ここにおいてあらためて知らされないわけにゆかない。夕顔の女は、たしかに光源氏の君のかおを見た、うたをかわした。それはこの高貴な源氏の君をかよわせることなど、考えてみることもできない別のこととして、ただに好意的な挨拶のうたをあたえたのにすぎない。源氏の返したb歌にたいして、「あまへ《(え)》て、「いかに聞《き》こえむ」など言《い》ひしろふ」(一–一〇五ページ)ようなのを、随身は「めざまし」(同)と思って、すぐ源氏のところへひきあげてしまう。

夕顔の巻は、夕顔の女の専有の巻とちがう。六条わたりの女も出てくれば、空蟬も出てきて、特に空蟬は多出する。

夕顔の巻はその意味で空蟬物語のつづきとなる。空蟬は源氏のような高貴な身分の男に会うべくもない、かわりはてた中流の階級へと定まりおおせてしまった。それが、中の品の女性として実現しそうもないような源氏の君とのちぎりを持った、けうなはなしであった。あの帚木の巻での逢瀬というのは、客観的にいえば旅宿りの高貴な男性のために提供された一夜の添い伏しでしかなく、実をいえば、村々や家々の始祖伝承を利用する物語としてある。高貴な男が旅宿りにおいて、その家や、村落共同体の代表的な女性をもとめる、またその女性から生まれたこどもが村立て、家立ての始祖となる話型であって、もちろん物語的に利用されたのにすぎないにしろ、三輪山式神話に比較される。

空蟬と源氏とのあいだの距離よりも、夕顔の、源氏とのあいだの距離は、もっと広くひらかれている状態だった、といわれるべきだろう。夕顔は、冒頭にかわしたうたの徳によって、結局、知らず識らずのうちに、この高貴な男をかよわせることになった。

身分の低い女性にとって、ありえないはずの男性関係が実現する、という動機づけにおいて、空蟬の物語と、夕顔の物語とは、深いところで共通する性格がある、としなければならない。ただし女性のほうからの語りではないので、あくまで源氏を中心とする。六条わたりの女を上の品に配し、空蟬を中の品に配し、夕顔を、下の品の住みかにあって「思《おも》ひのほか」の女性として描く、という配置としてある。

九　聞き耳をたてるもののけ

e歌

e—f、g—hの贈答に「夕(顔)」や「光」をまったく詠みこまないのは、まだふたりが素姓をたがいに見あらわさない状態にあって、まことに当然のことでしかない。

優婆塞《うばそく》が行《おこな》ふ道《みち》を、しるべにて、来《こ》む世も──深《ふか》き契《(ちぎり)》たがふな

f歌

先《さき》の世の契《(ちぎり)》知《し》らる、身のうさに、行《ゆ》く末《すゑ》かねて、頼《たの》みがたさよ

○

g歌

いにしへも──かくやは──人のまどひけむ。我《(わが)》まだ知《し》らぬ篠《(しの)》の目《(め)》の道

h歌

山の端《は》の心も──知らで、ゆく月は──うはの空にて、影や──絶《た》えなむ

g─hはなにがしの院に着いてからの贈答としてある。この四首をならべてみれば、いずれも不吉なうただとの印象を消せない。なにがしの院はもののけの館であった。若いとはいえ、身分の高い、セジ高い源氏がここに足を踏みいれることは危険きわまりない。夕顔の女もまた、身分を超えた男女関係にはいるところに、危険がせまる。古代における身分とはそのような規制ではなかろうか。

男がようやく身分をあかすのはここにおいてだ。すでに女は、あいての男が、かの源氏の君ではないかということに気づきつつある。

(夕顔方の侍女たち)

このある人〳〵もかゝる御心ざしのおろかならぬを見知《みし》れば、おぼめかしながら頼《たの》みかけきこえたり。(一─一一七ページ)

(なにがしの院にて侍女《右近》の思い)

預《あづか》りいみじく経営《けいめい》しありくけしきに、この御ありさま知《し》りはてぬ。（一‐一一九ページ）

これは源氏の君であると気づいてゆく状態をあらわすと思われる。こうしてついに、源氏はかおをすこしあらわし、「露《つゆ》の光《ひかり》やいかに」（一‐一二〇ページ）と、冒頭にうたをかわしたあの源氏自身にほかならないことを知らせる。

その直前に、源氏は、一段と危険なことを口走る。

（光源氏の言）

「け疎《うと》くもなりにける所かな。さりとも鬼《おに》などもわれをば見《み》ゆるしてん」との給ふ。（同）

源氏は、存在的にセジ高く、守りを固くしなければならないのに、いまほとんど無防備の状態にある。それどころか、もののけを挑発することを口にした。まどろんでいたもののけどもが一斉に目を覚まし、聞き耳を立てるのではあるまいか。

源氏が身元をあらわすとは、それゆえ、もののけにまでそれを知られることを意味していよう。

i歌

夕露に紐《ひも》とく花は―玉鉾《ぼこ》の―たよりに見《み》えしえにこそ―ありけれ

j歌

光あり、と見《み》し夕顔《ゆふがほ》のうは露は―たそかれ時のそら目《め》なりけり

i歌について、黒須氏が、従来からいわれている源氏覆面説をひっくりかえしたのは、重大な功績だ、といわれなければならない。覆面して女のもとにかよう習俗など、当時にも、上代にも、そんなものはなかった。それを黒須氏が否定するのは当然のことながら、それぱかりでなく、当時の〝恋愛形態〟について、明石の君などを思いあわせつつ、隠す習俗、隠す心理につき詳述されるところ（黒須氏著書、三九ページ以下）は、耳をかたむけるべき重要な考察と

してある。源氏が袖でかおを隠していたのをすこしあらわして、「露《つゆ》の光《ひかり》やいかに」とi歌を詠み、それを女は、「しり目《め》に見《み》おこせて」j歌をかえす、というところに覆面説のはいる余地などなく、不自然な感じはない。

……たそかれ時のそら目《め》なりけり

女のうたは、冒頭で源氏を見かけたとはっきり言う。「さしのぞ」いた源氏を見た、というわけだ。そして、それは「そら目《め》」だったという。これは言いかえしているので、雲のうえの人のように思ったのに、やはり現実の男だ、というたのうえでのやりかえす常套的な言いかたであると見るのがよい。これは、冒頭におけるうたのやりとりでのあの曲解、男が女のうたを好色の意味にねじまげて返歌したこと、——その結果がついにふたりの関係となったので、ここで一矢むくいないわけにゆかない。

それにしても、このような名のりにたいして、じっと聞き耳を立てるもののけが傍らにいる。これが危険でないことがあろうか。はなしは後半にはいり、その夜、もののけの出現と、夕顔の死という一連の思いがけない事件へ進展してゆくことになる。

注

（1）笠間書院、一九七六《昭和五十一》年。

（2）田中（鬼束）隆昭「朝顔と夕顔——宣孝関係の紫式部歌と源氏物語」『日本文学』一九七三《昭和四十八》年十月。なお氏の「夕顔」巻論ほか本格的に『源氏物語　歴史と虚構』（勉誠社、一九九三《平成五》年）にまとめられる。

（3）『本居宣長全集』四、筑摩書房、一九六九《昭和四十四》年、三七四ページ。

（4）『国文註釈全書』十四、二一七ページ。句読点、濁点、行かえを施す。

（5）玉上琢彌、角川書店、三五六ページ。

(6) 本文「立ちさまよふらむ下《しも》つ方思《かたおも》ひやるに、あながちに、丈高《たけたか》き心地ぞする」(夕顔の巻、一－一〇〇ページ)。女性たちがあちらこちら立ちさわぎ、背のびをしてまでこちらを見ている描写ではなかろうか。

(7) シジという発音に近い。筋《すじ》と同発音になるが、同語かどうか不明。『沖縄語辞典』(国立国語研究所、一九六九《昭和四十四》年)は別項目とする。「神。また神の霊力。神霊。人についた霊力は sii という」(『沖縄語辞典』)。桜井徳太郎氏のユタの採録のなかに「ヒツジウンナ ヌ シジダカサァー(未年の女の霊威が高いのは)」という詞章について、「sizidakasaa；シジ高いこと。生まれながらに神性に通じる霊威をもっていることで、セジにも通じる。セジについては仲原善忠「セジ(霊力)の信仰について」(柳田国男編『沖縄文化叢説』一九四七《昭和二十二》年、所収)参照」と説明する(桜井『沖縄のシャマニズム』弘文堂、一九七三年、二九〇ページ、三〇四ページ)。

(8) 時枝誠記、岩波書店、一九五五《昭和三十》年。

(9) 藤井貞和「タブーと結婚」(『国語と国文学』一九七八《昭和五十三》年十月)でもこの問題にわずかに触れた。『源氏物語の始原と現在』(定本)、『物語の結婚』(ちくま学芸文庫)所収。

(10) 藤井貞和「伊勢物語の〈色好み〉小考」(『深層の古代』国文社、一九七八《昭和五十三》年、『詩の分析と物語状分析』若草書房、一九九九《平成十一》年、所収)を参照。

(11) 藤井貞和「招婿婚文学論」(『高群逸枝論集』一九七九《昭和五十四》年)を参照。

(12) 藤井貞和『古日本文学発生論』(思潮社、一九七八《昭和五十三》年)を参照。

第二節　かの夕顔のしるべせし随身ならびに惟光の会話文の一節

一　〝わたくしのけさうもいとよくしおきて〟

惟光の預かりのかいま見は、適切に様子を見とって源氏の君に報告をする。だれそれであるとは、けっして思いあたることができないこと、他人の目を忍び、隠れるけしきが見られることとともに、ある日、惟光が実見したこととして、その女の家のまえを、前駆を追って渡る車があり、その家の童べのひとりが、急いで「右近の君さま。何をさしおいてもご覧なされ。中将殿が家のまえをお渡りになってしまうよ。」（夕顔の巻、一-一一一ページ）と言うと、年配の女房が出てきて、「あらしずかに。」と、手で掻くしぐさをしながら、「どうしてそのようにわかるのか。さあ見よう。」などと大騒ぎしたこと、その中将殿というのは何と頭中将であったことなどがその報告の内容で、その童が「君はおん直し姿で、み随身がたも以前にいた何某。」と言ったのは、頭中将の随身や小舎人童を目印にして言ったから、うごかぬ証拠だという次第。

源氏の君は、「しっかりその車だと見たいもの。」と言って、もし、そうだとすると、その大騒ぎをした夕顔の家の女主人というのは、あの、頭中将が感慨深く忘れなかった人ではないか、と思いよる様子で、えらく知りたげであるから、惟光はそのけしきを見て、はなしをつづける。惟光の語る会話文の範囲を特定しがたいので、すこし前文から引くと、

（光源氏のけしきを見てとる惟光）

もしかのあはれに忘《わす》れざりし人にや、と（源氏ノ君ガ）思《おも》ほし寄《よ》るも、いと知《し》らまほしげなる御けしきを（惟光ハ）見《み》て、わたくしのけさうもいとよくしを《(お)》きて、「案内《あない》も残《のこ》る所なく見《み》給へを《(お)》きながら、たゞわれどちと知《し》らせてものなど言《い》ふ若《わか》きおもとの侍《(はべる)》を、そらおぼれしてなむ隠《かく》れまかりありく。いとよく隠《かく》したりと思《おも》ひて、ちい《(ひ)》さき子《こ》どもなどの侍《(はべる)》が言《こと》あやまりしつべきも言《い》ひまぎらはして、また人なきさまをしゐ《(ひ)》てつくり侍《(はべり)》」など語《かた》りて笑《わら》ふ。

（夕顔の巻、一-一一一〜一一二ページ）

とある。

難解な箇所ではないか。といっても、惟光が難解なことを言う理由がないから、この物語の作者としてわかりやすく書いたつもりが、どこかかけちがって後代のわれわれに通じにくくなってしまってある文の典型としてある。

全集の本文（新編全集もほぼ同じ）をも引く。

もしかのあはれに忘れざりし人にや、と思ほしよるも、いと知らまほしげなる御気色《みけしき》を見て、惟光「私の懸想《けさう》もいとよくしおきて、案内《あない》も残る所なく見たまへおきながら、ただ我《われ》どちと知らせて、ものなど言ふ若きおもとのはべるを、そらおぼれしてなむ、隠れまかり歩《あり》く。いとよく隠したりと思ひて、小さき子どもなどのはべるが、言《こと》あやまりしつべきも、言ひ紛らはして、また人なきさまを強ひて作りはべり」など語りて笑ふ。（全集、一-二二四～二二五ページ）

惟光の言う内容が〝難解〟だということが第一にあるとともに、かれの会話文はどこからどこまでか、ということもあわせて問題になる。

さきに会話文の範囲について見ると、みぎの二種を見くらべて、

わたくしのけさうもいとよくしを《（お）》きて　（新大系）

私の懸想《けさう》もいとよくしおきて　（全集）

の箇所が、一方は地の文であり、一方が惟光の会話文に繰りいれられてあるとわかる。

地の文だと語り手がじかに読者に説明する、という原則となる。会話文の場合には語り手が語りを会話主にゆだねるから、主人公、登場人物の思いも、みずからの行動の説明も、人物たち自身のことばで語られる。そのほかに、物語文であるから、主人公、登場人物たちの思いを忖度しながら、語り手がじかに語ってしまうことはありうる。そう

いう場合には、地の文であるはずなのに主人公たちの思いがかさなり、心内表現といわれる文では会話文に準じてあつかえることが一般で、別に心内表現というよりは語り手によってまとめられる文もある。

みぎの、

わたくしのけさうもいとよくしを《(お)》きて　（新大系）

私の懸想《けさう》もいとよくしおきて　（全集）

の場合は会話文ないし忖度文であろうか。

しかしこの問題についてなら、むずかしくない。会話のあいてである源氏の君にたいして、自分のことをいきなり、へりくだる敬語ぬきで言ってしまうことがあろうか。惟光が自身の懸想もぬかりなくやっておいて、という説明は、語り手が、会話文のまえに、読者にあてて一言述べたのにすぎない。その点では、会話文に繰りいれる処置はちょっとどうかという疑問がなりたつ。けれども惟光は源氏の君にたいして、そう説明してからこの会話をはじめたはずであるから、諸注釈の本文作りにおいてこれを会話文に繰りいれる処置が、完全にまちがっているというふうにも言いにくい。

難解なのは、

案内《あない》も残《のこ》る所なく見《み》給へを《(お)》きながら、たゞわれどちと知《し》らせてものなど言《い》ふ若《わか》きおもとの侍《(はべる)》を、そらおぼれしてなむ隠《かく》れまかりありく。いとよく隠《かく》したりと思《おも》ひて、ちい《(ひ)》さき子《こ》どもなどの侍《(はべる)》が言《こと》あやまりしつべきも言《い》ひまぎらはして、また人なきさまをしゐ《(ひ)》てつくり侍《(はべり)》

という、たった数行だろう。

二　諸注釈やその現代語訳にあたってみる

全集（新編全集も）は「私の懸想もいとよくしおきて」から会話文にするので、それにしたがって引くと、現代訳文は、

（全集《新編全集》の現代語訳）

「私自身の（―のほうの《新編》）懸想《けそう》も抜け目なくしておき（―手抜かりなくいたしまして《新編》）、家の（―家の内の《新編》）様子も（―は《新編》）隅々まで調べておいたのでございますが、私には（―この私に対しては《新編》）、まったく（―さも《新編》）女房同士と（―仲間の女房のように《新編》）思わせるようにして（―見せかけて《新編》）、ものを言う（―わざとそうした口のききかたをしている《新編》）若いお人（―女房《新編》）がおりますが、こちらはそらとぼけて、目だたぬように（―だまされたふりを《新編》）して通《かよ》ってゆきます（―おります）。（あちらも、《新編》）上手に隠しているつもりで、そこの小さい子供（―童《新編》）などのおりますのが（―《新編》）、言いそこないをしそうな（―になる《新編》）ときも、ごまかしを言って（―言い紛らわして《新編》）、ほかには（―別に《新編》）主人格の（―主人らしい《新編》）人が（―も《新編》）いないふりを（―かのように《新編》）、無理に装って（―よそおって《新編》）おります（―るのでございます《新編》）」

とある。

まず「私の懸想もいとよくしおきて」とあるから、惟光はその家の若い女房のひとりに懸想して、うまく懇意の関係になったのであろう。そこで家のうちまで見ることができた。こちらもうそいつわりがあり、先方も隠しごとがあるようだ、という大体の状況であるらしいものの、行文に踏みこんでみるとつかみにくい。

新編全集の頭注をも見ることにする。

私の懸想もいとよくしおきて、

(頭注) 主人の用向きとしてでなく、自分個人のこととして、夕顔の女房の一人とうまく恋仲となっておいて。

案内も残る所なく見たまへおきながら、

(頭注) 家の内情。「見たまへおきながら」は「そらおぼれして」にかかる。惟光は源氏と無関係をよそおい、この家の内情を探って、やがて源氏を導こうという魂胆である。

我どちと知らせてものなど言ふ若きおもと

(頭注) わざと同じ女房仲間と他人に思わせるような物言いをする若い女。惟光はこれを主人と直感。

そらおぼれ

(頭注) そらとぼけて。

言あやまりしつべきも、

(頭注) 子供なので、秘密が露顕しそうなことをうっかり口にすること。

とある。

ついで旧大系および新潮古典集成の頭注をも、適宜、引いておく。

(旧大系)

・私自身も、その家の女房(侍女)に、懸想(恋)を大層うまくして置いて、その家の様子(事情)もすっかり私は見知って置きながらも。「はかられまかりありく」に続く。

・主人は居らず、ただ自分達女房の仲間だけだと、私には思わせておいて、物など言う年若い女(夕顔)が居りますのを、私は如何にも空とぼけて、だまされて隣家に出入りして居ります。（＊本文「我(が)どち」「はかられまかりありく」とする。）

・敬語などを使って、主人に話すような言い間違いを、きっとするに違いない場合も、女房がごまかして、女房仲間以外に、別に主人という如き人のいない状態を、無理に作って居りまする。

(新潮古典集成)

・こちらも隣の女房にうまく色恋をしかけておきまして。「私《わたくし》」は「公《おおやけ》」に対する語。「私の懸想」は、個人的な自分の恋の意。主人の恋路のご用を勤めている際なので対照的に言う。

・おなじ女房同士だと私には思わせて、話などする若い婦人がいますのを。上下関係の分る敬語を省いたりして二人でしゃべるのであろう。

・小さい子供などのおりますのが、うっかり言葉づかいなどを間違いそうになるのもごまかして。つい、主人に対する敬語などを用いることをいう。

新潮古典集成にはセピア色の傍注があって、「家の中の様子もすっかり分かっておりますが」「そらとぼけて」「だまされたふりをしております（＊本文「はかられまかりありく」）」「うまく隠しおおせたつもりで」「別に主人はいない様子を」などと見える。

三　「たゞわれどちと知らせて」「そらおぼれ」

注意すべきことはどれほどあるだろうか。「見給へおきながら」の「見給へ」という謙譲語ならびに「ながら」について、考察する必要がある。つぎに「われどちと知《し》らせて」「ものなど言ふ」という語の意味がいま一つ、わかりにくい。「そらおぼれして」という語の語感を知りたい。「はかられ」か「隠れ」か、という本文の問題もある。もう一度書くと、

案内《あない》も残《のこ》る所なく見《み》給へを《(お)》きながら、たゞわれどちと知《し》らせてものなど言《い》ふ若《わか》きおもとの侍《(はべる)》を、そらおぼれしてなむ隠《かく》れまかりありく。いとよく隠《かく》したりと思《おも》ひて、ちい《(ひ)》さき子《こ》どもなどの侍《(はべる)》が言《こと》あやまりしつべきも言《い》ひまぎらはして、また人なきさまをしゐ《(ひ)》てつくり侍《(はべり)》

というところ、まず現代語訳をほどこしてみる。現代語といっても、過不足ない正確さを期すために括弧を多用して書きだすと、

（みぎの現代語訳）

（家の）内情（を）ものこる所なく（―隅々まで）拝見いたしつつ、ひたすら自分たち同士（―自分とその女だけの関係）と思わせて何（―ことば）など（を）言（い交わす）若きおもと人がござるから、（その女のもと）に（自分は何も）隠してないふりをしてのう、こっそりでかけてまいる。うまく隠していると思って、小さい子どもなどのございますのが、言いまちがいをきっとしてしまいそうな（場合）も言を左右にして、ほかに人（の）いないさまを無理に作ってござる。

となろう。ほどほどの懸想という考え方がある。男主人／女主人同士での懸想関係にたいして、それぞれの主人に仕えるもの同士の懸想が平行することをいう。『堤中納言物語』のなかに「ほどほどの懸想」があり、『落窪』のあこきと帯刀との関係がそうだし、『源氏物語』でいうと浮舟が宇治川をわたって、対岸で匂宮と情事をかわすあいだ、浮舟に仕える侍従が、匂宮の家来すじの時方と、情事にまでいたらないまでも、終日〝物語り〟し暮らした、というよ

うな展開を思いだす（浮舟の巻、五-二二五ページ）。

主人すじ同士を引き合わせる、という目的を惟光は隠すから、「たゞわれどちと知《し》らせて」という言い方になるのではなかろうか。惟光自身とあいてのおもと人と、ふたりだけのことであり、主人すじの男をかよわせる、というような下心はないと、安心させるつもりのもの言いなのだろう。自分は源氏の君のために内情をさぐるのだということを隠し、女は女で何か隠しごとがある、ということではないか。諸注釈では女房同士での「われどち」と理解するから状況をわかりにくくさせられる。

「そらおぼれ」は、おもしろいことに、みぎに参照する三つの注釈がいずれも「そらとぼけて」あるいは「空とぼけて」で、解釈として確定したらしい。それでよいようなものながら、「おぼれ」が単純に現代語のトボケテでよいのかどうか。

現代語では溺れることとしてある語で、より古い段階での「おぼほれ」とある語と同じ語ではなかろうか。「おぼほれ」は『源氏物語』自体に、用例としていくつもあって、読者ならよく知るところ（「おぼれ」もある）。「おぼほれ」にも、トボケテという語感のゆるされる用例がないわけでなく、空蟬に源氏が「むげに世を思《おも》ひ知《し》らぬやうにおぼほれ給《たまふ》なむいとつらき」（帚木の巻、一-六九ページ）と訴えるところは、空蟬が世（—情事）の何たるかを知らぬふりするのをつらいとする。「空おぼれ」という語自体もあり、六条御息所の亡霊がうたに詠む。

（六条御息所亡霊のうた）

わが身こそ—あらぬさまなれ。それながら、空おぼれする君は—君也《なり》（若菜下の巻、三-三七一ページ）

源氏がとぼけるのを亡霊がなじる、というのでよいようなものの、源氏の「たしかな名のりをせよ。ほんとうに御息所だという証拠を出したら信じもしよう」（同）というのにたいして、わからぬふりをするのか、と泣く御息所のうたとしてある。

惟光が知らないふりをしてこっそりでかけてゆく。そ知らぬふりをするというのでよいとしても、「おぼれ」は溺れることであるから、いっそ惚れたふりをしてこっそりでかけてゆく、というようにも解したいところ。新大系ではそのようにしてある。

四　「かの夕顔のしるべせし随身」

話題を展開させる。

古来、疑問視されている課題に、夕顔の君のもとへかよいはじめた源氏が、かの夕顔の花を折りとった随身をつれてゆくことはおかしい、という問題がある。

惟光が首尾よく源氏の君をかよわせるをえて、君は名を隠してやってくる。女を、男君は、ずばりだれそれとしらべて明らかにすることがないから、女も、名のりをせずに男をかよわせる。連れてゆくのは惟光のほかに、「かの夕《ゆふ》顔《がほ》のしるべせし随身《ずいじん》ばかり」(夕顔の巻、一‐一一三ページ)だという。

夕顔の巻の冒頭で、源氏の君は、六条わたりの忍び歩きの途中に、大弐の乳母の病気見舞いとて、五条の家を訪ねる。大弐の乳母というのは惟光の母親にほかならない。車をいれるための門があけられるまでのあいだ、源氏の君は、あたりを見わたすと、つい傍らの家から、女性たちがしきりにこちらを見ている。源氏の車は十分にやつしてあり、前駆も追わせずにやってきたから、自分をだれと(―光源氏だと)知るものはこの界隈におるまい、「たれとか知《し》らむ」と気をゆるして、「うちとけ給《(たまひ)》て」、すこしかおをさし覗きなさると、「すこしさしのぞきたまへれば」、切りかけだつものに、青やかなかずらが這いかかり、白い花が咲いている。その花の名を知りたいと思ったのだろう、源氏は「をちかた人に物申《まうす》」と独り言をいう。すると随身がひざをついて、「あの白く咲いているのを夕顔と申しまする。かような下々の垣根に咲くのですよ」と答える。源氏はますます興味をもって、一房折ってくるように命じる。随身は押し上げてある門をくぐって花を折る。すると、家のなかから、童がさしまねき、白い扇をわたして、「この扇に花を置いてさしあげてくだされ」というから、随身はそれを受けとり、惟光がさらにそれを受けとって源氏の君にわたす。

源氏は乳母を見舞ったあと、そとに出ようとして、気がかりだったあの白い扇を手にとって見る。もて馴らした移り香のするその扇に、しゃれた筆跡で、

（女の贈歌）

心あてに、それかとぞ―見《み》る。白露《しら》の光添《ひかりそ》へたる夕顔《ゆふがほ》の花　（一―一〇三ページ）

とあるのを読みとる。源氏は俄然、その女に興味がわく。源氏は、このあたりで源氏の君と知るひとはおるまい、と気をゆるして、車の物見窓からすこしかおをさし出した。そのかおを見られた。そのかおを見て光源氏であると言いあてた人がこの界隈にはいる、という趣向がここにある。

推量ながら、それ(―光源氏)かとよ見受ける。

白露の光(を)つけ加えている夕顔の花(を)

「夕顔の花」は夕日をうけてうつくしい源氏の容貌を意味する。源氏の君は返辞を書いてかの随身に託す。その返辞は、本節のあとのほうで話題にするように、畳紙に「いたうあらぬさま」つまり光源氏らしからぬ筆跡で書かれる、というところに注意をこらしたい。

（源氏の返歌）

寄《よ》りてこそ―それかとも―見《み》め。たそかれに、ほの〴〵見《み》つる花の夕顔《ゆふがほ》　（一―一〇四ページ）

とあるその返歌を先刻の随身に命じて遣わす。

近づいてこそそれ(—光源氏)か(どうか)とも見る(のがよかろ)う。

黄昏に、ほんのり見たばかりの花のゆうべのかんばせ(をね)

こうして随身は夕顔の家のひとびとのよってしっかりと記憶される人物としてある。しかもかれは光源氏らしい高貴なひとに随身として仕える。

その随身がいま、身分を隠してかよう高貴な男に仕える随身でもある。とすると、この随身から類推して、ここにかよう男はおのずから光源氏であるということになってしまうのではないか。玉上琢彌氏も、

(『源氏物語評釈』一、夕顔)

——この随身をかの家の女たちは見知っているはずである。えりにえって、その随身を召しつれるとは、どうしたことであろう。ここに述べられる源氏の君の用心は至れり尽せりであるだけに、気がかりになることである。

作者の不用意か。現代ではわからない事情が何かあるのだろうか。

と、投げだしてしまった。

新編全集に見ると、

(頭注)前に源氏に、花の名は夕顔と言った人物……。顔を知られているはずで不自然。作者の不注意か。

とある。全集にも、

(頭注)巻頭で源氏に「かの白く咲けるをなむ、夕顔と申しはべる」……と言った人物。顔を知られているはず。

とある。

五　〝あらぬさまに書きかへたまひて〟

いつまでもこれが未解決であってはならないから、試案を提出したい。といっても、あっけない〝解決〟をみる。一九九三年刊行の新大系の脚注にすべて披露ずみのことで、口頭での発表としては、一九九四年十一月二十四日の国文学研究資料館で、ロイヤル・タイラー氏の主催する研究会があり、その席上で「源氏物語 表現の展開――夕顔の巻」と題し、披露させていただいた。

源氏の君は返歌を随身に託す。それは畳紙に「いたうあらぬさま」つまり光源氏らしからぬ筆跡に書き換えて書かれた。

（光源氏の返歌）

御畳紙《たゝうがみ》にいたうあらぬさまに書《か》き変《か》へ給《（たまひ）》て、

寄《よ》りてこそ―それかとも―見《み》め。たそかれに、ほの〴〵見《み》つる花の夕顔《ゆふがほ》

ありつる御随身《みずいじん》して遣《つか》はす。（一‐一〇四ページ）

と、そのうたは光源氏らしからぬ筆跡で書いたのだから、それを手渡した随身をつれて歩けば、自分は光源氏ではない、というアピールになる。そういうことだろうと思う。あらぬ筆跡の返歌をさっきの随身にもたせることによって、この随身が仕える人は女が考えるような光源氏ではない、というメッセージとなる。

もう一度、巻の冒頭から確認すると、

……たれとか知《し》らむとうちとけ給《（たまひ）》て、すこしさしのぞきたまへれば、……

自分をだれと（光源氏だと）知るものはこの界隈におるまい、と気をゆるして、すこしかおをさし覗きなさると、切り

かけだつものに、青やかなかずらが這いかかり、白い花が咲いている。それを随身に命じて折りとらせた。

源氏の君は花散里の巻(一-三九六ページ)でも、蓬生の巻(二-一四六ページ)でも、車の窓からかおをさし出すことをする。さし覗くにしろさし出すにしろ、かおをすっかりつき出すとまでは考えなくてよかろう。そとのけしきを見たいために、物見の窓に近づいて、不用意にちょっとかおをそとから見られた、という程度でよいはずだ。たとい見られたとしてもおれを光源氏だとわかるやつはこのあたりにおるまい、というのだから、そとから見るひとがいたぐらいにはかおをすこし「さしのぞ」かせた。

夕顔の咲く家にいる女がそのかおを見て「心あてに、それ(―光源氏)かとぞ―見《み》る」といううたをよこした(ちなみにその男を頭中将かと女は思ったという説――黒須氏をはじめとして――が現代にも絶えない。しかし二年間にわたり性的関係にあり、あいだにこどもまであるあいての男を、まだ明るい夕方にかおを見ながら他人と見あやまる、と言うことがあろうか)。

夕顔の咲く家のその女は、

心あてに、それかとぞ―見《み》る。白《しら》露の光添《ひかりそ》へたる夕顔《ゆふがほ》の花

といううたを贈る。「白《しら》露の光添《ひかりそ》へたる」というところに光源氏の「光」を詠みいれる。夕方の白露に光り、さらにうつくしく映える容貌を、あなたはあの有名な光源氏でしょうとみごとに言いあてる(これもちなみにいうと、女はこの巻でまだ常夏の女であり、このうたを贈ることから末摘花の巻などで「夕顔」と名づけられるにいたる)。

うたを〝夕顔の花は〟と解釈する向きは、女が自分のことを「白《しら》露の光添《ひかりそ》へたる」というはずがないから失考であり、「見る」という他動詞をうける歌末の名詞言い切りは「〜(を)」でなければならない。

心あてに、それかとぞ―見《み》る。白《しら》露の光添《ひかりそ》へたる夕顔《ゆふがほ》の花(を)

みごとに言いあてたうたを贈られて、源氏が筆跡で、自分は光源氏とちがう、というアピールつきの返歌をする。

寄《よ》りてこそ—それかとも—見《み》め。たそかれに、ほの〴〵見《み》つる花の夕顔《ゆふがほ》(を)

これを随身がもってくる。そのあたり、語り手の説明に耳をかたむけよう。

(女がたの反応)

まだ見《み》ぬ御さま也《(なり)》けれど、いとしるく思《おも》ひあてられ給へる御側目《そばめ》を、見過《みす》ぐさでさしおどろかしけるを、いらへたまはでほど経《へ》ければ、なまはしたなきに、かくわざとめかしければ、あまへ《(え)》て、「いかに聞《き》こえむ」など言《い》ひしろふべかめれど、めざましと思《おも》ひて随身《ずいじん》はまい《(ゐ)》りぬ。(一－一〇五ページ)

〔(女にとって)今まで見ないおんさまであったことだけれど、(光源氏であると)実にはっきり言いあてられていらっしゃる(源氏の君の)おん横顔を、(女が)見のがさないで注意を引いたということなのに、(源氏の君が)ご返辞なさらないで時間(が)たってあることだから、(女は)何やら中途半端な(とき)に、かように(ご返辞が)ことさらめいてあったことだから、照れくさくて、(女たちは)「どう申し上げようか」など相談しあうような感じだけれど、おもしろくないと思って随身はもどってしまう。〕

と随身は帰ってくる。

うたの贈答なのだから、往復すればよいことなのに、この随身はきっと実直で不粋な性格なのだろう。

第三節　夕顔の娘玉鬘

一　夕顔の遺児として

玉鬘の巻のはじまりに、右近は、亡き夕顔のことを、「故君《こぎみ》ものし給はましかば、明石《あかし》の御方ばかりのおぼえには劣《おと》りたまはざらまし、さしも深《ふか》き御心ざしなかりけるをだに、落《お》としあぶさず、取《と》りしたゝめ給ふ御心長《なが》さなりければ、まいて、や事《（ごと）》なき列《つら》にこそあらざらめ、この御殿移《とのうつ》りの数《かず》の中《うち》にはまじらひ給《（たまひ）》なまし」(玉鬘の巻、二－三三二ページ)と、飽かず悲しく思う。

ここに夕顔のことを明石の君にひき較べる口調は、のちに光源氏の口からも述べられることであるから、注意しておいてよい。「世《よ》にあらましかば、北《きた》の町《まち》にものする人のなみにはなどか見《み》ざらまし」(二－三六一ページ)、と。六条院は、本来、明石の姫君の将来のため、入内する時の里邸のために造られたというのが主要な目的の一つであったろう。玉鬘のための場所は、少女の巻にみると、もともと用意されていなかった。明石の君と夕顔とがひき較べられることによって、やっと明石の姫君(まだ幼女)の代替物のように、玉鬘は、六条院入りを果たす。その分だけ明石の姫君は物語の表面から消される。だが、くりかえすと、六条院は、将来、明石の姫君のものとしてある。玉鬘はいつか六条院を去らなければならない。

玉鬘は不安定な位置にいる。巻々によって出入りがあることにも、すでによく注意されてきた。人物としての玉鬘は、帚木、夕顔の巻に、子方として、すがたは見せなくとも、話題のうえに登場したあと、玉鬘、初音、胡蝶、蛍、常夏、篝火、野分、行幸、藤袴、真木柱の巻々に主要人物としてあり、若菜上下巻、柏木の巻にふれられるほかに、竹河の巻をさいごの登場とする。すなわち梅枝、藤裏葉の両巻や、光源氏、紫上の終末を語る御法、幻の巻になると、玉鬘はすがたをあらわさない。別伝系の人物といわれる理由だ。

もし玉鬘がいなかったら……、と考えてみようか。もし玉鬘がいなかったら、目にみえて物語がさびしくなることはいうまでもない。だが、それによって、主人公光源氏の生涯の運命が、大きく変わろうとも思われない。それに反して、もし玉鬘がいなかったら、困ることは、別のところに正確に二つある。一つは夕顔の物語の決着をつけることができず、こういってよければ夕顔の〝怨念〟が宙に浮いてしまうこと、もう一つは内大臣(もとの頭中将)が大将鬚黒を聟にすることができないこと、この二つをかぞえる。玉鬘は内大臣とのあいだに生まれた夕顔の遺児であった。桐壺の巻以来の、左大臣家関係の物語の圏内にあって、光源氏がその中心人物である内大臣と抗争してゆく一環として玉鬘の物語が語られる、という骨格はまぎれようがない。傍系からあらわれて去る。本伝系の巻々からは積極的に排除されるといえるのではないか。

玉鬘は夕顔の遺児だ。夕顔の〝怨念〟とは小林茂美氏の語にある。(1)氏の言い方によると、「怨念をもつ亡き夕顔への霊なだめ」が「ゆかりの姫君を登場させ、これを養女として世話する筋の玉鬘物語」を展開させたのだという。物語の人物が、淵源を深く信仰や伝承に負うことは、およそ否定できないから、民俗学的国文学の仕事は、人物の原像を明らかにする意味で、かえりみられる必要がある。だが原像はあくまで原像にとどまる。玉鬘を夕顔と比較して、〝才〟という反夕顔的要素がある、と吉海直人氏の論じるのは、(2)夕顔像の否定ということに重きをおきながら、玉鬘像が独立してくる契機の確認として注意される。

しかし、「胡蝶巻以降、もはや夕顔と玉鬘の比較は全くなされない」(吉海氏)といえるかどうか、夕顔は忘れ去られてしまうのかどうか。和歌の調査から、常夏の巻までの源氏歌が、あくまで夕顔回想を媒体としてなりたってきたのが、篝火の巻にいたり夕顔物語の規制を言語的にはなれた、という意見もあれば(3)、その篝火の場面に夕顔が光源氏の心理には玉鬘と二重写しになっているという指摘もある(4)。だがそれよりも重要であるように思われるのは、「片《かた》はしにてもうちかすめつべきをんな親《おや》もおはせず」(藤袴の巻、三‐九一ページ)とある通り、母親の不在が、ためにためい苦しむ玉鬘像の要件になっていることであって、これは、玉鬘十帖に限定してながら、継子いじめの物語の類型に出てくる継子姫たちの形象に深くかようところがある、ということだろう。継子譚の形式が利用されている、という意見(5)を同定すべき理由がある。とともに、玉鬘十帖を読む読者は、書き手が玉鬘の姫君をいかにそこらの継子姫たちとちがった、苦しみつつ成長する形象に産みなすかを知っておどろくべきなのだ(6)。

二　六条院を飛びたとうとする玉鬘

さて玉鬘は源氏の〝養女〟であるとされる。比喩的な意味合いで養女ということに、一向ためらいなくこの語を使用してよい。だが、斎宮女御(―秋好中宮)を源氏の君が養女にしたようには〝養女〟であるといえるか、疑問をなしとしないのではなかろうか。源氏の処置は玉鬘をわが実子とよそおうところに眼目があるとみるべきで、聞くともない紫上の耳にいれるかのように、「我に似《に》たらばしも、うしろやすしかし」(玉鬘の巻、二‐三五八ページ)と、親子ならば似ていようというたわむれ言を言う。これがついにたわむれ言として終わらず、重要なプロットの決定をあたえることになる(7)、といった展開をなす。もっともこの冗談は、玉鬘を実子とよそおって引きとる方針をほぼ頭に描いたうえでの冗談であると受けとることもできる(8)。

いずれにしても玉鬘を六条院に送りこむことによって、源氏の妻妾の一人とすることが右近の意向にあって、源氏も、右近の意向がわかっており、玉鬘への好色な関心はすでにここにあるのだ、ということになる。それを阻んだのは結局、紫上の存在にほかならなかった。その紫上に、源氏が、玉鬘を引きとる直前に、かの夕顔とのことをはじめて告白するのは、それによって〝玉鬘の素姓〟をも源氏が紫上に打ち明けたことになるのかどうか。(9)ともあれ、玉鬘十帖の結構を読み解くためには紫上からの視点にも注意を払わなければならないことになる。(10)全体として紫上が後退しているから玉鬘の物語はなりたつと見てよい。

右近が玉鬘を六条院にもちこんできたのは、源氏の妻妾として玉鬘を待遇してほしいという意図があるはずであった。それはうごかない。乳母は六条院入りの意向を右近から聞いて、「おとゞの君(源氏)はめでたくおはしますとも、さるやむ事《こと》なき妻《め》どもおはしますなり」(玉鬘の巻、二―三五三ページ)と、心配する。六条院にはいるということは源氏の妻妾となることであると乳母も心えての心配だ。右近の期待通りのこと、つまり乳母の心配したことが実際におこなわれるとしたら、「母と子と犯せる罪」(大祓の祝詞)のタブーが犯されることになる。(11)平安時代のなかばにおいてそれがつよい規制力をもつタブーではなかったろう。しかし、それでも、玉鬘十帖を通してついに源氏―玉鬘の婚姻関係が成立しなかったことを評価すべきだろう。

古来のタブーは結局、守られた。おなじことは六条御息所の娘である斎宮女御(―秋好中宮)についてもいえる。この古来のタブーが、平安時代のなかばに、まったく無に帰してあったのでなく、物語の基底部をどこかでささえるから、源氏としてついに斎宮女御に通じることはなかった。同じことが玉鬘にも言える。実子をよそおったためについに通じえず、一方で「すき者《もの》どもの心尽《つ》くさするくさはひ」(二―三五八ページ)にしよう、宮仕えさせよう、ともされる玉鬘の微妙な位置は、何らかのタブーの磁場にある、とみてよい。

玉鬘十帖は、いうまでもないことながら、玉鬘の人柄のよさが強調される。十帖を追うにしたがって、彼女は見聞を深め、成長してゆく。蛍の巻は、玉鬘の成長のためにささげられる巻であると称して過言でないので、物語論をみちびく玉鬘の、「げにいつはり馴《な》れたる人や、さま〴〵にさも酌《く》み侍らむ。たゞいとまことのこととこそ思ふ給《(う)》へられけれ」(蛍の巻、二-四三八ページ)と物語を擁護することばは、まことになだらかで、玉鬘が将来、鬚黒大将の立派な妻女になってゆくことを知れば、かの雨夜のしな定めの理想の主婦を追求した男性たちの飽くことなき女性評論は、ここにまでおよぶのかとすら思われる。

常夏の巻では近江の君が登場させられる。これも、篝火の巻の冒頭で、玉鬘に、「げによくこそと、親《おや》と聞《き》こえながらも、年《とし》ごろの御心を知《し》りきこえず馴《な》れたてまつらましに、はぢがましきことやあらまし」(篝火の巻、三-一九ページ)と、六条院に来てよかったことを反省させるための一つの道具立てとしてであろう。

野分の巻では、恋情をつのらせる源氏を去って六条院を風のように飛びたとうとするけはいをみせる玉鬘が、行幸の巻で、宮仕えを次第に決意するにいたる。野分の巻に外部からの視線が導入させられ、現状打開の積極策が行幸の巻以下に見られることなど、諸家の論が多い。[12] 宮仕えするという打開の方法はむろんありうる。玉鬘は入内するのにふさわしく、また冷泉帝は源氏の秘密の実子であっても、玉鬘は隠された内大臣の娘であるから、巧妙にも、実子同士の結婚という事態は避けられることになる。[13] 玉鬘は藤袴の巻末の伏線をうわまわる印象深い意外性とともに、結局、真木柱の巻頭に、鬚黒大将の犯すところとなる。これは結婚としての宮仕えをさせなかったという意味で書き手の深い意図を感じさせる処置と見られる。

この真木柱の巻頭の意外な境涯へ押しやられる玉鬘のありようにこそ、問題の焦点があると見なければならない。『無名草子』にいわく、「……さらずは、年頃心深く思しわたる兵部卿の宮の北の方などにてもあらば、よかりぬべきを、いと心づきなき髭黒の大将の北の方になりて、隙間もなくまもり禁《いさ》められて、さばかりめでたかりし後の親も、見奉ることは絶えて過《す》ぐすほどぞ、いといぶせく心やましき」、と。この素朴な人物論の印象批評に対比させると、物語の書き手の真意はそのような印象批評を裏切るところにあると知られる。鬚黒という人は、内大臣からすれば、不足のない屈竟の婿であるから、きわめて自然のなりゆきであると評価される。(14)

もっとも、鬚黒の行動の帰結、すなわちだれの婿になるかということになれば、内大臣の婿ではなくて、源氏のそれとなることだ、という意見(15)が、みぎの評価にたいして反論としてあるけれども、なるほど内大臣として実質的に手をくだしてわが娘の将来に采配をふるったわけでなく、勝利感はまるでない。かの継子物語類の父親たちにも擬せられよう。しかし源氏にしても予想しえなかった結末であって、はなはだ心外であった。彼にもまた勝利感は一つもありえない。実子をよそおわせることによってのみ六条院にあらせることのできた女性が、苦悩から成長して、思わずなるかたちによってであるとはいえ、結婚によって六条院から飛びたち、第二の人生の途へと去っていったとき、源氏の君は、勝利感をあじわうはずがない。もしあじわうことがあるとすれば、世代の移行を悲哀とともに感受するばかりだ。若菜上の巻で賀宴の主催者として鬚黒夫人玉鬘の堂々たるすがた(16)が語られる理由の一つであろう。

くりかえせば、玉鬘十帖はあくまで〝傍流〟の物語としてある。主流における光源氏の勝利は疑いえないにしても、〝傍流〟玉鬘十帖においてなら、内大臣は、敗者であることを保留させられ、源氏のライヴァルたるべく要求されてある(17)、ということになろうか。

竹河の巻で、なお若々しい魅力をもつ玉鬘が描かれるのは(冷泉院との)恋の見はてぬ夢のうちに生きているからだ、という意見がある。(18)だが玉鬘十帖と竹河の巻とを直結させることはひかえたい。散逸した桜人の巻については、玉鬘十帖の原型かとする意見(風巻景次郎)に賛成する立場もおこなわれる。(19)後日譚のようにも読みなされてきた。かかる問題については作中人物論より巻別論のほうが優先させられるのがよい。あるいは成立論上の検討が(20)。

注

(1) 小林茂美『源氏物語論序説』桜楓社、一九七八《昭和五十三》年、七三ページ。
(2) 吉海直人「玉鬘物語論――夕顔のゆかりの物語」『国学院大学大学院紀要』一一、一九八〇《昭和五十五》年三月。
(3) 藤本勝義「玉鬘物語の構造についての試論」『中古文学』九、一九七二《昭和四十七》年五月。
(4) 松村武夫『源氏・寝覚・栄花』笠間書院、一九七八《昭和五十三》年。
(5) 三谷邦明「玉鬘十帖の方法――玉鬘の流離あるいは叙述と人物造型の構造」『論集中古文学』一、笠間書院、一九七九《昭和五十四》年、同「玉鬘の物語」『国文学 解釈と鑑賞』一九八〇《昭和五十五》年五月。
(6) 日向一雅「「源氏物語」と継子譚」『論纂説話と説話文学』笠間書院、一九七九《昭和五十四》年。
(7) 後藤祥子「玉鬘物語展開の方法」『日本文学』一九六五《昭和四十》年六月。
(8) 吉岡曠『源氏物語論』笠間書院、一九七二《昭和四十七》年。
(9) ↓注8。
(10) 針本正行「玉鬘十帖論」国学院大学『源氏物語研究』二、一九七四《昭和四十九》年十二月。
(11) 藤井貞和「タブーと結婚」『国語と国文学』一九七八《昭和五十三》年十月、『源氏物語の始原と現在』(定本)、『物語の結婚』(ちくま学芸文庫)所収。
(12) 伊藤博『源氏物語の原点』明治書院、一九八〇《昭和五十五》年、藤本勝義「行幸三帖の構想・成立に関する試論」『国語と国文学』一九七一《昭和四十六》年八月。
(13) 鷲山茂雄「玉鬘の登場――付・紫上には何故子供がなかったか」『平安朝文学研究』三ノ三、一九七二《昭和四十七》年八月。
(14) 秋山虔『源氏物語の世界』東京大学出版会、一九六四《昭和三十九》年。
(15) 森一郎『源氏物語の方法』桜楓社、一九六九《昭和四十四》年。
(16) 吉海直人「玉鬘物語論――源氏物語第二部における意義」『國學院雑誌』一九八〇《昭和五十五》年五月。

(17) 加藤茂「源氏物語の構造上における玉鬘物語の意義について」『青山語文』八、一九七八《昭和五十三》年三月。
(18) 森一郎「竹河巻の世界と玉鬘その後」『国語と国文学』一九七五《昭和五十》年二月。
(19) 池田勉『源氏物語試論』古川書房、一九七四《昭和四十九》年。
(20) 伊井春樹『源氏物語論考』風間書房、一九八一《昭和五十六》年。

第四節　神話としての源氏物語

一　お岩木様一代記

『源氏物語』からはなれる話題のようながら、いたこの語り『お岩木様《いわきさま》一代記』[1]は、神の自叙伝、つまり一人称語りとして語られる。神話の語りのずいぶん古い在り方を示しているように思われる。

(『お岩木様一代記』語りだし)

国のお岩木様は加賀の国に生《ま》れだる私《わだし》の身の上。私の母親は加賀の国のおさだといふ女であります。三年ね三人《さにん》の子供をとりあげで、十六の年に生まれだつそう丸、十七の年に生まれだ姉のおふじ、十八の年に生まれだ私の身の上。

こう語りだされ、以下「私《わだし》」のはげしい苦難のあとが、縷々、身のうえの語りとして語られる。「私」＝あんじゅが姫[2]は苦難をかずかず経て、岩木山の神になるのであった。語りだしに「国のお岩木様は加賀の国に生れだる私《わだし》の身の上」とあるように、すでに神としてある者が、みずからの前生譚を語りなす[3]、という形式で、これは神話の語りの原型をよく保存している、といわれるべきだ。前生譚の部分と、その部分の苦難の深さによって主人公はあがめられる神にならなければならないという、神への転生《てんしょう》の部分とから、神話という世界はなりたつ。

神話の意図は神への転生ということに重みが置かれていよう。だが、神への転生は、まさに秘儀として、それそのものは語られざる、語りのそとがわにあるべきことがらではないか。神話の語りはそれゆえ、神への転生をたしかなことにするために、どうしても物語として、前生譚の要素を不可欠のものにし、それを語りつくす。この前生譚の要素が独立してくるようになれば、物語文学の誕生はついそこまで、前夜まで来たことになる。

物語文学の代表のような『源氏物語』は、すでに神々を叙述のそとへ追放し去る。完全に現世中心の物語文学になりきっている。それはその通りだが、みぎに述べたように、神話は、その構造上、はやくも物語へ傾斜する要素を持つのだから、どこかで神話と物語とが連続してゆくと考えられる。物語のなかに、神話の存在を、内在でなくとも、白壁に映る何かのかげのように、見いだすことができないかどうか。まことに神話のすえに物語があるということは単なる比喩でありえない。

二　物語の外部

祭といえば、『源氏物語』のなかでは「祭《まつり》、祓《はらへ》」というように、祓と対《つい》になって出てくる用例がいくつかあった。浮舟の君をうしない悲歎に暮れる匂宮を、世の人が、「すほう《(ふ)》、読《ど》経、祭《まつり》、祓《はらへ》」(蜻蛉の巻、五－二七九ページ)と、立ちさわいでいるという。

これと似る表現は夕顔の巻にもあって、やはり悲歎に暮れ、病牀に伏す源氏の君にたいして、父帝は祈りをひまなく、「祭《まつり》、祓《はらへ》、すほう《(ふ)》など」(夕顔の巻、一－一三六ページ)(河内本では〝御読経、御修法、祭、祓〟)、言いつくす方法もないほど大騒ぎしている。

神にも仏にもすがりついてゆく場面であるとはいえ、祭、祓、あるいは修法、読経それぞれのちがいがある。祓は、だれでも思いうかべるのが、須磨の巻の上巳《じようし》の、源氏が浜辺に出ておこなったというそれだ。「いとおろそかに、軟障《ぜじやう》許《（ばかり）》を引《ひ》きめぐらして、この国《くに》に通《かよ》ひける陰陽師《（おんやうじ）》召《め》して、祓《はら》へさせ給ふ」（須磨の巻、二‐四四ページ）とあるように、巻末に近い場面で、舟に人形《ひとかた》をのせて海に流すというところ。

これは祓であって、祭とちがう。召したのは陰陽師（4）であった。だが源氏は一首のうたによって、実のところ神威を呼びだしてしまう。いうまでもなく神秘な暴風雨の到来がある。祭と祓とがどこかで混線したのではなかろうか。なぜ混線したのであろうか。

「いとおろそかに、軟障《ぜじやう》許《（ばかり）》」をひきめぐらした、とある「軟障《ぜじやう》（5）」は、貴族の浜辺での祓であるから、ひきめぐらすのが一般で、不思議はないものの、思いだすのは歌人で鳥取県在住の佐竹彌生氏が、これについて、『竹取物語』の竹や、『うつほ』のうつほ（―洞）におなじく、中空の、異郷と交信する場所ではないかと談話で述べられたことで、卓見だろう。この世ならざる異郷との交信が、『竹取物語』でも、『うつほ』でも看取される。『源氏物語』にあって異郷が透けるように見え隠れする場所はこの須磨の巻以外でない。

祓のためにひきめぐらした軟障は、知らず識らずのうちに神話的な異郷と交信する神秘な祭具のやくわりをになわされたのだ。

読みすすめると知られるように、

（光源氏《独詠》）

やを《（ほ）》よろづ神も―あはれと思《おも》ふらむ。をかせる罪《つみ》のそれとなければ　（二‐四四ページ）

というたに、直接に神を喚ぶ機能が付与される。うたは起源的に、祭祀の重要な要素でなければならない。うたは祭具であった、と極端にもいうことができよう。ここはその起源に近い、呪力のこもった神への訴えとしてある。

物語文学は、神々の世界を叙述のそとに追放しているにせよ、はるかな古代の時空に書かれた作品であるから、作中人物にとっても、読者にとっても、それのうちなる、神々との共生意識ということは、近代人のはかり知るべからざる強度があったろう。作中人物は、物語のそとがわから、じっと見られている。物語の特質は実に描写のそとがわをも物語の一部としてかかえこむ構造にある。物語の描写は、神々の世界をそとがわに追放する以上、それを異郷訪問譚ふうに描かなくてよく、また見られている存在としてかれら主人公たちをつねに描きつづける必要もないにせよ、ときに、物語が、祭祀をあつかい、あるいは祭祀的な構造を示すとき、祭祀と対応するようにして、物語のそとがわに異郷的な世界が強力に立ってくる、という関係なのではあるまいか。

「やを《ほ》よろづ……」のうたははげしい風雨を喚びおこした。人間界に不義不正がおこなわれるときに、はげしく吹きあれる、神秘な風雨をなす。その風雨のなかを、源氏の味方になろうとする住吉神があらわれ、さらに明石の巻にはいれば亡き桐壺院(父)があらわれるという段どりとしてある。

三　鎮魂のために

『源氏物語』はなぜ、あのように長編化し、さらに、長編化したばかりでなく、続編のようなかたちで源氏死後ののこされた人々の世界を書きつがなければならなかったのであろうか。

これは『源氏物語』の作中世界が、そとがわから見られている構造をもつ、ということと深くかかわる。

ひとが死んで神になり切る(つまり祖霊と合体する)のには三十三年かかるとも、五十年かかるとも、民俗学はおしえてくれる。神になるまでの長い期間があり、その間、死者はこの世にのこしてきた子孫からの供養を要求する。いたこにより降霊させられた死者は子孫に供養の足りないことを恨むことがある。

死者を降霊させるというクチヨセ[6]のしごとと、冒頭に述べたお岩木様の神話を管理するしごととを、同一人物たるいたこが受けもつことの深い理由は何だろう。いうまでもなかろう、かれらの起源を語るお岩木様の神話は、神がいたこに憑いて語らせる、神のクチヨセであったからで、『お岩木様一代記』が神の一人称語りになっている理由はそのような起源を負うことによる。

『源氏物語』のなかに、多くの死者がいる。この世でさまざまの苦しみをなめて死んでいったかれらの多くは、神になり切ることなく、物語のそとがわの、この世に近いどこか、家のうち、空中その他に座して、物語のなかの子孫を見下ろしている。

たとえば夕顔がそうだ。

彼女は源氏の君と一緒に出かけていった宿りにおいて、もののけにとり殺される。

彼女には女の子がひとりいた。頭中将とのあいだにもうけた、のちの玉鬘の姫君がそれだ。夕顔は、事故のような若い死に方であったため、この世に子孫をひとりのこすのに、遺言を持たない。遺言は、死後をタブー化する、重要な与件であるのに、夕顔はそれをあらわさなかった。夕顔のつらい恨みは一層この世にのこされてあるとみなければならない。

夕顔の巻からはるかのちに、玉鬘の巻が書かれ、うつくしく成長した姫君を中心に、はなやかな物語が展開する。玉鬘の巻にとって、夕顔の巻はいわば夕顔の前生譚としての意味をもつ。玉鬘の巻において、夕顔は死者として、姫君を見守る。

ここにもし、いたこのような降霊技術者がいたらば、夕顔は、玉鬘のまえに、語りとしてあらわれ、前生譚を聞かせ、空から玉鬘の姫君のしあわせを見守っていることを告げ、あわせて手あつい供養を要求して、それからなごりおしそうに降霊技術者の口元を去ってゆくことだろう。

夕顔は姫君がついのしあわせを手にするまで、見守ってやらなければならない。物語はそのような姫君のしあわせをつかむまでを克明に描こうとするために、長編化する。母子二代、あるいは三代にわたって物語を書きつがなければ、死者を鎮魂しえない。玉鬘十帖といわれる、玉鬘、初音、胡蝶、蛍、常夏、篝火、野分、行幸、藤袴、真木柱の巻は、夕顔鎮魂の巻々なのではないか。

不幸なままで生涯を終わるということは、民俗学的に、特別に供養が要求されることだと言われる。夕顔そのひとの十九歳の死はあまりにもよこざまであるから、そののこした恨みを、姫君がしあわせになることにより、いささかでも解きほぐしてやらなければならない。

四　夕顔の招霊

夕顔の霊は降りてこないのだろうか。

『源氏物語』のなかに、降霊してくる死者はいないかというと、女性の場合、かの六条御息所が、若菜下の巻や柏木の巻で、源氏のまえにあらわれる。若菜下の巻では、女としての恨みを述べるとともに、遺児秋好中宮の母として、供養を要求し、去ってゆく。

夕顔には、そのようなかたちでの降霊がない。しかし六条御息所のように物語のわくを踏みやぶって、こちらがわに出てくるほどはげしくなくても、玉鬘十帖全体の空中に、去りやらぬ霊魂として浮遊しているはずで、篝火の巻はそのような霊的雰囲気を濃厚にたたえる。

源氏は玉鬘の姫君と一緒に、添い伏している。篝火とは何か。庭にあかあかと焚く大きな火があたりを照らしだす。夏から秋にかけての夜は、まだけっしてしのぎやすい感じでなく、そんなときの明かりは火照りのしない距離からあかあかと照らしだされるのが、かえって涼しい。

物語の場面は秋なのか、まだ夏なのか。「秋になりぬ」(篝火の巻、三‐二九ページ)として立秋が告げられるのに、読みすすめると、源氏が、「夏の月なきほどは、庭《には》の光《ひかり》なき、いとものむつかしくおぼつかなしや」(三‐三〇ページ)とここに言う。

祖霊が、新しい死者をともないやってくるのはいつか。お盆は(旧)七月十五日であるのが年中行事で、夏から秋にかけておこなわれる古い祖霊信仰の儀礼が、奈良朝以降、固定してきたのであろう。ここの篝火が、一種の迎え火であり、招魂のための祭具としてあることを見落としてはならないように思う。あかあかと照らしだされる庭は祭場であるのにほかならない。

すでに述べたように、場面に祭祀がおこなわれ、あるいは祭祀的な構造をとるとき、物語は、物語のそとがわの、霊的な世界と交信しはじめる。はたして源氏と玉鬘の姫君とは、篝火という祭具が、おぼえずここにつくりだしてきた霊的雰囲気のなかで、冷静でありえない。降りてきた、二人の近いところにまで来た霊は、夕顔のそれではないのか。篝火を焚け。もっとあかるくしろ。源氏は「絶《た》えず人さぶらひてともしつけよ」(三‐三〇ページ)と命じる。

源氏と玉鬘との贈答歌がそこでとりかわされる。この贈答歌は、源氏と玉鬘との、恋愛としての内容でしかないのだろうか。こういううたをかわす。

(光源氏の贈歌)

篝火《かゞり》にたちそふ恋《こひ》のけぶりこそ―世《よ》には―たえせぬほのを《ほ》なりけれ　(三-三〇ページ)

(玉鬘の返歌)

行《ゆく》ゑ《へ》なき空に消《け》ちてよ。篝火《かゞり》のたよりにたぐふけぶりとならば　(三-三一ページ)

まさに恋愛的なうたであるとしても、恋愛とは何か。夕顔は、もし生存していたらば、玉鬘に恋愛という方法をわざわざたどって結婚させる必要があろうか。恋愛は、母親がいない場合の、非常手段としてある。しかも母親が空中からそれをさせることになる。女の子の恋愛は空のうえから生母に見られている。継子いじめの物語がかならず恋愛的構造をとる理由はそれで、玉鬘十帖の物語も継子いじめの変型であることがよく見てとれよう。継母にいじめられる継子は、『落窪』などもそうで、生母に、苦しいから早く自分を迎えとってください、と訴えかける。生母によびかけ訴える場面がある。

この篝火の巻の贈答歌は、源氏も、玉鬘の姫君も、二人ながら暗々裡に、夕顔の存在を強迫のように意識して、うたをかわしているのではなかろうか。

源氏のうたの、「世《よ》には―たえせぬほのを《ほ》なりけれ」とは、夕顔との恋を想起させるそれ以外でない。恋のけぶりが、結ぼおれ結ぼおれ、母夕顔から娘玉鬘へ、情念の焔のくすぶりとして、つづいてきたのだ。

くりかえすと、女に死なれ、あとにのこされた男が、その女を忘れられずいつまでもくよくよ思いの火を燃やしつづけるのでなく、死者のほうが、三十三年なり、五十年なり、死にきれず、生者に供養をもとめるという図だ。夕顔は男の心のなかに単に思い出として生きるのでなく、たかだか十数年の歳月で、まだその存在感をすこしもうすらがせはしないので、生者として供養の手をやすめることができない。

玉鬘の姫君のうた、「行《ゆく》ゑ《へ》なき空に消《け》ちてよ」は、だれに呼びかける口調であろうか。やはり継子物語式の、生母に、迎えとってほしいと呼びかける口調以外ではなかろう。
はっきりと夕顔に呼びかけている、と言い切る必要はない。うたは原型的な内容をいくつも沈めて成立してくる。ここの祭祀的な雰囲気が、継子物語の生母に呼びかけるうたの原型を呼びおこした、そのような原型のうえに立つ玉鬘の作歌であることを知ればよい。

注

(1)『文学』一九四〇《昭和十五》年十月号に、竹内長雄氏によって最初に記載され、『日本庶民生活史料集成』十七に収められる。のち複数の記載があり、今日にいたる。
(2)「あんじゅ姫」に同定され、山椒太夫伝説の女主人公名として知られる。しかしながら〝あんじゅさま〟〝あんじょさま〟は尼僧を普通に呼ぶ呼称でもあり、庵主さまの謂いであったろう。
(3) 神が神になるまえの苦難を語る、神話としての基本形式。インド神話のジャータカ(前生説話)にあたる。
(4) 地方にあって「陰陽師」をなのる占い師や祈禱者が多くいたろう。
(5) ゼムシャウ、ゼンジャウの「ム(ン)」を表記しないかたち。一般には室内で、へだてに使用する(玉鬘の巻などに事例を見る)。
(6) 死者の声を呼びだすシャーマンの行為。「くち」は言《こと》。

第六章　紫　上

第一節　紫上の運命を縫いつける――知の論理

一　会話する文とはどういう伝達か

『源氏物語』の、ある会話文を取りあげる。少納言の乳母が会話主で、訪ねてきた惟光という名の光源氏の従者を聞き手にして、「もの語《がた》り」つまり会話をしている。まず、この会話文の真意についてどこまで考えられるかという課題がある。乳母の少納言は、しみじみと、

（少納言の乳母の言）

あり経《へ》てのちやさるべき御宿世《すくせ》のがれきこえ給はぬやうもあらむ、たゞいまはかけてもいと似《に》げなき御事と見《み》たてまつるを、あやしうおぼしの給はするもいかなる御心《こゝろ》にか。思《おも》ひ寄《よ》る方《かた》なう乱《みだ》れ侍る。けふも宮渡《みやわた》らせ給《（たまひ）》て、「うしろやすく仕《つか》うまつれ。心おさ《（を）》なくもてなしきこゆな」との給はせつるも、いとはづ《（わ）》らはしう、たゞなるよりはかゝる御すき事も思ひ出《い》でられ侍りつる　（若紫の巻、一‐一九〇ページ）

〔（年月を）過ごしてのち、しかるべき（紫上の源氏の君との）ご縁（が）免れぬ（ことに）なり申されるやもしれない。ただいまはけっしてけっして似合わしくないおんことと見申すのに、不可解な（ことと）（源氏の君が）お思いになりおっしゃる（の）は、どのようなお心な（の）か。思いあたるすべなく混乱してござる（よ）。今日

も父宮(が)渡りなさって、「心配ないようにお仕えせよ。思慮浅くあつかい申すな」と、おっしゃったばかりであるにつけても、まことに面倒なことで(あると)、いつもの時よりはかような(源氏の君の)おん好きごとも思い出されてならなかったところでござる(よ)。」

と言う。「心おさなく」は意味をとりにくくて、子供あつかいすることを言っているのかもしれない。ここでは〝思慮浅いこと〟としておく。

この会話文は、どうにも歯切れがわるいというのか、何か言いたいことを押し隠した感じがしないか。この会話文に引きつづいてすぐ、源氏と紫上とのあいだに何かがあったかと惟光に疑われるのを心配して、乳母は「嘆《なげ》かしげにも言《い》ひなさず」(嘆願するような口調もせず」(同)とあり、惟光はそのために「いかなることにかあらむ」(どういうことであろうか」(同)と、内容がよくつかめないでいる。つまり表面で言っていることだけではつかめない、言いたいことがさらにこめられる、典型的な『源氏物語』の会話文としてある。惟光に心えがたいこの会話文はこうして源氏そのひとに伝えられる。

少納言の乳母は何を源氏の君に訴えたいのだろうか。

会話文の性格は、われわれの日常においても、まさにそのように、内容をつかみにくくさせられることがあって、状況下での複雑な人間同士や環境と人との関係を反映してやりとりされる。『源氏物語』の会話が典型的なそれであるとは、物語のうちの、環境や場面と主人公たちとの関係や、人物同士の関係として、みごとに日常の人生をかたどる、ということだろう。

二　意図および意図の付加

物語には環境や場面と主人公たちとの関係や人物同士の関係が克明に描かれる。それが日常の人生に似るとは、われわれの人生そのものが大きな《物語》を編みだしてゆくことでもあるので、われわれの日常を物語にたとえる批評が世におこなわれるとするると、まことにそれは一理あることだ。現実の物語を読む場合に、したがって、場面の発信してくる情報を過不足なく読みとらなければならない。

乳母は紫上の将来を考えつづけて行動する、という役割を負っている。その乳母が、源氏との結婚をいまのところ「かけてもいと似《に》げなき御事」とつよく拒否する。年齢上、若すぎる、ということだろうか。紫上はいま十二歳ぐらいだろう。従来の説に十歳とある——教科書などに若紫の巻の彼女の年齢は十歳と書かれる——のは、光源氏の目に十歳にしか見えないと本文に書かれてあるのを、だれかが読みまちがえてはじまった誤解で、実際にはそれよりうえの、推定ながら、母親が亡くなって十余年とあるから、十二歳に達していよう。結婚をゆるされる年齢にさしかかるにせよ、紫上の場合はからだがまだ準備されていない、つまり年齢よりは幼い、ということをよく知るのがここでの乳母だ、という設定であるらしい。

乳母のことばのなかに、「今日も父宮が渡りなさって、「心配のないようにお仕えせよ。思慮浅くあつかい申すな」と、おっしゃったばかりである……」というのは、乳母によるバイアス(bias)のかかる表現だろう。昼に父宮が訪ねてきたことはたしかに事実だ。けれどもその時、「心配のないようにお仕えせよ。思慮浅くあつかい申すな」と父宮が言ったかどうか、本文にたしかめてみる。

(父宮の言)

か丶る所にはいかでかしばしもお(を)さなき人の過《す》ぐし給はむ。猶(なほ)かしこに渡《わた》したてまつりてむ。何《なに》のところせきほどにもあらず。乳母《めのと》は曹司《ざうし》などしてさぶらひなむ。君は若《わか》き人〴〵あればもろともに遊《あそ》びていとようものし給ひ

なむ。（若紫の巻、一－一八八ページ）

〔かような（さびしい）所にはどのようにしてしばしも幼い人（―紫上）がお過ごしなのか。やはりあちら（―父宮の本邸）に渡し申してしまおう。ちっとも窮屈な所じゃない。乳母は曹司（―部屋）など（を控えの場所にして）住めばよかろう。君（―紫上）は若い人たち（―異母きょうだい）がいるから一緒に遊んでうまくやってゆかれるにちがいない。〕

と言う。また、

（同）

……かしこに渡《わた》りて見《み》ならし給へなどものせしを、あやしう疎《うと》み給《（たまひ）》て、人も心《こころ》をくめりしを、かゝるおり《（を）》にしもものし給はむも心ぐるしう。（同）

〔……あちらに渡って馴染みなされ、など（尼君に）言ったことがあるのに、むやみに（尼君は）お嫌いになって、あっちの人（―父宮の北の方）としても気兼ねがあったようだから、かような（庇護者を）うしなうおりもおり、何しなさる（―継母の北の方を頼りになさる）というのも気の毒で。〕

とも言い、紫上がものも食べられないほど亡き尼君を慕うので、

（同）

何《なに》か、さしもおぼす。……をの《（お）》れあれば。（同）

〔どうしてそんなに思いに沈むのか。……わたしがいるのだから（頼りになされ）。〕

と言って聞かせて、帰りには、自分も貰い泣きして、

（同）

……けふあす渡《わた》したてまつらむ。（一―一八九ページ）

〔……今日明日（にでも）お連れし申そう。〕

と、返す返す「こしらへをきて《お》」（同）ようやく出てゆく。

父宮として、いろいろなおもわくを勘定しながら、娘の引きとりについて逡巡するところで、「こしらへをきて《お》」とあるように、言いつくろいなだめすかすというところ、なかなか明言をできないにしろ、引きとりたいきもちにうそいつわりはない、というあたりの心理をうまく描写する、この描写こそは『源氏物語』の特徴としてある。

これだけの父宮のことばのうち、乳母はどの部分をまとめると、父宮が「心配のないようにお仕えせよ。思慮浅くあつかい申すな」とおっしゃったということになるのか。乳母のまとめ方には乳母の都合や、そこでの選択がはたらいて偏向する。乳母のまとめ方からすなおに受けとれる父親の言は、〝紫上を娘として育て、ゆくゆくは結婚させるために、周囲に気をつけて、よい加減な男が近づかないように気をつけよ〟というほどの趣旨になる。

乳母のおもわくからのまとめ方であることを、こうして読者だけが知ることができた。乳母からの意図がはたらく会話文ながら、父宮の意図はその極端なまとめ方によってはっきりする。またそうまとめることによって、乳母としては新たな状況の展開を源氏の君に向けて図りたい、ということもあり、物語の状況をその方向に進展させる、つまりここではおもわくが加えられて会話文がつぎへ伝わるという事情をよくあらわす。そういう書き方のなされるところが、さきに言ったように、われわれの日常もまた《物語》として、まさに会話によってすすむことの、よき似せ絵になっていよう。

三　疑似結婚のあやうさ

すこし叙述をさかのぼり、場面設定のひろがりをたしかめる。紫上は、春から秋にかけて、祖母の尼君にくっついて、京の北山(僧坊)と京の殿(尼君の自宅)とを行き来するうちに、尼君が亡くなり、乳母である少納言がいまは世話をしている。

忌み明けに紫上が、京の殿へ帰ってきたと聞き、源氏は訪ねてくる。紫上を引きとりたい、と源氏は以前に尼君に申しでたことがあって、尼君から、亡くなる直前に、〝もし源氏の君の誠意が将来にわたってずっと変わらないなら、紫上が一人まえになった時点で、かならず妻の一人にかぞえてくだされ〟(若紫の巻、一‐一八〇ページ)という遺言をもらったということがある。応対する少納言の乳母は、紫上が、年齢より幼くて、まだ二人が夫婦として立ちならぶ感じでないことを気がかりだ、と述べる。源氏は、取りつぎを介してでなく、紫上当人とはなししたいものだ、と言いながら、和歌の一節「なぞ越《こ》えざらん」(一‐一八四ページ、《新編全集》「なぞ恋ひざらん」)をうち誦じる。

と、紫上が起きだしてきて、〝少納言よ、たったいま直衣の人が来ていたらしいというのは、どこにいるの。父宮がいらっしゃるのか〟(一‐一八四ページ)と言って、乳母に寄り添い、すわる。すだれのこちらがわで、けはいを知った源氏が、「こち」〔こちらへ〕(同)と呼びかけると、紫上は、まずいことを言ってしまったことだと思い、乳母に「いざかし、ねぶたきに」〔さあ行こう、眠たいから〕(同)と言うので、源氏は〝なんでこっそりお行きになるの。私のひざの上にお寝みなされ。いますこし近づくように〟と言う。乳母は〝そんなありさまで……、かように何もご存じないお年だから〟(一‐一八五ページ)と言って、源氏のいるほうへ紫上を押して寄らせる。

すだれのしたから手をいれて紫上の髪をさぐると、自然にふさやかな端が源氏の手にふれてきて、うつくしい女性であることが想像され、つづいて紫上の手を捉えていると、そぞろにこわくなってきた紫上が、乳母に〃(だから)寝てしまおうというのに〃と言って、無理におくへ引きいろうとする。すると、源氏はついてすだれのなかへはいってしまう。乳母は〃いやはや、ああ困るよ、いまわしいことだよ〃(同)と苦しげに、からだの準備ができていない紫上を案じるものの、源氏は、おりしも嵐になりつつあるそとのけしきに、自分が宿直人《とのゐ》になろう、と言い訳をしながら、帳台にはいりこみ、わななく若君を肌着一枚にして、一晩中抱きながら、気に入りそうなことをいろいろにはなしする。〃さあいらっしゃれよ、絵がいっぱいあって、ひな遊びをするところに〃(一-一八六ページ)、と。そして翌朝早く、源氏は「ことあり顔《がほ》」(=情事があったかのようなかおつき)をして出てゆく。

ちょうどその日に、みぎに見た通り、父宮が訪ねてくる。慕い泣く紫上を見ると、ほろっとして父宮は、今日明日にでも引きとりにくるから、とこしらえなぐさめて帰る。

その日の夕方もまた源氏はやってくることだろうか。昨夜、情事がなかったにしろ、泊まっていったから、疑似結婚のかたちをとって、第二夜も、そして第三夜も訪ねてくるなら、かよい婚となり、正式の結婚ということになる。ところが源氏はやってこない。内裏から召しがあったと言って、夕方、代わりに自分の忠実な従者である惟光を派遣する。そこでかわされたのが、見てきた乳母との会話文だった。

この疑似結婚は、物語作者が苦心してつくりだしている傑作の場面であって、物語なら結婚という主要な話題を描くべきだという基本に乗って、結婚でありながら結婚ではない、というあやうくも新しい創造を試みているところとしてある。

惟光は一旦もどって、源氏に復命する。源氏としては、紫上を「たゞ迎《むか》へてむ」(一挙に(二条院へ紫上を)迎えてしまおう)(一-一九〇ページ)と思う。乳母の会話を惟光から聞き知っての、源氏の反応は、紫上を一途に引きとってしまおう、ということなのだ。「たゞ(迎へてむ)」であって、現代語の「ただちに」(即刻に)ではない。この源氏の判断は、乳母の会話文のうちに言いたかったことを正確に察知したうえでの反応であろうか。それとも、乳母の考えるところを超える意外な反応であろうか。

四　思う表情の表現

源氏からはさらに何度も手紙があって、暮れるとまた惟光を使いによこす。乳母は惟光に、

(乳母の言)

宮より、あすにはかに御迎《むか》へにとのたまはせたりつれば、心あはた《(わ)》ゝしくてなむ。年ごろの蓬生《よもぎふ》を離《か》れなむもさすがに心ぼそく、……　(一 - 一九〇ページ)

〔父宮から、あした急にお迎えにとおっしゃったところだから、あわただしくてのう。この蓬屋をはなれてしまおう(の)も反面で心細く……〕

云々、とことばずくなに言って、あとは「もの縫《ぬ》ひ」(一 - 一九一ページ)をいとなむ。

さきに父宮が「今日明日、渡し申すことにしよう。」と返す返す言いなぐさめて出ていった、という箇所をここははっきりと惟光に伝える。父宮はこしらえおいて出ていったのであった。まあ二、三日以内にまたやって来て、引きとりを実行しそうな感じではあった。しかしそれを受けるのに、乳母は「あした急にお迎えにとおっしゃったところだから」と言ってのける。ここにも乳母の意図の先鋭化が露骨にあるのではないか。

乳母は、お仕えする人々たちまでも思い乱れている、とだけ言うと「もの縫《ぬ》ひ」をいとなんで、惟光あいてにこれ以上何も言わない。このような際の《物》の役わりというか、縫い物にある種の意味が隠されることをあとに見よう。

源氏が左大臣宅へおもむくと、葵上はなかなか迎えに出てこない。和琴《わごん》を弾いて源氏は「常陸《ひたち》には田《た》をこそ作《つく》れ」(同)という風俗《ふぞく》歌を口ずさむ。このような《詩》の引用によって紫上を思う源氏のきもちが場面にひろがっていることを読者は知らされる。

惟光がそこへ帰ってきたので、源氏はくわしく報告を受ける。父宮の引きとりがせまっていることを知って、そのまえに自分が引きとってしまおう、と心に決める。ここで行動を起こす必要を源氏は悟る。惟光は源氏の決行する意志を承知すると、車の準備に向かう。

紫上の住む家に来て、車をしずかに引きいれて、惟光が、妻戸を鳴らし咳払いをすると、乳母は、惟光であるとわかって出てくる。「こゝにおはします」(源氏の君がきていらっしゃる)(一‐一九二ページ)と惟光がいうと、乳母は「お《(を)》さなき人は御殿籠《とのごも》りてなむ。などかいと夜深《ぶか》うは出《い》でさせ給へる」(幼い人(―紫上)はお寝みでいらっしゃってのう。どうしてこんな明け方に君はお出でになっているのか)(同)と、何かのついでに立ち寄りなさったのかと思って言う。この〝思って〟(本文「思《おも》ひて」)は、古文の読みとりとして、思っている表情をして、という感じだろう。外面からの様子を言うので、語り手(書き手)が観察する乳母の表情と考えてもよいし、惟光がほの暗闇に見る乳母の表情であってもよい。乳母の内面においてほんとうにそう思っていることが表情に出るのか、思う表情をして見せているのか、これだけでは分からない。

五　〝物〟の記号的意味

(光源氏の言)

宮へ渡《わた》らせ給《(たまふ)》べかなるを、そのさきに聞《き》こえを《(お)》かむとてなむ。（一‐一九二ページ）

〔宮（父宮の邸）へ（紫上を）移しなさるらしいと聞いて、そのまえに（紫上に）申しておこうとてのう。〕

（乳母の返辞）

何《なに》事にか侍らむ。いかにはか〴〵しき御いらへ聞《き》こえさせ給はむ。（同）

〔何ごとでござりましょうか。どのようにしっかりとしたお答えを申し上げなさろうか。〕

乳母はそう言って「うち笑《わら》ひてゐたり」〔すこし笑って座している〕（同）。源氏が懸案について解決策を出してくれると考えて、満足げに小さく笑い声を出したというところだろう。まだ明けやらない暗闇だから、声から源氏は乳母の様子をよりはっきりと知ることができる。

源氏が寝室にはいるのを、乳母は止めるわけにゆかない。何心もなく眠っている紫上を、源氏は抱きあげて起こす。紫上は、父宮が迎えにいらっしゃっていると、寝おびえつつ思う、そういう表情をする。源氏は〝さあいらっしゃれ、父宮のお使いで参ったところだぞ〟と、こんな場面にも冗談を忘れない。紫上が、父宮ではなかったことだとびっくりして、おそろしいと思っている表情なので、源氏は〝ああつらいことよ、わたくしもおなじ人（父宮みたいな者）だよ〟（一－一九三ページ）とて、かき抱いて出るから、惟光や少納言の乳母たちは「こはいかに」〔これはどういうことか〕と答える。本文の表記は「たいふ」としかないので、大夫《たいふ》（惟光のこと）ではなくて、大輔《たいふ》という女房かもしれないと、古来、理解されてきた。それなら大輔という女房や少納言の乳母が「こはいかに」とおどろく、という場面だ。

大夫（惟光）か大輔（女房）か、あとにも先にもそういう侍女は書かれないので、ここだけに出てくるのは不自然だから、「たいふ」とは惟光のことだと受けとるのが無難だ。とすると、惟光は源氏が紫上連れだしに来たことを知りながら、「こはいかに」とおどろく、つまりおどろいて見せているのであって、同じことが少納言の乳母についても言える。すなわち、乳母もまた「こはいかに」とおどろいて見せていることになる。乳母は源氏が連れだしに来たことを察知して、他の事情を知らない侍女たちをまえにおどろいて見せる、という次第だ。乳母の期待はまさにその源氏による連れだしにこそかけられていたのではなかったか。

（光源氏の言）
心うく渡《わた》り給へるなれば、まして聞《き》こえがたかべければ、人ひとりまい《(ゐ)》られよかし　（一－一九三ページ）
〔つらいことに（父邸へ紫上が）お渡りになるから、いっそう（二条院へお連れ）申しにくくなりそうだから、（だれか）一人（付き添いとして一緒に）参られよ、きっと。〕

（乳母の返辞）
けふはいと便《びん》なくなむ侍《(はべる)》べき。宮の渡《わた》らせ給はんにはいかさまにか聞《き》こえやらん。（同）
〔今日はえらく不都合でのうござる（よ）。父宮がいらっしゃろう場合にはどう申し上げればよいのか。〕

自然に時間が経過してのちに、そうなるべき、源氏の北の方になる運命にあるのならともかくも、何も考えられないとっさの事態だから、お仕えする人々が困ることだろう、と言うと、光源氏は、

（光源氏の言）
よし、のちにも人はまい《(ゐ)》りなむ　（同）
〔仕方がない、あとに（で）もだれか（がきっと）参ろう。〕

と、決行するつもりだ。侍女たちはあきれて、どうしようかと思案しあう。乳母は、とどめる算段がないから、昨日の夜、縫っていた、あの衣類を引っさげて車に乗りこむ。

乳母としては紫上の運命をまさにこの縫い物に縫いつけていたのであった。むろんその縫い物の、場面における、言ってみるなら記号的意味として、具体的に紫上が二条院へ引きとられるときの用意でそれがあったとは、気づきよ

うもなかったことだ。《物》が無意識において統率する物語上の役割は、あとからならともかくも、物語の進行途上では、読者だけがよく知ることができる。あとからならとは、物語の主人公たちが、あとになってもし物語から抜けてきてこの場面を読むならば、気づくことだから、そういう脱出のなされぬ限り、という意味においてだ。

第二節　紫上

一　成立過程論上の紫上

《前記挿入》説というような用語で幼い議論を陳述したのはわが修士論文(1)においてだった。その後、考えのすすまないままでいたところ、阿部秋生先生および柳井滋氏から、『(諸説一覧)源氏物語』(2)に、「執筆順序・後記挿入に関する諸説」ならびに「源氏物語の方法・構造・世界」を執筆する機会をあたえられ、前者については第一部(桐壺―藤裏葉)と第二部(若菜―幻)とを、後者については第一部を分担し、ひと夏かけて取りくむ、ということがあった。

成立過程という語は慎重に避けて、執筆順序、後記挿入というふうに言ってみた。桐壺の巻以下、諸説の入り乱れるところについて、調査しては整理の手を加える、という作業にしたがってみた。たとえば帚木、空蟬、夕顔の巻々については、これらを書きだしの巻々とみる説と、後記挿入とみる説とが、世におこなわれる。それらの諸説を執筆順序と後記挿入とにわけて整頓してゆく。

『源氏物語』のいまあるかたちは、(Ⅰ)鎌倉時代ぐらいになって最終的にかたまってきたのを現代からながめやっているのに過ぎない、ということもあるにしろ、いわば(Ⅱ)平安時代『源氏物語』の実態はどんな物語のそれだったのかということも、さらには（Ⅲ）物語作者の手中にあってどう執筆がすすめられていったか、ということも、雑然と成立過程ということのうちにはつっこまれてある。そういう雑然とした状況を類別する、立体的な考察が、研究として、これからおこなわれてもよかったのに、その直前になって、七十年代以後の、文学作品を読み手の眼前に据えられてあるものとしてながめやるように分析する、いわゆるテクスト論の時代が到来すると、〝成立過程〟論は傍らへおしやられる格好になった。

大きな構想はあるにしても、古代の大長編物語が、短編や中編の物語を組みあわせ、より大きな作品へとさいごにまとめあげられてゆく、という道程をつたって、また歳月をかけた変遷史のすえにほぼいまある形態となってわれわれに受け渡されてある、ということはまちがいなかろう。そういう成立過程は『源氏物語』の場合、そこここに覗かせるほころびや不整合から、さまざまな臆説を誘発する。そういう臆説に安易に乗っかって批評を展開することはあやういにしろ、しかし複雑な成立過程がある、ということ自体はまぎれもないことであり、無視してよいことでない。帚木、空蟬、夕顔の巻々は、私の見た範囲で、書きだしの巻々とみる説か、後記挿入とみる説か、ふたつをかぞえてそれ以上を見いだすことができなかった。しかし、空蟬、夕顔といった人物は、登場人物として、いかにも初期の段階で思いつかれた女性たちとしてある。書きだしの巻々かという意見の出てくるゆえんであるにせよ、現在ある形態での人物のでいりや呼称などからは、後記挿入かとする意見がでてくることにも一理ある。私はそこで《前記挿入》とでもいうべき一計を案じて、繰り返し繰り返し書き換えられて成長してゆく次第を推測してみた。

紫上なども初期の段階で思いつかれた女性たちのひとりだったろうと思う。朝顔の姫君などは早い段階で『源氏物語』に必要だったのが、物語の成長とともに、いどころが定まらなくなるひとりであったかと思われる。初期の段階での書き物は、どんどん書き換えられ、あるいは廃棄され、うしなわれながら、新しい段階で生かされ、利用され、次第にいまあるかたちへとすがたをととのえてきた。筑紫の五節という女性も物語の構想上、ふらふらしている。数次にわたる改編、成長のあとをたどることはなかなかできないにしろ、そういう改編と成長とが数次にわたってあったろうということだけは言える。

二　大きな物語の初期と段階

これまで『源氏物語』論を試みてきた者として、慎重であったほうがよいと思うことと、ここまでは言えそうだと、もう明らかにしておいてよい推測とがあるとすると、以下のような〝成立過程〟の仮説はどちらに属するのだろうか。

初発の構想と習作群

物語作者には、早く短編的な執筆があったにしても、将来はこれを大きな物語にしたてたい、という希望がかならずあったろう。皇族をはなれた貴公子光源氏が苦難のすえに京にかえり咲く、というような。流離するさきは須磨の里だったろう。

最初の物語

主人公の貴公子に似合わしい高貴な相手として、〝輝く妃の宮〟という女性が構想され、それを象徴する色を藤＝紫とすると、「紫のゆかり」である若紫もまた初期に登場する。「朝顔」とでもいうべき物語には朝顔の姫君が現在知られる彼女とずいぶんちがう幼い感じで活躍していたろう。本妻である女性はいたにちがいない。筑紫の五節もまた古く光源氏のあいてとしてあったろう。六条わたりの女も早く位置させられる。

中編の物語

最初の物語とは別途に、雨夜のしな定め、空蟬や軒端の荻の物語、夕顔事件、そして夕顔には女子（―玉鬘）のあることなどが進展する。旧い「桜人」なども しばらく書かれる(のちに廃棄)。紫式部の宮廷出仕はこのあとだろう。

第三次物語

長編の骨格が根本的に見直され、旧構想を取捨、吸収しながら、桐壺の巻からととのえられてゆく。すなわち六条御息所が据えられ、明石の物語を予定して、「若紫」の巻がほぼ確定する。朧月夜事件、葵上の出産と死とをへて、執筆につぐ執筆ののち、須磨、明石からの帰還、冷泉帝の即位、藤壺の死、「朝顔」の再利用、こどもたちの成長など、梅枝、藤裏葉での栄耀も書かれる。構想としては女三宮の降嫁、紫上／女三宮の正妻争い、落葉宮の再婚、紫上らのさいごまで予定しておかなければならない。

第四次物語

六条院が「少女」の巻末に急遽完成し、玉鬘十帖(―蛍の巻など)が思いつかれる。末摘花、源典侍などはこの段階かもしれない。

第五次物語

第三次、第四次物語を吸収して、いまの「若菜上下」「柏木」と、「夕霧」から「御法」「幻」までがほぼ完成する。

第六次物語

旧い「竹河」、「紅梅」そして「匂宮」が別々に執筆される。

第七次物語

「橋姫」が執筆され、「椎本」へすすむ途中でいまの「竹河」と連絡しつつ、「総角」「早蕨」まで。

第八次物語

「宿木」以下が「紅梅」を引きついで宇治十帖の後半をなす。「蜻蛉」はやや逸れるかもしれない。

構想と執筆との関係

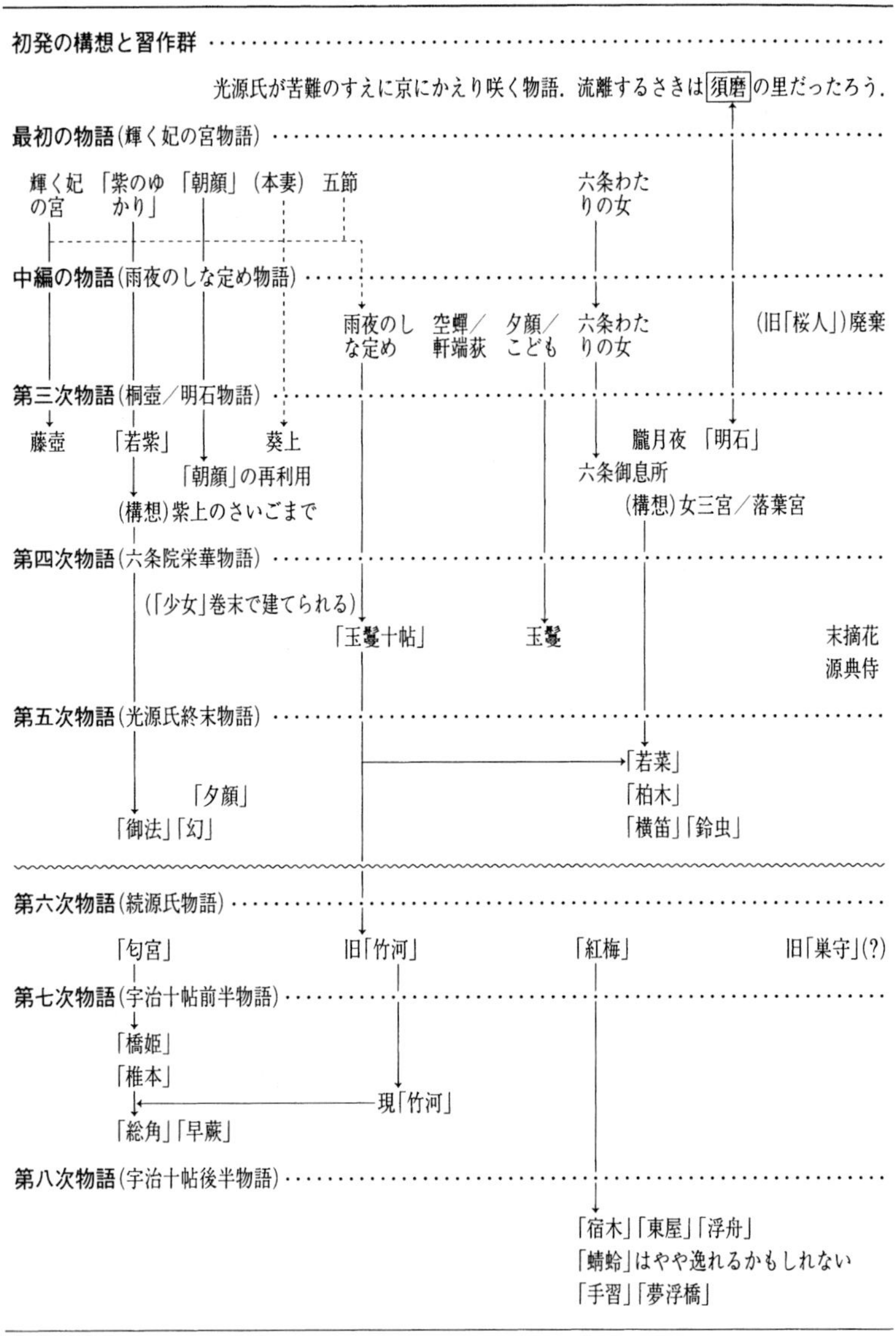
初発の構想と習作群
光源氏が苦難のすえに京にかえり咲く物語．流離するさきは須磨の里だったろう．
最初の物語(輝く妃の宮物語)
輝く妃の宮
「紫のゆかり」
「朝顔」
(本妻)
五節
六条わたりの女
中編の物語(雨夜のしな定め物語)
雨夜のしな定め
空蟬／軒端荻
夕顔／こども
六条わたりの女
(旧「桜人」)廃棄
第三次物語(桐壺／明石物語)
藤壺
「若紫」
「朝顔」の再利用
葵上
朧月夜
「明石」
六条御息所
(構想)紫上のさいごまで
(構想)女三宮／落葉宮
第四次物語(六条院栄華物語)
(「少女」巻末で建てられる)
「玉鬘十帖」
玉鬘
末摘花
源典侍
第五次物語(光源氏終末物語)
「若菜」
「柏木」
「横笛」「鈴虫」
「夕顔」
「御法」「幻」
第六次物語(続源氏物語)
「匂宮」
旧「竹河」
「紅梅」
旧「巣守」(?)
第七次物語(宇治十帖前半物語)
「橋姫」
「椎本」
現「竹河」
「総角」「早蕨」
第八次物語(宇治十帖後半物語)
「宿木」「東屋」「浮舟」
「蜻蛉」はやや逸れるかもしれない
「手習」「夢浮橋」

すなわち第三次物語あたりを『源氏物語』の真の執筆開始とみなせば、それ以前の構想にもとづく執筆は、廃棄されるのでなければ、改編とともに吸収される、ということになろう。そういう吸収を《前記挿入》と述べたのは「後記挿入説」に対置させたいためにほかならない。第四次物語が第三次物語にたいしては〝後記〟挿入であるとみることを特に反対する理由もない。しかし執筆はしつづけることであり、第三次物語なら第三次物語のなかを、これ以上分けるというようなことは無意味であるうえに、〝何次〟ということがかならず執筆時期の前後を意味するということでもなかろう。

紫上はまさに「紫のゆかり」として、早い計画段階において存在せしめられていた、と推定することが要点ではないか。おそらくは朝顔の姫君などとともに、物語作者が抱懐する最初の女主人公のひとりであって、生き生きと胸中に生きだしたからには、本格的な物語にしたてて彼女をそこに住まわせずにすまなかったろう。

三 「紫のゆかり」

「紫のゆかり」が『源氏物語』に三回、出てくる。三回をａｂｃとしてみると、ａとｂとｃとは内容上、同一のことをあらわしていよう。これが頻出する一般の名詞や動詞や形容詞の場合ならば、語義は文脈のなかにおいて考察されるから、模式的に言うと、ａｂｃｄｅｆ……とある用例の、ａとｂとではきわめて近い用法であるのにたいして、ｃとｄとではかなりちがう、あるいはｅは思いいれがありｆはそうでない、などの区別がさまざまにありうる。それにたいして「紫のゆかり」は、固有名か否かを問わず、物語のなかで意図し創造されためずらしい語であるから、意味上のはばを文脈に考慮する必要がほとんどない。もしａ「紫のゆかり」、ｂ「紫のゆかり」、ｃ「紫のゆかり」の順序に出てくるとすると、ｂはａの引用であり、ｃはａやｂの引用としてあろう。

(a「紫のゆかり」)

かの紫《むらさき》のゆかり尋《たづ》ねとり給ひて、そのうつくしみに心入《い》り給ひて、六条わたりにだに離《か》れまさりたまふめれば、まして荒《あ》れたる宿《やど》は、あはれにおぼしを《(お)》こたらずながら、もの憂《う》きぞわりなかりけると、所せき御ものはぢを見《み》あらはさむの御心もことになうて過《す》ぎゆくを、またうちかへし、見《み》まさりするやうもありかし、手《て》さぐりのたどたどしきに、あやしう心得《え》ぬ事もあるにや、見《み》てしかな、と思《おも》ほせど、けざやかにとりなさむもまばゆし、うちとけたるよひ居《ゐ》のほど、やをら入《い》り給ひて、格子《かうし》のはさまより見《み》給ひけり。(末摘花の巻、一－二二一～二二二ページ)

傍線部について、

(旧大系「かの、紫のゆかりたづねとり給ひては、」頭注)

紫(藤壺)の、あの縁故(紫上)を探して手に入れなされてからは、

(新大系、脚注)

(源氏が)あの紫上を(二条院に)お引き取りになってからは。

(新編全集、現代語訳)

あの藤壺の宮のゆかりの人を尋ねあて、お引き取りになってからは、

とある。

(b「紫のゆかり」)

かの紫《むらさき》のゆかり尋《たづ》ねとり給へりしお《(を)》りおぼし出《い》づるに、かれはされて言《い》ふかひありしを、これいといはけなくのみ見《み》え給へば、よかめり、にくげにを《(お)》し立《た》ちたることなどはあるまじかめり、とおぼす物から、いとあまり物の

はへ《え》なき御さまかなと見《み》たてまつり給《たまふ》。（若菜上の巻、三－二四〇ページ）

傍線部は、

（旧大系「かの、むらさきのゆかり尋ねとり給へりしをり、おぼし出《い》づるに」、頭注）

紫（藤壺）の縁者紫上をかつての昔、御引取りなされた際の事を。

（新大系、脚注）

あの藤壺宮の姪である紫上をお引き取りになった時のことを思い出されると。

（新編全集、現代語訳）

あの紫のゆかりを捜し出してお引き取りになった折のことをお思い出しになると、

というように説明がほどこされる。

（c「紫のゆかり」）

これは、源氏の御族《ぞう》にも離《はな》れ給へりし、後《のち》の大殿《おほとの》わたりにありける悪御《わるご》達《たち》の、落《お》ちとまり残《のこ》れるが、問《と》はず語《がた》りしを《お》きたるは、紫《むらさき》のゆかりにも似《に》ざめれど、かの女どもの言《い》ひけるは、「源氏の御末《すゑ》〴〵に、ひが事どものまじりて聞《き》こゆるは、我よりも年《とし》の数《かず》つもり、ほけたりける人のひがことにや」などあやしがりける、いづれかはまことならむ。（竹河の巻、四－二五二ページ）

傍線部は、

（旧大系、頭注）

紫上の縁者即ち女房達の語った物語にも似ない（違う）ようであるけれども。

（新大系、脚注）

それは紫上方の物語とは違っているようだが。

（新編全集、現代語訳）

それは紫の上方のご縁につらなる話ともちがっているようだけれど、

とある。

みぎに見ると、ａｂｃのうち、ａとｂとは同一だが、ｃだけはややａやｂからずれて、「〜語った物語」「〜の物語」「〜話」とある。竹河の巻のここから感じられる文脈上の要求としてはそういう意味にとりたいとしても、ｃをａｂの引用とみるのが原則だろう。成立過程論から見ても、末摘花、若菜上下、竹河の巻々はかかわりが深く、それらの箇所をぬうようにしてこの珍奇な語がでてくることは、ｃがａやｂを意識し、その意味を引用している、というように見なければすまない。

（『更級日記』物語を手にいれる）

かくのみ思ひくんじたるを、心も慰めむと、心ぐるしがりて、母、物語などもとめて見せ給ふに、げにおのづから慰みゆく。（ア）紫のゆかりを見て、つゞきの見まほしくおぼゆれど、人かたらひなどもえせず。たれもいまだ都なれぬほどにて、え見つけず。いみじく心もとなく、ゆかしくおぼゆるまゝに、「この源氏の物語、一の巻よりしてみな見せ給へ」と心のうちに祈る。

（参考、同、初瀬詣で）

無期《むご》にえわたらで、つくぐ〵と見るに、（イ）紫の物語に、宇治の宮のむすめどものことあるを、いかなる所なれば、そこにしも住ませたるならむと、ゆかしく思ひし所ぞかし。げにをかしき所かなと思ひつゝ、からうしてわたりて、殿の御領所の宇治殿をいりてみるにも、浮舟の女君の、かゝる所にやありけむなど、まづ思ひいでらる。

(ア)「紫のゆかり」は、紫上のことであり、「(紫のゆかりを)見る」とは物語なら物語の冊子をひらいて見ることだから、物語を具体的にさす、と了解できる。若紫の巻あたりをさすのだろう、と推測される。(イ)「紫の物語」は宇治十帖について言うから、紫(紫式部のことだろう)が語る物語という意味と思われる。『更級日記』にこういう熟した事例があるからといって、これを『源氏物語』の竹河の巻のそれに適用するとは文字通り本末顚倒だろう。竹河の巻の「紫のゆかり」は、aやbに類推すると、紫上そのひとをさし、したがって〝紫のゆかりにも似ないようだけれど〟というのは、紫上が源氏に引きとられたときの経過に似ていないようだ、という認識をする。

竹河の巻で描かれる女子はだれだろうか。いうまでもなく玉鬘の大い君がそれとしてある。紫上は母がなく、祖母に育てられて源氏のもとに尋ね引きとられた。父(故鬚黒)のない玉鬘の大い君は冷泉院へ参院してつぎつぎにこどもを産む。紫上方からすると、冷泉院には皇子がいないはずだ。そのことを「かの女ども」(あの玉鬘方の女房たち)は、「源氏の御末《すゑ》〴〵に、ひが事どものまじりて聞《き》こゆる……」とあやしがり、大い君が皇子を産んだと主張する。竹河の巻の語り手は、どちらが正確なのだろうか、と判断しかねている。

このようにして末摘花、若菜上下、竹河の巻といった系列の巻々でのみ、「紫のゆかり」という言い方が出てくる。その名の由来は、というと、若君(―紫上)が紫の紙のうえに書く(若紫の巻、一-一九六ページ)、

(紫上《手習》)

しらねども、むさしのといへば、かこたれぬ。よしやそこそは―むらさきのゆゑ　(『古今和歌六帖』五-九八二歌)

や、

(光源氏《独詠》)

手に摘《つ》みて、いつしかも―見《み》む。紫《むらさき》の根《ね》に通《かよ》ひける野辺《のべ》の若草《わか》（若紫の巻、一‐一八二ページ）

によってであるに相違ない。光源氏のうたの、手に摘んで早く見てみたい、紫草の根に通じたところのある野辺の若草を、という歌意には、紫草がその色から藤壺を暗にさし、それと根のからまりあう関係にある若君を思う、という深意がたどれる。紫草の女も、若草の女も、これが物語のもっとも基層にある、いわば初発の構想、習作ないし最初の物語にみる女主人公だろうと思われる。

四 「十ばかりやあらむと見えて」――紫上の年齢（その一）

紫上の年齢については、若紫の巻で十歳であったと、教科書や参考書のたぐいに書かれるけれども、「十ばかりやあらむ」（どうやら十歳ぐらいであろうか）（若紫の巻、一‐一五七ページ）とあるのは、光源氏が第一印象において見まちがったという趣向であり、十ぐらいにしか見えない、それぐらい幼い、というのがこの巻で伝えようとしている真意ではなかろうか。(3)

このあとに僧都が、少女の素姓を尋ねられて、紫上の母は亡くなってもう十年以上たつ、と述べるのだから、紫上は十歳をこえる年齢であることがわかる。紫上が若紫の巻という時点で十二歳ぐらいだったろうということは、反論があるかもしれないにしろ、紫上の母親が亡くなって「十余年《よ》」だと言う以上、すくなくとも十歳ということは絶対にない、と私は認定したい。

（紫上の母について）

むすめたゞひとり侍《はべり》し。亡《う》せてこの十余《よ》年にやなり侍りぬらん。（一‐一六二ページ）

と僧都の言にある。これは光源氏の質問にこたえる言であるから、光源氏が十歳だと最初思ったのは誤認であり、僧都の言によって年齢があかされた、ということになる。

くりかえすと、従来、紫上が十歳といわれてきたのは、

(覗きみる光源氏の目から見る紫上の様子)

中に十ばかりやあらむと見《み》えて、白《しろ》き衣《きぬ》、山吹《ぶき》などのなへ(え)たる着《き》て走《はし》り来《き》たる女子《ご》、あまた見《み》えつる子《こ》どもに似《に》るべうもあらず、いみじく生《お》ひ(ひ)先見《さきみ》えてうつくしげなるかたちなり。(一‐一五七ページ)

というところがあって、これが根拠となっている。しかしこれは覗きみる光源氏がはじめて紫上を目にする印象深いところであり、あまりに幼いために年齢を見あやまるという趣向でなければならない。

これが生涯を添い遂げることになる愛らしい紫上のはじめての登場であった。

光源氏の勝手な判断という趣向は、あとにもつづく。泣いているその女の子(―紫上)がすこし尼君に似るので、「子《こ》なめり」[子だとみえる](同)と見る、というのは、実際には孫であるから、判断のあやまりということになる。

少納言の乳母というひとであると推定するところにも判断がある。

(光源氏の判断)

少納言の乳母《めのと》とこそ人言《い》ふめるはこの子《こ》の後見《うしろみ》なるべし。(一‐一五八ページ)

「める」は光源氏の目からみる判断であり、「べし」もまた光源氏そのひとの判断にほかならない。この推定はあっていた。つまりこの女性は少納言の乳母だった。ここでは光源氏が覗き見をしながら、いろいろに推定をめぐらして、女の子の年齢を推しはかったり、親子関係について、あるいは大人女房を乳母かと判断したりする。その判断はまちがったり当たったりする。

(尼君の言)

梳《けづ》る事をうるさがり給へど、おか《(を)》しの御髪《(み)ぐし》や。いとはかなうものし給《(たまふ)》こそあはれにうしろめたけれ。かばかりになれば、いとかゝらぬ人もあるものを。故《こ》姫君は十ばかりにて殿にを《(お)》くれ給ひしほど、いみじうものは思《おも》ひ知《し》り給へりしぞかし。（一‐一五八ページ）

という年齢へのこだわりもある。紫上の母親は十ぐらいだったときにしっかりしていたとは紫上が十であることの証拠だろうか。そうではあるまい。紫上は十をこえるのにしっかりしていると言えない、という年齢の比較であって、「かばかりになれば、いとかゝらぬ……」という言い方が生きてくる。みぎの「十ばかりにて」が、明融本などには「十二にて」となっており、これなら何ら問題でない。

紫上は年齢よりも幼い、ということが若紫の巻のまさに設定であって、母がなく、祖母が育てる女の子とはそういう幼さのことでなければならない。またそういう幼さの無垢が光源氏の生涯に添い遂げることを可能にした、あるいは源氏がその幼さから育てあげたという強調となっていよう。生涯の〝何ごころなさ〟とはそういう幼さに起因するということではないか。

四年後の葵の巻で十六歳となろう。従来の年齢だと、十四歳であって、それでも不都合はないにせよ、葵上に代わる女性であるのにふさわしい女性とは、十六歳であっていけないのだろうか。すっかり「おとなび」（一‐三二八ページ）、藤壺の宮に寸分たがわず（同）、「あらまほしうとゝのひはてて」（一‐三二九ページ）というところなど、結婚するにいたる女性として十六歳でかまわないという気がする。

五　女三宮との正妻争い——紫上の年齢（その二）

つぎに年齢らしい年齢の知られるのが玉鬘の巻で、

（紫上の年齢）

女《をむな》君は廿七八にはなり給《たまひ》ぬらんかし。盛《さか》りにきよらにねびまさり給へり。（玉鬘の巻、二－三五六ページ）

と見える。少女の巻と玉鬘の巻との年立て関係をどうするか、本居宣長などのずいぶん苦労したところであって、かならずしもすっきりした結果が出せる作業にはならないという憾みがある。ともあれ、盛りにきよらにねびまさるとは、この年齢のことであると知られるとともに、三十歳という区切りに近づき、ここから盛りのやや下り坂になる、という予想がなりたつ。

若菜下の巻にも年齢が見えて、

（紫上の年齢）

ことしは三十七にぞなり給《たまふ》。（若菜下の巻、三－三四九ページ）

とある。逆算すると、若菜上の巻のはじまる時点で、紫上は二十九歳ということになる。玉鬘の巻で知られる年齢からたどりすすむと、どうしても二、三歳のずれがでてきてしまうのはしかたがない。年立て表をつくって矛盾をついても、何かがそれでわかってくるわけでない。三十七歳という厄年らしい年齢であることが若菜下の巻での要請だったろうと推測するにとどまる。

三十歳というのはどういう年齢なのか、ということを私は考えたことがある。[4] あくまで物語が三十歳をどう描いてゆくかという範囲内で考察すると、まず六条御息所は三十歳になって光源氏と別れ、伊勢に下向する。その前年には葵上の死去ののち紫上が源氏の君と新枕を交わす、ということがある。正妻争いとしてみると、三十歳になり、正妻になる資格が生じるとともに、若い女性に床をゆずる、という暗黙の了解がそこにあるのではなかろうか。[5] 六条御息所はしかし自分の運命を思い、正妻になることを捨てて別離の途をえらんだ、という展開だろう。

雲居雁が三十歳をこえる。するとあれほど堅かったはずの夫の夕霧がさまよいでて落葉宮をつかんでくる。むろん三十歳をこえる性的関係があって一向にかまわないにせよ、雲居雁を正妻に据えるかわりに新たにかよい所が生じた、という展開であるように読まれる。

紫上三十歳前後という年齢になって、女三宮が六条院に降嫁してくるという厄介なことが出来《しゅったい》する。若菜下の巻からの逆算でみると、紫上二十九歳というときに女三宮降嫁というはなしが起こり、まさに紫上三十歳になるのを待つかのようにして、若い正妻候補の女性がやってくる。ここのところをどう考えたらよいのだろうか。

紫上は正妻ではなかったのか。(6)

朱雀院からの依頼とはいえ、源氏の君は六条院に、皇女である女性を迎えようとする。朱雀院からはすでに朧月夜をうばい、つぎに娘をえて、もし復讐という図式で見てよければ、自分を須磨へ追いやった朱雀院らにたいする、最終的な勝利ということになろう。しかし結果は紫上を苦しめることになる。というより、紫上／女三宮という正妻争いの構想が早くからあったのではなかろうか。一般には六条院にふさわしい女主人として皇女が迎えいれられた、という説明としておこなわれる所ではないかと思う。だれもが紫上を苦しめるつもりなくしてそうなったのであり、突然の災難のようなものとして、彼女としても運命を甘受するしかない、というように、従来、読まれてきたし、紫上自身がそう思い(「心のうちにも、かくそらより出《い》で来《き》にたるやうなる事にて、のがれ給《たまひ》がたきを、……」)(若菜上の巻、三 - 二二三ページ)、光源氏にしても紫上への説得として、そんな言い方しかできない。しかしそれでは代償としての死線をさまようような病気、六条院からの退散といった受苦の大きさが、わりにあわない、という気がする。

さきに紫上／明石の君を組みあわせて競争させ、今度は紫上／女三宮の組みあわせで対決させる。極端に言うと、六条院の設定がなくとも、紫上／女三宮の正妻争いは避けられなかったことではないか。

六　心に耐えないものなげかしさ

よく知られる箇所ながら、引くと、

(紫上の言)

のたまふやうに、物はかなき身には過《す》ぎにたるよそのおぼえはあらめど、心に耐《た(へ)》えぬものなげかしさのみうち添《そ》ふや、さはみづからの祈《いの》りなりける　(若菜下の巻、三‐三五〇ページ)

〔おっしゃるように、何かと頼りない(私の)身には余ってしまってある見た目の評判はあるようだけど、心に耐えない何かと嘆き(の種)ばかり(が)ついてはなれない、どうやらそれは自身の祈禱で(ずっと)ありきたることで(すよ)。〕

とは、紫上の発病直前の、光源氏との会話での吐露としてある。

(紫上のさま)

……とて、残《のこ》り多《おほ》げなるけはひはづかしげなり。(同)

と、光源氏には紫上の言い足りないおくの多くあることが感じられる。

紫上は仏道に専念したいという希望をここで言う。これまで繰り返し希望してきたことで、三十七歳という厄年でもあり、いわば六条院という在俗の象徴のようなところから退引したい、ということだろう。源氏はいつものようにそれを「あるまじき事」と反対する。

源氏は雄弁に、「まことの心《こゝろ》ばせおひ《(い)》らかに落《お》ちゐたるこそ、いとかたきわざなりけれ」〔うそいつわりでない気立てが悠然と落ち着いている(なんてそれ)こそなかなかできないふるまいだったことだよ〕と言いつつ、葵上のこと、六条御息所のことを言いだし、明石の女御、明石の君にまで言及して、紫上をちくちくと刺激する。

(光源氏の言)

君こそは、さすがに隈《くま》なきにはあらぬものから、人により事に従《したが》ひ、いとよく二筋《ふたすぢ》に心づかひはし給《(たまひ)》けれ。さらに、こゝら見《み》れど、御ありさまに似たる人はなかりけり。いとけしきこそものし給へ　(三―三五三ページ)

〔あなたは(それ)こそ、反面に(物思いの)隠れた所(が)ないではないにせよ、あいてにより、(また)ことがらにしたがい、まことにうまく二通りに心用意はしてこられたことである(よ)。全然もう、(女性たちを自分は)大勢知るけれど、(あなたの)ご様子に似ている人はおらなかったことだ。えらく機嫌(が)(それ)こそ何でいらっしゃる(けれどね)。〕

と、ほお笑みながら言うと、源氏は女三宮のもとに(音楽をおしえにゆくという口実をつくって)泊まりにゆく。「いとけしきこそものし給へ」は嫉妬をときにあらわす紫上のことをからかい気味に言ったと見られる。のこされた紫上は、侍女たちに物語を読ませつつ夜更かしをする。不実な男、色好み、二心のある男にかかずらう女など、物語にはいろいろなのがあるけれど、さいごには大体、ひとりの女に落ち着くようである、それなのに自分(―紫上)は、わけもわからず浮いている状態で過ごしてしまってあることよ、たしかに源氏の君のおっしゃった通り、他人より特別な宿運もあっていまにいたる身でありながら、「人の忍《しの》びがたく飽《あ》かぬ事にするもの思ひ離《はな》れぬ身にてややみなむとすらん」〔人の耐えがたく飽かぬこととする物思い(が)ついてはなれない身としてどうやら終わってしまおうとするのであろう〕(三―三五四ページ)、思わしからぬ、「あぢきなくもある」(同)ことよな、など思いつづけて、そのまま病気がはじまる。

発病の原因は正確に二つある。ひとつは、あとになって明らかになるように、六条御息所の死霊がとりついた。もうひとつが、みぎに見る限りで、まさに対女三宮の物思いではないか。

心に耐《た（へ）》えぬものなげかしさ（三一‐三五〇ページ）

人の忍《しの》びがたく飽《あ》かぬ事にするもの思ひ離《はな》れぬ身（三一‐三五四ページ）

という繰り返しは、多妻社会における、身分のいかんともしがたい避けられない嘆き、物思いを意味する。光源氏には光源氏で〝飽かぬ思い〟ということがある。高い配偶者を持つこと、あるいはこれと思う配偶者をえられない嘆きは男社会の底深くを規定する。ひいては家門をたもち、あるいは高くして、子孫という次代へ栄華をつないでゆきたい思いのただならなさは、反転して脱俗や出離へのあこがれともなるのであろう。

（光源氏の言）

……残《のこ》りとまれる齢《よはひ》の末《すゑ》にも、飽《あ》かずかなしと思ふこと多《おほ》く、あぢきなくさるまじきことにつけても、あやしくもの思《おも》はしく、心に飽《あ》かずおぼゆること添《そ》ひたる身にて過《す》ぎぬれば、それにかへてや、思《おも》ひしほどよりは、いままでもながらふるならむとなん、思ひ知《し》らるゝ。（三一‐三四九〜三五〇ページ）

〔生きのこりとまっている年齢の末に（あって）も、不満で残念と思ふこと（が）多く、思わしからずあるべきでない（もろもろの）ことにつけても、変に何かと憂鬱で、心に飽きたらぬ（として）思われること（が）ついてはなれない身で過ぎてしまうから、それにかえてどうやら、（以前に）思った程度よりは、現在までも生きているのだろうとのう、思ひ知られる。〕

みぎは光源氏の吐露としてある。これと類似する表現として紫上の思いもあろう。もう一度書きだすと、

心に耐《た（へ）》えぬものなげかしさ

人の忍《しの》びがたく飽《あ》かぬ事にするもの思ひ離《はな》れぬ身

と紫上は言い、あるいは心内に思う。ひとりの配偶者にめぐまれることはよいとしても、その配偶者である男に別に女がおり、その女のもとへときおり男がでかけてゆくという、社会的な承認されている制度であろうと、また自分は配偶者によって一番大切に遇されている、と自負しても、どこまでその女の自負をささえる根拠があるか。その自負が一旦ゆらぎだすなら、存在の根底でがらがらとくずれる思いにたえず身をしめつけられる、これが多妻社会に見られるごくありふれた心的真実だろう。正妻争いとは競争社会における構造的な制度かもしれないとして、それを生きる物語の主人公たちの物思いや嘆きはその心的実態であり、一転してそのような競争から降りたいと思う出離へのつよい希望ともなろう。

もし仏道生活への、心のさそいに抗しきれなくて、そういう尼すがたにでもなってしまうならば、正妻争いということから見ると敗北となる。女三宮が柏木の巻で尼すがたとなることの真相をそれであると見ぬけば、ここで紫上が出離しえないのは最終的な正妻争いの勝者となるべく予定されるからだということに容易に思いあたろう。

注

(1)『古代文学の文学観と虚構の成立』一九六七《昭和四十二》年十二月提出。
(2)阿部秋生編、明治書院、一九七〇《昭和四十五》年。
(3)藤井貞和『物語の結婚』(創樹社、一九八五《昭和六十》年、同・増補版、ちくま学芸文庫、一九九五《平成七》年)に論じた。
(4)↓注3。
(5)金田元彦「源氏物語私記——若菜の論」(『折口博士記念古代研究所紀要』三、一九七七《昭和五十三》年三月)を参照。
(6)↓第十三章第二節など。

第三節　紫上系と玉鬘系

一　からまりつく二種の長編

武田宗俊氏の『源氏物語の研究』(1)は、この物語の研究書を漁りはじめたころに出会った、私の大きく衝撃を受けた一冊としてある。第一部(桐壺―藤裏葉)の巻々は紫上系十七帖と玉鬘系十六帖とに整然と分けられ、中間にたってまぎらわしい巻はないという。

武田説にたいしてはいくつかの反証のあげられることがあり、それを根拠に、否定的な研究があることはある。しかしそれら、わずかながら反証のあげられること自体、それだけしか反証があげられないことを意味する。決定的な反証がほとんどないことは武田説をさらに強化する要点となりそうなうえに、ほかでもない武田氏が、その多くを早くみずから指摘して、決定的な反証たりえないことについて一々検討ずみなのだから、その〝後記挿入〟説はゆらぎようがないかに見える。

玉鬘系十六帖の巻々は、帚木、空蟬、夕顔、末摘花、蓬生、関屋、玉鬘、初音、胡蝶、蛍、常夏、篝火、野分、行幸、藤袴、真木柱。この十六帖は、紫上系の十七帖(桐壺の巻から藤裏葉の巻までの三十三帖のうち玉鬘系十六帖を除く各帖)にたいしていわば別伝を構成する。

和辻哲郎(2)は早くに、帚木の巻が書かれたときに桐壺の巻はまだ存在しなかったと説く。しかも帚木の巻の冒頭は、読者が光源氏のことをはじめとして、六条御息所や藤壺、葵上などの物語をよく知っているということを前提とする、とも推定する。

阿部(＝青柳)秋生氏はその著名な論文「源氏物語執筆の順序」[3]において、帚木、空蟬、夕顔、末摘花の四帖を帚木グループ、若紫、紅葉賀、花宴、葵、榊(＝賢木)、花散里、須磨の帖々を若紫グループとして、若紫グループのあとに帚木グループが書かれたろう、とした。

玉上琢彌氏は「源語成立攷」[4]で、「輝く日の宮」先行説や、古来知られる「ならびの巻」(帚木の并《なら》びが空蟬、夕顔の巻々であるといった言い伝え)について、それらは成立事情がからんだことではないか、という考えを提出される。

武田説は紫上系の人物が玉鬘系にあらわれるのにたいして、玉鬘系の人物は紫上系にあらわれない、というところに要点がある。人物の空蟬、夕顔、玉鬘、末摘花たちを見ると、玉鬘系の巻々にだけ出てきて、紫上系には出ることがない。これはまことに歴然たる差異現象であった。鬚黒大将は、これも武田氏が玉鬘系の人物であると見なしている通り、胡蝶の巻に初登場のあとは、大体、真木柱の巻まで出て、紫上系の梅枝、藤裏葉の両巻には出ることなく、若菜上下巻にいたってふたたびあらわれる。真木柱の女君もまた玉鬘系の人物であることはいうまでもない。近江の君がこのグループの人物であることはことあらためて言う必要もなかろう。

紫上系の物語は玉鬘系の物語から独立し、完全な統一をもつ巻々として、後者に無関係だと言う。一方、玉鬘系の物語は紫上系の物語を背景とし、その系を取りいれるとしても、それは影を落とすのみで、物語を発展させてこれを紫上系に返すことはないのだという。

私はこれらの二系を本伝系と別伝系との差異現象として了解するものの、この差異が歴然としてある以上、これを無視した研究論文はその後、今日にいたるまで、まともに読めないという気がする。

二　若菜上下巻の緊張した文体

もうすこし注意をこらしたい。武田氏は藤裏葉の巻までの三十三帖に考察をとどめた。なぜ藤裏葉の巻までで考察をやめて若菜上下巻以下の巻々への探求をしなかったのか、不可解な暗部をのこす。若菜上下巻以降の巻々にも人物の出入りがあって、それらを見てゆけば紫上系と玉鬘系との分離はなお可能だ、と思われるのに、いかなる不都合があって武田氏はその考察を放棄したのであろうか。ともあれ、たとえば指標人物の玉鬘の女君を巻別に見てゆくと、若菜上下巻に出、柏木の巻に出たあと、光源氏生前の物語にはもうすがたをあらわすことがない。言及すらされない。紫上が亡くなるという御法の巻、そして源氏の君が悲嘆に暮れる幻の巻に玉鬘は登場しない。薄情だから、あるいは源氏にたいし疎遠だから弔問にも慰問にもかけつけないといった、そんな事態ではさらさらなくて、要するに御法、幻の両巻を書く作者の構想のなかに玉鬘はいなかった、ということであるのに過ぎない。すなわち横笛、鈴虫、夕霧、御法、幻は紫上系の巻々としてある。

匂宮の巻もまた、人物の出入りから紫上系かと判断される。玉鬘という女性は匂宮の巻に見えず、竹河の巻にいたってあらわれる。真木柱の女君は若菜下の巻、紅梅の巻および竹河の巻に、そしてその父の鬚黒大将も若菜上下巻のあと、紅梅の巻と竹河の巻とに言及される。紅梅、竹河の二巻は玉鬘系であると判断される。さらに言ってよければ、紅梅の巻に緊密につらなる宿木の巻もまた、真木柱の娘である宮の御方という女性が出てくるからには、玉鬘系のグループに入れてよいのではないか。

このような第二部（若菜上―幻）第三部（匂宮―夢浮橋）の巻々における玉鬘や玉鬘系の人物の出入りは、第一部におけるそれと無関係なことでなかろうと思われた。「このことを解決するためには第一部―第三部を統一的に説明しうる成立過程論を最終的に用意しなければならないことだろう。いま藤裏葉の巻から若菜上下巻へと読みすすめる時、その前者から後者への暗転をどのように理解するか。第一部そのものにおいてさまざまな第二部への用意があろう。すくなくとも若菜上下巻の新しい方法は藤裏葉の巻という栄華の極美のゆきづまりから編みだされてきたといった単純なものでない。おそらく第一部における二つの系列の葛藤のなかからみちびかれたものであり、若菜上下巻は玉鬘の系譜からいえば直接に真木柱の巻を受けている。しかも若菜上下巻は真木柱の巻につづいて〝後記挿入〟されるといった体のものではけっしてなく、むしろ若菜上下巻それ自体が二つの系列の葛藤の場所そのものである。そして質量ともに藤裏葉の巻までの本伝系の叙述を圧倒せざるをえない場所であり、それがついに若菜上下巻の新しい方法を切り開くのであろう(5)」と、私は若菜上下巻にふれて以前に書きとどめたことがある。

以上を要するに、『源氏物語』の紫上系と玉鬘系という二グループの並存という状況は、光源氏生前のそれはもちろんのこと、その死後にまでずっと観察される、ということになる。もしかすると、この二グループは『源氏物語』の最終にいたるまでであるのではないか、とのそらおそろしい臆説を余儀なくさせられてくる。そしてこの物語において、今日にいたるまで世評の高いと言ってよい巻である若菜上下巻、そして柏木の巻が、本伝系ならぬ別伝系につらなる作品の位相を呈している、ということになろう。もし本伝系と別伝系とがここ若菜という長大な二巻のうちに融合されていると見てとるのならば、これ以降の巻々に二グループの区別があってはならないはずなのに、実情は柏木の巻以下にずっと二グループの並存を認めることができるからには、若菜上下巻を単純に融合的な部位であると言ってすませなくなる。若菜上下巻は別伝系が本伝系を圧倒せんばかりの力量を示して、緊張した文体によって書きつがれてゆく。多くの読者を若菜上下巻へ引きつけた理由の一端はその緊張した文体にあった。

三　〈外部〉から来る女性たち

若菜上下巻と宿木の巻との共通点があるとしたら、ともに、それぞれの巻において、それまで知られなかった重要な女主人公が登場してくる、ということがある。若菜上の巻の女三宮、そして宿木の巻の浮舟。ここでは女三宮について言うと、朱雀院の娘として若菜上の巻にいたり紹介されて登場し、光源氏に降嫁して、柏木と密通し、柏木の巻にて尼になり、そののちは生まれた薫の母として三条宮に住む。

女三宮にもうすこししたがうと、柏木の巻にて尼すがたになったあと、入道の(姫)宮として、横笛、鈴虫、夕霧、幻の各巻に出てくることが見える。女三宮が御法の巻に全然ふれられないことは、玉鬘が出てこないことに思い合わせてやや注意を惹かれるものの、横笛、鈴虫、夕霧、幻の巻々に出てくるからには本伝系の人物であることを疑えない。こう見てよければ、女三宮は別伝系の若菜上の巻にはじめて出て、のちは本伝系の巻々に取りいれられてゆくことになる。

別伝系にはじめて出て、本伝系にも出て活躍する、という人物はほかにもいないことだろうか。適切な例と言えるか、ためらいがあるにしても、一応、朝顔という女性がその線に浮上してくるのは自然だ。朝顔の姫君は早く帚木の巻に話題になっていた。葵の巻以後、すがたをあらわし、朝顔という一巻をあたえられるほどに重要になってゆく。朝顔の巻に見える、光源氏(三十二歳)が姫君にうたを贈ったことが、帚木の巻(源氏十七歳)で話題になっているという謎は、解きがたい成立過程論上の矛盾としてある。

本伝系、別伝系という区別をつきくずしてしまうつもりはなくて、紫上という最大の女主人公にもまた注意を寄せる必要がここにして生じてくる。可憐な紫上がすがたを見せて読者を魅了する若紫の巻よりまえに、「思ふやうならん人を据《す》へ《（ゑ）》て住《す》まばや」（桐壺の巻、一‐一一七ページ）という表現があって、桐壺の巻において早くものちの紫上を予定する記事ではないかという意見が聞かれる。紫上が予定されての表現か、この表現が紫上を呼び寄せたのか、決定しがたいものの、すなおに読むならば紫上の予告ではなかろうか。そして、たしかにこの可憐な女性がはじめてすがたを見せる若紫の巻は、すでに述べたごとく、藤壺が光源氏にひそかに通じるきわめて暗湿な一巻でもあった。可憐な紫上と、秘められるべき藤壺事件との対比こそ、若紫の巻の意図とするところであったことは見やすい。藤壺という女性が本伝中の本命とでもいうべき位置にある女人であるとすると、紫上はそれに対比させられるように、一応、別個に登場させられ、以降、本伝中の人物の中心に、まさに藤壺の身代わりであるかのごとく据えられてゆく、という展開を見せる。女三宮が若菜上下巻から登場して以降、本伝系に置かれるのとかなりの程度まで似る、との印象を消すことができない。

明石の君が最初に話題になるのはやはり若紫の巻で、そこに話題になったあと、いかに遠隔地にいるからとはいえ、ときおり思いだされてもよかろうのに、ぜんぜん紅葉賀、花宴、葵、賢木、花散里の巻々で話題にならない。須磨、明石の両巻にいたってすがたをあらわし、以後、本伝系の重要な人物となる。遠隔地とは、言うまでもなく京都からのとおくで、単に距離が何十キロはなれた所、という意味とちがう。明石の地は京都にとっての正真正銘の〈外部〉、つまり畿外の地にあった。明石の君は、まさに文字通りの〈外部〉から呼びいれられて物語を回生させる。この〈外部〉は光源氏がみずから出かけていった唯一の空間であった。そこで光源氏は明石の姫君を手にいれる。明石の姫君こそは光源氏の世俗的な将来の栄達を約束してくれる娘となろう。

四　物語の活性化

『源氏物語』は〈外部〉からの女性の導入によって長編化する、と言えそうではないか。むろん、はじめに長編の構想があった。だが年代記的にだらだら叙述して長編にする方法を採らなかった。つまりその意味では冒険物語になかなかならない。冒険物語なら事件につぐ事件が継起するのを、こちらがわから出かけていって退治するという外部遍歴のかたちをとる。唯一の冒険物語らしさを示すのが須磨、明石の両巻で、それは二度とくりかえされない通過であった、と見られる。

女三宮が〈外部〉の女性だ、という言い方をすると、あるいは反論が寄せられるかもしれない。しかし受けいれる六条院から見ると、本来、彼女の座席はなかったはずで、まさに外部からの闖入という突然さの印象をぬぐいがたいものがある。皇女が結婚するということはむろんありえないことでなく、先帝の四の宮が桐壺帝の後宮にはいり妃の宮（藤壺）になるのはその例だった。それはけっして身分を下げていない点で正当な結婚形態としてよい。それ以外の、つまり皇族内部の結婚以外の結婚は、身分を下げることになるからタブー（禁忌）化されるのが古来のしきたりで、つまり皇女は臣下の男と結婚しない、というたてまえとしてある。『源氏物語』に見ると、実際には臣下に降嫁する皇女を何人か知ることができるから、重大な違犯ではない。しかし異例な感じをともなわずにはいなかったろう。女三宮という聖別されてあるべき皇女の降嫁はやはり〈外部〉からの活性化と見てよい。

玉鬘という女性は九州の北部という〈外部〉から呼ばれて、『源氏物語』の重要な位置を占める。夕顔の物語をその前史であると考えることは、夕顔の巻におさない彼女のゆくえ知れずになることまでが語られるからには、ゆるされることだろう。玉鬘の巻は〈外部〉にあって苦しむ一女性の成長を想像力豊かに描いてみせる。それも一巻の前半までだ。上京し、さらに苦しみつつ六条院いりするまでは、高級貴族の家へ無事に迎えいれられるか、かならずしも予断をゆるさない展開だ。無事に迎えいれられることによって、内部の活性化という大任がはじまる。内部の活性化といっても、のちの近江の君が失敗例として対比的に書かれるのを参照すると、人々に満足をあたえる活躍のしかたというものはなかなかむずかしいことではないか。

こうして見てくると、〈外部〉から導入されて、別伝系にとどまる人物もあれば、別伝系から出て本伝系において活躍する人物もいることになる。まことに長編物語を大河にたとえることがしばしばあるように、すべてが本伝系へ注ぎこめばよいのに、物語制作の実態はそうもゆかない、という複雑な事情があって、二系列とそれらのからまりあいとをあたかも大木とそれにまつわりつく巨大なつたのようにして見せる、というところかもしれない。

『紫式部日記』によると、彼女は少女期から物語に熱中してきたらしく、文学仲間と物語を書いては見せっこをしていたようだ。習作期のそれらは短編であったろう。それらの短編A、短編B、短編C……はけっして『源氏物語』でない。原『源氏物語』であるともいうことはできないだろう。しかし原夕顔や原空蟬がそこに活躍していなかったと想像することもまたむずかしい。あるいはまた原紫上が。それから原朝顔が。そうした女主人公にかかわるさまざまな試行を経て新たな構想のもとに長編として書かれた、それが『源氏物語』のはじまりだったと考えてみる。長編の進行中に旧作が取りいれられるというようなことは大いにあるのではなかろうか。そういうことを考えるのは楽しい空想に属する。

ともあれ、本伝系がさきに書かれなければならない、と固定して考える必要はない。おなじく、別伝系だからあとに書かれるべきだ、という考えにとらわれるのもよくない。本伝系において人物を整理して書くといった操作は執筆途中にいくらでもあると考えたらよい。別伝においてだけ出てくる人物が設定されることも十分に考えられる。ただしそういうことを考えることは武田説の根本的否定になってしまおう。

〝後記挿入〟ということをあまり窮屈に理解せず、〈系列化〉といったゆるやかな見方で展望したのは稲賀敬二氏(6)だったか、「桜人」廃棄説はあざやかであった。しかし屋上屋を架する論であったという観がなきにしもあらずだったかもしれない。『源氏物語』群あるいは集合としての『源氏物語』の〈系列化〉として現行の物語が成立してきたというところまでは言ってよいのだろうと思われる。

注

(1) 武田宗俊、岩波書店、一九五四《昭和二十九》年。
(2) 和辻哲郎「源氏物語の研究」『日本精神史研究』岩波書店、一九二六《大正十五》年、所収。
(3) 阿部秋生「源氏物語執筆の順序――若紫の巻前後の諸帖について」『国語と国文学』一九三九《昭和十四》年八、九月。
(4) 玉上琢彌「源語成立攷――擱筆と下筆とについての一仮説」『国語国文』一九四〇《昭和十五》年四月。
(5) 修士論文。↓前節注1。
(6) 稲賀敬二『源氏物語の研究』笠間書院、一九六七《昭和四十二》年。

第七章　末摘花という表象

第一節　末摘花の巻の方法

一　末摘花の姫君の出自

末摘花の姫君の父常陸宮の系譜がよくわからない。この物語のなかに大体、皇族たちの系譜をたどることができるというのに、この常陸宮の出自がよくわからないことは、やや特異であるように見える。従来、この巻が短編的な巻々の一つであるとされ、蓬生の巻にいたって末摘花物語が長編に組みいれられていったように論じられるのは、常陸宮家の系譜的孤立に一因があろう。『源氏古系図』(九条家本)には、

常陸宮──蓬生《よもきふ》宮　すゑつむ花是也　(下略)
　　　└─律　師　(下略)

とある。末摘花の巻の冒頭ちかく、兵部大輔なるやはり系譜不明の人物がおり、本居宣長は『源氏物語玉の小櫛』で、蓬生の巻との矛盾を不審としながらも、これを常陸宮の子で末摘花の兄かとしている。もしそうであるとすれば、みぎの系図にさらに書きこまれなければならない。宣長の推測を肯定する手がかりも、否定する根拠も、われわれは持ちあわせない。しかし両者の何らかの系譜的つながりはあろう。兵部大輔は大輔の君と呼ばれ、「わかむどほり」(王

孫の意か）であり、もとこの常陸宮に居住していたという。宣長の推測はもっともながら、もしそうであるならば、本文上に、はっきりよみとれるように書かれてあってもよいではないか、という疑問が湧く。本文から隠された系譜的説明が物語のそとがわでおこなわれていた可能性を、この人物についても指摘できる。

古代の物語は外部にひろがるさまざまな説明があるとしても、ともあれ、いまは、われわれにあたえられている末摘花の巻なる、現存『源氏物語』の一巻をあいてにする。これを夕顔の巻にならぶ短編的な構想の物語として読みうるということを拒否する理由はない。夕顔の巻は惟光という乳母子に手引きされた失敗物語であった。この末摘花の巻においても、もうひとりの乳母子である大輔命婦に手引きされて失敗することになる。この対照的性格は明らかであるといえよう。

さきの系図に末摘花を「蓬生宮」というのは、他の系図類で「蓬生女君」と言っている方がよい。皇子所生の子は多く「君」であるように思われる。末摘花の姫君を「宮」と呼ぶのは常陸宮邸に住んでいることによる。おなじく「律師」も、「禅師」あるいは「阿闍梨」とあるのがよろしい。かつての大輔の君が蓬生の巻で法体になっているとは考えにくいから、蓬生の巻でこの禅師の君以外に兄弟がいないように読まれるのは、主題上の要請からみちびかれた、末摘花の巻から蓬生の巻への構想の変更であろう。

二　女主人公としての末摘花

だがそれにしても、末摘花という女性が、『源氏物語』にとって登場させられなければならないひとであるかどうか、近代の読者は、たれしも考え込んでしまうのではなかろうか。われわれは考えあぐねる。簡略化された『源氏物語』の説明類では、末摘花の巻や、あるいは蓬生の巻にたいして冷たい場合を見かける。最初に簡略にさせられるのが(源典侍などとともに)末摘花であることは、よく納得される。この女性が主人公光源氏をいかほどうごかしたろうか。

近代の読者にはこの女性が何か不用な、物語の夾雑物のように見えるにしても、古代の物語にとってはこれが導入されなければならない、いわば物語自体の欲求があった、ということだろうか。気のとおくなるほど悠かな過去からのさまざまな神話的類型が動員され、いってみれば古代性にまみれるようにして末摘花の人物造型や、物語の展開がなされていることは、そればかり強調すると一面的な理解に陥るにしても、十分に考慮されなければならない。そのような古代性は、当時の読者のよく承認するところであったろう。だから近代のわれわれのような疑問を発しなかったにちがいない。だが、それは、単に疑問を発しなかった、ということに過ぎないのではなかろうか。末摘花という女性が『源氏物語』にとって不可欠な人物であるといえるか、われわれの素朴な疑問は存在してもよかろう。

事実はこの女性に、末摘花の巻と蓬生の巻という二巻をあたえる。女主人公のひとりとして厚遇しているといわれるべきだろう。もし物語にはいわゆる〝おこ物語〟(滑稽譚)を取りこむことが必要だったというのならば、『源氏物語』の若菜上の巻以後、夕霧の巻などにわずかにそれらしいものを認めるにしても、ほとんど〝おこ物語〟が見いだされないことを一体どう考えたらよいのか。むしろ〝おこ物語〟でも何でもとりこむことのできる融通性が物語らしさだろう。すなわち末摘花の物語は、〝おこ物語〟の必要性によって『源氏物語』にはいってきているのでなく、何でも取りこむ物語性によって『源氏物語』にはいってきた。物語の冒頭は、周知のように、「思へどもなを《(ほ)》飽《あ》かざりし夕顔《ゆふがほ》の露にを《(お)》くれし心地を……」(末摘花の巻、一-二〇四ページ)とある印象的な語りだしからはじまる。夕顔の物語を〝愛情〟のそれとして読むとすれば、末摘花の物語もまた光源氏をめぐる愛情劇の一変型なのではなかろうか。〝おこ物語〟であることを強調した読み方がそれでよいかどうか。夕顔も末摘花も、そしておそらく紫上も、作者によってならばされているのではなかろうか。二巻（末摘花、蓬生）のなかでは女主人公であり、蓬生の巻がかならずしも〝おこ物語〟であると言えないように、この末摘花の巻についても、物語が〝おこ物語〟を書きいれなければならない必要性からこれが書かれた、とする意見にたいして疑問を持つ。

（光源氏が懸想を断念した事例）

つれなう心づよきは、たとしへなうなさけを《お》くるゝ、まめやかさなど、あまり物のほど知《し》らぬやうに、さてしも過《す》ぐしはてず、なごりなくくづを《ほ》れて、なを《ほ》〳〵しき方《かた》に定《さだ》まりなどするもあれば、の給ひさしつるも多《おほ》かりける。

（末摘花の巻、一-二〇四ページ）

〔愛想のない気のつよい（女）は、たとえようなく風情（の）とぼしい堅実型だったり（で）、たいして物事の度合い（ということを）知らないようで（いながら）、そのくせ（さいごまで）過ごし終わらず、あとかたなく（志操が）くじけて、平凡な方面（の男）に定まりなどする（の）もあるから、半分声をかけ（たまま）終わってしまう（懸想）も多くあってきたことだ。〕

というやや難解な一節が冒頭近くにある。冷淡をよそおい、気丈で、極端なほど、男女の愛情のことなど寄せつけません、というかおをしていながら、男に言い寄られるや、たちまちつまらぬ結婚に走り去る、まあ並のよくあるタイプの女は物語の女主人公にならない。これに較べれば末摘花は立派に女主人公性を持ちそなえる。「たとしへなうなさけを《お》くるゝ」という状態であり、「あまり物のほど知《し》らぬ」女性といってよい末摘花が、当代随一の貴公子源氏の君をかよわせる、けうな話題であることは物語の条件にかなう。

そんな末摘花が、一旦、男をかよわせたあとでは、まるで「なを《ほ》〳〵しき方《かた》に定《さだ》ま」った主婦であるかのように源氏の君に歳暮の衣類を贈りとどける、そこにおかしさがあるにせよ。

三　女性遍歴の一階梯

やはり冒頭近くから引く――

（性懲りもない光源氏）

いかで、こと〳〵しきおぼえはなく、いとらうたげならむ人のつゝましき事なからむ、見《み》つけてしかな、とこりずまにおぼしわたれば、……（同）

（何とか、おおげさな評判はなく、なかなか可愛いという感じの人が、気づまりなこと（の）なさそうな、（そんな女を）見つけたいことだと、性懲りなく思いつづけると……）

「こりずまにおぼしわたれば」とは、すでに注意されているように、夕顔の巻の「なを懲《(ほ)こ》りずまに又もあだ名立《なた》ちぬべき御心のすさびなめり」（夕顔の巻、一‐一四三ページ）を受けていよう。引き歌「こりずまにまたも―無き名は―立ちぬべし。人にくからぬ世にし―住まへば」（『古今和歌集』恋三、十三‐六三一歌）を根拠とするから、「人にくからぬ世」に住む限り、「こりずまに」恋愛遍歴がつづく。源氏の君は夕顔のことを忘れることができないでいた。「け近《ちか》くうちとけたりしあはれに似《に》る物なう恋しく思《おも》ほえ給ふ」（末摘花の巻、一‐二〇四ページ）という、夕顔への恋しい思いが末摘花の巻の巻頭部に確認される。そうすると、「こりずまに」「いかで、こと〳〵しきおぼえはなく、いとらうたげならむ人のつゝましき事なからむ」女性を見つけたいものだ、と思っているというのは、夕顔のいわば身代わりとなる女性を源氏の君がもとめつづける、という文脈であるように受けとれそうであるものの、やや速断のそしりをまぬがれないのではなかろうか。

微妙なことながら、源氏の君と夕顔とのあいだには、へだたりのついにとりはらわれることがなかった。「け近《ちか》くうちとけたりし」というのは、夕顔の巻に「「海人《あま》の子なれば」とてさすがにうちとけぬさま」(夕顔の巻、一-一二〇ページ)とあるものの、そのすぐあとに「よろづの嘆《なげ》き忘《わす》れてすこしうちとけ行《ゆく》けしき、いとらうたし」(一-一二一ページ)と、だんだん親密なきもちのつよくなってゆくさまが語られるから、「け近《ちか》くうちとけたりし」という末摘花の巻での源氏の回想はただしい。だがそれでも、へだたりがとりはらわれるにいたらない。夕顔はついに名のらなかったのだから。彼女は「つゝましき」女性であった、といえることだろう。夕顔の死後、右近が、夕顔について、「世《よ》の人に似《に》ずものづゝみをし給《たまひ》て、人に物思《おも》ふけしきを見《み》えんをはづかしきものにしたまひて、つれなくのみもてなして御覧《らむ》ぜられたてまつり給《たまふ》めりしか」(夕顔の巻、一-一三九ページ)と述べあかす。源氏が、「こりずまに」「いかで、こと〳〵しきおぼえはなく、いとらうたげならむ人」(末摘花の巻、一-二〇四ページ)をもとめるというのは、まさにその点で夕顔的女性を考えるとしても、「つゝましき事なからむ」(同)女性を見つけたい、と思いつづける点において、夕顔型の女性とちがう人をもとめよう、ということになる。

恋愛遍歴とは、当然ながら、漁色的なことでなく、理想の配偶を現実的にもとめてのそれだ、ということをここに確認したいので、夕顔は、源氏にとって、「つゝましき」点さえなければ、ほとんど理想に近い配偶だった、という考えとなろう。帚木の巻の雨夜のしな定めが、理想の配偶とはどのような性質の女性であるかを、源氏の君にたいして問題提起した。源氏の君の女性遍歴は、ほぼその構想圏内にある。それでは「つゝましき」ところのない女性とはだれか。そのひとつの回答が、若紫の巻に見いだされる、屈託のまるでない幼女的女性、紫上であろう。それにたいしてここ末摘花の巻では、夕顔にひきつづき、理想的でない女性が登場させられる。雨夜のしな定めの構想圏内にあることは、末摘花の正体を知ったあと、源氏が、帰ろうとして、門に立ちやすらいながら、「かの人〳〵の言《い》ひし葎《むぐら》の門《かど》は、かうやうなる所なりけむかし」(一-二二六ページ)と、雨夜のしな定めを思いおこしていることによってよく知られる。末摘花の場合、住居は理想的なのに、残念ながら住んでいた人(―末摘花)がまるで理想からほどとおい女性だ、という思いであった。

蓬屋に理想的な女性を据えたい、という源氏の希望は物語正編のなかで、ついに実現しないようだとしても、理想的な女性を思うままに据えようという点で、紫上がほぼそれに該当することになる。

四　かいま見、見ることの欠如

末摘花の巻は四パーツに分けられる。第一パートは、時間的にみると若紫の巻に先行し、源氏と頭中将との、女性をめぐる挑みあいが末摘花なる未知の女性へ向けられてゆくところ(一―二一二ページ)。夕顔が、頭中将のさきに知る女性であったのにたいして、この女性にはさきに近づこうと、源氏はむきになり、あせらされてゆく。

末摘花の巻のはじまりの部分にかいま見が欠けるのは、理にかなっている。もしこの巻に〝制限〟があるとしたら、色好みの男たちが情事の出発点とするあのかいま見を、この巻には設定できないことだろう。大輔命婦は姫君の容貌をあらかじめよく知っていた、と考えなければならない。源氏を「うちとけたる住《す》みかにすへ《(ゑ)》」(一―二〇六ページ)て、それとなく姫君から引きはなしておくようにしたり、「御格子《みかうし》まいり《(ゐ)》なむ」(一―二〇七ページ)と、暗くして源氏の眼路を閉ざすようにふるまうのは、姫君の容貌を考慮してであるのにちがいない。だが読者は、命婦のそのような配慮を不自然とせず、かいま見の欠如に気づかないでいる。末摘花が琴の名人であることを物語が強調するのは、そのため以外でなかろう。源氏は、末摘花が琴の名人であるという設定によって、「立ち聞《ぎ》き」(同)のほうをえらぶ。「立ち聞《ぎ》き」のほうをえらぶ、とは、色好みの男たちの方法として、かいま見と立ち聞きとがあるから、空蝉の場合は立ち聞きであり、夕顔の場合は惟光にかいま見を代行させたのであった。そういえば空蝉もまたけっして美人ではなかった。末摘花の場合は、あたかも見るなのタブーでも敷かれているかのごとく、かいま見がここに周到に排除され、立ち聞きを前面に極端に押しだす。

かいま見をしてはならないことが、この巻の方法上の要請にある。だから源氏の君が寝殿のほうに近づくのも、「人のけはひ聞《き》くやうもや」(一-二〇八ページ)と思ってであった。するとそこにもとより立っている男のあるのを見知ることになる。それがだれであるか、源氏の君にはわからない。この夜の源氏はとにかくに見ることが不如意であった。このところは、

(もとから立ち隠れている男)

たれならむ、心かけたるすき者《もの》ありけり、とおぼして、陰《かげ》につきて立《た》ち隠《かく》れ給へば、頭《とう》の中将なりけり。(一-二〇八ページ)

〔だれだろう、懸想している好き者が(まえからそこに)いたんだとお思いで、かげについて立ち隠れておられると、(その男は)頭中将だったことだ。〕

とある。これをうっかり読むと、源氏はその男を頭中将だと気づいたことになる。しかしそういう気づきではない。「頭《とう》の中将なりけり」は、語り手が、聞き手(読者)に、源氏の君は気づかぬものの、実は頭中将だった、頭中将である、とあかした地の文としてある(「けり」は過去からの経過)。頭中将はさきまわりして、源氏の君の行動を見ていた。こうして頭中将や、ひいては読者にさきまわりされるのにたいして、主人公源氏はあせるように姫君へ接近してゆくという構造をなす。

五　末摘花の不毛な性

つづく第二パートは、追いこまれるようにして、ついに末摘花の姫君に逢うくだりを中心とする(一-二二〇ページまで)。

読者はすでに、おおよそ末摘花の正体を知るところだといわれる。その判定にはややむずかしい問題があるにしても、今井源衛氏(1)によってよく論じられた有名な物語の方法的指摘であるから、ここにくりかえすことをしなくてよかろう。

なぜそのような、姫君の正体を何となく読者にあらかじめ知らせるように作者は書くのだろう。空蟬の拒絶、夕顔の死と、「二度あることは三度ある、どうせ碌《ろく》なことはあるまいという予想が読者にあるため」だ、と石川徹氏はいう。(2)「どうせ碌《ろく》なことは」ない、ということの理由として、光源氏にたいする情事への戒めではなかろうと思われる。作者はここに恋愛失敗譚をつらねてゆけばよいので、夕顔への鎮魂を怠る源氏の君への報復であるように石川氏の読みとられるのは、作者として問題としなかったことではなかろうか。夕顔への思慕が、性懲りもなく新たな情事を発掘せずにはいないことこそ好色家の面目としてある。そして源氏の君が恋愛失敗譚をかさねればかさねるほど、紫上のろうたげな理想性が浮上してくることだろう。

それにしても、次第にあらわになってくる末摘花のもの知らなさは目に余るものがある。「いらへきこえで、たゞ聞《き》けとあらば、格子《かうし》など鎖《さ》してはありなむ」(一-二二五ページ)と、完黙して、源氏の「いくそたび、君がしゞまに負《ま》けぬらん。ものな言《い》ひそ、といはぬたのみに」(一-二二七ページ)といううたにたいしても、ついに返歌をしない。これが恋愛であるならば、うたを交わすことは最低の条件ではないか。なぜ恋愛にうたが必要なのか。うまく説明できない面があるにしても、単なる伝達を超えたことばの交流であること、贈答歌になることと、恋愛がひろく性的な交流であることとは、対応していよう。末摘花がことばなき女性であることは、そのまま性のない人間であることを意味するのだろう。源氏と末摘花とはついに贈答歌という〝儀礼〟をへずして交じわることになる。これは異例なことのようであり、こういってよければこの巻がどこか不毛な性をただよわせる、不愉快な印象を読み手にあたえるかもしれない理由と見られる。一体、二人を結びつけた根源の力はどこにひそむのか。だれの企みであろうか。大輔命婦はこのようにいう。

(大輔命婦の言)

限《かぎ》りなき人も、親《おや》などおはして、あつかひ後見《うしろみ》きこえ給ふほどこそ、若《わか》びたまふもことはり《(わ)》なれ、かばかり心ぼそき御ありさまに、なを《(ほ)》世《よ》をつきせずおぼしはゞかるはつきなうこそ　(一―二一五ページ)

〔(身分の)限りな(く高)い人も、親など(が)いらっしゃって、世話し後ろ見申されるあいだ(はそれ)こそ、若いふるまいをなさる(の)も自然であるけれど、それぐらい心もとない(―親のない)おありさまで、依然として(夫婦)関係のことをいつまでもご遠慮なさる(の)は不似合いなことで。〕

と姫君を説諭する。親のいない女性は恋愛をすべきだ、とおしえる図と見られる。親のある女性の場合は、親がかりの結婚が可能であるから、かならずしも恋愛的な男女の結びつきのかたちをとらなくてよい。しかるに親のない状態においては、恋愛によってしか結婚にいたることがない。そういう恋愛の道をおしえる、大輔命婦は、「色好《いろこの》める」(一―二〇五ページ)若人として、格好の教師であった。それにもかかわらず末摘花は、うたを交わさなかった。うたを交わさずして現実的に姫君は源氏と結ばれるのだから、思えばこれはけうな物語であるという一言に尽きる。

六　貧しさとその中心、故父の霊

第三パートは、朱雀院行幸の記事ののち、源氏が末摘花を訪れて、その翌朝、ついに彼女の正体を見あらわすところを中心にする（一－二二八ページまで）。

ここにおいてはすでに、見るなのタブーが解禁され、源氏の君はこの貧寒屋敷を見る人としてある。情事のはじまりとしてのかいま見でなく、いわば情事の終わりの、結果としてのかいま見という意図はこの巻を特徴づける。ここにみられる貧しさの描写は、蓬生の巻にも（さらに誇張したかたちで）再現されるから、書き手の深く意図するところであったろう。姫君に近侍する女どもの様子は、たとえばこのようだ。

（雪の日の邸内の貧しさ）

隅《すみ》の間《ま》ばかりにぞ、いと寒《さむ》げなる女ばら、白《しろ》き衣《きぬ》の言《い》ひ知《し》らず煤《すゝ》けたるに、きたなげなる褶《しびら》引《ひ》き結《ゆ》ひつけたる腰《こし》つき、かたくなしげなり。さすがに櫛《くし（お）》をし垂《た》れて挿《さ》したるひたい《（ひ）》つき、内教坊《ないけうばう》、内侍所《（ないしどころ）》のほどに、かゝるものどもあるはや、と《（を）》おかし。かけても、人のあたりに近《ちか》うふるまふものとも知《し》りたまはざりけり。（一－二二二ページ）

（隅の間だけによ、えらく寒げな女ども（が）、白い衣の言いようなくすすけてある（のの上）に、きたなげなしびら（を）引き結いつけてある腰つき（は）、（いかにも）気がきかない感じだ。それでも櫛（を）垂らして挿してあるひたい格好（は）、内教坊（―歌舞をおしえる役所）、内侍所（―宮中で三種の神器のひとつである鏡を守るなどをする役所）ぐらいの所に、そのような者ども（が）おるよなあ、とおもしろい。けっして、（その）人の近辺に生活する者（―末摘花の侍女たち）ともお気づきでなかったままでいる。）

「人」とは末摘花のことをさすとみるのでよかろう。姫君に近侍する女どもであるとは思いも寄らない。それほど貧しい状況が、正身末摘花の周辺部から、いまやくまなく明らかになる。これが「文学としての誇張」（野村精一「末摘花と近江君[3]」）であるかどうか、野村氏は蓬生の巻について述べられるにしろ、文学的に貧女の印象はとにかくに末摘花の巻をはじまりとして、手の込んだ描写を試みる所といわれるべきだろう。周辺部から次第に明らかにされてゆく貧しさの中心部で、彼女の様子はと言えば、

（姫君の容貌）

まづ居丈《ゐだけ》の高《たか》く、を背長《せなが》に見《み》え給ふに、さればよと胸《むね》つぶれぬ。うちつぎて、あなかたわ（は）と見《み》ゆるものは鼻《はな》なりけり。ふと目《め》ぞとまる。普賢菩薩《ふげんぼさつ》の乗物《のりもの》とおぼゆ。（一―二二四ページ）

と、一読明瞭なので現代語訳を省略し、以下の引用も飛ぶけれども、着衣もまた、「聴《ゆる》し色《いろ》のわりなう上白《うはじら》みたる一《ひと》襲《かさね》、なごりなう黒《くろ》き袿重《うちきかさ》ねて、表着《うはぎ》には黒貂《ふるき》の皮衣《かはぎぬ》、いときよらにかうばしき」（一―二二五ページ）を着て、これは要するに没落貴族の描写であった。彼女の姿態はそれと表裏一体としてある。蓬屋に美女を見いだすという雨夜のしな定めの幻想が、意外性を狙ってこの女性を登場させたことにより、新しい文学を産みだすなかに、このような非貴族的状況を描出しえたのは重要な副産物であったろう。

さきに一度ふれたように、ここにおいて雨夜のしな定めの幻想にたいする反省がはいってくる。

（雨夜のしな定めを思いあわせる）

かの人〳〵の言《い》ひし葎《むぐら》の門《かど》は、かうやうなる所なりけむかし、げに心ぐるしくらうたげならん人をこゝに据《す》ゑて、うしろめたう恋しと思《おも》はばや、あるまじきもの思《おも》ひは、それに紛《まぎ》れなむかし、……（一―二二六ページ）

〔あの人々の言った〝葎の門〟は、あんな様子のところだったろう、きっと。たしかに気の毒そうで（しかも）愛らしい感じのひとをここに据えて、気にかかりながら恋しいと思いたい、あってなるまい物思いは、それにまぎれてしまおうよな……〕

と思うのにつけても、それが彼女のようであってはまったく幻滅ながら、またこのようにも源氏の君は思い返すので

あった。

（光源氏の思い）

われならぬ人はまして見忍《みしの》びてむや、わがかうて見馴《みな》れけるは、故親王《こみこ》のうしろめたしとたぐへ（お）をきたまひけむ魂《たましひ》のしるべなめり、……（同）

〔わたしでない男はまして会って我慢してしまえるか、わたしがああして馴れそめたという理由は、故親王（―常陸宮）が（末摘花を）気がかりだと（傍らに）置きなさったろう魂のしるべであるみたいだ……〕

と源氏の君は思い知るのであった。どうみても源氏の君とつりあわない、このけうな男女関係を企んだのは、たれあろう、故父の亡魂だったという種あかしがこれで、恋愛もできないのに当代随一の貴公子と結ばれる幸運に彼女をみちびいたのは、この世ならぬところから見守る父宮であった。のちの蓬生の巻においてもこの構想はくりかえされる。父宮が娘の末摘花の夢にあらわれることによってそれと知られる。ここ末摘花の巻でも、常陸宮は、語られる物語のそとがわに死者として存在する、無視できない人物であった。

さらに雨夜のしな定めにたいする反省が念を押されるようにして出てくる。

（空蟬を回想する）

かの空蟬《うつせみ》の、うちとけたりしよひの側目《そばめ》には、いとわろかりしかたちざまなれど、もてなしに隠《かく》されてくちおし（を）うはあらざりきかし、劣《おと》るべきほどの人なりやは、げに品《しな》にもよらぬわざなりけり、心ばせのなだらかにねたげなりしを、負《ま》けてやみにしかな、……（一―二二八ページ）

〔あの空蟬が、気をゆるしていた（囲碁の）夜の横顔は、実に不器量なかおや様子だけれど、身のこなしに隠されて期待外れでがっかりではなかった、たしかに。劣ってよいひとであるはずがなかろう。なるほど品

(―身分階級)にもよらない(―決まらない)おこないだったというわけだ。(空蝉の)心ばせが穏やかで(いかにも)小癪な感じだった(の)に、(こちらが)負けておわってしまったよなあ……」

「げに品《しな》にもよらぬわざなりけり」とは、雨夜のしな定めのなかの、「いまは、たゞ品《しな》にも寄《よ》らじ、かたちをばさらにも言《い》はじ、いとくちお《(を)》しくねぢけがましきおぼえだになくは、たゞひとへにものまめやかに静《しづ》かなる心のおもむきならむよるべをぞつゐ《(ひ)》の頼《たの》み所には思ひをく《(お)》べかりける」(帚木の巻、一‐四一ページ)を受ける。空蝉にたいする高い評価は注意されてよかろう。

七　紫の君と末摘花と

年の暮れから正月にかけて、末摘花の家妻然とした贈り物のこと、源氏の末摘花訪問、二条院で紫上とたわむれるところなどが第四パート(巻末まで)で、重要な問題はない。分量的には全体の四分の一ほどあるから、まさに一パートをなす。

末摘花の「からころも―君がこゝろのつらければ、たもとは―かくぞ―そぼちつゝ、のみ」(一‐二二九ページ)といううたの、詠み口と言い、筆づかいと言い、彼女のせいいっぱいにしだしたこととしてある。源氏の君は「いともかしこき方《かた》とは、これをも言《い》ふべかりけり」(同)とほお笑む。雨夜のしな定めの体験談のさいごは藤式部丞の語る博士家の女のはなしであった。あれはたしかに「かしこき女のためし」(帚木の巻、一‐五六ページ)であった、そしてここ末摘花の巻で「かしこき方《かた》とは、これをも言《い》」うのであったろう、と思いあわせる。雨夜のしな定めにおける、頭中将の体験談と式部丞の体験談とは、夕顔の物語とこの末摘花の物語とに対応する、ということが理解される。

(光源氏《手習》)

なつかしき色ともなしに、なににこの、すゑつむ花を、袖《そで》にふれけむ

色濃《こ》き花《はな》と見《み》しかども。（一‐二三〇ページ）

巻名由来歌にみる、この「すゑつむ花」は本来、歌語であり、雅語であって、笑いをもよおさせるような要素はなかった、という。石川徹氏「末摘花」（前掲）は、

『万葉集』

外耳《よそのみに》　見筒恋牟《みつつこひなむ》　紅乃《くれなゐの》　末採花之《すゑつむはなの》　色《いろに》不《い》レ出《でず》友《とも》　（一〇‐一九九三歌）

（『古今和歌六帖』には「よそにのみ見つゝ、を恋ひん紅の末摘花の色に出でずとも」《五‐九六九歌》）

と、『拾遺和歌集』にはいったかたちの、

よそにのみ見てやは―恋ひむ。紅の末摘花の色に出でずは

（北野本、見てや止みなむ）

とを比較して、歌意が『万葉集』から『拾遺和歌集』へがらりとかわったことを注意し、いわばその延長線上に、〝色に出てしまった光源氏〟の行動の悲喜劇として読みとろうとされる。おもしろいと思う。

二条院では紫上を引きとっていた。すでに第三パートのはじまり部分に、「かの紫《むらさき》のゆかり尋《たづ》ねとり給ひて、そのうつくしみに心入《い》り給ひて、六条わたりにだに離《か》れまさりたまふめれば、……」（一‐二二一ページ）とあり、紫上を二条院でいつくしむことと、この末摘花のこととは時間的に平行する。さらにいえば、みぎに見られる「六条わたり」の女との交情も、「あるまじきもの思《おも》ひ」（一‐二二六ページ）も平行する。この「あるまじきもの思《おも》ひ」は仮に藤壺らしき人のことだとして、年立てを作ってみると、このころ藤壺は懐妊中であり、二月に皇子を産むことが知られる。われわれは作者が、若紫の巻と紅葉賀の巻とのわずかな間隙をぬって、この末摘花の巻の系列化を、わるくいえば辻褄

あわせをし遂げていることに、舌を巻いておどろくべきなので、多くの女性群像が平行的に描かれる不自然さを問題にすべきでない。

巻のさいごは末摘花をからかい気味に、その一方に紫上の美質を確認するようにして終わってゆく。

注

(1) 今井源衛「末摘花の問題」『源氏物語の研究』未来社、一九六二《昭和三十七》年。
(2) 石川徹「末摘花」『源氏物語講座』三、一九七一《昭和四十六》年。
(3) 野村精一『源氏物語の創造』桜楓社、一九六九《昭和四十四》年。

第二節　蓬生の君という表象

一　末摘花の呼称

——『源氏物語』の女主人公の名は巻名からつけられる、ということを聞いたことがある。

——夕顔は、花の名に、夕方のかおを懸けて、牛車の物見の窓から見られた光源氏のそれを意味する。花の名である〝夕顔〟が、光源氏のかおでもあって、一巻のなまえになる。この『源氏物語』第四の巻の女主人公は、あえていうなら〝常夏〟の女でよかったのを、この一巻によって〝夕顔〟というなまえをつけられることになり、定着する。第六の巻にいたると、冒頭から「思へどもなを《(ほ)》飽《あ》かざりし夕顔《ゆふがほ》の露に……」(末摘花の巻、一-二〇四ページ)とあって、女の名らしく暗示される。

――末摘花というなまえにしても、巻のなかで最初からそういうなまえがある、ということではないね。『源氏物語』の女主人公たちの名はたしかに巻名からつけられるにしても、うたに詠まれることをはじめとして、やや複雑な手つづきをへて愛称から命名へとすすむので、そんなところにも物語の形成的な課題があろう。桐壺、帚木、空蟬、夕顔、若紫、末摘花、紅葉賀、花宴、葵、賢木、花散里、須磨、明石、澪標、蓬生、関屋とたどると、女性たちは巻名からなるほど愛称をつけられる。傍線に引いたのがそれらで、紫上は若紫の巻からついた。しかし〝花散里〟は本来、別の女性にふさわしい名だったたし、夕顔は、みぎに述べたようにもともと(女性ならぬ)光源氏のかおを暗示したし、〝末摘花〟だって、末摘花の巻のなかではほとんどさげすむような感じだ。

――彼女はみぎの巻々の、末摘花の巻、および蓬生の巻に出てくる。葵の巻ではうわさぐらいにでてくると言われるものの、不確実だ。ほかの巻ではいないことになっており、蓬生の巻のあとは玉鬘の巻、初音の巻、行幸の巻、若菜上の巻にちらほら出てくるから、それらの数巻を読むと彼女のことが知られる。

常陸宮の姫君、常陸宮の御方、常陸の君

などというのがちゃんとした呼び方で、それなら物語のなかに見える。つまり巻名からくる、

末摘花

という呼称は、物語のなかで彼女を意味するにちがいなくても、まだ固有名になっていると言いにくい。また、

蓬生の女君、蓬生の宮

という呼称は、中世になって読者が言いはじめた。《末摘》という略称は中世によく見られるし、『源氏物語』のなかにもある。

(「末摘」という呼称)

末摘《すゑつむ》、東《ひむがし》の院におはすれば、……　（玉鬘の巻、二―二六九ページ）

――作品のなかで言うと〝末摘花〟はさげすむ語としてあって、でも物語のうちがわでの侮蔑だから、その感じはいまに洗いぬぐわれ、われわれが彼女の愛称としてそう（―末摘花と）呼称することにためらいはない。末摘花というそのあだなは、

（光源氏《手習》）

なつかしき色ともなしに、なににこの、すゑつむ花を、袖《そで》にふれけむ　（末摘花の巻、一―二三〇ページ）

したしめる（紅の）色というわけでもないのに、

どうしてこの末摘花（紅花、紅い鼻）を袖に、

付着させたのだろう

というのによって、つけられた。

二　末摘花の系譜、生活

――はじめて光源氏が女君のすがたを見たときのことを、座高が高く、猫背の反対で、とか、象の鼻みたい、とか、かおは青くて長い、痩せている、鎖骨が着物のうえにとんがっている、などと、さんざん語り手（―書き手におなじ）が書くのは、むろんこれでもかこれでもかと書き立てているので、おおげさな表現で諧謔さを述べようとする場面に過ぎない。これまでの読者が、『源氏物語』を読みちがえるはずもなくて、光源氏の栄華をはじめとして、ありえないことを物語は書いたというのに、作り手の筆と書きっぷりとによって、現実感と、それを超える誇張とのあいだに、諧謔が生じる。読者たちは承知でそれを読みこみ、作り手もまた増長するかのように女主人公をからかいつづけてや

まない。語り手が「おぼろけの人の見《み》たてまつりゆるすべきにもあらずかし」(普通の男が拝見して我慢しそうにもないな、きっと)(蓬生の巻、二-一四〇ページ)と言うのは、光源氏の人格が立派だからこの女君を受けいれている、ということか。

——光源氏がよろこんで受けいれているかのようには書いてないよ。我慢するというところが普通一般の男とはちがう、という書き方になっているかもしれない。復習しておくと、故父常陸宮の晩年の娘で、母親も早くに亡くなった。皇族である宮を、常陸の国(いまの茨城県あたり)や上野の国(いまの栃木県のあたり)の名目上の国守に充てたのは、それによって収入を得させようとしたからで、常陸の国の長官である宮を常陸宮と称する。現地に赴任せず、何もしなくとも、実入りだけはある、といううまい制度であることはよいとして、彼女が生まれてまもなくかに亡くなり、母も亡くなっては、収入が個人的な所得だけになる。たのみの荘園からの上がりは、管理が不如意になれば、どんどん目減りする理屈で、姫君に何ほどのことができよう。光源氏が覗いてみると、几帳は古めかしいぼろぼろのままで、お膳や食器は大陸からきた品物らしくても、いかにもみっともない、みすぼらしい食事だ。隅の間には寒そうな女房たちが、すすけた白いのを着て、きたなそうなしびらを腰にまとい、これはいかにも古風といった感じがする。櫛をまえさがりに挿して、いまどきこんな古式を頑固に守るのは内教坊や内侍所ぐらいではないか。

(侍女の嘆き)

あはれ、さも寒《さむ》き年《とし》かな。命長《いのちなが》ければ、かゝる世にもあふものなりけり　(末摘花の巻、一-二二一ページ)

〔ああああ、寒い年だこと。長生きするとそんな(ひどい)目にもあうものだったことだ。〕

(同)

と泣く侍女もいる。

故宮《こ》をはしまし世を、などてからしと思ひけむ。かく頼《たの》みなくても過《す》ぐるものなりけり　(同)

〔常陸宮ご存命だった当時を、なんでつらいと思ったのだろう。かように頼りなくても(住めば)住めるものだったことだ。〕

と、ぶるぶる飛びあがりそうなのもいる。とんでもないお屋敷だというのに、そうとはつゆ知らず、光源氏はかよいだすことになる。けっして愚問ではないつもりだが、なぜ光源氏はこの姫君と関係が生じ、そのお屋敷にかよいはじめることになったのだろう。

――常陸宮の娘であるからには、光源氏との系統上の近さがまずもって想像される。物語のうえに、しかしこの常陸宮という父親が、だれとどう、系譜のつながりのある皇族であるのか、残念ながら、なかなか知ることができない。こういう孤立した人物といえども、ちかしい関係らしいという書き方だ。光源氏の乳母《めのと》の一人である左衛門の娘というから、源氏の君とは乳母子同士という、したしい関係にある大輔命婦が、故常陸宮の姫君のことをとりもち、よいように言って、首尾よく光源氏をかよわせることになる。大輔命婦の母の左衛門の乳母は、筑前守の後妻になって、いま九州にくだっており、大輔命婦は父の兵部大輔のもとを里(―実家)としているという。父である兵部大輔はやはり皇族のすえで、いまはほかの女を後妻として、その女のところに住みついており、ときどきこの実家へ帰ってくる。命婦は継母のところへ住みつかず、常陸宮の姫君のところにしたしくして、やってくるのだという。ややこしい。本居宣長がこの兵部大輔を末摘花の姫君の兄(の一人)かとするのは、あたっていないとしても、そういう推定をしたくなる。かなり近い親戚関係にあることはまちがいない。兵部大輔が、本来なら姫君の後見をすべきところを、後妻に婿どられてしまってある、という図であるらしい。よって父に代わり、その娘である命婦が、義侠心も手伝ってか、末摘花の姫君の面倒を見る、つまり具体的には権勢ある男をかよわせて姫君の生活を保証させようという魂胆ではないか。単に権勢ある男というだけでは不足な感じであるから、常陸宮は、源氏の君と、何らかの系譜上の親戚関係にあろう。もしかしたら桐壺帝の弟宮のひとりで、そうすると末摘花の姫君と源氏とは平行いとこにあたるかもしれない。おなじ平行いとこの、朝顔の姫君や、秋好中宮やと、源氏は昵懇のあいだがらにあり、前者とは関係交渉の生じていた可能性すらある。後者、秋好中宮は六条御息所の娘で、源氏が切に、生涯かけて、面倒をみつづけたことではないか。それらと、末摘花とは、横ならびの女性であったかもしれない。とするなら、大輔命婦が、二人を結びつけてしまおうとする思いをもったとて、わからなくもないので、また光源氏としても、うけいれるからには妻の一人として遇することになるそれなりの理由が生じてくる。当時の貴族階層の結婚形態は、復習するまでもなく、一夫多妻をこととする社会だった。

三　末摘花の結婚の認知について

――正式の妻を認定するのには、三日つづけてかよう、という方法があり、これは社会的な儀礼であるとともに、本人同士の盟約でもあって、世間には秘密で、本人たちだけで結婚することも、三日つづけてかようなら、正式になりたつ。光源氏と末摘花との場合は、ちぎりを終えて、源氏があけがた暗いうちに常陸宮邸をそっと辞去すると、自宅である二条院に帰ってやすむ、それから訪ねてきた頭中将と同道して宮中へ出勤し、そのあと葵上の家に向かうから、ついに末摘花のところに二晩めはかよわなかった結果となる。最初のちぎりのあと、贈るべき後朝《きぬぎぬ》の手紙と和歌とは、夕方にもなって届けられる、という始末だ。

（光源氏の贈歌）

夕霧《ゆふぎり》のはるゝけしきも―まだ見《み》ぬに、いぶせさそふるよひの雨《あめ》かな　（末摘花の巻、一-二二九ページ）

夕霧が吹き払われる様子もまだ見ないままに、
（あなたが心をひらいてくれるけはいもないままに、）
鬱陶しさを加える今宵の雨なのか、ああ

そこで、返歌、

（末摘花の返歌）

晴《は》れぬ夜《よ》の、月まつ里《さと》を思《おも》ひやれ。おなじ心にながめせずとも　（一-二二〇ページ）

晴れない夜の、月待つ里を思いやってくれ。
（あなたの来訪を待つわたしを思いやってくれ。）
たといおなじ物思いに鬱屈しなくとも

がある。この返歌は、しかし末摘花の自作ではない。侍従という、女君の死んだ乳母の子である侍女がおしえて書かせた和歌で、大体、末摘花は、これまでに一首もうたを作れないでいる。結婚にいたるルールとして、和歌の贈答があることは必須の項目としてあるのだから、みぎは異例な代作であり、心がかよっていないというほかない。知ってか知らずでか、逢ってがっかりした源氏は、気のないうたを贈って、もうかよってきそうにないし、女君のほうでも、侍女たちは、その贈歌を見て、男君がやってこないことを知りどきんとするものの、こればかりは手のうちようがない。それでも、と侍従の代作するみぎの返歌は、昔物語『月待つ女』というのを引用するらしく、どうということもない凡庸な作風で、筆跡だけは末摘花本人が書く。それをうけとった源氏はますますがっかりする、という展開ながら、重要なことを語り手はあかしている。つまり、源氏は心のうち、ひそかに、

（光源氏の思い）

……さりとていかゞはせむ、われはさりとも心長《なが》く見《み》はてむ……　（同）

〔……だからと言って、どうしようもないこと。わたしは、そうだとしても、心長く（いつまでも、さいごまで）見捨てまい……〕

と思う。二晩めをかよわないことで、このままでは正式の結婚にならないし、若い源氏にそのつもりが毛頭もないのなら、面倒を見ようと決意することは、物語としてわかりにくい箇所に属する。最終的に妻として遇するかどうか、一種の謎かけのようにして読者のまえに投げだされた格好となる。けっして読者としても末摘花に源氏の妻の一員になってほしいとは熱望しなかろうから。

四　末摘花のはじめての和歌

――冬になって、すこしだけかようようになる。まだ希望を捨てない源氏の君だ。希望を捨てないとは、和歌を作れない女、抱いても張り合いがない女というのは、何かわけがあるのだろうと、そういう意味で、どこか見どころがそれでもあるのではないか、という希望を捨て切れないで、訪ねていってついに覗き見をする、それがまえに引いた部分だ。

――古風な調度のさま、寒くみすぼらしい侍女たちのさまを見て、そんなのをはじめてみる源氏の興味をかき立てる。〝をかし〟（おもしろい）と源氏は思う。雪はかきたれ、風を吹き荒らし、灯火も消え、夕顔の女が怪死したときのことを思い合わせる、というからすさまじい。その明け方に、格子をあけて、すがたをあらわす末摘花の様子を源氏のはじめて見るところ、座っての背が高く、青白さ、鼻、痩せ痩せの肩と、それに反して対照的なぐらい超一流である髪のさま。着物は色がぬけた古代の一かさね、上着は黒貂の革ジャンパー、どうみても若い女のそれではなかった。

でも寒いのだからしかたがないよね。その女君がさすがに笑うのには真実、気味がわるくなって、源氏は急いで出てしまう。出しなに、

(光源氏の贈歌)

朝日《あさひ》さす軒《のき》のたるひは―とけながら、などか―つら、のむすぼほるらむ　(末摘花の巻、一―二二六ページ)

朝日がさしこむ軒の、垂れさがる氷は、とけつつあるというのに、(池の表面が、)結氷するままでいるらしい(とは、)どうしてなのか！　(つらいこと)

(末摘花の反応)

むむ(＝ン、ン)

どうしてこんな女にかかずらうことになったのか、と後悔するにつけて、源氏は故常陸宮のあの世からのみちびきをつよく感じないではいられない。

(光源氏の思い)

故親王《こみこ》のうしろめたしとたぐへ(お)をきたまひけむ魂《たましひ》のしるべなめり……　(同)

(故親王が(姫君を)心配で、(ご自分の魂を)添え(のこし)ておかれたのかもしれない、(その)魂の道案内で(こういうことになった)みたいだ……」

と思う。年末がちかづいて、末摘花がはじめてよこしたうた、

(末摘花の贈歌)

からころも―君がこゝろのつらければ、たもとは―かくぞ―そぼちつゝのみ　(一‐二二九ページ)

　船来の衣を着《き》、キキキキ、君のこころが、
　つらいから、ツライカラ、
　袂はそんなによ、びしょびしょばかり

支離滅裂ではないか。

(光源氏の返歌)

あはぬ夜《よ》をへだつるなかのころもでに、重《かさ》ねていとゞ見《み》もし―見《み》よとや　(一‐二三一ページ)

　逢わない夜をへだてる中の衣に、さらにかさね着して、
(もっと逢わなくするつもりですか、)かさねて見よとは

という趣旨の答えはいかにも源氏らしい。翌年の正月七日の夜、ひさしぶりに泊まりにゆく。末摘花の様子はそわそわしてちょっぴり「世《よ》づいたり」(夫婦っぽい)(一‐二三二ページ)というから、変われば変わるもの。というより末摘花の努力をかってやるべきところだろう。

五　和歌の力による再会と常陸宮

――物語はすすみ、源氏が政争に巻きこまれて苦境をかこち、須磨、明石に流離するという展開をへて、京へ帰還する。その流離のあいだ、蓬生の巻では、末摘花がその訪れを待ち暮らして、ひどい貧乏暮らしをしている。侍女たちは死去するか、退散するかして、かずすくなくなり、屋敷にはきつねが棲み、ふくろうが鳴き、こたま(木の霊)はすがたをあらわす。邸宅を買おう、調度を買おうという受領の申し出に耳を貸さず、姫君は、家の格式を墨守して住

みつづける、というのも源氏の訪れを待っているからだ。兄（禅師の君、醍醐の阿闍梨）は面倒を見る甲斐性がない。庭は草、よもぎが生え放題、門はとじられ、土垣はくずれ、台風で廊は全壊、板葺きの下屋は骨だけ、寝殿ばかりがのこる。彼女は何をしているかというと、古めかしい物語をひっぱりだして読むのがなぐさみだという。古風な和歌なんかもいよいよのときにはとりだして見ることがある。母方のおばが、そんな姫君を娘の侍女にしようという下心で訪れるけれども、姫君はなびかない。源氏の京への帰還を知っても、訪れてくれないからにはしかたがない。故乳母の子である侍従は、かずすくなくなった、姫君に仕える侍女のひとりであるというのに、おばの甥と結婚して、姫君を見捨てて九州へくだってしまう。

（末摘花の贈歌）

たゆまじき筋《すぢ》を頼《たの》みし玉かづら―思ひのほかに、かけはなれぬる　（蓬生の巻、二―一四四ページ）

（乳母子だから）切っても切れない筋として頼み（の綱）だった玉かずら、
案外なことに、（玉かずらではないが）かけはなれてしまう（よ）

みぎの末摘花の作歌は、まあ支離滅裂とは言わないものの、あと一歩でばらばらにくずれる、その直前でからくもささえられる。

（侍従の返歌）

玉かづら―絶《た》えても―やまじ。ゆく道《みち》の手《た》向《むけ》の神も―かけて誓《ちか》はむ　（同）

玉かずら（ではないが）絶えるとも思えない。（いつかきっと帰ってくると）
旅ゆく道の手向の神にもかけて約束しよう

きっと帰ってくる、など言いながら侍従は結局、九州へと旅だつ。いよいよ末摘花の身辺は、たのみがすくなくなって、あとは侍従のおばである少将というような老いた侍女どもがわずかにのこるだけとなる。

――源氏は明石から帰還したにもかかわらず、諸事にまぎれて末摘花のもとを訪れない。というより末摘花のことを忘れたかのようだ。

――花散里を訪れる途中、末摘花の家のまえを通りかかり、源氏はふと思いだす。というのか、故常陸宮の魂がまたしてもここに関与する。末摘花の姫君は、ある日、昼寝の夢見に、父宮のすがたを見る。覚めてなごりかなしく、濡れ縁の掃除をさせたり、ここかしこの御座をつくろわせたりして、何をしているのかというと、無意識のうちに男を迎える準備ではないか。めずらしく「例《れい》ならず世《よ》づき給ひて」〔いつもとちがって色っぽいきもちがなさって〕（二一一四七ページ）うたを詠む。

（末摘花《独詠》）

亡《な》きひとを恋《こ》ふる袂《たもと》のひまなきに、荒《あ》れたる軒《のき》のしづくさへ添《そ》ふ　（同）

亡き人（―父宮）を恋いしたう袂が（涙に濡れて）、
（乾く）ひまもないのに、荒れている軒のしづくまでも（が）、
（しめりを）添える

ちょうどその時ではないか、そとを通りかかった光源氏の一行が足を停める。このせいいっぱいのうたに感応して、男が立ちどまるという、よくある物語の展開ながら、その真のしかけ人はだれかというと、故常陸宮その人だった、という種あかしだ。

――すると、このうたは、秀歌のひとつということになるな。すくなくとも支離滅裂さがなくなっている。だからか、みぎのうたには源氏の〝返歌〟があってよい、という次第だ。といっても、みぎのうたを男は知るべくもないの

だから、独り言のそれとしてあって、
（光源氏《独詠》）
たづねても―われこそ―とはめ。道《みち》も―なく、深《ふか》き蓬《よもぎ》のもとの心を　（二―一四九ページ）
さがしだしてでも、わたしこそ（が）訪れよう。
道もなく深く繁る蓬のもと（で待ちつづけている）、
もとからの（女の深い）心を
突然の訪問ではあり、男として、長居するつもりもなさそうで、今日のところは退散する、という感じで、
（光源氏の贈歌）
藤浪《ふぢなみ》の、うち過《す》ぎがたく見《み》えつるは―まつ（―松、待つ）こそ―宿のしるしなりけれ　（二―一五一ページ）
波のような藤の花（が松に咲きかかる宿）を、簡単に、
ゆき過ぎできないと見られた（理由）は、
（待つといわれる）松こそ宿のしるしであったことだよ
ということを詠みかける。
（末摘花の返歌）
年《とし》を経《へ》て、まつ（―待つ、松）しるしなきわが宿《やど》を、花のたよりにすぎぬばかりか　（同）
（松といっても、長い）年をへて、待つ効果のないわたしの宿だから、
藤の花（を賞美する）よすがとして（のみで）、通りこしておしまいか
引きとめ歌として、なかなかの出来栄えだと思う。もしかしたら、男は思いとどまって、ここに一泊して帰ったかも

しれない。

――末摘花の女君のうたは、あと二首、あとの巻に見える。引くだけ引いておこう。われわれの論評はあえて避けることにする。陸奥国紙に、

（末摘花）

きてみれば、うらみられけり。唐衣《からころも》―かへしやりてん。袖をぬらして　（玉鬘の巻、二―三六九ページ）

着てみれば、裏もわかるものの、恨めしく思われてくる。

唐衣だから。返してしまおう。袖を（涙で）ぬらして

（同）

我身《（わが）》こそ―恨《（うらみ）》られけれ。唐《から》衣―君がたもとになれずと思《おも》へば　（行幸の巻、三―七八ページ）

わが身（がそれ）こそ恨めしく思われてくるよ。唐衣（だから）。

あなたの袂に疎遠なままだと思うと

あとのうたにたいする光源氏の返歌が「唐衣、又から衣、からころも、かへす〱も―から衣なる」とは何となくかわいそうだな。

――『源氏物語』の登場人物たちのうちで、作歌の特別につたなそうな主人公をここで取りあげること自体、かわいそうだったという気もする。でも、彼女のうたをこうして追跡してやりたいきもちにさせられるということもまたあって、古風なルールにあわせて作る一首一首、苦心の結果なのだから、非難することはむずかしい。

――まあ、そんなところに落ち着くかもしれないね。

第八章　守護する霊か、怨霊か

第一節　「六条わたりの女」と六条御息所

一　「六条わたりの女」

「六条わたりの女」は夕顔、若紫、末摘花の巻々に、数回にわたり言及され、あるいは場面に登場させられるのに、けっして〝六条御息所〟というように書かれることがない。

(ア、夕顔の巻の冒頭)

六条わたりの御忍《しの》びありきのころ、内よりまかで給《(たまふ)》中宿《なかやど》りに、大弐《(だいに)》の乳母《めのと》のいたくわづらひて尼《あま》になりにけるとぶらはむとて、五条なるいゑ《(へ)》尋《たづ》ねておはしたり。(夕顔の巻、一-一〇〇ページ)

〔(光源氏の)六条近辺のお忍び歩きのころ、内裏より退出しなさる中宿りに、大弐の乳母がたいそう病みついて、尼になってしまってある(の)を見舞おうとて、五条にある家を訪ねておられる。〕

著名な、夕顔の女とうたを交わすことになる冒頭の場面は、六条わたりの女を訪ねる途上においてであった。忍び歩きといっても、かよい所の習俗としてあって、何か不都合な関係にあるわけではけっしてない。

(イ、霧のあしたの六条の女)

六条わたりにも、とけがたかりし御けしきをおもむけきこえ給《(たまひ)》てのち、引《ひ》き返しなのめならんはいとを《(ほ)》しかし。

（一－一〇九ページ）

〔六条近辺（の女）にも、軟化しにくかったご態度を（ようやくこちらに）向けさせ申されて（の）あと、うってかわってよい加減なのは気の毒だ、たしかに。〕

みぎは秋になって、葵上との関係がうまくゆかず、ままならぬ別の方面の係恋もあるうえに、六条わたりの女と関係をつづけるという、なかなか苦労するさまをあらわす。

以下をも見ておくと、

（ウ、もののけ出現の直前）

……六条は《(わ)》たりにもいかに思《(おもひ)》乱《みだ》れたまふらん、うらみられんに苦《くる》しうことは《(わ)》りなり、といとを《(ほ)》しき筋《すぢ》はまづ思《おも》ひきこえ給《(たまふ)》。（一－一二二ページ）

（エ、六条京極わたり）

おはする所は六条京極わたりにて、内よりなれば、すこしほどを《(ほ)》き心《(こゝ)》ちするに、荒《あ》れたるいゑ《(へ)》の木立《こだち》いともの古《ふ》りて木暗《こぐら》く見《み》えたるあり。（若紫の巻、一－一七九ページ）

（オ、六条わたりにとおのく）

かの紫《むらさき》のゆかり尋《たづ》ねとり給ひて、そのうつくしみに心入《い》り給ひて、六条わたりにだに離《か》れまさりたまふめれば、まして荒《あ》れたる宿《やど》は、……（末摘花の巻、一－二二二ページ）

という箇所に出てくる。「六条わたり」あるいは「六条京極わたり」とあって、けっして〝六条御息所〟というようになっていないことを示す。作者は何らかの深い配慮があってそうしているにちがいない。

（参考、心ざしの所）

御心ざしの所には、木立《だち》、前栽《せんざい》などなべての所に似《に》ず、いとのどかに心《こゝろ》にくゝ住《す》みなし給へり。うちとけぬ御ありさまなどのけしきことなるに、ありつる垣根《かきね》思《おも》ほし出《い》でらるべくもあらずかし。（夕顔の巻、一‐一〇五ページ）

みぎの「御心ざしの所」というようなのもまたそれらに準じた言い方としてあろう。くりかえすけれども正式のかよい所であって、忍び歩きとそれを称する。

二 夕顔の女をとり殺したのは死霊

イの場面では、六条わたりの女のもとに泊まった朝の描写がくわしく語られる。朝顔を詠む贈答歌が源氏の君と中将のおもと（中将の君＝侍女）とのあいだに交わされる。夕顔の巻の夕顔の花が、この朝顔の花とペアであったらしい原初の物語を覗かせるものの、それ以上のことはわからない。

六条の女は、最初「とけがたかりし御けしき」であったのを、源氏の君が「おもむけきこえ」て、かよい所のひとつにしている。ものをあまりなまで思いつめる性格で、年上でもあり、夜がれの寝覚めにはあれこれなやみにうちしおれることが多い。源氏が中将の君（―中将のおもと）に、

（光源氏の贈歌）

咲《さく》花にうつるてふ名はつゝめども、おらで過《す》ぎうきけさの朝顔《あさがほ》（夕顔の巻、一‐一一〇ページ）

と詠みかけるのは、女主人（―六条の女）のもとを訪れて、「咲《さく》花にうつる」（―侍女に心が移る）と、懸想をかきたてられる挨拶歌としてある。

中将の君はいかにも侍女らしく、返歌に、

（中将の君の返歌）

朝霧《あさぎり》の晴《は》れ間《ま》も―待《ま》たぬけしきにて、花に心をとめぬ、とぞ―見《み》る　（同）

と、「（お世辞で）花のような私に心をとめてしまうと見るのですか」、たわむれ返すようで、あくまで女主人（―六条の女）にたいし忠実な侍女としてある。

ここに六条の女の侍女と光源氏とのあいだにうたの交わされる理由がありそうだ。ウの場面にいたって、六条わたりの女がどんなに思い乱れていることか、と源氏は思うものの、目のまえの夕顔の女に引かれながら寝いった夜更けに、枕上に「いとをか《(を)》しげなる女」〔まことにうつくしげな女性〕（一 - 一二一ページ）がすわって、

（もののけの言）

をの《(お)》がいとめでたしと見《み》たてまつるをば尋《たづ》ね思《おも》ほさで、かくことなることなき人をい《(ゐ)》ておはしてときめかし給《(たまふ)》こそいとめざましくつらけれ　（一 - 一二一ページ）

〔われがいたく絶讃し申す（お方）をば、心してお訪ねになることなく、かような格別のことのない女を率いてご寵愛になる（とはそれ）こそまことに心外で恨めしいことよ。〕

と、傍らの夕顔の女をかきおこそうとする。

「をの《(お)》がいとめでたしと見《み》たてまつるをば」と訴える言い方から、ふと、これを侍女中将のおもとの生き霊であるかのように読者が思いこむという経過を考えたくなる。女主人の六条の女に忠実な侍女の生き霊のことばとしてみると、いかにもふさわしい。

実際には、これがけっして生き霊でなかったことを、作者はのちに、二度にわたり、あかすことになる。光源氏はもののけを、「いとをか《(を)》しげなる女」と見たのであり、けっして中将のおもとと見ず、まして六条の女であると見て

いない。知らない女、過去に会ったことのない女のもののけであった。

夕顔の巻のとじめ、源氏の夢に死んだ夕顔の女があらわれる。その傍らに例の霊的な美女もまた「同《おな》じやうにて」(夕顔の巻、一‐一四五ページ)見えたというから、それは死霊であると断定できる。死んだ夕顔にならんで出てくるもののけは死霊であるのがよい。

玉鬘の巻でも、乳母の夢などに、夕顔と「おなじさまなる女」(玉鬘の巻、二‐三三四ページ)が添うて見えるなどのことがある。ならんで出てくるのだから、かれらが死霊であることはうごかしがたい。

夕顔の巻にもどって、六条わたりの女の侍女の生き霊が源氏の夢のなかに出てきて夕顔の女をとり殺すかのように読める書き方をしていることも否定しようがない。作者はこの霊的な女を、ほんとうのところ死霊であるのに、読者の心理には生き霊であると受けとめられるかのように書いている、ということになる。

光源氏そのひとはけっして六条わたりの女の侍女の生き霊であると思わなかった。のちに死んだ夕顔の傍らにその霊女が「同《おな》じやうにて」見えたことから、荒れた所に住むもののけであったと判断している通りで、「六条わたり」の関係であるとは認めていない。

とすると、読者にむけての効果として、もののけ出現の直前に六条わたりの女を源氏に思い起こさせていることになる。読者を心理的にひっかける目的で六条わたりの女を作者は出した、というふうに理解できる。

その六条わたりの女を六条御息所であると、けっして作者は言おうとしない。そうではないか、六条御息所の生き霊は、葵の巻にはじめて出てくるのでなければ、ストーリーの展開が何ともぶちこわされた感じになろう。葵上にたたってとり殺すまえに前科のようなことがあってはあじけないというほかない。ここ夕顔の巻でたとい六条御息所を思わせるかのように書かれるとしても、けっしてそれを明言しない用意周到さを、物語構成上の技法として評価できる。

三　御息所の嫉妬の発動のはげしさ

六条御息所は、そうしてみると、六条わたりの女から区別してかからなければならない。葵の巻でこそ六条御息所は本格的に登場する。その登場のしかたは、娘が斎宮に卜定されたことを紹介するという方法で、

(六条御息所の娘の紹介記事)

まことや、かの六条の御息所《みやすどころ》の御腹《はら》の前坊《せむばう》の姫君《ひめぎみ》、斎宮《さい》にゐ給《(たまひ)》にしかば、大将の御心ばへもいと頼《たの》もしげなきを、幼《いさな》き御有《(あり)》さまのうしろめたさにことつけて下《くだ》りやしなまし、とかねてよりおぼしけり。(葵の巻、一―二九〇ページ)

〔そうだ(思いだすと)、あの六条の御息所のお産みの前坊の姫君(は)、斎宮(の地位)におつきになったところなので、大将(―光源氏)のご心情も実にあぶなっかしいことだから、(娘の)幼いご様子が不安であることに理由づけて(伊勢へ)下向してしまおうかしら、と事前にお思いになってくる。〕

とあり、けっして初登場でなく、既知の存在としてあるかのような、「まことや」にはじまる書き方としてある。厳密にみるなら、けっして夕顔の巻の六条わたりの女をふまえていない。別の箇所で初登場したあと、その部分がぬきさられて、夕顔の巻の六条わたりの女が、意図的にか、おのずからか、とってかわったのだろうと見るのならよい。夕顔の巻と葵の巻とのあいだによこたわる不整合の意味はちいさくないものがある。

葵上は、出産をひかえて、もののけめく心身の不調にいたくなやまされる。験者たちの努力によって、「もの、け、いきずたま」(一―三〇〇ページ)などがつぎつぎに名のり出てくるなかに、よりまし(―憑坐)に憑らず、病身の葵上に

ぴたっとつき添うしつこいもののけが一つだけある。

葵上にたいして恨みをもつのはだれか、源氏のかよい所を推しあててゆくと、御息所か、それとも二条の君(―紫上)か、という世間でのささめきがないでもない。はたして御息所はただならず思われて(一-三〇一ページ)、心がうごき(一-三〇二ページ)、生き霊が発動する。しかし源氏がわとしてそこまでは思いよることができなくている。車あらそいのあったことを知る源氏は、御息所の物思いがはげしいことを知って、御息所の旅所にやってきて逢瀬をもつ。源氏は葵上の病状を訴え、御息所をなだめるようなことしか言えなくて、御息所の未練と恋情とにさらに火をつける。

帰宅ののち、女から、

(六条御息所の贈歌)

袖ぬるゝ―恋ぢとかつは―知《し》りながら、下《お》り立《た》つ田子《たご》の―身づからぞ―うき　(一-三〇三ページ)

とあり、源氏の、

(光源氏の返歌)

浅《あさ》みにや―人は―下《お》り立《た》つ。わが方《かた》は―身も―そぼつまで、深《ふか》き恋ぢを　(同)

と、返歌がある。

葵上はげしい症状におそわれる。御息所は夢うつつに、葵上のところへ出ていって引きまさぐり、あるいはうちかなぐるなどの自覚がある(一-三〇四ページ)。験者たちの必死の祈禱に、生き霊は苦しんでついにすがたをあらわす。他のもののけはよりましに駆りだされて名のりをするのに、このもののけのみは名のりをせず、葵上にとりついたままですがたをあらわす。それは源氏の目に御息所さながらの形姿であった。

実際には葵上の形相そのものであり、源氏の目と心とに御息所であると見えたということであるにしろ、非常に危険な状態にある。危険とは葵上に危機がせまるということであり、加持祈禱という人間的な行為をここでけっしておこたってはならない。それなのに、出産が終わって、加持の僧たちは得意顔（—したり顔）に退場する。「皆《みな》人ゆるへり」（だれも（が）油断している）（一 - 三〇八ページ）という、きもちのすきをねらってもののけは葵上をずるずると死の世界へひきずりいれる。みなが気づいたときはもう手遅れであった。

こうしてみてくると六条御息所の生き霊は、怨霊としての性格がつよい、というふうに観察できる。あられもないことを言うと、六条御息所は葵上への嫉妬を、ついにあやめるまでに内攻させた、という次第であるものの、もののけが彼女の思いを代わってひきうけるのであって（生き霊は御息所自身の守護霊）、直接に手をくだすわけでない彼女にいわば責任を負う義務はないと言われる。

四　守護霊と怨霊との分裂する契機

守護霊らしさを見せるのは、生き霊であることを終えて、死霊になってからになる。六条御息所は帰京ののち、「かの六条の古《ふる》宮」を修理し娘の斎宮女御（のちの秋好中宮）と暮らしていた。

（六条の古宮について）

なを《（ほ）》かの六条の古《ふる》宮をいとよく修理《すり》しつくろひたりければ、みやびかにて住《す》み給《（たまひ）》けり。（澪標の巻、二 - 一一七ページ）

その澪標の巻で亡くなったあと、少女の巻において六条院が建てられる。このことは強調し過ぎることのないぐらい重要なこととしてあろう、つまり〝六条〟は御息所と光源氏の建てた豪壮な御殿とを結ぶ記号的意味としてこの物語の暗部をまさにつらぬき通す。

〝六条〟について整理してみると、

(土地の選定)

大殿、静《しづ》かなる御住《す》まひを、同《おな》じくは広《ひろ》く見所《(みどころ)》ありて、こゝかしこにておぼつかなき山里《ざと》人などをも集《つど》へ住《す》ません御心にて、六条京極のわたりに、中宮の御古《ふる》き宮のほとりを、四町《よまち》をこめて造《つく》らせ給《(たまふ)》。(少女の巻、二－三二一ページ)

とあり、六条御息所の故地(故前坊＝秋好中宮の父の故地でもあろう)にそれは建てられる。そこが六条京極わたりであることはよいとして、「中宮の御古《ふる》き宮のほとり」という微妙な書き方は、その故地をとりこみながら、周囲(―ほとり)をも敷地にしてその御殿は建てられた、ということだろう。

みぎの箇所にすぐつづいて、紫上の実父のことにふれられる。

(式部卿宮の賀を六条院で)

式部卿宮《(しきぶきやうのみや)》、明《あ》けん年《とし》ぞ五十になり給《(たまひ)》ける。御賀の事、対《たい》の上《うへ》おぼしまうくるに、おとゞもげに過《す》ぐしがたきことどもなりとおぼして、さやうの御いそぎも、おなじくめづらしからん御家居《いへゐ》にてと急《いそ》がせ給《(たまふ)》。(二－三二一～三二二ページ)

みぎの「式部卿宮《(しきぶきやうのみや)》、明《あ》けん年《とし》ぞ五十になり給《(たまひ)》ける」という一文はよく知られる。なぜなら来年のことを「けり」文末の文(他テクストでは「けるを」とあるのも多い)が引きうけるからであって、もし「けり」を過去の助動詞と理解する向きにはみぎの事例を説明できなくなる。「けり」はけっして過去をあらわす助動詞でなく、時間の経過をあらわして、未来の時点を帰結とする時間の流れをあらわしうる。紫上は来年になると、実父の五十賀を主催しなければならない。それはどこでとりおこなわれるのがよいか。ここに「ほとり」という語が生きてくることだろう。六条京極のあたりの「中宮の御古《ふる》き宮」は秋好中宮が所有する。その「ほとり」に紫上が賀宴を主催するのにふさわしい建物を新造するということだろう。こうして四町にひろげた新たな敷地のなかに、「中宮の御古《ふる》き宮」だった一町もあれば、紫上のための新造する御殿が建てられる一町もあることになる。四倍に敷地が大きくなるのだから、あと二町にも建てられて女性たちがあつめられると予定される。

六条御息所の霊魂は、死後「中宮の御古《ふる》き宮」のあたりにただよっていたとすると、その一町に中宮が住む限りでは、家霊として、娘の守護霊的存在でいられる。これが四町にひろげられると、その六条院と霊魂である御息所の死霊とはどういう新しい関係にはいるのだろうか。ここに守護霊であることと怨霊であることとの分裂する契機があると見ぬかざるをえない。のちに若菜下の巻で、紫上にたいし、六条御息所の死霊は怨霊となってたたる。紫上が四町全体をとりしきる女主人のようにふるまうなら、六条御息所の死霊として、いわば穏やかならざるきもちに追いこまれることになろう。六条院は四町という個別でありつつ、全体として一つのまとまりでもあるという、不安な構造的特性を当初からかかえて造られる。それは六条御息所の霊魂の処遇のあやうさをかかえるということであり、若菜下の巻でそれが顕形する深因を構成する。

六条院が現実にありえない、つまり架空の御殿として、六条大路と京極大路との丁字路上に建てられたことについては、第三章第二節「源氏物語と歴史叙述」においてふれたところであり、趣旨に沿ってもう一歩踏みこんで展開してみた。

第二節　六条御息所のもののけ

一　死霊とこの世の人々との関係

『源氏物語』にみられる霊魂観や、そのシャマニックな儀礼の実態は、今日に残存する巫俗(シャーマニズムの習俗)を思いあわせるものの、理解しがたい面が多くあって、正確なところをなかなか捉えがたい。

沖縄地方では、人間の肉体に、マブイ(守《まぶ》り、の意か)が宿ると信じられ、それは死後も消滅しないという。生きているあいだはイチマブイ(生魂)あるいは単にマブイといわれるのにたいして、死後のそれをシニマブイ(死魂)と称する。これがタマシィとかタマシとかよばれる精霊とどうちがうのか、はなはだむずかしい問題に属する。一応、タマシィが人間の霊魂に限定されないのにたいして、マブイは人間の場合だけに適用される、と説明される(桜井徳太郎『沖縄のシャマニズム』[1])。奄美地方では、ひとの死後四十九日忌までに、シニマブリ(沖縄地方の「シニマブイ」におなじ)を招んで後生《ごしよう》のことを語らせる実修儀礼があり、民間巫者ユタが、依頼者宅にやってきて、深夜、感動をよぶ雰囲気のもとに、とりおこなわれる。これをマブリワアシと呼ぶ(山下欣一『奄美のシャーマニズム』[2])。

死者の降霊技術は青森県の下北半島に活躍する民間巫女いたこのクチヨセがよく知られている。ホトケオロシという。新ボトケにたいするものは喪家でおこなわれる。これは奄美のマブリワアシに相当する。いたこはとくに年月の経った古ボトケのクチヨセを巫家や民家でおこなう。その展開のプロセスは、(1)「誰々よ、おりて物がたり、そうりよとよぶや」などと降霊を請ういたこの挨拶につづいて、(2)ホトケが招霊をうけたことの謝辞を述べ、(3)死後より現在にいたる境遇や心境、嘆きを語り、(4)生前における交情親愛のさまを回想し、(5)遺族、知友など生存者に種々の希望を述べ、その実現方を要望し、(6)生存者の運命を予託してから、(7)訣別の挨拶を述べて別離する。さいごに、(8)ホトケオクリの巫儀がある(桜井徳太郎「下北半島の巫俗と信仰」[3])。

生きているときには生き霊、死しては死霊となり、光源氏の妻妾たちにとりついてやまない六条御息所という人のもののけを、物語作家が、いかなる目的で形象し、登場させたのか、最大級の謎というほかはなく、研究論文もうずたかく積まれる。生き霊のときも、死霊と化しても、彼女の霊魂は、招ばれもしないのに、つぎつぎに女性たちに憑入し、それに危害を加えてゆく。それに対応する実修は、加持祈禱といわれる悪魔祓いがおこなわれる。いたこのクチヨセや奄美のユタのマブリワアシとはちょうど逆になるように見える。加持祈禱は、不動明王などによって護身された呪術僧らの秘密儀礼によって、悪霊をよりましに駆りだすという構造をとる。よりましを利用する儀礼(憑祈禱)は、修験のそれや、まれに盲僧のサワリ落としとして、今日に残存する。古来の山岳宗教が仏教のよそおいをこらして、平安王朝のおく深く、したがって『源氏物語』の最深部をおそう、それが呪術僧たちによる加持祈禱の儀礼であるのにほかならなかった。

死霊とこの世の人々との関係は、みぎのようにみてくれば、巫者によるクチヨセと、よりましを利用する場合と、二種あることになる。前者の場合、『栄花物語』巻第二十一「後くゐの大将」にすでにみえ、後者の場合は、加持祈禱による悪霊駆りだしというかたちで、平安時代の文献に頻見する。よりましは修験者の妻(巫女)や侍童や代人《だいにん》によるほかに、平安時代の文献では、たとえば『栄花物語』巻第十二「たまのむらぎく」のように、近侍する女房にかかることがある(宮廷の女房にかかる例は多い)。この二種のタイプは、前者のほうが「よりいっそう古いもの」であったとされる(山折哲雄『日本人の霊魂観』[4])。

六条御息所の生き霊および死霊が、後者の儀礼のなかにあらわれる、招かれざるもののけであることはいうまでもない。だが、そう見るにしてもなお特異な印象がする。光源氏の生涯にまつわりつづけるとすら見られるそのしつこさは、こういってよければ目にあまるものがある。論じることのむずかしい問題ながら、いわゆる光源氏家の憑きすじとして理解すべき要素もある、ということになる。

『源氏物語』のもののけそれ自体を見つめた忘れることのできない論考は、多屋頼俊氏の『源氏物語の思想』[5]であった。多屋氏は、六条御息所の死霊について、けっして単なる亡霊ではないことを重視して、考察をおしすすめ、これが光源氏の生涯につきまとう生き霊、死霊を現出せしめる人物としてそもそも設定されてあることをつきとめる。これを言い換えれば、光源氏家の憑きすじとして、六条御息所の肉体を借りた超自然物が、いわば物語にとっての先験として設定されていたのだ、ということになる。

はたしてどのように理解すべきことか、もうすこし分けいってみることにしよう。

二　柏木の巻のもののけ辞去

六条御息所の死霊は、若菜下の巻と、柏木の巻と、二度の出現がある。しつこく物語の舞台をおそう。物語は、いうまでもなく、創作された虚構であるから、こうした生き霊や死霊などの怪異現象の描写を、当時のもののけの観念のままに描かれると考えるのであっては、あまりにも素朴な現代読者でしかなくなる。大朝雄二氏のように[6]（「六条御息所の死霊」）、この「死霊」を、それ自体としては不可解な、不合理な存在であるとし、六条御息所のもののけの出現について、あくまで構想論の内部で処理されなければならない、とする考えにたいして、十分に耳をかたむけておかなければならない。

柏木の巻における死霊出現のところを引いておくことにしよう。

（死霊の出現）

後夜《ごや》の御加持《かぢ》に、御もの丶け出《い》で来《き》て、「かうぞあるよ。いとかしこう取《と》り返《かへ》しつと一人《ひとり》をばおぼしたりしが、いとねたかりしかば、このわたりにさりげなくてなん日《ひ》ごろさぶらひつる。いまは帰《かへ》りなん」とて、うち笑《わら》ふ。

（柏木の巻、四－一九ページ）

〔後夜のご加持に、おんもののけが出現して、「そんな次第だ。実にうまく取り返したと、一人（―紫上）についてお思いであった（の）が、えらく妬ましかったから、この近辺にめだたない感じで何日もひかえておったところよ。いまは帰ってしまおう」とてさっと笑う。〕

これについて大朝氏の言うところをみると、「死霊の怨念の恐しさを伝えようとするものと見るには、描写自体が簡略にすぎ、怪異性が十分に伝わるものになっていない」とする。女三宮の出家が紫上の病とおなじ死霊にかかわる、という結果が提示されてくるところに重大な意味があるので、もののけの執念のおそろしさが押しだされているのではない、という。つまり構想からみると、死霊が紫上にとり憑いたとき、柏木は女三宮に接近できたというかたちで発生した事件が、女三宮から死霊のはなれるとき、あとに薫をのこして女三宮が出家し柏木は死ぬという終結のしかたをするのである、と。すなわち物語の大きなわくとしては六条御息所の死霊が薫をみちびくことになる。

ではなぜ『源氏物語』続編の主人公である薫をみちびくのが六条御息所の死霊か、ということになる。大朝氏のもう一つの論文「光源氏の物語の構想」（前掲書）(7)に論じられるところによれば、六条御息所の死霊は光源氏の過去を象徴化する、文字通り〝過去の亡霊〟ということであった。こうしてみれば、光源氏の悔恨の過去が運命の子である薫をもたらす、という構想論上の一貫性は、氏の論じられるさきへ、当然、予想される。だが、さきのはなしをいまは追わない。

大朝氏のいう、「描写自体が簡略にすぎ」とか、「怪異性が十分に伝わるものになっていない」とかの判断は、かならずしも客観の意見であると言い切れない。どうしても主観をともなうのはしかたがない。「描写自体が簡略にすぎ」るように受けとられるとしたら、その理由を知りたい。

もののけは「いまは帰りなん」といってこの世を辞去してゆく。この辞去の一句は、宇治十帖にいたる、手習の巻のもののけ出現の条を容易に思い起こさせてくれる。そこをみると、もののけが、加持にこらしめられて、「此《この》僧都《そうづ》に負《ま》けたてまつりぬ。今はまかりなん」(手習の巻、五－三三五ページ)と、騒ぎたてている。そこに「今はまかりなん」と言い、柏木の巻に「いまは帰《かへ》りなん」とあるのは、もののけの語りの類型であることが理解される。もののけは、辞去するのにあたって出現する。それは、われわれの一般に承知するところによれば、加持のたぐいに、さんざん痛めつけられて、あまりの苦しさについに駆りだされ、ついで、辞去するかたちをとるかと思う。手習の巻はまさにそのようなかたちとしてある。しかるに柏木の巻はどうか。修法のはげしさに耐えかねて出現したとは書かれない。そこに「描写自体が簡略にすぎ」、という判断の入りこむ余地が十分にある。

柏木の巻と手習の巻との、もののけの出現に際しての微妙な状況の相違を見てとることができる。柏木の巻の女三宮を、死霊の世界へ拉致することができないまでも、いわば死の予行としての出家の途へ踏みこませることに、どうにか(まんまと、というべきか――)成功したのにたいして、手習の巻では、浮舟を、死にいたらせることができなかったばかりか、出家を遂げさせることもまだせぬうちに退散させられるという、失敗であったという判然とした区別としてある。

柏木の巻のもののけ出現は、手習の巻のそれと比較してみると、そいつのくやしげな敗北感など見あたらないのであって、それどころか、凱歌をあげているのだ、とわれわれは読まされる。いかがであろうか。後夜の加持にそいつは調ぜられて苦しげに出てきたのであろうか。そうみるべき証拠はない。「いとねたかりしかば」とは、かつて妬ましかったかもしれないにせよ、いまは胸のあく勝利感を抱いて、「うち笑」いながら死霊の世界へ辞去するというので、ここに一言も、調ぜられて苦しげに、といった説明のないことが重要だ。

これは文字通り怨霊の形象であって、凱歌をあげて去ってゆくとはまことにおぞましい。もののけによってうちまかされたものの敗北感がこの世にのこるという趣向であろう。この怨霊が、「いまは帰《かへ》りなん」といって去ってゆくのは、構想上、ふたたび物語上にあらわれることがない、という確認としてあろう。「いまは」を〝今回は〟の意味にとるとすれば、今後の出現も考えられるものの、構想上、いかがであろうか。多屋氏の見解によれば、この憑き物は光源氏の生涯(ひいては子孫)につきまとうことになる。しかし構想から見ると、もののけはここで目的を果たしたので、物語の舞台から辞去する、と読むのがすなおな理解ではないかと思われる。

それはいかなる目的であったか。

三　怨霊か守護霊か——『栄花物語』の死霊出現

『栄花物語』巻第十二「たまのむらぎく」の、故具平親王の霊も、近侍する女房に憑いてあらわれ、辞去に際して、「さらば今は心安くまかり帰りなん」と述べたてる。故親王の霊としては希望することが道長によって受けいれられたとみて、安心して去ってゆく、という図だろう。

希望することとは、親王の娘隆姫が、道長の息頼通の妻であったのが、いま新たに頼通に三条天皇の女二宮(禔子内親王)降嫁のはなしが持ちあがったので、故親王の霊として、ぜひこの縁談を阻止したいところであった。頼通を病によって苦しめるとともに、もののけとなって出現し、道長に、この降嫁のはなしを断念させる。頼通の病はこれによって平癒する。

　みぎのもののけ出現は一〇一五《長和四》年のことで、三条天皇は約一年まえから眼を病み、故冷泉院、賀静（『小右記』）、元方卿（『百錬抄』）、あるいは桓算供奉（『大鏡』）のたたりかとされた。みぎの具平親王の霊出現ののちもののけに苦しみ、翌一〇一六《長和五》年正月になって譲位する。眼病のことと言い、その娘宮の降嫁のことと言い、物語のなかの朱雀院の病弱と、その娘である女三宮の六条院への降嫁という展開とに、合致するところが多いのは、たしかに大いなる謎だろう。

　故具平親王の霊は、事前に頼通にたたることによって、三条天皇の女二宮の降嫁を阻止した。もしこの降嫁のおこなわれるまえに故親王が打つべき手を打たないで、降嫁がなされたとしたらどういうことになるか。あるいは故親王の霊の希望を、道長が聞きいれないで、降嫁が強行されるとしたらどういう結果が予測されるか。故親王の霊は、辞去に際して、こうはっきり言う。「さらば今は心安くまかり帰りなん。さりとも、虚言《そらごと》は大臣《おとど》の給はじとなん思侍る。い、い、い、い、もしさらば怨み申ばかり」、と。つまり怨霊となってたたることだろうとはっきり告げて去ってゆくのであった。この場合の「今は」は〝今回は〟というニュアンスになる。

　故親王の霊は、いうまでもなく、この世にのこしている隆姫を見守る、こういってよければ守護霊であった。娘かわいさに出現したのだと述べている。

　そして、さらに、『栄花物語』を引くと、「天翔《あまがけ》りてもこの辺《わた》りを片時《かたとき》去り侍《はべ》らず、いと罪深《つみふか》からぬ身《み》なれば、何事《なにごと》も皆《みな》見きゝてなん侍……」と、娘を、天界から、じっと見守りつづけてきたと言明する。

　このように、守護霊であることと怨霊であることとは地つづきであった。あるいは守護霊であることと怨霊であることとは表裏の関係にある、といえるかもしれない。故親王の霊は、娘隆姫の守護霊であるから、それの幸福をさまたげる者にたいして、怨霊となってはたらく、という構造であろう。「もしさらば怨み申ばかり」とはその予告としてである。『源氏物語』を思いあわせてみれば、もしこの降嫁の強行された場合には女二宮が危険だ。何らかの危害が女二宮に向けられるのではなかろうか。

九九三《正暦四》年閏十月十四日条の『小右記』の記事によると、師尹の子済時の娘娍子の御産(敦明親王を出産)にあらわれた「猛霊」は、九条丞相(師輔)の霊であるとみずから名のり、生前に、いかに子孫の繁昌を願っていたかということ、したがって敵対する小野宮(実頼)一統の滅亡を望み、陰陽の術をほどこしてその子孫を断とうとしたことなどを縷々語る。師尹の一統にたいしても、そのたねを絶やさんために、この出産の場面に、師輔の霊はあらわれたのであった。

師輔の霊は、おのれの子孫にたいして守護する立場にあるから、おのれの子孫以外の、小野宮流や師尹の一統にたいして、「猛霊」となってあらわれる。怨霊は、これにみると、自分の子孫を守護する目的があるから、自分の子孫以外にたいして怨霊となってあらわれ、たたりをなす、ということになるらしい。

四　六条御息所の「心の執」——若菜下の巻の死霊出現

『源氏物語』の六条御息所はどうか、ということになると、故具平親王の霊や、師輔の「猛霊」のような、単純な二面性をあらわす性格ではけっしてない。

六条御息所の死霊に、守護霊としての側面を、われわれはみとめないわけにゆかない。六条院は六条御息所の故地に建てられた。秋好中宮の里居するところとしてある。源氏は中宮をこの六条院で大切にあつかう。それを六条御息所の死霊は、知らないはずがない。若菜下の巻に、出現したとき、「中宮の御事にても、いとうれしくかたじけなしとなん、天翔《あまがけ》りても見《み》たてまつれど」(若菜下の巻、三‐三七二ページ)というのは、さきにみた具平親王の霊が、天界からわが娘をじっと見守りつづける、というのに同じだ。

それから、明石の一統にとっても、六条御息所の死霊は、味方であるらしい。坂本和子氏は、明石の君やその姫君が、重要な地位にあるにもかかわらず、御息所のたたりの対象になっていないことを注意する(「光源氏の系譜」(8))。明石の一統にたいして、守護霊の位置にあるのではないかと思われる。明石の姫君は宮中にあって桐壺に住むから(若菜上の巻、三‐二九四ページ)。かの桐壺更衣の継承者としてある。六条御息所もまた、隠された系譜のなかで、桐壺一族へつながる理由があると判断される。桐壺更衣の産む光源氏と、六条御息所とは、物語されざる暗部でたがいに結ばれなければならない宿命の糸のようなものが設定されてあった、と十分に想像される。

それらとちがって、六条御息所は、紫上と女三宮とに向けて、はっきりとたたる。かつては葵上にたたってそれをなやました。死霊と化しては、若菜下の巻において紫上をほとほと死にいたらせ、ついで柏木の巻で女三宮を出家させる。紫上はそのときこそ生きのびるものの、四年ののちにははかなくなる。

こうしてみてくれれば、六条御息所が、守護霊の側面と怨霊の側面とをかねそなえていることは明らかだ、ということになる。もののけはひとつの目的を果たしたので立ち去ってゆくのだ、と読みとれる。女三宮を出家させたことによって、明石の一統による六条院独占の途が大きくひらかれた。もののけのもくろんでいた大きな目的のひとつはこれであった、ということになる。しかし、ことはかならずしも単純でない。

若菜下の巻の死霊出現を見ることにしよう。次節に現代語訳をかかげるから、ここではあらあらもののけの主張する〝論理〟をたどっておくと、

（死霊の言）

中宮の御事にても、いとうれしくかたじけなしとなん、天翔《あまがけ》りても見《み》たてまつれど、道異《こと》になりぬれば、子《こ》の上《うへ》までも深《ふか》くおぼえぬにやあらむ、なを《（ほ）》みづからつらしと思ひきこえし心の執《しふ》なむ、とまるものなりける。（若菜下の巻、三‐三七二ページ）

「中宮の御事にても、……見《み》たてまつれど」というところまで、守護霊の側面がつよい。文脈はそこから逆接する。以下、怨霊となって出現したことの理由をみずから語る。注意して読みとらなければならないところであって、Ⅰ源氏の君にまつわり寄ってきた理由と、Ⅱ紫上にたたった理由と、ふたつに分けてみるのがよいのではなかろうか。つまり、「道異《こと》になりぬれば、子《こ》の上《うへ》までも深《ふか》くおぼえぬにやあらむ、なを《（ほ）》みづからつらしと思ひきこえし心の執《しふ》なむ、とまるものなりける」とはⅠの理由としてある。「ける」とは、源氏にたいする過去の恨みののこった「心の執《しふ》」が原因で、気がついたらふらふらとこの場面に来てしまう、ということを述べる。つづく一文、

そのなかにも、生《い》きての世《よ》に、人よりおとしておぼし捨《す》てしよりも、思ふどちの御物語《がた》りのついでに、心よからずにくかりしありさまをのたまひ出《い》でたりしなむ、いとうらめしく、（同）

において、恨みの矛先を紫上へ向ける理由（Ⅱ）を述べることになる。つづいて引用すると、

いまはたゞ亡《な》きにおぼしゆるして、こと人の言《い》ひおとしめむをだに、はぶき隠《かく》し給へとこそ思へ、とうち思《（おもひ）》しばかりに、かくいみじき身のけはひなれば、かくところせきなり。（同）

御息所の死霊としては、生前の好きだった男のもとに、いわば慕い寄ってきただけである、と言う。ところが、ふりかえってみると、おのれはあさましい怨霊の身となり、紫上にとり憑いていまある。紫上にたたることは、結果であって、おのれが怨霊と化している以上、しかたなくそうなったので、本来は好きだった男への執念による出現だ、と

語る内容であった。

これにさき立つ、もののけの名のりの場面でもⅠとⅡとの区別はあるようで、

（もののけの名のり）

Ⅱを《（お）》のれを、月ごろ、調《てう》じわびさせ給《（たまふ）》がなさけなくつらければ、おなじくは、おぼし知《し》らせむと思《おも》ひつれど、さすがに命《いのち》も耐《た》ふまじく、身をくだきておぼしまどふを見《み》たてまつれば、いまこそかくいみじき身を受《う》けたれ、Ⅰいにしへの心の残《こ》りてこそかくまでもまゐ《（ゐ）》り来《き》たるなれば、物の心ぐるしさをえ見過《みす》ぐさで、つゐ《（ひ）》に現《あらは》れぬること。（三‐三七一ページ）

とあるように、Ⅰ昔日の心がのこっているので、源氏の君にまつわりつくようにして近くにいたのだ。Ⅱ紫上をとろうというのは、源氏の君に「おぼし知《し》らせむ」（お思い知らせよう）と思ってであるという。怨霊であるから、だれかに憑いて苦しめることをしないではいられない。とり殺してやろう、とさえ考えた。だがその根底には、昔日の、御息所らしい、男への愛執があるためにここにやってきた、という思いがある。

「この人を深《ふか》くにくし、と思《（おもひ）》きこゆることはなけれど」（三‐三七二ページ）という一節がある。紫上を「深《ふか》くにくし」と思うことはない、とはもののけのすなおなきもちであろう。御息所は、敵対心や嫉妬心から紫上にとりついて殺そうとしているのでなく、あくまで対源氏の「心の執《しふ》」からこの場面にあらわれ、自身、怨霊であるために、紫上にとり憑いたのにすぎない。

切々とした感じがここにはある。ふとここに、本節の冒頭で桜井氏の要約を借りて述べておいた、いたこのホトケオロシにおける、死霊の「物がたり」[9]の切々とした感じを思いあわせるのは突飛にすぎようか。

たしかに招かれざる、よりまし（小さき童）に駆りだされた悪霊ではある。だがその語りは、山折氏が「よりいっそ

う古いもの」とした降霊のなかにたどられる、祖霊化する死霊の切々とした訴えをふと覗かせる。さきにみた(1)〜(8)のクチヨセの展開のプロセスと、若菜下の巻の死霊の語りとを較べてみてほしい。招かれざるもののけであるから、(1)と(8)とがないのは当然として、死霊の語りである(2)〜(7)は(6)を除いて)対応する条文を物語のなかに検索することが不可能ではないように思われる。たとえば(5)についてみると、

よし、いまはこの罪《つみ》のかろむばかりのわざをせさせ給へ。（三-三七二ページ）

と訴えるのは、自身への供養の要求であり、

中宮にも、このよしを伝《つた》へ聞《き》こえ給へ。ゆめ宮仕《づか》へのほどに、人ときしろひそねむ心つかひたまふな。斎宮におはしまししころほひの、御罪《つみ》かろむべからむ功徳《くどく》の事をかならずせさせ給へ。（三-三七二〜三七三ページ）

とあるのも、この世へのこしてきた子孫への要望を述べる。

若菜下の巻の描写にたいして、柏木の巻では、まったくといってよいほど怨霊の側面が拡大してしまう。守護霊の側面は欠落して、物語の表面に、それは、もはや、滞在する意味をうしなう。唐突に笑って、悪界へと去ってゆくのであった。

五　仏教観念の混在

多屋氏のいうように（前掲書）、六条御息所が死後、悪道におちた理由は、よくわからない、としか言いようがない。

死後、悪道におちたことは、若菜下の巻に出現したもののけの言動や、この柏木の巻の悪魔ふうの形象や、鈴虫の巻に秋好中宮が、母故御息所のことを、「御身の苦《くる》しうなり給《（たまふ）》らむありさま、いかなる煙《けぶり》の中にまどひ給《（たまふ）》らん」（鈴虫

の巻、四-八一ページ)と推測していることなどを思いあわせてみると、疑いをさしはさむ余地はない。

故具平親王の霊は、さきにみたように「罪深《つみふか》からぬ身《み》」であるのにこの世に出現した。そうしてみると、存生のときに〝罪〟があったからもののけになる、というわけではないらしい。またもののけになって出現したからという理由だけで、死後悪道におちる、と断定することもできない。六条御息所が、生前、罪を深く自覚しながら死んでいったことは、澪標の巻に尼すがたとなって亡くなったことをみても、明らかだ。だが彼女の生き霊は早くから葵上にとり憑くことをした。結局、もののけとなって出現したことにかかわりなく、彼女は彼女自身の宿命の罪によって死後、悪道におちたのだ、と考えるほかない。

　若菜下の巻のもののけの出現するところ、

　よし、いまはこの罪《つみ》のかろむばかりのわざをせさせ給へ。修《す》法、読《ど》経との、しる事《(こと)》も、身には苦《くる》しく、わびしき炎《ほのほ》とのみまつはれて、さらにたう《(ふ)》ときことも聞《き》こえねば、いとかなしくなむ。(三-三七二ページ)

とあって、救われにくい死霊の形象としてある。多屋氏は、不可解な人生にたいする解釈として経験と推理とによって産み出されたものとして、「宿世の因縁」という考え方と、「もののけ」という考え方とがある、と両者を対比した。前者は仏教の考え方である、それにたいして後者は「原始神道に属するものの如くである」という。もののけは本来、仏教の圏外にあるものであった(前掲書、一八〇ページ)。

　若菜下の巻のもののけの語りは、仏教の観念からの発想と、仏教の圏外の信仰世界の形象とが混在する。これはまさに混在であって、本来、あいいれない性格としてあった。物語はこのような諸種の思想が混在し、ぶつかりあうところに緊張を生じる。

注

（1）桜井徳太郎、弘文堂、一九七三《昭和四十八》年。
（2）山下欣一、弘文堂、一九七七《昭和五十二》年。
（3）桜井徳太郎『日本のシャマニズム』上、吉川弘文館、一九七四《昭和四十九》年。
（4）山折哲雄、河出書房新社、一九七六《昭和五十一》年、二〇三ページ。
（5）多屋頼俊、法蔵館、一九五二《昭和二十七》年。
（6）大朝雄二『源氏物語正篇の研究』桜楓社、一九七五《昭和五十》年。
（7）↓注6。
（8）坂本和子、『國學院雜誌』一九七五《昭和五十》年十二月。
（9）↓注1、2。

第三節　怨　霊

一　おにとはだれか

おに(—鬼)が日本文学のうえにどのように形姿をあらわすか、あるいは〝あらわさない〟かを見ると、悪鬼が〝人〟のかたちをして新婚初夜の女をおそい、頭と指一本とだけをのこして食ってしまう(『日本霊異記』中巻三十三縁)というような場合でも、「おにはや一口に食ひてけり」(『伊勢物語』六段)式に、おにとしての形姿そのものをあらわさない例としてある。食い散らかした跡や、女の悲鳴だけをのこすというありようだ。とは、おにはみずからの形姿を持たないために、他の何物かに形姿を借り、行跡として自分を示すしかない。

そんなのが最初であったのが、時代の変移とともに、おにそのものが腕一本を置いて去ったり、髪の毛をのこしたりするようになって、断片的なからだを持ちだすようになり、しだいに全身をととのえていって、瘤取りのおにのような青鬼、赤鬼のふんどし姿、目一つ口なしなどのおっかなくも滑稽な図柄(『宇治拾遺物語』巻一の三)になる、という見通しであろうか。つまり、一方には『古事記』『日本書紀』あるいは風土記類に当たるならすぐに知られるように、また民間の祭のかずかずを思い合わせても知られるように、古くからある山人、異人、異形の者たちのさまざまな形象がおこなわれてきた。海外から、また仏教的な図像としてもそれら異形の者たちは大いに知られていた。そんな化け物たちのすがたを、本来のおにたちが借りることがかさなって、類型的なおにの格好が成立する。

死霊たちはその本来のおに属の一類として、みずからの形姿を持たないはずだろう。とともに、生前の形象があるから、それが人格化しやすいおにであることもわかり易いと思う。ここで考えたいのは、標題にあるように〝怨霊〟であって、これをけっして異形の者たちがかさなって成立したあとの図像であるところの化け物たちと一緒にしてはならない、と最初に申し述べておく。そのことは池田彌三郎氏が『日本の幽霊』[(1)]のなかで強調するところであった。文学に見る怨霊は人格的な霊魂の一面になりえて、その裏面で守護霊であること、つまりだれかの守護霊であるから別の人に怨霊となってたたるということを明らかにするとともに、それをささえる宗教感情は、固有信仰ないし巫覡《ふげき》宗教と、仏教的な儀礼との、葛藤、混在、妥協としてあることにふれてゆく必要がある。『源氏物語』に拠ることをおもにして、その次第を見ることとしたい。

二　話型に沿う怨霊の出現

夕顔の女君をとり殺す美女の霊的存在の正体は夕顔の巻のさいごに書き手によって語りあかされる。

（死んだ夕顔を夢に見る）

君は夢《ゆめ》をだに見《み》ばやとおぼしわたるに、この法事し給《たまひ》てまたの夜《よ》、ほのかに、かのありし院ながら、添《そ》ひたりし女のさまも同《おな》じやうにて見《み》えければ、荒《あ》れたりし所に住《す》みけんもののわれに見入《みい》れけんたよりにかくなりぬること、とおぼし出《い》づるにも、ゆゝしくなん。（夕顔の巻、一―一四五ページ）

〔（源氏の）君は、（せめて夕顔の）夢をなりと見たい（こと）よと（ずっと）お思いになりつづけると、この法事をなさってつぎの夜、ほのかに、あの以前の（夕顔と泊まった某）院そのままに、添っていた女のさまもおなじ様子で（夕顔が）見えたことだから、荒れていた所に住んでいたらしいものがわたしに見いれたらしいついでにかようになってしまうことよ、とお思いだしになるに（つけて）も、いまわし（いことで）のう。〕

「この法事」というのは比叡の法華堂でとりおこなわれた四十九日のそれで、導師は惟光の兄の阿闍梨であった。夕顔の女君が某院でその怪異に会ったとき、源氏の君は、宿守の子である男を惟光朝臣のいる五条の乳母の家へ遣わし、惟光とともにこの阿闍梨がまだ滞在しているならば一緒にここへ来るように、と要請する。冷たくなった夕顔の遺骸とともにかろうじて明け方を迎える。かけつけたのは惟光だけで、兄は比叡山にのぼってしまったあとだと言う。惟光は、夕顔の遺骸を山寺へはこぶ。

二条院に帰ってきた源氏の君は、夕顔が生き返るかもしれないときのことを思うと、つらくて、気が気でない。ようやく夕方、惟光がやってきて、〝夕顔はもはやこれまで、明日は日がらがよろしくござるなら、[2]葬儀を知り合いの尊い老僧に言い語らっておこないましょう〟と報告する。いま一度、亡きがらを見ようと、源氏の君は出かけてゆく。鳥辺野の方向を見遣りながら、道中はうす気味わるさも感じない。着いてみると、板屋の傍らに堂を建てて修行する尼の住まいはものあわれだ。そとの方に法師ばらが物語りをしつつ無言念仏をする。寺々の初夜の勤行が終わったころで、あたりはしずまり、清水《きよみず》のほうばかり光が多く見え、人のけはいのずっとしている。この尼の子の大徳が声を出して経を誦むのを聞くと涙がいっぱいになる。

帰途は馬からすべりおりて、惑乱に陥る。惟光は清水の観音を念じ、源氏の君もしいて心のうちに念仏を唱えて、ようやく二条院にたどり着く。そのまま源氏の君は重態といってよい病気に陥る。内裏では祈禱、祭、祓、修法と尽くしたので、快方に向かう。夕顔のとぶらいは、七日七日をくりかえして、その四十九日が前述したように比叡の法華堂でおこなわれる、というあらましであった。願文に、夕顔を阿弥陀仏の手にゆずる旨を書いて、さいごの別れとなる。

（光源氏の思い）

このほどまではたゞようなる（ふ）を、いづれの道《みち》に定《さだ》まりてをも（お）むくらん、（一－一四四ページ）

〔このころまでは（中空に）漂うというが、（いまごろは）どちらの道に定まって死途を行きつつあるのであろうか〕

と、源氏の君は念誦をしみじみとなさる。この法事を終えたつぎの夜に、さきに引いたように、源氏の君は夕顔の亡霊を見る。

夕顔をとり殺した女のさまは、これにみると、死んだ夕顔と「同《おな》じやうにて」見えた、というのだから、何かの死霊であることがはっきりする。生き霊のようにここまで読んできた読者がいたら、それは語り手の術にかかってみごとにはぐらかされたので、種あかしはこの霊女が死霊であり、それは、源氏の君の判断の通り、某院を住みかとしていた何物かであった、そして源氏の君に見いろうとしてかようの結果になってしまうことよ、と思い起こすと、いまわしい思いがする。

その死霊が〝怨霊〟であることは、最初にその怪女が、某院で、源氏の君の夢に出てきたとき、有名なせりふながら(前々節にも引いたところ)、

(もののけの言)

を《(お)》のがいとめでたしと見《み》たてまつるをば尋《たづ》ね思《おも》ほさで、かくことなることなき人をい《(ゐ)》ておはしてときめかし給《(たまふ)》こそいとめざましくつらけれ。(一―一二二ページ)

〔われがいかにも絶讃し申す(お方)をば、心してお訪ねになることなく、かかる格別のことなき女を率いて(ここに)おわしてご寵愛になる(とはそれ)こそまことに心外に恨めしいことよ。〕

と述べる。さいごのところは、本文「……こそいとめざましくつらけれ」と、ここに怨霊であること、怨霊性とでもいうべき性格が、はっきりあらわされる。それとともに、この怨霊の言にして、

を《(お)》のがいとめでたしと見《み》たてまつるをば尋《たづ》ね思《おも》ほさで、

と、だれかを守護するがゆえに怨霊となってここに出現しているのだ、と申し述べていることに注意したい。そうは解釈できない、という意見があいかわらず出てくる句文であるとしても、〝われがいかにも絶讃したき人よと見申している方をば〟というように理解すべきだ、とした門前真一氏(3)にしたがうべきだろう。かえってここから怨霊であることは守護霊であるがゆえのそれなのである、という事情を覗くことができる。

過去にだれかの守護霊であったことがなければ、いまに怨念をもちつづけようがないのだ、という、そんな話型を

ここに読みとることができる。そういう話型に沿った怨霊の出現であると見られる。源氏の君が挑発しなければ出てきようのない弱い女の霊でも、一念こりかたまって夕顔をとり殺した。源氏の君のアヴァンチュールはまことに高い代価を払わされた、というほかない。「夕顔の頓死が、源氏を異様なまでに悲嘆させることに注意したい」という鈴木日出男氏の発言(4)がある。たしかに、言われる通り、夕顔の巻にあふれる悲しみは、愛する者の死だからといっても、尋常でない嘆きようだ、という印象を読者として持たされる。鈴木氏がそれについて、光源氏の〝色好み〟に由因する、と見るのはひとつ言いあてていよう。言ってみれば源氏がだれを自分のもとに迎えいれるか、という競争において、夕顔ではなく紫上がそれを射止めた、というようにこのあと展開するストーリーから見ると、夕顔は前紫上である、つまりひと通りでない色好みの感情を源氏はこの女性に抱いていた。そのような〝感情〟を妬み狙い定めて霊女は夕顔をとり殺す。

なぜ夕顔をとり殺す死霊は八月十六日の夜にあらわれることができたのであろうか。神事の期間こそはもののけの暗躍する格好の時間であった、と明瞭に示してみせたのは藤本勝義氏(5)だ。神事の期間は仏教儀礼が大きく後退する、という。源氏が、見舞いに来た頭中将にたいして、「神事なるころいと不便《ふびん》なることと思《(おもう)》たまへかしこまりて」(一一三〇ページ)宮廷に参上しないのだ、という言い訳を試みているのは傍証になろう。仏事を軽視することと、死霊にぎりぎりまで接触するという危険を犯したこととは、表裏の関係でつながる。八月十六日の夜がどのように神事のほうへかたむいているかを、あまりつまびらかにできないにせよ、その危険さとは仏教の加護を脱いだときのそれにほかならなかったのではないか。源氏の嘆きはそのような尋常でない死への接近を代償としたことにおいてひと通りでありえない。

三　怨霊にたいする源氏の反応

妃の宮として宮廷にはいり中宮になるという、『源氏物語』のなかのだいじな女性である藤壺は、従来そんなに注意を引かないところかもしれないにしても、死後において怨霊として出現する。人間の世をはげしく生き、思いをのこして死ぬと、藤壺のような女性と言えども怨霊になるのか、藤壺だからこそ怨霊になるのか、ともあれ源氏の君の夢にあらわれた彼女の亡霊は〝怨霊〟以外の何物でもないように見える。

(藤壺亡霊の出現)

入《い》り給ひても、宮《みや》(—藤壺)の御事を思《おも》ひつゝ、大殿籠《おほとのごも》れるに、夢ともなくほのかに見《み》たてまつる、いみじくうらみ給へる御けしきにて、「漏《も》らさじとのたまひしかど、うき名《な》の隠《かく》れなかりければ、はづかしう苦《くる》しき目《め》を見《み》るにつけても、つらくなむ」とのたまふ。(源氏ガ)御いらへ聞《き》こゆとおぼすに、を《(お)》そはるゝ心ち《(ここ)》して、女君(—紫上)の、「こは。などかくは」との給ふにおどろきて、いみじくくちをしく、胸《むね》のおきどころなくさは《(わ)》げば、を《(お)》さへて、涙も流《なが》れ出《い》でにけり。いまもいみじく濡《ぬ》らし添《そ》へ給ふ。女君、いかなる事にかとおぼすに、うちもみじろかで臥《ふ》し給へり。(朝顔の巻、二―二七一ページ)

〔(光源氏は寝所に)おはいりになっても、藤壺の宮のおんことを思いながらおやすみあそばしていると、夢ともなくほのかに見申す。ひどくお恨みになっているお顔色で、(藤壺亡霊が)「漏らさぬことであろう(—漏らしはすまい)と(貴方は)おっしゃったけれど、うき名が隠れな(く知られ)たことであるから、恥じられ、苦しい目を見るにつけても、つらいことでのう」とおっしゃる。お応え申すとお思いになる時に、(ものに)おそわれるきもちがして、女君が「これは。どうしてかようには」とおっしゃるから、目を覚まして、たいそう口惜しく、胸の置きどころ(が)なくざわつくから、抑えて、涙まで流れでてしまってあることだ。いまもいっそうひどく(袖を)お濡らしになる。女君(が)どのようなことなのかと心配されると、(源氏は)身うごきもせず伏していらっしゃる。」

つづけて、

(光源氏《独詠》)

とけてねぬ寝覚《ねさ》めさびしき冬の夜に、むすぼほれつる夢のみじかさ　(同)

がある。

ここに死後の藤壺が「ひどくお恨みになっているお顔色で」あらわれたこと、つらいことだ、と言うこと、源氏が「(ものに)おそわれるきもちがして」紫上に起こされることを総合すると、出てきたこれの怨霊性は明らかだろう。

このあと源氏の君は、所々の寺に誦経などをさせて供養するとともに、心のなかで、

(光源氏の思い)

苦《くる》しき目見《めみ》せ給ふとうらみ給へるも、さぞおぼさるらんかし、をこな《(お)》ひをし給ひ、よろづに罪軽《つみかろ》げなりし御ありさまながら、この一《ひと》つ事にてぞ、この世《よ》の濁《にご》りをすすい給はざらむ、……(二一–二七二ページ)

〔苦しい目をお見せになると(藤壺の宮が)お恨みになっているのも、さぞかし(宮はいまごろ)そう思っていらっしゃることだろう、勤行をなさり、万事に罪が軽くなりそうだったおありさまながら、この一つのことでこの世の濁りをすすぎなさらないのであろう、……〕

と思いたどり、たいそう悲しくて、

(同)

何《なに》わざをして、知《し》る人なき世界《せかい》におはすらむを、とぶらひきこえにまうでて、罪《つみ》にも代《か》はりきこえばや、（同）

〔どんなわざをして、知る人もない世界に（いま）おわすのか、とぶらい申しに参上して、罪にも代わり申しあげたい。〕

などじっと考えつづける。源氏の君の反応は怨霊として出現した藤壺へのそれであることをよく示している。

四　罪のほろぼしと怨霊との関係

ここに源氏が、藤壺について、〝勤行をなさり、万事に罪が軽くなりそうだったおありさまながら、この一つのことでこの世の濁りをすすぎなさらないのであろう〟と考えているのは、彼女がわざわざ出家して仏道修行を怠りなくし、「罪《つみ》」を洗浄する努力をつづけてきた、という認識を背景とする。藤壺はある「罪《つみ》」のために仏に帰依するということまでやって、それをこの世でできるだけほろぼそうとしてきた。彼女が出家するところを賢木の巻にたしかめると、夫である桐壺院のまさに一周忌（国忌、十一月）に引きつづき、十二月におこなわれた法華八講の果ての日にそれをする、という印象的なかたちをとる。

（藤壺出家）

はての日、わが御事を結願《けちぐわん》にて、世を背《そむ》き給《たまふ》よし仏に申させ給《たまふ》に、みな人ゝおどろき給《たまひ》ぬ。兵部卿宮《ひやうぶきやうのみや》、大将（—源氏）の御心も動《うご》きて、あさましとおぼす。親王《みこ》は、なかばのほどに立《た》ちて入《い》り給《たまひ》ぬ。（藤壺ハ）心強《づよ》うおぼしたつさまの給《たまひ》て、はつるほどに、山の座主召《め》して、忌《い》む事受《う》けたまふべきよしの給はす。御をぢのよかわ《は》の僧都《そうづ》、近《ちか》うまい《ゐ》り給《たまひ》て、御髪《ぐし》おろし給《たまふ》程に、宮のうちゆすりてゆゝしう泣《な》きみちたり。（賢木の巻、一－三七六～三七七ページ）

〔(み八講の)最終の日、わがおんことを結願として、世をそむきなさる旨、仏に申し上げさせなさるので、みな人々はおどろきなさってしまう。(兄の)兵部卿宮や大将(源氏)のお心もさわいで、思いがけないことだとお思いになる。兵部卿宮は法会の途中に立って(御簾に)お入りになってしまう。(藤壺は)心強く思い立っておられるさま(を)おっしゃって、法会が終わるころに叡山の座主(を)召して、戒(を)うけなさるべきよし(を)おっしゃる。おんおじの横川の僧都が近くに参りなさって、お髪(を)下ろしなさるほどに、御殿のなか(は)どよめき揺れて、いまわし(いまで)泣き声満ちている。〕

出家ということが死に準じる悲しむべきことであることとわかる。それほどまでして、藤壺は仏教の力を借り、罪をほろぼそうとした。その罪は何かということについて、二通り考えられよう。桐壺院の一周忌にあわせるかのようにそれを決行したからには、夫への裏切り行為をした、という負い目があってのそれだ、ということがひとつあろう。源氏に通じて夫の子ならぬ子をなした。これは十分に〝罪〟であり、死にも準じる出家をもってこの世に生きながらあがなうべきことではあるまいか。それとともに、夫といっても世に一般のそれではさらさらないので、ときの帝の妃の宮、中宮として、それの子をいつわって産み、その子がのちに帝の地位につくかもしれない、という、王統を乱している王権上の罪もまたまぎれようなくここにある。やはり十分に出家にあたいすることではなかろうか。これらの二通りの罪のどちらかに限定することはむずかしいものがある。あえて推量すれば密通の罪を表層とし、根底に王権の罪を秘める、というところであろうか。

出家とは現世の執着を断つこと、あるいは執着を次第に断ちながら来世を願うことを目的とするとして、藤壺が出家ののち、どういうことに断ち切れない思いをのこすかを見ると、一すじに子のことを思いなやむさまが見てとれる。出家の直後に交わされる源氏との贈答歌に早くも見られる子への思いがずっとつづく。

（光源氏の贈歌）

月のすむ―雲井をかけて、したふとも、このよの闇《やみ》に猶《（なほ）》や―まどはむ　（賢木の巻、一―三七八ページ）

（藤壺の返歌）

おほふかたのうきにつけては―いとへども、いつか―この世をそむきはつべき　（同）

みぎの藤壺のうたの「この」は、注釈によれば「子の」と「此の」とをかけた表現であると言う。この、子ゆえの思いが藤壺の生前をずっと彩る、との印象を読者はうち消しがたい。一挙に飛んで藤壺が亡くなる直前の重態の身で抱く思いを見ると、第四章以来、引くところながら、

（藤壺の思い）

宮いと苦《くる》しうて、はか〴〵しうものも聞《き》こえさせ給はず、御心のうちにおぼしつゞくるに、高《たか》き宿世《すくせ》、世の栄《さか（え）》へも並《なら》ぶ人なく、心のうちに飽《あ》かず思ふことも人にまさりける身、とおぼし知《し》らる。上《うへ》の、夢の中にもかゝる事の心を知《し》らせ給はぬを、さすがに心ぐるしう見《み》たてまつり給《（たまひ）》て、これのみぞうしろめたく、結《むす》ぼほれたる事におぼし《（お）》をかるべき心《（ここ）》ちし給《（たまひ）》ける。（薄雲の巻、二―二二九～二三〇ページ）

〔宮（―藤壺は）まことに耐えがたくて、しっかりとことばも申し上げなさらない。お心のなかに思いつづけると、高い宿世、世の栄えも並ぶ人（が）なく、心のうちに満たされず思うことも人にまさってきある身（だ）、と思い知らされなさる。帝（―冷泉帝）が、夢のうちにもかようなことの真相をご存じであられぬことを、反面に心苦しく見申しなさって、これぞ唯一気がかりに、執着させられることとして（今生に）のこし置きそうなきもちが（ずっと）なさってあることだ。〕

と、子の出生の秘密こそは執としてこの世にのこる実質で、藤壺はその秘密をわが胸に抱き、けっして子の冷泉帝に

知らせることなく死んでゆこうとしている(参照、第四章第三節／第四節)。〝結ぼおれ〟とは晴れない思いのことで、妄念となって死後にこの世の近いところにただよいつづける理由となる。けっして子に知られてはならない秘密が(夜居の僧都を介して)知られてしまったから、藤壺は怨霊となり、源氏の夢枕に立った。そしてうき名がたったことを源氏にたいして恨む。もし子に知られないことを心のこりに思って死ぬのなら、子が知るにいたって藤壺の亡霊としてはまあはずかしくても心のこりがとり除かれこそすれ、出てくる原因とならない。実際には知られたことを恨んで出てきた。

つまり藤壺の亡霊は子の冷泉帝にたいして守護霊であるから、源氏にたいして怨霊となってここに出てきた、ということかと知られる。仏道修行して罪を洗い流そうとしても、死しては子にたいしてそれを守護する先祖霊となり、守るべき人以外には危害を加える可能性を持つ怨霊となるという、仏教の下面に隠されてある固有信仰の浮上がこれであろう。

五　固有信仰と仏教的理解との平行

六条御息所も仏教に帰依して死んでゆく。仏教に帰依したことにより何らかの罪を洗い流したかというと、その効果はまるでなかったかのごとく、物語のなかの最大の怨霊となって荒れくるう。生きては生き霊、死しては死霊となり『源氏物語』を何度も出入りする。

生き霊について、藤本氏の「六条御息所の生霊事件は、事実として裏付けられない創作」(6)だ、という意見があって、「事実として」というのは歴史上にたしかめられない、という意味であろう。だいじな指摘であるにしろ、『落窪』には「たましひ」がそのかしに行く(7)、また「生きずたま」という語(8)が見られるから、民間信仰のレベルではその存在を否定しがたいということになる。藤本氏の言うように六条御息所のそれは呪詛に近い。夕顔の巻に出てくる「六条わたりの女」については、はっきり六条御息所その人といえるか、疑問があって（参照、前々節）、まして夕顔をとり殺した霊女は、さきに述べたように「六条わたりの女」と関係がないのだから、ここでは無視してよい。葵の巻の六条御息所の生き霊が葵上をとり殺す場面を、ともあれ見ることにすると、

（もののけの出現）

まださるべきほどにもあらずと皆人《みな》もたゆみ給へるに、にはかに御けしきありてなやみ給へば、いとゞしき御祈《いの》り数《かず》を尽《つ》くしてせさせ給へれど、例《れい》のしうね（ふ）き御もの、けひとつ、さらに動《うご》かず。やむごとなき験者《げむざ》ども、めづらか也（なり）ともてなやむ。さすがにいみじう調《てう》ぜられて、心ぐるしげに泣《な》きわびて、「すこしゆるへ給へや。大将に聞《き》こゆべき事あり」とのたまふ。（葵の巻、一―三〇五ページ）

〔まだ出産の時期でもないと、皆人も油断しておられるときに、にわかに（出産の）ご兆候（が）あって苦しまれるから、はげしいご祈禱（を）かず限りなくさせなさっているけれど、例の執念深いおんもののけ一つ（が）まったく動じない。霊験のある験者たち（は）普通のことでないともてあます。（それでも）さすがにひどく祈り伏せられて、（もののけが）心苦しげになき苦しがって、「すこしゆるめて下されや、大将（―源氏の君）に申し上げるべきことがある」とおっしゃる。〕

と、ここに「すこしゆるめて下されや、大将（―源氏の君）に申し上げるべきことがある」というのは葵上の口を借りてもののけが言う。加持の僧たちは声をしずめて法華経を読む。これは注意すべきことで、霊的存在が「すこしゆるめて下されや」と願ったのにたいして「声をしずめて法華経を読む」というのは、一面から言うと、仏教がわからの固有信仰への妥協ないし後退であり、他面から言うと、加持の仏教から別の仏教への変わり目をあらわすことらしい。

そのことについてはあとにふれなければならない。かくてもののけが出現する、それは「たゞかの御息所《みやす》」(一-三〇七ページ)であった。それからほどなく葵上は出産する。まさにお産の苦しみそのものの形象をかれらの跳梁に見立てているかと称してよい。仏教がここにある妥協ないし後退を見せることを見のがさないようにしたい。

澪標の巻に、御息所は出家して、死去する。「なをかの六条の古宮《ふる》をいとよく修理《すり》し、……心やれるさまにて経《へ》たまふほどに、にはかにを《(お)》もくわづらひ給ひて、ものゝいと心ぼそくおぼされければ、罪深《つみふか》き所《ところ》ほとりに年経《としへ》つるもいみじうおぼして、尼《あま》になり給ひぬ」(澪標の巻、二-一一七〜一一八ページ)とあるのによれば、病気という原因とともに、伊勢という神高い地にいたことにたいする仏教的な罪をおそれての出家であった。(9)もののけ持ちであることや、葵上をとったことなどについては、出家にいたる罪としてここにかぞえあげられていない。どうやら『源氏物語』においては、どこまでいってももののけと仏教的理解とが平行して、思想的な混在として両者は物語に出てくる、との印象をうち消せない。もののけはだから仏教的な努力によって救われるような代物でありえないらしい。

六 供養をもとめて去る

御息所はかくて死霊になり、のちの若菜下の巻、および柏木の巻にあらわれる。ここでは若菜下の巻を見よう。そいつの言うせりふをいま三つにわけて、前節に原文であつかったので、ここは現代語訳で一挙に引用すると、

(a)

他人はみな去ってしまえ。院(―源氏)一人のおん耳に申そう。おのれを幾月も祈り伏せて苦しめなさるのがなさけなくつらいことであるから、おなじくは思い知らせようと思ってきたれど、さすがに命もあやうくなるほど身を砕いて思い惑われるさまを見たてまつると、いまでこそかようにいみじき身を受けるにせよ、過去の心がのこ

っていればこそかようにしてまで参り来ているのであるから、何かと心苦しむさまを見過ごすことができなくてついにあらわれてしまうことよ。けっして知られるまいと思ったのに。（若菜下の巻、三－三七一ページ）

（b）
わが身こそ―あらぬさまなれ。それながら、空おぼれする君は―君也《なり》

われの身こそ昔にあらぬすがたであるのに、君はそのかみのままに、（すべてを存知のくせに）わからぬふりをする君で（いるとは）まことにつらい、（まことに）つらい。（同）

（c）
中宮（―秋好、六条御息所の娘）のおんことでもまことにうれしくもったいないことと、天を翔けてでも見申し上げるけれど、道が別になってしまうからには、子の身のうえまでも深く考えられぬのであろうか、なお依然として自分のつらいと思い申した心の執がとどまるものであったことよ。そのなかにも、生きての世に、他人（―葵上）よりも思いお捨てになったことよりも、したしい同士（源氏と紫上と）のお語らいのついでに心よからずにくかった（われの）様子をおっしゃり出されたことがまことに恨めしく、いまはただ亡き者であることに免じて、せめて他人が悪口を言うような時なりとそれをうち消し隠してくだされと思うのに、そのようにふと思った途端に、かようにあさましき身（―もののけ）のけはいであるから、かように窮屈である。この人（紫上）を深くにくいと思い申すことはなけれど、守りがつよく、まことに（あなたさまの）おん辺りがへだたりのある心地がして、近づき申すことがならず、おん声ばかりほのかに聞くことでござる。ままよ、いまはこの罪が軽くなるばかりのわざをさせてくだされ。修法、読経と騒ぐこともわれの身には苦しくつらく炎となってまつわるだけで、けっして尊い

ことも聞こえぬから、まことに悲しくてのう。中宮にもこのよしを伝え申してくだされ。けっしておん宮仕えの途中に人と競争する心をおつかいになるな。斎宮でいらっしゃったころのおん罪を軽くすることのできるような功徳のことを、かならずさせなされ。まことにくやしいことであったことよ。（三－三七二～三七三ページ）

という、長々しいせりふをそいつは語る。

こんな饒舌な語りは、もしゆるされるなら、現代の巫覡である東北のいたこやカミサマその他、奄美、沖縄のユタなど、かれらの死者を降ろして語る語りと構造的に似る性格があるということをぜひ指摘したい（参照、前節）。それはさいごに子孫に教訓をあたえ、供養をもとめて去るところがそっくりだと言える。おそらくそのような巫覡の活躍がここにそのまま反映する、とみることができる。そしてユタの託宣によると、祖先霊がたたるということが多いのは、守護霊が別の面から怨霊にもなりうることを覗かせる、と考えられる。ここ『源氏物語』では、もののけは源氏および紫上にたいして、怨霊として出現させられたことを告白するとともに、わが娘の秋好中宮に向けては守護霊としてあることを非常によく示す。怨霊は守護霊であるから、守護しなければならないひと以外にたいして怨霊として出現する、という明瞭な構造の露出としてある。

仏教から見ると、「ままよ、いまはこの罪が軽くなるばかりのわざをさせてくだされ。修法、読経と騒ぐこともわれの身には苦しくつらく炎となってまつわるだけで、けっして尊いことも聞こえぬから、まことに悲しくてのう」と言うところが注意されるので、修法、読経とちがう滅罪の方法をもとめる。仏教以外のところに滅罪をもとめられる時代ではない。念仏の仏教がひたひたとこの岸辺を洗いつつあることをつよく感じさせられる。

六条御息所の怨霊はこのあと、柏木の巻で女三宮にたたる。それを思いあわせると、御息所がおそうべきあいては、深くにくくもない、というものの、紫上と、それから女三宮とを狙う。源氏は守りがつよくて近づきがたいというから、第一におそいたいのは光源氏そのひとであったろう。それにたいしてけっしておそうことのないのが、いま述べたように秋好中宮であった。それとともに、明石の君やその一族にもまたたたらない。六条御息所の霊は明石の一族にたいして守護霊としてはたらく、ということらしい。おそらく六条御息所の一族と明石の一族とが同族であることをこれはわれわれにおしえる。六条院という御殿は、紫上も女三宮も出されたあとにおいて、明石の子孫が独占するところとなる。六条御息所の亡霊が明石の一族にけっしてたたらない事実の理由を、いまはかれらが同族であることにもとめる、ということであって、推定にもとづく。

七　宗教者の誕生と怨霊

宇治川のほとりからこの世へ連れもどされた浮舟は、「河に流《なが》してよ」（川に流してしまえ）（手習の巻、五－三三三ページ）との一言よりほかに、全然ものを言わず、ぼんやりと起きあがることもないままに、四月も五月も過ぎてしまう。妹尼から、「この人助《たす》け給へ。さすがにけふまでもあるは、死《し》ぬまじかりける人を、つきしみ両《（りやう）》じたる（深く憑いて身体を占領している）物の去《さ》らぬにこそあめれ」（同）という手紙が来て、その要請を受けて比叡から下りた横川僧都は加持を試みる。夜一夜つづけた明け方に、そのもののけを人に駆り移すことに成功する。もののけは調ぜられてつぎのように言う。

（もののけの出現）
「を《（お）》のれはこゝまでまうで来《き》て、かく調《てう》ぜられたてまつるべき身にもあらず。むかしは、を《（お）》こなひせし法師《し》の、いさゝかなる世にうらみをとゞめて漂《たゞよ》ひありきしほどに、よき女のあまた住《す》み給《（たまひ）》し所に住《す》みつきて、かたへ（―大い君）は失《うしな》ひてしに、この人は、心と世を恨給《（うらみたまひ）》て、われいかで死《し》なんといふことを、夜昼《よるひる》の給《（たまひ）》しにたよりを得《え》て、いと暗《くら》き夜、ひとり物し給《たまひ》しをとりてしなり。されど観音《くわんおん》とさまかうざまにはぐくみ給《たまひ》ければ、此僧都《このそうづ》に負《ま》けたてまつりぬ。今はまかりなん」との、しる。(手習の巻、五-三三五ページ)

〔「おのれはここまで参りきて、かように調ぜられ申す身ではない。むかしは修行を積んだ法師が、すこしの、恨みを世にとどめて、漂い歩いたころに、良家の女がたくさんお住みになった所(八の宮邸のこと)に住みついて、一方は亡きものにしてしまったのに、この人(浮舟)は心からこの世をお恨みになって、自分はどうかして死のう、ということを夜昼おっしゃったのに便りを得て、えらく暗い夜に、お独りでいらっしゃったところを取ってしまったのだ。されど、観音があれこれお守りになったことだから、この僧都に負け申してしまう。いまは退散しよう」と騒ぐ。〕

ここには仏教対固有信仰の、はげしいぶつかりがある、というべきか、むしろ仏教と固有信仰との妥協とも見られるシャマニックな祭場の図といわれるべきか。宇治大い君の死はこのもののけのせいであった、というおどろくべき事実がそいつ自身の口から明らかにされる。しかしそのもの自身の申告であってみれば、その通りに受けとめる必要もまたあるまい。すべては憑いたもののけが退散することによって病人が回復する、という治療を目的とするシャマニックな儀礼の方法が正確にここにたどられている。むろん、これを、もののけを演じるよりましの幻想でしかない、と称するのも不可ではない。

かくて治療効果として、浮舟はもののけという病から本復する。正気にもどってみれば、彼女を知る人は周囲にだれもいない。努力して、宇治川に身を投じようとしたときのことを思いだしてゆくと、こんな次第であった。すなわち、――

(浮舟の回想)

いといみじとものを思《(おもひ)》嘆《なげ》きて、みな人の寝《ね》たりしに、妻戸《つまど》を放《はな》ちて出《い》でたりしに、風ははげしう、河浪も荒《あら(う)》ふ聞《き》こえしを、ひとり物おそろしかりしかば、来《き》し方《かた》行《ゆ》く先《さき》もおぼえで、簀子《すのこ》の端《はし》に足《あし》をさし下《お》ろしながら、行《(いく)》べき方《かた》もまどはれて、帰《かへ》り入《い》らむも中空《なかぞら》にて、心つよく、此世《(この)》に亡《う》せなんと思《(おもひ)》たちしを、お《(を)》こがましうて人に見《み》つけられむよりは鬼《おに》も何《なに》も食《く》い《(ひ)》失《うしな》へと言《い》ひつゝ、つく〴〵とゐたりしを、いときよげなるお《(を)》とこの寄《よ》り来《き》て、いざ給へ、を《(お)》のがもとへと言《い》ひて、抱《いだ》く心《(ここ)》ちのせしを、宮と聞《き》こえし人のしたまふとおぼえし程より、心《(ここ)》ちまどひにけるなめり、……　（五-三三六ページ）

〔もうひどく(悲しい)と何かを思い嘆いて、みんな(が)寝ていたときに、妻戸を放って出ていたところ、風ははげしいし、川波も荒く聞かれたのを、独り何かとおそろしかったから、過去も未来も思われず、すのこの端に足をさしおろしながら、行くべきさきも分からなくなり、もどっ(て室内にはいる)ような(の)もどっちつかずで、心(を)はげましてこの世に死んでしまおうと思い立ったのに、見苦しく人に見つけられようよりは、おにでも何でも食い殺せと言いながら、じっとすわっていたときに、まことに清げな男が寄ってきて、さあいらっしゃれ、わたしのもとへ、と言って、抱く心地がした(の)を、宮と申した方のなさること、と思われたころから、心地が乱れてしまったことであるらしい。……〕

とある。ここにみると、シャマニックな憑依を浮舟こそが体験すると見てとれる。浮舟の根底には匂宮への思いがあり、それがここに宮の使者らしき存在を引きつけた、と読むことができる。そしてここに見る限り、仏教的なかげりはない、といってよいのではないか。結果的に浮舟を死から救ったという一面があるとも評価しうる。こういう判断をしてよければ、浮舟の憑依体験は巫病としてであろう。三か月間、正気でないさまがつづくのは、巫病の期間であったと認定できる。そこから本復したとき、浮舟は出家することを望み、宗教者になる。そのことはシャーマンという宗教者が成立するのに巫病体験を経てそれの克服としてシャーマンになるのときわめてよく似る。では世の一般のシャーマンと浮舟とはどこがちがうのであろうか。

尼になれば生きられるかもしれない、と言って希望して出家することまで、シャーマンが巫病の苦をのがれたい一心からそれになることと似る。微妙な相違としては、浮舟は本復したあと、自分の意志で仏教の宗教者になった。つまりもののけの憑依をのがれたくて宗教者になるのなら、シャーマンが巫病によってそれになるのにおなじだろう。しかし浮舟はもののけの憑依をのがれたくて出家したのではなかった。浮舟は「きよげなるおとこ《を》」によってさらわれたので、それが怨霊的なそれであるかどうかということすら、浮舟が憑依した段階でわからない。結果的にそれはもののけの憑依であったというのも、あくまで僧都の祈禱によって駆りだされたそいつがわ、つまりものを演じるシャーマン文化の性格としてである。そのようなシャーマン文化は僧都の力によって克服される。そのあと、あくまで自覚的に、意識の深部にまで下りてゆく心理実験としての手習うたを書くことによって、自己の問題として突き詰め、それによって浮舟は宗教者になった、といえる。

駆りだされたもののけ自身の告白だと、たしかにかれは怨霊であった。この世に恨みを抱いて大い君をとり、ついで浮舟を亡きものにしようとした。「今はまかりなん」というさいごの捨てぜりふは柏木の巻における死霊のことばにそっくりではないか(10)。仏教に対比させられるもののけはかくて暗い怨霊たらしめられ、観音により退散せしめられる一義的な存在になる。もはやだれかの守護霊であるといった面の観察がならないのは物語のなかでのゆきついた形象であると見なすしかない。

ここには固有信仰のレベルにかならずしも満足しえない『源氏物語』のさいごの意図がほの見える、とためらいながらも言っておくことにしようか。

注

(1) 池田彌三郎、中央公論社、一九五九《昭和三十四》年。
(2) 大島本「侍らは」、青表紙他本多く「侍れは」。
(3) 門前真一『源氏物語新見』門前真一教授還暦記念会、一九六五《昭和四十》年。
(4) 鈴木日出男「『かくろへごと』の世界」『講座源氏物語の世界』一、有斐閣、一九八〇《昭和五十五》年。
(5) 藤本勝義『源氏物語の「物の怪」』青山学院女子短大学芸懇話会シリーズ、一九九一《平成三》年。
(6) →注5。藤本氏にはまとめあげられた『源氏物語の物の怪』(笠間書院、一九九四《平成六》年)がある。
(7) 『落窪物語 住吉物語』新日本古典文学大系、一九八九《平成元》年。二二七ページ。
(8) 同右、一五五ページ。
(9) 藤井貞和「源氏物語の性、タブー」『物語の結婚』創樹社、一九八五《昭和六十》年、ちくま学芸文庫、一九九五《平成七》年、所収。
(10) 「いまは帰《かへ》りなん」(柏木の巻、四-一九ページ)。前節三一〇ページ以下を参照。

第四節　もののけの世界と人間の世界

一　良心と悪とのへだたり

良心が悪のすがたを変えてあらわれた存在であることを明確に見ぬいた人、それはニーチェであったろう。良心が悪をすこしずらしたところや、悪ののちに出てくることは〝良心の呵責〟という言いまわしがよくおしえてくれる。

良心の自由とは悪の自由にほかなるまい。良心と悪とは同居人だが、もし同居人でなかったら悪は悪にならなかった。善い悪でありたいのに、良心のために悪い悪にさせられているのに過ぎない。だから悪いのは良心であり、悪はその仲間、身内であった。

人間についてと、もののけについてとは、まったくおなじことが言えるような気がする。人間だから善であるとか、あるいは悪であるとか言うことはできない。善であることと悪であることとをかねそなえた総体を、かりに人間と名づけるのだと、われわれの自己省察がくだす結論は容易にそんなところだとして、もののけにしても、おなじ結論をくだす権利があるはずで、もののけを悪霊のたぐいであるかのように決めつけるなら、そのものどもを悲しませるばかりだ。もののけは「心の鬼」(疑心暗鬼の謂いか)の反映にほかならないと、和歌の機知を込めて喝破したのは『紫式部集』の紫式部であった。

(『紫式部集』)

絵に、もののけつきたる女の、見にくきかたかきたるうしろに、おにになりたるもとのめを小法師のしばりたるかたかきて、男は経よみてもののけ責めたる所を見て、

なき人に、かことはかけて、わづらふも——おのが心のおににやは——あらぬ

返し、

ことわりや、君が心のやみなれば、おにの影とは——しるく見ゆらむ

もうひとつ引いておきたい紫式部の書き物があって、言うまでもなく『源氏物語』蛍の巻の〝物語論〟の一節だ。

（光源氏の〝物語論〟）

……方等経《はうどう》の中に多《おほ》かれど、言《い》ひもてゆけば、一《ひと》つ旨《むね》にありて、菩提《ぼだい》と煩悩《ぼむなう》との隔《へだ》たりなむ、この人のよしあしきばかりの事は変《か》はりける。よく言《い》へば、すべて何事《なに》もむなしからずなりぬや（蛍の巻、二―四三九ページ）

あまりにもよく知られた一節ながら、通説にたいしては言うに言われぬ疑義がある（参照、第三章第一節）。「言《い》ひもてゆけば、一《ひと》つ旨《むね》にあ」る、というのはよい。だがそこから何としても〝煩悩即菩提〟をみちびくことなどできないのではないか。なるほど『源氏物語』に多く引かれるのは法華経だ。しかし『源氏物語』ははたして天台浄土かということにかかわる果ての、やむにやまれぬ想念としてある。〝煩悩即菩提〟ではない、〝菩提と煩悩との隔たり〟とこでのテクストに見える。〝菩提と煩悩との隔たり〟を天台にからめとってきたのはだれの悪意、いや善意かと問うまでもなく、光源氏はここに法華経を言わず、広く「方等経《はうどう》」だと明言した。研究者の意見に法相をこの物語に見るのがある。しかし法相を言うなら、華厳にまで徹底させなければなるまいとここでは言いたい。「方等経《はうどう》の中に多《おほ》かれど、……菩提《ぼだい》と煩悩《ぼむなう》との隔《へだ》たりなむ、この人のよしあしきばかりの事は変《か》はりける」というところ、この物語の基底に流れた華厳にふれている、と言わずにはいられない（なお第十六章三節に述べる）。

人間にしろ、もののけにしろ、悪即良心とちがう、良心と悪とのあいだにへだてを持つその構造においておなじだということではあるまいか。

二　怨霊であることと、守護霊であること

物語に出てくるもののけは悪霊的なのが多くて、憑依してわざわいをなし、ついに出現して要求を押しつけると去る、というのが目立つ。しかしもののけの善なる面、つまり守護霊的な側面を一方に見のがしてはならないのだろう、

と取りあえず言っておく。『源氏物語』の桐壺院の亡霊を光源氏は夢のうちに見る。このようなのはやはり憑依と見て、子にとっての守護霊である父が理由あって出現したのだと考える。おなじ桐壺院の霊は上京して朱雀帝にわざわいをもたらすから、悪霊の一面を有する。悪霊と言っていけなければ、怨霊と言うのでよいにしても、怨霊であることは守護霊であることと表裏の関係にある。

『源氏物語』には、あらわにでなくてよければ、みぎの桐壺院の亡霊ばかりでなく、何人かの故父の霊たちがいる、と考えてよい。たとえば野分の巻。あの野分と呼ばれるはげしい風雨は秋好中宮の父、つまりは故六条御息所の夫であった前坊の霊のなせるわざではないのか。そう思って読むと、野分の巻の冒頭からして、故父の霊を読者は身近に感じないでいられない。

（庭をながめる秋好中宮）

中宮の御前《まへ》に、秋の花を植《う》へ（ゑ）させ給へること、常《つね》の年よりも見《み》どころ多《おほ》く、いろくさを尽《つ》くして、よしある黒木《くろき》、赤木《あかぎ》の籬《ませ》お（を）結《ゆ》ひまぜつゝ、……（野分の巻、三-二六ページ）

と読みはじめて、秋好中宮方の六条院は安泰のように見えることだろうか。けっしてそうではないので、叙述がすすむと、

（同）

これを御覧《らむ》じつきて里居《さとゐ》したまふほど、御遊《あそ》びなどもあらまほしけれど、八月は故前坊《こせむばう》の御忌《き》月なれば、心もとなくおぼしつゝ明《あ》け暮《く》るゝに、（同）

とあって、故前坊を物語が思い起こすと、中宮を平静でいられなくさせて、一文はただちに、

此花《このはな》の色《いろ》まさるけしきどもを御覧《らむ》ずるに、野分《のわき》、例《れい》の年《とし》よりもおどろ〳〵しく、空の色変《か》はりて吹《ふ》き出《い》づ。

（同）

と、嵐（―野分）を呼び起こす。中宮の心もとなき思いにつれて故父の霊がおし寄せ、物語のつい傍らにやってきたことは想像にかたくないと言える。六条院は六条御息所の旧宮であったとともに、故前坊の恨み深く果てたろう終焉の地ではなかったか。怨霊であることと、守護霊であることとは、表裏の関係として、ここによく読みとられることであろう。

六条御息所の故父大臣が怨霊であったこともまた、うわさとは言え、葵の巻に明らかなことで、むろん娘にたいして守護霊である立場から、葵上にわざわいをもたらすかのようにやってくる、ということがあろう。

（葵上にもののけがつく）

この（―御息所そのひとの）御いきずたま、故父《こち》おとゞの御霊《らう》など言《い》ふものありと聞《き》き給《たまふ》につけて、……　（葵の巻、一―三〇三ページ）

大臣であったひとが怨霊のうわさをたてられるとはどういうことであるか。深く考えるまでもなく、政変の犠牲者の印象であり、政権への野望がつよかった者の怨念が凝りかたまってもののけと化している図であろう。

その六条御息所は生きてあるときにその生き霊が葵上をおそい、死しても紫上を、そして女三宮を苦しめて憚らなかった稀代の怨霊ないし悪霊であった。このものとて、しかし娘の秋好中宮、そして明石の一族にはけっしてたたらないという守護霊の性格を指摘できる。

三　藤壺の怨霊性とは

藤壺はどうなのだろうか。藤壺はその女主人公であることの印象から、怨霊であったことをひとはしばしば忘れがちかもしれない。しかし人間の世をはげしく生きた女性として、死後の運命はこのひととて例外でないと信じられる。夢に出てくることは憑依の一種と見なしてよかろう。それにしたがうと、朝顔の巻のとじめの出現がそれにあたる。ここに出てくる藤壺亡霊の形象は、怨霊のそれでなくして何であろうか。さきに引き(第四章第三節)、前節にも引いた箇所の前後を、もうすこし引いてみると(現代語訳は三二六ページ以下を参照)、

(藤壺亡霊の出現)

入《い》り給ひても、宮《みや》の御事を思《おも》ひつゝ、大殿籠《おほとのごも》れるに、夢ともなくほのかに見《み》たてまつる、いみじくうらみ給へる御けしきにて、(藤壺亡霊)「漏《も》らさじとのたまひしかど、うき名《な》の隠《かく》れなかりければ、はづかしう苦《くる》しき目《め》を見《み》るにつけても、つらくなむ」とのたまふ。御いらへ聞《き》こゆとおぼすに、を《(お)》そはるゝ心《(ここ)》ちして、女君の、「こは。などかくは」との給ふにおどろきて、いみじくくちをしく、胸《むね》のおきどころなくさは《(わ)》げば、を《(お)》さへて、涙も流《なが》れ出《い》でにけり。いまもいみじく濡《ぬ》らし添《そ》へ給ふ。女君、いかなる事にかとおぼすに、うちもみじろかで臥《ふ》し給へり。

(光源氏《独詠》)

　とけてねぬ寝覚《ねざ》めさびしき冬の夜に、むすぼほれつる夢のみじかさ
なかく〵飽《あ》かずかなしとおぼすに、とく起《お》きたまひて、さとはなくて所《ところ》ぐ〵に御誦経《みずきやう》などせさせ給ふ。(朝顔の巻、二―二七一～二七二ページ)

と、藤壺の出現の様子が「いみじくうらみたまへる御けしき」であることと言い、藤壺の「つらくなむ」という言葉と言い、「を《(お)》そはるる心《(ここ)》ち」がしたことと言い、すべてここに出現した亡魂の怨霊性を証してあまりある。光源氏への憑依としての夢と考えてよいとして、はげしい恨みを藤壺はこの世の何かにたいして抱いており、それの当事者であるらしい光源氏の夢のなかに出現した。源氏の君は言い返そうとした。しかし言い返すことがならず、藤壺の恨み

だけをのこして夢の終わりとともに亡霊は消えた。

藤壺亡霊の言を、しつこいようながら取りだすと、このようにある。

漏《も》らさじとのたまひしかど、うき名《な》の隠《かく》れなかりければ、はづかしう苦《くる》しき目《め》を見《み》るにつけても、つらくなむ

亡霊のせりふだからといって、人間界のそれとひどくちがった文脈やテクストで言うわけではなかろう。まず「漏《も》らさじ」というのは、何を源氏が漏らすまいと言ったのかというと、源氏—藤壺の密事をである。これはうごかない。密通を漏洩しないと約束したにもかかわらず、「うき名《な》の隠《かく》れな」いことになってきたことを恨む。怨霊として出現したことの理由はただひたすらこのことにある。「のたまひしかど」は、〝約束なさったのにもかかわらず〟の意味だ。「しか」(—過去)は「うき名《な》の隠《かく》れなかりければ」の「けれ」と対比させられる。

源氏の君が約束を守ったのなら、ここに亡霊はあらわれなかったはずだ。とすると、源氏の君はどこでその約束を破ったのか、ということが問題の第一点となる。問題の第二点は、漏洩しないと約束したのはいつのことか、ということに帰着する。第二点については、密事のおこなわれた若紫の巻からあとの巻々をずっと読みとってゆけばよい。それをはっきり書いてなくても、賢木の巻ほか、藤壺がそれの漏れることをひたすらおそれていたさまを、ここに挙げて復唱するまでもなかろう。述べたように(第四章第三節)、そもそも若紫の巻で、けっして秘密を漏洩しないことを光源氏は堅く約束した、と考えてあやまりない。「漏《も》らさじとのたまひしかど」という言いまわしに疑念はない。

問題の第一点である、源氏の君はどこで約束を破ったのか、これもわずかに述べたことがあるように(同)、紫上との会話のなかで藤壺事件を漏らしなどしない。紫上との会話のなかに漏らすはずがないではないか。紫上との会話はおなじ朝顔の巻の、亡霊出現の直前の部位にある。

(光源氏、女性たちを語る)

一年《ひとゝせ》、中宮の御前《おまへ》に、雪《ゆき》の山《やま》つくられたりし、世《よ》に古《ふ》りたる事なれど、猶《なほ》めづらしくもはかなきことをしなし給へりしかな。何のおり《を》〳〵につけても、くちをしう飽《あ》かずもあるかな。いとけどを《ほ》くもてなし給ひて、くわしき《は》御ありさまを見《み》ならしたてまつりしことはなかりしかど、御まじらひのほどに、うしろやすきものにはおぼしたりきかし。うち頼《たの》みきこえて、とある事かゝるおり《を》につけて、何事《なに》も聞《き》こえ通《かよ》ひしに、もて出《い》でてらう〳〵じきことも見《み》え給はざりしかど、言《い》ふかひあり、思ふさまに、はかなきことわざをもしなし給ひしはや。（朝顔の巻、二－二六九ページ）

〔さきの年、（藤壺）中宮の御前に雪の山（を）お作りになっていた、古い世からつづいてあることであるけれど、依然としておもしろくちょっとしたことをなさっておられたことよな。何（か）の機会につけても、（亡くなられたことが）残念で飽かずもあることであるな。えらくへだてをおいて（私を）もてなしくださって、くわしいおありさまを見申したことはなかったけれど、（宮廷の）ご交際の期間に、安心できる存在としては考えてくださっていた、たしかに。信頼し申し上げて、そうあることとああした機会につけて、何ごとも申し上げきもちがかよったというのに、（おもてに）出して才気のあるところを見られなかったけれど、言うかいがあり、思うさまに、ちょっとした趣をもなさったことよなあ。〕

と、要するに藤壺中宮を絶讃しているのであって、それ以外ではない。藤壺事件のことをおくびに出していない。もう一度言う、出すはずがないではないか。では紫上との会話のなかに、話題になったので恨みながら出てきたのか。けっしてそうではない。「漏《も》らさじとのたまひしかど、うき名《な》の隠《かく》れなかりければ」と言って恨むのだ。第一、これだけ絶讃されてよろこばず、さか恨みする女がたとい亡霊であろうといるとは思えない。

明らかだと思うが、藤壺亡霊は紫上との会話のなかに話題になったことによって呼びだされたのにすぎない。亡霊出現のきっかけとして、紫上との会話が利用されたので、このように人間がわに不用意にも呼びこむすきができたときをねらって、もののけは出現するというにすぎない。呼びだされた亡霊は、光源氏の秘密漏洩をはげしく恨む。怨霊そのものの出現としてある。

四　返辞をゆるされなかった光源氏

これにたいして、源氏の君が言い返そうとしたことは、ただしかったろうか。「御いらへ聞《き》こゆ」とは源氏の君が、であって、返辞せんとしてなさず、「をそはる(お)、心ち(ここ)」がしたという。「をそはる(お)、」はものにおそわれる心地、つまり悪霊にとりつかれる感じであろう。返辞をゆるされなかった。源氏の君はどのように返辞をしようとし、亡霊はそれをゆるさなかったのか。紫上が起こしてそれをさまたげた。源氏の君は返辞しえずに終わった。もし臆測を言ってよければ、男君の言い返そうとしたことは、おれは漏らしてなんかいない、という弁解だったろう。そうだ、源氏の君はけっしてどこにも漏らしていない。漏らすはずがないではないか。それにもかかわらず、おれは漏らしてなんかいないと、亡霊は言わせなかった。亡霊は、もし夢がつづけば、あなたは漏らしたではないかと、さらになじることであろう。源氏の言い返しにたいし、正当性などないのだと亡霊は主張し、不実な男君に危害を加えることになるかもしれない。「こは。などかくは」と、紫上があいだにはいって男君を起こしたことは適切な処置だったと評価してよいのではないか。

秘密が漏れることを藤壺は恐れた。だれに漏れることを恐れたかというと、繰り返し述べてきたように冷泉帝に知られることへの恐れとしてある。なぜ冷泉帝に知られてはならないという恐れを抱くのかという最終的な課題がここにのこる。

怨霊は反面の守護霊だ、と本節では述べてきた。藤壺怨霊は、もし守護霊にならなければならないとしたら、だれを守護する霊になるか。だれにたいして守護霊に立つために、それを妨害した光源氏にたいして恨みごとを述べるべく出現したのであるか。言うまでもなかろう、実子である冷泉帝の守護霊になること以外には考えられない。藤壺事件とその結果である冷泉帝とはむろん一つづきにある。秘密を知られてならないというのは冷泉帝にたいしてだ。藤壺が、事件の「世語《よがた》り」になるのではないかと、若紫の巻になやんで以来、けっして漏れてはならないことと恐れたのは、冷泉帝に知られることであった。薄雲の巻にいたるまで、一貫して藤壺はそれを恐れてきた。それはもし知られるなら怨霊にならなければならないほどのつよい執着としてある。この執着が反面に守護霊であることの真の理由となろう。

実際はどうであったか。薄雲の巻の、藤壺の死のまさに直後、夜居の僧都は冷泉帝にその秘密をばらしてしまう。もし藤壺が知られたいと思っていたことを夜居の僧都が帝の耳に入れたというのなら、朝顔の巻に怨霊になって出現する理由がない。実際はその逆に、知られてはならないと藤壺の恐れたことが、夜居の僧都から帝へ漏れたから朝顔の巻に亡霊となって出現した。漏洩したのは夜居の僧都だ。事件が冷泉帝の耳に漏れたからには、そもそもその事件を引き起こした当事者である男君の「漏《も》らさじ」の約束が破られたことになる。全責任を負わなければならない者として男君はいる。藤壺は怨霊として出現し、男君をなじる。

第九章　赤い糸と家を織る糸

第一節　明石の巻の赤い糸

一　須磨から明石へ

須磨の巻で、六条御息所は、

（六条御息所の手紙と贈歌）

猶《（なほ）》うつゝとは思《おも》ひたまへられぬ御住《す》まゐ《（ひ）》をうけ給はるも、明《あ》けぬ夜の心まどひかとなん。さりとも、年月《とし》隔《へだ》てたまはじと思《おも》ひやりきこえさするにも、罪深《つみふか》き身のみこそ、又聞《き》こえさせむこともはるかなるべけれ。

うきめ刈《か》る伊勢《いせ》をの海人《あま》を、思ひやれ。藻塩《もしほ》たるてふ須磨《すま》の浦《うら》にて　（須磨の巻、二―二七〜二八ページ）

〔やはり現実（のこと）とは考えもいたされない（須磨の）お住まひを（─であると）うけたまわる（につけて）も、（私の覚めない）明けない夜の心まどいかとのう（思われてならない）。さりと（て）も、（帰京するのに）年月（を）おへだてになるまいと拝察し申すに（つけて）も、（わが）罪深い身のみ（はそれ）こそ、ふたたびおはなしし申し上げようこともはるか（さき）であるにちがいないよ。

浮き若布（を）刈る、憂き目にあう、伊勢の海人（であるわたし）を、思いや（ってく）れ。「藻塩垂れつつ」という、（涙にぬれる）

須磨の浦で、（わが君よ）」

と、心いたり深い手紙とうたとを源氏の君に贈ってくる。唐の紙四、五枚を継いで巻紙にして、うたをかきまぜながら思いをつづる。手紙にもうたにも、ある種の特徴があって、光源氏の苦境にたいし同情すればするほど、わが身の心まどい、罪深さへと思いが収斂してゆく。

うたのうちではっきりと、女のわが身を思いやってくれと呼びかける。自己中心なのではなく、そういう個性として六条御息所のかたどられている以上、なりゆきを定められぬ将来への罪深い共有の感覚をあいてにもとめないわけにゆかない。

もう一首、記録されていて、

（同）

伊勢島《いせじま》や―潮干《しほひ》の潟《かた》に、あさりてもいふかひなきは―我《（わが）》身なりけり　（二―一二八ページ）

伊勢じまよ、（その）潮の干る潟に、貝を、
とるとしても（貝のないように）、いうかい（の）ない、

（それ）はわたしの身であったという次第――

とある。あさるとは貝を取ることで、漁っても貝がない、言うかいがない、とわが身を嘆く。

源氏の君の返歌は、

（光源氏の返歌）

伊勢人の、浪のうへこぐ、小舟《をぶね》にも―うきめは―刈《か》らで、乗《の》らましものを　（二―一二九ページ）

伊勢人が、浪のうへ（を）こぐ、小舟に（で）も、

乗ればよ(かった)ものを。――浮き若布を刈らないで、
憂き目にあわないで

そして、

海人《あま》がつむなげきのなかにしほたれて、いつまで須磨《すま》の浦《うら》にながめむ (同)

海人が積む投げ木、嘆きのなかに、泣きぬれて、
いつまで(わたしは)須磨の浦に呻吟し暮らすのだろうか

と、前者はいっそのこと伊勢へ一緒に行けばよかったと詠むかのようであり、後者は須磨にいつまで嘆じようかと、やはり御息所のうたに感応して、どこへゆけばよいのか、と自問する。

伊勢と須磨と、さらにここから向かう明石の国をも視野に、京をはさみうちにする作者の意図には底知れないものがある。ことばの深層には、かならず御息所がわから、ひたひたと波のように寄せてくる思いがあろう。うたにことばを託すとはそういうことだろう。須磨をでて明石へゆき向かえ、とはこれらのうたのやりとりのうちに浮上する謎か予言かのようにしてあるのではなかろうか。

二 淡路島を遠望する明石の地

男主人公は須磨から明石へこえてやってきた。反逆のこころざしがそこにはあると思う。恭順から反逆へ、というジャンプ(1)は須磨の《関》を海上から突《破》して可能になった。王族は畿内を出られない、というおきてがあろう。源氏の君は王族とちがう、ということなのだろうか。しかし京にいることがならず、須磨の里へ退去して、恭順、謹慎のおもてを中央に向けてあった、というなりゆきは、けっして畿内から畿外へ出ない、というアピールだったのだとし

たら、臣下に終わらぬ、という予言を背負った未来の王者が、畿内から畿外へでる、というときには、王権回復の祈念を身に体して、覚悟の《関所破り》だったろうと思える。古くに、須磨の里までは王化、直轄の地で、明石の国からさきは見はるかす化外、その喉元にこれより足跡を垂らす。

《覚悟の》とは言えなかろうとしても、出てしまうと明石の地からは、京が一望のもとに見える。復習しておこう。奈良の都をほろぼして、山城の開拓地に平安の王朝をたもつこと、もう二百年がたつ。次代はどこからやってくるか。京都からはそこ、もっとも重要な地名がわかっていただけに、口になかなか出されなかった、それが明石の国だったのではなかろうか。

海上に目をやると、《あれは！》と見通せる、あのかげは淡路の島だ。ひしひしとせまりくる黒いまぼろしのうごきは、源氏の君の目、心に、たとい見えなくとも、京の覇権への、対抗を示すのに、まことにたのもしい新興勢力ではあるまいか。明石入道にとり、用達しのできない手数ではなかろう。あるいは澄む空の月の光に、飛び魚の海人たちがひらりと躍る身のしなやかさは見えないか。海人たちのすがたを実際に見せなくとも、反逆の王者の今後のためにはかげとなり、寄りそって、明石の君の忠実な〝影の存在〟たちになりすますことができないはずもない。のちに松風の巻に見るなら、鵜飼いの徒に変じて大堰川にまで随いてゆきかねないかれら。それはあとのことだからおいて、ここ、明石の源氏は感にたえずして琴《きん》の琴をとりだして弾く。松の韻き、波の音にそれはかよい、若女房は身にしみて物思いにふけり、老人は風邪をひきながら浜を散歩するという次第だ。入道は修行そっちのけで駆けつける。はるかな松風の物語がもうはじまろうとする。淡路島、松帆の浦のかなたへまでそれはとどいてゆくことだろう。もしかしたら、海のもののふたち、海人どもがおき直り、いまや耳をかたむけ出したかもしれない。多島海の全域でむくりと起きあがるけはいがする。

（光源氏《独詠》）

あは――と見《み》る、淡路《あはぢ》の島《しま》の、あはれさへ、残《のこ》るくまなく澄《す》める夜《よ》の月　（明石の巻、二－六四ページ）

《あれは！》と見る、（眼前の）淡路の島（のみならず）、

（古人の詠んだ）《あはれ》（の思い）さえ（もが）、

あますなく（わかる、そのように）

のこすくまなく澄みきっている夜の月（よ）

源氏のひく琴《きん》の秘曲「かうれう」とはどんなだろう。それはわからないが、入道は涙をとどめあえずして、琵琶と箏の琴とをとりよせ、源氏に箏の琴を弾かせると、みずからは琵琶をしらべ、また箏の琴にとりかえて弾く。この箏曲こそは秘伝のそれとして、延喜帝の手（―曲）を伝えるという。これらの演奏は松の韻きにかよい、すこしはなれた岡辺の宿りに住む明石の君の耳にもとどくというしかけだ。早く娘の明石の君にその秘伝はさずけられてあるはずだから、心していま、女君は聴いていることだろう。源氏の君は延喜帝の手を伝えられるべき、正統の王者としてここに招かれてある、というふくみがありそうに思える。何代かをさかのぼるなら、桐壺更衣というひと、いうまでもなく源氏の生母の祖先家と、われら明石の一族とは、ひとつになって延喜直系をほこる、といった思いが入道にとりついて去らなかったろう。

三　明石同族の祈りのこども

みぎのことは書かれている通りだから、何ら疑問がないとして、それならばなぜ明石入道のここでかなでる箏曲は催馬楽の「伊勢の海」なのだろう。偶然以上に、伊勢と明石との瞬間通路を証明する楽の音《ね》にほかならないのではな

かろうか。

（催馬楽「伊勢の海」）

いせ　の　うみ　の

きよきなぎさ　に

しほがひ　に

なのりそ　や　つまむ

かひや　ひろはむ　や

たまや　ひろはむ　や　（古説「たまもひろはむ　かひもひろはむ」）

これを声のよい若者にうたわせて、源氏もまた拍子をとり、さらには声を添えると、思わず箏の手をやすめて入道は聴きほれてしまう。問わず語りに娘のことをはなしに交じえ、真意をはじめてのようにここにあかす。この浦に住みはじめてからのいきさつをいまは心ゆくまで語りだす入道だ。十八年の歳月ののちにして、ついに源氏の君にめぐりあうことになるわが娘の思いを、住吉の神がよみしたまうことの、いよいよかなおうとする運命かと入道は思わずにいられない。

かならずしも書かれていない裏面にまで立ちまわると、ほかならぬ六条御息所、つまり伊勢の御息所は、明石の身方、一族であるらしく、明石の君をとおく加護していま伊勢の地にある、ということではないのか。さらには桐壺の一族ということにもなろう。もののけ持ちとしてある六条御息所が、葵上に、将来には紫上に、そして女三宮にもたたるというのに、その反対に、絶対にたたらない、つまり六条御息所のもののけが守護してやまなかったのはだれとだれとか。のちに六条御息所の死霊が、自分の娘である斎宮女御、つまり秋好中宮のためにならむろんのこととして、あわせて明石の一族をも守りつづけるということは顕著に観察されることがらに属する。すなわち一族の祈りのこどもである明石の君と、まだ生まれてこないその娘、将来の明石女御とにはけっしてたたらない。その理由は、ということになると、六条御息所そのひとが明石と同族だから、ということを、坂本和子氏はつきとめて発表した。(2)そういう裏面から読むことができるようになって、そのまま桐壺の同族でもあるという、真相にこれはつらなってくる。その六条御息所がいま伊勢の地、おそらくは敵地にのりこんでいることに気づいてか、知らずにか、入道は緒をゆすり深く澄ましながら弾じる。

きよきなぎさ　に

かひや　ひろはむ

……

明石の里へやって来たとき、三歳のちいさな女の子だったろう。その人がいま成長して、だれかを待つようだ。父はこの三歳の女の子を背負って、そのむかし明石の浦へやってきた。そのとき女の子は、ある赤い糸を信じていたから、父につれられてやってくることにいわば同意した、という感がある。なぜなら、若紫の巻によると、良清という朝臣の思い文《ぶみ》にたいして、彼女は返事をよこそうとしなかった。彼女の赤い糸は明石と京とのあいだにぴいんと張られて、そのあいては良清のような男でありえない。ここで糸という性格を考えてみると、切れるかもしれない、張られる強度に反比例するあやうさにそれは尽きる。竜女になるために明石にやってきたと言ってよいその女の子は、京をさること二千里の距離に糸を張って、だれかを待ちつづける。そのことをじっと感得し、その子にわが思いを託そうとしているのが、もしかしたら伊勢の御息所、六条御息所そのひとだった、というふくみだ。

四　返歌を試みる女君

凡庸に贈ってくる男君の作歌にたいしては、明石の君の返歌がない。

（光源氏の贈歌）

をちこちも―知《し》らぬ雲居《ゐ》に、ながめわび、かすめし宿《やど》の木《こ》ずゑをぞ―とふ　（明石の巻、二-七〇ページ）

といううたなどは、かろうじて鳥の技巧をもって《詩》を成立させるにすぎなくて、凡庸だというほかない。

とおくもこちらもわからぬ雲居（の空）に、

（物思いして）ながめわび、

（入道が）ほのめかした宿の梢を訪ねる（―消息を与える）

という、こんな作歌では、気位の高い娘からするなら、まことに失礼な手紙ではなかろうか。「かすめし」に霞みがかかっているという読みもあるけれども、その読みが無理なのではなくて、作歌の凡庸を糊塗しようがない、ということでしかない。書いたという高麗《こま》の胡桃色の紙のメッセージ性もまたよくわからない。むろん失礼な、と思えるのは近代の読者からの感覚にすぎないことで、娘正身《そうじみ》は高貴な男との身分の隔絶を、恥の感覚とともに目覚めさせられるばかり、返辞のしようもない、というのが正直なところとしてあろう。ひとの身分とおのれの分際とのひらきにうちひしがれる女君だ。こんな女が返歌をするきもちになるのは、連帯の感情をいささかは投げかけようとしはじめる源氏のつぎのようなうたによってだ。

（光源氏の贈歌）

いぶせくも―心《こゝろ》にものをなやむかな。やよや―いかに、と問ふひとも―なみ　（二-七一ページ）

晴れなく(ていつまで)も、心にものをなやむ(こと)かな。

やあ、いかにや、と問ふひともいないから

なよやかな、うつくしげな薄様に書かれたこれに向いて、ここに女は返歌を試みる気になる。それが紫の紙に書く「思《おも》ふらん」の名歌にほかならない。

(女君の返歌)

思《おも》ふらん心《こゝろ》のほどやーやよーいかに。まだ見《み》ぬ人の聞《き》きかーなやまむ　(二–七二ページ)

作者はこれから惜しげもなくこの女に絶唱をめぐみつづける。何をもくろむ物語作者か。きり返すような才気をみせて男を引きつける、というタイプの「思《おも》ふらん」歌はまだしもうたのルールに寄りそってなる。きり返すというルールであるよりは、人の心の真実を衝きながらわが不安に現在を引き寄せる秀歌のたたずまいが一首をうまくととのえる。あの男はいまどうわたしのことを思っているのだろう、刻々とすすむ男の内心をはかりしれない、という独白でもよし、男というものはうわさだけ聞いてその気になる性質なのか、男とはそういう動物か、という思いでもよし、そんな逡巡があってこそ、浮上した歌ことばは仮のものでなくなるある決定的な水位を迎える。

(あいてを、わたしを)思っている(なんて)、

(なやんでいるなんて、)

(いまどう)思っているのだろう(、その)

心のほど(—深さ)(は、)おい、どんな(深さというの)やら。

まだ見ぬ(—会わぬ)人が、

(耳に)聞い(てだけで)なや(むことがあろ)うか

これだけ括弧をつかわないと、このうたの現代語訳が出てこないという仕儀なのだから、「思《おも》ふらん」の「らん(らむ)」の現在推量進行辞の迫力たるやものすごい。なかなかむずかしい作業だ。韻きは消えてしまうし、これでよいのか。ともあれあの三歳だった女の子はこうしてようやく源氏の君にたどりつく。

五　明けぬ夜のまどい――六条御息所と明石の君

一方、明石にやってきて半年がたつ、春、夏から秋へ、心くらべがつづいて、何とかして女を、自分のもとに呼ぼうとするものの、がえんじない女の意地に、ついに折れて出向くことになる男君は、秋という季節、八月だろう、入道のみちびくままに、十三夜の月明かりのもと、岡辺の家を訪れる。「むつごとを」歌、「明《あ》けぬ夜に」歌の贈答があって、《杏みつま》を演じる明石の君が逃げ隠れする。近まさりして、愛情が湧きはするものの、忍びごと、みそかごととしてやりすごしてしまいたい気分もまた男の態度には見え見えという感じかもしれない。

求愛の期間ののちに、訪れて明石の君を、源氏がはじめて抱くところ、その直前の描写に〝伊勢の御息所にまことによう明石の君は似ている〟(明石の巻、二―七七ページ)とあるのはよく知られる。身近な几帳の紐に箏の琴がまつわりついて、ふとかき鳴らされるのにも、女君の普段のさまが偲ばれて、もう抑えられない、むつみごとを拒まないでほしいと言わぬばかりの、

(光源氏の贈歌)

むつごとを語《かた》りあはせむ人もがな。うき世の夢も―なかばさむや―と　(二―七七ページ)

むつびごとを語りあわせよう人がほしい。

憂き世の夢もなかば(は)覚めよう(もの)や(ら)と

という、『播磨国風土記』には《なびつま》伝説というのがあって、その〝密事《むつみごと》〟をふまえるこの作歌にたいし、女君のつがえる返しうた、こんなよいうたがなぜ、どうしてここに、という課題だ。

（女君の返歌）

明《あ》けぬ夜に、やがてまどへる心には──いづれを夢と、わきて語《かた》らむ　（同）

明けない（──無明の）夜のままに、（さながら）

惑乱し（て）いる心に（あって）は、

どれを夢（どれを夢でない）と、分別して、

語（る資格があ）ろうか

無明長夜にこのままどいつづける心には、その夢というのがどれのことか、分別して語る力量をもたないと応じる。明けない夜だから《無明》にはちがいないにせよ、心のなかのまっくらな闇を照らしてくれと深部から訴えるかのようでもある。

応えるうたはこのようにして、否みながら訴える、ということをするのだから、けっして意味というようなものではない、うたという容れ物。

『万葉集』だと《否みつま》とも言う、明石の君は障子をかためて拒否する神話の女のすえを演じる、でもうたが意味とは逆に心の闇をあかしてしまう。

さらには『伊勢物語』のうたという、

（在原業平）

かきくらす心の闇にまどひにき。夢うつつとは──こよひ定めよ　（『伊勢物語』六十九段）

をみぎのうたにかさねるなら、一層その《意味》は剝奪されてしまうことだろう。このごろだと久富木原玲氏が論じているのことだから、(3)この業平歌との接点についてはそれにゆずるとして、女君のうたにすぐにつづけられるのが、「ほのかなるけはひ、伊勢の御息所《みやすどころ》にいとようおぼえたり」(明石の巻、二-七七ページ)という、男の内面へ引きとられる書かれ方で、「おぼえたり」つまり身じろきから息の遣いまでがよく似るとは六条御息所の匂いの記憶をかき起こした瞬《とき》のまの思い以外でない。

須磨の巻の、さきの御息所の手紙を再度、引用しておこう。

(六条御息所からの便り)

猶《(なほ)》うつゝとは思《おも》ひたまへられぬ御住《す》まゐ(ひ)をうけ給はるも、明《あ》けぬ夜の心まどひかとなん。(須磨の巻、二-二七ページ)

みぎの思いをうたにしたてると、そのまま、明石の君の「明《あ》けぬ夜に」歌となろう。もう一度書きだしてみる。

明《あ》けぬ夜に、やがてまどへる心には――いづれを夢と、わきて語《かた》らむ

覗かせた女のうたにこもる《無明》という語が、良夜《あたらよ》とも言われた十三夜の月明かりとあまりに対照的で、きっと彼女の才気がそうとっさに口をついて言わせたことだとしても、うたの才能ならけっして引けを認めないはずの六条御息所そのひとが、憑依して明石の君の口をかりているかとふと思えるぐらいに、御息所の心、――心の闇にここはかさなる。

赤い糸が、女のほうからつながると思ったとしても、男君にとっては当面、なぐさみだと感じられる。

(女君の人ざま)

人ざまあてにそびへ(え)て、心はづかしきけはひぞしたる。(二-七七ページ)

《人ざま》とは、すらりと気高く、男が恥じられるほどのけはいという、着物のしたにさしいれられる手やゆびをゆるす、その瞬間からの姿態の描写で、やわらかいとも、うつくしいとも、これ以上は書かれてなくて、しかもそのさなかが、ちぎり、つまり運命をおぼえ、愛情の深まるところだという露骨な展開にたいして、女からはこのうたがはじまりであることをつよく主張をしないわけにゆかないと思える。

六　弾きさす琴の糸に託して

明石の君の第三首めはもう別れうたであるから、早いことだ。京への帰還が決定して、この浦を去ることがわかってから、かえって夜《よ》がれなく女のもとにかようとは、源氏の癖とみるべきことのひとつなのだろうか。女から言うなら、結果は懐妊の身を浜風のもとに捨て去られることになる。これが男の正義なるもの、裏おもてなのかと思うと沈むばかりだ。明石のパワーを身につけてしまうと、もう、この浦にわかれて上京するとは虫がよすぎる。われわれの明石の国は京という論理のやわさについほだされて、史上にすがたをあらわすこともなく《敗北》しさる、ということではないか、これだと。源氏は朱雀の王朝と仲間だったのか、など、しかしあいなく帰京のよろこびを隠しきれない男を非難してもはじまらない。敗北によって男をささえる反天皇制の国〝明石〟は、「かすめし宿」でしかなかったのかと、だれかが決めつけても反論はむずかしかろう。けれども、女君のうたはわれわれのすべての予想をうらぎるある種のけなげさを数瞬、覗かせてなる。

（女君の返歌）

かきつめて海人《あま》のたく藻《も》の、思《おも》ひにも—いまは—かひなきうらみだにせじ　（二-八三ページ）

海人の（—が）かきあつめてたく藻の、

思いの火にも、いまはかい(の)ない
貝のない浦に、(せめて)恨みごとだけでも言うまい

うたの数瞬はしかしあくまでそのなかで見せる意気でしかなくて、ああと女は思わぬに涙をほろっと落とす、けれどもすぐにこらえるのは別れにそれが禁物だという民俗におしとどめられるから。かいなき浦、貝のない浦、恨みはすまい。この、背筋のすっとうつくしい感じの物思いには、なんらかの成算がこめられているのだろうか。絶唱の一歩手前のように抑える一首に隠されてある意想は何か。ここにうながされて、箏の琴を弾く彼女が、ふいに演奏なかばの手を止める。「形見《かたみ》にもしのぶばかりの一こと(―琴、言)」(同)を、と所望する源氏のことばには、このことばの限りで再会など考えていない風情が濃厚だとすると、反対に女はこの瞬《とき》のまに、再会への呪術を琴のなかにうちこめた、とみるほかない。女の弾きさす琴にわれをややとりもどした男君は、心の限り再会を約束して別れることになる。男がとりつくろうとはそんなところなのだろう。どうとりつくろっても「形見《かたみ》にもしのぶばかりの一こと」と、放ってしまった失言を容易にとりもどせるものではなかろう。あの最初の琴《きん》の琴をひとつ形見にのこして、「慬《か》き合《あ》はするまでの形見」(二―八四ページ)だと言い換えても、それがどれほどのなぐさみになるというのか。女からのうたがそこに贈られる。

(女君の贈歌)
猶《なほ》ざりに頼《たの》めを《お》くめるひとことを、尽《つ》きせぬ音《ね》にや―かけてしのばん　(二―八四ページ)

よい加減に、頼りにさせる、その「形見に琴を」という一言を、
のこし置く(―約束する)のであろう、(それを心に)かけて、
一琴の音、尽きせぬ泣き声(をたてながら)しのぶというのやら

女の送るうたは正確に、男の「形見《かたみ》にもしのぶばかりの一こと」という失言へ、矢のように向けられて、いよいよ別れが近づく。

（女君の返歌）

年経《へ》つる苫屋《とまや》も荒《あ》れて、うき波のかへる方にや――身をたぐへまし　（同）

長年（を）へてしまう（と）、苫屋も荒れて、

つらい波の帰る方向にや、身を添わせたいものを

「かへる方にや――身をたぐへまし」とは、通説に〝海へ身投げしようか〟などと理解されてきた、はたしてそれでよいのかという読みの疑問があろう。源氏について帰りたい、という思いを率直に述べた作歌なのではなかろうか。「たぐふ」とは〝二つのものを一緒にする〟という意味だろう。どうして通説では身投げということになるのか、知らない。うたに託した真情なのだとしたら、いつかとおく女君もまた帰京することになるはずではないか。つづくうたは着用する狩衣に、

（女君の贈歌《装束につける》）

寄《よ》る波に――たちかさねたる旅衣《たび》、しほどけしとや――人のいとはむ　（二‐八五ページ）

寄る波に立ち返る、（そのように）幾重に裁ちこしらえてある、

旅の（狩）衣（は）、（わたしの涙に）ぐっしょりだと、

人（――あなた）がいやがるのでは……

とくくりつける。寄る波はかならず返るもの。旅立ちにかさねて、ここでも帰る男の衣にたっぷりと涙をしこんでおく女の意気を汲みとるべきところ。この巻についてなら、明石の君のうたはこれをもってしめ切られる。

七　凡庸に詠ませる作者の技倆

物語はここから後半へむかうというのに、明石の君の作歌はこれ以上、よくもならない。もちろん澪標の巻にはいっても、巻の名になったほどの〝名歌〟はあって、明石の君の作るうたとしてある。一等のうたびとであることはずっとつづく。

（女君の返歌）
数《かず》ならで、なには(―難波)のことも―かひなきに、などみをつくし、思《おも》ひそめけむ　（澪標の巻、二―一一六ページ）

こんなのが秀歌としてある。「みをつくし」は澪標。舟のみちびきとなるみお、航路を示す指標をさして、それに「身をつくし」〝使い果たした身のへとへと〟を覆いかぶせる。澪標が水のうえにある、ということは〝自然〟だ。だれかが設置した、ということでいえば自然ではなくても、澪標なら澪標という語が投げだされると、一種の自然ということになる。人称と、こんな自然称とを分けることによって、そのかさなりようがわかりやすくなる。人称と人称とがかさなったり、人称と自然称とがかさなったりすると懸け詞になって、うたに緊張が生じる。「身をつくし」というのは女君の人称だ。それが自然称にかさなるところにうたらしさが緊張してくるというしかけ。そのあたりの緊張がほどほどにあるとよいうたになる。この「身をつくし」の場合はちょっとしつこいかもしれない。

ひと数にはいらぬ、何としたって、
難波の貝の、なんのしがい(も)なくて、
どうして澪標、身を尽くし(てありったけ)、
(あなたを)思いそめ(なんかし)たのだろう、(わたし)

絵合の巻は、明石をわすれない源氏の君の、わずかに一回でてくるのみに終わって、松風の巻にいたり、明石の君がいよいよ上京する。源氏は二条に東《ひんがし》の院という御殿を新造し終えて、その東の対《たい》に明石を住まわせるつもりだ。ところが明石の母方の領有してきた家、荘園が桂川のおく、大堰川あたりにあって、そこを、明石の一族は、源氏ぐらいの男をかよわせるに足る建物へと修造してみせたから、源氏として、明石方の心用意にあらためて感じいる。明石の浦に似せて瀟洒に造ってあるとはいえ、父の入道にわかれて、母の尼君、幼い姫君とともに移住するという極端さは目にあまるものがあろう。現代に沿っていうなら、けっして解体の理由にならない理由による一族の解散ではないか。入道から見るなら、天よりさずけられた子に託して、京へ回収されるはずのわが始祖神話を実現させる過程として、既定の方針通りに物語が達成されなくてはすまないことの無理が、ここよりおし通される。

（女君の唱和）

いきてまたあひ見《み》むことを、いつとてか、限《かぎ》りもしらぬ世《よ》をば──たのまむ　（松風の巻、二-一九五ページ）

（京へ）行き、生きてふたたび会いみる未来を、

いつ（のこと）と（思っ）て、

（命の）限りもわからぬ世をばあてにしようか

みぎは明石入道らとの唱和するうたとしてある。

既定のその神話ふうの内容がつよすぎて、物語の方向を変えようもない。うたが物語にかかわってその方向に参与する、というようにははたらかない。父と娘との別れの悲しみになびく一方の叙述だから、緊張を欠いてうたを凡庸にしてしまう。たといなびかないつもりになって対抗しようとしても、うたが意味でその既定の方向へ対抗しようとするならば、ことばが決まらないという負荷のために、うたという容れ物の底が重くなる。〝生きてまたあひみむこ

とを、いつとてか知らぬ〃というのか、〃いつとてか、限りも知らぬ〃というのか、つめ切れてないし、〃限りも知らぬ世〃というのにしても、老いゆく父をまえにして言語がにぶるのは人情で、どうしても曖昧であることを避けえない以上は、凡庸なうたをここにむしろ必然とする。たしかに別れうたが〃名歌〃だなどとはあまりうれしくない。凡庸に詠ませるのは物語作者の技倆のうちだろう。

八　明石の巻から吹き寄せる松風の韻き

（女君の返歌、明石尼君へ）

いくかへり、ゆきかふ秋をすぐしつゝ、うき木にのりて、われかへるらん　（松風の巻、二ー一九七ページ）

めぐりめぐり交替する秋を（明石に）、
過ごし過ごしして（いままた京へ）、
浮き木に乗って帰るのかしらん、わたし

明石の君たちは、入道に別れると、銀河を浮きわたる流木みたいな舟で、順風をうけて予定通り京へ〃帰り〃つく。あたらしい家どころは明石の浦に似せて造ってあるだけに、かえって捨ててきた家居が恋しくて、つれづれにあの形見の琴《きん》をとりだすと、女君はかき鳴らす。松風がその音《ね》に応えて韻きあうのは、史上の斎宮女御の絶唱、

（『斎宮女御集』）

琴のねに峰の松風かよふなり。いづれのをよりしらべそめけむ

（『拾遺和歌集』雑上）

琴のねに峰の松風かよふらし。いづれのをよりしらべそめけむ　（八ー四五一歌）

にほかならない。調律、演奏、吟味、調査のすべてにわたり〝しらべ〟という語の原意が、糸の緒をつたって空へ韻きだす。

おなじく明石尼君に応えるうた、

（女君の返歌）

ふる里《さと》に見《み》しよのともをこひわびて、さえ《（へ）》づること（─言、琴）をたれか─わくらん　（松風の巻、二-一九八ページ）

ふる里に（むかし）見た世の友を、恋しさのあまり、

さえずる（─意味不明のわたしの）ことば、

（わたしの）拙い琴を、だれが（聴き）わけるのだろう

しらべは虚空の通路をつたって男にとどくらしい。源氏の君はやってきて、女君と、二葉の松といわれる三歳の姫君とついに再会する。源氏のかつて派遣した乳母もまた、いまの盛りにうつくしい面ざしを一段とつややかに見せつけて、この女性こそは将来に、わが明石の物語を語ることになる語り手の役割を負わされる予定だ。明石の君の寝室からは夜一夜、むつみごとが漏れてやまないのもことわりで、三年ぶりの逢瀬はあっけなく朝を迎えてしまう。つぎの夜も男君は大堰にやってくる、かの形見の琴《きん》がしらべもそのままに、男君のまえにさしだされる、こらえられずにそれをかき鳴らすと、むかしに引き（─弾き）かえし、明石に過ごしたころの思いがもどってきて、

（男君の贈歌）

契《ちぎ》りしに変《か》はらぬこと（─琴、言）の調《しら》べにて、絶《た》えぬ心のほどは─知《し》りきや　（松風の巻、二-二〇二ページ）

変わらぬ琴のしらべ（のまま）で、

（その琴とおなじ）言（葉）で（再会の）約束をした、

（そのことばの通りに、）
切れ（ることの）ない（わたしの）心のつよさは、
（あのころ）存知であったか

（女君の返歌）

変《か》はらじと契《ちぎり》しこと（—琴、言）を、たのみにて、松《まつ》のひゞきに音《ね》をそへしかな　（二一-二〇三ページ）

（琴のしらべのように）変わりはしまいと、
（あなたが）約束したことばに、縋る思いで、
松（風）の韻きに（琴の）ねを添えて、
（あのころわたしも）泣くねを添えたことよな

これが明石の君の秀歌であると認めることにやぶさかでありたくない。明石の巻から吹き寄せる松風の韻きがここにうたの緊張を添える、ということだろう。うたは意味とちがう、と繰り返し言える。流行の語で言えば、身体技法としてのうごきが、繰り返しによってうたになる。しかしこれらはうたうことをしない。それなら《うたう》とはどうすることを言うのだろう。楽器に染みこんだ記憶、とそれを言ったひとがいる。これらのうたが、琵琶のこえ、箏の曲、琴《きん》のしらべに絶えずかよい、それらをいつでも松の韻きが聴いている、という構成だった、その力をわすれてはいけない。うたわないうたを、うたううたが囲み、うたううたが、うたわないうたに生きられる。音楽の楽音が韻きの消失する場所で消えてゆくときに、糸はいつまでもふるえ、ゆびがそれをおぼえている。

(1) 藤井貞和「うたの挫折——明石の君試論」『源氏物語及び以後の物語』武蔵野書院、一九七九《昭和五十四》年(『源氏物語入門』、講談社学術文庫所収)。
(2) 坂本和子「光源氏の系譜」『國學院雑誌』一九七五《昭和五十》年十二月。
(3) 久富木原玲『源氏物語 歌と呪性』若草書房、一九九七《平成九》年。

第二節 夢に読む——家を織る糸

一 住吉の神の示現、二人同夢

大臣家の家柄に生まれ、霊夢を信じて、近衛の中将を捨て、播磨守となり、さらに入道して豊かな生活を送りながら、娘明石の君を光源氏にあわせ、生まれた姫君とともに上洛させて、ついに姫君の国母をほぼ確実にするところまで、夢の実現をかたくなに信じた明石入道というひとと、早くから仏教に帰依し、最終的に深山に隠れることになる明石入道とは、一個の人格として、どのように統一されてあるといえるのか。

源氏の君を明石の地に迎えるときにも明石入道は霊夢のみちびきにしたがう。

夢の実現をかたくなに信じる、現世栄華の志向と、出家遁世する仏教的志向とが、なかなか統一されるはずのないふたつだという予想は、どんな考えよりもさきに湧いてくる。もしそのふたつの思想(——思想と言ってよかろう)が、ひとりの人格のうちに同時にはいりうるとしたら、それは統一というかたちでなく、混在といったかたちになるのだろうと、私などはまず思ってしまう。

明石入道の霊夢実現の物語は、いってみれば明石一族の始祖伝承だ、といえることだろう。どこかの長者伝説の主人公のような、入道のそういう神話的性格と、出家遁世の方向とのあいだをつなぎ、論理化する統一的視点など、ありうるのか。しかし、何よりも、当時の仏教なる現象がそうした習合的実質を持っていた。習合とは論理的にあいいれないふたつの性格が混在しうることだとすると、入道の場合もそのような混在なのであろうか。

『源氏物語』は、さまざまな思想の混在の文学、重層の文学であるとしても、しかし明石入道なら明石入道について、それがたしかに言えるかどうかを精査してみなければならない。

源氏を迎える入道の舟が、嵐をついて須磨に到着する。始祖伝承の始発という点からみれば、明石入道は『源氏物語』のなかで、最大の霊夢信奉者でなければならなかった。

(明石入道の言)

去《い》ぬるついたちの日《ひ》、夢にさまことなる物の告《つ》げ知《し》らすること侍《(はべり)》しかば、信《しむ》じがたき事と思《おも(う)》ふ給へしかど、……

(明石の巻、二―五八ページ)

〔去る(三月)ついたちの日、夢に異形なる存在が告げ知らせること(が)ございましたゆえ、信じがたいことと思ったのでございまするものの、……〕

ここで「信《しむ》じがたき事」とは、夢のことをいうにせよ、夢にたいする不信一般ではない。まさしき霊夢は信じるべきこととしてある。真の霊夢であるかどうかがわからないので、霊夢のようであっても、一応、疑いを抱くということは、真の霊夢ならば深く信じるということと表裏の関係になっていよう。悪霊のもたらす悪夢がまぎれいる余地が十分にあったろう。霊夢は、証拠ないし傍証があらわれたその結果から、真の霊夢であったことを判定できるというかたちにある。すべての夢が信じられるわけではなかった。

「さまことなる物」の正体は明石入道にとって不明であってよい。須磨の巻の最終場面で、源氏の眠りのなからわれた「そのさまとも見《み》えぬ人」が、「など、宮より召《め》しあるにはまい《(ゐ)》り給はぬ」(須磨の巻、二-四五ページ)とて、たどり歩いたとあるのにおなじで、おそらくこれは住吉神の示現であった。住吉神は示現しやすい神格で、老体をあらわすのが通例かと思う。たどり歩くというのは老体の描写であろうか。

明石入道に示現があって、かれは、試みに舟をいだし立て、源氏を迎えることにする。そして舟があやしい風に乗って、この浦に無事に着いてからは、霊夢であることの確信を持つにいたる。

(明石入道の言、つづき)

……「十三日にあらたなるしるし見《み》せむ。舟よそひまうけて、かならず雨風やまばこの浦にを寄《よ》せよ」とかねて示《しめ》すことの侍《(はべり)》しかば、心みに舟のよそひをまうけて待《ま》ち侍《(はべり)》しに、いかめしき雨風、雷《いかづち》のおどろかし侍《(はべり)》つれば、人の御《(み)》かどにも、夢を信《しむ》じて国を助《たす》くるたぐひ多《おほ》う侍《(はべり)》けるを、用《もち》ゐさせ給はぬまでも、このいましめの日を過《す》ぐさず、このよしを告《つ》げ申《(まうし)》侍らんとて、舟出《い》だし侍《(はべり)》つる……(明石の巻、二-五八ページ)

〔「(三月)十三日に再度の証拠(を)見せよう。舟準備して、かならず雨風(が)やむならこの(須磨の)浦にええ寄せよ」と、事前に示すことがござりましたから、試みに舟の準備をして待ちおりましたところ、いかめしき雨風、いかづちが(そのことを)気づかせたところでござるから、他国の朝廷に(おいて)も夢を信じて国を助けるたぐい(が)多くござったということであるから、お取りあげあそばさぬまでも、この(夢の)おしえの日を過ごさず、この理由をお告げいたそうとて、舟(を)出したというところでござる……〕

また、このすぐあとに「こゝにも、もし知《し》ろしめすことや侍《(はべり)》つらん」(同)とあって、霊夢ならば、いわゆる二人同夢のような現象が、ところをへだててありうることを入道は考えるらしい。他国の朝廷にも夢を信じて云々とは、源氏にも入道の霊夢を信じるようにいざなう口調で、無礼といえば無礼なこのあたりの入道のおしつけがましさは、入道にとって確信を持ったことから来るのだろう。

入道は、かしらをおろした身でありながら、その道心の内容についてはこれっぽちも語られず、見られる限りは超自然的な存在の霊示にしたがう。「心みに」とは積極的に超自然的な存在、仏と言い、神と言い、そのちがいを問わず、それらの霊示にむかって行動に出ることを意味した。

こうした明石入道をつきうごかしている根源はいうまでもなく若菜上の巻で語られることになる月日の瑞夢にほかならない。

二　夢日、夢月の瑞夢

明石の一族の始祖伝承の出発点とでもいうべき霊夢である、明石入道の深く信じていたそれは、若菜上の巻で明かされる。よく知られる、夢日、夢月の瑞夢で、書きだしてみよう。

（明石入道の書状）

……つてにうけたまはれば、若《わか》君は春宮《(とうぐう)》にまい《(ゐ)》り給《(たまひ)》て、お《(を)》とこ宮生《む》まれ給へるよしをなむ、深《ふか》くよろこび申《(まうし)》侍る。そのゆへ《(ゑ)》は、身《(み)》づからかくつたなき山臥《ぶし》の身に、いまさらにこの世《よ》の栄《さか》えを思《(おもふ)》にも侍らず、過《す》ぎにし方《かた》の年《とし》ごろ、心ぎたなく、六時《(ろくじ)》の勤《つと》めにも、たゞ御ことを心にかけて、蓮《はちす》の上《うへ》の露《つゆ》の願《ねが》ひをばさしを《(お)》きてなむ、念《ねん》じたてまつりし。わがおもと生《む》まれ給はんとせし、その年《とし》の二月のその夜の夢《ゆめ》に見《み》しやう、（ア）身《(み)》づから須弥《すみ》の山を右の手《て》に捧《さゝ》げたり、山の左右より、月日の光《ひかり》さやかにさし出《い》でて世《よ》を照《て》らす、（イ）身《(み)》づからは山の下《しも》の陰《かげ》に隠《かく》れて、その光にあたらず、山をば広《ひろ》き海に浮《う》かべを《(お)》きて、ちい《(ひ)》さき舟に乗《の》りて、西《にし》の方《かた》をさして漕《こ》ぎ行《(ゆく)》となん見《み》侍《(はべ)》し。（若菜上の巻、三 - 二七六ページ）

〔人づてにお聞き申す(ところに)よれば、若君(―明石姫君)は春宮に参りなさって、男宮(が)お生まれであるよしをのう、深くよろこび申す(ことで)ござる。その理由は、自分からかように無才の山伏の身として、あらためてこの世の(わが)栄達を思うにもござらず、過ぎてしまった方向が、多年、心汚なく、六時の勤めにも、ただ(そなたの)おんことを(のみ)心に掛けて、蓮のうえの露の願いをばさしおいてのう、祈念し申し上げた。わがおもと(が)生まれなさろうとした、そのとしの二月のその夜の夢に見た様子(は)、(われと)わが身で須弥の山をみぎ手に捧げている、山の左右より月日の光(が)さやかにさし出て世を照らす、自分自身は山の下方のかげに隠れてその光にあたらない、(その)山をば広い海に浮かべおいて、小さな舟に(自分は)乗って、西の方をさしてこぎ行くとのう見たのでござる。〕

傍線部分(ア)は明石の君(須弥の山)、明石の女御(月、中宮となる)、若宮(日、春宮となる)の栄華を予示したもの、と解かれる。傍線部分(イ)は入道が出家遁世して中宮の徳をこうむらないことを意味するとされる。もちろん、それに異論のあろうはずがない。長者伝説的な志向に、出家遁世なるものを、夢という論理によってみごとに押しこめ、統一させている図であると読める。傍線部分については、ありふれた夢日、夢月の瑞夢であって、〝月日の光〟ということばだけ取りあげてみても、『源氏物語』の表面や裏面にずっとたどることができる。[1]

気がかりにいつも思うのは、私の場合、傍線部分(ア)のほうでなく、傍線部分(イ)についてであって、その、何ともあけすけな、出家遁世↓西方往生という夢の予示が、象徴表現というのにはあまりにも直截の指示であることで、これを一体いかように理解すべきか、読みこむたびに苦しんでしまう。往生伝のたぐいに書かれる西方浄土を夢に予見する説話のかずかずとこれは関係があるのではないかなどと考えもする。

しかしおそらくそれはちがう。私の読まなければならないのは文脈であって、『源氏物語』の流れのなかにその夢を〝読む〟という、それのほかに対象などのあるはずがない。ここは傍線郡分(ア)から(イ)へ一つづきに読まなければならないところとしてあった。

もう一度書くと、

(夢の内容)

……身《(み)》づから須弥《すみ》の山を右の手《て》に捧《さ》げたり、山の左右より、月日の光《ひかり》さやかにさし出《い》でて世《よ》を照《て》らす、身《(み)》づからは山の下《しも》の陰《かげ》に隠《かく》れてその光にあたらず、山をば広《ひろ》き海に浮《う》かべを《(お)》きて、ちい《(ひ)》さき舟に乗《の》りて、西《にし》の方《かた》をさして漕《こ》ぎ行《(ゆく)》……

とある本文で、『源氏物語大成』の校異に検してみるにこれでうごかない。国冬本から読むと「……世を照らすは山のしも……」となるのは、文章の意味をまったくなさなくなるから、国冬本の不用意な「身づから」一語の脱落だと判断される。ここに「身づから」を落としてはならない。

身《(み)》づから……身《(み)》づからは……

この「は」は傍線部分(ア)と(イ)とを逆接するいわば接続助辞にほかならない。自身はほろびるけれども子孫は繁栄する、というのが夢の内容としてある。若紫の巻で、播磨国の前の守(―明石入道)が仏道にはいったというのは、夢の予言にしたがって髪をおろしたのであって、道心のうながしによるそれではない。

いうまでもないことながら、構想上、ずっと早く、その若紫の巻において、明石入道の霊夢ははっきりと予定されていた。

(供人の言、明石入道の常のことばを伝える)

わが身のかくいたづらに沈《しづ》めるだにあるを、この人ひとりにこそあれ、思《おも》ふさまことなり。もしわれにを《(お)》くれて、

その心ざし遂《と》げず、この思《おも》ひを《(お)》きつる宿世《すくせ》たがはば、海《うみ》に入《い》りね　(若紫、一-一五五ページ)

〔わが身がかようにむなしく沈淪している(こと)すら(そうで)あるのに、この娘(―明石の君)ただひとりで(それ)こそあるけれど、思うところ(が)格別である。もし私に(死に)おくれて、その心ざし(を)遂げず、この思いおいたところの宿世(が)まちがうならば、海にはいってしまえ。〕

自身のほろびのかたちを出家入道にしたのは仏教の優勢な時代の作物として、自然な処置だといえる。『源氏物語』にいずれ、仏教、宗教のかげは深く濃くさしこまずにいない。その意味で古代思想の混在をここに見ることができる。しかし明石入道そのひとに即していえば、霊夢による物語の展開という論理に、西方往生ということまでが組みこまれてある。

三　柏木のみた猫の夢

柏木もまた、自身はほろびさるものの、夢によって、子孫の(繁栄とまではいわなくても、子孫の)誕生を告げ知らされた人物ではなかろうか。

いまみぎに括弧をほどこして、〝繁栄とまではいわなくても、子孫の〟と私の述べたのは、そのあたりに、明石の物語の原型とちがう、しだいに宗教的なかげりを混在させてゆく物語の変貌をみたいからで、はるかな宇治十帖へ一すじに延びる別途の問題としてある。

柏木のみた夢について、神田洋氏が古代文学研究会で発表された、「柏木の夢について」の発表要旨(2)をここに引用しておく。

それは女三宮の傍でみられた。夢の中にはあの唐猫が現われている。そうして、柏木自身その夢が言い表している内容に気づいた。本論は、古来猫の夢が妊娠の兆候であるとしてこの夢が考えられてきたことに反発し、なぜこの夢に猫が登場してきたかと問うことに、「妊娠の兆候」は物語上の必然であったと考えるものであり、従って柏木の死はこの時既に決定していたものとする。

というのがその発表要旨で、研究会席上での氏の発表を聞かない以上は〝批判〟をつつしむ。〝批判〟どころか、柏木造型上の構想的原点にこの猫の夢を据えなければならないとする氏の指摘は重要であり、それにつけ加えるべきことはほとんどない。

かりに(a)(b)(c)をほどこして三部分に分けてみると、

(a)

さかしく思ひしづむる心も失《う》せて、いづちも〳〵率《ゐ》て隠《かく》したてまつりて、わが身も世《よ》に経《ふ》るさまならず、あと絶《た》えてやみなばや、とまで思《おもひ》乱《みだ》れぬ。(若菜下の巻、三-三六四ページ)

〔しっかりと(冷静に)判断する心も失せて、どこへもどこへも連れて隠し申して、わが身も(普通に)生活する風体でなく、行方(を)絶っておわってしまいたい、とまで惑乱してしまう。〕

(b)

たゞいさゝかまどろむともなき夢《ゆめ》に、この手馴《な》らしし猫《ねこ》の、いとらうたげにうち鳴《な》きて来《き》たるを、この宮にたてまつらむとて、わが率《ゐ》て来《き》たるとおぼしき(旧大系「おぼえし」)を、何《なに》しにたてまつりつらむ、と思ふほどに、おどろきて、いかに見《み》えつるならむ、と思ふ。(同)

〔つい少々、とろとろまどろむともない夢に、この飼い馴らした猫が、えらく愛らしげに鳴いてやってきている(の)を、この宮(―女三宮)にたてまつろう(―お返ししよう)とて、自分が連れてきていると思えるから、どうして返し申す(ことになっ)てしまうのだろうと思うあいだに、覚めて、何(のため)に(夢にたったいま)見られた(の)だろうと思う。〕

(c)

宮は、いとあさましく、うつゝともおぼえ給はぬに、胸《むね》ふたがりておぼしをぼ《(お)》ほるゝを……(同)

〔女宮は実にあんまりで、現実とも思われなさらない(うえ)に、胸(が)つかえて、気がとおくおなりになるのにたいして……〕

とある、これで一つづきの文章としてある。

(a)の部分には『伊勢物語』六段(芥川の段)の印象がここにかさなり落ちているかもしれない。文脈の流れに不自然な感じはないにしても、性的描写がおぼめかされるのは例の通りで、「いづちも〳〵率《ゐ》て隠《かく》し」たというあとのところがその省略部位だろう。柏木が「いづちも〳〵率《ゐ》て隠《かく》し」申しあげようとまで考えたことが、いってみれば理性をうしなう第一段階としてある。「率《ゐ》て隠《かく》」すという行為の説話的な引力は、婚舎をもとめてゆく古い民俗をふとのぞかせていよう。速須佐之男は宮を造るべき地を求《ま》ぎもとめて、「……つまごみに　やへがきつくる……」のうたを詠む(『古事記』巻上)。『源氏物語』において性描写は、ないわけでないにしろ、表現行為上のきびしい要請からであって、例外的であり、普通には性表現が禁忌であったとすると、柏木の見た夢(=b)が、まさに性描写の場所に〝代入〟させられてある文脈であることを読みとってよいのではなかろうか。

四　宿命的な恋愛とは

それにしても、(a)のなかの文が、説話的文体としてみるならば、自然な流れであることを了解できるのにたいし

て、物語としての、

（a）→（b）→（c）

の流れがどこか不自然であることは、たれしも読むものの抱かずにはいられない疑問としてある。

なぜこのような夢を性描写の部位に代入しなければならないのであろうか。

（柏木の猫の夢＝b）

たゞいさゝかまどろむともなき夢《ゆめ》に、この手馴《な》らしし猫《ねこ》の、いとらうたげにうち鳴《な》きて来《き》たるを、この宮にたてまつらむとて、わが率《ゐ》て来《き》たるとおぼしきを、何《なに》しにたてまつりつらむ、と思ふほどに、おどろきて、いかに見《み》えつるならむ、と思ふ。

懐妊の事実を柏木に知らせるという物語上の要請が、このような不自然さを犯してまで優先された、ということになるのだろうか。物語研究会／古代文学研究会合同大会で、猫は猫族、虎も猫族というような発表「柏木と古代性」[3]を試みて、出席者の失笑をいただいたことをここにまたくりかえすと、今村鞆『朝鮮風俗集』（一九一九《大正八》年）が、虎の俗言をたくさんあつめたなかに、「虎の夢を見れば男子を生む。虎の夢を見た時直ちに合歓せば男子を生み、成長の後、武官となり出世する」というような一条もある。もしこの一条を柏木のみた夢に援用できるとすれば、さきほどの疑問、つまりむつみあう行為のなかになぜ猫の夢の描写がはいりこまなければならなかったのかについて、やや説明のつきそうな気がする。（a）によって柏木はみずから破滅をはるかに予知ないし、むしろ予期すらしている。（b）において「男子を生む」というコードが夢のうらがわに隠されてあるのだとすれば、柏木は、自身はほろびるにしろ、子孫をのこす、という運命の軌道に、ここから乗りこんだということになろう。

柏木の巻において、柏木そのひとが、おのれの子である薫の出生のあと、みずからはほろんでゆく。それと符合す

るかのように、薫出生以前のことながら、夢を回想し、

(柏木の言)

見《み》し夢《ゆめ》を心ひとつに思《おも》ひ合《あ》はせて……　(柏木の巻、四‐九ページ)

と、そのことだけが「世《よ》ののち」の気がかりであることを、女三宮の侍女である小侍従あいてにもらしているところがある。

(柏木の言)

いまさらに人あやしと思《おも》ひ合《あ》はせむを、わが世《よ》ののちさへ思《(おもふ)》こそくちお《(を)》しけれ。いかなるむかしの契《ちぎ》りにて、いとかゝることしも心にしみけむ　(四‐一〇ページ)

〔いまさららしく他人(が)あやしいと思いあわせようから、わが在世ののちまで思う(のがそれ)こそ残念な(こと)よ。どのようなむかしのちぎりで、まさにかようなこと(が)まあ心にしみこんだのだろう。〕

柏木が、語弊をおそれずにいえば、女三宮との情愛にもまして、子孫誕生のために物語に登場させられており、女三宮との事件もそのための宿命的な恋愛であったことは、柏木そのひとが考えていることであり、構想上からも、そのようにみなしてさしつかえない。

注

(1)　関根賢司「表現機構論への試み――須磨明石前後」『國文學』一九七七《昭和五十二》年一月、『物語文学論――源氏物語前後』(桜楓社、一九八〇《昭和五十五》年)所収。

(2)　神田洋、『関西いまはむかしんぶん』一九七五《昭和五十》年五月二十四日。

(3)　藤井貞和、一九七五《昭和五十》年八月二十六日発表、於長浜市。

第三節　「うち見やる」「見あはす」「見返る」「見たてまつる」――運命の糸

一　「見あはせ」たのいつのことか

柏木衛門督が病気になり、重態をまぬがれなくなったという、その死へのはじまりを、若菜下の巻の、源氏から「うち見や」られたとき、と解するのが大体の通説としてある。源氏が柏木を「うち見や」るところはこうある。源氏は酔っているふりをしながらたわむれのようにして言う。

（光源氏うち見やる）

あるじの院、「過《す》ぐる齢《よはひ》に添《そ》へては、酔《ゑ》ひ泣《な》きこそとゞめがたきわざなりけれ。衛門督《ゑもんのかみ》心とゞめてほゝ笑《ゑ》まるゝ、いと心はづかしや。さりとも、いましばしならん。さかさまに行《ゆ》かぬ年月《とし》よ。老《お》いはえのがれぬわざ也《なり》」とて、うち見《み》やり給《たまふ》に、……　（若菜下の巻、三―四〇四ページ）

（饗応（―主）の院（―源氏の君が）、「過ぎる年齢につれては、酔い泣き（がそれ）こそやめられにくいしぐさ（―性癖）であったこと（よな）。衛門督（―柏木）（が）心（を）とどめて微笑みなさる（――あるいは、自然と笑みを浮かべる）（のは）、何とも（私には）心恥じられる（こと）よ。そうと（して）も、いましばらく（のこと）だろう。さかさまに流れぬ年月（というもの）よ。老いは（だれも）のがれえぬ性癖である」とて、うち見やりなさると、……」）

そう言われて、はげしい動悸におそわれ、もともと気分のすぐれなかったうえに、頭痛がして、その場をとりつくろう柏木を、源氏がさらに見とがめて、酒盃を何度もしいるから、柏木はついに心地がかき乱れ、耐えられなくなって退出する。そのまま本格的な病患となり、以後二度と立つことができなくなる。

しかし柏木そのひとの自覚として、源氏からその「うち見や」られたときが死病のはじまりだ、という理解でほんとうによいのであろうか。

そう考えられてきた根拠としては、小侍従という女三宮から派遣された侍女をあいてに、病床の柏木が、

(小侍従と語る柏木)

深《ふか》きあやまちもなきに、見《み》あはせ奉りし夕《ゆふ》べのほどより、やがてかき乱《みだ》りまどひそめにしたましゐ(ひ)の、身《み》にも返《かへ》らずなりにしを、かの院のうちにあくがれありかば、結《むす》びとゞめ給へよ (柏木の巻、四-八ページ)

〔深い過失もない(というの)に、見あわせさしあげた夕べのほどより、そのまま(気分が)かき乱れ惑いはじめてしまった魂が、身にも返らずなってしまった(の)を、あの(六条)院のうちに(わが魂が)さまよい出るならば、くくりつけてくだされよ。〕

と述べるところにもとめられてきた(旧大系、全集など)。傍線部分は源氏から「うち見や」られたときのことをさす、と多くの注釈書のたぐいに指摘される。

しかし柏木が言っているのは、源氏が「うち見や」ったときのことだろうか。「深《ふか》きあやまちもなきに」と、わざわざ言うのは、もし源氏に「うち見や」られたときのことだとすると、密通のあとでの認識として、深い罪として自覚されてもしかるべきことであるとすると、深い過失もないと言うのはおかしい。

「見《み》あはせ奉りし夕《ゆふ》べ」とは、若菜上の巻の、女三宮のすがたを見てしまったときのことではなかろうか。

二　「見返る」女三宮

猫が鳴くので女三宮はこっちを見た、というのがそこでの状況ではなかったか。

御簾のよこはしが、あらわに引きあけられてあるのを、すぐに直す人もない。この柱のもとにたったいままでいた侍女たちにしても、急なものだからものおじし、あわてているけはいだ。几帳のすこしおくにはいったところにいる袿《うちき》の立ちすがたの人。まぎれどころもなくあらわな見入れに、男は自然と見てしまう。紅梅であろうか、五つ衣《ぎぬ》、うわぎを着かさねて、草紙のつまのようではないか。さらに桜の細長か。

さやかにみぐしのすそまでが見えて、糸をよりかけているようななびきざま、すそがふさやかにそがれ、まことにうつくしげな七、八寸をあまして、衣のすそはたっぷりと、ちいさなからだ、線、髪のかかりばに隠れる横顔、その品の高さ、あいらしさの言いようもなさ。

（女三宮を見る）

……姿《すがた》つき、髪《かみ》のかゝり給へるそば目《め》、言《い》ひ知《し》らずあてにらうたげなり。（若菜上の巻、三-二九七ページ）

夕べの光線と対照的な、室内の暗さがもの足らず、心がのこる。

夕影《ゆふかげ》なれば、さやかならず奥暗《おくくら》き心《（こゝ）》ちするも、いと飽《あ》かずくちお《（を）》し。（同）

おりしも猫のはげしい鳴き声に、その人が見返る、そのおももち、もてなしのおいらかさ、ああ若くあいらしの人やと、ふっと見られているその人。

猫《ねこ》のいたく鳴《な》けば、見返《みかへ》り給へるを《（お）》ももち、もてなしなど、いと老《（おい）》らかにて、若《わか》くうつくしの人や、とふと見《み》えたり。（三-二九七ページ）

〔猫がたいそうに鳴くから、見返りなさっている面ざし、(身の)しぐさなど(が)、まことにおっとりとして、(ああ)若くうつくしい人(である)よ、とふっと見られている。〕

ここでは「見返る」とある。

柏木は女三宮のすがたを脳裏に焼きつけたろう。歳月ののち、我慢できなくて柏木は、小侍従を語らい、女三宮に近づこうとする。

(密通にいたる柏木)

たゞいとほのかに、御衣《ぞ》のつまばかりを見《み》たてまつりし春の夕《ゆふ》べの、飽《あ》かず世とゝもに思ひ出《い》でられ給《(たまふ)》御ありさまを、すこしけ近《ちか》くて見《み》たてまつり、思《おも》ふことをも聞《き》こえ知《し》らせては、一《ひと》くだりの御返《かへ》りなどもや見《み》せたまふ、あはれとやおぼし知《し》る、とぞ思ひける。(若菜下の巻、三-三六二ページ)

〔ただもうまことにほのかな、(かの人の)おおん衣《きぬ》のつまばかりを(私が)見さしあげた(あの)春の夕べの、(あれでは)もの足らず命ある限り(私に)思いだされなさるおすがたありさまを、(いま)すこしま近に拝し、(わが)恋する鬱屈を訴え申してなら、ひとくだりのご返状などもたまわる(ことがある)や、愛情を感じ(もして)くださるや、と(ずっと)思い(いまに)いたる。〕

まことにほのかな、その人の衣のつまばかりをわたしが見さしあげた、あの春の夕べのおぼつかなさを忘れられないとは、さきにみた、柏木が見返る女三宮を見る若菜上の巻の場面では「姿《すがた》つき、髪のかゝり給へるそば目《め》」を見たともあり、「夕影《ゆふかげ》なれば、さやかならず奥暗《おくくら》き心《(ここ)》ちするも、いと飽《あ》かずくちおし《(を)》」ともあって、さやかでなかったように読まれる。ふりかえる女をほとんど正面から見る、というところであったろうに、しかし横顔(―そば目)であるとも、微妙な表現のゆれをわれら読者はあじわう。柏木は一体、何を見たというのか。

三　魂を六条院にとどめる

その夕方の光のもとに見返るその人を目にとどめた、ということであって、目と目とをあわせた、とまで限定する必要はなかろう。あるいは柏木が、目と目とをあわせたつもりであればよい。うす暗い屋内に、見返るその女の横顔を目に焼きつけた。前後の文脈が柏木の視線からの一元的な描写になっていることはいうまでもない。

ふりかえりこちらを女三宮が見た、という決定的な瞬間のことを柏木は「見《み》あはせ奉りし夕《ゆふ》べ」と言う。夕べという時刻もこう理解してのみ生きる。

　やう〳〵暮《く》れかゝるに、……　（三―二九四ページ）
　夕映《ゆふば》へ（え）いときよげなり。（同）
　夕影《ゆふかげ》なれば、……　（三―二九七ページ）
　花の夕かげ　（柏木作歌、三―三〇二ページ）

と。

深きあやまちではない、と柏木の巻で男が言う。かの見あわせ申した春の夕べがどうしてわたしの深いあやまちなものか、と病床の男は訴える。たしかに、猫のせいだ。猫は女の比喩なのだろうと読まれる。それとともに、夕べの光がつれないほどつよくて、反対に室内のおぐらさに、見て見えなかった女のからだ、ほそい線の立ちすがたの反転だけをけざやかに映して、それは網膜のいたずらではなかったかとの残像ばかり心にかかる。変形ではない、揺曳のせいなのだ、と考えをすすめる。

くりかえすと、猫が御簾をまくりあげたせいでかおを合わせてしまったそのことが、どうして柏木の、あるいは女三宮の「深《ふか》きあやまち」になろう。柏木が、深い過失ではない、と主張するのは当然だ、と私はかれに同意したい。そのときから、柏木はふぬけのようになって、魂だけをそこ、六条院にとどめたようだ。こう読みこんでのみ、実際の密通の直後に、

……聞《き》きさすやうにて出《い》でぬる魂《たましひ》は、まことに身を離《はな》れてとまりぬる心《(ここ)》ちす。（若菜下の巻、三 - 三六六ページ）

〔聞きさすように（し）て出てしまう魂は、ほんとうに身をはなれて（ここ＝六条院に）とまってしまう心地（が）する。〕

という、「まことに」が生きる。さきに引いた、魂がついに「やがてかき乱《みだ》りまどひそめにしたましゐ《(ひ)》の、身《み》にも返《かへ》らずなりにし」（柏木の巻、四 - 八ページ）という状態は、密通によってであって、源氏から見つめられたからではなかろう。

密通にたいしては、「さてもいみじきあやまちしつる身かな」（若菜下の巻、三 - 三六七ページ）と柏木は考えているのであって、死をも覚悟するほどの重たいことではないか。小侍従をあいてに「深《ふか》きあやまちもなき」ことだ、などと言うはずがない。

「しかいちしるき罪《つみ》には当《あ》たらずとも」（三 - 三六七ページ）、「さしてを《(お)》もき罪《つみ》には当《あ》たるべきならねど」（三 - 三八八ページ）とあるのは、帝の御妻をあやまつというような最高の罪ではないけれど、ということであって、前者は「この院（―源氏）に目《め》をそばめられたてまつらむ事は、いとおそろしくはづかしく」（三 - 三六七ページ）とつづき、後者は「身のいたづらになりぬる心《(ここ)》ちすれば」（三 - 三八八ページ）とつづく通り、過誤の深さの自覚はいちじるしい、とみなければならない。

小侍従とのはなしのなかにも、「……さるまじきあやまちを引《ひ》き出《い》でて、人の御名をも立《た》て、身《み》をもかへりみぬた

ぐひ、むかしの世《よ》にもなくやはありける」(柏木の巻、四‐八ページ)とあって、これはあくまで二条の后と業平との事件をさす。正式の重罪でなくとも、柏木のおこないもまた「さるまじきあやまち」であることはうごかない。

なお、その直前の「何《なに》の罪《つみ》ともおぼし寄《よ》らぬに、占《うらな》ひよりけん女の霊《りやう》こそ」(同)とあるところ、父致仕大臣が具体的などういう柏木の罪であるかを思い寄らないのに、占いにでたらしい、女のもののけによる病気だなんて、というのは、実際に女三宮への懊悩から病床についているのであるから、女の霊だ、という父の判断はあやまりだ、という柏木の認識としてある。そして、女の霊ではないことを前提にして、もしほんとうにそのように女三宮の執念が自分にはりついているのだったらうれしい、という。「まことにさる御執《しふ》の身《み》に添《そ》ひたるならば、いとはしき身《み》をも引《ひ》きかへ、やむごとなくこそなりぬべけれ」(同)、と。「女の霊《りやう》」を女三宮のもののけそのもののように理解する注釈が世になくもないようなので、それは誤解であることを申し添えておきたい。

四　密通の物語

柏木の死去から一年がたつ。

夕霧は故柏木がさいごに遺した一言を、自分の心でだけ思いだしては、どういうことだったのか、と源氏に聞いて反応を知りたく思いながら、ほのかに心えて自然と思い寄ることもあるから、かえって言いだしにくい。……

(夕霧の思い)

大将の君は、かのいまはのとぢめにとゞめし一言《こと》を心ひとつに思《おも》ひ出《い》でつゝ、いかなりしことぞとはいと聞《き》こえまほしう、御けしきもゆかしきを、ほの心得《え》て思《おも》ひ寄《よ》らるゝこともあれば、なか〳〵うち出《い》でて聞《き》こえんもかたはらいたくて、……　(横笛の巻、四‐五三ページ)

「大将の君（―夕霧）は、（柏木権大納言が）あのさいごの極みに言いのこした一言を（自分の）心ひとつに思いだしながら、（真相が）何だったことぞ（―か）とは（源氏に）お聞きしたく（てたまらず）、御顔色も見たい（の）を（―うえに）、うすうす察知して思いおよぶこともあるから、かえって（口に）出してお聞きしよう（の）もきまりわるくて、……」

ほのかに心えて、というところ、原文「ほの心得《え》て思《おも》ひ寄《よ》る、こともあれば」について、全集（新編全集も）に、「夕霧は、柏木の女三の宮への執心は知っていたが、密通の件までは思い及ばなかった。……しかし臨終直前の柏木の告白や突然の女三の宮の出家などから、うすうす事情を察知している」（頭注）と説明がある。この頭注のいうところに結局は言いあてられている。

柏木の巻にみると、「なを《(ほ)》むかしより絶《た》えず見《み》ゆる心ばへ、え忍《しの》ばぬ折〳〵ありきかし」（柏木の巻、四‐三一ページ）とあって、たしかに夕霧は密通の事情をうすうす察知する。その柏木がいまわの際に遺言するところにおいても、夕霧の「心のうちに思ひ合《あ》はする事どもあれども」（四‐二五ページ）とあるから、密通という事情を夕霧は想像していることになろう。

しかし密通の結果として子をまでなしたとはなかなか思いもよらない、というのが横笛の巻のみぎにみた前半までの状況設定としてある。

柏木亡霊の、

（亡霊の訴え《作歌》）

笛竹《たけ》に吹《ふ》きよる風の、ことならば、末《すゑ》の世《よ》ながき音《ね》に伝《つた》へなむ

思《おも》ふ方異《かたこと》に侍りき　（横笛の巻、四‐五八～五九ページ）

〔笛竹に吹きよる風が、できることならば、（すゑ長く）末代につづく音《ね》に、（私の思いを）伝えてほしい思う方向（が）別でござった。〕

という訴えによって、謎をかけられた夕霧が、六条院を訪ねて、幼児の薫を、まだこの子をじっくりと見ることができないままであるよなと、花の枝を見せて呼び寄せ、走りくるところを見ているうちに、いくらか目のとまる所が加わって見るせいか、柏木に似ると感じられる。

（夕霧の観察と思い）

なま目《め》とまる所《ところ》も添《そ》ひて見《み》ればにや、まなこゐなどこれは今すこし強《つよ》うかどあるさままさりたれど、まじりのとぢめおか（を）しうかをれるけしきなど、いとよくおぼえ給へり。（四‐六二ページ）

〔いささか目（が）とまる所も加えて見るとどうやら、目のすわりなど、こちら（―薫）はいますこしつよめで才気（の）あるさま（が）まさっているけれど、目尻のあわさり（が）愛らしく映えているけしきなど（は）、えらくよく（柏木に）似ていらっしゃる。〕

夕霧の深層心理には想像のついていたことといえ、はじめてここに夕霧の抱いた謎が解かれてゆく、という展開であり、巻のとじめで笛を源氏へ献上する、という結末までが後半となる。

柏木密通の物語はそこ、横笛の巻の終わりとともに終わる。

では密通の物語のはじまりはどこからであろうか。柏木の巻の前引「なを（ほ）むかしより絶《た》えず見《み》ゆる心ばへ」（柏木の巻、四‐三二ページ）について、全集（新編全集も）頭注が「……蹴鞠の折（若菜上巻末）以来の、柏木の女三の宮への思慕に想到する」とある通り、まさに若菜上の巻の終わり近く、猫が御簾を引きあけて柏木が女三宮のすがたを見てしまったときがその決定的なはじまりであった。

第四節　柏木と古代性

一　もののけのかたち

若菜下の巻に六条御息所の死霊があらわれる。紫上の重い病気に、「心みに所を変《か》へ給はむ」(若菜下の巻、三一‐三五五ページ)と、六条院から二条院へ病床をうつした。死霊もまた、そのまま紫上にくっついて、六条院から二条院へ同じように渡ってきたろうと判断される。

紫上の病気はもののけのしわざによるその結果としてあった。源氏が紫上に、秋好中宮の母故御息所のことをはなした直後に紫上の発病がある。もののけは六条御息所のしゅうねき死霊であった。

もののけは病気一般の原因である。ここで紫上の病気がもののけによる原因であったことに不思議はない。もののけの意味を紫上に病気させるための装置のようにみるのは構想論となる。さしあたりそれであやまっているわけでないにしろ、構想論はさらに紫上がなぜ病気をえなければならなかったのかを問い、女三宮の、いわば源氏〝後宮への入内〟が紫上を苦悩せしめた、その蓄積としての病であり、ひいては六条院世界の秩序の崩壊を予徴するというように理解する。

作家の描いた雄大な構想を疑うことはできない。六条院の世界の栄華の極相において、その栄華の中心に死の足音がしのび近づくという、崩壊の相を描くことは作家の野心を刺激する原因でなくして何であろうか。柏木の成算なき密通事件、わが子ではない薫の生誕、世をそむく女三宮、――これでもかこれでもかという描写において、作家は六条院世界を、栄華そのことから、有限な、源氏一代の、地上的なるものへ引きずりおろしてゆく。

それはその通りだとして、別の面で、六条院世界の繁栄が、もうすこし意図的であることに注意したいので、六条院は六条御息所の故地に建てられた。六条院の繁栄は、六条御息所への鎮魂という性格をになわされる。怨霊といってよいとすると、六条院の栄華の根底に、そういう怨霊慰撫の意味が込められているのではないかということを強調したいように思われる。

六条御息所の死霊をいかに描くのか。物語作者は古代思想のなかのもののけの形象を存分にこじおこしてくることだろう。近代の作家が幽霊譚をつくりあげるのとちがう。もののけの信仰という古代的な幻想力のなかに深く身を沈める。

それはいかに描かれてあるのかを、もうすこし近づいてみることにしよう。

二　仏教以前、以後

紫上についたもののけはついに調ぜられ、ちいさき童にうつったので、紫上は蘇生する。その死霊はまず源氏を呼びだして〝敗北〟を認めるかのような語りを語る。

それからうたを詠む――「わが身こそ―あらぬさまなれ。それながら、空おぼれするきみは君也《なり》」(若菜下の巻、三―三七一ページ)。

つぎに、こう訴える。

(六条御息所亡霊の訴え)

中宮の御事にても、いとうれしくかたじけなしとなん、①天翔《あまがけ》りても見《み》たてまつれど、道異《こと》になりぬれば、子《こ》の上《うへ》までも深《ふか》くおぼえぬにやあらむ、なを《(ほ)》みづからつらしと思ひきこえし心の執《しふ》なむ、とまるものなりける。そのなかにも、生《い》きての世《よ》に、人よりおとしておぼし捨《す》てしよりも、思ふどちの御物語《がた》りのついでに、心よからずにくかりしありさまをのたまひ出《い》でたりしなむ、いとうらめしく、いまはたゞ亡《な》きにおぼしゆるして、こと人の言《い》ひおとしめむをだに、はぶき隠《かく》し給へとこそ思へ、とうち思《(おもひ)》しばかりに、かくいみじき身のけはひなれば、かくところせきなり。この人を深《ふか》くにくし、と思《(おもひ)》きこゆることはなけれど、守《まも》り強《つよ》く、いと御あたりとを《(ほ)》き心《(ここ)》ちして、え近《ちか》づきまい《(ゐ)》らず。御声《こゑ》をだにほのかになむ聞《き》き侍る。よし、いまはこの罪《つみ》のかろむばかりのわざをせさせ給へ。修《す》法、読《ど》経とのゝしる事《(こと)》も、身には苦《くる》しく、②わびしき炎《ほのほ》とのみまつはれて、さらにたう《(ふ)》ときことも聞《き》こえねば、いとかなしくなむ。中宮にもこのよしを伝《つた》へ聞《き》こえ給へ。ゆめ宮仕《づか》へのほどに、人ときしろひそねむ心つかひたまふな。斎宮におはしましゝころほひの、御罪《つみ》かろむべからむ功徳《くどく》の事をかならずせさせ給へ。いとくやしきことになむありける　（若菜下の巻、三-三七二～三七三ページ）

〔現代語訳は三三二ページにかかげてある。〕

みぎの語りは一定の形式をふむのだろうと想像される。現代にのこる霊媒、たとえば下北半島の恐山のいたこのクチヨセについて、前章にくりかえしたように、霊を招ぎおろして現在の苦患を語らせ、あわせて肉親や子を教諭し、供養を要求するといった形式に、そのままのこされる。

この語りのうちにほどこした二か所の傍線部分が、けっして単純につながらない、もののけの二面性を、それぞれ分けあらわしていることにここでは注意しておこう。

①天翔《あまがけ》りても見《み》たてまつれど

②わびしき炎《ほのほ》とのみまつはれて

①の「天翔《あまがけ》りても」という《あまがける》は、古く神霊が天空を飛ぶことであったとして、『うつほ』や『源氏物語』では、多く父母の霊が、現世にのこしてきた子孫を天空から見るという状況のときに言われる。

(『うつほ』)

わが宿世の、のがれざりけるを、(故父俊蔭の霊は)あまがけりてもいかにかひなく見給ふらむ。(俊蔭の巻)

あがきみ(＝故父すゑあきら)、今日の御文をみせたてまつらずなりにし。かくぞの給へる、あまがけりてもみ給へ。(国譲上の巻)

『源氏物語』では、宇治八の宮の亡魂について、

天翔《あまが》けりてもいかに見給《み(たまふ)》らむ……　(総角の巻、四-四五五ページ)

という例や、六条御息所についての、

降《ふ》り乱《みだ》れ、ひまなき空に、亡《な》き人の天翔《あまがけ》るらむ宿《やど》ぞ—かなしき　(澪標の巻、二-一二二ページ)

といううたの例がある。父母の霊ではないが、薫が大い君の霊を「天翔《あまがけ》りても……つらしと見給覧《み(たまふらむ)》」(宿木の巻、五-三九ページ)と思う例もある。

いずれにしても、この世に気がかりや恨みがあって、天空に立ちやすらう状態をさす。祖霊的存在が飛来してこの世と連絡をとりつづける状態だといえることだろう。

これらと②とは、なかなかつながらないのではないか。地獄の火に灼かれる状態が②で、これを受けて、鈴虫の巻で、秋好中宮と光源氏との対話において、その炎を冷ましてやりたい、と言い、だれもその(地獄の)炎をのがれらないことだろう、と応じる、というところがある。

（光源氏の言）

そのほのを《(ほ)》なむ、たれものがるまじきことと知《し》りながら、……（鈴虫の巻、四‐八二ページ）

〔その（地獄の）炎（は）のう、だれものがれにくいことと知りながら、……〕

みぎは六条御息所の死霊が「わびしき炎《ほのほ》とのみまつはれて」と述べたところにもとづいて言う。そのような②「わびしき炎《ほのほ》とのみまつはれて」という発想と、①「天翔《あまがけ》りても見《み》たてまつれど」という発想とは、思想的に別々であって、しかもひとつのもののけの語りのなかに共存する。とがめるべきことでなく、こうした思想の混在はもののけをささえる世界の複雑さをそのままあらわしていよう。

一口にいえば、仏教以前的段階の信仰世界と、仏教的な観念とが混在しているということになる。

三　柏木の述懐

このことは、かの柏木の巻の冒頭部分の、柏木の独り語りにおける、仏教的な思いめぐらしが呼びこまれてくることを逆に強力に説明してくれる。

（柏木の述懐）

……あながちにこの世に離《はな》れがたく、お《(を)》しみとゞめまほしき身かは、いはけなかりしほどより、思《おも》ふ心《こゝろ》ことにて、何《なに》事をも人にいま一際《ひときは》まさらむと、公《おほやけ》私《わたくし》の事《こと》に触《ふ》れて、なのめならず思《おも》ひ上《のぼ》りしかど、その心かなひがたかりけりと、一《ひと》つ二《ふた》つのふしごとに身《み》を思《(おもひ)》を《(お)》としてしこなた、なべての世中《(よのなか)》すさまじう思《おも》ひなりて、後《のち》の世のを《(お)》こなひにほひ《(い)》深《ふか》くすゝみにしを、親《おや》たちの御うらみを思ひて、野山にもあくがれむ道《みち》のを《(お)》もき絆《ほだし》なるべくおぼえしかば、とさまかうざまにまぎらはしつゝ、過《す》ぐしつるを、……（柏木の巻、四‐四ページ）

〔……むやみにこの世に執着せねばならず、惜しんでとゞめておきたい(わが)身であるものか、若かりしころおいより、(立身その他を)思う心(が)人一倍で、何事をも人にいま一段と凌駕しようと、公私のことにふれて並々でなく理想追求型であったけれど、その(実現の)心(が)かなえられそうになかったことだと、一二のきっかけごとに身を見下げることになってしまって以後、おおよそ世間(が)おもしろくなく思うようになって、後世の(ための)修行に本意(が)深く引かれてしまった(の)にたいして、親たちのご怨恨を思って、山野(での修行)にも出奔しよう途の重いさまたげであるはずと思われたから、とかくさまざまに(思いを)まぎらわしながら過ごしたばかりなのに、……〕

みぎのうち、後半部分の、後世を思う本意が深くすすんだ、という述懐に対応するはずの内容を、若菜上下巻の記事に検討するに、柏木が仏道心を深めたという叙述はないとされる。

『源氏物語』が混在的に所有する思想的状況によって、ここで一種の平衡感覚の一方のように、仏教的観念がよびこまれなければならなかった。

「いはけなかりしほどより……思《おも》ひ上《のぼ》りしかど」とは仏教以前的感覚としてある。神話性をここに読みとってもよい。身を立てること、家の繁昌、これらのことは物語をささえる神話的理由であると見ぬいておこう。

それならば、その一方の極に、身を捨て家をはなれるという仏教的感覚が、柏木の述懐のなかに呼びこまれてくるのは、当然というよりむしろ自然さとしてある。「……思《おも》ひ上《のぼ》りしかど」と、逆接法で論理的に展開しようとしている文体は、どう言えばよいか、けなげであるものの、「その心《こゝろ》かなひがたかりけりと、一《ひと》つ二《ふた》つのふしごとに」云々という展開のように、「一《ひと》つ二《ふた》つのふし」という、過去における挫折があったことにさせられる、見かけの論理性としてここにある。「思《おも》ひ上《のぼ》る」ということと、仏教的反動とのあいだを、この病人は、鬱々としながらたどっていった、それは『源氏物語』の思想的混在をなぞったので、こういったところに、古代人の思考感覚がよくあらわれてくる。

四　むかしのちぎり

『源氏物語』における新しい文学研究のあり方は、みぎに述べてきた古代的なるもの、古代的世界のなかに『源氏物語』を置いてみるというのが、私などの提案であるものの、いうまでもなくそれは地道な〝解釈学的〟手つづきを経過させなければならない。

高度の解釈で読みすすまれてきた『源氏物語』にたいして、より深層にくいいるためには、最小限度の〝解釈〟上の読みかえを、不断に請求してゆく必要がある。

前々節にすこし引いた箇所、柏木が、女三宮の侍女である小侍従にたいして言うところをもう一度見る。

（柏木の言）

よし。いたうふけぬさきに、帰《かへ》りまい《（ゐ）》り給《（たまひ）》て、かく限《かぎ》りのさまになん、とも聞《き》こえ給へ。いまさらに人あやしと思《おも》ひ合《あ》はせむを、わが世《よ》ののちさへ思《（おもふ）》こそくちお《（を）》しけれ。いかなるむかしの契《ちぎ》りにていとかゝることしも心にしみけむ　（柏木の巻、四‐一〇ページ）

〔ええ（もうよい）。あまり更けないまえに、お帰りになり（御前に）参上して、（私が）かようにさいごの様子でのう、と（で）も申してくだされ。いまさら他人（が）不審なと思いあわせよう（ことだ）から、わが死後（のこと）までも思う（のはそれ）こそ口惜しいよ。どんなむかしの約束で実にかようなこと（が一体）心に染みこんだのだろう。〕

柏木が小侍従を帰すこのところは、従来の解釈がいまひとつ曖昧な箇所の一例として挙げてみる。重要な校異の問題もここにはある。「くちお《(を)》しけれ」が、いくらかの諸本、特に河内本に「くるしけれ」になっているのは、どちらをとるべきか、決定できない。

「世《よ》のち」という語にもひっかかる。〝のちの世〟といえば後世、あの世のことであるとして、それと使いわけられているから、「世《よ》のち」は死後の〝この世〟の意味となろうか。わが寿命の終わりしのちの現世のことを柏木はここに思う。なぜ柏木はここに死後の現世を思うのであるか。

大体、柏木は、女三宮との密通を、そんなにいけないことをしたと思っていない。若菜下の巻以来、ほぼそういう書き方としてある。〝くちをし〟とか、〝くるし〟とかは、若菜下の巻で、言わなくもないにせよ(すこしあることはあるものの)、めったに言わなかっただけに、ここではっきりと〝くちをし〟あるいは〝くるし〟と嘆くのは気になる。ここでも、よく読むと、女三宮との密通のことを〝くちをし〟とか〝くるし〟とか言っているのではないことがわかる。何が口惜しく、あるいは苦しいのであろうか。

「いまさらに人あやしと思《おも》ひ合《あ》はせむ」とは、ある事実から、別のことについて、人が思いあたることだとして、ここは生まれてくる新生児を見て、それがだれの児であるかを「人」が思い合わせる、というので、柏木と、生まれてくる子(―薫)との親子関係が知られることを言う。

つまり、女三宮に密通し、薫をやどさしめたことはよくないことと思っていない。自分の死後の現世にその子をのこして、いま死んでゆくことが口惜しく思われる。「いかなるむかしの契《ちぎ》りにていとかゝることしも心にしみけむ」とは、わが子孫をこの世にのこすという大それた目的のために宮に近づいたのだろう、という前世の因縁についての推測を言う。

私の言いたいことは従来の柏木像にたいする若干の変更ということかもしれない。つまり柏木もまた、子孫の継承と繁栄とに腐心した桐壺の巻の大納言や、明石入道におなじく、『源氏物語』の基底部分にかかわった人物として意味づけられる。

この部分について、柏木から薫への継承として読みこむことが、『源氏物語』の根幹をゆさぶりかねないことになるとすると、解釈のいささかの変更によって物語の全体に影響をおよぼしてゆく場合だということになろう。

第十章　光源氏物語主題論

第一節　光源氏物語主題論

一　芸能史の起点にある権力と祝福との関係

古代芸能の発生は、ある種類のものを除けば、ほとんど、大和朝廷に対立していた先住の〝異民族〟や辺境の土着民たちの持ち伝える歌舞に由来する。それは先住時代から遺伝された歌舞である場合もあれば、『古事記』巻上の隼人舞起源説話に見られるごとき、敗者の礼そのものを主題化した歌舞である場合もある。

征圧してゆく大和朝廷がわから見るならば、それらの歌舞を保存する理由は、〝異民族〟の呪能を利用するためであったとも、反面で朝廷の内外に権威を誇示する必要があったためであるとも、さまざまな説明がほどこされる。

しかしながら、そのような説明だけでは、芸能の発生における心的機制とでもいうべきものを明らかにしない。政治的な敗者が征服者に自分たちの歌舞をたてまつり、征服者の権力と弥栄とをことほぎ挙げるという不可解な心理を解明するのでなければ、ついにこの芸能史の起点は不明のままではないか。であると同時に、これこそ芸能史の解きがたい魅力的な秘密のひとつにほかならなかった。

それはほろぼされたものの〝民族的まとまり〟をみずから鎮撫する心的機制であるか。おそらくそればかりではないような気がする。結論的な言い方をあらかじめほどこしておくならば、古代芸能は、鎮魂の水準から祝福の水準へ底上げされた時点で発生した。神楽の起源を説明するとされる安曇磯良の歌舞では、磯良は醜悪な面貌をおし隠しながら、宮廷の召しに馳せ参ずる。庇護にあずかり体制に参与できることが舞うべくうたうべくたのしいことであった。古代歌舞の主題は一点のやましさもない祝福にある。怨霊の慰鎮というかたちで暗い底部からもうひとつの主題が噴きだしてくるのは次代の、中世芸能史の課題になると思われる。

話題はがらりとかわるようながら、みぎのような古代歌舞における権力と祝福との関係をみておくのでなければ、『源氏物語』第一部(桐壺の巻から藤裏葉の巻まで)の、六条院と六条御息所との関係は説明しがたいのではないか、と私は考えた。類推でいうのだが、『源氏物語』の内的展開は、芸能史の古代から中世への展開に見合っている、ちょうど移行点にあるように私には見える。『源氏物語』の第一部から第二部(若菜上の巻から幻の巻まで)への主題的連関を、このような面から解きほぐすことができるのではあるまいか。

二　物質的な栄華は家霊への慰鎮

澪標の巻で六条御息所は、この世にふたつのものを遺しおいて亡くなる。ひとつは、娘である前斎宮の幸福を願って源氏に彼女を託す旨の遺言であり、もうひとつは六条御息所の死から生じる死霊であった。

この六条御息所の霊魂は、生前この世に執をのこしていたために、魔道に堕ちようとしながら去りやらずこの世にとどまることになる。この死霊は、それではこの世のどこにとどまることになったか。言うまでもなく、澪標の巻で修理され、御息所母子が住み、御息所がそこで死んだところの「六条の古宮《ふる》」(澪標の巻、二一一七ページ)であるにちがいない。

作者は当初、斎宮女御(―秋好中宮)をどの院で待遇したものか迷ったろう。新築される二条東院などが、考えられていたのかもしれない。しかし本文に徴する限り、その証拠はない。斎宮女御は一応、二条院に迎えられるべく、澪標の巻末で準備されている。澪標の巻と絵合の巻とのあいだは、年代記的時間こそ一年間空白であるものの、物語として一すじにつながる。その絵合の巻頭の部分で、二条院入りが一旦、見合わせられたということになっている。これはちいさな構想の変更だ。のちに薄雲の巻で斎宮女御は二条院へ退出することになる。だがしかし、斎宮女御は六条御息所の故地へ退出するのでなければならないのではないか。作者は次第にそのことに気づいていった。いわれているような二条東院の物語の挫折というようなことはない。六条御息所の故地に六条院の建てられることが必要だった。斎宮女御の所遇をめぐって構想の揺れを見せたにしろ、ついに六条御息所の故地に思いいたったとき、確然と六条院物語の端緒がたぐりよせられる。

　六条御息所の遺しおいた遺言にしたがい、娘の斎宮女御を少女の巻で中宮の地位におしあげるほどにまで待遇することは、御息所の霊魂にたいする何よりの鎮魂としてあろう。それは故六条御息所の旧宮で待遇してこそ完璧に鎮魂を果たしているといえるのだ。

　六条御息所の死霊は「六条の古《ふる》宮」にやすらう。それは一面から言うと、家霊になっているということであろう。「六条の古《ふる》宮」自体が物質的に栄華をきわめることは家霊への慰鎮であるのにちがいない。六条院は「六条京極のわたりに、中宮の御古《ふる》き宮のほとりを、四《よ》町《まち》をこめて」(少女の巻、二-三二一ページ)造られる。その西南の町が「中宮の御古《ふる》宮」にあたる(二-三二三ページ)。伝領の原則からいえば、秋好中宮こそ六条院の真の主人であった。六条院の世界の比類ない華麗な繁栄がとりもなおさず六条御息所への鎮魂となる。それは、鎮められる霊魂がわからみれば、家霊として、院の繁栄を見守り、こういってよければ祝福もする。

　これはあやうい関係であろう。この関係の持続は、六条院の世界が、みやびをつくし、権力をあつめ、物質をほこる一方通行においてしかありえない。六条御息所を鎮魂するために六条院は栄華の一途をたどることだけが運命づけられる。〝生ける仏の御国〟と初音の巻にいわれるように、六条院は完全性の絶えざる更新をしいられる。これが六条院の世界といわれることの本質であった。

三 「見る」「見られている」相関関係

しかしながら、おそらく、そのような完璧な六条院の世界を報告することだけが作者の意図するところなのではない。すくなくとも、梅枝の巻、藤裏葉の巻を書き綴るときの作者でなく、玉鬘十帖を書き綴りつつあるときの作者にとっては。

玉鬘十帖は前《プレ》若菜上下巻とでもいうべき存在と見られる。玉鬘十帖から若菜上下巻へ、作者は、しつこく、栄華の六条院の世界をつきくずしてゆく何ものかを内部から描きだそうとする。

若菜下の巻において、はたして六条御息所の死霊が顕形《げぎよう》する。六条御息所の霊魂は鎮められてあったのではないか。そうだ、たしかに鎮められてあった。おそらく鎮魂ということは、完遂することのない持続、終わるところを知らない行為、運動としてある。物語世界の暗い変質が霊魂のおぞましい揺動をおびきよせたのだとわれわれは読みとってよい。御息所の霊魂を鎮まらせてそのうえに樹てられた六条院の世界の、いま暗転してゆく時間がそこにある。

主人公が栄華の途をのぼりつめるまで、いわば物語世界を統率する存在は光源氏そのひとであった。このことはすでに何度も言われている。そして、光源氏そのひとから、若い新しい主人公たちの群像が相対的に独立してゆき、もはや光源氏がどう足搔《あが》いてもおよばないところで物語世界が進展してゆく、それがいわゆる『源氏物語』第二部の特徴であることもまたやかましく確認されてきた。

それでは第一部を、大体、原則的に統率してきた光源氏の存在にとって代わる、あらたな第二部を統率する存在は何であるか。それは文体であろうか。あるいはその文体ということばとほとんど同義ながら、物語を流れる内的時間であるとも考えられる。だがしかし、内的時間とでもいうべきものは、細部を読みすすめればただちに知られるように、途絶し、重層し、逆行する。とても貫流するといえる存在でありえない。第二部の特徴的な文体は、鈴虫の巻から、御法の巻、幻の巻へ、崩壊の一方をたどるばかりだ。第二部をつらぬく統率する原則は存在しないと見られるべきだろう。

若菜下の巻で、鎮められていたはずの霊魂が揺動してくることは、やはり象徴的なことであるように思われる。つまり、第一部においては潜流していたにすぎない、人間を超える存在、あるいは力が、ここで次第に、前面に押しだされてくる。『源氏物語』の物語世界をひとまわり大きく包む世界が、しだいに意識されてくるといった次第だ。主人公たちは、いわば、見る存在から、見られている存在へ変容する。主人公たちは、それぞれ相対的に自立の方向をあゆむことによってばらばらにさせられる、——つまり物語世界は解体の一方をつっぱしらざるをえないが、それにもかかわらず物語の持続がかろうじてなされるとすれば、主人公たちのひとりひとりが見られている存在になることによって、否定的に相関関係をたもつしかない。しかし主人公同士が厳密に相互に見られている存在になり切ることもまたできない。もしそのようになり切ることができるとするなら、作者そのひとが不用になってしまう。実際には、不用でありえない以上、作者は不透明性のかげになって主人公たちにつきまとう。たがいに見られる存在になり切ることが厳密にありえないとすれば、かれらを見る視点は、主人公たちの人間を超えた何ものかであろう。第二部を統率する力点は、もしあるとすれば、そのような不明の部分にある。書く現在現在において、物語そのもののうちに非所有であるような何ものか。——第二部以後において、作者によって宗教的な主題が物語の前面に据えられてゆく理由はそのことにかかわるように思われる。

四　女三宮に憑くもののけの実相

若菜下の巻にひきつづき、死霊がふたたび、そして最終的に顕形する柏木の巻を見る。

女三宮は、『源氏物語』第二部の原則により、当初の非独立的な女宮の印象を脱して、しだいに光源氏にたいする相対的な自立をめざさなければならない。しかし、そのために、女三宮は人間を超えた何ものかに見いられるのでなければならなかった。

源氏の子、実は柏木のたねである薫が生誕する。そのことを知る源氏は薫を取り分けてもみようとしない。老女房たちは、その事情を、もちろん、聞き知らないので、源氏を非難し、「いでや、を《(お)》ろそかにもおはしますかな。めづらしうさし出《い》で給へる御ありさまの、かばかりゆゝしきまでおはしますを」（いやもう、冷淡でいらっしゃることよな。めったになく（愛らしく）お生まれになっているご様子が、かようにも魔がさすまで（うつくしく）いらっしゃるのに」（柏木の巻、四－一二三ページ）といつくしむ。源氏の冷淡なさまを、女三宮は片耳に聞いて、「さのみこそはおぼし隔《へだ》つることもまさらめ」（そのように冷淡にばかり、（君は）私をおへだてになることも（さらに）つよくなろう」（同）と、うらめしく思う。

うらめしく思う心的機制は、あやういものをふくむと見てよい。物怨じとちがう。うらみがここに発生していると作者は報告する。女三宮のなかで何かが変化した。はたして、

（女三宮のさま）

……とうらめしう、わが身《み》つらくて、尼《あま》にもなりなばやの御心《こゝろ》つきぬ。（四－一二三ページ）

〔……と、恨みを抱き、自分(が)苦しくて、尼に(で)もなってしまいたいという決心が著《つ》いてしまう。〕

というように心が落着する。決心がつく、という言い方をわれわれは現在する。決心ということでさえ、われわれの経験ではしばしばそとから降ってくる印象だ。「御心《こゝろ》つきぬ」とはもののけ出現の伏線ではないのか。若菜上下巻を読みすすんできた勘のよい当時の『源氏物語』の読者なら、女三宮をおそいはじめた異常さに、ここで、はっと気づかされたろう。直後、源氏と対話する女三宮の発言は、あまりにも積極的であることにおいて異常に聞こえる。

(女三宮の言)

猶《(なほ)》え生《い》きたるまじき心《(ここ)》ちなむし侍《(はべる)》を、かゝる人は罪《つみ》もを《(お)》もかなり。尼《あま》になりて、もしそれにや生《い》きとまると心み、又亡《な》くなるとも罪《つみ》を失《うしな》ふことにもやとなん思《おも》ひ侍る　(同)

〔……やはり、(私は)生きられないような気がいたしますから、かような(出産で助からない)人は罪障も重いとか。尼になって、もしそれで助かるやらとためしてみ、また亡くなると(して)も、罪障をほろぼすことにも(なる)かと思っております。〕

と、女三宮は、いつものけはいよりたいそうおとなびて源氏に申し上げるのであった。

こうして、予想にたがわず、死霊が出現することになる。予想にたがわず？　しかしそこにあらわれた死霊たるや、凄絶きわまりない最悪の顕形であった。これは『源氏物語』の創造であろう。意表をついている。その意味で、このもののけもまた、予想を超えたかたちで出現したと、厳密にはみるべきなのだ。

(もののけの出現)

「かうぞあるよ。いとかしこう取《と》り返《かへ》しつと一人《ひとり》をばおぼしたりしが、いとねたかりしかば、このわたりにさりげなくてなん日《ひ》ごろさぶらひつる。いまは帰《かへ》りなん」とて、うち笑《わら》ふ。(四-一九ページ)

〔「(わが執念は)かように(深く)あるよ。実にうまく、(紫上を)取りもどしたと、(紫上)一人(のこと)をお思いであった(の)が、まったくにくらしかったので、この(―女三宮の)辺に、何げなくて何日ぐらいひかえておったところだ。(思いの晴れた)いまは帰ってしまおう」とてからから笑う。〕

かつて『源氏物語』第一部で六条院のもとに鎮められ、見返りに院の繁栄を祝福もしていた六条御息所の霊魂と、これはとりたてて別物でない。顕形のときには怨霊であり、しかも柏木の巻における死霊の顕形は鬼気迫る悪霊の果てと見られる。物語の主題的意味の変質による仮借ない悪霊化であろう。悪霊の果てにまで行きついたところで、死霊は、物語のなかに存在することの意味をうしなう。うち笑いつつ魔道へと去ってゆく。死霊は物語のうちから解放された。あとには荒涼たる六条院がのこされる。

五　物語世界の解体による主題の浮上

鈴虫の巻は、いわれているような余情の巻でなく、きわめて主題的な一巻であった。

鈴虫の巻の冒頭で、われわれは、目をうばわれるばかりの華麗な開眼供養に立ち会うことを要請される。「紫《むらさき》の上《うへ》ぞいそぎせさせ給ひける」(鈴虫の巻、四 - 七〇ページ)、「紫《むらさき》の上《うへ》せさせ給へり」(四 - 七三ページ)とくりかえされ、あるいは朱雀院からの物品について源氏がさまざまいたれり尽くせりの世話をするなど、実に源氏と紫上とは、二人して、いまは仏門にいる女三宮をこれでもかこれでもかと飾りたてることただならない。

この開眼供養が飾りたてられれば飾りたてられるだけ、源氏と女三宮とがかたみに引きさかれてゆく関係であろう。「言《い》へばさらなりかし」(四 - 七一ページ)というほどの、表面の華麗さの描写が、それぞれ別々の内面の苦悩の深さを浮きたたせてゆく絶妙な方法で、はたして、その秋の日の、源氏と女三宮とのあいだの心の隔絶は耐えがたいほどに深い。

（女三宮の思い）

人目《め》にこそ変《か》はることなくもてなし給ひしか、うちにはうきを知《し》り給ふ気色しるく、こよなう変《か》はりにし御心を、いかで見《み》えたてまつらじの御心にて多《おほ》うは思ひなり給《（たまひ）》にし御世《よ》の背《そむ》きなれば、いまはもて離《はな》れて心やすきに、なを（ほ）かやうになど聞《き》こえ給《（たまふ）》ぞ苦《くる》しうて、人離《はな》れたらむ御住《す》まひにもがな、とおぼしなれど、およすげてえさも強《し》ひ申《（まうし）》給はず。（鈴虫の巻、四 - 七五ページ）

〔外見は（昔に）変らぬ態度で待遇してくださったのに、内心ではつらいこと（―柏木との密事）をよくご透察の様子で、がらりと変わり果ててしまったお心にたいして、（女三宮は）どうかして関係をつづけたくない一心で、主として、決意してしまわれたご出家なので、現在は関係がはなれて気が楽なのに、やはり、そのように（恋情がある）など訴えなさるのがわずらわしくて、閑居みたいな所に住みたいと考えるようにおなりになるけれど、大人ぶって、つよく申し上げなさるわけにもゆかない。〕

一文のうちに、源氏の内面から女三宮の内面へ、心理がたどられてゆく。すでに源氏と女三宮とは対等であろう。それはまったく別々の孤独を抱きしめていることにおいて対等となる。女三宮はここに一個の独立した人格を獲得しているといわれなければならない。「人離《はな》れたらむ御住《す》まひにもがな」というこの再出家の願いこそ冷めた女三宮の認識としてある。

源氏はどうか。源氏の孤独は若菜下、柏木の巻の、柏木をつきはなさずにはいなかった孤独感の延長線上にあるとともに、冷泉院へ返す「月影《かげ》は―おなじ雲居に見《み》えながら、わが宿《やど》からの秋ぞ―かはれる」（四 - 七八ページ）のうたに知られるごとく、御法の巻、幻の巻へ、もうあと一歩というところまで来てしまっている。

秋好中宮と対面して、源氏は出家の意志を表明せざるをえない。

(光源氏の言)

は《(わ)》れより後《のち》の人〴〵に方《かた》がたにつけてを《(お)》くれゆく心《(ここ)》ちしはべるも、いと常《つね》なき世《よ》の心ぼそさののどめがたうおぼえ侍れば、世《よ》離《はな》れたる住《す》まひにもやとやう〴〵思《おも》ひ立《た》ちぬるを、…… (四-八〇ページ)

〔私よりあとの(若い)人たちに、あれやこれやにつけて(出家を)さきこされる心境(が)いたします(につけて)も、無常の世の心細さが抑えがたく思われますので、世間(を)はなれている住居にでも(住みたい)、とだんだん思い立つようになってきますから。〕

つまり「世《よ》離《はな》れたる住《す》まひにもや」とは、さきにみた女三宮の思い(四-七五ページ)とまったくおなじことを言うのだ。ここにおいて源氏と女三宮とは対等にある。二人はゆるしあうことなく徹底的に引きさかれている。しかも、別々の立場から、同一のことを言い、あるいは考えている。場面のどのような打開もここにはありえないことだろう。局面救済のすべはもはや一抹も存在しない。これが鈴虫の巻の切りひらいた主題的状況であった。

登場人物たちのひとりひとりの終末に、ようやく光があてられてゆく。物語のなかの主人公たちをつなぎとめるさまざまなきずながつぎつぎに切れてゆく。母親の堕地獄をまえに、供養の手を休めないことしかできないひと(秋好中宮)、かるがるしい道心に走ったと非難され、不可能な再出家を願うぐらいしかならないひと(女三宮)、そして、出家にむかおうとして出家をゆるされない存在(源氏)。さまざまな関係の解体状況が冷酷に描き尽くされる。

物語世界の解体。それにもかかわらずいま物語の持続が要請されるとすれば、それは描写が主題的状況へひざまずくためであるのに相違ない。くりかえしていうが、鈴虫の巻はきわめて主題的な一巻であり、御法の巻、幻の巻へあと一歩というところまで来てしまっている。

六　堕地獄という消息

ふたたび鈴虫の巻。

柏木の巻をさいごにこの世を去っていった六条御息所の死霊についての消息が伝えられる。

(秋好中宮の思い)

宮《(みや)》す所の、御身の苦《くる》しうなり給《(たまふ)》らむありさま、いかなる煙《けぶり》の中にまどひ給《(たまふ)》らん。亡《な》き影《かげ》にても、人にうとまれたてまつり給《(たまふ)》御名《な》のりなどの出《い》で来《き》けること、……　(四-八一ページ)

(故六条御息所のおからだが地獄の責め苦にあっておられようありさま(は)、どんな火煙のなかにさまよっておられることだろう。死後のすがたでまで(出現して)、人にきらわれ申される、(もののけの)お名のりなど(の事態)が出来したということ(を)……)

秋好中宮と源氏との対面において、中宮が心内で思惟するところ、「亡《な》き影《かげ》にても、人にうとまれたてまつり給《(たまふ)》御名《な》のりなどの出《い》で来《き》けること」とは、若菜下の巻や柏木の巻のもののけ出現、なかんずく若菜下の巻の場合を言う。それにたいして、引用文の前半の部分はどういうことを言おうとするか。むろん、現在時点における死霊の様子が推量されている。ひとつならまだしも、ふたつもかさねて使用される現在推量の「らむ」「らん」は、炎群《ほむら》がしむらを焦がす凄絶の地獄のさまを、想念としてふとわれわれのなかにかきたてるに足る。当時の切実な堕地獄の想念を、われわれの時点に、「らむ」「らん」を手がかりにして、臨場感とともに復権させることができる。

『源氏物語』のなかをさまざまにうごきつづける生き霊と死霊、そして堕地獄の想念。それらは、物語のなかで、切実な現実として展開させられており、登場人物たちの観想の基軸として、そこから物語の底知れない暗冥の部分へ、深くつながってゆく。六条御息所の堕地獄は、単なる堕地獄として聞きなれた経典のたぐいに睡たくたどられるそれであるまい。六条御息所はいま、疑いえない堕地獄の現実を受けている。この堕地獄が疑いえないたしかな劇であるゆえに、秋好中宮の誠意を尽くす鎮魂供養の願いが、この巻のさいごで告げられなければならない。
鈴虫の巻のつぎに夕霧の巻が置かれる。しかしながら、夕霧の巻を『源氏物語』第二部から消去するとき、光源氏物語の基底的な主題を一条、見通すことができるというのが私のアイデアとなる。

七　光源氏を現世におしとどめるためらい

御法の巻の紫上はさいごまで出家をゆるされないのだった。

（紫上の出家をゆるさない光源氏）

後の世のためにと、たう《(ふ)》とき事どもを多《おほ》くせさせ給《(たまひ)》つゝ、いかでなを本《(ほ)ほ》意《い》あるさまになりて、しばしもかゝづらはむ命のほどはを《(お)》こなひを紛《まぎ》れなく、とたゆみなくおぼしの給へど、さらにゆるしきこえ給はず。（御法の巻、四－一六二ページ）

〔後世のためにと、仏事供養などをたくさんおさせになりながら、「なんとかしてやはり、（出家の）素志を遂げて、しばらくでも（この世に）生命をながらえていようあいだは、仏道修行を専念して」と、不断にお思いになり、（口に出して）おっしゃるけれども、（光源氏は）さらさらゆるし申しあげなさらない。〕

もちろん、紫上はここではじめて出家の意志を表明し、源氏によって反対されているわけでない。すでに若菜下の巻で実に三たびも四たびも出家の意志を抱き、表明し、そしてそのたびごとに源氏によって反対されてきた、という顕著な本文上の事実がある。しかも源氏が紫上の出家に反対する論理はいつの場合も似かよっていた。

〔光源氏の言〕

(1)あるまじくつらき御事《こと》なり。みづから深《ふか》き本意《ほい》あることなれど、とまりてさう〴〵しくおぼえ給ひ、ある世に変《か》はらむ御ありさまの、うしろめたさによりこそながらふれ。つゐ《(ひ)》にそのこと遂《と》げなむのちに、ともかくもおぼしなれ　（若菜下の巻、三-三二〇ページ）

〔（出家など）あってならない、むごいご処置だ。私自身、深いこころざし（の）あることながら、（あなたはあとに）のこってさびしく思われるし、（私が）いる時と（あなたの境遇も）変わってこよう、それを思うと気がかりで、出家せずにいるよ。（私が）最終的にそのこと（―出家を）遂げてしまうようなあとに、ともかくも（出家のことを）考えなされ。〕

(2)それはしも、あるまじき事になん。さてかけ離《はな》れ給ひなむ世に残《のこ》りては、何《なに》のかひかあらむ。たゞかく何《なに》となくて過《す》ぐる年月なれど、明《あ》け暮《く》れの隔《へだ》てなきうれしさのみこそ、ますことなくおぼゆれ。猶《(なほ)》思ふさまことなる心のほどを見《み》はて給へ　（三-三五一ページ）

〔それ（―あなたが出家すること）は、あってならないことよのう。そうして、私からはなれてしまわれるならば、（そんな）世間に（私ひとり）のこって、何の生きがい（が）あろうか。ただ、そのように、何となくて過ぎてゆく年月であるけれど、毎日毎日一緒に暮らす（この）よろこびだけ（がそれ）こそ無上のことと思われる。いままで通り（私の）愛情の特別な深さを（さいごまで）見とどけてくだされ。〕

(3)むかしより、みづからぞかゝる本意《ほい》深《ふか》きを、とまりてさう〴〵しくおぼされん心ぐるしさにひかれつゝ、過《す》ぐすを、さかさまにうち捨《す》てたまはむとやおぼす。　（三-三五六ページ）

〔昔から私自身こそ（出家の）希望が深いのに。（あなたがこの世に）とりのこされてさびしく思われよう（と思

うと、その）心苦しさにほだされて（ずるずる出家もせずに）暮らすのに、あべこべに、私を捨てなさろうと
お思いになるのか。〕

(1)(2)(3)をつらぬく一本の論理があると思う。つまり、紫上のことが気がかりで源氏は自分自身の出家をためらっている、だから源氏自身がそのためらいを投げうって、みずから出家してしまえば、そのあと紫上が出家をするのは自由である、けれども紫上がさきに出家をするのはさかさまで、源氏は何のかいもなくなってしまう、それゆえ源氏が出家をしない限り、紫上は源氏との愛情の生活をつづけるべきである、といった論理が(1)(2)(3)を流れているとみることができる。紫上のことが思いやられているにしても、結局のところ源氏そのひとの出家の意志の問題に焦点をひきしぼってゆく論理でそれはあろう。一言をもっていえば源氏がわの理由によって紫上はついに出家をゆるされない存在としてある。

そしてこれとおなじ論理がここ御法の巻にもつらぬかれる。以下はさきの引用文に接続する。

（出家をさきこされる光源氏）

(4) さるは、わが御心にも、しかおぼしそめたる筋《すぢ》なれば、かくねんごろに思《(おもひ)》給へるついでにもよを《(ほ)》されて、おなじ道《みち》にも入《い》りなんとおぼせど、一《ひと》たび家を出《い》で給《(たまひ)》なば、仮《かり》にもこの世をかへりみんとはおぼしをき《(お)》てず、後の世にはおなじ蓮《はちす》の座《ざ》をも分《わ》けん、と契《(ちぎり)》かはしきこえ給《(たまひ)》て、頼《たの》みをかけ給《(たまふ)》御中なれど、……かくいと頼《たの》もしげなきさまになやみあつい給へば、いと心ぐるしき御ありさまを、いまはと行《ゆ》き離《はな》れんきざみには捨《す》てがたく、中〳〵山水《(やまみづ)》の住《す》みか濁《にご》りぬべくおぼしとゞこほるほどに、ただうち浅《あさ(へ)》えたる思《おも》ひのまゝの道心おこす人人にはこよなうを《(お)》くれ給《(たまひ)》ぬべかめり。（御法の巻、四‐一六二一〜一六二三ページ）

〔そうは言うものの、自分の心にも、（出家のことは、早くから）お考えの方向なので、（紫上が）そのように

熱心にお考えになる機会にさそわれて、一緒に仏道にもはいろうかとお思いになるけれど、ひとたび出家なさってしまうなら、かりそめにもこの俗世を振り返ろうと考えなさるつもりはない。後世にはおなじ蓮のうえにも咲こうと約束のことばをかわし、信頼をかけなさるおあいだがらであるけれど、……そのように、とても助かりそうのない重態で、病苦に苦しんでいられるので、たいそう気の毒な御様子を、まさに出離するという瞬間には見捨てがたく、(たといこのまま山籠りしても)かえって(気がかりで)山中の草庵(で心)がにごってしまいそうに、ためらっておられるあいだに、ただもうあさはかな思いつきの道心をおこす人々には、このうえもなく(出家を)さきこされてしまうことになるようだ。」

傍点をほどこした部分にあらわであるように、さきにみた(1)(2)(3)とおなじ論理がここにも見られる。傍点をほどこした部分にいわれているのは源氏そのひとの出家を(したがって紫上の出家をも)さまたげるためらいであろう。このためらいは、傍線をほどこした箇所「ただうち浅《あさ(へ)》えたる思《おも》ひのまゝの道心おこす人人にはこよなうを《(お)》くれ給《(たまひ)》ぬべかめり」へと引きしぼられてゆく。旧大系が「人人」の傍注に、朧月夜と朝顔とを指摘しているのは誤解であろう。さきにみた鈴虫の巻の源氏の述懐に「は《(わ)》れより後《のち》の人〱に方《かた》がたにつけてを《(お)》くれゆく心《(ここ)》ちしはべる……」(四‐八〇ページ)というのが女三宮をこめており、あるいは幻の巻の一節に「かくあまへ《(え)》給へる女の御心ざしにだにを《(お)》くれぬること」(四‐一九三ページ)とあるのも女三宮のことであるのを思いあわせてみれば、みぎの御法の巻の「人人」が、複数でおぼめかしてあるものの、女三宮そのひとを目指した言いまわしであることはほぼまちがいない。源氏のためらいは女三宮たちのあさはかな道心にもおくれてしまう事態を結果した。あるいはそのような事態を結果するかたちのためらいだった。女三宮の出家に象徴される通念的な道心、あさはかで思いのままの出家、それからもおくれてしまった源氏が、物語のなかで、けっして出家をすることがならない事情は、こうして次第にはっきりしてきた。

八　紫上のかたどりの内面化

若菜下の巻で、もう一か所、紫上が出家の意志を抱きつづけていることの説明の箇所がある。そこで出家を思う紫上の心内はどんなであるか。

（紫上の思い）

わが身はたゞ一《ひと》所の御もてなしに、人にはを《(お)》とらねど、あまり年積《としつも》りなば、その御心ばへもつゐ《(ひ)》にを《(お)》とろへなむ、さらむ世を見《み》はてぬさきに、心と背《そむ》きにしかな、……（若菜下の巻、三 - 三二八ページ）

〔私の身は（源氏の君）ただお一人のご待遇で、他人には引けを取らないけれど、あまりに年を取ってしまうなら、そのご愛情も結局衰えてしまおう。そんな目にあわないさきに、すすんで出家してしまいたいことよ……〕

ここにだれかと張りあう語勢を感じさせるとしたら、女三宮の存在が紫上の内部の一隅で否応なしに意識されているからにほかならない。この場合に限らず、さきにみた(1)にしても、(2)にしても、紫上が出家を思いつづける理由の一面に女三宮の降嫁がひびいていることは、本文に徴すればただちに知られよう。女三宮の降嫁が紫上の地位に危機をもたらしたことは、紫上が出家を思うにいたった、無視してならない直接の動機であると私は思う。その女三宮が柏木の巻で出家してしまう。女三宮の出家におくれてしまったという点で紫上もまた源氏と同一線上にある。その意味で紫上もまた源氏についで主題的存在にならなければならない。この御法の巻で紫上の主題がさきに描かれることになる。

出家しえないという事態はやはり「罪《つみ》かろかるまじき」（御法の巻、四 - 一六三ページ）ことであった。積みかさねられるおこないと対照的に、紫上の不出家の立場がはっきりしてくる。二条院の法華八講。讃歎の行道はさきの空也に通じのちの念仏の大流行へつながる。つまり無上の法楽の幻想に酔い痴れ無碍に融通する同質化の狂舞に走る時代はもう近い。紫上のかたどりはそれと相対的に内面化される。

（紫上のさま）

きのふ、例《れい》ならず起《お》きゐ給へりしなごりにや、いと苦《くる》しうして臥《ふ》し給へり。年ごろ、かゝる物のおり《（を）》ごとに、まいり《（ゐ）》つどひ遊《あそ》び給《（たまふ）》人〳〵の御かたち、ありさまのを《（お）》のがじし、ざへ《（え）》ども、琴《こと》、笛《ふえ》の音《ね》をも、けふや見聞《みき》き給《（たまふ）》べきとぢめなるらむとのみおぼさるれば、さしも目《め》とまるまじき人の顔《かほ》どももあはれに見《み》えわたされ給《（たまふ）》。まして、夏冬の時《とき》につけたる遊《あそ》びたはぶれにも、なまいどましき下《した》の心はを《（お）》のづからたちまじりもすらめど、さすがになさけをかはし給《（たまふ）》方《かた》〴〵は、たれも久《ひさ》しくとまるべき世にはあらざなれど、まづわれひとりゆくゑ《（へ）》知《し》らずなりなむをおぼしつゞくる、いみじうあはれなり。（御法の巻、四－一六五～一六六ページ）

〔昨日、いつもとちがって起きていらっしゃったためか、（今日は）とても苦しくて臥していらっしゃる。毎年そうした何かの催しのつど参集し、（音楽を）演奏なさる人々のおかおや様子、それぞれ（持ちまえの）芸才、琴や笛の音をも、今日（が）見聞きするさいごとなろうかとばかり思われなさるので、（普段は）そんなに目にとまらない人のかお（まで）も、しみじみと見渡されなさる。まして、夏、冬の時節ごとの演奏に（つけて）も、（紫上の）ちょっとした競争心は、自然と湧いてくることもあるようだけれど、（しかし）さすがにしたしみあわれる人々は、だれも（この世に）長く滞在できまいとはいえ（それなりになつかしくて、）いま自分一人（だけがさきに）行方知らずになってしまおうことをお思いつづけになる（のは）あわれをきわめることだ。〕

「まづわれひとりゆくゑ《（へ）》知《し》らず」になってゆくことを思いつづける恐怖と孤独とを救うてだては、ここに、ほとんどない。なぜなら、恐怖と孤独とからのがれ、ひとびとを一斉に救済してゆくためにこそ、浄土観想、念仏三昧の宗教が、当時の切実な要求になりつつあるのだから。紫上は、恐怖と孤独とからのがれようとするのでなく、むしろそれに立ちむかい、眼を見ひらこうとするかのようだ。

それにもかかわらず、『源氏物語』の最終的な主題は宗教的なそれであったろう。――既成のあるいは時流の宗教でないとすれば、宗教そのもの、大文字の宗教のそれであったと思われる。持ちこまれる宗教でなく、物語のなかに思惟してゆく、それは救済であって、神学とちがう。神学は文学たりえないが、宗教なら文学たりうる。主人公たちは見られている存在であると私はさきに述べた。主人公たちを超えて、かれらを見ている存在は、したがって神の視点であるほかなくなる。それは、しかしながら、救済する神の視点が予感されるとしても、神学的な神なのではけっしてなかった。

夏が来る。「ただいとよは《(わ)》きさまに」(四-一六七ページ)なってゆく。おそらく、信じられていた生命は気のような状態であって、生きているときは張りつめてつよく、その死にちかづくのにしたがってよわまってゆく印象であった。よわし、心よわし、よわりゆくなどのことばが『源氏物語』のなかで死を予想する場合に使われることは顕著だ。よわまりゆく生命と対照的に意識の澄徹状態はある。

(紫上のさま)

上《うへ》は御心の中《うち》におぼしめぐらす事多《おほ》かれど、さかしげに亡《な》からむ後《のち》などのたまひ出《い》づることもなし。(四-一六八ページ)

〔紫上は、お心のなかで、思いめぐらされること(が)たくさんあるけれど、賢明ぶって死後のことなど(を)遺言なさることもない。」

秋にはいって、紫上の死がわれわれに告げられる。夕霧が「むなしき御骸《から》にても、いま一《ひと》たび見《み》たてまつらんの心ざしかなふべきおり《(を)》は、たゞいまよりほかにいかでかあらむ」(四‐一七三ページ)と、几帳の帷子をあけて死者に対面する。紫上は見られている存在になり切ったと言える。夕霧の眼から眺められる紫上の死に顔は「何《なに》心なくて臥《ふ》したまへる」(四‐一七四ページ)さまだという。これははるか昔日の若紫の巻に見る〝何心ない〟紫上の形象(一‐一八五ページ、一九二ページ、一九五ページ、一九六ページ)と呼応させられる表現でなければならない。この御法の巻で「何《なに》心なくて」よこたわる紫上の発見は、作者の意図を付度していえば、物語のなかのほとんど唯一の救済としてあるといった感じがする。

源氏は死後の紫上に戒を受けさせ、出家の意志を遂げさせようとする。源氏の錯乱でなく、かえってそうすることによって不出家の意図がつらぬかれたとみるべきだろう。

九　紫上以外の女性たちへの懸念

紫上の死によって、ただちに御法の巻がとじられるわけではなかった。

いま紫上が物語のうえで死なしめられると、光源氏をめぐる最終的な主題は、すでに目をそらしようもなく前面にひきすえられる。

御法の巻の後半は〝心よわい〟(御法の巻、四‐一七五ページ、一七七ページ、一七八ページ)源氏の悲嘆がつづられる。『源氏物語』において死の近づいた人々を表現するのに、心よわし、よわし、よわりゆくといったことばがかならずといってよいほど使用されるといった特徴がある。光源氏の生命の張りがなくなり、よわまりつつある時間が幻の巻にまでつづいてゆく。女三宮の出家にもおくれてしまった源氏は、物語のなかで、けっして出家を遂げることがない。

そのような源氏に救済があるかどうか、この時点で明らかでない。紫上はその〝何心ない〟死をさらすことによって、わずかに救済の印象を獲得したと言えば言える。源氏はまだこのさき、よわまりゆく生命が持続するあいだ、死ぬこともならない。死による救済があるかどうか、さだかでない。物語の句読点は最終的にまだ保留される。

ここで、さきにみた(1)(2)(3)および(4)をつらぬく論理の消長を見きわめなければならない。源氏の紫上にたいする発言(1)(2)(3)および源氏の心内を説明した地の文(4)によれば、源氏を出家へ踏みきらせないためらいは、紫上への懸念から来るそれであった。源氏が出家に踏みきらない理由が、このような紫上への懸念だけであるならば、いま紫上の死後、(1)(2)(3)(4)をつらぬくためらいの論理は消滅し、出家がいわば時間の問題となるはずだろう。しかるに御法の巻の後半において依然としてつぎのような源氏のことばに出会うことになる。

（光源氏の思い）

(5) いまはこの世にうしろめたきこと残《のこ》らずなりぬ、ひたみちにを《(お)》こなひにおもむきなんに障《さは》り所あるまじきを、いとかくお《(を)》さめん方《かた》なき心まどひにては、願《ねが》はん道《みち》にも入《い》りがたくや、とややましきを、……（御法の巻、四-一七六〜一七七ページ）

〔(紫上亡き)いまは、この世に心のこりなこと(がすっかり)なくなってしまう。一途に仏道修行にはいってしまおうのに、さまたげる要因(が)あるまいというのに、とてもかように抑えようのない心の乱れでは、宿願の道にも入りにくいのでは、と心苦しく……〕

この「心まどひ」が紫上死後の源氏の出家をさらにむこうへ後退させるということだ。この発言はまあ、愛するひとに死なれた「心まどひ」のあいだは出家もしにくい、というので、たしかに理屈の通る発言かもしれない。ここで出家をしてしまえば、女三宮の場合とおなじ「うち浅《あさ(へ)》えたる思《おも》ひのまゝ」(四-一六三ページ)の出家であるとひとから見られても、しかたがないのではないか。

ところが、読みすすめてゆくわれわれは、御法の巻にひきつづく幻の巻のはじまりの場面で、以下に見るような源氏の発言を見いだすことになる。しかもそれは、阿部秋生氏「六条院の述懐」(1)によって、みぎの(5)をふくむ部分と同一の論理を持つ発言であると確認されている。

(光源氏の言)

(6) 宿世《すくせ》の程も、みづからの心の際《きは》も残《のこ》りなく見《み》はてて、心やすきに、いまなん露の絆《ほだし》なくなりにたるを、これかれ、かくてありしよりけに目馴《めな》らす人ゝの、いまはとて行《ゆ》き別《わか》れんほどこそ、いま一際《ひときは》の心乱《こころみだ》れぬべけれ。(幻の巻、四-一八九ページ)

〔宿運の程度も自身の心境の限界もすっかり見つくして安心し、いまや露ほどの邪魔もなくなってしまっているのに、だれそれ、ああして(紫上)存命だった(ころ)よりいっそう(そばに)近づけている女性たちが、(私の出家で)いよいよ別れてゆくような時こそ、いまひとつ心(が)乱れてしまうにちがいない。〕

これはさきの(1)~(4)の出家をためらう論理であるにほかならない。(1)~(4)においては、源氏そのひとに言わせると、紫上への懸念が源氏の出家をためらわせていた。いまこの(6)では紫上以外の人々のことが懸念されるという。その懸念のために「いま一際《ひときは》の心《こころ》」が乱れるにちがいない、という源氏のためらいが語られるところだ。これによれば、紫上の存在が他の女性たちの存在にとってかわられていることになる。であるならば紫上は他の女性たちと代替可能な存在でしかないのであるか。まさかそうではあるまい。おそらく、だれにたいする懸念であるかということは、源氏にとって、非本質的な、表面的なことだったろう。出家にたいする源氏のためらいはもっと深いところに根ざし、発してきてあるように思われる。物語世界は、若菜上下巻以下第二部いっぱいいかかって、解体につぐ解体のみちをあゆんできた。すでに光源氏を最終的に存在させている力は物語的な状況でありえない。主題の底が前面に押しだされてくる。さいごに幻の巻のおくゆきをさぐってみなければならない。

十　和歌に見られる「まどひ」について

みぎの(6)の文は、(イ)「露の絆《ほだし》なくなりにたる」身であるのに、(ロ)「一際《ひときは》の心乱《こゝろみだ》れ」るにちがいないという。(イ)と(ロ)とは矛盾し、逆接するように一見して読まれる。しかし夕霧にさえ御簾をへだてて対面し、「かく心変《が》はりし給へるやうに、人の言《い》ひ伝《つた》ふべきころほひをだに思《おも》ひのどめてこそは」(四‐一九一ページ)と心に思うのであるから、見据えられていることは御法の巻から引きつづき、出家の問題であるのにほかならなかった。女三宮を訪問した源氏は、「いとうらやましく、かくあまへ《(え)》給へる女の御心ざしにだにを《(お)》くれぬること、とくちお《(を)》しう」(四‐一九三ページ)思う。鈴虫の巻以来のことばがくりかえされる。見てしまった女三宮の道心のあさはかさと対照的に、源氏は思いつづけずにいられない、紫上のかどかどしさ、ろうろうじさを、匂い多かった心ざま、もてなし、言の葉を。

つづいて源氏は明石の君をあいてに出家を述懐する(——不出家の述懐をする、と言い換えてもほとんどよい)。

(光源氏の言)

(7)人をあはれと心とゞめむはいとわろかべきことと、いにしへより思ひ得《え》て、すべていかなる方《かた》にも、この世に執《しふ》とまるべき事なく、心づかひをせしに、……命をもみづから捨《す》てつべく、野山の末《すゑ》にはふらかさんに、ことなる障《さは》りあるまじくなむ思《おも》ひなりしを、末《すゑ》の世に、いまは限《かぎ》りの程近《ちか》き身にてしも、あるまじき絆多《ほだしおほ》うかゝづらひていままで過《す》ぐしてけるが、心よは《(わ)》うももどかしきこと　(幻の巻、四‐一九五ページ)

(女性をああと心にとどめようことは、(仏道修行にとって)たいそう不都合なことと、むかしから思われて、すべて、どんな方面にもこの俗世に執着(が)のこるべきはずのないように、心を使ったのに、……生命までも自分から捨ててしまいそうに、野山の果てに身をさすらわせよう(の)に特別のさまたげ(は)あるはずないと思うようになったというのに、晩年で、さいごに近い身になってまあ、あってならない関係に多く束縛されて、いままで(出家もせず)過ごしてきてあることが、心よわくも(また)思うようにならないことよ。」

この(7)は(6)の論理にほとんど一致する。(2) 源氏の述懐らしい述懐のさいごがこれであることを思えば、ここにも心よわい出家のためらいがくりかえされる固執的な方法には、やはり注意を凝らしておきたい。

幻の巻の〝春〟の部はこの明石の君との長い対話のすえの和歌の贈答で締めくくられる。

(光源氏)

なく〳〵も―帰《かへ》りにしかな。かりの世は―いづくも―つい《(ひ)》の常世《とこよ》ならぬに　(四-一九七ページ)

(雁が鳴きつつ帰ってゆくように)わたしも泣く泣く帰ってしまいたいよ。

仮の世はどこも結局、常世でないから

(明石の君)

雁《かり》がゐし苗代《なはしろ》水の、絶《た》えしより、うつりし花のかげをだに見《み》ず　(同)

雁がとまった苗代の水が(すっかり)絶えたとき以来、

映った花のかげすら見ない

この〝春〟の部もだいたいそうであるけれども、以下の〝夏〟の部、〝秋〟の部、〝冬〟の部において特に、源氏の心のなかは和歌のなかに集約的に表現されるようになる。

(光源氏《独詠》)

日ぐらしの声《こゑ》はなやかなるに、御前《おまへ》のなでしこの夕映《ゆふば》へ《(え)》をひとりのみ見給《み》ふは、げにぞかひなかりける。

つれ〴〵と、我《(わが)》なきくらす夏の日を、かことがましき虫《むし》の声《こゑ》哉《(かな)》　（四‐二〇一ページ）

〔茅蜩の声がにぎやかな時分に、御前のなでしこが夕映え（にうつくしいの）をひとりご覧になるのは、なるほど（古歌にあるように）かいないことである（と知られる）。

なすこともなく、自分が泣き暮らす夏の日であるのに、虫が（私の泣くのに）かこつけて鳴いているよな〕

（光源氏《独詠》）

蛍のいと多《おほ》う飛《と》びかふも、「夕殿に蛍飛《ほたると》んで」と、例《れい》の古言《ふること》もかゝる筋《すぢ》にのみ口馴《くちな》れたまへり。

夜《よる》を知《し》る蛍《ほたる》を見《み》ても―かなしきは―時ぞ―ともなき思《おも》ひなりけり　（四‐二〇一～二〇二ページ）

〔蛍がえらくたくさん飛び交う（につけて）も、「夕殿に蛍飛んで」と、いつもの古詩も、そのような（哀傷の）方向にばかり吟じ馴れておられる。

夜をわきまえる蛍をみても悲しいことは、夜昼の区別もない（私の）思いの火であったことよ〕

（光源氏《独詠》）

七月七日も、例《れい》に変《か》はりたること多《おほ》く、御遊《あそ》びなどもし給はで、つれ〴〵にながめ暮《く》らしたまひて、星逢《(ほしあひ)》見《み》る人もなし。まだ夜深《ぶか》う一所《ひと》起《お》き給《(たまひ)》て、妻戸《つまど》押《お》しあけたまへるに、前栽《せんざい》の露いとしげく、渡殿《わたどの》の戸《と》よりとを《(ほ)》りて見《み》わたさるれば、出《い》で給《(たまひ)》て、

七夕《(たなばた)》の逢《あ》ふ瀬《せ》は―雲のよそに見《み》て―わかれの庭に露ぞ―を《(お)》きそふ　（四‐二〇二ページ）

〔七月七日も、いつもと変ったこと（が）多く、音楽などもなさらずに、とりとめない物思いに一日を送って、（牽牛織女の）星逢いを見る人もない。まだ明けないうちにお一人起きなさって、妻戸を押しあけておられる

と、植込みの露(が)ぐっしょりと、渡り廊下の戸から(ずっと)見渡されるので、お出になり、二星の出逢いは(もう私と)無関係のことと見て、(二星が)別れの(涙を注ぐこの)庭に立って、(涙の)露を置き添える〕

みぎは仮に三つのパーツに分けたが、本来、一連の文章としてある。うた日記的な文体であるといわれていることがうなずかれる。これはどういうことであるのか。たしかに、この幻の巻にいたって、物語的な世界は解体をほとんど遂げた。光源氏の人生は行きつくところまで後退してしまっている。そのことと歩をあわせて、散文の方法もまた後退を余儀なくされるのであるか。

もちろん、散文の方法が後退しているのでなく、散文の次元を超えた言語の次元が和歌を要請する。和歌は本質的に言語表現以外の何ものでもない。詩的に凝縮される言語表現が和歌であった。われわれは物語のなかの和歌がすくなくとも幻の巻以外の場面で機能的に使われる平均的な場合をかず多く知る。しかし幻の巻における和歌の特異さは、(3)それが機能的に使われるのでないところにある。この巻の〝春〟の部以下、〝夏〟の部から〝秋〟の部へと、胸よりあまる悲嘆の思いが場面にみなぎる。その胸よりあまる悲嘆の思いを描きとらなければならないのも言語の宿命であった。いうまでもなく『源氏物語』は言語的な世界としてある。和歌が言語表現の本質として物語の方法に参加することはありうることでなければならない。

幻の巻では、主題そのものが、縷述という手法をほとんど拒絶する。主題にさしかかろうとすれば、言語の詩的凝縮である抒情詩(─和歌)の空間が作品のただなかに呼びこまれることによって、表現が成立する。つぎは幻の巻のほとんど最終の部位に見いだされる、表現が散文の次元から言語の次元へおしあげられる過程を示すうたとして、注意させられる。

(光源氏《独詠》)

(8) 死出《しで》の山、越《こ》えにし人をしたふとて、跡を見《み》つゝも―猶《(なほ)》まどふかな　(四-二〇五ページ)

死出の山を越えてしまった人のあと(―足跡)を慕うとて、

あと(―筆跡)を見ながらそれでも惑乱することかな

この「まどひ」は光源氏物語のほとんど最終的な場面に見る。御法の巻(5)にみた「心まどひ」と比較するのがよかろう。これは幻の巻の〝春〟の部の散文的述懐(6)(7)にたどられたためらいに対応する本質的な「まどひ」としてある。(6)(7)の屈折した論理のなかにためらいとして保留される主題の潜流が、ここになお流出を見せているので、その散文的述懐にあってはためらいの表面的な理由が「ほだし」にもとめられた。この光源氏物語の最終的な場面にあっては、和歌の表現であるために、いわば散文の次元に属すべき「ほだし」が、すでにほとんどなきにひとしくなっていよう。源氏はいま紫上と交わした手紙を見ながら、「まどひ」に立つ。この和歌のあと、「春までの命も―知《し》らず」(四-二〇六ページ)と、導師に贈るうたがあり、「年も―わが世も―けふや―尽《つ》きぬる」(同)をさいごの源氏のうたとする。源氏は「まどひ」を抱きつづけ、出家しないすがたのままで物語のさいごへ来てしまっている。

注

(1) 阿部秋生、『東大教養・人文科学科紀要』39、一九六六《昭和四十一》年十二月。

(2) 阿部秋生「六条院の述懐㈡」『東大教養・人文科学科紀要』48、一九六九《昭和四十四》年十二月。

(3) 小町谷照彦「『幻』の方法についての試論――和歌による作品論へのアプローチ」『日本文学』一九六五《昭和四十》年六月、野村精一『源氏物語文体論序説』(一九七〇《昭和四十五》年)などの論考がある。

第十一章　匂薫十三帖の時間の性格

第一節　匂薫十三帖の時間の性格

一　矛盾の理由と意味

物語の内部徴証に拠って年立てを作ってゆくと、その年立てを破綻させるかたちで矛盾が判然としてくる。匂宮以下数巻における矛盾を三か所ほど挙げておきたい。Ⅰ薫の官位昇進を基準にして年立てを作製してみたとき、紅梅大納言が竹河の巻で大納言から右大臣に昇進しているのに（竹河の巻、四-二八八ページ）、紅梅の巻（四―二三二ページ）では大納言（＝「按察大納言《あぜちのだいなごん》」）のままであるという官位昇進の矛盾、Ⅱ紅梅の巻の「春」を椎本の巻の第二年目の「春」と同時であるとしてみたとき、紅梅の巻の末尾で匂宮が「八の宮の姫君にも御心ざしの浅《あさ》からで、いとしげうまうでありき給《たまふ》」（紅梅の巻、四-二四三～二四四ページ）とあるのに、その当時、椎本の巻での匂宮は宇治にいまだ中の君を訪問していないはずだ、という矛盾、Ⅲ夕霧の官位の問題があって、竹河の巻で左大臣に昇進するにもかかわらず（竹河の巻、四-二八八ページ）、そののちの時間に属する紅梅、早蕨、宿木、浮舟、手習の巻々で、ほぼ信じられる本文は右大臣系の呼称になっており、総角の巻や蜻蛉の巻に見ると左大臣系の呼称が見られる、とされる矛盾である。Ⅱは巻末だからゆるされるとも考えられ、Ⅲも解決の糸ぐちがいくらかなくもないようなので、別途に考えることとし、ここではⅠをおもに問題にしてみたい。

Ⅰについて、薫を基準にした年立てではみぎの通りで、視点をかえ、紅梅大納言を基準とする物語内容と流れに見ると、今度は薫の昇進に矛盾が生じてくる。それゆえに矛盾となる。Ⅱについては紅梅の巻の「春」を一年おしずらして、早蕨の巻の「春」と同時であったとしてみると、匂宮の行動に矛盾は生じなくなる。その場合、宿木の巻に「かの按察使《あぜち》の大納言の紅梅《こうばい》の御方をも猶《なほ》おぼし絶《た》えず、花紅葉《もみぢ》につけてもののたまひわたりつゝ……」（宿木の巻、五-三四ページ）と書かれている年の翌年の春が紅梅の巻の「春」であるということになるので、それゆえに矛盾といわれるべきことになる。巻序と年立てとは切りはなして考えることが可能であるから、巻序と年立てとのあいだが矛盾するということは、厳密な意味においてありえない。見られるように矛盾は年立ての面に露呈する。つまり物語の進行する時間における矛盾、いわば時間の複数化によって時間と時間とのあいだに矛盾を生じるというのが矛盾の状況としてある。

一体、作品における矛盾の露呈とはどういうことであるか。われわれは最低限度の想像をしておいてよいはずだろう。ある構想のもとに書きおこされた一作品は、おのずから原構想を修正しつつ、破滅させつつ書きすすめられる。作品の実状に即したこのありふれた想像は承認されてよかろう。このわずかな構想の発展という場合にさえ、矛盾の発生する確度の胚胎しているのが、大きく構想の変更されるとき、あるいは短編が新しい構想のもとに書き直されるなり、また縫合されたりする場合、おそらく矛盾ということはいくらでも惹起する。それは作者自身の手によってあとう限り手直しをうけて、作品の統一体の体裁をとろうとするので、ある意味で作者は再構築を絶えず試みる編輯者でもある。われわれが『源氏物語』のなかに〝矛盾〟を見いだすとして、それはかつてあったかもしれない矛盾のまさに氷山の一角だということではないか。もう永遠に知りえないかずかずの縫合され糊塗された矛盾のうち、なにゆえか縫合糊塗し切れず、わずかに残存する矛盾をのみ見ることができる。かくも複雑に構想が展開し、さまざまな矛盾を犯していたにちがいない物語の総体を、かくも統一的に縫合してみせ、最小限の矛盾にとゞめながらほとんど比類なく完結的に物語の全体的世界へとつくりあげる作者あるいは編輯者の手腕のみごとさに、われわれは舌を巻くべきであるかもしれない。そしてわずかに氷山の一角のように露頭するいくつかの矛盾を、そうした成立の秘密をかろうじて覗かせる貴重な窓であると私は見たいと思う。宿木の巻などにかすかに見える、作者の辻褄を合わせようとしている手のうち。解決しようとしてついに解決しきれないでのこってしまってあるらしい官位の矛盾。こうしたかすかなほころびをてこに、背面にひそむ巨大な量の矛盾があるとしなければならない。矛盾というものの意義を私はみぎのように考えることにしたい。

二　表現のしかたとしての時間

さて、いま述べたごとく、ⅠⅡのような矛盾が作品の時間の複数化による、時間と時間とのあいだの矛盾であったとすると、それでは作品における時間とは何であるか。

本節においてしばしば私は『うつほ』に言及し、あるいは『うつほ』を起点にして論考をおしすすめてゆかなければならない。物語における時間の類型はそこにほぼ出そろっている。にもかかわらず『源氏物語』は固有のしかたでそれを超えることだろう。『うつほ』から『源氏物語』へ、この二つの作品はけっして別のもの、たがいにとおい存在でなく、ともに古代物語として似かよう性格を持ちながら、『源氏物語』は先行物語批判や方法的自覚によって厖大な叙述のなかに固有の時間を切りひらいてゆく、といったかたちをなす。そのような固有な時間があるとすると、それを源氏物語的時間と呼ぶことはゆるされよう。しかしながらそれを論じるまえに『うつほ』なり先行物語なりにおける時間の性格をしらべておく必要がある。

『うつほ』における時間の問題の興味深さはしばしば研究の指摘するところとしてある。「田鶴村鳥までの巻々と、蔵開き以下の巻々とでは、さまざまなちがいがあることは、現在すでに通説となっていると考えてよい。表現面に限っても、物語の前半にあたる巻々では、大体が筋中心の、いわゆる説明に終始した方法がとられるのに対し、後半の巻々では、緊密さこまやかさには欠けるものの、源氏物語に似た描写の方法が中心になっていることは、誰しもが認めるところであろう(1)」と書きおこされた桑原博史氏は、その前半と後半の巻々とのあいだに存する説明や描写やのちがいについて、時の進行がどのように表現されているか、との視点を立てて論じられた。氏の場合、問題が時間のそれにしぼられたわけでなく、いわば主題的内容がいかに〝時の進行〟についての表現をえらぶのであるかという主題論、表現論の意義を持つとしても、問題喚起にはなろう。笹淵友一氏は『うつほ』の時間的性格について、季節的時間性、年中行事的時間性、叙事詩的時間性、二重構造的時間性、古典主義的時間性を挙げて論じられる(2)。『うつほ』がけっして単一な時間的性格によって書き結ばれているのでなく、ある時間が別の時間を拒んだり包んだりしながら進行すること自体は、氏の読みときにかならずしもしたがえないにしても、認められなければならない。

こうした問題は、難解に陥りやすいことがらであるから、できるだけ具体的に論じるがよい、と私は思う。物語を語られるべき世界として想像してみると、語りとしての〝時間〟を持ちながらも、語りのただなかから表出されるもうひとつの〈時間〉によって、まえの〝時間〟がとってかわられるとき、語り手は魔術者のように聞き手のうえに覆いかぶさり、聞き手は魔術のうちがわで語り手の声をうしない、作品のなかに立つ。聞き手は作品の固有な〈時間〉にそこで会いつづける。実際にはその会いを企てた表出者＝物語作者の存在によってそのように語りの構造が築かれる。その〈時間〉が作者によってつくられるとわれわれが識るとき、たとえば『源氏物語』のある到達について、それの真の主人公を〝時間〟であるとみることは、評論の位相においてならゆるされる、としよう。しかし私はその難解さからいまは分けいるまいと思う。

昔話、つまり「むかし」ということばからはじめられる語り、それが物語文学と決定的にちがう事実として、表現のしかたのちがいということがある。物語文学が、表現のすみずみにいたるまで表出の内容であることばを指定しようと志向するのにたいして、昔話は特定の話根と話体とから出発して、語りの場所における自由の領域を志向する。志向が逆である、というこの物語文学と昔話とのちがいはきわめて明らかであって、まぎれようがない。それは内容のちがいという問題とちがう。それをしばしば内容のちがいのごとく、物語文学の学説史はずっと考えつづけてきた。『竹取物語』が一母胎である竹取説話から成長し独立してきたのは、前者に盛り込まれる内容の豊富さによってであると観念しつづけてきた。であるとすればその内容が説明されなければならない。したがって、しばしばその作品を産みだした時代性から、あるいはその時代を生きぬいた作者の条件から、物語文学の成立が、常識のごとくに論じられてきた。でも、それは、吉本隆明氏(3)もいうように、つまらない常識、つまり知識の誤用だろう。問題にするのは表現のしかたにおける説話の段階から物語文学への変質あるいは飛躍であって、またそのことによって内容が不可逆的一回的に拡大したのであって、その逆でない。このところをけっして見あやまるべきではなかった。

三 説話的時間、物語的時間

この昔話において、時間の問題がすでに胚胎する。よく知られる「桃の子太郎」のはなしをとりあげてみる(4)。

昔、むかし、あるところに爺《じい》さまと婆《ばあ》さまとあった(イ)。婆さまが川へ洗《あら》いものに行った(ロ)。すると川の上の方からきれいな箱が流れて来た(ハ)。婆さまが箱をひろって中をあけて見た(ニ)。すると、桃こ一つ入っていた(ホ)。……

話根をのみ保有してはなしの枝葉は実際の語られる場所で自由に瞬間的に産みだされる。自由に、というより、実際は固定的なかたちの表現を持つのが普通であるとして、なおそれでもその表現を不可欠のものとして志向するのではないので、省略しようと、改変しようと、まったく自由であるといわれなければならない。これは語り手およびその語りの場所にゆだねられたこととしてある。かくて語り手からの説明として一編の昔話が語られる。私はいまこの説明的な語りの流れをA説話的時間と呼ぼうと思う。

みぎの(イ)(ロ)(ハ)(ニ)(ホ)は語りの流れであり、語られるときの基本的な時間として、ほぼ説話的時間と呼びうると考える。しかしみぎの例にしても、未分化であるものの、(イ)と(ロ)(ハ)(ニ)(ホ)とのあいだに時間の質のかすかな差を認めるべきであって、(イ)は人物を提示しており、(ロ)〜(ホ)は語り手がその人物を追って「それからどうした」「それからどうした」と語りをつづける。(イ)が説明的な語りの時間であるのにたいし、(ロ)以下は説明的であるものの、登場人物とともにうごきはじめた時間としてある。この微妙な差はきわめて重要であって、(ロ)〜(ホ)のような部分こそが、次第に自由な語りの領域にとどまることをやめ、おそらく不断に発展しつづけて、物語文学においては文章が作品の語りをうちがわからさまざまに決定し、固有の表現を選択し、作品への定着を指示するようになってくるにちがいない。そのような物語文学の時間の流れをB物語的時間と呼ぶことにしたい。

たとえば『竹取物語』で翁とかぐや姫とが会話をする場面の細部とか、『うつほ』の後半における時日から時日への疑うべからざる時間の流れであるとか、それらを説話の時間ということはできない。説話的時間であるとともに、そのうえにひらかれた新しい時間としてある。物語文学において、実にこの物語的時間こそが底辺から物語の進行を保証してゆくのではなかろうか。

あるところでは未分化であり、また別のところではきわやかにそれをあらわす。いま、たとえば『うつほ』のあて宮の巻をみてみたい。あて宮の巻はあて宮の入内が十月五日にきまったところから書きおこされてある。河野多麻氏[5]の年立ては足かけ三年をとるものの、野口元大氏[6]も中村忠行氏[7]も言うように、年立てとして、足かけ四年とするのが正確で、巻末はつぎのようになる[8]。

（『うつほ』あて宮）

かくて、月日へて、宮よりせちにめしければ、しはすばかりにまいり給ぬ。あくる年の二三月より又はらめたまひて、おとこみこうまれたまひぬ。御うぶやしなひ、さきのおなじ事也。しばしありて、春宮にまいり給ぬ。かくて、ときめきたまふ事かぎりなし。

入内の冬懐妊、翌年十月ついたち皇子誕生、その十二月参内してその翌年二、三月よりまた懐妊、おそらくその年のうちに第二皇子誕生、「しばしありて」参内したというから足かけ四年となる。しかしこの足かけ四年という事実をきわめて柔軟に処理しないと、われわれはたちまち形式主義の陥穽に飛びこむことになる。年立てとして四年にわたるのに、物語の全体はあくまで最初の十二か月分、つまり入内の十月五日決定から翌年十月ついたちの出産のところまでにささげられてい、その部分を流れる時間がほとんど全体そのものであって、そして実にこの引用の結尾の一文にいたって、時間の流れは、さきの部分とことなる急流にかわった。この数行のあいだに二年以上の歳月が流れ去ってしまう。そうしてみると、このあて宮の巻における、A数行の時間の流れと、B最初の一年を叙述した部分の時間の流れとには差がある。

年立ての意識はAのほうに濃いように思われる。しかし作者が物語と格闘して物語のなかの時間をつくりあげてゆくのはBのほうであった。私はかつて『うつほ』を自分のテーマにえらんだとき、それの巻々をさまざま論じてゆく途中途中、この物語のさまざまな場面でぶつかるAとBとの差、ふたつの時間のちがいをどのように理解するのがよいか、苦悩させられたことがある。Aを説明的時間、Bを物語的時間であると一応、考えてみる。しかしながら『うつほ』においてはBもまた説明的な時間の流れであるように思われる。あるいはBからAへ物語の口調は連続するともみられる。結局、こういうことではなかったか、『うつほ』におけるAとBとの差は、説明的な時間と物語的な時間との抱合状態がくずれはじめる、未分化ながら示しはじめた差であった、と。説明的な時間の流れから物語的な時間の流れが独立してくる過程であった、と。ある面からみれば全体に語り手の説明に終始しながら、しかもその叙述によって蔵開、国譲、楼の上の三巻などは、比類ない、物語という世界のなかの時間をひらいてきたとみることができる。

私はこのA説明的時間とB物語的時間との一段ときわやかな差を『源氏物語』に見たいと思う。ただ、この説明的時間ということばは、説話ということばの新しい定義を願って、A説話的時間と言い換えておくことにする。かくてAとBとのきわやかな差を『源氏物語』に見てゆくと、いくつかの重要なことがわかってくる。以下、匂宮、紅梅、竹河の三巻を宇治十帖論の前提のようにしてさぐってみることにする。

四　匂宮の巻の時間の性格

『うつほ』の最初の主人公俊蔭の異国への流離流寓、名琴とそれを弾く秘伝をたずさえての帰国、そののち彼は娘に秘伝を授けると、世間を拒んだまま死に、物語の描写は娘の零落のことへ移ってゆく。描写の移行と同時に文体の変更がみられることは周知のことであって、さまざまな議論を呼んできた。文体は仲忠がその母（俊蔭の娘）とともに山中のうつほに住むという伝奇的な章段にいたって説話を語りなすごときになり、母子が兼雅に見いだされ京都に住まわされる描写におよんでなめらかな物語の文体へもどってくる。この起伏は注意しなければならないものの、先行伝奇の影響[9]によるとも、「位相」の相違[10]とも考えられてきたから、すくなくとも文体の問題として処理することが可能のようであり、いまは立ちいらないことにする。

　俊蔭の巻を読みすすめてゆくと、巻末に近づくにつれて、急速に、兼雅家、正頼家の物語へとのめりこんでゆくことになる。一体、『うつほ』の前半は〝家〟から疎外されるさまざまな人物をさまざまな〝愛情〟のかたちを通じて群像的に造型しようとしているとみることができる。それを〝あて宮物語〟の中心的な音階であるとすると、この俊蔭の巻の巻末の、兼雅家、正頼家の描写は明らかに俊蔭の物語を〝あて宮物語〟へ組みいれようとする場所としてある。そしてこの場所において、物語のなかの場面がはっきりと見いだされ、さきの俊蔭の物語とは別箇の、新しい時間によって描かれはじめることにこそ注意したい。

「としかへりて八月に……[11]」以下、相撲の還饗のことが描かれる。この「としかへりて……」以下は、他巻の転入であるという考え[12]もあるにしろ、資料のうえから証拠がない。むしろ、藤原君の巻以下を〝うつほ的〟と呼びうるとすれば、俊蔭の巻の「としかへりて……」以下こそはそれらしい部分として、藤原君の巻以下へ継がれてゆく。そしてこの場所のあたりをさかいとして、物語がはっきりと場面を獲得し、〝あて宮物語〟や初秋の巻あるいは物語の後半（〝第二部〟〝第三部〟といわれるところ）における季節や時日に密接した事件中心的な時間の流れへと変貌してゆく、このことをこそ問題にすべきであろう。

「としかへりて八月に……」以前をほぼ説話的な時間と呼んでもよかろう。しかしながら、もちろん、物語文学として、表現という表現はうちがわから確定されており、俊蔭流寓における文体に知られるように、適切な文体が他をおいてえらばれる。書かれる、とはそのように文体がえらばれることだとすれば、これをけっして口語り固有の説話の時間、すなわち説話時間自体と見ることはできないのであって、私が説話的時間としたゆえんであった。

つぎに「としかへりて……」以降の、「八月に」「あるじ廿二日なれば、その日になりて」「夜ふけぬれば」「夜いたうふけて」などとつづけられる、あるいはさまざまな対話の連続によって、物語が着実にすすめられてゆく時間を、きわめて物語的な、つまり物語的時間であると考えたい。このような時間においてはじめて相撲の還饗という平安時代的な行事が細叙されるにいたる。

『源氏物語』の匂宮の巻を、私はいま論じようと思う。それの考察を簡略ならしめる目的で『うつほ』の俊蔭の巻に言及した。すなわちわれわれは匂宮の巻を読みすすめるとき、それの巻末において、俊蔭の巻における場合と同様の体験をせざるをえない。

匂宮の巻の「賭弓《のり》の還饗《かへりあるじ》」(匂宮の巻、四-二二三ページ)の記事はまさしく俊蔭の巻の相撲の還饗の記事に相当する。「その日、親王《みこ》たち大人《おとな》におはするは、みなさぶらひ給《(たまふ)》」とあるように、賭弓の日が某日と指定され、それの還饗が六条院でおこなわれる。春正月という季節からはなれることのない時間としてそれはある。そしてこの物語的時間が、典型的にはいま言ったごとき『うつほ』にほとんど創始的に試みられたそれであるといってよかろう。

それがこのように『源氏物語』の基調をもなす。『うつほ』においてなお説明的である場合もある。『源氏物語』において物語的時間は発達せざるをえない。それが基調であることは、『源氏物語』を『うつほ』から切りはなしてひとり特異なものに見なすむきが多いだけに、古代物語の基本的な性格として、確認しておかなければならないこととしてある。

匂宮の巻の巻末がみぎのごとくであるのにたいして、冒頭からの巻の大部分をなす部分はどうであるか。

(光源氏没後の人々)

光隠《ひかりかく》れ給《(たまひ)》にし後《(のち)》、かの御影にたちつぎ給《(たまふ)》べき人、そこらの御末《すゑ》〴〵にありがたかりけり。おりゐの御門《(みかど)》をかけ

たてまつらんことはかたじけなし。当代《たうだい》の三宮《さんのみや》、そのおなじおとゞにて生《お》ひ出《い》で給《たまひ》し宮の若《わか》君と、此二所《このふたところ》なん

とり〴〵にきよらなる御名とり給《たまひ》て、……(匂宮の巻、四-二一二ページ)

以下、源氏、紫上亡きのちの人々のその後が縷々描かれる。明らかに物語の新規の出発であり、作者がわからさまざま設定し説明する場所であって、事件的な時間の流れはひっそりと停止している。ついで薫が元服したこと、十四歳の二月に侍従になり、その秋には中将になったことなどが紹介され、女三宮のそののちが知らされ、出生の秘密を知りたいという薫のいぶかしい心中があかされる。薫は人々からの寵愛をほしいままにし、むかしの光源氏と較べて「此《この》君は、まだしきに世のおぼえいと過《す》ぎて、思《おもひ》あがりたる事こよなくなどぞものし給ふ」(四-二一八ページ)というありさまであったと説明される。

薫の異香を放つ天性にたいして、匂宮はいどましく思っている。二人は「匂《にほ》ふ兵部卿、かほ《を》る中将」(四-二二〇ページ)とならび称せられるという。なお同時に冷泉院の女一宮のことを聞きつたえた匂宮の心中の説明もある。薫の、〝世の中〟を思いすました心は、「さしあたりて、心にしむべきことのなきほど、さかしだつにや有《あり》けむ」(四-二二一ページ)と語り手みずから見すかしている。十九歳(の秋?)、三位の宰相中将に昇進する。匂宮の冷泉院女一宮の思慕のこと、薫の女性関係、夕霧が六の君を貴公子らのよき相手として育てていること、などの説明がほどこされる。

以上のごとく、冒頭からここまで、作者がわからの説明の場所として、物語の基底が示され、また官位昇進の事が明らかにされるなど、年立てのうえで重要な諸事実が指定される場所だということができる。これはA説話的な時間であるとしておきたい。それはさきにみたB物語的時間と異質であり、事件的な時間のせきとめられる部分であるということに注意したい。

五　紅梅の巻にみる誤解の敷設

紅梅の巻の書きだしは物語の導入部として物語される状況を設定する、つまり按察大納言（＝紅梅大納言）の特殊な事情が説明されてある。

真のヒロイン、宮の姫君に焦点が引きしぼられるのはつぎの箇所からで、

（大納言の邸内）

殿は、つれ〴〵なる心地して、西の御方《かた》はひとつにならひ給《(たまひ)》て、いとさう〴〵しくながめ給《(たまふ)》。東《ひんがし》の姫君も、うと〳〵しくかたみにもてなし給はで、夜《よる》〳〵は一《ひと》ところに御殿籠《とのごも》り、よろづの御こと習《なら》ひ、はかなき御遊《あそ》びわざをも、此方《(こなた)》を師のやうに思《おも》ひきこえてぞ誰も習《なら》ひ遊《あそ》び給《(たまひ)》ける。（紅梅の巻、四 - 二三五ページ）

この「東《ひんがし》の姫君」と紹介されている、宮の姫君はどのような女性か。

（宮の姫君の性格）

物はぢを世の常《つね》ならずし給《(たまひ)》て、母北の方《かた》にだに、さやかにはお《(を)》さ〳〵さし向《む》かひたてまつり給はず。かたはなるまでもてなし給《(たまふ)》物から、心ばへけはひの埋《むも》れたるさまならず、あい行《(ぎやう)》づき給へること、はた、人よりすぐれ給へり。（同）

母君である真木柱もまた宮の姫君についてこのように言う。

（北の方《真木柱》の言）

さらにさやうの世《よ》づきたるさま思《おも》ひ立《た》つべきにもあらぬけしきなれば、中〳〵ならむ事は心ぐるしかるべし。御宿世《すくせ》にまかせて、世《よ》にあらむかぎりは見《み》たてまつらむ。後《のち》ぞ哀《(あはれ)》にうしろめたけれど、世《よ》を背《そむ》く方《かた》にても、を《(お)》のづ

から人笑《わら》へにあはつけきことなくて過《すぐ》し給はなん。（同）

世づいたことを拒絶する女性として描かれていることは注意すべきであろう。

この紅梅の巻の趣向は明確で、匂宮が、紅梅大納言の実子の中の君をでなく、継娘の宮の姫君を懸想するのにたいして、大納言は一途に中の君を匂宮にめあわせたいと思っている。この設定は注意しなければならないところで、いわゆる継子型の常套的な形式が背後にあり、しかも作者は継子いじめの設定に陥落することから物語を救い、新奇な設定へ人物をうごかそうとするらしい意図が見られる。つまり紅梅大納言は宮の姫君をいじめないし、あるいは真木柱が故北の方の二人の娘を継子いじめするのではなかった。継子いじめの物語ならば、落窪の女君や住吉の姫君のごとく苦悩すべき形象をあたえられる者はかならずや宮の姫君となる。しかしながら継子いじめの物語はまさに古物語の典型であって、『源氏物語』の作者がその話型に全幅に拠るということはありえなかった。まして継子いじめの物語のなかの姫君のごとき、最終が勝利と報復とのめでたしめでたしに終わる古物語の楽天主義を、『源氏物語』の作者は拒否しないでいられなかったろう。宮の姫君はおそらく継子いじめの物語の描いてきた女君たちの裔であって、彼女の苦悩の淵源は古物語のあたためてきたいじめられる女君たちのそれに近い[13]。しかも継子であるとはいえ、大納言にたいして継子であり真木柱の連れ子であるという新しい設定によって、継子譚があたためてきた苦悩をのみのこし、さいごの勝利と報復という古物語的結末から無縁な女性にさせられる。

継子いじめの物語の話型から救う新しい設定とはどのようなことであったか。そもそも継子の発生が家の制度や結婚の制度と深くかかわりあうことは言うをまたない。『源氏物語』の設定もそこにぶつかって新しく切開するそれであったことだけはいえる。作品を読んでゆくとわかることながら、匂宮は宮の姫君を、大納言は中の君を、とたがいに別々のことを思惑とする趣向において、二人のあいだに二度にわたって滑稽な誤解の描かれることに注意したい。

匂宮は若君に、「せうとを見《み》てのみはえやまじと大納言に申せよ」(四‐一二三四ページ)と言う。せうと＝若君にとって自分のきょうだいは宮の姫君を意味する、しかし大納言からすれば、まず中の君のことを意味していると受けとることだろう。

故北の方
＝ 大い君(麗景殿女御)
按察大納言
　├ 中の君
＝ 若君(大夫の君)
鬚黒──真木柱
＝ 宮の姫君
故蛍兵部卿宮

それは系図の示す通りだ。招婿婚の時代において、若君(大夫の君)は母真木柱のもとで成長するのが原則であり、女のきょうだいは宮の姫君だけを指す。しかるに大い君、中の君の母北の方の亡いいま、この大い君、中の君が宮の姫君と同居する、という変則的な事態がここにある。この事態において按察大納言の実子は大い君と中の君と若君という三人がならぶ。大納言が意味を誤解したことの背景に、そのような誤解をゆるしたこととして、招婿婚制度の崩壊、あるいは家の制度の変質をみることは、おおげさすぎるかもしれないにしても、考えておく必要がある。すくなくともみぎの誤解の場合、その原因が大納言〝家〟の特殊な現実に根ざしていたことだけはたしかだろう。あるいは家をめぐる大納言という男がわの見方と真木柱という女がわからの見方とのあいだに生じた食いちがいであるというのが、より深いところでの基因であるかもしれない。

作者による誤解の敷設は周到ではないか。一度ならばまだしも、二度までそれを設定するところに、作者の意図のそこにあったことをうかがわせる。第二弾の誤解は紅梅を折る場面にある。不用意にも大納言は「此《（この）》東《ひんがし》のつまに、軒《（のき）》近《ちか》き紅梅のいとを《（お）》もしろく匂《にほ》ひたる」（四‐二三八ページ）を折って匂宮に贈る。大納言の頭のなかでは、その紅梅が東のつまにあるゆえに宮の姫君の属性であるという、重要な連想が欠落していた。一方、匂宮はその連想によって「東《ひんがし》と聞《き》こゆなるは、あひ思ひ給《（たまひ）》てんやと忍《しの》びて語《かた》らひきこえよ」（四‐二四〇ページ）と若君に命じ、さらに大納言の意志を参酌して、「大納言の御《み》心ばへは、我が方《た》ざま（＝中の君）に思《（おもふ）》べかめれ」（同）と聞きあわせるのであるから、大納言と匂宮とのあいだの行きちがいを描こうとした作者の意図は明らかだろう。

六　意図と主題とのあいだ

継子型の話型へ落ちることをきらって作者のもくろむこのような二つの誤解を趣向とする新しい物語の展開は、にもかかわらず継子型の物語を超えることができたろうか。たしかに、宮の姫君の置かれた立場はなかなか深刻だろう。宮の姫君が大納言と真木柱とのあいだの娘であったならば、当然、大い君、中の君が継子の立場に置かれることになり、かくて継子いじめの典型的なかたちは成立する。ところが事実は、宮の姫君が母の連れ子であるという、継子よりもはかない立場、よわい立場へとしりぞけられるから、中の君は継子たることをまぬがれ、父の思惑のまにまに結婚させられる女性に位置づけられる。宮の姫君はなまやさしい継子譚の設定する状況以上よりも深刻な状況を受けとめざるをえない。いわば継子譚の逆転がここにあり、ために継子譚の楽天的結末は彼女にゆるされず、より集約的に苦しめられることになる。たしかにその意味でこの設定は見るべき新しさだといわれなければならない。

だがしかし、それにもかかわらず、この物語の形式は、超えなければならないはずの継子型の古い物語の主題を超えることができたか。

誤解の興味を趣向にしてのこの物語の展開は、継子型の物語のごとくはなばなしい結末をつけることもできないし、また継子型の物語がしばしばさしあらわす人間性のかなしさ、やさしさといったことからもとおく、また低くしか物語を進行させることができなかった。もちろん、作者は主題的な側面で実はだいじなことを果たしていよう。それは宇治大い君へつながる宮の姫君という女主人公の発見であった。(14)真木柱がのちの浮舟の母の印象へつながってゆくように、宇治の姫君への系譜であるところの宮の姫君を、物語の女君の新しい性格として紅梅の巻のまんなかで発見していること、このことが重要であった。それにもかかわらず、つまりそうした宮の姫君という主題の高さにもかかわらず、紅梅の巻における宮の姫君の描写はきわめて唐突かつ不可解であろう。繰り返しになるけれども、彼女は「物はぢを世の常《つね》ならず」(四－二三五ページ)する女性であり、母の真木柱も宮の姫君が結婚を思い立ちそうにない女性であることを認め、自分の死後は出家をしてでも、せめて人笑われになることのないように、と嘆いている。宇治大い君を知ることになる読者は、ふりかえって、この紅梅の巻で作者がどういうことを言おうとしてこの女性を登場させたのであるか、あとになって悟る。しかしそうした情報を持ち合わせていなかったとしたら、一体この宮の姫君はどのような女性として、読者に受けとられることになるか。大納言の誤解という趣向の軽妙さも作用して、この巻における宮の姫君の結婚拒絶という造型は、おそらく作者のひそかな期待をうらぎり、読者には異常か何かの女性の出家ぐらいにしか受けとられなかったのではないか。宮の姫君の主題と物語の意図とのあいだの亀裂は深まるばかりで、書きつがれながら物語は中絶のごとく終わる。おそらく挫折的に筆が折られたのだろう。

匂宮の「いといたう色めき給《たまひ》て、通《かよ》ひ給ふ忍《しの》び所多《おほ》く、八の宮の姫君にも御心ざしの浅《あさ》からで、いとしげうまかでありき給《たまふ》」(四－二四三～二四四ページ)という巻末の描写は、いままで見てきた匂宮の造型とあいいれない描写であるし、ばかりか「はかなき御返りなどもなければ、負《ま》けじの御心そひて、思《おも》ほしやむべくもあらず」(四－二四三ページ)

という行文とさえ一致しない。この「いといたう……」の文を書きつぎであるとしてみる必要はない。すくなくともこの部分が例のA説明的説話的時間に属しており、したがって他の巻々と連絡をつける部分であるということが確認されれば十分だろう。つまりこのことから重要なことが引きだされる。すなわちA説話的な時間はこのように物語の一巻の冒頭や結末の部分に集中的にあらわれるということ、そしてその部分で物語の全体との調和が試みられ、年立て的な記事が書きこまれる。さまざまな状況を設定し、他の巻々との連関がたもたれてゆく。したがってそれはしばしば作者の語り口であること、などを特徴とし、そのような部分にあとから書き加えのあることもあろう。また他の巻々と連絡をつけてゆく目的で、巻の主要な部分が書き終えられるとすぐ引きつづいて執筆される場合もあるし、またあとから辻褄を合わせるために改竄の手の加えられることもあったろう。厳密にそのうちのどれであるかということは判別しにくいから、書きつぎである、書きつぎでない、というごときの従来の論争はあまり意味がない。重要なことはこの「いといたう……」以下が物語の全体にたいして異質なことを書きこむという矛盾の意味である。私はさきに紅梅の巻と椎本、早蕨、宿木の巻々とのあいだの矛盾を指摘しておいた。それは実に紅梅の巻のこの末尾の一文が、椎本―宿木の巻々とのあいだに矛盾を生じるということであり、それはおそらく巻々のあいだの矛盾であるというよりも、紅梅の巻の末尾にかかる一文が書かれることによって全体に引きおよぼした矛盾としてある。B物語的時間にたいしてA説話的時間が矛盾するという場合だろう。

これはたまたま矛盾を見せたのであって、ここにAとBとは本質的に矛盾しやすいかもしれないことを十分に考えてみる必要がある。というよりも、BがAにたいして矛盾をせざるをえない異質な時間を物語のなかに紡ぎはじめるということかもしれない。紅梅の巻は実にそうした貴重な事実を予想させてくれる見のがしがたい事例であった、と見たい。

煩雑なことを書いたのでいま一度、まとめておく。紅梅の巻にはその意図と主題とのあいだに亀裂が見られる。それゆえにこの巻は挫折をしいられてある。そうした中絶した物語の進行のまま、『源氏物語』の系列へはめこまれるとき、物語の本系との関連を持たせるために「いといたう……」の部分が説明的に書かれる。たまたまそれが椎本などの巻々と矛盾した記事であることによって、作者の不用意さが露呈した。おそらくそのことは物語的時間で物語の文脈をつくってゆく場合と、そうした文脈からはなれて説明的な文章を綴る場合との異質さにもとづく。

七　竹河の巻の方法

竹河の巻は、前の二巻と同様の分け方を試みれば、冒頭からA説話的時間で、「む月のついたちごろ、かむの君の御はらからの大納言……」(竹河の巻、四-二五六ページ)以下、男踏歌(四-二七九〜二八二ページ)のあたりまで、B物語的時間、「う月に女宮生《む》まれ給《たまひ》ぬ。……」(四-二八二ページ)以下はふたたびA説話的時間に属している。

すなわち物語的時間は正月ついたちにはじまり、正月廿余日に薫が藤侍従を訪問したこと、三月になって玉鬘の大い君と中の君の桜木を賭けた碁打ちと少将の覗き見、月日はかなく過ごすうちに院より消息があって院参のことが次第に決められてゆき、求婚者たちが苦悶する、四月になって少将の苦悶、以下四月九日の院参の描写と求婚者たちのさまざまな反応の描きわけ、院参した大い君が七月より妊娠すること、その年が返り男踏歌のあったこと、などが年代記的に語られる。しかし、書き手はほとんど登場人物たちの内部へはいってゆくことがなく、またその心内の描写されるような場合でも、「かんの君、いとくるしとおぼして」(四-二七八ページ)というような書きざまであり、いわば作者から眺められる描写としてあるに過ぎない。時間的な継起性によって書かれるから、物語の文体であることはその通りだとしても、説明的時間にも近い文体という意味では『源氏物語』の他の部分と較べてはるかに『うつほ』の文体に類似する、ということができる。

『うつほ』との類似ということは、文体ばかりでなく、物語の設定そのものについてもいくつか指摘することができる。あて宮の巻にまでいたる求婚譚、あて宮の巻における入内劇、あて宮の巻から内侍督の巻への展開などは、この『源氏物語』竹河の巻へ深いかげを落とすかのように思われる。設定において竹河の巻の源侍従(薫)と藤侍従との交友は『うつほ』における源侍従(仲忠)と藤侍従(仲純)との交友に近似する。夕霧(源氏)の子である蔵人少将は『うつほ』の源少将仲頼らの求婚者を思わせるし、その苦しみようは仲純や実忠に比せられよう。大い君(のちの御息所)が四位侍従(薫)、蔵人少将、今上帝など(15)の求婚をしりぞけて冷泉院に院参する設定はあて宮が求婚者たちをしりぞけて春宮へまいるのと似る。玉鬘が「かんの君」といわれるのは藤袴、真木柱、若菜上下巻をへて、正面に出てくるのはこの竹河の巻(「かんの君」あるいは「かんの殿」と呼ばれる)であり、『うつほ』の内侍督の巻(初秋の巻)における俊蔭の娘が「かんのおとど」と呼ばれて活躍するのと、立場こそちがえ、かよいあうものがある。そのほか藤侍従が大い君にしたしんでいるさまは『うつほ』の仲純を思わせ、また大い君の院参ののちの求婚者の様子を追ってみたり、若宮の誕生を書いたりするのも『うつほ』のあて宮の巻とそっくりではないか。片寄正義氏(16)は入内のことのほか、碁打ちを覗きみるパターンが『うつほ』国譲上の巻に見られること、(17)また藤英があて宮の弟の師になってあて宮に近づこうとしたことが竹河の巻と似ること、などをかぞえる。場面や文体の面からみても竹河の巻には行事や風俗を写しとることが多く、また宮の姫君や中の君のすがたを説明するさまはあたかも絵巻物を解説するときのようであり(竹河の巻、四‐二六三〜二六四ページ)、和歌を羅列する場面もあって、(18)これらの特徴もまた『うつほ』の特徴として一般にかぞえあげられる。

『うつほ』の方法を方法とする、あるいは『うつほ』を模倣している、と断言することはさしひかえる。しかし古物語的な文体の印象をわれわれが受けるとしたら、それは『うつほ』が設定したような場面内容と同一の場面内容を竹河の巻もまた設定したことにもとづく結果であるといえよう。それにしても、何ゆえにそのような場面内容を竹河の巻は設定しなければならなかったのか。この竹河の巻における場面内容の設定は、『うつほ』の模倣であるならばもちろんのこと、意識せずして模倣になってしまったのであればなおさらのこと、『うつほ』＝先行文学への批判を欠いたことになると思われる。一体、この竹河の巻はいかなる意図につらぬかれて書かれたのであろうか。

八　竹河の巻の意図

（巻頭の断り書き）

これは、源氏の御族《ぞう》にも離《はな》れ給へりし、後《のち》の大殿《おほとの》わたりにありける悪御達《わるごたち》の、落《お》ちとまり残《のこ》れるが、問《と》はず語《がた》りしを《(お)》きたるは、紫《むらさき》のゆかりにも似《に》ざめれど、かの女どもの言《い》ひけるは、「源氏の御末《すゑ》〴〵に、ひが事どものまじりて聞《き》こゆるは、我よりも年《とし》の数《かず》つもり、ほけたりける人のひがことにや」などあやしがりける、いづれかはまことならむ。（竹河の巻、四‐二五二ページ）

竹河の巻の冒頭の書きだしを見ると、かならずしもわかりやすい文章ではないにしろ、これが帚木の巻の冒頭と同様の、語り手の口調を見せていることはたしかで、何らかの意図的な文体であることを予期してよかろう。竹河の巻の以下の内容をあらかじめふまえての、この冒頭の言い方としてある。〝玉鬘家の悪御達の生きのこりの問わず語りしたはなしで、「紫《むらさき》のゆかり」にも似てないようであるけれど、彼女たちの言い分は、源氏の子孫のことに関して事実の歪曲が混入して聞こえる〟[19]と言う。「紫《むらさき》のゆかり」とは末摘花や若菜上の巻の用例だと紫上そのひとをさす。ここでも紫上のことにとってよかろう。

竹河の巻の性格はみぎの意味で後日譚ということになる。これはかなり目立つことであるように思われる。匂宮の巻は見てきたごとく薫と匂宮という二人のくわしい紹介から開始されるので、未来へ向けられた一巻であったということができる。紅梅の巻もまた見たように、致仕大臣家の後日譚、あるいは正編のエピローグ的役割といわれるにもかかわらず、一巻に物語の意図がつらぬかれ、その意図が主題とのあいだに亀裂をみせ、挫折していった。宇治十帖が正編の後日譚でないことはいうまでもない。であるとすれば、竹河の巻の特異な後日譚的性格それは注目にあたいする。契機として未来への発展を約束する発条がそこにはない。したがって事件中心の羅列的描写がそこに要請されるのみに終始する。『うつほ』に近似するゆえんであるとともに、そうした性格の一巻であることを示したのが実は冒頭の語り口ではなかったかと考えられる。「我よりも年《とし》の数《かず》つもり、ほけたりける人のひがことにや」云々とあって、他の側面からの語りの存在を思わせるにしろ[20]、そのような語りは作中のどこにも見られないのであるから、この語り口が作者の方法であったことをわれわれは知ってよい。

このように見てくると、この冒頭の一文は〝第二部〟以前を受けるとこそいえ、匂宮の巻や紅梅の巻を受けているかどうか、はなはだ疑わしいことになる。いうまでもなく、ある巻があとから書かれるとしても、それが先行の巻を受けるか受けないかということはまったく別の問題としてある。紅梅の巻に「後のおほきおとゞ」とあるのを受けて、竹河の巻に「後《のち》の大殿《おほとの》」と言うかのようにもみえても、その逆であるかもしれないのだから、問題になりにくい。竹河の巻は紅梅の巻とともに、〝並びの巻〟として、匂宮の巻に随従させられる場合があるにしろ、〝第二部〟以前(光源氏の物語)の並びでこそあれ、到底、匂宮の巻の並びであると言えそうにない。

竹河の巻が〝第二部〟以前を受けて書かれており、匂宮の巻、紅梅の巻の記事を受ける性格でないらしいことについては、なおいくつかの傍証を挙げることができる。匂宮の巻から宇治十帖へかけて主人公である薫はどのように竹河の巻で紹介されているか。

(薫の紹介記事)

六条の院の御末《すゑ》に、朱雀《しゆじやく》院の宮の御腹《はら》に生《む》まれ給へりし君、冷泉《れぜい》院に御子のやうにおぼしかしづく四位の侍従、そのころ十四五ばかりにて、いときびわ《(は)》におさな《(を)》かるべきほどよりは心をきて《(お)》おとな〳〵しく、めやすく、人にまさりたる生《お》い先《(ひ)さき》しるくものし給《(たまふ)》を、かむの君は、婿《むこ》にても見《み》まほしくおぼしたり。(竹河の巻、四-二二五ページ)

これははじめて紹介するときの口調で、匂宮の巻に「十四にて、二月に侍従になり給ふ」(四-二二五ページ)という一文が見えるのとかかわりなく、この竹河の巻の一文は初登場によせてのさりげない紹介の文としてある。こまかいニュアンスの問題ながら、「十四にて、二月に侍従になり給ふ」を受けて「四位の侍従、そのころ十四五ばかりにて」というのは不自然で、その逆ならば自然だろう。竹河の巻のここは第二部を受けて成長した薫の現状をはじめて報告する場所であり、匂宮の巻の整然とした年立て的記事をふまえて書かれたそれとちがうと判断したい。

竹河の巻における薫の呼称は「四位の侍従」「かの君」「この君」「侍従の君」「侍従」「源侍従の君」「源侍従」とあり、例のA説話的時間の部分にいたってはじめて「宰相中将」「薫中将」「中納言」「源中納言」とみえる。十四歳の秋に中将になったことさえ、まだ竹河の巻のこの部分で決定していなかった、ということがわかろう。薫が中将であることの紹介はひだりにおいておこなわれる。

(薫の紹介記事、その二)

聞《き》こえし人〻の、めやすくなり上《のぼ》りつゝ、さてもおはせましに、かたわ《(は)》ならぬぞあまたあるや。その中に、源侍従とていと若《わか》うひわ《(は)》づなりと見《み》しは、宰相中将《(さいしやうのちゆうじやう)》にて、「匂《にほ》ふや、かほ《(を)》るや」と聞《き》きにく、めでさは《(わ)》がるなる、

げにいと人がら重《おも》りかに心にくきを、……　(四-二八六ページ)

これ以降において匂宮の巻そのほかの巻との連絡がつけられ、「かほる中将」(四-二八八ページ、匂宮の巻、四-二二〇ページにも)と言われるのであって、それ以前の薫ときわやかにちがう。例の官位の矛盾の部分(四-二八八ページ)も、名称だけ「宇《う》治《ぢ》の姫君《ひめ》」(四-二九〇ページ)が出てくる部分も、みなここ以降に属する。賭弓の回想(同)のことは匂宮の巻との連絡をつける箇所で、そして紅梅の巻の姫君たちについてふれられるのもこのあとになる。

九　竹河の巻の薫

そうしてみるとこれの前後には断層がありそうだということになる。他の巻との連絡の急がれるのはこれ以降であって、それ以前の部分を見ると、ひたすら〝第二部〟(光源氏の物語)に従属させられる。人物の登場のさせ方について、いま薫についてみたことを、さらに二、三の事例で検討してみよう。

(「高砂」の大納言)

むつ月のついたちごろ、かむの君の御はらからの大納言、高砂歌《たかさごうた》ひしよ、……まいり給へり。(竹河の巻、四-二五六ページ)

「高砂歌《たかさごうた》ひしよ」という限定によって領解される人物の紹介とは、〝第二部〟以前を読んできた読者へ向けられたことばとしてある。紅梅の巻の冒頭に「その比《(ころ)》、按察大納言《(あぜちのだいなごん)》と聞《き》こゆるは、故致仕《(こちじ)》のおとゞの次郎なり、亡《う》せ給《(たまひ)》にし右衛《(へゑ)》門督《もんのかみ》のさしつぎよ」(紅梅の巻、四-二三二ページ)というあらたまった紹介文があるものの、それをふまえた言い方ではない。紅梅の巻の冒頭と竹河の巻のことはたがいに別々に同一の人物を紹介している。

(北の方は真木柱の姫君)

大納言殿《どの》よりも、人〻の御車《くるま》たてまつれ給《たまふ》。北の方は古《こ》おとゞの御むすめ、真木柱《まきばしら》の姫君《ひめ》なれば、……（竹河の巻、四－二七四ページ）

「真木柱《まきばしら》の姫君《ひめ》」とは、〝あの真木柱にうたをのこしていった姫君〟の謂いであって、紅梅の巻に「後のおほきおとゞの御むすめ、真木柱離《まきばしらはな》れがたくしたまひし君《きみ》」（紅梅の巻、四－二三二ページ）とある。

竹河の巻におけるこの大納言が紅梅の巻における大納言を受ける書き方でないことは、その呼称からも検証されよう。「かむの君の御はらからの大納言」「大納言殿《どの》」（および二八八ページ以下で「藤《とう》大納言」「右大臣」「大臣殿」「おとゞ」）と竹河の巻にあり、この竹河の巻と年立てとしてかさなると考えられる橋姫の巻に「藤《とう》大納言」（橋姫の巻、四－二二九ページ）、椎本の巻にも「藤《とう》大納言」（椎本の巻、四－三四五ページ）とあるのにたいして、紅梅の巻には「按察大納言《あぜちのだいなごん》」「大納言」「大納言の君」とあり、以下紅梅の巻を受けたかと思われる宿木の巻に「按察使《あぜち》の大納言」「腹立《はらだ》つ大納言」「按察使《あぜち》」とみえ、東屋の巻に「按察《あぜち》の大納言」とみえる。いわば紅梅以前と紅梅以後との差は呼称のうえにあざやかであろう。[21] 宿木、東屋以下の巻々を紅梅以後であるとすると、竹河の巻は二八七ページまでの部分において紅梅以前のすがたをいまにのこしている。竹河の巻の基幹の部分は〝第二部〟以前（光源氏の物語）へ従属して書きつがれるということが、はっきりしてくる。

匂宮の巻の主人公は、「にほふ兵部卿」という大島本の巻名（「匂宮」という巻名は略称）からみれば、匂宮であるようにみえる。しかし古系図に「かほる中将の巻」[22]などあるように、真の主人公は薫であると考えることが不可能でない。事実、匂と薫とは単なる並列とちがって、薫の内面へ次第に焦点の引きしぼられてゆく描写のしかたが見てとれる。紅梅の巻における中心人物は匂宮であるのに、宇治十帖にはいると一旦かげがうすくなり、いきおい薫の内面が物語の中心になってゆく。

それでは竹河の巻における薫はどのように描かれる存在としてあるか。

「内侍のかみの御腹《はら》に、故殿《ことの》の御子は、お《(を)》とこ三人、女二人なむおはしけるを……」(竹河の巻、四‐二五二ページ)以下、物語の中心は玉鬘家に据えられる。故鬚黒は(源氏に？　あるいは人々に？)心をおかれたにしろ、玉鬘はなお昔日にかわらず源氏の子孫のかずにいれられていたこと、姫君たちのゆくすえを玉鬘が苦悩したこと、冷泉院からかつての玉鬘のつれなさの代償に大い君の院参の要請があったこと、夕霧の子の蔵人少将のただならぬ懸想のことが語られ、かくて「六条の院の御末《すゑ》に、朱雀院《しゆじやく》の宮の御腹《はら》に生《む》まれ給へりし君、冷泉院《れぜい》に御子のやうにおぼしかしづく四位の侍従」(四‐二五五ページ)薫が紹介される。源氏の直系の登場であり、登場のあらたまりぶりは、主人公たるべきことを読者の期待したことであろうと思われるのに、物語はかならずしも薫中心と言いがたく、薫を求婚者の一人に押しやる。「かむの君は、婿《むこ》にても見《み》まほしくおぼしたり」(同)とあって、主体は玉鬘がわにある。賀参に夕霧が玉鬘家を訪れて下心に蔵人少将を推薦し、(23)夕方になって薫が玉鬘家を訪問するところ、玉鬘は「この君(＝薫)は、(源氏に)似《に》給へる所も見《み》え給はぬを、けはひのいとしめやかになまめひ《(い)》たるもてなししもぞ、かの御若盛《わかざか》り思ひやらる、」(四‐二六〇ページ)と思いだしている。女房たちも「この殿《との》の姫《ひめ》君の御かたはらには、これをこそさし並《なら》べて見《み》め」(四‐二五八ページ)と聞きにくいことをいう。蔵人少将はあてうまで、本命がこの薫であることに、読者はようやく思いいたる。そこでこの二人が顔を合わせることになる。ふたりをならべてみると同日の比でなく、蔵人少将ははやくも敗北感にとじこめられ、薫のほうは消息をとどけるなど積極的に気色ばむ。『源氏物語絵巻』の竹河の巻の㈡の部分を中心に、桜あらそいと少将の覗き見とがあり、そして蔵人少将が「死《し》ぬばかり思」(四‐二六九ページ)っているにもかかわらず、院参が決定する。そして少将は薫の消息を傍らからうばい、ますます胸を痛め、女房の中将のおもとを訪ねる。薫が本命かと思ったのに、意外な院参の決定は読者をおどろかせる。ところが院参の前後、少将の苦悩を中心に描いており、薫はといえば、蔵人少将に較べると、「いと心まどふばかりは思ひいられざりしかど、くちおし《(を)》う」(四‐二七七ページ)思った程度でしかないという。蔵人少将は「あやまちもしつべく」(同)おぼえ、また今上帝も大い君の兄たちを責める。薫は依然として「光《ひかる》源氏の生《お》い《(ひ)》出で給《(たまひ)》しにを《(お)》とらぬ人の御おぼへ《(え)》なり」(四‐二七六ページ)という讃辞がくりかえされるほか、七月も過ぎたころ大い君(御息所)の琴を聞いて「たゞにはおぼえざりけり」(四‐二七九ページ)とあり、また男踏歌の翌日、冷泉院を訪れて「げにいと浅《あさ》くはおぼえぬことなりけり」(四‐二八一ページ)とみずから思い知る程度であった。そののち、なお心がとまるというものの、それでどうこうはなしが進展してゆくというわけでない。苦しみ深いのは男踏歌の場面でも、そのあとの場面でも、蔵人少将のほうであった。このようにみてくると、竹河の巻の薫は宇治十帖における薫とはるかにちがうことがわかる。女宮の誕生、中の君の尚侍入内、玉鬘の出家の意志のこと、男御子の誕生などが後日譚的に語られる。あたかも『うつほ』のあて宮の巻の結末を思わせる。

ついでに書きとどめておけば、薫の成長を玉鬘が見直すこと、官位の昇進に「このかほ《(を)》る中将は中納言に」(四‐二八八ページ)とみえ、その薫中納言が玉鬘家を訪問すること、玉鬘と薫との対話や薫の心づかい、紅梅大臣家では心にくくもてかしづく姫君を匂宮が懸想しないので、「源中納言の、いとゞあらまほしうねびとゝのひ、何事もを《(お)》くれたる方《かた》なくものし給《(たまふ)》を」(四‐二九〇〜二九一ページ)、おとども北の方も目とどめたこと、などが語られる。

十　現竹河の巻成立

以上のようにみてくると、薫に焦点の向けられていることは判然とする。しかし蔵人少将にたいしては、求婚者という地位において対等であり、薫を主人公としてみたとしても、なおかつ、主人公と非主人公とが物語のなかの位座を分けあう、ということができる。しかもかれの「あやまちもしつべく」というはげしさにたいして、これは「心まどふばかりは思ひいられざりし」と言う。そのくせ薫は「まめ人の名をうれたしと思ひければ」(四-二六〇ページ)、玉鬘家を再訪する。「まめ人の名をうれたしと思ひければ」とか、「心まどふばかりは思ひいられざりし」とか、のちの宇治十帖の薫をわずかに予想させることは見のがすべきでない。にもかかわらず、ほとんど宇治十帖における内省の深さが見られない。薫十五歳のころのことであるから、といった年齢の問題ではない。この竹河の巻における薫の人間像は、宇治十帖の構想が顕《た》つ以前の造型ではあるまいか。薫が主人公でないということではない。主体的な内面的な理由において主人公としてのたしかな位置をまだあたえられてない、人物群像の一人であり、しかも源氏直系の貴公子として焦点があてられる、といったかたちとしてある。竹河の巻は、言われているような、鬚黒大臣家の後日譚的歴史を書こうとする意図の一帖ではなかったろう。人物の群像として源氏一族のそののちを描こうとしたようであり、その坐像、立像の一員が薫であったのではないか。人物を群像として描写する、という方法こそ『うつほ』の切りひらいてきた世界であった。藤原君の巻からあて宮の巻への展開がこの竹河の巻とあい似る性格を持つ理由ではなかったろうか。

宇治十帖における薫の人間像の出発は匂宮の巻にあるとして、それ以前の、それの萌芽をここそこの竹河の巻に見ることができる。

(薫の性格描写)

世《よ》の常《つね》のすきずきしさも見《み》えず、いといたうしづまりたるをぞ、こゝかしこの若《わか》き人ども、くちおし(を)うさうざうしき事に思《おも》ひて、言《い》ひなやましける。(四-二五六ページ)

という造型が、宇治十帖へふくらんでゆく。また女房たちにめでられ、「まめ人」といわれてそれを「うれたし」と思う(四‐二六〇ページ)など、やはり宇治十帖(および匂宮の巻)の原型とみる必要があろう。(24) 匂宮の巻を受けるのではなく、匂宮の巻と別々の造型であり、それゆえ匂宮―宇治十帖の構想の顕在化する以前の素朴なそれであることを見のがしたくない。

もうひとつ、だいじなところがある。

(玉鬘の言)
大方《おほかた》、この君は、あやしう故《こ》大納言の御ありさまにいとようおぼえ、琴《こと》の音《ね》など、たゞそれとこそおぼえつれ。

(四‐二六一ページ)

と玉鬘が言って泣く。玉鬘と柏木(故大納言)とは兄妹であるから、この玉鬘の一句が、宇治十帖の主題へと急速に進展してゆく重要なモチーフであることを見落としてはならない。

そのほか竹河の巻が切りひらいたものはいくつかある。弘徽殿女御方との確執、玉鬘と冷泉院とのあいだの空隙、そのはざまに立って事情を知らされない御息所(大い君)の恨み、さまざまな不如意にむかった玉鬘の嘆き、出家への意志など、さまざまなものが織りこまれる。これらのかたどりは、源氏物語の第一部などより、『うつほ』の後半、とくに国譲上下巻の筆致に近いという感じがする。

竹河の巻は全体が回想的に描かれる。官位昇進の記事(四‐二八八ページ)以下、書きつぎのように見えても、厳密にいえば書きつぎということはありえない。〝追記〟ということばを稲賀敬二氏が使うのを応用すると、(25) 竹河の巻全体の改作による『源氏物語』の本伝への系列化とみるべきだろう。改作の際にほとんど手をいれられない部分もあろう。その部分では原竹河がほとんどそのまま現竹河になる。〝追記〟といわれる部分と、冒頭のあたりとを除けば、ほぼ原竹河は現竹河であろう。「女一の宮の女御……」(四‐二五七ページ)が匂宮の巻を受けている証拠はない。書き直されて一巻をなした現竹河の巻は、首尾一貫した体裁となり、結尾もまた回想談の形式ではなしを終える。たとえば「侍従と聞《き》こゆめりしぞ、このころ頭の中将と聞《き》こゆめる」(四‐二九一ページ)など。後日譚的内容をはっきりと回想談へ定着させるのであった。

十一　三つの冒頭と年立て

〝第三部〟の出発は三つの冒頭よりなるということができる。「Ⅰ匂宮の巻」「Ⅱ紅梅の巻」「Ⅲ竹河の巻」。これは稲賀敬二氏の考えられた「Ⅰ匂宮巻—橋姫物語」「Ⅱ竹河巻—(巣守物語)」「Ⅲ(紅梅巻)—浮舟物語」の三系列(26)を思わせる。橋姫物語、巣守物語、浮舟物語のことはいまおいて、ここに匂宮、紅梅、竹河という三つの冒頭を持つということは、ふたたび『うつほ』を思いださせる。匂宮の巻は俊蔭の巻に、竹河の巻は藤原君の巻にそれぞれ相当する。私はこの類似を単なる偶然であると思わない。物語の方法として宇治十帖への道は、こうした『うつほ』の昔物語的な長編化の方法にとっぷりと漬けられているように思われる。複数冒頭の総合化によって『うつほ』が長編をひらいたように、この三帖もまた、短編的な群としての『源氏物語』が長編宇治十帖へと底上げされるための、避けられない道すじであった。竹河の巻にあって薫の人物像のまだ決定していない段階で、その萌芽が見られるのであった。紅梅の巻はヒロインの主題にぶつかって挫折してしまう一巻としてある。匂宮の巻は宇治十帖への直接の出発をなす。そして明らかに長編の出発になった匂宮の巻における薫という人間の造型は、いかにも古代の物語の主人公らしく、その異香という性格を賦与される。いわば異香という超自然的性格をあたえられることによってはじめて、竹河の巻では一登場人物でしかなかった薫が、真の主人公であるべくえらばれるという、古代物語らしさは知られる必要がある。

以上のことをまとめながら年立てを作製すると表（次々ページ）のごときことになる。この表において①と書いてある帯はA説話的時間、②と書いてある帯はB物語的時間をさす。この表から一目してわかる重要なこととして、年立てのうえから説話的時間の帯がかさなることはあっても、物語的時間の帯は、紅梅の巻を除けば、たがいにかさなることがない。たとえば宿木の巻は説話的時間として総角の巻や早蕨の巻とかさなり、物語的時間のはじまりは早蕨の巻の終わりを受けついですすむ。これは作者のはっきり意識、配慮したこととしてある。この配慮が冒頭三巻においても看取されるのではないか。すなわち竹河の巻、匂宮の巻、紅梅の巻と、物語的時間はならんで、たがいにかさなることがない。しかもそれは橋姫の巻ともかさなることがない。橋姫の巻は「三年ばかり」（橋姫の巻、四-三一一ページ）の空白をおいて匂宮の巻を受け、またただちに椎本、総角、早蕨の三巻によって受けつがれる。

紅梅の巻はこの年立て表からくっきりと浮いてしまう。すなわちこの巻が、現行の年立てがはっきりしてくるまえに成立してあった、ということは瞭然とする。この紅梅の巻をずらしてゆき、早蕨の巻とかさねあわせてみたとしても、記事のうえに矛盾がおきる。この表のままにしておいても、「八の宮の姫君にも御心ざしの浅《あさ》からで……」（紅梅の巻、四-一四三ページ）というのは、うしろへ張りださせて書かないことには矛盾が解消しない。もちろんこの張りだしは不自然であるから、紅梅の巻の浮遊性は明らかであろう。

竹河の巻は〝第三部〟のうちの早い時期に属することになる。この巻が〝第二部〟（幻の巻まで）以前と照応しながら早いときに〝第三部〟の見通しもないままに書かれてあったことは、この表から推定できよう。竹河の巻の①の部分が原竹河の系列化のときに補記され匂宮の巻や紅梅の巻と関係をつけたことも一目してわかる。

宰相中将（=蔵人少将）のゆくえを追ってゆくと、竹河の巻を椎本の巻、総角の巻あたりが受けるかと思われるので、系列化の時期も推定できる。宰相中将については藤村潔氏の論文[27]がある。

竹河の巻の中心をなす②の部分と、紅梅の巻以下（宿木、東屋……）とのあいだに、はっきり断絶のあることが人物称呼のうえから見てとれる。紅梅大納言とわれわれの言う人物は、竹河の巻で「大納言殿」とか「藤《とう》大納言」とかいわれ、おなじく竹河の巻のさいごに近く右大臣になり、「大臣殿」とか「おとゞ」とか言われる。橋姫の巻に「藤《とう》大納言」、椎本の巻に「藤《とう》大納言」と言われるのと矛盾しない一方、紅梅、宿木、東屋の巻々に「按察大納言《あぜちのだいなごん》」「大納言」「大納言の君」「按察使《あぜち》」などとされるのは、称呼のうえで区別があり、また「大臣」と「大納言」とがかさなるのも矛盾であり、構想のうえで断絶のあることがわかる。このことは薫の称呼についても指摘できる。

竹河の巻の改作はいつか。稲賀敬二氏に系列化の問題についての推定説[28]があるのを参照して、表から推定をしておけば、(1)原竹河、(2)紅梅、(3)匂宮、(4)橋姫、(5)椎本、(6)椎本の起筆直後官位の昇進のあたりで現竹河になる、(7)総角、(8)早蕨、(9)紅梅の系列化、(10)宿木、といったところか。

『源氏物語』のいわゆる成立過程の問題について、玉鬘系の巻々の指摘はそれの〝第一部〟（藤裏葉の巻まで）に限定される傾向にあるにしろ、事実の問題として本伝系と別伝系との区別を、〝第二部〟〝第三部〟へ押しすすめて検討しなければならない。この竹河の巻の中心的な部分（原竹河＝表の②の場所）は明らかに玉鬘系の記事と見られる。そしてこれはうしなわれた巣守の巻へ流れてゆく。うしなわれた桜人の巻も『源氏釈』の記事から推定すると、たしかに玉鬘系の巻だろう。帚木三帖、いわゆる玉鬘系の諸帖、桜人の巻、若菜上下巻の一部、竹河の巻、紅梅の巻、うしなわれた巣守の巻などをぬって、もうひとつの『源氏物語』が存在していた。現在の光源氏物語および薫十三帖が産みだされるときに、それの母胎となり、現行の『源氏物語』として流布しはじめたのち、漸次散逸していったというようなことが考えられる。

私は本節で、『源氏物語』に固有の時間があるならば、それを源氏物語的時間と呼んでさしつかえあるまいと述べ

匂宮の巻

	①	②
記事	二月(薫十四) 秋 (秋?薫十九)	(新年)賭弓
薫	宮の若君 二品宮の若君 侍従 右近中将 源中将 かをる中将 中将 三位の宰相 (兼)中将	宰相中将 右のすけ
匂宮	当代の三宮 三宮、宮 兵部卿 兵部卿の宮 にほふ兵部卿	
夕霧	右のおほい殿 おほい殿 おとど 右のおとど	大将

記事そのほか

記事そのほか	(夕霧の息子)右大弁、侍従宰相ら (宇治の姉妹)姉君二十五、中の君二十三 (八の宮他界)	宮、かざしをおぼし出でて
夕霧	右大殿 おとど	おほとの

橋姫の巻

	①	②
記事	(八の宮前史) (薫十九歳以上) (宇治訪問) 三年ばかり	秋の末つ方(宇治) 十月、五六日(宇治)
薫	宰相中将 中将の君 中将	
匂宮		三の宮、宮
紅梅		とう大納言

椎本の巻

	②	
記事	二月二十日のほど (宇治) その秋(昇進) 七月(宇治) 相撲 八月二十日のほど 九月(宇治) (年末、宇治)	年かはりぬれば 花盛りのころ
薫	宰相の中将 宰相の君 宰相、中将 中納言 中納言殿 中納言の君	
匂宮	兵部卿の宮 宮 三宮	(六の君との婚約拒絶)
紅梅	とう大納言	

竹河の巻

	①	②	①
記事		正月ついたちごろ(賀参) 二十余日(観梅) 三月(桜争い) 四月 (四月)九日(大い君院参) 七月より(妊娠) その年返りて男踏歌 四月(女宮誕生) 年ごろありて…(男みこ誕生)	(人々の昇進)
薫	四位の侍従(十四五)	侍従の君、侍従、源侍従の君 源侍従	宰相中将 (「匂ふや、かをるや」と聞きにくく…) かをる中将は中納言に 中納言 (宇治の姫君の心とまりておぼゆる)
匂宮			
夕霧	右大殿 おとど	右のおとど 右の大殿	右は左に
紅梅		かむの君の御はらからの大納言 (高砂うたひしよ) 大納言殿	とう大納言、左大将かけたまへる右大臣に
その他	蔵人の少将	蔵人の君 少将	少将なりしも、三位中将 三位の君は宰相に

紅梅の巻

	①	②
記事	(紅梅前史)	(春)
薫		源中納言
匂宮		兵部卿(の)宮 宮
夕霧		右大臣殿 右のおとど おとど 左の大臣殿
紅梅		按察大納言 大納言殿 大納言 大臣殿

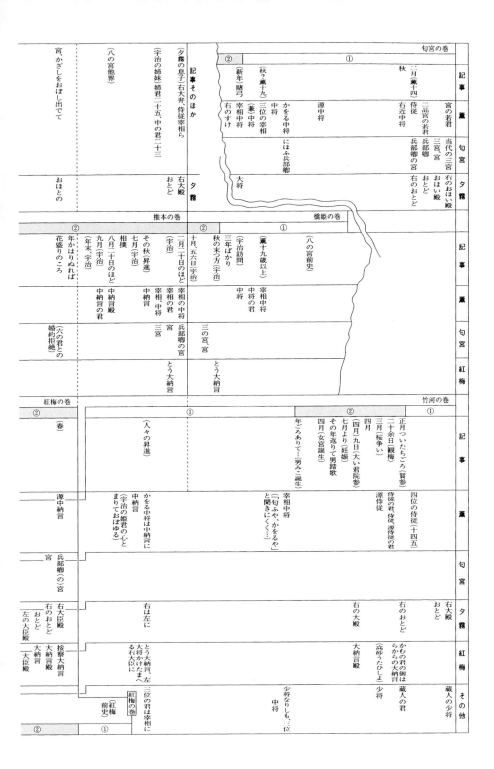

	総角の巻	早蕨の巻
	九月も静心なくて、又おはしたり （宰相中将同道） （大い君の死）	例の御心寄せなる梅の （大輔の君登場）
	左のおほいとの	右の大殿
	②	②
（夏、宇治）	この秋（宇治） （八月末、宇治） （八月）二八日（宇治） 九月十日の程（宇治） 十月一日ごろ（紅葉） 神無月の晦日 （十一月、宇治） 十二月 年暮れ方	春 （二月）七日（二条院） 二十余日（三条宮） 二十日あまり（六の君裳着）
	中納言殿 中納言の君 中納言	中納言殿 中納言の君 中納言
	宮 兵部卿宮 （中の君と結婚） をとこ （六の君との縁談すすむ） （宇治）	宮 兵部卿の宮

源中納言 / 兵部卿の宮 / 左の大殿 / おとど / 大納言の君 / 宰相中将

宿木の巻	①	②
	（春頃より女二宮の裳着準備） 夏ごろ（藤壺死） その年はかはりぬ	五月ばかり（中の君妊娠） 八月、十六日 二十日余の程（八の宮忌日） （八月末） 九月二十日余（宇治） 年も暮れぬ 一月晦日（産気） 二月ついたちごろ（直物） 二十日余（女二宮降嫁） 四月ついたちごろ（藤の宴） （四月）二十日余の程（宇治）
	源中納言 中納言 中納言源の朝臣 中納言の朝臣 （女二宮降嫁所望）	中納言の君 中納言殿 男君 権大納言、右大将 大将殿 大将 大将の君 （浮舟を見る）
	兵部卿の宮 （八の宮の姫君にも御心ざしの浅からで、いとしげうまうでありきたまふ）	宮 （六の君と結婚） 男宮 三宮
	右大殿 おとど	右のおとど 右のおほいとの 右大臣殿 大殿
	あぜちの大納言	あぜちの大納言 腹立つ大納言 あぜち 東屋巻 按察の大納言
		くちをしき品なりとも、かの御ありさまに… （浮舟への伏線？）

【凡例】

一、人物称呼は各巻につき初出部分に一例を挙げ他は略した。

一、①はいわば説話的時間、②はいわば物語的時間を帯で示したもので、明確な区別はつけられない。

た。そのような源氏物語的時間は表のうえに図示しえない性質のこととしてある。橋姫の巻以降を読みすすめてゆけば、納得されることだろう。それは内在的な時間であり、作中人物の心理によって時間が統率されてゆく。文章自体が思惟を持つような構造によって、作品の内部に固有な時間はひらかれてゆく。それを、A説話的時間、B物語的時間にたいして、C源氏物語的時間としておくことにする。

注

(1) 桑原博史「宇津保物語における時の進行」『国語と国文学』一九六三《昭和三十八》年六月。
(2) 笹淵友一「物語の時間性」『王朝文学』11、一九六四《昭和三十九》年十一月、同「宇津保物語の様式——時間性について」『宇津保物語新攷』(古典文庫、一九六六《昭和四十一》年)所収。
(3) 吉本隆明『言語にとって美とはなにか』Ⅱ、勁草書房、一九六五《昭和四十》年、七二一ページ。
(4) 関敬吾編『桃太郎/舌きり雀/花さか爺——日本の昔ばなし(Ⅱ)』岩波文庫。
(5) 日本古典文学大系『宇津保物語』㈢、解説。
(6) 野口元大「うつほ物語の形成——「初秋」をめぐって」『国語国文』一九五四《昭和二十九》年十二月。
(7) 中村忠行「『宇津保物語』・「内侍督」「沖つ白浪」の年立と成立(上)(下)」『国語と国文学』一九六五《昭和四十》年一月、二月。
(8) 前田家本『宇津保物語』古典文庫、七二一ページ。
(9) 「竹取物語について言われる如く本来は漢文乃至準漢文で書かれていたのではないかとも思われる」(片桐洋一「宇津保物語の構成」『国語国文』一九五四《昭和二十九》年九月)、「独立していた一先行説話としての俊蔭漂流譚」(野口元大「うつほ物語の形成——首巻をめぐっての問題」『国語と国文学』一九五五《昭和三十》年十二月)など言われる。ただし漢文先行説については証拠がなく、漢文訓読めく文体に拠るにしろ、和文でそれが書かれたところにこそ物語文学の発生がある。
(10) 小山敦子「うつほ俊蔭巻に現はれる語彙の性格」『宇津保物語新論』(古典文庫、一九五八《昭和三十三》年)所収。

(11) 古典文庫、一〇五ページ。

(12) 小西甚一「俊蔭巻私見」『国語国文』一九五四《昭和二十九》年一月。

(13) 『源氏物語』にみられる女性たちの結婚拒否の形象は継子物語の産みだした現実化に拠るものであると篠原昭二氏の論文にある（「結婚拒否の物語序説」『へいあんぶんがく』2、一九六八《昭和四十三》年、『源氏物語の論理』東京大学出版会、一九九二《平成四》年、所収）。

(14) 一九六七《昭和四十二》年六月三十日大学院演習、今井貴子氏発表。

(15) 「聞《き》こえ給《（たまひ）》し人々、中の君をと移《うつ》ろふもあり」（竹河の巻、四-二七七ページ）などとあるから他にもいたような印象をうける。

(16) 片寄正義「宇津保物語と源氏物語の関係」『國學院雑誌』一九四一《昭和十六》年二月。

(17) 空蝉の巻にそれが見られることについては細井貞雄『空物語玉琴』（巻一・二、一八一五《文化十二》年版）が指摘している。

(18) 竹河の巻、四-二六二～二六三ページ、二六七～二七七ページなど。しかし宇治十帖においても、たとえば総角の巻（四-四三六～四三七ページ）、宿木の巻（五-一〇八ページ）など、和歌の羅列がないというわけではない。

(19) 紫上方の女房と解したり（本居宣長）、紫式部の筆とみたり（小林榮子、与謝野晶子）、いろいろ説があるものの、「紫のゆかり」とは、本文だと紫上のことをさすから、もっとも素朴に「紫上の物語」と解いてよい。→第六章第二節。

(20) そうした物語りをあったこととして書いているので、描かれない部分は描かれないことに意味がある。描かれない部分を想像してみても、それは作者の意図を衝いたことにならない。

(21) ついでに言っておけば薫の呼称もまた紅梅以前と紅梅以後の差をあらわしているのではないか。「源中納言」という呼称は紅梅の巻に初出で、竹河の巻（四-二九〇ページ）に一例見えるほか、宿木の巻にいくつか見える。それにたいして椎本、総角の両巻では「中納言」「中納言殿」「中納言の君」とあり、「源中納言」を見ない。

(22) たとえば九条家本の夕霧の春宮女御（＝大い君）の注に「かほる中将の巻に……」、為氏本の匂兵部卿宮の注に「かほる中将の巻に……」、また『奥入』に（大島本の「奥入」にも）「このまき一の名かほる中将」など。

(23)「若きお《を》のこどもは、さるべきことには召《め》し使《つか》はせ給へ」(竹河の巻、四 - 二五七ページ)とは婿取りを請う表現ではないか。院参の相談をもちかけられて夕霧は「そも〳〵女一の宮の女御はゆるしきこえ給《たまふ》や」(四 - 二五七ページ)と暗に反対している。

(24)「わが、かく、人にめでられんとなり給へる有《あり》さまなれば……」(匂宮の巻、四 - 二二二ページ)、「我《わが》おぼえのくちお《を》しくはあらぬなめりな……」(宿木の巻、五 - 五九ページ)、「宿世《すくせ》の程くちお《を》しからざりけりと、心おごりせらるゝ物から……」(同、一〇九ページ)、「大将殿《どの》は、さばかり世にためしなきまでみかどのかしづきおぼしたなるに、心おごりし給《たまふ》らむかし」(東屋の巻、五 - 一四五ページ)、あるいは「この君しもぞ、宮にを《お》とりきこえたまはず、さまことにかしづきたてられて、かたはなるまで心おごりもし、世《よ》を思《おもひ》すまして……」(宿木の巻、五 - 七七ページ)、など。

(25) 稲賀敬二『源氏物語の研究』笠間書院、一九六七《昭和四十二》年、五一七ページ。

(26) →注25、五一二ページ。

(27) 藤村潔『源氏物語の構造』桜楓社、一九六六《昭和四十一》年、一〇九〜一一〇ページ。

(28) →注25、五一九ページ。

第十二章　浮舟と「思ひ寄らぬくまな」き薫

第一節　形代浮舟

一　胸中を訴える薫

「形代《かたしろ》」とも「人形《ひとかた》」とも「なで物」ともあるのは、亡き大い君を慕う薫が身代わりとして見いだした浮舟のことをさす。〝ひとかた〟を言いだしたのは薫であった。蜻蛉の巻に、薫は、「宮の上《うへ》のたまひはじめし、人形《ひとかた》とつけそめたりしさへゆゝしう、たゞわがあやまちに失《うしな》ひつる人なり……」（蜻蛉の巻、五‐二八九ページ）と思いおこしている。浮舟のことを中の君が薫に告げた宿木の巻に、「人形《かた》のついでに、いとあやしく思ひ寄《よ》るまじき事をこそ思ひ出《い》ではべれ」（宿木の巻、五‐八二ページ）と中の君が言うのは、薫を〝引用〟したことになる。

〝ひとかた〟の経緯を略述してゆこう。薫は中の君に対面して、胸中の思いを訴える。

（薫の胸中の訴え）

「(1)いはけなかりし程より世中《（よのなか）》を思《おも》ひ離《はな》れてやみぬべきこゝろづかひをのみならひはべしに、さるべきにや侍《（はべり）》けん、疎《うと》きものからをろ《（お）》かならず思《おも》ひそめきこえ侍《（はべ）》しひとふしに、かの本意《ほい》の聖《ひじり》心はさすがに違《たが》ひやしにけん。(2)慰《なぐさ》めばかりに、こゝにもかしこにも行《ゆ》きかゝづらひて、人のありさまを見《み》んにつけて、紛《まぎ》るゝこともやあらんなど思ひよるおり《（を）》〳〵侍れど、さらにほかざまにはなびくべくもはべらざりけり。(3)よろづに思給《（おもうたまへ）》わびては、心のひく方《かた》の強《つよ》からぬわざなりければ、すきがましきやうにおぼさるらむとはづかしけれど、あるまじき心のかけてもあるべくはこそめざましからめ、たゞかばかりのほどにて、時《とき》〳〵思ふ事をも聞《き》こえさせうけたまはりなどして、隔《(へだ)》てなくの給《(たまひ)》かよはむを、誰かは咎《とが》め出《い》づべき。(4)世《よ》の人に似ぬ心の程は、みな人にもどかるまじくはべるを、猶《(なほ)》うしろやすくおぼしたれ」など、うらみみ泣《な》きみ聞《き》こえ給《(たまふ)》。（宿木の巻、五－八〇～八一ページ）

〔(1)未熟であった年のころより(俗)世間を(きもちが)はなれておわってしまうべき(平常の)心がけをばかり習慣づけてござったから、そうあるべき(因縁が)ござったやら、深からぬ(交じわりである)ものの一通りでなく(大い君のことを)思いそめ申しござった一件で、あの本意の(わが)仏道精進の心は逆に(意向に)そむいてしまったのだろうか。(2)なぐさめ(になるかと)ばかりに、ここ(の女)にもかしこ(の女)にもおもむき関係して、(そういう)人(―女)のありさまを見ようにつけて(気の)まぎれることもあろうや、など思い寄る時々(が)ござれど、けっして(大い君)以外には向くはずもござらなかったことだ。(3)万事に(きもちが)よわり果てては、心のひく方向(にたいして自制する力)がつよからぬ事柄であったことだから、女好きみたいだと(自然と)思われなさるらしいとはずかしいけれど、あってはなるまい心がすこしでもあるようなら(それ)こそ不愉快であろうに、ただそれだけの程度で(お会いし)、時々(心内に)思うことをもおはなしさせていただき(おはなしを)お受け申すなどして、へだてなく(ことばを)かよわしてくださろう(の)を、だれかとがめ(言い)出したりはしようか。(4)世間の人に似ない(私の)心のほどは、全員に非難されるはず(が)なくござる(の)にたいして、やはり安心だとお思いあれ」など、恨み泣きしながら申し上げなさる。〕

みぎのうち、会話の部分は四つほどの文(全集の句点によれば五文)からなっており、(1)大い君との出会いから、関係こそ生じなかったものの、恋情にとらわれて「かの本意《ほい》の聖《ひじり》心」をはずれてしまったらしいこと、(2)なぐさめに、多くの女性たちと関係を生じたにもかかわらず、けっして心が大い君以外のところへまぎれてゆくことはなかった、(3)好色心から中の君に近づくのではないから、後見役として、へだてなく交際することを、だれも咎めないはずだ、(4)わが誠実さは(よく知られている通りで)非難される性質のものではなかろうから、どうか安心していただきたい、と順を追って展開している。

(2)はむろん、この直後、浮舟のことが話題のうえに登場することを作者が念頭において言うので、宿木の巻のはじまり近く、女二の宮との縁組を承諾するところで、薫が心のうちに大い君のことを思いつづけて、「うたて、かく契り深《ふか》くものし給《(たまひ)》ける人の、などてかはさすがに疎《うと》くては過《(すぎ)》にけん」(五‐二三四～二三五ページ)と、心えがたくて、「くちお《(を)》しき品《しな》なりとも、かの御ありさまにすこしもおぼえたらむ人は、心《こゝろ》もとまりなんかし、むかしありけん香《かう》の煙《けぶり》につけてだに、いま一たび見《み》たてまつる物にもがな」(五‐二三五ページ)とのみ思っているという、いわゆる浮舟登場の伏線として知られる箇所と、前後の用語のうえからも検証できるように、対応させられる。

(1)(2)(3)(4)は、中の君に、苦しい胸中を訴える。しかし、はたして、薫が中の君をくどき落とすことに成功するか、ということになれば、(1)(2)(3)(4)の展開のどこにも、その可能性は皆無に近い、といわざるをえない。前後の用語の対応とは「疎《うと》くて」(五‐二三五ページ)、「疎《うと》きもの」(五‐八〇ページ)と、大い君との関係のへだてあるものであったことについてながら、中の君との関係もまた、疎からぬ(深き)関係となる可能性はもはや一片もありえない、という状況に立ちいたっている。

薫の心の振り子は一瞬、「かの本意《ほい》の聖心《ひじり》」のほうへ振りかえされるのであろうか。しかし誦される「恋しさの、限りだにある世なりせば、年経ば物は―思はざらまし」(『古今和歌六帖』五‐四六歌)によれば、けっして大い君思慕をやめることができない。「限《かぎ》りだにある」(五‐八二ページ)と誦して「人形《かた》」の願いに思いいたるのであった。

（薫の「人形《かた》」の願い）

思ふ《（う）》たまへわびにて侍り。を《（お）》となしの里《さと》求《もと》めまほしきを、かの山里《ざと》のわたりに、わざと寺《てら》などはなくとも、むかしおぼゆる人形《かた》をもつくり、絵《ゑ》にもかきとりて、を《（お）》こなひ侍らむとなん思ふ《（う）》給へなりにたる。（五－八二ページ）

〔気力（をすっかり）失ってしまってござる。音無しの里（を）もとめて（声を立てて泣きたい）から、あの山里の辺りに、とりたてて寺などはなくとも、むかし（が）しのばれる像を（で）も造り、絵に（で）も描きとって、（追善の）行をいたそうとのう考えいたりおりまする次第。〕

亡き大い君に似せた「人形《かた》」をもつくり、また似せ絵にも描きとって、供養の行をしようと思うようになった、と薫は述べる。これが「人形《かた》」の初出で、以後、中の君との対話はこれがふまえられることになる。

二　〝ひとかた〟の意味複合

〝ひとかた〟とはどのようなものか、ということについては、『河海抄』などの出典考証が参考になる。『河海抄』によると、この「むかしおぼゆる人形《かた》をもつくり、絵《ゑ》にもかきとりて、を《（お）》こなひ侍らむと」について、(a)「白氏文集曰」として、高宗皇帝の最愛の王子が七歳で薨じた時、哀傷に堪えず堂舎を建立し、王子の形をその寺に安置したという記事、(b)「画図事」として、漢武帝が李夫人を喪った時、甘泉殿の内部に真を写させたという「李夫人」（『白氏文集』新楽府）の引用、(c)「彫刻事」として、武帝が「薫仲《（ママ）》君」に「温石」というもので李夫人の「皃」を作らせたという記事、合計三つがならべられてある。これについては別に論及する通り[1]、(a)は王子の像であり、(b)は真（カタチとよめる）を写した絵であり、(c)は董仲君の誤記で、『太平広記』所引の『拾遺記』によると、温石という、寒い盛りに石温かく、暑い盛りには石冷たいふしぎな石を刻して李夫人の像を作った。

(a)(c)は彫刻したもので「むかしおぼゆる人形《かた》をもつくり」にあたり、(b)は「絵《ゑ》にもかきとりて」にあたる。

三田村雅子氏は浮舟構想の源泉に李夫人説話のあったことを論じる。[2] それはさきにみた宿木の巻に「むかしありけん香《かう》の煙《けぶり》につけてだに、いま一たび見《み》たてまつる物にもがな」とあり、ここに「絵《ゑ》にもかきとりて」とあるように、はっきりとうかがい知ることのできる、だいじな指摘であった。ただし「人形《かた》」については李夫人説話から着想されたかどうかをつまびらかにしない。

ともあれ、「人形《かた》」は、彫刻された像であって、あとに「山里《ざと》の本尊《ぞん》」(五 - 八四ページ)とも言うから、仏像ふうの彫刻物を思いうかべたらよい、ということになろう。

たいするのに中の君は、これを、川に流す祓えのときの〝ひとかた〟に思いあわせる。一種の曲解だろう。曲解といっても、もちろん会話上の機知としてのそれを意味する。

(中の君の〝曲解〟)

あはれなる御願《ねが》ひに、又うたて御手洗川《みたらしがは》近《ちか》き心地する人形《かた》こそ、思ひやりいとお《(ほ)》しくはべれ。黄金《こがね》求《もと》むる絵師《ゑし》もこそなど、うしろめたくぞ侍《(はべる)》や　(五 - 八二ページ)

〔心深きご願に(おいて)、(これは)またいやな御手洗川近い(祓い捨てる)心地(が)する人かた(とはそれ)こそ考えてゆくと気の毒でござるよ。(賄賂の)黄金を要求する(王昭君説話の)絵師でも(いるといけないから)など、不安(なこと)できっとござるよな。〕

玉上琢彌氏の評言を借りれば、「ここらが機智の応酬なのだが。変な連想をしたものだ。まったく「うたて」である」[3]とある通りで、〝機智〟は、ここだけに終わらない、いってみれば後味のわるい不吉な予感を早くもただよわせる。〝ひとかた〟という語にまつわりつく、意味されるものの複合。〝ひとかた〟の意味のかさなりが、これからの浮舟の運命に執拗にからみついてゆこう。

「うたて」あるいは「いとほし」の感覚は尾を引く。

会話者Aが意味したことを、機知的に思いあわせ、あるいは曲解して、会話者Bが、もう一つの意味に受けとる、という機能は、とりわけ和歌贈答の技巧としてありふれている。東屋の巻にとぶけれども、引いておく。

（「なで物」をめぐる和歌のやりとり）

かの人形《かた》の給《(たまひ)》出《い》でて、「いと忍《しの》びてこのわたりになん」とほのめかしきこえたまふを、かれもなべての心《(ここ)》ちはせずゆかしくなりにたれど、うちつけにふと移《うつ》らむ心地、はたせず。「いでや、その本尊《ぞん》、願《ねが》ひ満《み》てたまふべくはこそたう《(ふ)》とからめ、時〻心やましくは、中〳〵山水も濁《にご》りぬべく」との給へば、はて〳〵は、「うたての御聖《ひじり》心や」と、ほのかに笑《わら》ひ給ふもお《(を)》かしう聞《き》こゆ。「いでさらば、伝《つた》へはてさせ給へかし。この御のがれ言葉《こと》こそ、思《おも》ひ出《い》づればゆゝしく」との給《(たまひ)》ても、また涙《なみだ》ぐみぬ。

見《み》し人の形代《かたしろ》ならば、身にそへて、恋しき瀬《せ》ゝ《(ぜ)》のなで物にせむ

と、例のたはぶれに言《い》ひなして、紛《まぎら》はしたまふ。

「みそぎ川、瀬《せ》ゝ《(ぜ)》にいださんなで物を、身にそふ影と、たれか―頼《たの》まん

引手《ひくて》あまたに、とかや。いとお《(ほ)》しくぞ侍《(はべる)》や」とのたまへば、……（東屋の巻、五‐一四九～一五〇ページ）

〔（中の君は）あの人かた（のことを）おっしゃり出して、「ごく秘密にこの近くにのう（その人＝浮舟が来ている）」と、ほのめかし申される（の）を、その人（のこと）も（薫は）普通の心地はせず知りたくなってしまうけれど、いきなりふっと（きもちが）移るような心地（は）やはりしない。（薫が）「いやもう、その（山里の）本尊（という）、願い（を）かなえてくださるようである（の）は（それ）こそ（ありがたく）尊くござろうが、時々は

（そなた＝中の君のことで）なやみ（もする）なら、かえって山水（のような清浄なきもち）も濁ってしまいそうで」とおっしゃると、はてはては、「困ったご道心よな」と、ほんのりお笑いになる（の）もおもしろく聞かれる。（薫は）「さあそれなら、（すべてを）伝えつくしてくださりませよ。こんな言いのがれのおことば（はそれ）こそ思ひだすと不吉で」とおっしゃる（につけて）も、また涙ぐんでしまう。

（薫の贈歌）

会った人（—大い君）の形代ならば、（わが）身に寄り添わせて、

恋しい（あの）瀬（この）瀬（で）の撫でものにしよう

といつもの、たわむれ（のことば）に言いなして、おまぎらわしになる。

（中の君の返歌）

「みそぎ川の、瀬（という）瀬（ごとに）おし流すような撫でものを、

身についてまわる影（の存在である）と、だれが頼りにするかしら

引く手あまたに（—ほかにも女が大勢いる）とか（言うのではねえ）。気の毒でございまするよな」とおっしゃるから、……」

薫と中の君との贈答歌で、ここには〝ひとかた〟が、「形代《かたしろ》」とも「なで物」とも言われている。そして、ここにも観察されるのは、〝なでもの〟なら〝なでもの〟という語の意味されるものをめぐって、両者のずれがあることで、薫にとってそれは撫でいつくしむ形代であるのに、中の君にとっては、またしても、川に流されるべき不吉な印象をただよわせる形象としてある、〝いとほしき〟かたどりなのであった。

三　大い君の魂の問題

ところで、東屋の巻の「見《み》し人の形代《かたしろ》ならば、身にそへて、恋しき瀬《せ》ゝ《(ぜ)》のなで物にせむ」をみぎのように引いたのなら、類歌というべきか、早蕨の巻のうたをも引いておくのがよかろう。

（薫の贈歌）

身を投《な》げむ涙の川に、沈《しづ》みても―恋しき瀬《せ》ゝ《(ぜ)》に、忘《わす》れしも―せじ　（早蕨の巻、五‐一四ページ）

身を投げるという涙の川に、沈むとしても、
恋しい瀬（という）瀬（ごとに）忘れ（などは）ええ、しまい

これは弁の尼の「先《さき》に立《た》つ涙の川に、身を投《な》げば、人にを《(お)》くれぬ命《いのち》ならまし」（同）にたいする返歌としてある。涙の川に身を投げるなら、あの方に死におくれないでこんな悲しみも経験せずにすんだのであろうのに、と嘆きにしずむうたで、これと対比される大輔の君の、「あり経《ふ》れば、うれしき瀬《せ》にも―あひけるを、身をうぢ河に、投《な》げてましかば」（五‐一六ページ）という屈託のないうたとともに、早蕨の巻執筆の時点で、作者がまだ浮舟入水、したがって人物浮舟の登場を着想していなかったらしいことを暗示する。

早蕨の巻は、もしかしたら原構想において本命だったかもしれない中の君という人を前面に立ててくる。もし中の君という人が本命であったとしたら、大い君が死んで、いよいよ物語の中心に中の君が出てくる、という段どりに、何ら不透明さはない。薫が中の君に近づこうとする。ちなみに、いま見たように、薫、弁の尼、大輔の君が宇治川への投身というかたどりを軸に贈答するところから判断すれば、一部に論じられるような、中の君入水説とでもいうべき原構想なるものにも、あまり根拠がない。もしそのような構想があったのなら、早蕨の巻にこれらの贈答がおこな

われるのは不用意だろう。

大い君のかげが夕陽のように長くはいのびてくるのは、死なせたはずの大い君の、いわば魂の問題が、作品のなかでも、作者のなかでも、きっちりと処理できていないからではなかろうか。

死者は、けっして、いわば死にきってしまってあるのでなく、物語の舞台のそとがわのまだ近いところに、立ちやすらって存在すると考えられる。大い君は明らかにこの世に執をのこして死んだ。薫の君が大い君を忘れることができない、ということは、死者からの執のあらわれでなければならない。さきにすこし引いた浮舟登場の伏線とされる宿木の巻をもう一回、引き直す。

(薫の思い)

心のうちには、なを《(ほ)》飽《あ》かず過給《(すぎたまひ)》にし人のかなしさのみ忘《わす》るべき世《よ》なくおぼゆれば、うたて、かく契り深《ふか》くものし給《(たまひ)》ける人の、などてかはさすがに疎《うと》くては過《(すぎ)》にけんと、心得《え》がたく思ひ出《い》でらる。くちお《(を)》しき品《しな》なりとも、かの御ありさまにすこしもおぼえたらむ人は、心《こゝろ》もとまりなんかし、むかしありけん香《かう》の煙《けぶり》につけてだに、いま一たび見《み》たてまつる物にもがなとのみおぼえて、やむごとなき方《かた》ざまに、いつしかなど急《いそ》ぐ心《こゝろ》もなし。(五-三四~三三五ページ)

(心内には、依然として飽かず亡くなってしまわれた人(―大い君)の恋しさばかり、忘れられる世なく思われるから、情けない、かように約束深く何してこられた人が、何でまたそれなのに(私との深い)交じわりはなくて逝ってしまわれたのだろうと、納得できず(自然と)思い出される。残念な(低い)身分であろうと、あのおありさまにすこし(で)も似ているような人は、きもち(が)きっととまってしまおうよ、過去にあったという(反魂)香のけぶりにつけてでよいから、いま一度お会いし申したいものよとのみ思われて、やんごとない(—女二宮との結婚という)方面に、早くなど(と)いそぐ心もない。」

一体、人を恋しくてそれを運命のように感じることの神秘さは、容易に、あいての魂に呼ばれているからだ、と思うにいたることではあるまいか。「などてかはさすがに疎《うと》くては過《(すぎ)》にけんと、心得《え》がたく」思いだされるのは、肉化されなかった運命をいぶかしむ、納得できないいきもちとしてある。これは大い君そのひとが、魂の問題を処理されていないために、死にきれずあることをあらわしていよう。浮舟をもとめるのは薫であるとともに、浮舟を通して大い君の魂の処理が試みられる。ごく比喩的にいえば、大い君は浮舟の肉を欲した。薫の君と交じわるためには、異母妹の肉を利用するしか方法がなかったのではあるまいか。

「人形《かた》」と言い、形代と言うのは、よく注意されているように、浮舟という人の全存在をあらわす重要語としてある。それは大い君から主題的に一すじに、この人の存在が来ていることを言いあらわす。浮舟が大い君の形代であることを脱出して、一人の人格を獲得するためには、まことに〝ひとかた〟の名にふさわしく、川に流されるという決死行を試みなければならない。浮舟入水の着想は、本文に見てきた限り、薫が「むかしおぼゆる人形《かた》をもつくり」(宿木の巻、五-八二ページ)と言ったのにたいして、中の君が「うたて御手洗川近《みたらしがはちか》き心地する人形《かた》こそ、思ひやりいとお《(ほ)》しくはべれ」と思いあわせたところに出てくる、と見るしかない。そして、ここが、浮舟登場の最初の予告であった。浮舟の、入水と、入水行ののちの再生によって形代でありえない人格を獲得した一女性へと変身してゆく将来とが、登場したこの時点で、はっきりと予定されてある。

四　すがたをあらわす浮舟

かくていよいよ、中の君によって、浮舟の存在が告げられる段に立ちいたる。

（中の君から浮舟の存在を告げられる）

とさまかうざまに忘《(わすれ)》ん方《かた》なきよしを、嘆《なげ》き給ふけしきの心ふかげなるもいとお《(ほ)》しくて、いますこし近《ちか》くすべり寄《よ》りて、「人形《かた》のついでに、いとあやしく、思ひ寄《よ》るまじき事をこそ思ひ出《い》ではべれ」との給ふけはひのすこしなつかしきも、いとうれしくあはれにて、「何事にか」と言《い》ふまゝに、き丁《(ちやう)》の下《した》より手《て》をとらふれば、いとうるさく思ひならるれど、いかさまにして、かゝる心をやめて、なだらかにあらんと思《おも》へば、この近《ちか》き人の思《おも》はんことのあいなくて、さりげなくもてなし給へり。（宿木の巻、五 - 八二～八三ページ）

〔あの方面この方面に忘れよう方法（が）ない旨を、嘆きなさる顔色が心（のおく）深そうな（の）も気の毒で、いますこし近くすべり寄って、（中の君が）「人かたのついでに、たいそう妙な思いつきそうにないことを（それ）こそ思いだしてござるよ」とおっしゃるけはいが、いささかしたしげな（の）も、（薫は）うれしく感動して、「何ごとであるか」と言うままに、几帳のしたから（中の君の）手をとらえると、えらくわずらわしくお思いになるけれど、どのようにかして、そのような心をやめさせて、穏やかにあろうと思うから、あたりにいる人の（変に）思おうことが具合わるくて、そんな感じでなくあつかっていらっしゃる。〕

薫は中の君の手をにぎったりするものの、話題が浮舟のことにうつって、新展開の形相をあらわしはじめる。中の君によれば、長年、行方も知らなかった浮舟が、この夏ごろ、遠方から訪ねてきた。見れば、不思議なほど、大い君のけはいに似かよっている、という。薫は「夢語《ゆめがた》りか」（五 - 八三ページ）とまで聞くのであった。

（薫の言）

……いとかく慰《(なぐさ)》めんかたなきよりはと思ひ寄《よ》り侍《(はべる)》人形《ひとかた》の願《ねが》ひばかりには、などかは山里《ざと》の本尊《ぞん》にも思《(おもひ)》はべらざらん。なを《(ほ)》たしかにの給はせよ　（五 - 八四ページ）

〔まことにそのようになぐさめよう方法(が)ないよりはと思い寄りおりまする人かた(の像)の祈願ばかりには、どうして山里の本尊に(で)も思わないことがござろうか。もっとしっかりとおっしゃってくだされ。〕

また宇治では弁の尼に浮舟のことを聞きただす。そこでは、「かの形代《かたしろ》のこと」(五 - 九〇ページ)とある。人かた、形代に使いわけはない。浮舟の素姓、生いたち、年はたちばかりで、うつくしく成長したことなどが弁の口から語られる。薫は弁に仲介をくれぐれも依頼して帰京する。

宿木の巻の終了近く、浮舟がついにすがたをあらわす。思えば宿木の巻は浮舟登場のための一巻であった。それを、一巻のいよいよ終了しようとするところをねらって登場させるとは。

みごとな構成であるというほかはない。浮舟の登場は、読者によって待たれに待たれていただけに、印象ぶかくわれわれの眼にうつる。「女車《ぐるま》のこと〳〵しきさまにはあらぬ一《ひと》つ、荒《あら》ましき東《あづま》お《(を)》とこの腰《こし》に物負《ものお》へるあまた具《ぐ》して、下《しも》人も数多《おほ》く頼《たの》もしげなるけしきにて、橋《はし》よりいま渡《わた》り来《く》る見《み》ゆ」(五 - 一〇九～一一〇ページ)。橋とはいうまでもなく宇治橋をさす。大い君が渡って逝ってしまったその橋を、逆に、むこうから、すがたをあらわしてこちらへ渡ってやってきた浮舟に、薫は、早くも運命的な何かをおぼえる。「これを見《み》るにつけて、たゞそれと思ひ出《い》でらるゝに、例《れい》の涙落《お》ちぬ」(五 - 一一四ページ)。「蓬萊《ほうらい》まで尋《(たづね)》て、髪《かん》ざしのかぎりを伝《つた》へて見給《み(たまひ)》けんみかどは、猶《(なほ)》いぶせかりけん。これは異《こと》人なれど、慰《なぐさ》め所ありぬべきさまなりとおぼゆるは、この人に契りのおはしけるにやあらむ」(同)。大い君のえにしで浮舟に心の思い寄るさまを薫はみずから運命のなせるわざかと思う。

これが人かた、形代の浮舟であった。ただし人かた、形代は浮舟正身のあずかり知らぬ意味賦与であったことを確認しよう。だからこそ彼女の運命であった。それを脱出して、人格のある女性となって手習の巻、夢浮橋の巻に再び登場する彼女は、もはや人かた、形代と言われない。

注

（1）藤井貞和「故事そして出典――李夫人／飛燕ほか」。↓本書第十四章第一節。

（2）三田村雅子「『李夫人』と浮舟物語――宇治十帖試論」『文芸と批評』三ノ七、一九七一《昭和四十六》年十月（『源氏物語感覚の論理』有精堂、一九九六《平成八》年、所収）。

（3）『源氏物語評釈』十一、角川書店、一九六八《昭和四十三》年。

第二節　東屋、浮舟の巻の語り

一　形代の主題を引きよせる

浮舟のことを〝形代の人〟というのには何ら異議がない。形代による物語の長編化は『源氏物語』においてこれまでいくども試みられ、多くの女性を登場させるための方法として位置づけられた[1]。この物語のさいごの女主人公である浮舟においてこの方法がもっとも顕著に見られるところに、いかに形代の方法がこの物語の作者にとり、大きな関心事であったかを知る。

形代とは、わかりやすく言えば身代わりの方法だという。この方法を特質とするということは、宇治十帖の展開が、大い君のつぎは中の君だというような血縁の順序ですすむのでなく、大い君から浮舟へ、という因縁によって組み立てられ[2]、そこに個々の女性の不幸を個を超えた運命的なものとして提示する、という物語作者の意図を読みとることになる。浮舟における形代問題の出発はほぼ以上の要約に尽きると称しても過言でなかろう。

大い君との死の別れを薫がどうこらえたかということは、細部にわたる問題ながら、注意が向けられるべきだ。

（重篤の大い君をまえに薫の悲嘆）

いかなる契《ちぎり》にて、限《かぎ》りなく思ひきこえながら、つらきこと多《おほ》くて別《わか》れたてまつるべきにか、すこしうきさまをだに見《み》せ給はばなむ、思《おもひ》さますふしにもせむ、（総角の巻、四 - 四五七ページ）

〔どんな（前世からの）約束で、際限なくお慕い申しながら、つらいこと（が）多（いまま）でお別れし申さなければならないのか。少々見にくい表情なりと見せくださるならばのう、頭を冷やす（—あきらめる）きっかけにもしよう。〕

あるいは、大い君の死を看とって、

……何《なに》ごとにてこの人をすこしもなのめなりしと思《おもひ》さまさむ、まことに世《よ》の中を思《おもひ》すてはつるしるべならば、おそろしげにうきことの、かなしさもさめぬべきふしをだに見《み》つけさせ給へ、（総角の巻、四 - 四五九〜四六〇ページ）

（同）

〔どんなこと（をきっかけ）で、この人をすこし（で）も世間なみ（の人）だったと思いあきらめよう、ほんとうに（この死別が）俗世を思い捨てきる（仏の）みちびきならば、おそろしげで見にくいこと（—死醜）が（起きて）、悲嘆も冷めてしまうにちがいない、（そういう）機会をなりと見つけさせてくだされ。〕

と嘆く、このように大い君の死、その亡骸を目のあたりにして「うきさま」「うきこと」を見いだそうとする（そして見いだしえない）薫の心に、形代問題のきわめて具体的な出発点をうかがうことは、[3]有効であろうと思われる。「うきさま」「うきこと」と観ずることができるならば、出離の契機となるかもしれないものを、薫には「うきさま」「うきこと」とすることができないという大い君の死のあとの引き方は、形代の主題をつい傍らにまで引き寄せている。いそぎ、本題の東屋、浮舟という両巻へ向かわなければならない。が、形代関係の語彙をあらわに見てとることのできる最初の場所は宿木の巻であった。薫が、「思ふ《(う)》たまへわびにて侍り。を《(お)》となしの里求《さともと》めまほしきを、かの山里《ざと》のわたりに、わざと寺《てら》などはなくとも、むかしおぼゆる人形《かた》をもつくり、絵《ゑ》にもかきとりて、を《(お)》こなひ侍らむとなん思ふ《(う)》給へなりにたる」(宿木の巻、五-八二ページ)と言うのにたいし、中の君は、「あはれなる御願《ねが》ひに、又うたて御手洗《みたらし》川近《がはちか》き心地する人形《かた》こそ、思ひやりいとお《(ほ)》しくはべれ」(同)と答える。ここに二人がそれぞれに言う「人形《かた》」は、まさに会話の機知として、意図的な思いあわせ、曲解により、意義を拡大する。この両義こそ形代の持つ二面であって、注意を要する。浮舟の不幸を決定づける因子はここにあったと言ってよい。高橋亨氏の評言を引いておく。

> 王昭君の故事も織りまぜられた応対のなかで、薫が大君に似た木像を作りたいというのを、中君は祓えの人形に転じてとりなした。祓えの人形は諸人の罪を課せられて川に流される。その不吉なイメージに転じてもどくのも、機知的な会話の常套手段だが、こうして「人形《ひとかた》」としてよびだされた女は、さすらいの宿命を与えられたのである。物語の世界ではことばが存在を決定する。[4]

つまり薫はあたかも仏寺の本尊のごとき大い君の似像を造りたいと言った、それだけのことだ。中の君がそれを〝祓えの人形〟に取りなした。この会話は浮舟のためにただしかったのであろうか、との疑念をついにうち消すことができない。高橋氏のいう「物語の世界ではことばが存在を決定する」との評言を嚙みしめなければならない。

二　薫と中の君との会話は聞かれるか

形代をめぐる〝ことば〟の両義的展開はかくして東屋の巻以降におよぶ。匂宮がいない留守をねらうかのように薫は中の君を訪ねてくる。それをちょうど来あわせた中将の君つまり浮舟の母がかいま見る。ただしかいま見に薫のすがたを見、またその声を聞くことができるのは、車を下りた薫の君が居室にはいるまでであろう。「今ぞ車よりおり給《たまふ》なると聞《き》く程」(東屋の巻、五‐一四八ページ)とあって、「なる」は薫の到着の様子がさわがしく中将の君に伝わり感じられることをさす。あるいは女房の一人がそのように言うのを中将の君は耳にして、いよいよ緊張のときの来る感じがする。

中将の君の目に見られる薫の様子は、「げにあなめでた、お《を》かしげとも見《み》えずながらぞ、なまめかしうあてにきよげなるや」(同)とあって、どこかしら匂宮と較べられているのだろう。匂宮について「きよら」(五‐一四二ページ)とあって、ここ薫に「きよげ」とあるような、「きよら」と「きよげ」との区別について、ノーマ・フィールド氏が[5]、池田和臣氏の論文[6]などを引いて注意する。まことに言われるように「きよら」と「きよげ」とは匂宮と薫とに振り分けられてある。語り手は中将の君の目と耳とをかりて薫の君を描写しようとする。「なまめかしうあてにきよげ」であるとか、「あなめでた、お《を》かしげとも見《み》えず」とかいうのはあくまで中将の君の判断だ、というので、ひとしお匂宮と較べる中将の君の心内がしのばれる構造としてある。「内よりまい《ゐ》り給へるなるべし」(五‐一四八ページ)というのも中将の君に判断させているのだと取ってよい。「まい《ゐ》り」の用法がすこし変だなどととがめないでおく。

薫が、「よべ、后《きさい》の宮の悩《なや》み給《たまふ》よしうけ給《たまは》りてまい《ゐ》りたりしかば……」(同)という会話文、それに答える中の君の「げにを《お》ろかならず、思《おもひ》やり深《ふか》き御用意《ようい》になん」(五‐一四九ページ)という会話文も、中将の君が聞きつけることのできた、いわば公的なやりとりであるかのように思える。そんな会話をしながら薫はおくまった居室にはいっていって、あとは男君と女君との私的な会話となろう。中将の君には見ることも聞くこともできなくなってしまった、と取るのがすなおではなかろうか。「宮は内にとまり給《たまひ》ぬるを見を《お》きて、たゞならずおはしたるなめり」(同)の「めり」は語り手の判断であるべく、ここからは中将の君の目と耳とから放たれた薫と中の君とだけの「物語り《がた》」(―会話)を語り手として楽しむ、という段どりであろう。

三　作者と語り手との協議

語り手の位置をはっきりさせてゆくことが『源氏物語』の作品論としては大切だと思うので、一言二言、述べておくと、中の君の居室にずかずかはいっていったのが語り手なのではない。語り手とはたとえば昔話の口承者のごとき人物の場合だと、語る現場、囲炉裏端にいるので、中の君の居室にいるはずがない。語り手はただ、語り伝えられた話題を知って、語るだけだ。物語文学は語りの現場を作品のうちがわにかかえこむ。語り手を作中につくりだして語らせる創作文学としてある、『源氏物語』は。

語り伝えられる全体は、昔話だと話型ということになろう。しかし物語文学は、乱暴な言い方をすると、話型のぶっこわれた文学であるから、話型に代わる、何か統一的な言述みたいなものを考えたくなる。そんな言述は幻想にすぎないから不問に付したほうがよい、というのが私などの正直な感想ながら、仮にその幻想を認めると都合がよいというのなら、それがテクスト論のいうテクストであり、その主体として三谷邦明氏のいう話者(washa)が考えられてくる、とアマンダ・スティンチクム氏は三谷氏が語り手と話者とを分けたことを特に評価する。(7)

私の見るところでは作者と語り手との協議によって、〝語り伝えられる話題〟が決定される。〝語り伝えられる話題〟に立ちいることのできるのは、正確に言って、四種の存在が考えられる。すなわち貴人《きにん》近くに仕えた人の見聞か、過去という時間の作用か、語り手の想像力ないし確信か、作者か。前三者は作者による虚構としてある。作品論のいう作品はそのような虚構のにない手としての作者を認めないわけにゆくまい。

かくて貴人近くに仕えた人か、過去という時間の作用か、語り手の想像力ないし確信かによって、中の君の居室にはいってゆくことができる。語り手の話声については十分に認められる。

（中の君の思い）

さしも、いかでか世《よ》を経《へ》て心に離《はな》れずのみはあらむ、猶《（なほ）》、浅《あさ》からず言《い》ひそめてし事の筋《すぢ》なれば、なごりなからじとにや、など見《み》なし給へど、人の御けしきはしるき物なれば、見《み》もてゆくまゝに、あはれなる御心ざまを、岩木《いは》ならねば思《おも》ほし知る。（五‐一四九ページ）

〔そんなにまで、どうして時間を経過して（いつまでも）心にはなれずばかりはあ（るのだ）ろうか、やはり浅からず（一旦）口に出してはっきり見せてしまった関係のことであるから、心のこり（が）なくならないのだろう、などと見なしなさるけれど、（その）人（—薫）のご表情は（真情が）はっきりしていることだから、（段々）見るままに、哀切なるお心ざまを、岩や木（のような非情物）ではないから理解しなさる。〕

みぎのような文体で、「さしも、いかでか世《よ》を経《へ》て……」以下、「なごりなからじとにや」まで、中の君の心内であり、その心内は薫の心内をまさぐろうとするもののごとき、まことに複雑な様相を呈する。

四　〝形代の人〟を脱出する浮舟

前節以来の和歌の贈答である。

（薫の贈歌）

見《み》し人の形代《かたしろ》ならば、身にそへて、恋しき瀬《せ》ゝ《（ぜ）》のなで物にせむ　（五‐一五〇ページ）

（中の君の返歌）

みそぎ川、瀬《せ》ゝ《(ぜ)》にいださんなで物を、身にそふ影と、たれか―頼《たの》まん　(同)

そして中の君は、「引手《ひくて》あまたに、とかや。いとお《(ほ)》しくぞ侍《(はべる)》や」(同)と言い加える。

この贈答には、述べたように、うたとしての機知による意図的な曲解がある。それはその通りだとして、「瀬《せ》ゝ《(ぜ)》」という語の共有があって、このうたの贈答は曲解により反撥するというよりも、協同的であり、二人して浮舟という一女性の運命を決定してゆきそうな傾向にある。このことはノーマ・フィールド氏の『The Splendor of Longing in the Tale of Genji』に展開されている。(8)

意図的な曲解とは「なで物」の両義の利用で、あえて言ってよければ薫のうたのほうにメタフォリックな「なで物」の位相があるので、中の君のうたはそれを本来の人形《ひとかた》の意味へ返した、と受けとれる。薫のいうメタフォリックな「なで物」の意味は、また、「むろん、エロチックな色合い」(フィールド氏)を有する。「なづ」(撫でる)という語は『万葉集』以来の語彙考証をするまでもなく、たとえばこの東屋の巻にも、中将の君は「わが姫君《ひめ》」と思う浮舟を「撫《な》でかしづく」(五―一二五ページ)こと量り知れないものがあった、とある。薫が〝撫でものにしよう〟というのは、愛玩物にしようということであるから、たわむれ言であり、それを中の君がたしなめたのを、薫はさらに「かき流《なが》さるゝなで物は、いでまことぞかし。いかで慰《なぐさ》むべきことぞ」(五―一五〇ページ)、水にかき流される撫でものではなぐさめられないとまで言う。

浮舟正身がなかなか出てこないのはむろん作者の計算にもとづく、と言ってよい。薫、中の君、そして中将の君のそれぞれの思いが交錯する空白部分に正身はいる。他人のなかの浮舟こそは〝形代の人〟というのにふさわしい。

中の君にうながされてようやく席を立ち、薫がそとに出てくるところにいたって、ふたたび中将の君の目にふれる、という描かれ方がこのあとにつづく。「語《かた》らひきこえを《(お)》きて出《い》で給《(たまひ)》ぬる」(五―一五〇～一五一ページ)薫のすがたを中将の君は見て、「いとめでたく、思《おも》ふやうなるさまかな」(五 - 一五一ページ)とめでる。さきに「あなめでた、お《(を)》かしげとも見《み》えず」とあって、これに「いとめでたく、思《おも》ふやうなる」とあるのはおかしいのではないか、などと言うまい。「なで物」の会話を立ち聞きして中将の君が見方を変えたとも考えられない。「なで物」のメタフォア、そしてそのメタフォアの変換は、中将の君の知るべからざることであったと思いたい。「この御ありさまを見《み》るには、天《あま》の川《がは》を渡《わた》りても、かゝる彦星《ひこぼし》の光をこそ待《ま》ちつけさせめ」(同)とわが娘のことを思うのは、偶然、中将の君も川の喩に引き寄せられながら、別のことを彼女が考えていることを示す。

中将の君が貴人二人の会話をけっして立ち聞きしていないことは、薫の帰ったあと、中の君が中将の君に、薫の「忍《しの》びての給《(たまひ)》つること」〔そっとおっしゃったこと(―浮舟への求婚)〕(同)を伝えるというところ、「忍《しの》びて」とあるように、立ち聞きできる状況でなかったことが確認される。中将の君が、この求婚を受けいれるきもちになることは言うまでもない。「数ならぬ身に、物おもふ種《たね》をやいとゞ蒔《ま》かせて見《み》侍らん」(五 - 一五二ページ)、と。中将の君が「物おもふ種《たね》」云々と言うのは一般論としてある。女の結婚を一般にそのように称したのに過ぎない。その一般論は、しかし浮舟固有の将来を確実に言いあててゆく。

中将の君が帰って、浮舟が乳母とともにのこされる。浮舟正身をいよいよ話題にする場面が、いきなり、薫ならぬもう一人の男、匂宮に発見され、その撫でものにあやうくならんとするところであることは、作者の深い計算による、ともう一度言いたい。浮舟が形代の人であることを否定する要素をふくんで匂宮が登場することはいうまでもない。しかし匂宮とて、薫、中の君、中将の君とならび、中心の浮舟を空白の位置に据える装置としてとりあえずあることはまちがいない。

東屋の巻につぐ浮舟の巻は脱〝形代の人〟を苦悶する浮舟正身がかたどられてゆき、再生後にいたって文字通り形代であるおのれを川の流れにかき流してしまう以上、もはや〝ひとかた〟でありえない。

テクスト論的な読みが浮舟出家の主題に関して、はじまってゆくらしい。それが浮舟の巻ひいては東屋の巻へおぼされてゆくことになれば、作品にたいする考え方への変更がせまられることになるかもしれない。が、いまの段階で作品論の季節が終わったように考えることはできない。

注

（1）三田村雅子「源氏物語における形代の問題」『平安朝文学研究』二ノ一〇、一九七〇《昭和四十五》年十二月（『源氏物語 感覚の論理』有精堂、一九九六《平成八》年、所収）。
（2）三田村雅子「『李夫人』と浮舟物語——宇治十帖試論」（『文芸と批評』三ノ七、一九七一《昭和四十六》年十月、『源氏物語 感覚の論理』（↓注1）。
（3）北川真理「源氏物語における形代の方法」『物語研究』一、新時代社、一九八六《昭和六十一》年。
（4）高橋亨「存在感覚の思想」『源氏物語の対位法』東京大学出版会、一九八二《昭和五十七》年。
（5）Norma Field "The Splendor of Longing in the Tale of Genji" Princeton Univ. Press, 1987, P. 269.
（6）池田和臣「手習巻物怪攷——浮舟物語の主題と構造」中古文学研究会『源氏物語の人物と構造』笠間書院、一九八二《昭和五十七》年。
（7）アマンダ・スティンチクム（高橋亨共訳）「『浮舟』——話声の研究（上）（下）」『日本文学』一九八〇《昭和五十五》年九月、十月。
（8）↓注5、二六一～二六二ページ。

第三節　「思ひ寄らぬくまな」き薫

一　好色人としての薫の印象

（疑う薫）

いつしかと待《ま》ちおはするに、かくたど〱しくて帰《かへ》り来《き》たれば、すさまじく、中〱なりとおぼすことさま〲にて、人の隠《かく》し据《す》へ《(ゑ)》たるにやあらむと、わが御心《こゝろ》の、思《おも》ひ寄《よ》らぬくまなく、落《お》としを《(お)》きたまへりしならひにとぞ、本にはべめる。（夢浮橋の巻、五 - 四〇八ページ）

〔早く（帰ってこい）と待ちいらっしゃると、かように要領をえない（お使いで小君が）帰ってくるから、興ざめで、なまじいに（使いにやらねばよかった）とお思いになること（が）さまざまで、人（―男）が隠して住まわせているのであろうやと、自分のお心が思い寄らない隠れた所（―死角）なく、（女たちを）落とし置いていらっしゃっていた習慣でと、（そのように）本にござるようだ。〕

『源氏物語』はここに終わった。薫の心中思惟「人の隠《かく》し据《す》へ《(ゑ)》たるにやあらむ」とは、浮舟が自分に会わないのを、他の男が存在して、彼女を囲っているからではないか、と疑う。これが『源氏物語』のさいごの場面であるとは、実に度しがたいといわれるべきではないか、薫という男。

むろん作家が、もしも薫を度しがたい男として描く、という意図を持っているとすれば、浮舟の男性関係を疑う薫の心中思惟に終わってゆく、少々えげつない物語のとじめを、それなりに効果をねらった書き方として了解することができる。なおこの「人」は、敬語のないのをみても、匂宮でありえない。特定の人物を想像する考えは、宇治十帖の主人公を匂宮にひきあてようとするための強弁だと思う。

みぎの文章をいささか検討してみようか。とじめの部分から見てゆくと、写本類に「……とそ本にはへるめる」「……とそ」あるいは「……とそ本に」などと揺れているのは、どれが古型であるか知らない。大島本は「……とそ本にはへめる」。

「落《お》としを《(お)》きたまへりしならひに」の〝落としおく〟は、見置く、のこしてくる、の意味だろう。

(「落としおく」の用例一)

か丶る人をこゝかしこに落《お》としを《(お)》き給《(たまひ)》て、など寝《しむ》殿の御まじらひは。(夕霧の巻、四‐一五二ページ)

〔そんな人(こどもたち)をあちこちに(雲居雁は)落とし置きなさって、どうして寝殿でのご交際は(できるのか)。〕

こどもたちをうっちゃってかえりみない雲居雁に、夕霧が、嘆きともつかず言いかけるところ。

(「落としおく」の用例二)

来《き》し方《かた》のつらさはなを《(ほ)》残《のこ》りある心《(ここ)》ちして、よろづに思《(おもひ)》なぐさめつるを、こよひなむまことにはづかしく、身も投《な》げつべき心《(ここ)》ちする。捨《す》てがたくおとしを《(お)》きたてまつり給へりけん心ぐるしさを思《(おもひ)》きこゆる方《かた》こそ、又ひたふるに身をもえ思《おも》ひ捨《す》つまじけれ。(総角の巻、四‐四〇七ページ)

〔(過ぎて)きたところの無情さはそれでも(まだ)希望(の)あるここち(が)して、万事に思いなぐさめたところなのに、この晩(のこと)はのうほんとうに恥じられて、身も投げてしまいそうなここち(が)する。(亡き八の宮が姫宮たちを)捨てがたく落とし置きさしあげていたろう心苦しさをお察し申す方向(はそれ)こそまた一途に身を捨てようとも思う(ことが)できそうにないよ。」

薫のことばで、大い君のつらさを、一夜明かして、弁のおもとに嘆きうったえるところ。宇治八の宮が、この世に、二人の姫君を「おとしを《お》」いたというので、意味は明瞭だ。

夢浮橋の巻のとじめの場合も、薫は女を見置いてきた習慣がある、つまり人を囲ってそのままにしていたことがある、そのような体験から、他人についても、「人の隠《かく》し据《す》へ《ゑ》たるにやあらむ」などと、度しがたい思いを抱く、というので、落としおいた女というのは単数とも複数とも、両様にとれる。

つぎに「わが御心《こゝろ》の、思《おも》ひ寄《よ》らぬくまなく」は、したにつづけて読むのがよい。恋いて近寄る、という意味に使われる〝おもひよる〟は、多分に古語的表現で、「思ひ依り、見依りて……」(『万葉集』十一―二四〇四歌)とある。「隈も落ちず念ひつつぞ―来る」(同、一―二五歌)、「隈も置かず憶ひぞ―吾が来る」(同、六―九四二歌)などの特殊表現も、発展すると〝思ひ寄らぬくまなく(落し置き……)〟になるので、古語のニュアンスをのこしている。『源氏物語』では、

(「思ひ寄る」の用例一)

(光源氏ガ)かくまでたどりありき給ふお《を》かしう、さもありぬべきありさまにこそは、とを《お》しはかるにも、我いとよく思ひ寄《よ》りぬべかりしことを譲《ゆづ》りきこえて、心ひろさよ、などめざましう思《おも》ひをる。(夕顔の巻、一―一二一ページ)

〔(光源氏が)かようにまで手探り(にもとめ)お歩きになる(ことが)おもしろく、そうある(―うつくしい女)にちがいないありさまできっと(あろうよ)、と推量する(につけて)も、(惟光は)私(が)うまく思い寄ってしまうはずだったことをお渡しし申して、寛大なことよ、などとしゃくにさわる思いをしている。〕

(「思ひ寄る」の用例二)

さばかりの際《きは》なれば、思ひ寄《よ》らんに難《かた》くはあらずとも、人の本意《ほい》にもあらずは、うるさくこそあるべけれ……

（宿木の巻、五-八五〜八六ページ）

〔（その女＝浮舟は）それぐらい（―その程度）の身分であるから、思い寄る（として）むずかしくはなくとも、（その）人の本意でないなら、面倒で（それ）こそあるにちがいない。〕

などの用例に、恋い寄る、言い寄る、の意味がのこる。この夢浮橋のとじめもその意味の〝おもひよる〟ではないか。「わが御心に」でなく、「わが御心の」であることに注意すべきだろう。〝薫の心は、女を思い寄らない所がなく、据えたままにしてこられた、その習いに〟、という〝心習い〟を持つ好色人、薫にして、その心習いに、他人についても「人の隠《かく》し据《す》へ（ゑ）たるにや」と思うという。重要なところであるのに、従来の解釈では〝……にやあらむと（思ひ寄らぬくまなく）〟とつづけるので、正解をえないようだ。(1)

『源氏物語』さいごの薫の心中思惟は、好色人としてのかれをつよく印象づける、ということを私は興味ぶかいこととして受けとめる。これを書きすすめる物語作家は実にしたたかではないか。

第一に、物語のさいごを、薫にひきしぼって終えること。それはどのような薫か。薫の手紙が浮舟のもとにとどけられる、文中のうたは、文字通りとじめにある、

（薫の贈歌）

法の師《し》と尋《たづ》ぬる道《みち》をしるべにて、思《おも》はぬ山にふみまどふかな　（夢浮橋の巻、五-四〇五ページ）

仏道の師として、尋ねる道をみちびきで、

思いがけぬ（恋の）山に踏み迷うよな、ああ

これの返歌のないままに物語を終わらせるしかたを私は主題的意図とみる。いうまでもなく物語正編のとじめ、幻の

巻での、光源氏の独詠「死出《しで》の山、越《こ》えにし人をしたふとて、跡を見《み》つゝも―猶《なほ》まどふかな」を思いおこす。それの主題的意図について、すでに説述した。[2] それは死出の山の「まどひ」で、ここ、薫の物語は恋の山の「まどひ」に呻吟する。これらの「まどひ」が、繰り返しでなくして何であろうか。まどえる薫を物語のさいごまでひっぱってきた。それは好色人、光源氏をふたたび焼き直しした存在であること、――もうすこし言ってしまえば、かれを書き、これを書く、繰り返し「まどひ」を描くことに物語作者の業《ごう》があるので、ふたつの「まどひ」のあいだに思想的深まりを示すわけでもなければ、変わりめがあるわけでもない、という単純なことに想到させられる。

第二に、薫の疑いが、またしても密通へのそれであること。この疑いは手習の巻のとじめの部分にも見られた。

(疑う薫)

さすがに、その人とは見《み》つけながら、あやしきさまに、かたちことなる人のなかにて、うきことを聞《き》きつけたらんこそいみじかるべけれと、よろづに道《みち》すがらおぼし乱《みだ》れけるにや。(手習の巻、五‐三八七ページ)

(だがしかし、その人(―浮舟)とは見つけながら、粗末な格好で、(一般と)ちがう(尼)すがたの人のあいだで、不愉快な言(―うわさ)を聞きつける(としたら、それ)こそ非常なことにちがいない、とあれこれ道すがら(ずっと)思い乱れてこられたということでは。)

ここに「うきこと」とは浮舟のところにかよってくる男がいる、というようなことと多く解されるのでよい。そのようにとることによって、夢浮橋の巻のとじめに呼応し、くりかえされていることがわかる。そればかりでなく、手習の巻の中将が密通の構想線上に造型されたらしいこともまた容易に推測させられる。中将は出家後の浮舟を、「忍《しの》びたるさまに猶《なほ》語《かた》らひとりてん」(五‐三七五ページ)と考えている。中将に、そう思わせることによって、男する尼僧の存在が、当時けっして絶無でなかったことを印象づける。作家のねらいは、尼僧といえども男する現実を印象づけることで、薫の抱いた疑いに現実性を帯びさせることにあった。

密通事件が物語を、第一部、第二部、第三部とつらぬいて繰り返し設定されている。浮舟に匂宮が通じた。もし浮舟に匂宮のたねのやどされることがあれば、密通の動機づけを通じて、第四部展開の可能性が皆無でない、という仮定上の臆説を私はすでに提出した(3)。実際には浮舟に妊娠の事実がないことによって、第四部の実現可能性がとじられる。けれども密通の動機づけが消滅することはない。密通のタブーを周到な方法で物語のさいごにいたるまで語りつづけてゆく作家を、したたかであるとみるのだ。

第二部の密通事件における柏木の立場にあたる人物、それは匂宮であった。その匂宮について、こう薫が心中思惟するところ、また長々しい感じがするものの引いておく。

(薫の思い)

まことにそれと尋《(たづね)い》出でたらん、いとあさましき心《(ここ)》ちもすべきかな、いかでかはたしかに聞《き》くべき、下《お》り立《た》ちて尋《(たづね)》ありかんもかたくなしなどや人言《い》ひなさん、又、彼宮《かの》も聞《き》きつけ給へらんには、かならずおぼし出《い》でて、思《(おもひ)い》入りにけん道も妨《さまた》げ給《(たまひ)》てんかし、さて、さなの給い《(ひ)》そなど聞《き》こえを《(お)》き給《(たまひ)》ければや、われにはさることなん聞《き》きしと、さるめづらしきことを聞《き》こしめしながら、の給はせぬにやありけん、…… (五 - 三八四〜三八五ページ)

(ほんとうにその女(―浮舟だ)と尋ねだすとしたら、(それは)あんまりだというきもちも(きっと)することだろうよな、どうしてたしか(なこととして)聞けることだろうか、(自分から現場へ)下り立って尋ね歩くような(の)もおろかしい(―みっともない)と、他人(は)うわさするのでは、またあの宮(―匂宮にして)も聞きつけなさる(場合)には、かならずお思いだしになって、(浮舟が)意を決してはいってしまったろう(仏の)道も(きっと)邪魔しなさろうよな、そうして(中宮におかれては)、そうおっしゃるな(―薫の耳にいれるな)など申し置かれたことであるからか、私にはそういうことを聞いたと、そのようなめずらしいうわさをお聞きあそばしながら、お言いあそばさなかったのではなかろうか、と……」

まだつづくみぎの心中思惟のなかで、「思《（おもひ）い》入りにけん道も妨《さまた》げ給《（たまひ）》てんかし」とはどういうことか。浮舟の入道修行をさまたげる、とは文字通りに受けとるしかなく、解釈のいりこむ余地のないところながら、現実上、考えられるはばとしては、尼僧浮舟に関係をせまる、犯す、ということから、「尼を還俗《げんぞく》させよう」（『角川文庫』第十、二〇〇ページ、脚注）ということまであろう。

かの浮舟還俗か非還俗かの問題は密通の趣向と緊密にかさなってくる。

二　薫の説得とその効果

横川僧都は、出家させた女弟子が、薫の失踪した愛人であることを知って、驚愕し、授戒をあやまちであったという思いにさいなまれる。

（横川僧都の思い）

僧都、さればよ、たゞ人と見《み》えざりし人《ひと》のさまぞかし、かくまでの給ふは、かろぐ〵しくはおぼされざりける人にこそあめれ、と思《おも》ふに、ほう《（ふ）》しといひながら、心もなくたちまちにかたちをやつしてけること、と胸《むね》つぶれて、……（夢浮橋の巻、五－三九三ページ）

〔僧都（は）、それだから（か）、並の人とは見られない風体であったよな、（薫の君が）かようにまでおっしゃるのは、軽々しくはお思いでなくおられた人できっとあるのだろう、と思うと、法師と言いながら思慮もな（いことをして）即座に（浮舟が尼すがたに）なってしまいいまにあることよ、とどきっとして……〕

（同）

かくおぼしけることを、この世には亡《な》き人とおなじやうになしたることと、あやまちしたる心《（ここ）》ちして、罪深《つみふか》ければ……　（五－三九五ページ）

〔そんなに（深く）思ってこられたことである（の）に、この世には亡いのとおなじ人のさま（—尼すがた）にしてあることよと、あやまちしている心地（が）して、罪（が）深いから、……〕

（同）

髪《かみ》、鬚《ひげ》を剃《そ》りたるほう《（ふ）》しだに、あやしき心は失《う》せぬもあなり。まして女の御身はいかゞあらむ、いとお《（ほ）》しう、罪《つみ》得《え》ぬべきわざにもあるべきかなと、あぢきなく心乱《こゝろみだ》れぬ。（五－三九七ページ）

〔髪、鬚を剃っている法師すら、けしからぬ（—愛欲の）心は失わない（場合）もあると聞く、まして女のお身がら（で）はどうかしら、気の毒で、（浮舟にはきっと）罪をえてしまうにちがいないことでまああるにちがいないよなと、憮然と（して）心（が）乱れてしまう。〕

薫の「かろ〲しくはおぼされざりける」「かくおぼしける」愛人であるのに、それを出家させてしまったことは失態であった。「罪深《つみふか》ければ」とか「罪得《つみえ》ぬべき」とかいうのは、私の読みとりにまちがいなければ、僧都の軽率な犯しが将来にわたって罪障を構成してゆく、という〝後の世の罪〟を言う。将来にわたり罪を構成してゆくとは、現世において罪障が構成されてしまったわけでないことを意味する。薫が、浮舟との再会のための手引きを僧都に懇望し、お手紙をたまわりたいと申しでたのにたいして、僧都が「なにがし、このしるべにて、かならず罪得《つみえ》侍《（はべり）》なん」（五－三九七ページ）と言うのは、将来に罪障を構成することが、この恋の手引きをすることによって、確実になってゆくからであるのに相違ない。

手紙をしたためることをことわり、薫に、ご自身で浮舟のもとにおもむくように、と僧都はいう。罪障が構成されることだろう事態を避けようとするにもかかわらず、結局、僧都は浮舟に手紙を書く。罪をひきうけてでも、ふたりの再会を遂げさせてやろう、という配慮であろうか。そうではあるまい。薫自身が「を《(お)》もき罪得《つみう》べきことは、などてか思《おも》ひたまへむ」(五‐三九八ページ)というので、僧都のほうも無罪化されるという構造を見せる。あやうい物語の論理であるものの、薫の説得は重要な意味を持ってくる。小君を浮舟のもとへ遣るのに、薫は、横川僧都の、浮舟に宛てた手紙を乞う。「御文一《ふみひと》くだりたまへ。その人とはなくて、たゞ尋《たづ》ねきこゆる人なむあるとばかりの心を知《し》らせ給へ」(五‐三九七ページ)という薫のことばの通りに僧都が書状をものしたとすれば、還俗勧奨の趣旨は出てこなかったろう。「尋《たづ》ねきこゆる人なむある」とだけ書け、というのだから。僧都がその申し出をことわると、薫は、僧都に、どうしても手紙を書かせるために、長々しい説得を試みる。

(薫の説得)
罪得《つみえ》ぬべきしるべと思《おも》ひなしたまふらんこそはづかしけれ。こゝには、俗《ぞく》のかたちにていままで過《す》ぐすなむいとあやしき。いはけなかりしより、思《おも》ふ心ざし深《ふか》く侍るを、三条の宮の心ぼそげにて、頼《たの》もしげなき身一《ひと》つをよすがにおぼしたるが、さりがたきほだしにおぼえ侍りて、かゝづらひ侍《(はべり)》つる程に、を《(お)》のづから位《くらゐ》などいふことも高《たか》くなり、身のを《(お)》きても心にかなひがたくなどして、思《おも》ひながら過《す》ぎ侍るには、又え避《さ》らぬことも数《かず》のみ添《そ》ひつゝは過《す》ぐせど、公私《おほやけわたくし》にのがれがたきことにつけてこそさも侍らめ、さらでは仏《ほとけ》の制《せい》し給ふ方《かた》のことを、わづかにも聞《き》きを《(お)》よばむは、いかであやまたじとつゝしみて、心のうちは聖《ひじり》に劣《おと》り侍らぬものを、ましていとはかなきことにつけてしも、を《(お)》もき罪得《つみう》べきことは、などてか思《おも》ひたまへむ、さらにあるまじきことに侍り。疑《うたが》ひおぼすまじ。たゞいとを《(ほ)》しき親《おや》の思《おも》ひなどを、聞《き》き明《あき》らめ侍らんばかりなむ、うれしう心《こゝろ》やすかるべき（五‐三九七〜三

九八ページ）

（罪（を）えてしまうにちがいない（道）案内とお思いになるようである（のはそれ）こそ気の引けることだ。ここもと（―私として）、俗のすがたでいままである（ことが）のうまことにわけのわからないことで。年端のゆかなかった（ころ）より、（仏道を）思う目標が深くござる（の）にたいして、三条の宮（―母である女三宮）が心ぼそげで、頼りなげである（わが）身一つをたのみ所にお思いであるのが、避けられない束縛（―さまたげ）に思われおりまして、かかずらい（いままで）おりましたその間《かん》に、自然と官位などいうことも高くなり、身の決め方も思いにかないにくくなりなどして、（精進を）思いつつ過ごしおります（あいだ）には、また（さらに）避けられないこと（ども）もかずばかりつけ加わりながらは過ごすけれど、公私に（わたり）のがれがたいことにつけてこそそうでもござろうが、それ以外では仏の禁止なさる方面のことを、すこしでも聞きおよぶような（場合に）は、どうかして（道に）はずれまいと抑制して、心のうちは聖に劣りませぬものを、ましてたわいないことでよりによって、重い罪をうるにちがいないことは、どうして考えいたそうか、けっしてあって（は）なるまいことでござる。疑い思いなさるまい。ただもう気の毒な（その女の）親の心配などを（―があるから）、（事情を）聞いて（真実を）はっきりさせたくござるばかり（で）のう、（私は）うれしく安心する（こと）だろう。」

と、薫は、「むかしより深《ふか》かりし方《かた》の心を語《かた》り給ふ」、つまりむかしから深く道心の方向にむいてきた自分の心意を僧都に語って聞かせる。この道心にたいして、僧都は「げに」（五-三九八ページ）とうなずく。語りにたいして、対話者は心をうごかされる、というのが物語らしさだろう。

みぎの引用部分、薫のことばは説得であり、語りであって、それは薫の心にとり、ほぼいつわりでなく、曲げたり誇張したりしている表現でもない、正直な吐露なのではないかと思われる。

　薫が、若いころから、仏道のこころざしの深かったこと、母の三条の宮(女三宮)が、薫ひとりをたのみ所にしていること、宿木の巻以降「位《くらゐ》などいふことも高《たか》くなり、身のを《(お)》きても心にかなひがたくなどして」仏道に専心できないこと、すべて、これまで、宇治十帖のうちで語られてきたことの回想としてある。「心のうちは聖《ひじり》に劣《おと》り侍らぬものを」とはすなおに出てくる結論ではないか。

　注意しておく必要があるとすれば、「いとお《(ほ)》しき親《おや》の思《おも》ひなどを聞《き》き明《あき》ら」めるために僧都にしるべを依頼する、という説得のしかたは、すぐあとに小君に「母《は》に、いまだしきに言《い》ふな」(五-四〇〇ページ)云々と口がためするのをみれば、この場所における限りで口実にはたらいている。僧都が「げに」とうなずいたのはこの口実にたいしてではない。

　説得の語りは、たとい、詭弁を弄し、口実をもうけて心にもないことを述べたてたとしても、対話者は、その熱心さによっていつしか説得されるにいたる。それが語りという行為だ。そのうえ、作家がここに薫に言わせた道心と「ほだし」との葛藤する内容は、薫を薫たらしめる、構想上の重要な根幹としてある。僧都が「げに」と反応したのはそこだ。

　そして、道心の方向に深い主人公が「ほだし」によって一念をさまたげられる、出家しえないという造型は、すでに光源氏の物語において、主人公そのひとのどれほどくりかえす述懐であったか。第一部、第二部をつらぬき、すくなくとも葵の巻に葵上をうしなって以後、その思いは揺曳して、若菜上下巻以下につづき、御法、幻の両巻にいたる、それは不出家の主題とでもいうべきことではなかったか。(4)

　ここ夢浮橋の巻にいたるまで、薫もまた、光源氏と同一の嘆きをくりかえす。この造型はいうならば作家の業《ごう》以外でなかろう。前項に述べた「まどひ」と、道心の「ほだし」を述懐する薫とを、ここ『源氏物語』のとじめに同時に見いだすことができるとすれば、それは作家が、光源氏の物語以来、未解決のまま、それらを持ちこしてついに物語のさいごまで来ていることを意味する。作家そのひとの思想的成長は知らない。物語の男主人公に関する限り、光源氏と薫とは、二代にわたってついに思想的成長を示さなかった。思想的成長なきものとして二代を、作家は、造型したのだ、というのが正確だろう。

両者にちがいがあるとすれば、深刻になりまさってゆく時代そのものにあるといえるかもしれない。光源氏を前代、薫の時代を現在として、いずれも未解決の「まどひ」を物語のなかへほうりだしたことには何ら変わりなかった。

三　描きえないタブー領域

「げに」とうなずいた僧都のほうも、薫の生き方をよしとした。「いとゞたう《(ふ)》ときこと」(五-三九八ページ)とほめるのは、「げに」といううなずきとともに、薫の、以上に見てきた述懐を思想とよぶことができるとすれば、薫の思想を全面的に是認したことを意味する。薫のそうした思想を、「げに」と思い、「たう《(ふ)》ときこと」とする僧都に、何ひとつ疑わしいところはもうない。

貴族階級に飼われ、また多くみずから貴族階級の出である仏教者は、貴族たちのなかの道心の部分を保護し、世俗との矛盾、軋轢を最少限にとどめつつかれらを浄土に送りとどけるために生かされてある。

薫の道心が「聖《ひじり》に劣《おと》り侍らぬもの」と、口から、説明をうけた僧都は、「げに」とうなずき、「いとゞたう《(ふ)》ときこと」と思う、その心にやましさはない。

いったん辞退した手紙を、僧都は、書こうというきもちになるのだ。その手紙の内容は、効果をねらって、浮舟の眼のまえで、われわれ読者にも知らされることになる。その内容は浮舟にふたたび薫の愛人生活をつづけるように勧めるかたちのものとしてある。薫の要請「尋《たづ》ねきこゆる人なむある」とだけ書け、といわれた内容でなく、はるかに立ちいる。

思うに尼僧生活者浮舟に愛欲生活をせまろうとする方向にしか物語の将来はあるまい。横川僧都が、浮舟に還俗を勧めるのは、そうした物語の方向に添いつつ、しかも〝罪得《つみえ》ぬべき〟最悪の事態をまぬがれるために、ほかにありえない結論としてえらびとられた。

厳密にいえば僧都が、小君に眼をとめてほめるのを、うまいきっかけにして、「これ(=小君)につけて、まづほのめかし給へ」(同)と薫は僧都に手紙を書かせてしまう。僧都が小君をどうほめたのか知らないが、浮舟の実弟ということばかりでなく、僧房の少年愛の印象をただよわせる。

さて、僧都の手紙の内容は、「愛執《あいしふ》の罪《つみ》を晴《は》るかしきこえ給《(たまひ)》て、一日の出家の功徳《くどく》ははかりなきものなれば、なを《(ほ)》頼《たの》ませ給へ」というようなものであった。

(横川僧都の手紙)

けさ、こゝに大将殿のものし給《(たまひ)》て、御ありさま尋《たづ》ね問《と》ひ給ふに、はじめよりありしやうくはしく聞《き》こえ侍りぬ。御心ざし深《ふか》かりける御中を背《そむ》き給ひて、あやしき山がつの中に出家し給へること、かへりては仏の責《せ》め添《そ》ふべきことなるをなむ、うけたまはりおどろき侍る。いかゞはせむ、もとの御契《ちぎ》りあやまち給はで、愛執《あいしふ》の罪《つみ》を晴《は》るかしきこえ給《(たまひ)》て、一日の出家の功徳《くどく》ははかりなきものなれば、なを《(ほ)》頼《たの》ませ給へとなむ。……　(五-四〇二ページ)

(けさ、こちらに大将殿(―薫)の何しなさって(―いらっしゃって)、(そなたの)おありさま(を)尋ね問いなさるに(より)、最初からあった通り(を)詳細に申しあげたところでござる。(大将殿の)ご意向(が)深くてあったというおん仲を背きなさって、粗末なる山人のあいだに(まじり)出家なさっていること(と)、かえって(それ)は仏の責め(が)つけ加わるにちがいないことである(こと)をのう、伺いおどろく(次第で)ござる。どうしようは(ともあれ)、もとの(―前世の)お約束(を)犯しなさらないで、愛執の罪を晴らしてさしあげて、一日の出家の功徳は量りないものであるから、依然として(その功徳を)おたのみあそばせとのう。」

男の「愛執《あいしふ》の罪《つみ》を晴《は》るかし」てあげるためにふたたび男のもとにもどるように、という趣旨に何ら不明な感じはない。さきに「女の御身はいかゞあらむ」(五-三九七ページ)とあったのを見れば、ここに「愛執《あいしふ》の罪《つみ》を晴《は》るかし」というのは一種の婉曲的な表現であるのにほかならない。(5) まだ清算していないはずである男との愛情生活をつづけるように、僧都は浮舟に勧める。

浮舟が還俗しないことは、入水の自己批判と再出家という、(6) 周到な段階を経てきた以上、ありえないこととして物語の方向はある。僧都にはそれがわからなかったのだろうか。還俗しえないことの明らかな浮舟に、かえって堅固な拒否を予想して、還俗を勧奨するという文面をしたためたのであろうか。しかしながらそのように読ませることの可能な記述ではない。この僧都が、高僧であるのかどうか、準拠があるのかどうか、そんなことは知らない。準拠の幻想をうちやぶるに足る、物語の方向に仮借なくひざまずかされてある一僧侶がここにいるばかりだ。横川僧都の役割はここまでであろう。この僧侶は消えさるべきだが、浮舟もまた、再出家のいま、僧都のすすめを受けいれないとすれば、浮舟の物語として終わらざるをえない。書きつづけるとすれば、尼僧が、僧体のままで男に通じてゆくような愛欲的な主題を追求せざるをえなくなる。それは描きえないタブー領域のひとつなのであろう。

あとに薫がひとりのこされる。(7)

(1) 旧大系(山岸徳平)の頭注は「気にもかけない状態で」。『源氏物語評釈』(玉上琢彌)は「御自分は想像の限りをつくすこととて」と訳文し、さらに「心にかけない様子で、思いやりのない態度で、と解する説もある。宇治に隠しおいた経験から、お心の至らない隈なく想像をめぐらされた、の意とする説もある」と解説する(第十二巻、五八四~五八五ページ)。

(2) 「光源氏物語主題論」、『国語と国文学』一九八一《昭和四十六》年八月。↓第十章第一節。

(3) 「王権・救済・沈黙——宇治十帖」『源氏物語の始原と現在』一九七二《昭和四十七》年、『源氏物語入門』所収。

(4) 参照、阿部秋生「光源氏の発心」(『源氏物語研究と資料』紫式部学会編、一九六九《昭和四十四》年)、同「六条院の述懐(二)」(『東大教養・人文科学科紀要』48、一九六九《昭和四十四》年十二月)、および↓注2。

(5) 男の「愛執《あいしふ》の罪《つみ》を晴《は》るかし」てやるために女性があいてをする、という考え方を仏教的に肯定した説話は、まことに極端な例であるが、『日本霊異記』(中巻十三縁)の「愛欲を生じ吉祥天女の像に恋ひ、感応して奇しき表を示す縁」があろう(『今昔物語集』十七巻四十五語も同話)。遊女たちの生活の根柢にも同様の思想があるのではなかろうか。

(6) ↓注3。

(7) 原岡文子「「あはれ」の世界の相対化と浮舟の物語」(『国語と国文学』一九七五《昭和五十》年三月、『源氏物語 両義の糸』有精堂、一九九一《平成三》年、所収)は、『源氏物語』の終末に、物語の重要な拠点であろう「あはれ」の世界をすら相対化してしまった、いってみれば荒涼とした風景を読みとろうとする、問題提起的な一論として、記憶するにあたいする。相対化の方向を作家がおしすすめるならば、作品は逆説の色彩を帯びざるをえなくなってこよう。

第十三章　逢うことと別れること

第一節　うたと別れと――物語歌に見る出会いと別れ

一　別れの定め

源氏の君について、「やむごとなき御妻《め》どもいと多《おほ》く持《も》ち給ひて」（須磨の巻、二―三九ページ）と言われるように、多くの妻が競う、あるいは共存するという、一夫多妻制度を、高級貴族たちのあいだでは一般のこととする。『源氏物語』の時代の、現代とちがうこの結婚制度のむずかしさのうちにあって、それらを極端に無視せずに物語類を読まなければならないところが、われわれにとって相当に訓練を要する。

男と女とのあいだに、また同性のあいだに、出会いがあれば、別れもあって、この定めをはずれることはだれにもできない。雨夜のしな定めに最初に出る事例は、左馬頭のつきあったという、ちょっととらえどころのない、指を食う（嚙む、という程度の）女のはなしとして知られる。最初に「あはれと思《おも》ふ人」（帚木の巻、一―四六ページ）とあって、「あはれ」とは愛情を言う。愛情がある、とまずは説明されて紹介される。容貌に不足があるし、自分も若かったから、「よるべ」（同）とは思うものの「とまり」（同）と思わなかった、と左馬頭は語る。「よるべ」も「とまり」も、だいじな結婚や家にかかわる習俗の語彙ではなかろうか。「よるべ」とは頼り所の意、「とまり」とはさいごに止まる所の意、つまり終生の妻の意味だと考えてよかろう。この指を嚙んだ女は当初「よるべ」つまり頼りとする所と考えられたということで、むろん妻の一類としてある。

この女は「もの怨《えん》じ」(同)をはげしくする人だ、とされる。もの怨じはあられもない嫉妬の謂いであろう。女が男に向ける場合の嫉妬は一夫多妻現象を示す社会の特徴的な心理ではなかろうか。庶民層の場合は一夫一妻であるのが基盤だと見てよく、また庶民層でなくとも、一夫一妻をつらぬくことは自然のいきおいとしてありえてよい。富の集中その他の条件とあいまって一夫多妻現象がはじまる、と見られる。だから、一夫一妻と一夫多妻とは対立するというより、移行的、現象的な性格を有する、と考えたらどうか。

左馬頭のはなしを読むと、愛情がある、それがうすれた、といった展開をしているのではないことに気づく。これは雨夜のしな定め全体の趣旨にかかわることであったろう。結婚には一夫一妻もあれば、一夫多妻もある、という社会のなかで、最終的に添い遂げる妻に足る女性を、いかに、悪いことばながら物色するか、という趣旨がこの雨夜のしな定めにはつらぬかれてある。そのはじまりであるこの指を嚙んだ女の評価は、正妻にできるかどうか、正妻にはまあ不足だ、という結論であったろう。しかしこの女が亡くなってのあと、左馬頭は、「ひとへにうち頼《たの》みたらむ方《かた》はさばかりにてありぬべくなん」(一 - 五〇ページ)と反省をする。つまり最初に「よるべ」とまでは考えたことがあった、しかし「とまり」にしてもよかった、という反省であった。

このようなわけで、われわれは物語のなかが、愛情という、気体のようにふわふわした測りがたいものに包まれてあることを十分に承知しつつ、しかしまさにそれは測りがたいことであってみれば、それ以上話題にしにくいので傍らにおき、話題にできることとして、制度的な一夫一妻と一夫多妻とのあわいにあって、出会いもし、別れもしなければならないそんな〝関係〟の在り方を念頭において、以下に考えてみる。愛情があっても別れることはあるし、その反対のこともある。物語が描くのはそんなあやにくさをこそであって、けっして愛情中心の展開をではない、といささか反発をくらいそうなことをあらかじめ表明しておきたい。

二　添い遂げる条件

添い遂げるのが一人だとすると、一夫多妻現象の社会では、男から見て、その他の女とは、どんなに愛情があろうと、ほぼ別れなければならないことになろう。それはかりか、添い遂げてもやはり悲しい別れをいつかはしなければならない定めにある。添い遂げる女とは何か、と見ると、それが結果として身近な、実質的な正妻であると言うことができる。それ以外の女とは別れることになる、というのが模式的な理解となろう。たとい最初から正妻格として男の経営する家へはいっても、それをまっとうするとは限らない。

女から見ると、さからえぬ結婚の制度として、正妻争いに巻き込まれ、愛情のあるなし、あるいは濃い薄いを別にして、子女をえるか否かも別にして、財産権はみずからのものとして確保しつつ、しだいに性生活の終焉とともに、居所を別にしたまま疎遠になるなどしなければならない。添い遂げるのが一人だとすると、一夫多妻現象の社会では、あくまで模式的に言って、男の経営する家にはいるのが正妻である、ということになる。最初から圧倒的な本妻としてあることもあろうし、一方で『とりかへばや』のように「北方《(きたのかた)》二《ふた》所」(新大系、一〇六ページ)と言い切る場合がある通り、正妻かどうかはそんなに重苦しい実態でありえなかったろう。

一夫多妻現象下にあって、そのような別離が、けっして、何というか、はずかしいことでなかったことは、『蜻蛉日記』などに見られる通りであった、と言いたい。かくて物語には別れが満ち満ちることになる。その添い遂げるということについては『落窪』がそれをよく描こうとした、と見るべきだろう。むろん『落窪』が、夫婦の行くすえのさいごまでを書いているわけではないにしろ、そう考えてあやまりなかろう。落窪の女君はまさに男君に添い遂げる、しかも一夫一妻をつらぬいた事例として名高い。どんな次第でその現象は出てきたか。実は雨夜のしな定めにみられるのと深く共通するところとしてあって、落窪の少将はこの女性に最初、軽いきもちで近づき、彼女の虐待され、辛苦するさまを見て、特に「おちくぼの君」と蔑称されている境遇を知って、その愛情が深まり、継母北の方に復讐することを心に誓う、とともに、他の女性を排してこの女性をだけ守ることによって愛情の深さをあざやかに表現する、というかたちをとる。

だから男が、最初、色好みとして近づき、ついでこの人を伴侶と決めて将来を誓う、という流れにたいして、女のほうはそれにしっかりと応じてゆくということが、この物語の終わりのほうの主張になってくる。つまり男君が出世して左大臣から太政大臣にまでいたる、その大貴族家の家政を取りしきることができるか、という大変なことを女君は立派にやってのける。これこそが色好みの男の若き日にさがしあてようとした女性であった、という主張であると読める。『落窪』はその点が一貫していよう。女は最初、「人に知られぬ人はうしむ(＝有心)なるこそよけれ」(新大系、一九ページ)と言う。男はこの女性を「心深き」(同、一五ページ)女性だと考えて近づいた。「うしむ」と言い、〝心深し〟と言い、表面に目だたない、ということであって、そのような女性こそは生涯添い遂げるに足る人だ、という主張がこの物語にはつらぬかれると見られる。『源氏物語』の雨夜のしな定めの場合もまた、そういう人をさがし出せ、という主張をしていることになる。

さて、それにたいして、添い遂げることのない女性たちは、何らかの、生きながらの別れを甘受しなければなるまい。『落窪』の物語にもそのような事例があることを本節の最終に見よう。そのような別れという現象を名づけようがない。結婚と言い、離婚と言い、現代語であるから、現代からの類推をするにせよ、役所に届けるなどのかたちはとらないのだから、それに代わるいろいろな民俗慣習が、いわば制度というのか、別れを納得するための儀式のようにしてあったのではないか、という見当をつけることになる。

特に、男女が平等になることのできる場所である和歌のやりとりにおいて、そのような民俗の〝制度〟がどこかでかかわらなかったか、ということをここでの主要な関心事とする。

三　別れうたの定め(その一)――空蝉

空蝉という女君は源氏と密通の関係にある。空蝉の物語が終わるあたりの和歌は、死んだ夕顔をしのぶうた(対夕顔歌)や対軒端荻のうたと錯綜する。鈴木日出男氏の「光源氏物語の末尾の歌」[1]に取りあげられるところを視野にいれて、つぎのようにかかげる。

(光源氏《独詠》、夕顔を思いながら)

見《み》し人の、煙を雲とながむれば、夕《ゆふ》べの空も―むつましきかな　(夕顔の巻、一-一四一ページ)

○

(空蝉の贈歌)

問《と》はぬをも―などか、と問《と》はで、ほど経《ふ》るに、いかばかりかは―思《おも》ひ乱《みだ》るゝ　(一-一四二ページ)

(光源氏の返歌)

空蝉《うつせみ》の―世は―うき物と、知《し》りにしを、また言《こと》の葉にかゝる命《いのち》よ　(同)

○

(光源氏の贈歌)

ほのかにも―軒端《ば》の荻を結《むす》ばずは―露のかことを、何《なに》にかけまし　(一-一四三ページ)

（軒端荻の返歌）

ほのめかす風につけても―下荻《した》の、なかばは―霜に結《むす》ぼほれつゝ　（同）

○

（光源氏《独詠》、対夕顔歌）

泣《な》く〳〵も―けふは―わが結《ゆ》ふ下紐《したひも》を、いづれの世にか―とけて見《み》るべき　（一―一四四ページ）

○

（光源氏の贈歌）

逢《あ》ふまでの形見《かたみ》ばかり、と見《み》しほどに、ひたすら袖の朽《く》ちにけるかな　（一―一四五ページ）

（空蟬の返歌）

蟬《せみ》の羽《は》も―たちかへてける夏衣、かへすを見《み》ても―音《ね》は―泣《な》かれけり　（同）

（光源氏《独詠》）

過《す》ぎにしも―けふ別《わか》るゝも―二道《（ふた）みち》に、行《ゆ》くかた知《し》らぬ秋の暮《くれ》かな　（一―一四六ページ）

夕顔の巻の終わるところは和歌がこみあって印象深い。

源氏の君と空蟬との関係を見てゆくと、「問《と》はぬをも」歌は空蟬の手紙うたで、源氏の病気見舞いに寄せて、自身の伊予下りがせまるさすがに心細さに、もう忘れられたのかと、贈ってよこす。私が見舞いをしないことをなぜかも聞いてくれないのか、と。別れの状態にあることはまちがいない。「めづらしきに、これもあはれ忘《わす》れ給はず」と、源氏の返す「空蟬《うつせみ》の」歌がある。「知《し》りにし」の「し」は直接の過去を示す。すっかり過去になってしまった二人であると確認しつつ、うたとして返し、また「言《こと》の葉にかゝる命《いのち》」（＝あなたのことばにすがって生きる命）というところ、まったく切れるところまでゆかないので、これを別れの状態と称してみる。

「逢《あ》ふまでの」という源氏の君からのうたにいたって、小袿を空蟬に返す。これが男からの別れのアピールであろう。女の「蟬《せみ》の羽《は》も」歌は、「小《こ》君して小袿《こうちき》の御返《(かへり)》ばかりは聞《き》こえさせたり」とあって、別れの直前にある。注意したいのが、こののちの、源氏の「過《す》ぎにしも」という独詠らしいうたであって、これが読者に向けての別れの報知となっていよう。本人同士の確認という、制度よりははるかに神秘的、呪術的であろうと、装置としてある。直前のうたによって本人同士の確認直前までいったことをこのうたがだめ押しのようにする、という意味での。返辞のうたがない、というところが、別れの成立を意味する、ということではなかろうか。

空蟬はこのあと、末摘花の巻、関屋の巻以下にあらわれるものの、すべて〝別れた〟あとの形象であると見ぬく必要がある。

四　別れたあとの〝未練〟から出家へ

ところで今回、読み返してみて、私の気づいた限りで、源氏の君のみぎの、

過《す》ぎにしも―けふ別《わか》るゝも―二道《(ふた)みち》に、行《ゆ》くかた知《し》らぬ秋の暮《くれ》かな　（夕顔の巻、一-一四六ページ）

《死んで行った人（―夕顔）も、きょう別れて伊予の国へ旅立つ人（―空蟬）も、道二つに、これからの行方を分からぬ秋の暮れであることか》という独詠の、「秋の暮《くれ》」という季節は、関屋の巻の九月つごもりのときというのと一致する。それればかりでなく、空蟬の女君が、そこ、関屋の巻で詠む独詠と、はるかに呼応しているように読めてしかたがない、と言うことがある。

（空蟬《独詠》）

行《ゆ》くと来《く》と、せき(—関、堰き)とめがたき涙をや—絶《た》えぬ清水《し》と人は—見《み》るらむ　(関屋の巻、二-一六〇ページ)

このうたは、源氏の「過《す》ぎにしも—けふ別《わか》るゝも—二道《（ふた）みち》に」云々のうたにひびきあうと見ることができる。この「行《ゆ》くと来《く》と」歌は読みが二通りあって、ひとつは空蝉そのひとが常陸へ行った過去といま帰京するときとを《行くのと来るのと》と言うのだ、と見るのが現代におこなわれている解釈としてある。新大系でもそれにしたがう、とともに『湖月抄』の、行く源氏と来る空蝉とが行きちがう、という解釈をあわせ載せる。源氏のうたとの呼応から見ると、その古い解釈をも捨てがたいことではないか。

みぎのような未練のこもる内容から見ると、女君としてなお別れがたいということになるのだろうか。しかし関屋の巻は空蝉の出家をさいごに告げる一巻でもある。

つづく源氏と空蝉との手紙のやりとりに目を移そう。

(光源氏の贈歌)

一日《（ひとひ）》は契《ちぎ》り知《し》られしを、さはおぼし知《し》りけむや。

わくらばに、行《ゆ》きあふ道をたのみしも—猶《（なほ）》かひなしや。しほならぬ海《うみ》

関守《せきもり》の、さもうらやましくめざましかりしかな。　(二-一六一ページ)

(空蝉の返歌)

あふさかの関や—いかなる関《せき》なれば、しげきなげきの中をわくらん

夢のやうになむ。　(二-一六二ページ)

源氏の「わくらばに」歌は、空蝉の「行《ゆ》くと来《く》と」歌にそれとなくかようところが感じられるので、耳にはいりようのなかった女のうたであるからには、不思議というほかない。かえってこの手紙のやりとりが、呼応を果たしてい

ない、ばらばらの贈答であるように見える。むろんすべて作者の計算があって書いていることだ。常陸介(もとの伊予介)のことを「関守《せきもり》」云々と言って、人妻を盗んだ源氏としての反省の色が見られない手紙であるのにたいして、空蟬は男と女とのあいだにある「関」を詠みかける。

あくまで終わりしのちの男女が詠みあうという趣向の贈答であると指摘したい。

老いた常陸介(―常陸《ひたち》の守《かみ》)を見るにつけて、〝心にうき宿世があるわが身として、さらにこの夫と死に別れることになると、落ちぶれさすらうことになるのだろうか〟(一 - 一六二ページ)と空蟬は思い嘆く。常陸介の死後は、身ひとつの「うき」こととして嘆き暮らすのにたいして、すき心のある河内守(もとの紀伊守)が言い寄ってくる、ということがあり、〝うき宿世がある身で、かように生きのこって、はては継子に言い寄られるなんて〟(一 - 一六三ページ)と、ついに尼になってしまう。ここに「うき」を三回くりかえしているように、空蟬の出家の要因はつらい(―うき)我が身の宿世によってであり、継子に言い寄られることがつよい原因ではなかろう。ずっとあとの浮舟の出家に際しても、中将という男の懸想を持ちこんでくる、ここはおなじ作家の手法としてある。

五　別れうたの定め(その二)――玉鬘／六条御息所／明石の君

玉鬘は、これも鈴木日出男論文のかつて取りあげた箇所で、思いを寄せているのに情交の成立しないという、このような場合も《結婚》の視野にいれて、真木柱の巻から見ておく。

(光源氏の贈歌)

かきたれてのどけき比《ころ》の、春雨に、ふるさと人をいかにしのぶや　(真木柱の巻、三 - 一四〇ページ)

(玉鬘の返歌)

ながめする軒のしづくに、袖ぬれて、うたかた人をしのばざらめや　(同)

○

(光源氏《独詠》)

思はずに――い手《(ゐ)で》のなか道《みち》――へだつとも、言《い》はでぞ――恋《こ》ふる山吹《ぶき》の花《はな》　(三‐一四二ページ)

○

(光源氏の贈歌)

おなじ巣《す》にかへりしかひの、見《み》えぬかな。いかなる人か――手《て》にぎるらん　(三‐一四三ページ)

(鬚黒《代わって返歌》)

巣《す》がくれて、数《かず》にも――あらぬかりの子を、いづ方《かた》にかは――とりかくすべき　(同)

「かきたれて」歌は源氏の君の手紙のそれで、「ふるさと人」とは源氏自身を言う。右近が、鬚黒大将の留守に、こっそり見せると、玉鬘はうち泣いて、わが心にも時がたつままに、源氏のありさまが思いだされるものの、事実上、鬚黒の取るところとなっている彼女として、いつかどこかで源氏との〝関係〟の解消を読者にたいして報知しなければならない。「ながめする」歌は、玉鬘の返辞のうたで、「うたかた人」は不明語と言われる。この贈答が別れの確認になって、つぎに源氏の独詠歌「思はずに」がある、という段どりであろう。玉鬘のかつて住まいした(いまはもういない)居室にやってきて、再度書くと、

「色《いろ》に衣を」などの給《(たまひ)》て、

「思はずに――い手《(ゐ)で》のなか道《みち》――へだつとも、言《い》はでぞ――恋《こ》ふる山吹《ぶき》の花《はな》

顔《かほ》に見《み》へ《(え)》つゝ」などの給《(たまふ)》も、聞《き》く人なし。かくさすがにもて離《はな》れたることは、このたびぞおぼしける。(三‐一

四二ページ）

と、まさに「聞《き》く人」のいない独詠としてある。

これがふたりの別離を確認する（―読者へ知らせる）ことになっていよう。「おなじ巣《す》に」歌は玉鬘にあてた手紙のなかのうたながら、親めいて書かれたそれで、これへの返辞は代わって鬚黒がする。源氏―玉鬘の別れの成立のあとを示したのかと知られる。

六条御息所はどうか。

（六条御息所の贈歌）

神垣《がき》は―しるしの杉《すぎ》も―なきものを、いかにまがへておれ《(を)》るさか木ぞ　（賢木の巻、一―三四五ページ）

（光源氏の返歌）

少女子《をとめこ》があたりと思《おも》へば、さか木葉《ば》の香をなつかしみ、とめてこそおれ《(を)》　（同）

〇

（光源氏の贈歌）

あかつきの別《わか》れは―いつも露けきを、こは―世に知《し》らぬ秋の空かな　（一―三四六ページ）

（六条御息所の返歌）

おほかたの秋の別《わか》れも―かなしきに、なく音《ね》なそへそ。野辺《のべ》の松虫《まつむし》　（一―三四七ページ）

〇

（六条御息所《独詠》）

そのかみをけふは―かけじと、忍《しの》ぶれど、心のうちにものぞ―かなしき　（一―三四九ページ）

○
（光源氏の贈歌）
ふりすてゝけふは―ゆくとも、鈴鹿《すゞか》河―八十瀬《やそせ》の浪に、袖は―ぬれじや　（一―三五〇ページ）
（六条御息所の返歌）
鈴鹿《すゞか》河―八十瀬《やそせ》のなみに、ぬれ〳〵ず。伊勢《いせ》までたれか―思《おも》ひ（を）をこせむ　（同）
○
（光源氏《独詠》）

行《ゆ》く方《かた》をながめも―やらむ。この秋は―逢坂山《あふさか》を霧なへだてそ　（一―三五一ページ）

野の宮を訪ねる場面の、御息所の「神垣《がき》は」歌と、源氏の「少女子《をとめこ》が」歌との贈答は、「やう〳〵いまはと思《おも》ひ離《はな》れ給へるに、さればよと、中〳〵心動《うご》きて思《おぼ》し乱《みだ》る」（一―三四六ページ）と、微妙な書き方に書きあやされる。神垣のなかで、〝禁断〟であるかどうかわからぬものの、情事があったのではないか。あったかなかったか、絶妙の書き方としてある。その明け方にこそ別れが演じられる。「あかつきの」歌、「おほかたの」歌と、伊勢下向を直前に、別れを前提にしたふたりであるように見える。独詠歌「そのかみを」（六条御息所）のあと、宮中を出て、伊勢へおもむく。二条院のまえを通るとき「ふりすてゝ」歌、「鈴鹿《すゞか》河」歌の贈答があるのは別れの状態をあらわすのだろう、その返しうたは関のかなたから詠まれる。そのあと源氏の君の独詠する「行《ゆ》く方《かた》を」歌によって別れが成立する、つまり別れが確認されるということではなかろうか。

明石の君はどうか。

明石の君は、やはり添い遂げる女性でありえない以上、どこかで別れなければならない。それはどこであろうか。

源氏が独詠歌を詠むか、明石の君が詠むか、というところも興味の持たされるところとしてある。以上に見てきたような、玉鬘や六条御息所の場合から類推して、予断をもちながらそんな明石の君の独詠歌をさがしてゆくと、われわれは野分の巻にゆきあたる。

源氏は野分見舞いに明石の君を訪れる。しかしそれはあまりにもあっけない訪問と辞去とであって、二人のあいだが〝切れている〟ということを如実に示した書き方ではないか、と思われる。箏の琴をかきならし、端近くいる女君のもとに、前駆《さき》を追う声が聞こえる。普段着のすがたをしていた彼女は、略礼服である小袿を衣架からすっと引き落として着るという、けじめ(―礼儀正しさ)を見せる。源氏は、端のかたに座り、大風騒動ばかりをとぶらって、つれなく立ち帰る。そこのところ「心やましげなり」(野分の巻、三-四六ページ)と、作者は女君の心情を伝える。かくて源氏が立ちさったあとに、その独詠歌はある。

(明石の君《独詠》)

おほかたにおぎ《を》の葉《は》過《す》ぐる風のを《お》とも―うき身ひとつにしむ心《ここ》ちして　(野分の巻、三-四六ページ)

明石の君はこの物語のなかのすぐれた歌人である、と思われてならない。[2] その彼女にして、彼女らしいうたのさいごがこれであることをぜひ注意したい。

あとは、若菜上の巻で明石の尼君らとの唱和歌、そして御法の巻に紫上への返すうた、さいごに幻の巻にて源氏の君への返しうたがある。それは幻の巻であり、別れの状態をそこまで引きずるとは考えられないとすると、男女関係の最終的な別れの確認としてこの野分の巻がある、と見てよかろう。

物語のなかの女には、別れののち、出家する場合と、出家しないままにある場合とがある。見たように空蟬は「うき」宿世をきらって出家する。六条御息所も出家する。しかしみぎの玉鬘と明石の君とは物語の最終にいたるまで出家をしない。出家をするしないには何らかの〝制度〟的なかかわりがありはしないことであろうか。物語のなかには添い遂げられない関係が満ちあふれている。同性のあいだにも、むろん愛情があって別れなければならないことが多々あろう。

六　出家する朧月夜尚侍

『源氏物語』に登場する女たちについて、ごくおおまかにならい、主要な女たちのうち、出家を遂げる彼女たち(うえに述べた空蟬や、藤壺中宮、朧月夜、女三宮、そして浮舟)は、大体、密通を犯して、そののちのいつの時点でか別れ、そして出家をする。それは顕著な事実として指摘できる。逆に言うと、密通を犯さなかった女性たちは、うえに見た六条御息所、そして朝顔斎院を除いて、紫上、明石の君、秋好中宮、夕顔、末摘花、花散里、落葉宮、雲居雁、真木柱、弘徽殿女御《大后》、玉鬘、宇治大い君、中の君、明石中宮など、出家をしない。密通が『源氏物語』のなかで罰せられる罪だ、という見当をつけることができる。彼女らは世間の通念によってか、それとも作者によってか、出家へ追いこまれてゆく。

おなじことは男についても言われるべきだと思うものの、高級貴族たちのあいだでの制度としてある一夫多妻の結婚形態をあくまで前提とする限りで、夫のある女に男が通じる密通の、例示すべきかずがすくない。そういう不均衡があるために、多くを言うことができない。はっきりしている光源氏の場合なら晩年に出家をしたらしい。しかし柏木は出家をせずに死ぬ。逆に朱雀院の出家は密通と関係なさそうに見られる。浮舟に通じる匂宮は物語のさいごに見る限りで出家することがない。女性についてのみ密通と出家との高い相関を指摘できるかと思う。

密通の関係を結婚や離婚の範疇に置いてみることに、抵抗をおぼえる人が多いかもしれない。しかし一夫一妻だけを結婚と考える狭い立場に立つのならともかくも、そうでなければ結婚の範囲をできるだけひろげて考えたい、それが物語の読み方、もしかしたら当世の物語学のなかだけでもぜひ通用させたい読み方としてある。

現代の読者に人気の高い朧月夜尚侍という人は、出家というかたちの俗世間との別れを若菜上の巻で告げる理由が、いまひとつわかりにくい。しかし彼女の、源氏の君との、たびかさなる密通関係にその原因をもとめるならば、かなり解きほぐせる。さきに見た空蟬や源氏の君のうたに似るこんなやりとりがある。別れうたの常套文句を駆使してなる、ということだろう。

(光源氏の贈歌)

年《とし》月を中にへだてて―逢坂《あふさか》の―さも―せきがたく落《お》つる涙か　(若菜上の巻、三-二五三ページ)

(朧月夜の返歌)

涙《なみだ》のみ―せきとめがたき清水《しみづ》にて、行《(ゆき)》あふ道《みち》(―近江路)は―はやく絶《た》えにき　(同)

分かりにくいのは、何と言っても、このようなうたをやりとりしてから、かれらが情交をする、という展開ではなかろうか。うたとそのつづきとを書きだしてみると、このようにある。

(逢瀬の光源氏と朧月夜、現代語訳)

涙ばかり(が)せきとめがた(く流れる関の)清水で、(あなたと)行きあう道はとうのむかし絶えてしまったなど(と、朧月夜は)よそよそしく申し上げなさるけれど、むかしをお思いだしになる(につけて)も、だれのせいで多くはそんなひどい目(を)も見た世の大事件(であるか、それ)は、と(―ほかならぬ自分のせいで引き起こした源氏の君の須磨退居ではないか)とお思いだしになると、いかにもいま一度の対面はあってもよいはずだったこととしてある、と思い(が)にぶるのも、もとから慎重なところはおありでなかった人が、(この)何年はあれこれに世の中を思い知り、過ぎたことをくやしく、公私のことにふれるつど、際限もなく考えあわせなさって、ごくしっかりとお過ごしになってしまわれていたけれど、むかしが思い起こされているご対面に、あのころのこともとおからぬ思いがして、心づよくもこばみきれないでいらっしゃる。いまなお可憐で若々しくやさしげに、ひと通りでない世間への遠慮をも思いをも(あって)心が揺れ、嘆きがちにしていらっしゃる気色は、いま開始しているような(関係という)よりもすばらしく情感あって、(夜の)明けゆく(の)もまことに残念で、お帰りになるこころもない。(若菜上の巻、二-二五三ページ)

という、これが性描写と、その前後の描写とであった。別れたはずの、あるいは別れるはずの男女がなぜここで情交をするのか。よけいなお世話だ、と言われることを覚悟で、われわれはかれらの情交のわけを尋ねたくなる。「いま開始しているような(関係という)よりもずっとすばらしく情感があ」るというところは、多分に常套的な性の表現ながら、朱雀院の出家ののち晴れて結ばれるという感じがする。しかしそれでもって密通関係を超えたというのなら、朧月夜の出家をしなければならない理由はよわまろう。

別れることを前提にして情交を持つ、という事例は、さきに見た六条御息所の賢木の巻の場合もまたそうであったかもしれない。そこでのまさに情交があるともないともいずれにも取れる絶妙の書きっぷりは物語作者の技巧としてあろう。

朧月夜にもどって、密通関係を解消しえない罪を背負って彼女は出家した、と見るしかあるまい。若菜下の巻に見る。

(朧月夜の出家、現代語訳)

二条の内侍のかんの君をば、なお絶えず源氏は思い出し申しなさるけれど、かようにうしろめたい筋あいのこと

(は)つらい(―うき)ものにお思い知りになって、あのお心よわさもすこし思いなしに軽くお感じになったことだ。ついにご本意のこと(―出家)をなさってしまったことだ、と(源氏の君)はお聞きになっては、まことにしみじみと残念なこととお心が揺れて、まずもってお見舞い申しなさる。(出家を)せめて直前になりとほのめかしもしてくださらなくてあった無情さを、浅からず訴えなさる。（若菜下の巻、三‐三九〇ページ）

そして、

(光源氏の手紙のうた)

あまの世をよそに聞《き》かめや。須磨《すま》の浦に、藻塩《もしほ》たれしも―たれならなくに　(同)

がある。みぎは源氏の君の感懐を通して書かれており、この限りで見ると、女三宮の柏木との密通を知った光源氏が、朧月夜のことを思いあわせていささか軽い女であったと、あらためて思い知るという、やや奇矯な場面であって、男女のあやにくな関係を「うき」ものと思い知るとは源氏がであった。朧月夜正身は、

(朧月夜の思い、現代語訳)

早くから(出家は)お思い立ちになってしまってあったことであるけれど、この(源氏の)ご反対にかかずらって、他人にははっきりお示しにならないことだけれど、心のなか(に)しみじみと、むかしから(の)つらいご関係(―ちぎり)をさすがに浅くまあお思い知りになれないなど、あちらこちら(さまざまに)思い出されていらっしゃる。

……　(三‐三九一ページ)

そして、

(朧月夜の返状のうた)

あま舟にいかゞは―思ひ《(お)》をくれけん。明石《あかし》の浦《うら》にいざりせし君《きみ》　(同)

と思う。朱雀院の出家につづいて自分もそうするつもりだったのに、源氏の君の思いにかかずらって、いままで出家を延引していた、というのが朧月夜自身の感想である。そしてうたに「あま舟にいかゞは—思ひを《お》くれけん」（あなたはどうしてあま舟に乗り遅れたのでしょうか）と、源氏に出家をすすめるがわに立つような表現をする。

朧月夜の出家の理由は結局、自分の愛欲の処理ということもあるにしろ、藤壺中宮が桐壺院の一周忌に出家するのに似て、朱雀院の出家に合わせるというその本志は、密通関係の罪の洗浄を中心とする、ということになるのではあるまいか。この問題は次節でも取りあげる。

七　女三宮の別れと正妻問題

女三宮の場合は、源氏と柏木という、二人の男と別れることになる。

女三宮の作歌は特徴をつかみがたくて、字体ならば紫上が傍らから見て「御手《て》、げにいと若《わか》く幼《をさな》げなり」（ご筆跡がほんとに若くて幼い感じだ）（若菜上の巻、三－二四六ページ）と思っているから、たどたどしい文字を書きつけて源氏へよこしたということだろう。そのうたの詠みざままでが若く幼げであるかどうかは何とも言えない。女三宮の返辞を待っているのに、すぐには返ってこない、とあるためか、本人が返せなくて侍女なんかの代作かと見る古い注釈があるように、うた自体、体裁をととのえられてあり、幼い一方のそれだということでもないらしく、

（女三宮の返歌）

はかなくて、うはの空《そら》にぞ—消《き》えぬべき。風にたゞよふ春のあわ雪《(は)》　（三－二四六ページ）

と、源氏の贈る「中道《なかみち》をへだつるほどは—なけれども、心みだる、けさのあわ雪《(は)》」（三－二四五ページ）にたいしてやや恨み返す詠みぶりは、一応、理屈にかなっている。とともに、ずっとあとでの、浮舟の歌「降《ふ》りみだれ、みぎはにこ

ほる雪《ゆき》よりも―中空《なかぞら》にてぞ―われは―消《け》ぬべき」(浮舟の巻、五-二二五ページ)が思いだされるところで、浮舟のそのうたが密通の予告であることを考慮にいれると、そこから一条、見渡せるように、この女三宮のうたの場合は柏木事件を予告するようなそれになっていよう。

おなじく光源氏へ宛てる、

(女三宮の贈歌)

夕露に袖ぬらせとや―ひぐらしの―鳴《な》く(―泣く)を聞《き》く〳〵―おきて行《ゆく》らむ

かたなりなる御心にまかせて、言《い》ひ出《い》で給へるもらうたければ、……　(若菜下の巻、三-三八一ページ)

といううたは、光源氏のまだ気づいていないことながら、もう柏木との密通のあとのそれで、女三宮から詠みかける。それについて、源氏の感想に「かたなりなる御心にまかせて、言《い》ひ出《い》で給へるもらうたければ」とあるように、幼い詠みざまがこのうたの特徴であるらしい。しかしこれが、作中のうたとして秀歌か、それほどでもないか、つまり作家がよいうたとして主人公に詠ませているかいないか、ということになると、引きとめうたとして、源氏を泊まらせることに成功するだけの、きもちがこもるうたであるかが、判断の根拠となる。むろんうたを女から詠みかけることに何ら不都合さはない。

とすると、引きとめうたとはいえ、大人のうたならばもうちょっとは技巧をつけて、何というか、帰ろうとする男に、どうしても帰るなら帰らせてよいという余裕ないし自由を確保するうたが期待されている、ということではなかろうか。この若やかなうたをふりきってもし源氏が帰るとすると、女のほこりのようなものを傷つけることになろう。「おきて行《ゆく》らむ」の「らむ」が誤用の感じもあって、幼さが表現としてこもる。源氏は帰れなくなってしまう、というところではあるまいか。もし女三宮がすこしでも精神的に大人なら、むろん二人の男をかよわせる罪を恐れてここは源氏を避けなければならない場面であった。

これにつづく源氏のうた、

（光源氏の返歌）

待《ま》つ里も—いかゞ聞《き》くらん。かた〳〵に心さは《（わ）》がすひぐらしの声《こゑ》

などおぼしやすらひて、……　（同）

は、うたの内容（—もう一人の女が病んで里で待っていることだろう）から見ても、また「などおぼしやすらひて」とあるように、源氏の心のなかでのうた、つまり真には独詠歌と見るべき性格を有す。女三宮に和することができなくて、聞かれぬようにつぶやくうたとでもいったところであろう。厳密にいうと、女三宮のよこす幼いうたに、返されることなくそのうたが宙に浮いてはならぬという理由だけから、かろうじて源氏によってつぶやかれた、贈答にならない贈答歌で、心のかよわぬことをそれによってあらわす、という趣向かと思う。

女三宮と源氏とのやりとりはあと、出家後の鈴虫の巻に二回ある。

（光源氏の贈歌）

蓮葉《はちす》をおなじ台《うてな》と、契《（ちぎり）》を《（お）》きて、露のわかるゝけふぞ—かなしき　（鈴虫の巻、四-七二ページ）

（女三宮の返歌）

へだてなく、蓮《はちす》の宿《やど》を契《ちぎ》りても、君が心や—す（—住、澄）まじとすらむ　（同）

来世の一蓮托生を約する、という源氏の詠みぶりには、女三宮にたいして正妻格の待遇をしてきた、という事情がからんでいよう。添い遂げるべき女性はだれか、というのが、本節での、最初に立てた関心事であった。夫婦の一方がさきに他界すると、のこされたほうが出家するなりしてあとをとぶらう、というかたちを、添い遂げる模式として

見ると、ここでの《逆縁》である女三宮の出家はむろん夫婦関係の解消と見られる。そうすると、一蓮托生がむずかしくなることを源氏の君が詠むというのならわかる。うたのうえでのこととしても、一蓮托生を約するということでの重大な表明には、無視しえないわけがひそむはずだろう。正妻関係の〝制度〟的な解消は出家によって表明されるにせよ、なお呪術的関係というべきか、別れにいたらぬことの隠微な表明とみるしかあるまい。

（女三宮の贈歌）

大方《かた》の秋をば―うし、と知《し》りにしを、ふり捨《す》てがたき鈴虫《すずむし》の声《こゑ》　（鈴虫の巻、四‐七六ページ）

（光源氏の返歌）

心もて、草のやどりをいとへども、なを《(ほ)》鈴虫《すずむし》の声ぞ―ふりせぬ　（同）

二人は〝制度〟的な関係を出家によって現世にたちきっているように見えて、源氏がわからの未練が出てくるように、微妙な継続がある、とみることができる。ではなぜ女三宮は出家を試みたのであろうか。

八　女三宮の出家について

柏木にたいしては、答えうたを二首、女三宮はあたえる。それにたいする、柏木のうたは、最初の小侍従宛てをふくめて六首贈り、そのうちの一首は女三宮の返歌へのさらなる返しとしてある。また別に独詠歌が四首ある。密通関係によるとはいえ、この不均衡は非常に特徴的だろう。

若菜上の巻では、女三宮が、源氏の妻妾群のなかにあって対の上（紫上）に圧迫されている、と柏木は聞きおよんで、「かたじけなくとも、さる物は思《おも》はせたてまつらざらまし」（もったいなくとも、そのような物思いを自分ならさせはし申すまい」（若菜上の巻、三‐二九三ページ）と、女三宮をあきらめない。女三宮が正妻格の待遇として六条院へ迎えられてある、という前提があってなりたつ柏木の認識であろう。柏木が、女三宮を結婚あいてにできるためには、源氏がいなくなるか、せめて出家してくれるかしかない。柏木は源氏の出家を望むものの、それはあることでなく、結局、密通関係にいたる。

（柏木の贈歌）

おきてゆく空も―知《し》られぬあけぐれに、いづくの露のかゝる袖なり　（若菜下の巻、三‐三六六ページ）

（女三宮の返歌）

あけぐれの空にうき身《み》は―消《き》えななん。夢なりけり、と見《み》ても―やむべく　（同）

○

（柏木《独詠》）

くやしくぞ―つみをかしける。あふひ草―神のゆるせるかざしならぬに　（三‐三六九ページ）

もろかづら―落葉《おち》をなにゝひろひけむ。名は―むつましきかざしなれども　（同）

ここに「落葉《おち》」というひどい言い方を〝正妻〟女二宮にたいしてしているのは、女三宮のほうを恋する男の言としてまあしかたがなかろう。

（柏木の贈歌《手紙》）

いまは―とて燃《も》えむ煙《けぶり》も―むすぼほれ、絶《た》えぬ思《おも》ひのなを（ほ）や―残《のこ》らむ　（柏木の巻、四‐六ページ）

（女三宮の返歌《手紙》）

立《た》ち添《そ》ひて消《き》えや―しなまし。うきことを思《おも》ひみだるゝ煙《けぶり》くらべに　（四‐九ページ）

（柏木の贈歌《手紙》）

行《ゆ》くゑ《（へ）》なき空の煙《けぶり》となりぬとも、思《おも》ふあたりを立《た》ちは—離《はな》れじ　(四-一〇ページ)

この世をけぶりになって去る柏木は遺児をのこす。ずっとあとになって、橋姫の巻に柏木の〝遺言〟歌が、その遺児薫のもとでひらかれる。女三宮が出家したことを知っての時点での、辞世のうたということになろう。

(柏木《独詠》)

目《め》の前《まへ》にこの世をそむく、君よりも—よそにわかる丶玉《（たま）》(—魂)ぞ—かなしき　(橋姫の巻、四-三三三ページ)

命あらば、それとも—見《み》まし。人知《し》れぬ岩根《ね》にとめし松の生《お》い《（ひ）》末《すゑ》　(四-三三四ページ)

薫はこれらのうたのあることを知って、あらたまり出家すがたのわが母親をくいいるように見ることになる。なぜ女三宮は出家したのかというわれわれの問いはそのまま、薫のそれにほかならない。柏木の巻にもどると、女三宮は、出産後のひだちがすぐれず、そのついでに死にたいと思い、源氏が生まれた子、薫を格別には愛情をもって見ようとしないと知ると、「さのみこそはおぼし隔《へだ》つることもまさらめ」〔そんなふうにばかりはお心へだて(が)ふえてゆこう」(四-一三ページ)と恨めしく、わが身のつらさに、尼になりたい、とのきもちがつく。もののけがそう思わせた、ということはそれとして、源氏の愛情がうすれてゆくことを案じて出家を望む、とは密通への罪の意識がすくなすぎる、との感想をわれわれは言わざるをえない。

橋姫の巻にいたっても、薫の見る母親のおこないは、「いと何《なに》心もなく、若《わか》やかなるさまし給ひて、経読《よ》みたまふ」(四-三三四ページ)とあって、何ら精神的な成長のない女三宮のままにある。けれども薫は出家すがたの母親のうちにはっきりと密通の罪とその結果としてのおのれを凝視することになったろう。「よろづに思《おも》ひゐたまへり」(同)という巻末はそういうことだろうと思われる。

九　『落窪』の場合

こうした別れの手つづきには、別れ状態から別れへと段階があり、和歌がそこに介在するらしいと、そんなことを気づかされるのは、『落窪』によってであった。出会いがうたによって彩られることと、どこかで対応する、別れる儀式としてのうたの機能ということがあるのではないか。巻三の法華八講の場面に、三の君は、別れた夫の中納言（もとの蔵人少将）を見かける。

（『落窪』の三の君）

三の君、中納言を見《み》るに、絶《た》えたりしむかし思ひいでられて、いとかなしうて、目《め》をつけて見《み》れば、装束《さうぞく》よりはじめていときよげにてゐたるを見《み》るに、いと心うくつらし。……人知《し》れずうち泣《な》きて、

思《おも》ひいづや―と見《み》れば人は―つれなくて、心よはきは（わ）―我身《わがみ》（わが）なりけり　（新大系、二二三〜二二四ページ）

と。法華八講が終わって、中納言は帰ろうとして、ふと立ち止まる。なぜ立ち止まったかについて、「いみじう心うしと思ひいづるたましゐ（ひ）や行（ゆき）てそゝのかしけん」（たいそうつらい、と思いだされる魂が行ってそそのかしたのだろうか）とあるところは、三の君の独詠する「思ひいづや」歌にこもる力が中納言を立ち止まらせたのか、という説明であろう。中納言はふとこんなうたを三の君の弟（左衛門佐）に託して、ついに去る。

（『落窪』の三の君のもと夫中納言）

いにしへにたがはぬ君が宿見《やどみ》れば、恋しき事も―変《か》はらざりけり　（同、二二八ページ）

と。これにたいする返歌がない。なぜこれにたいして返歌がないのか。あるいは、物語のなかにこのエピソードがどうして必要なのか。中納言はすでに男君の妹と結婚しているから、三の君とは〝離婚〟状態にあった。ここに返歌を

しないことによって離婚が正式に成立した、ということをあらわすのかと思われる。

『落窪』の巻四にも、なぜ兵部の少（面白の駒）が、もとの妻の四の君にあてて、うたを贈ってくるのか、という問題がある。

（兵部の少、代作）

いまは――とて島漕《しまこ》ぎ離《はな》れ、行舟《（ゆく）》に、ひれ振《ふ》る袖を見《み》るぞ――かなしき　（同、二八五ページ）

四の君は再婚して、面白の駒と離婚状態にある。物語として〝離婚〟状態にあるその関係に決着をつけ、離婚を成立させるための、その確認ででもあるかのようにうたが贈られてくる。

『源氏物語』の場合は、このような〝制度〟のうえに、出家というかたちの別れが覆いかぶさってくる、というところがひとつややこしくなるのではなかろうか。

注

（1）鈴木日出男、『むらさき』二十二、一九八五《昭和六十》年七月。

（2）藤井貞和「うたの挫折」『源氏物語及び以前以後の物語』武蔵野書院、一九七九《昭和五十四》年、『源氏物語入門』所収。

第二節　正妻候補者たち

一　物語の結婚

いうまでもないことながら、平安貴族たちの結婚規制は一夫多妻としてある。一夫多妻というのは polygamy（《英語》複婚）ないし polygyny（一夫多妻）をあらわす術語であって、どちらが正確かというなら polygyny を採るものの、一般には polygamy として知られる。日本古代社会は貴族層を中心に、まぎれもなく複婚であり、かつ多妻であることを普通としている。一夫多妻として平安貴族たちの結婚規制があることは、歴史学、文化人類学からおしえられるまでもなく、古典文学を読むひとたちの、物語文学や日記文学に、日ごろしたしくふれている限り、よく知られるところであって、またそのことに関する基本の認識をぬきにすると、物語文学や日記文学、さらには和歌文学を読むことがほとんど不可能になってしまおう。

あらずもがなの、みぎのような確認からなぜ書きださなければならないのか。

八十年代の後半ころ、平安時代の結婚制度は一夫一妻制である、という学説が出まわった。古代律令をみるとそう書いてあるから、というのがその学説の根拠としてあるらしく、いかにも文学研究者らしいその律令のあつかい方など、なんら練りあげられた性質のものではなかった模様で、検討に耐えられるかどうか以前であったにもかかわらず、往々にしてあることながら、それの支持者がひろがり、時評での賛成意見も見られるようになって、ついには「源氏物語の新しいテーマ集50」といった企画もののトップに、「源氏物語の内なる婚姻制度とは何か」と題して、一夫一妻多妾制という提言は従来の一夫多妻制よりも実態に即しているとまで言われるにいたる。

それに前後して、私の、自分としては労作と思いたい単行本『物語の結婚』[1]や、「招婿婚文学論」そして「タブーと結婚」などのわが論文群が、ある研究誌上の関係論文目録から〝抹殺〟されるという文字通り憂き目にあった。結婚制度、特に〝一夫多妻〟に関する「源氏物語研究文献目録」と称するその目録に、七十年代のわが主要なしごとであった著書や論文が載らないということは、いわば学界からの抹消にひとしいあつかいではないか。私の抗議ないし嘆願を受けて、訂正版をだしてくれるよし回答があり、たしかに一九九九《平成十一》年四月になって、吉海直人氏の

『源氏物語 研究ハンドブック2』(翰林書房)の文献目録のうちに、それらの著書や論文があらためて登録されたので、その〝事件〟自体は解決を見た。しかし世は平安時代の結婚制度が一夫一妻(多妾)制であるという認定に向かいつつあるかのようではないか。

そういう世のなりゆきになると思いもしなかったから、わが『物語の結婚』では深くわきをかためるような書き方をせず、平安貴族たちの結婚規制が一夫多妻であることを前提として、論をすすめてある。それでも一応の、あとがきでの言明として、律令制度にもとづく婚姻史を物語にあてて読むタイプの読み方から、距離をとるところに文学研究としての意義があること、ならびに柳田民俗学の婚姻史からも距離をとりたい旨、私として述べるところがあった。[2]文学研究たる以上、繰り返し作品に即してうかがえるかれら自身の結婚の実態に立ちかえり、そこを起点にした研究に徹する、と言いつづけるしかない、と私は、そのあとがきに書いた態度を今後も言いつづけよう。

そもそも平安時代を律令体制の崩壊期としてとらえるので、何かの不足があろうか。崩壊のおくからゆるやかな規制としての古代結婚の実態が立ちあがる。物語文学が花をひらかせるのも結婚の規制がゆるやかであることを必要とする。たとえば交叉いとこ婚の優勢は『源氏物語』において観察されるところとしてあるにしろ、だからといって交叉いとこ婚がつよい規制にあるならば、物語文学は生まれようがあるまい。このことについては「タブーと結婚」[3]で十分に論じた。

二　正妻が男と蓮の座を分けあう

『物語の結婚』は、初版を刊行して十年ほどの段階で、内容上の補足を要する点がいくらか出てくる。一九九四年度には、ロイヤル・タイラー氏を中心とする国文学研究資料館での共同研究があって、そこで発表した「《逢ふ瀬》と別れと」(一九九五《平成七》年一月)にもとづき、ちくま学芸文庫版『物語の結婚』でのあとがきにはその補足を反映させることができた。

『物語の結婚』(創樹社版)に、《なお女三宮降嫁のはなしが出てきたとき、源氏の第一夫人的な女性である紫上は、「若菜」下巻に書かれてある年齢から逆算してかぞえると、まさに二十九歳。当時、三十歳が床離れの年齢であったとすると(折口信夫説)、紫上は、来年になれば、床を辞退して、若い女性に譲らなければならないとしてある》(九〜一〇ページ)とした箇所について、もし批判があるとするならそこに集中する。

私のあつかった平安時代の貴族社会における、

(1) 多妻制(polygamy, polygyny)がおこなわれていた、

(2) 正妻争いがあった、

という二つの条件を満たすために、床避り、床ばなれの一線を三十歳に敷いてみる、というのは〝仮説(4)〟であって、そのような(1)(2)が考えられない場合にならば、庶民的な一夫一妻婚や、中年、老夫婦などにあって、そういう問題が生じないことはいうまでもない。

物語や日記文学から読みとれることを大切にして考察する、という態度の堅持としてある。

〝第一夫人的な紫上〟というのがわかりにくかったかもしれない。葵上の死後、女三宮が正妻格の待遇として六条院入りするまでの長い歳月のあいだ、けっして正妻そのもののあつかいを受けていない紫上について、そう称したことがはたして安易であったろうか。紫上は生涯にわたってついに第一の妻でありえなかったのであろうか、ということを考えてみる。

さきに藤壺と源氏との関係についていうと、朝顔の巻末に、源氏の君は、亡くなった藤壺を慕いつつも、しかし三

途の川、三瀬川でかげも見つけることはむずかしく、また死後におなじ蓮のうえに咲くことができない、という独詠のうたを詠む。

（光源氏《独詠》）

おなじ蓮《はちす》にとこそは、

なき人をしたふ心にまかせても――かげ見《み》ぬ三《みつ》の瀬《せ》にや――まどはむ

とおぼすぞうかりけるとや。（朝顔の巻、二‐二七二ページ）

と。

散文からうたへ、そしてうたから散文へ、と流れるような終わり方をみせてとじられる。来世に源氏が藤壺と一緒になれないのは密通の関係であるからで、世間にゆるされる夫婦ではなかったことの確認としてある。それでも添い遂げる夫婦が極楽浄土でおなじ蓮のうえに咲く、一蓮托生を思い浮かべて、それがならないことを嘆く、ということでの源氏の考え方には、物語文学の読み方として、密通といえども結婚関係の視野において読むべし、ということがよくあらわれている。

「おなじ蓮《はちす》」ということと〝三瀬川〟とがみぎにセットになっていることは、たしかに気になるところであるにしろ、正妻の座としてなら前者（＝一蓮托生）に限定すべきで、後者（＝三瀬川の渡り方）と別の問題と考えるべきではなかろうか。

女三宮と源氏とのあいだはどうであろうか。うたのみを引くと、

（光源氏の贈歌）

蓮《はちす》葉をおなじ台《うてな》と、契《（ちぎり）（お）》をきて、露のわかる、けふぞ――かなしき（鈴虫の巻、四‐七二ページ）

（女三宮の返歌）

へだてなく、蓮《はちす》の宿《やど》を契《ちぎ》りても、君が心や――す（―住、澄）まじとすらむ　（同）

とある。これにみると、源氏が一蓮托生を来世に誓うように見えるのは、女三宮を正妻格として待遇していることのあらわしであることになる。しかし、むろん、過失と出家とに特徴づけられる女三宮に、源氏と来世に一つになる資格がない、ということを前提にして、このうたのやりとりは成立している。女のほうから、

君が心や――す（―住、澄）まじとすらむ

と、《澄む》をひびかせて、澄みきった心を持たぬ、出家せず俗世にいるあなたは極楽浄土で一緒に住むことがあるまいと詠んで、一蓮托生のならないことを認める。女三宮みずから正妻格の待遇をおりた恰好ではないか。

このうたよりまえに、女三宮の持仏開眼で、源氏の君はその持経を手づから書き、せめてものこの世の結縁にして、たがいにみちびきかわすべき心を願文に作る。みぎのうたはその心を示したものだろう。そのような願文を書いたことを塚原明弘氏は「出家した正妻への細やかな愛情に満ちた措置として、破格」「しかし、外向けの顔である」（「三瀬川を渡る時――源氏物語の浄土信仰」(5)）とする。

塚原氏は女性が死後に三瀬川をわたるとき、最初に逢った男に背負われる、という当時あったらしい俗信をふまえ、そのことと、蓮が話題になったりうたに詠まれたりすることとを結びつける。たとえばさきにみた朝顔の巻の藤壺／源氏関係は「ひっそりと藤壺の宮との一蓮托生を願う」「一蓮托生を願いつつ、三瀬川を共に渡るのが自分でないことに気づき、再会の不可能を知る」と論じられる。その当否はともかくも、蓮の花のイメージが正妻問題に深くかかわるらしいことを氏は的確に読みとっている。

私が「一蓮托生の座はだれのものか」「三途の川をだれと渡るか」（および「なぜ別れるまえに情交をするのか」と

いう三本柱）の課題を立てて前述のタイラー研究会（国文学研究資料館での共同研究）で発表したのは、からくも一九九五年一月六日のことであり、塚原氏の論文は翌月に出る、そして私のちくま学芸文庫版『物語の結婚』の「あとがき」は十月とある。研究はまさに同時多発的におこなわれるということにおどろくとともに、『物語の結婚』の「あとがき」に氏の論文を参照しえなかったことを残念に思う。

氏によれば、紫上は、最初に逢った男が源氏であるから、死後、再会できることになるという。そうかもしれない、とその俗信をうべなうとして、その女性がかならず一蓮托生ということでもあるのなら、源氏の蓮台には、葵上をおいて、女三宮も、明石の君も、朧月夜も、さらには末摘花までが押し寄せ、やってくるかもしれない。それにしても、その俗説は女性の複数男性関係を前提とすることになろう。

三瀬川を渡るだけなら、女三宮も、明石の君も、朧月夜も、末摘花も、源氏が引き受けて渡らせることに不都合はそんなになかろう。塚原氏は女三宮／源氏関係について、夫婦間の信頼が一蓮托生の必要条件であったとする。たぶんそういうことでよいとして、一蓮托生は一人だけ選抜される、それが正妻ということになろう。葵上はどうか。

（光源氏の言）

いかなりともかならず逢《あ》ふ瀬《せ》あなれば、対面《たいめん》はありなむ。おとゞ、宮なども、深《ふか》き契《（ちぎり）》ある中《（なか）》は、めぐりても絶《た》えざなれば、あひ見《み》るほどありなむとおぼせ。（葵の巻、一‐三〇六ページ）

とは夫婦であることの確認としてあろう。「逢《あ》ふ瀬《せ》」は、私の感触だと、親子が一世であるのにたいし、夫婦の中を二世のちぎりといっているように受けとれる。「逢《あ》ふ瀬《せ》」は、次項にも見るように、文字通り逢うことであって、死後も逢うことの約束であることはよい。しかし三途の川の瀬を渡ることであるとまで、とらなくてよいのではなかろうか。タイラー研究会での私の発表はそんなところであった。まして一蓮托生とはみぎに言っていない。つまり葵上は正妻候補としてあっても、ついにその資格を獲得するまえにその座をおりた、ということだと思う。添い遂げるということが必要条件なのではなかろうか。三瀬川についてなら、源氏よりまえの男性関係が葵上にかならずなかったとも言い切れまい。

かくて、紫上がさいごに、源氏にとっての添い遂げる女性として生をまっとうする、というのが大きな『源氏物語』正編の結構であった。若菜下の巻に、蓮の花が咲きわたるのを見て、小康の紫上が、

（紫上の贈歌）

消《き》えとまるほどやは—経《ふ》べき。たまさかに、はちすの露《つゆ》の—かゝる許《ばかり》を　（若菜下の巻、三-三七八ページ）

と詠む。源氏が、

（光源氏の返歌）

契《ちぎり》を《お》かむこの世ならでも—はちす葉《ば》に、玉ゐる露《つゆ》の—心《こゝろ》へだつな　（同）

と返す。「心《こゝろ》へだつな」とは、あの世ではおなじ蓮に、と男が女に同意をもとめる詠みぶりと見られる。

御法の巻に、

（一蓮托生）

後の世にはおなじ蓮《はちす》の座《ざ》をも分《わ》けん、と契《ちぎり》かはしきこえ給《たまひ》て、頼《たの》みをかけ給《たまふ》御中なれど、……　（御法の巻、四-一六三ページ）

とあり、おなじ御法の巻のとじめにも、

（同）

いまは蓮《はちす》の露も異事《ことぐ》に紛《まぎ》るまじく、後《のち》の世《よ》をと……　（四-一八〇ページ）

とある。これらはまさに正妻であることの確認だと知られる。したがって女三宮降嫁以前からも、紫上が第一夫人的な女性であるとすることは、そんなに不当な見方でもあるまいと信じられる。須磨、明石の巻の源氏不在の期間に紫上が、みやこに踏みとどまって家政を掌握したこともさることながら、源氏の暴風雨に呻吟する苦境のときに危険をおかして見舞いの使いを立てるあたりは、同伴者としての決意がなければできない勇気を示していよう。

以上は結婚規制のゆるやかさを前提として言えることであり、物語が描くことはまさにその柔軟性を根拠とする。さまざまな愛情の結びつきがゆるされる社会であってこそ『源氏物語』は生まれうる。さきに言いかけたことで言うと、もし結婚あいてが交叉いとこであることをつよい規制としているような社会なら、日本の物語文学は生まれようがなかろう。『源氏物語』内にみると、源氏／葵上という交叉いとこが結婚し、さらには夕霧／雲居雁も交叉いとこ婚であるから、二代つづくことになって、たしかに交叉いとこによる結婚が、発現しやすいといえるにせよ、けっしてつよい規制ではない。

三　《逢ふ瀬》と別れと

図式的に言って、一夫多妻制ということは、男性主人公から言うと、ひとりの妻と添い遂げることによって、他の女性たちと離別する関係になる。添い遂げえない朧月夜の君についてみよう。このひとには一蓮托生という考えがなく、また源氏がわにもそういう考えが見られない。

花の宴果てて、源氏の君は名を知らぬ女と出逢う。情交があって、うたを詠みかわし、扇を交換して別れる。

（朧月夜の贈歌）

うき身、世にやがて消《き》えなば、たづねても—草の原《はら》をば—問《と》はじとや—思《おも》ふ　（花宴の巻、一-二七七ページ）

つらい(わが)身(がいかにも)そのまま、
(―ただちに)消えてしまうならば、(あなたは)、
草の(墓)原をば(分けてまで)も、
尋ねて(名を)問おうと思わぬのでは

ふたたび右大臣邸にすいよせられるようにして近づく源氏の君は、うち嘆くけはいのする方によって、几帳越しに女の手をとらえる。(源氏)「梓弓《あづさゆみ》―いるさの山《やま》に、まどふ哉《(かな)》。ほのみし月のかげや―見《み》ゆると」(一‐二八四ページ)に答えて、

(同、返歌)

心―いる方《かた》ならませば、弓張《ゆみは》りの月なき空に、まよはましやは　(一‐二八四ページ)

とある。このあと情交があったろうと思えることは巻がここでぶっつりと閉じられるあたりに感じられる。

逢瀬をもとめあう二人は、賢木の巻にも見られる。女からのうたは、

(同、贈歌)

心から、方〳〵袖《そで》をぬらすかな。あく、とをしふる声《こゑ》につけても　(賢木の巻、一‐三五八ページ)

(同、贈歌)

木枯《が》らしの吹《ふ》くにつけつゝ、待《ま》ちしまに、おぼつかなさのころも―へにけり　(一‐三七四ページ)

とある。あとのうたは源氏の答える「あひ見《み》ずて、しのぶるころの涙《なみだ》をも―なべての空《そら》の時雨《しぐれ》とや―見《み》る」(一‐三七五ページ)とともに、逢うことのままならぬ詠みうたを構成する。源氏の君の返すうたがやや低調なのは気にかかるものの、密通の関係にある。

須磨退去のときには当然、文通となる。一体、朧月夜のうた全九首はすべて光源氏相手の贈答歌としてあって、源氏が多くの女性と詠みかわすのにたいして、みごとな一途さでかたどられる。

源氏出発まえの著名な「あふ瀬《せ》なきなみだの河に沈《しづ》みしや―流《なが》るゝ(―泣かるる)みお《(を)》のはじめなりけむ」(須磨の巻、二-一六ページ)にたいし、朧月夜は、

(同、返歌)

なみだがは、浮《う》かぶみなは《(わ)》も―消《き》えぬべし。流《なが》れて(―泣かれて)のちの瀬《せ》をも―待《ま》たずて　(須磨の巻、二-一六ページ)

泣いて泣いて涙の川にうかぶ、水の泡の私も、
消えてしまうことだろう。流れ流れての、のちの、
ふたたびの逢瀬まで待つことができないで

という涙にしずむうたを返す。もう逢えないことを前提にした詠みぶりになっている。

源氏の須磨からのうた「こりずまの浦《うら》の―みるめのゆかしきを、塩焼《しほや》くあまや―いかゞ思《おも》はん」(二-二四ページ)には、

(同、返歌)

浦にたく、あまたにつゝむこひなれば、くゆる煙《けぶり》よ。行《ゆ》く方《かた》ぞ―なき　(二-二六ページ)

浦に塩をやく、海人ですら憚る恋であるから、
くすぶる胸のけぶりよ。晴らしようがなくて

と答える(みぎの二首は意訳)。

このあと朧月夜は朱雀帝のもとに参内する。いわば帝の後宮に復帰するということは、朧月夜として、もう源氏に逢わないことをつらぬけるかどうか、試練となろう。たしかに、源氏がみやこに帰還してあと、さそいの手をのばすものの、それに女は応じることがない。そのまま彼女は源氏を避けつづけるかというと、しかしそうもゆかない。結果は朱雀院の出家ののち、朧月夜／源氏の情交関係が若菜上の巻で復活する。

もし問題をあらだててよければ、こういうことである。朧月夜は若菜上の巻で、朱雀院の出家ののち、源氏と情交関係をもつ。朱雀院が出家してしまったのだから、晴れて情交する、という関係だろうか。実は彼女自身が「尼《あま》になりなん」〔あまになってしまおう〕(若菜上の巻、三-二四九ページ)と思っているのではなかったか。つまり出家とは、男性関係をたちきって、修行に専念することを意味する。朱雀院と離別したばかりか、源氏ともこの世での無縁を遂げて別れる関係にはいることを意味する。別れるまえに源氏と情交する、ということの理由が説明されなければならないことだろう。晴れて源氏と結ばれるというのなら、自身の出家の理由が薄弱だし、しばらくのちに出家する予定なら、源氏との情交関係をここで復活させることにはどうにも軽薄さがつきまとう。

「づしやか」でない(若菜上の巻、三-二五三ページ)、と言われることを根拠に、朧月夜は〝軽薄な女〟だとわれわれが認定するとしたら、それはひとつの結論としてありうる。

しかし和歌をたぐり見てゆくと、二人の関係が、出家まえの、別れる直前でありながら、どうしてもそうならざるをえなかったいきおいとして、わからなくもない、という思いがしてくる。

さきに女は、須磨の巻で、

(朧月夜の返歌)

なみだがは、浮《う》かぶみなはも(わ)—消《き》えぬべし。流《なが》れて(—泣かれて)のちの瀬《せ》をも—待《ま》たずてというたを男君に返した。「のちの瀬《せ》」(のちの逢瀬)を待たずにわが身は消えることだろう、という詠みざまにもかかわらず、消えない身をいまにさらしているここ若菜上の巻では、その〝のちの逢瀬〟を避けえなくなる可能性がかえってあろう。

源氏が訪れて、「年月《とし》を中にへだてて—逢坂《あふさか》の—さも—せきがたく落《お》つる涙か」(若菜上の巻、三-二五三ページ)と詠む、それに答えて、

(同、返歌)

涙《なみだ》のみ—せきとめがたき清水《しみづ》にて、行《ゆき》あふ道《みち》(—近江路)は—はやく絶《た》えにき (同)

と答える。これははっきりとした拒絶であり、「逢う道はとうに絶えてしまった」とは断言というに近い。しかしそれはうたのうえだけのことで、実際にはいまひとたびの対面はあってもよかったことなのにと、きもちがよわくなり、一夜をともにする。その時の朧月夜の年齢は、まったく知られぬものの、朱雀院より五つぐらい若いとすると三十七、八というところだろうか。

明け方の別れに、源氏のうたは「沈《しづ》みしも—忘《わす》れぬものを、こりずまに身も—なげつべきやどの藤なみ」(三-二五五ページ)とあり、

(同、返歌)

身を投《な》げんふちも—まことのふちならで、かけじや—さらにこりずまの浪 (三-二五五ページ)

は、それに答えて、ともに須磨の巻での別れ別れを共通体験として確認するような詠みざまとしてある。ふたりは逢瀬をかさねる(三-二五九ページ)。若菜下の巻にいたって彼女の出家が知らされる。そののちのうたも、源氏のうた「あまの世をよそに聞《き》かめや。須磨《すま》の浦に、藻塩《もしほ》たれしも—たれならなくに」(三-三九〇ページ)にたいし、

（同、返歌）

あま舟にいかゞは―思ひをくれけん。明石《あかし》の浦《うら》にいざりせし君《きみ》（若菜下の巻、三‐三九一ページ）

と、須磨、そして明石という体験をやはりふまえる贈答としてある。

四　女性関係一覧

朧月夜が、源氏との関係で、〝蓮の花〟云々と言われたり、詠みこまれたりする心配はない。それにたいして六条御息所は正妻候補としてあろう。その高貴さということもあって、賢木の巻のはじまりに、葵上の亡くなったあと、「さりとも」（賢木の巻、一‐三四二ページ）と、世人もそう思い、宮のうちに心ときめきしたというのは、六条御息所に正妻の地位がまわってきそうだ、という感触だろう。しかるに源氏は冷たいあつかいを彼女に向ける。六条御息所もまた、源氏の真意を知って、みやこをはなれる決意をかためてゆく。

六条御息所／源氏関係で一蓮托生が詠まれないわけは、塚原氏の言い方をかりれば、夫婦間の信頼が必要条件であったとした、ということでよいのではないか。葵上をとり殺したことを源氏が疎ましく思わぬはずはなかろう。

他の女性関係をもふくめて書きだしておくと、

葵上	親がかり		正妻候補
藤壺	恋愛関係	密通	
空蟬	恋愛関係	密通	
夕顔	恋愛関係		
六条御息所	恋愛関係		正妻候補

紫上　　恋愛関係　正妻候補　＊
末摘花　恋愛関係　＊
源典侍　恋愛関係
朧月夜　恋愛関係　密通　（＊）
五節　　恋愛関係　（＊）
朝顔　　恋愛関係　（＊）
花散里　恋愛関係　（＊）
明石の君　親がかり　＊
女三宮　親がかり　正妻候補　＊（柏木と密通関係）

となろう。親がかりか恋愛関係か、正妻候補か否か、密通関係かどうか、運命的かどうか、という観点から書きだしてみた。＊印は源氏と逢った時点で最初の男性関係だったらしいという推定を示し、（＊）はそれがやや不確実であることを意味する。

注

（1）　創樹社、一九八五《昭和六十》年、同・増補版、ちくま学芸文庫、一九九五《平成七》年。
（2）　一九八五《昭和六十》年のあとがき(部分)に、私は、
古代日本社会は律令制度の行きわたった時代だといわれる。律令制度は古代人の社会生活を大きく規制したばかりでなく、精神生活にまでかなり食い込んだと見ないわけに行かない。だから律令制度の影響を軽視するつもりはない。けれども一方に、古代人の社会生活や精神生活が律令以前の慣習や観念を大きくのこし、それに規制されているという、より深

層の面をも、文学を読みすすめると、さまざまに感じ取らずにはいられない。古代貴族のベースは何といってもそのような民俗社会であったようである。婚姻についていうと、律令はなるほど嫡妻制度を定めている。しかし藤原道長は主要な二人の妻をどちらも正妻であるかのように取りあつかう。古い婚姻の規制が生きているので、古代貴族は絶えず律令の精神と妥協しつつそれ以前から来た民俗心意や社会慣習をも生きて怪しまない。

律令制度を方法上の手つづきとして排除してみると、古い民俗社会の慣習や心意が見えてくることが期待される。そのような慣習や心意を観察することをゆるしてくれるものが文学作品のたぐいではないか。

歴史家は史料（公家日記など）を基礎にして考察を推しすすめるものの、史料をいかにあつかうかというところに史観がはたらくから、婚姻史の記述は学者によって大きくかわってくる。その点、文学作品、たとえば『蜻蛉日記』は、あらかじめ主観につらぬかれた視界ながら、その主観そのものを通して結婚生活が一元的に見つめられているから、ある文学者（道綱母）が婚姻および〝性〟をどう考えたかということを知る第一等の資料たりうる、と考えられる。

本書はあくまで文学作品が自分たちの結婚をどう考え、どう表現したかということの考察を主眼とした。

民俗社会からの研究としては柳田國男の著述のかずかずを忘れることができない。しかし柳田の婚姻史論を古典文学にかぶせて理解することもまた本書の立場としては本末顚倒になるから、その態度を採らない。

と述べた。

（3）『国語と国文学』一九七八《昭和五十三》年十月号に発表し、『源氏物語の始原と現在』（定本）および『物語の結婚』ちくま学芸文庫版に収める。

（4）金田元彦「源氏物語私記――若菜の論」（『折口博士記念古代研究所紀要』三、一九七七《昭和五十二》年三月）に折口学説が引かれる。

（5）塚原明弘、『王朝文学史稿』二十、一九九五《平成七》年三月。

〝三瀬川〟がさらに後期物語文学に主題化された次第についてはちかごろのものとして立石和弘「『とりかへばや』の性愛と性自認」（『女と男のことばと文学』森話社、一九九九（平成十一）年）がある。

第三節　性自認の曖昧性

一　宇治八の宮による教育

叙述が、たとえば現代のわれわれからみて、性的なゆらぎである、性自認の曖昧さによって苦しむ主人公たちを描きとっている、と知られる場合にせよ、物語はそのような批評や、まして断罪のために書かれるはずもない。それどころか、自身が何によってかくも苦しませられるのかをみずからに明らかにしえない、かれら主人公たちの、苦しみの理由、よってきたる理由そのものを、物語それ自体もまた、けっして、心理学のようには、明らかにすることのできない性格としてある。

物語は悠然として、しかし間然たることなくついに描きとるということしか役割をもたない。性自認の曖昧さなら曖昧さ自体を、焦点化し、精密に叙述しすすめるということはよいとして、そのことによってかれら主人公たち自身が、自分の苦悩について何か悟るところがあったり、救済の方途に覚めたりというようにはならない。またどう読むかは自由な一面があるにせよ、とりあえずは主人公たちの自身に明らかにしえない苦悩そのものに随順して読みすすめることを、読者の第一の務めとするほかない。

女主人公たちがどう育てられて成長し、何を感じ、また考えて世をわたってゆくかは、物語や日記文学のすぐれて描きだすところであった。宇治大い君という女主人公に注意してみると、父親の八の宮は、長女である彼女をさずかり、引きつづいて次女、中の君にめぐまれるものの、引きかえに母北の方がなくなり、父子家庭となって、この世に取りのこされる。橋姫の巻のはじまりである。

愛する妻にさき立たれ、出家の思いも果たせぬままに、ふたりの娘を愛育する。とりわけ中の君のほうを、北の方の「たゞこの君を形見《かたみ》に見給《み》ひて、あはれとおぼせ」(橋姫の巻、四 - 二九九ページ)という、のこしたことばにしたがって、宮はとりわけかわいがる。ふたりの娘のうち一人を特にいつくしむという、えこ贔屓とみてよかろう。次女は容貌が実にうつくしい、と書かれているから、それに較べて姉のほうはそうでもなさそうに読まれる。姫君は心ばせがしずかで、よしある(—たしなみが深い)ほうで、見る目も、身のもてなしも、気高く心にくい(—おくゆかしい)さまをしている、とはくりかえされる大い君としての特徴であった(四 - 三〇〇ページ)。

八の宮は仏道修行の一方に、一心にこのふたりを育てつづける。とは、仕える侍女たちが、中の君を大切にせず、さらには宮家の衰亡をきらってつぎつぎによそに転出してゆき、ばかりか選定した乳母の心が浅くて、幼い子を見捨てて出てゆくという情けない始末。乳母なくしてどのように八の宮が下の子を育てることができたというのか、かろうじて乳児の域を脱していたか、と想像するしかない。侍女たちが何を考え、どう行動するかはきわめて重要な事項としてある。

仏道修行のひまひまに、姉には琵琶、妹には箏の琴をならわし、碁を打ち、偏つぎという漢字ゲームに興じる、というのは、遊びとあっても、父として、せいいっぱいの、娘へほどこす教養課程としてあろう。姉は思慮が深く重々しく、妹はおっとりと可憐な感じがして、そんなはかない遊びごとにもそれぞれの性質をあらわす。和歌もだいじな教養であって、紙をあたえると、父のうたに答えて、大い君は、

(大い君)

いかでかく巣立《すだ》ちけるぞ—と思ふにも—うき水鳥《とり》の契《ちぎり》をぞ—知《し》る　(橋姫の巻、四 - 三〇一ページ)

と、よくもない（「よからねど」《四‐三〇三ページ》とされる）うたを書く。字は将来、上達しそうであるものの、まだつづけ書きができない。中の君のうたは、

（中の君）

なく〳〵も―羽《はね》うち着《き》する君なくは―我《(われ)》ぞ―巣守《すもり》になりははてまし　（四‐三〇三ページ）

とあって、幼いわりにはまあまあの詠みぶりではないか。ときには「唱歌《さうが》」をすることもあって、以上が父宮のほどこしうる教育としてある。

端的に言って、乳母や侍女たちによる教育が欠如している、という設定だろう。そのことは大い君がのちに結婚拒否の女性となることの説明の一端としてあると思われる。ただしその限りでなら、中の君もまた同一の条件ということになろうから、絶対的な理由にならない。ずっとあと、総角の巻にいたってのことながら、中の君は結婚の何たるかをいますこし心えないとあり（総角の巻、四‐四〇〇ページ）、その方面の教育の欠如ということは中の君の成長にも、何らかの影響をおよぼしていると判断する余地があろう。

二　薫の性的なゆらぎにたいして

橋姫の巻にもどり、ある晩秋に、宇治を訪れた男主人公、薫の君は、琵琶そして箏の音に引かれて、宿直人をしるべに近づき、月の光のもとにかいま見をする。好色なきもちはない、とわざわざ薫が言う（橋姫の巻、四‐三一四ページ）のはかえって不自然であるにせよ、かいま見によってどれほど薫が性の欲動をうながされるか、読者としては慎重に見さだめたいところだ。事実、のちに総角の巻において、あの音楽の音を聴いた有明の月かげ以来、おりおりの思う心が忍びがたくなってゆく次第を告白する（総角の巻、四‐三九二ページ）。

重々しく、よしづいているほうが大い君だという(橋姫の巻、四-三一四ページ)。二人の様子、会話、けはいに、薫は、想像していたのとちがい、しみじみと、なつきたくなる感じを受けて、心から引かれる。昔物語に語られるような光景が眼前にいまある。ただし薫が二人のどちらに心をより深く引かれたか、この段階ではわからない。
見たことを隠し、何くわぬかおをして、御簾のまえに来て語りかける薫に、大い君は、例によって「よしあり、あてなる」(四-三一六ページ)声で応対する。老女房の弁の君がやってきて、薫は御簾のうちまで、いれてもらえたらしい。ここで弁の君の言いだす出生の秘密にかかわるはなしを、薫が途中で制止するようであるのは、姫君たちが聞いているからだろう。明け方になって、薫のうた「あさぼらけ、家路も—見《み》えず、たづね来《こ》し槙《まき》の尾《を》山は—霧こめてけり」(四-三二二ページ)にたいして、

(大い君)

雲のゐる嶺のかけ路《ぢ》を、秋霧《ぎり》の—いとゞ隔《へだ》つるころにも—あるかな　(橋姫の巻、四-三二二ページ)

と大い君は応じる。さきに薫の会話のなかに「山の懸路《かけぢ》」(四-三一六ページ)という語があって、それをひびかせながら大い君は、いま父が七日の修行でこもる山の寺＝「嶺のかけ路《ぢ》」に思いを馳せる。薫のうたが恋情をかすかに秘めるのにたいして、大い君のうたは微妙に話題を逸らすものの、父にいまは相談できないから、とでも言いたげな歌意に感じられて、かならずしもこばむうたでない。薫のうた「橋姫《ひめ》の心をくみて、高瀬《たかせ》さすさほ《(を)》のしづくに袖ぞ—ぬれぬる」(四-三二二ページ)にたいしては、

(大い君)

さしかへる宇治《うぢ》の河おさ《(を)》、朝《あさ》夕のしづくや—袖をくたしはつらむ

身さへ浮きて。(同)

と返す。

薫から懸想文らしからぬ手紙が来て、それを、修行から帰ってきた父宮に見せると、すでに薫へ、大い君についてであろうか、後事を託したことがあるから、と語る（四-三二五ページ）。十月が来て、訪ねてきた薫に聴かせようと、八の宮は娘に、箏の琴を弾くようにすすめる。箏の琴は中の君の属性であった。父が娘たちの将来を薫にそれとなく期待し、薫が応じる（四-三二九ページ）のは、中の君の将来をおもに心配するとしても、この前後のやりとりは微妙だろう。演奏される箏の琴はふたりのうちのどちらであろうか、確定できない。

椎本の巻は春二月からはじまる。匂宮から、大い君かあるいは中の君かへ手紙があって、大い君は、妹に返事をさせている（椎本の巻、四-三四四ページ）。このとき年齢は大い君が二十五歳、中の君が二十三歳であった（四-三四五ページ）。父宮は、自分の余命すくないことを思い、二人の娘を、もしまごころから後ろ見をしよう（結婚あいてとなる）という人が出てくるなら、知らず顔でゆるそう、娘一人一人それぞれに「世《よ》に住《す》みつき給《たまふ》よすが」（結婚して生活なさる場所）（四-三四六ページ）があるなら、その人に世話をゆずって安心もしよう、と思う。七月に薫は訪ねてきて、八の宮から自分の死後、娘たちを「思《おも》ひ捨《す》てぬ物に数《かず》まへ給へ」（思い捨てない人数に加えてくだされ）（四-三四七ページ）と依頼され、承知する。

八の宮の思いとして、〝何ごとにも、女は、もてあそびのあいてにしてしまいそうな、何か頼りないものながら、人の心をうごかす種なのだろう、だから罪が深いのではないか、親が子の行くすえを案じるにしても、男はそんなに親の心を乱しはしないことだろう、女は限りがあって、言ってもはじまらぬこととあきらめてしまうのがよいと、そう思おうとしてもやはり気がかりでならない〟（四-三四八ページ）というのが正直なところとしてある。薫としては、透き影がなまめかしい君たちにきもちをそそられながら（四-三五〇ページ）、匂宮に取られるのはしゃくで（同）、かといっていそぐ思いにならぬおのれをみずから不思議だと思う。
八の宮は世を去るまえに訓戒をのこす。

（八の宮の訓戒）

……我身《（わが）》ひとつにあらず、過《す》ぎ給《（たまひ）》にし御面伏《おもてぶ》せに、かる〱しき心ども使《つか》ひ給《（たまふ）》な。おぼろけのよすがならで、人の言《こと》にうちなびき、この山里《ざと》をあくがれ給《（たまふ）》な。たゞ、かう人に違《たが》ひたる契《（ちぎり）》異《こと》なる身とおぼしなして、こゝに世《よ》を尽《つ》くしてんと思《（おもひ）》とり給へ。ひたふるに思《（おもひ）》なせば、ことにもあらず過ぎぬる年月なりけり。まして女《をんな》は、さる方《かた》に絶《た》え籠《こも》りて、いちしるくいとを《（ほ）》しげなるよそのもどきを負《お》はざらむなんよかるべき。（椎本の巻、四‐三五一ページ）

〔……わが身ひとつ（だけ）でない、亡くなってしまわれた（母上の）おかお汚しに（ならぬように）、かるがるしい心々（を）はたらかせなさるな。しっかりした場所でなくて（は）、他人のことばにふとなびき、この山里を（ふらふら）おはなれになるな。ただ（もう）そのように人と相違している（前世からの）約束（が）普通でない身と思いこまれて、ここ（―宇治の里）に世を終わらせてしまおうとご理解なされ。一途に思いこめば、ことにもあらず過ぎてしまう年月だったことだ。まして女はそういう方向にとじこもって、はっきり（―思った通りだ）と気の毒そうな（―気の毒そうにいわれる）そと（から）の非難を負わないようにするのがよかろう。〕

と。またおとな女房にも言いきかせてから、山にはいると、病をえてしばらくもせずに父宮はなくなる。
傍線箇所「おぼろけのよすがならで、人の言《こと》にうちなびき、この山里《ざと》をあくがれ給《（たまふ）》な」とは、薫をたのんで、薫のような男になら娘を託してもかまわない、という思いのこめられた発言としてあろう。婿えらびとはそういうことだろう。しかし、薫を婿に、という八の宮の思いはそれでよかったのだろうか。

薫の性的なゆらぎということに注意してゆきたい。むろん薫そのひとの、大い君を愛するきもちにはいつわりがなくて、うちとけなくても以前よりか、ことばが多くなり、したしくなりつつあるその女人にたいして、「え過《す》ぐしはつまじ」(四‐三六七ページ)と、結婚を思いなるにいたる。なのに、まめやかに匂宮のことばかり話題にして、自分の恋慕を口に出せない。これは薫が自分のセクシュアリティにどうしても思いあたることができない、という心意にもとづく描写であろう。橋姫の巻以来の、薫の道心は、自分のセクシュアリティと引きかえに獲得されるとの設定としてある。

薫は大い君をみやこに迎えいれたいとまで言いながら帰京する。侍女たちは、女主人が薫のような高級貴族と結婚するなら、自分たちもゆたかになれる、と歓迎するきもちを持っている(四‐三七〇ページなど)。しかし、大い君は、というべきか、大い君もまた、というべきか、性的こばみをつづける彼女自身のセクシュアリティを、みずからにたいして明らかにすることができないままでいる。

三　性自認の曖昧さと罪との関係

総角の巻に向かおう。大い君が薫にせまられるところ。わずらわしくて、うちとけたおはなしを申し上げることがいよいよ苦しい(総角の巻、四‐三八九ページ)とは、性的な拒否の理由になっていよう。「うちとくべくもあらぬ」(四‐三九〇ページ)、つまり端的に性的な関係をこばむという意味としてある。性的ではないのに愛敬づいてものを言う女のしぐさ様子に薫は思い焦《い》られる。周囲はもう、ふたりのあいだに性的交渉があるはずだ(―夫婦になっているさまだ)と思ってか、遠慮がちにしりぞいている。ここちがかき乱され、気分がわるくて(四‐三九〇ページ)、とおくにはいってしまいそうな大い君を追いかけて、薫は屏風のなかへはいってくる。仏間のほうへのがれようとするのも拒否の姿勢をあらわす。〝あなたのおっしゃる「へだてがない」とはかようなしうちですか〟と大い君が、非難をすると、薫はかきたてられる思いがして、くどくどと訴えながら、女の髪をかきやりつつ、かおをのぞき込む。「見《み》給へば」(四‐三九一ページ)とある、男女が「見る」とはかおをであって、かおを見るとは、全集の頭注に「情交の一歩手前の行為」とあるのが正解であろう。

この状態に立ちいたって、大い君は、しかしまったく、といってよかろう、男にたいして性的な興奮をおぼえない。「……言《い》ふかひなくうし」(四‐三九一ページ)と思って泣く。「身《(み)》づからの言《い》ふかひなさも思《(おもひ)》しらるるに、さま〲慰《なぐさ》む方《かた》なく」(四‐三九二ページ)と恨む。

こうして若いふたりはまんじりともせずに性的交渉を欠く一夜を明かして別れる。

物語はつづく。現代からおしつける物語の読みならば、彼女の性的な苦悩を女性愛のほうへみちびいて、わかったような解決をもとめるということになるのかもしれない。物語作者はしかし、大い君の苦悩を内面から書きつづけて倦まず、このあと彼女の死にいたるまで、対薫と道心との関係に終始させたセクシュアリティへの焦点化から叙述を逸らさない。

以下、中の君を薫に、ともくろむ大い君は、その提案をがえんじない薫の一途さになやむ。親がかりならたとい結婚に失敗しても人笑えになることを避けられるのに、と思う(四‐四〇〇ページ)。自身が薫と結婚するかどうかは自分の意志で決めなければならないこととしてある。年老いた侍女たちは当てにならないと思うと疎ましくて、動ずるきもちになれない。父宮によってのみそだてられたということが、おそらく心的原型として大い君にあるからには、侍女たちを相談あいてにできない。疎ましい対象でしかない。薫が居室まではいってくるのを、彼女はからくも、中の君をのこしてその場をのがれる(四‐四〇四ページ)。中の君を結婚させたいという思いはそれとして、深層においてもそういう心理だったというのだろうか。拒否をつづけ、結婚への不信感をましてゆく理由は、薫が強引に匂宮をみちびいて中の君と結婚させてしまったというところにあろう。それはけっして表面的でない理由であったにしろ、彼女自身の結婚拒否をつらぬく理由として十分か、という疑問がさいごまでつきまとう。病床に臥して、ついに性的関係をもつことのなかった薫に看とられながら亡くなる。

死の直前、大い君は、阿闍梨から、父八の宮が成仏できず、中有をさまよっていることを聞き知る。大い君はまさに消えいらんばかりになって、父とおなじところに住みたいと思う。成仏のゆるされない、罪深い自分を知ることになった大い君には受戒もない。未婚という原因があるらしく、私に「憑入の文学」[1]で論じたことがある。大い君の自覚として、まさにそれがあったろう。それを引きつつ、塚原明弘氏は、彼女が未婚の罪で三瀬川を渡ることができない、と指摘する。[2]父八の宮の成仏できない理由、つまり心を乱された一因にそのことがあったろう、とも論じる。

未婚というのでよいつもりだが、塚原氏、あるいは立石和弘氏らの言い方につけば別の言い方もあってよいかもしれない。制度よりはセクシュアリティの課題だというふうにたぶんまとめられることだろう。[3]

注

（1）初出は「憑く文学」『文学』一九八二《昭和五十七》年十一月。『源氏物語入門』《講談社学術文庫》に収める。

（2）↓前節注４の塚原明弘論文、ならびに立石和弘論文。

（3）なお、身体性の課題が正編において主人公光源氏のセクシュアリティを通して早く語られだしたことについては、河添房江「『源氏物語』の性と文化」（『性と文化の源氏物語』筑摩書房、一九九八《平成十》年、所収）に論じられる。

第四節　「などやうの人々」との性的交渉

一　召人たちの性

侍女の中将の君は葵の巻で、二条院へ帰ってきた源氏が足を揉ませ（葵の巻、一-三二八ページ）、須磨の巻では源氏の下向に際して紫上づきの女房となり（須磨の巻、二-一五ページ）、澪標の巻に見ると、以前からの源氏との召人関係が復活する（澪標の巻、二-一〇〇ページ）。召人という語がそこに見られるわけではないにせよ、阿部秋生氏の大著『源氏物語研究序説』(1)によってそのように認定しよう。若菜上の巻にも、中務という女房と一緒に出てきて、「中務《なかつかさ》、中将の君などやうの人〻、目《め》をくはせつゝ、「あまりなる御思《（おもひ）》やりかな」など言《い》ふべし」（若菜上の巻、三-二四二ページ）とあるのは、女三宮が六条院へ輿入れする際の、紫上があまりにも気を使うのを聞いて、あきれつつ紫上に同情するというところだ。思いなしか、「などやうの人〻」という言い方に召人らしさが滲出する。

源氏の思い者として、彼女は紫上死後の幻の巻においてなお〝性的関係〟が源氏とのあいだに生じるらしい。人生最後の伴侶として描かれる紫上の死去ののち、出家をこころざしているはずの主人公の男が、性的交渉のあった侍女と以前の関係を〝再開〟して生前最終の巻にいたる、と語るこの物語のある種の結末は読者に、なにか不覚のしこりのようなものをのこす。

（中将の君のうたた寝）

中将の君の、東面《ひんがしおもて》にうたゝねしたるを、（源氏ガ）歩《あゆ》みを《（お）》はして見《み》給へば、いとさゝやかにお《（を）》かしきさまして起《お》

き上《あ》がりたり。(幻の巻、四－一九八ページ)

ちょうど賀茂神社の葵祭の日で、女房たちは実家にさがるなりして物見にでかけてしまい、人ずくなになった六条院(二条院かもしれない)にうたた寝している中将の君を、源氏が見かけて近づくというところ、彼女は起き直る、という場面で、さびしい六条院の外部には葵祭の喧噪がひろがっていると想像される。

最初に葵の巻に登場したときに、彼女が源氏の思い者であった証拠はない。葵の巻で、確実に源氏と性的交渉があった侍女クラスの女性は中納言の君だ。この人は葵上に仕える女房で、「年《とし》ごろ忍《しの》びおぼししかど、この御思ひのほどは、中〳〵さやうなる筋《すぢ》にもかけ給はず」(葵の巻、一－三二一ページ)と見える。葵上に仕え、その夫の源氏の手がついている場合だ、という設定である。

物語のなかに、これに類する女性は、宇治十帖の男主人公薫に按察使の君がいるなど(宿木の巻、五－六〇ページ)、かなりいるようながら、多量に出てくる、という感じでもない。それは、物語の場合、女主人公たちの階級が、皇族やそれに準じる出自であることが多く、あるいは高級貴族の娘たちの活躍する舞台として設定されているからだ。実際の貴族社会での実態としては、侍女たちにとって、ごく〝普通〟におこなわれた〝結婚〟の一形態であるとしなければなるまい。阿部氏によると、帥宮の乳母の侍従が、「召してこそつかはせ給はめ」(『和泉式部日記』)と言ったように、和泉式部の帥宮敦道親王との関係は明らかに召人としてある。また紫式部が主人の藤原道長の夜の訪問を日記に書きとめているのは、拒否したかどうかを別にして、召人にしようということだろう。

そのような〝結婚〟形態が、物語に反映して、明石の君は最初、源氏から召人としてあつかわれようとしたのを、あえてこばむというところに、彼女の物語が生まれた、というのが阿部氏の著書の一貫する読みであった。受領家などの娘たちが、高級貴族の家に仕えて、男主人と性的な関係を持つ、という〝結婚〟の形態は、女房社会においてある種の基礎を構成する、と考えられる。

須磨の巻では、「わが御方の中務《つかさ》、中将などやうの人〳〵、つれなき御もてなしながら、見《み》たてまつるほどこそ慰《なぐさ》めつれ、何事《なに》につけてか、と思《おも》へども、「命ありてこの世に又帰《かへ》るやうもあらむを、待《ま》ちつけむと思《おも》はむ人は、こなたにさぶらへ」とのたまひて」(須磨の巻、二-一五ページ)云々とあって、「つれなき御もてなし」とは二人が召人であることを示す、と脚注にある。「わが御方」とあるように、所属として源氏に仕えることがはっきりしていて、ここにも「などやうの人〳〵」とあって、その程度に考えられ、「つれなき御もてなし」であるのが召人であることの通例だ、ということになる。源氏が須磨に退去するにあたって、「こなたにさぶらへ」と、つまり紫上のところへ彼女たちを含む女房集団をあずける、というかたちをとる。

二　紫上の〝遺言〟

紫上死後の幻の巻は源氏の終末を、女性関係のいたりきったすがたからしきりにかいま見させて、そんな面からあじわい出すと、単なる〝鎮魂〟の巻ではないと言いたくなる。

女房らが、中将の君をはじめとして、この巻で舞台のうえに呼びだされるさまはなかなか印象深い。「女房なども、年ごろ経《へ》にけるは、墨染《すみぞめ》の色《いろ》こまやかにて着《き》つゝ、かなしさも改《あらた》めがたく、思ひさますべき世なく恋きこゆる(こひ)に……」(幻の巻、四-一八六ページ)と、悲しみは尽きない。女房のなかには形見の色といわれる喪服を着た年配の人たちが、このままもう生涯それを脱がないつもりかとすら思われる。中将の君はその一人だろう。生前の紫上が、身寄りのない侍女たちの行くすえを案じていた、という御法の巻が思いだされる。源氏にたいして、もののついでなどに、年ごろ仕えて馴れしたしむ人々(侍女たち)のうち、ことなるよるべもなく、いとおしげなこの人かの人について、紫上は「はべらずなりなんのちに御心とゞめて尋《たづ》ねおもほせ」(御法の巻、四‐一六八ページ)とだけ訴えていた。紫上は身寄りのない女性を引きとり、出仕させてきた、ということらしい。

幻の巻に女房らがよく出てくるのはこの紫上の〝遺言〟にかかわっているはずだ。長年、肉体関係のあったはずの複数の侍女にたいして、源氏はさびしいひとり寝になってから「いとおほぞうにもてなし」(幻の巻、四‐一八七ページ)、夜の宿直にはこれかれと多くの女性を「御座《おまし》のあたり引《ひ》き避《さ》けつゝ」(同)さぶらわせる、とあって、そのすべての女性と交渉があったという文脈ではなかろうものの、したしい女房にかこまれて夜を過ごしている。「いとおほぞうにもてなし」と言い、「御座《おまし》のあたり引《ひ》き避《さ》けつゝ」と言い、しつこく性的な磁場をここに否定するかのような語り手の口調には注意を怠りたくない。紫上の「御心とゞめて尋《たづ》ねおもほせ」という言いのこしたことばの意味する範囲は、ここまでの『源氏物語』の読者なら、性的な関係を許容しないとも限らないと受けとれる。中将の君にたいして源氏がしたしく近づくのもその〝遺言〟の許容からはずれていない、と考えると、読者として、あまり源氏を責められなくなる。

この中将の君や、中納言の君という、以前に葵上のもとにいたやはり肉体関係のあった侍女が、源氏に近侍してはなしのあいてをする。「われさへうち捨《す》てては、この人ゝのいとゞ嘆《なげ》きわびんことのあはれにいとおし(ほ)かるべき」(四‐一八八〜一八九ページ)というのは、彼女たちの将来を紫上が心配してきたことを受けて、見渡しながら「いとおし(ほ)」と思うというところ、自分が関係していながらなんとよそごとのような言い方よ、とこういう場面は読者として源氏を責めたくなる。この「うち捨《す》てては」に「われさへ」とあるように、紫上につづき自分もまた、の意味であるから、自分の死ぬことまたは出家による主従関係の解消を言うのであって、肉体関係のある女性を捨てる、というような意味ではない。

三　旧夫人たち

幻の巻には、侍女たちより水準の高い、いわゆる旧夫人として、生きのこされた、明石の君と花散里と、それに女三宮とがいる。三者三様の性的終末もまた幻の巻の興味として、きちんと描かれているはずだ、という期待が読者にはわく。

最初は「絶《た》えて御方《かた》〴〵にも渡《わた》り給はず」(幻の巻、四‐一八六〜一八七ページ)とあり、すこしして「御方がたにまれにもうちほのめき給ふ」(四‐一九一ページ)とあるのは経過を示すかと思われる。つまり一月の上旬から下旬へと、時間の推移があって、旧夫人たちのもとを訪れるようになる。紫上のなきあとに、旧夫人との性的関係が復活するかどうか、読者にとって関心事でなければならないことだろう。紫上鎮魂の巻だと高をくくってしまうならば、そんな興味はわきようもないけれども、女房と関係を復活させるほどの源氏が、旧夫人にたいして性的関心をどれぐらい抑制できるか、おおげさに言えば主題にかかわる。

まず女三宮にたいしては、性的関係を復活させるはずがない。女三宮は正妻の地位をすべりおちて、決定的に紫上の下位を甘んじることになった、と言うのが鈴虫の巻での確認であった。[2] ここ幻の巻でもその再確認でしかない。入道の宮としておこないすましている女三宮を訪ねて、失望と、さらなる心の懸隔とをおぼえるばかりで、うたの贈答もなく源氏は退散する。「対《たい》の前《まへ》の山吹こそ猶《(なほ)》世に見《み》えぬ花のさまなれ」(四‐一九三ページ)と、紫上方に咲く山吹を思い起こして、源氏は会話をつなぐ。たいする女三宮の、「光なき谷には—春も—よそなれば、咲きてとく散る物思ひも—なし」(『古今和歌集』雑下、清原深養父、十八‐九六七歌)という屈託ない引用は、いかにも彼女のものらしいというほかない。仏教者がこの程度ならば、源氏にとって出離は思いとうらはらにとおのくばかりではないか。

源氏は女三宮のもとから、その足で明石の方に渡る。明石の君との性的な関係の終わりは野分の巻においてだったろう、と私は判断する。(3) 紫上の死後、関係を復活させる理由も何もないにしろ、ここ幻の巻で、はなしこんだあまりに、そのまま泊まりかねないいきおいであった、との物語のなりゆきは気にかかる。「かくても明《あ》かしつべき夜《よ》を、とおぼしながら、帰《かへ》り給《(たまふ)》を、女も物あはれに思《おも》ふべし」(四-一九六～一九七ページ)とは性的な復活がありうることを示唆するのだろうか。翌朝、きぬぎぬまがいのうたの贈答をするところまで、疑似的な夫婦関係の〝復活〟ではないか。

(光源氏の贈歌)

なく／＼も―帰《かへ》りにしかな。かりの世は―いづこも―つい《(ひ)》の常世ならぬに　(幻の巻、四-一九七ページ)

(明石の君の返歌)

雁《かり》がゐし苗代《なはしろ》水の、絶《た》えしより、うつりし花のかげをだに見《み》ず　(同)

現実には性的関係などありえぬことで、源氏の「かやうにたゞ大方《おほかた》にうちほのめき給《(たまふ)(を)》おり／＼もあり」という「なごりなくな」(四-一九七ページ)ってしまっている、との確認をさいごとする。なぜ源氏は明石のもとを訪問する気になったのであろうか。源氏と明石との会話は長々とつづく、読みとりがたい一面もあるけれども、明石の君から、一族の安泰のために源氏に出家しないでほしいと率直に訴え、源氏がそれを軽くかわして藤壺の宮ひいては紫上へ話題を転換させるあたり、この二人にもある種の懸隔を感じとることができる。そのずれは両者の贈答歌にも見てとれよう。明石の君のうたは紫上の死後、源氏の訪問がないと詠んで疑似恋愛ふうであるものの、三つも詠み込まれる助動詞「き」は過去を強調する。

雁《かり》がゐし苗代《なはしろ》水の、絶《た》えしより、うつりし花のかげをだに見《み》ず花散里とは夏にはいって衣替えの贈答歌がある。

（花散里の贈歌）

夏衣—たちかへてけるけふばかり、古《ふる》き思ひも—すゝみやは—せぬ　（四-一九八ページ）

（光源氏の返歌）

羽《は》衣のうすきにかはるけふよりは—空《うつ》蟬の世ぞ—いとゞかなしき　（同）

ついで葵のやりとりによる、さきに見た中将の君との贈答歌がある。中将の君の場合、「ひとりばかりをばおぼし放《はな》たぬけしきなり」（四-一九九ページ）とあって、ここに性的関係があったろう、という推定をせざるをえない。旧夫人たちとちがって女房とは性的でいられる。ある意味でなら相手を対等に見ていない主従関係のなかでのみ生じうる性的交渉である、という結論になるかと思う。しかし紫上鎮魂の磁場に持ってこられた関係として、この昵懇の状態を読者として大声で非難する気にはなりにくいものがある。

四　〝逢ふ日〟の女

中将の君とは、須磨の巻以前に、そんな関係になったのだろう。そのようにして関係に陥った彼女が妻妾集団に組みいれられてゆく可能性はあるのだろうか。つまり主従関係を超える経済的な関係が生じて夫婦化してゆく道はないのか、ということが気になる。あえて言うなら、本人にその気があるか、という問題だ、ということになろう。つまり明石の君は上昇性をこととした。主従関係をもって仕える、という出発点を野心へ切り替えれば、可能性を絶無としない、と見る必要がある。と同時に、その可能性は針の穴を通るほどにもない。なぜなら、そのような野心がないことを前提としてのみ両人の関係が生じているはずだから。つまり主従関係をはずさない、という了解が両者にあって、この関係は成立する。だから、この関係はどこか対等になれない、隷属を理由にした感じがあって、そういう愛人としての生涯をつらぬく、という考え方をする女性が、種類として存在する、ということになろう。いわゆる宮仕えの女の誕生だ。

「中将の君とてさぶらふは、まだちい《(ひ)》さくより見《み》たまひ馴《な》れにしを、いと忍《しの》びつゝ見《み》給《(たまひ)》過《す》ぐさずやありけむ、いとかたはらいたき事に思ひて馴《な》れきこえざりけるを……」(幻の巻、四‐一九〇ページ)というところ、いささか分析して見ると、「まだちい《(ひ)》さくより見《み》たまひ馴《な》れにしを」とあるのは、幼女時代から源氏のもとに出仕してきたことを言う。その段階で性関係は生じようがなかった。「にし」は〝馴れてしまうにいたった〟の意味。その結果としていつよりか性関係が生じたというふくみのある表現になっている。幼女のころには性関係の生じようがないのにたいして、成人になるにおよび、その関係を生じたとすると、葵の巻前後ということになろう。「いと忍《しの》びつゝ」は、忍ぶことの複数であるから、何度か隠れて関係がある、ということながら、「たまふ」があることは源氏主導であること、紫上にたいし遠慮をしなければならないそれであることを示す。すぐあとに、中将の君が紫上からだいじにされてきた、という記事が見えるから、須磨の巻で紫上にあずけられたあと、そのまま紫上づきの女房になった、という経緯を説明しているのかもしれない。そうであるからには、中将の君からは、源氏をにくからぬものの紫上にたいし憚り、源氏との性的な関係をその後はたっていた、ということわりであることになる。

つづく「かく亡《う》せ給《(たまひ)》て後《(のち)》は、その方《かた》にはあらず、人よりもらうたきものに心とゞめ給へりし方《かた》ざまにもかの御形《かた》見《み》の筋《すぢ》につけてぞあはれに思《おも》ほしける」(四‐一九〇ページ)とあるのによると、紫上の生前に、仕えてだいじにされてきたという経緯が読まれる。源氏づきから紫上づきへ異動があった、ということが読みとれる。紫上の死後、「その方《かた》にはあらず」とは、寝所にはべる女性としてではなく、と脚注のたぐいにあるごとく、源氏は、彼女を、紫上ゆかりの女性として相手にしている、ということだ。しかし「心ばせ、かたちなどもめやすくて、うなひ《(ゐ)》松《まつ》におぼえたるけはひ、たゞならましよりはらう〴〵じと思《おも》ほす」(四‐一九〇ページ)とは、ふたたび性関係が生じることの予告のように読まれる。

そのような予告ののちに葵祭の日が来て、〝逢ふ日〟という名にかけて源氏からさそいがある(四‐一九八ページ)。もとより、うたた寝のしどけない寝すがたを源氏に見せたことは女からの誘惑でもあろう。源氏は「いかにとかや、この名《な》(葵＝〝逢ふ日〟)こそ忘《わす》れにけれ」と、女に「今日は逢う日です」と言わせようとする。女は、

(中将の君の贈歌)

さもこそは―よるべの水に水草《みくさ》ゐめ。けふのかざしよ。名さへ忘《わす》るゝ　(幻の巻、四‐一九八ページ)

と、うかうか植物の名をおもてに口にするようなことをしない。「よるべの水」は古来難解な語句ながら、神意の寄りつくという水の意味に、婚姻習俗語彙としての「よるべ」(夫や妻)がひびく。異端的な読みとして排除されることを承知で言えば、たち切って、事実みずから拒否してきた中将の君のなかでの、けっして〝野心〟ではないが、愛人としてなおあるべき思いが、紫上の死後におき、ちらと出てきた、という経過が感じられる。それが自然ということだろう。葵の巻から三十年が経つ。

源氏の返すうたは、

(光源氏の返歌)

大方《かた》は―思《おも》ひすててし世なれども、あふひは猶《(なほ)》や―つみお《(を)》かすべき　(同)

とある。そして「ひとりばかりをばおぼし放《はな》たぬけしきなり」とあるから、逢瀬にちがいない。

明石の君は召人になることを避けて夫人の地位を最初から手にした。中将の君は召人たるに終始する。このちがい

がどこにあるかは、背景をなす家の富産にかかわろう、とだれにも想像がつく。ちなみに夕霧が雲居雁との結婚関係の以前に性的交渉のあった藤典侍(惟光の娘)は女房から夫人へと上昇した、という場合であるらしく、もと召人格であった、と判断される。

五　物語の終末

この幻の巻が鎮魂のそれであるとは、これまで私も何となくそんな気分で読んできた。むろん紫上鎮魂の巻であることは大きな見通しとしてうごかない。こんな箇所が冒頭近くにある。「夜《よ》もすがら、夢にても、又はいかならむ世にかとおぼしつゞけらる」(幻の巻、四-一八八ページ)というところ、亡き紫上との再会の方法として、「夢」と、「いかならむ世」とが選択肢としてある。紫上は夢にあらわれるか、という興味がこの巻を読む読者にあたえられている、と見るべきところ。もし夢にあらわれるなら、紫上には現世への執着があることになる。それにたいする答えは物語が用意していて、十月の、

　大空《おほぞら》をかよふまぼろし。夢にだに見《み》えこぬ玉《たま》(―魂)の、ゆくゑ《へ》たづねよ　(幻の巻、四-二〇三ページ)
（光源氏《独詠》）

とある、白楽天(白居易)の「長恨歌」を引いたこの独詠は、源氏の夢についに帰らぬ紫上を確認する、という展開であろう。物語に「長恨歌」の主要な引用は、桐壺の巻と、葵の巻と、そしてこの幻の巻と、三か所ともに〝鎮魂〟の箇所であることを確認すれば、[4]この「大空《おほぞら》をかよふまぼろし」というたは、なかに「夢にだに見《み》えこぬ」と詠んで、紫上が現世執着を持たず死んでいったことの最終の心的確証ではないか。仏教でいう一周忌(八月)を超えて確認のうたであるから、もうこれ以上、物語はつづきようがない。無心にこの世を去った紫上にたいして現世に物語がつづく

限り迷いをやめられない生きのこされた者の「まどふ」心を書きのこして物語が終わる。

死出《しで》の山、越《こ》えにし人をしたふとて、跡を見《み》つゝも―猶《（なほ）》まどふかな　（四-二〇五ページ）

光源氏が幻の巻のあと、すぐに死んだのか、それとも出家をしたのか、という話題は、下世話にのみなりたつことで、物語にしたがう限り、そのどちらでもないということになろう。物語は源氏を舞台から退場させるまでを書き継いで巻を構成する。退場した源氏が死のうが出家しようが、源氏その人のあずかり知らぬことではないか。さいごは正月の来ることが暗示されて、もし舞台がつづくならぜひ女性関係をさらにくりひろげてほしい、と願うほかない。物語がそうした性的な舞台であることを徹底させた作者に感服する。

注

（1）東京大学出版会、一九五九《昭和三十四》年。

（2）「うたと別れと」（本章第一節）および「正妻候補者たち」（同第二節）に論じた。

（3）→「うたと別れと」（本章第一節）。

（4）「中国文学はいかに摂取されているか――長恨歌の鎮魂要素」（第十四章第三節）に論じる。

第十四章　源氏物語と中国文学

第一節　故事そして出典——李夫人／飛燕ほか

一　源氏物語と中国文学

中国大陸の文学は、ひたひたと、絶えることなく、日本古代の風土や文学に影響をあたえつづけてきた。岸辺を洗う波浪のように間断なくそれはおしよせる。

『源氏物語』はむろん、影響ということで律しきれない、そういうことから切りはなされた日本語社会での達成を見せる。『源氏物語』と、いわば同一の傾向に属する性格の文学を、中国大陸上に捜索しても、なかなか見つけえない。六朝時代の志怪はどうだろうか。たしかに、『源氏物語』に、片々と志怪の印象が見いだされる。特に夕顔の巻あたりでは志怪の技法が意識された、と見られる。唐代伝奇といわれる小説類の影響についても、しばしば指摘されるように、私見では、帚木の巻の後半から空蟬の巻へつづく空蟬物語といわれている箇所など、若いのに老獪な感じがして、他の巻々に較べて特異な筆触の光源氏像の造型は、唐代伝奇の、具体的なA作品、B作品の借り入れということでなく、伝奇の技法そのものの応用だろうと思う。けれども具体的な作品の影響ということでないから、これ以上論及できない。六朝や唐代の小説類は、『遊仙窟』一編をやや例外として、すべて短編としてある。『源氏物語』の短編的な巻々や挿話的部分に、それらの小説類は手法として参加するものの、『源氏物語』全体にかかわるような長編的構想の根幹部へ、どうも参加しえなかった。そういう限定を見こしたうえで、影響関係の精査はつづけられなければならない。

宋代にはいって、伝奇小説は前代にひきつづき作られる。『楊太真外伝』(二巻。楽史作)、『梅妃伝』(一巻。佚名氏作。唐代小説とみる意見もある)、『趙飛燕別伝』(一巻。秦醇作)などがある。これら宋代伝奇と、日本の物語類との影響関係は、やはり具体的に指摘することができない。具体的に指摘できなくても、いわば宋代伝奇の手法といったことの影響が『源氏物語』のうえにないかどうか、これもよくわからない。

そういうことと別に、宋代以降の小説文学の発達史への理解を深めることは重要だろう。宋代の俗語小説が前代の変文《へんぶん》文学の流れを引いていることは、今日、疑問の余地がない。宋代において、口語による、盛り場で語られた語り物は、元代においてもひきつづきおこなわれ、それが明代の『三国志演義』『西遊記』『水滸伝』『金瓶梅』などの大長編小説を続々と書かせる母胎になっていった。それらは語り物のごとくにして書かれているので、かつ雄大な構想にささえられた大長編である点など、小説発達史のうえで真に『源氏物語』と比較すべきものはみぎの四大小説ということになる。

その比較によって『源氏物語』の特色をより深甚に受けとめることができよう。第一に『竹取物語』『うつほ』『源氏物語』の流れは、神話時代の構想や形態をよく保存する。第二に、日本の風土で、かくも早く(古代において、——中国では近世にもなってみぎの長編小説の出現をみるというのに)長編物語が書かれた、ということに、書くことの発見がいかに大きく寄与したかということを知る。『源氏物語』が口語的か、文言(—書記言語)的か、議論の分かれるところかもしれない。当時の第一等の文字である漢字による文章に較べれば、かな文字の『源氏物語』が、はるかに白話に近い形態であることはいうまでもない。語るように書く、ということの発見は『竹取物語』あたりの大発明だったとして、そこから『源氏物語』まで急速に展開をみる。

『源氏物語』の注釈史の長さから判断すると、出典考証はほぼ出つくした、と述べてもそれほどまちがったことにならない。ただし原典から引用までのあいだには、類書その他が介在している事態を多く考えなければならない。有名な故事、それはたとえば『史記』の呂后と戚夫人のはなしにしても、李夫人の故事にしても、『源氏物語』が書かれた当時における好尚、流行、常識を、あくまでふまえようとしているのであって、「長恨歌」説話はその最大としてある。楊貴妃のはなしが「長恨歌」(や『長恨歌伝』、あるいはそれを物語や絵巻物にしたてた作品)によって流布していたごとく、有名な故事のたぐいは、説話集や、絵巻物などによって、よく知られるところだったのにちがいない。川口久雄氏が『平安朝日本漢文学史の研究』[1]のなかで、趙后飛燕の説話が古く物語絵などのかたちでおこなわれていた可能性を考えるのは、妥当な考えだろう。

『源氏物語』の作者は、はるかに多くの漢土とその文学にたいする知識を持っていたろう。しかし物語のなかでは、出典や故事のたぐいを、あくまで時代の好尚、流行、常識という根拠をうしなわない限りで提出しようとする。

二　出典をさがすむずかしさ

出典をさがしあてるということがどんなにうれしいことか。四辻善成は『河海抄』のなかで、帚木の巻の「つながぬ舟の浮《う》きたるためし」(帚木の巻、一 - 四三ページ)という一条について、このようにそのよろこびをあらわす。

(『河海抄』帚木)

つなかぬ舟のうきたるためし

観㆑身岸額離根草　論㆑命江頭不㆑繋舟

古人尺一同に此詩を載たり。然而其心与物語相違する也。詩者以是無常に譬へたり。物語は浮跡の心也。文選ニ
あり

泛《ハンタルコト》乎若《シ》二不レ繋之舟《ノ》一（荘子注又賈誼服鳥賦云 野鳥入レ室主人将レ去請問于服予去何之）

此心也。予《ヨ》以二管見《ヲ》一勘《カヽヘ》二得《エタリ》之一。潜通《ニス》二作者之意趣《ニ》一。努力自愛々々

（『紫明抄　河海抄』角川書店版により、句読点を施し、返点、送りがな一部省略、私訂。）

みぎに、古人尺（＝釈）一同に此の詩を載せたり、とは、たとえば『源氏釈』『奥入』、みなそう見える。「古ノ人ノ云ル事有、身観バ岸額ニ根離ル草、命論バ江辺不繋船」（『三宝絵』序）とあり、『和漢朗詠集』（下、無常）にとられた有名な詩句であった。

『河海抄』の著者は、これを否定して、『文選』（巻十三）の「鵩鳥賦《ふくちょうふ》」（賈誼）に引きあてた。鵩はふくろうを思わせる。謫居中の賈誼の家のうちに飛んできた。どういうことなのかと、書をひらいて占ってみたところ、野鳥が居室にはいってきたならば主人は出てゆく、とある。それで自分はどこへ行くのかを鵩に尋ねた。鵩は、口で言えないので、臆《むね》をもって対《こた》える。万物変化のこと、禍福はあざなえる纆《なわ》であること、真人（＝道を体得した人）の生き方、などを賈誼に語って聞かせる、というので、眼目はその鵩鳥のおしえにあるにしろ、老荘や『鶡冠子《かっかんし》』（三巻。『四部叢刊』子部所収）などをないまぜる表現をとる。「（真人は）……其の生くるや浮べる若《ごと》く、其の死するや休《いこ》ふ若し。澹乎《たんこ》として深泉の静かなる若く、泛乎《はんこ》として繋がざる舟の若し」云々、と。諸注は『荘子』の「無能者（―聖人）、無レ所レ求、飽食而遨遊、汎若二不レ繋之舟一、虚而遨遊者也」（列禦寇）や『鶡冠子』の「泛泛乎若二不繋之舟一」（世兵）を挙げる。『鶡冠子』は『日本国見在書目録』道家にみえ、将来されていた。

帚木の巻で「つながぬ舟の浮《う》きたるためし」というのは、雨夜のしな定めの、女の拘束をはなれた男が定めなく浮

遊するようなことを言う。独り者とか、(変な言い方だが)男の放縦、といったことについての「ためし」を述べるというところ。しかしこれは、四辻善成が驚喜したほど適切な出典考証だとも思えない。割りびいて考える必要があろう。のちの注釈は『白氏文集』の「偶吟」を普通あわせあげる。

(白楽天《白居易》の「偶吟」)
人生《ノ》変改故《モト》無《シ》レ窮《リ》。昔《ハ》是《レ》朝官今《ハ》野翁。久《シク》寄《セシガ》二形《ヲ》於朱紫《ノ》内《ニ》一。漸《ク》抽《ンデ》レ身入《ル》二蕙荷《ノ》中《ニ》一。無《キ》レ情水《ハ》任《セ》二方円《ノ》器《ニ》一。不《ル》レ繫《ガ》舟《ハ》随《フ》二去住《ノ》風《ニ》一。猶有《リ》二鱸魚蓴菜《ノ》興一。来春《ハ》或《ハ》擬《ス》レ往《カント》二江東《ニ》一。(2)

出典だと言いきれるかどうか、本居宣長『源氏物語玉の小櫛』五の巻の指摘を最初とするという。このあたり丸山キヨ子氏の『源氏物語と白氏文集』(3)が参照される。もし出典だとしたら作者はその内容を追わず、まったく表面の意味で利用した、ということになるのではないか。そういう用例は、たしかに別にいくつかある。しかし、ここでは「ためし」という限定がある。男心の浮遊、ということの例として、何かを思いあわせているところであろう。その何かというのがわからない。

私に考えがあるわけではなくて、出典のかならずあるはずだという、ちょっと気がかりな例として挙げてみた。『霍小玉伝《かくしょうぎょくでん》』の影響は斎藤拙堂(『拙堂文話』)のすでに注意するところ、(4)男が女のもとをはなれるという、この種の説話があるのではないか。

男と女と、立場を変えてみると、「つながぬ舟の浮《う》きたるためし」は、はるかな宇治十帖のおくに、浮舟という女性を喚起しないはずがない。それは彼岸と此岸とのあいだにただよう舟としてある。前述の「論《レ》命江頭不《レ》繫舟」も、『白氏文集』「偶吟」の例などに較べれば、出典群から脱落しない。

三　李夫人——構想をめぐり

李夫人説話が『源氏物語』にどう構想上の影響をあたえたか、以下に『琱玉集』(巻十四、美人篇)から、該条を引いておこう。『琱玉集』は、巻末に「天平十九年歳在丁亥三月写」とあり、奈良朝の古鈔本で、中国で撰述され、日本に真福寺本二巻をのこす。(5) 李夫人説話は、『漢書』など正史のほか、このような通俗的な類書によって知られ、また『白氏文集』の「李夫人」をもって流布した。『日本国見在書目録』雑伝家に「三輔決録七巻。漢武内伝二巻。神仙伝廿巻。懐旧志九巻。捜神記卅(ママ)巻。捜神後記十巻。旌異記十巻。冥報記十巻。琱玉十五巻。列女伝十五巻。……」と見える。

(『琱玉集』李夫人)

李夫(○欠「人」)、前漢隴西成紀人也。美麗殊絶。漢武帝納為二夫人一。極蒙二寵幸一。夫人後遇レ患、数日、武帝親自臨二視夫人一。見二帝と来看一、以レ被蒙レ面。帝以レ手撥二其被一。遂転レ面向レ壁。帝去後、其姉、謂二夫人一曰、帝自臨レ病、情不レ能レ已、夫人将レ困、奈何不下以二一言一嘱中兄弟上乎、乃蒙レ面不レ承二帝顔一。夫人曰、帝顧レ我者、以二我平生皃麗一。今病容悴、帝若見レ我、当有二変棄之心一。兄弟(朱字「安」右間アリ)私得二光栄一乎。姉伏二其言一。夫人已後、帝思念不レ堪。時有二方士少翁一、能致二其神一。猶若二平生一帝竪、見三夫人在二帳内一。正可二遥観一而、不レ得。出二前漢書一。

「前漢書に出づ」とあるものの、同文のそれがそこにあるわけでなく、その説話の出拠を示したというにとどまる。『漢書』(前漢書)によると、李夫人は倡《しょう》(楽人)であった。兄の李延年は音楽の名人で、歌舞を善くし、「北方に佳人有り、絶世にして独立、一たび顧《かへり》みれば人の城を傾け、再び顧みれば人の国を傾く……」とうたって、女弟《いもうと》を推薦する

（雨夜のしな定めの「わがいもうとどものよろしき聞こえあるを……」《帚木の巻、一－三八ページ》と関係があろう）。ここから「傾城」「傾国」は李夫人の故事ということになっている（「長恨歌」冒頭の「漢皇重色思傾国」は唐代を憚り、李夫人の故事になぞらえる）。一男を産み、少《わか》くして死ぬ。帝は憐み、そのすがたを甘泉宮に描く。李夫人が病篤くなった時、武帝が自ら見舞うと、夫人は被《ふとん》を蒙《かぶ》ったままで、謝して曰う、「わたくしは久しく病に寝て、形貌《かたち》が毀壊《そこなわ》れており、帝にまみえることができない。一子と兄弟とをどうかとりたててほしい」、と。帝は夫人を、ひと目、見ようと思う。「夫人よ、ちょっとでよいから顔をお見せ、そうしたら千金を加えてやろう、兄弟に高官位を約束しよう」とせまるものの、夫人はついにむこうを向き、すすりないて言《ものい》わなかった。帝は悦《よろこ》びずして起つ。夫人の姉妹が夫人をなじって、なぜ帝にかおを見せて兄弟のことをたのんでくれないのか、と責める。夫人は曰う、「帝にかおを見せなかったのは、かえって、兄弟のことを深くおたのみしようと考えたからです。わたくしは容貌のうつくしいのをもって、微賤の身分から帝の愛幸をえてきた。色をもって人に仕える者は、色がおとろえると愛弛《おとろ》え、恩《いつくしみ》が絶える。帝がわたくしをかえりみてくださるのは平生の容貌によってであり、いまわたくしの毀壊《そこなわ》れた、故《むかし》とちがうかたちをご覧になったら、きっと気味わるくて、わたくしを棄てておしまいになろう。そうしたら兄弟にあわれみをかけてくださろうか」、と。夫人卒《しゅつ》するにおよんで、帝は、后礼《こうれい》をもって葬す。その後、夫人の兄、李広利を弐師将軍となし、海西侯に封じ、延年を協律都尉になしている。

また、帝は、李夫人を思念することやまない。方士少翁が、帳をしつらえ、帝を他の帳におらせると、李夫人の貌のような美女が見え、すわったり、出て歩いたりした。近づいてみることはできなかった。帝は悲しみ、詩を作り、賦をなしたという（外戚伝、第九十七上）。

『琱玉集』のほうが要領をえているのは書の性格による。ただし微賤の家から出て帝の寵をえられたこと、男子ひとりが生まれたことは、『漢書』によってわかるしくみで、『琱玉集』の李夫人説話に見あたらない。夫人を、后礼をもって葬した、というのも『漢書』だけに見える。『源氏物語』の冒頭、桐壺更衣の物語が、従来、楊貴妃の「長恨歌」説話によって着想されたといわれるのにたいして、私一個の読みでは、そのあたりに作者一流の韜晦を感じるので、実のところは李夫人説話によって着想されたと考えたいと思っている。そのためには、『琱玉集』の簡便さでは不足で、やはり作家は、『漢書』所載の李夫人説話を、直接か間接かはわからないにしても、おさえていた、ということをぜひとも認めようと思う。

ごく比喩的にいえば、白楽天(白居易)の「長恨歌」に、陳鴻の『長恨歌伝』が付せられたように、その「李夫人」に、いわば李夫人伝なるものが付されることを仮想してみると、その李夫人伝は、きわめて『漢書』所載のそれに近かった、ということになる。ともあれ、着想という点からいえば、桐壺更衣は、身分の低い家柄に出て、帝の寵愛をかちえ、男子をひとりこの世にのこして、帝と恋々たる別れを演じて死んでゆく、特に手車をもって退出し、死して三位を遺贈されるなどの殊遇や、死後なお帝が思念やまずして悲しむ、というはなしのはこびは、「長恨歌」にもまして「李夫人」に近い、といえることだろう。「絵《ゑ》にかける楊貴妃のかたちは、いみじき絵師《し》といへども、筆限《かぎ》り有《(あり)》ければ、いとにほひ少《すく》なし」(桐壺の巻、一-一六〜一七ページ)という一文は、『漢書』に「図二画其形於甘泉宮二」とあり、『白氏文集』の「李夫人」に、

(白楽天の「李夫人」)

甘泉殿裏令レ写レ真。
丹青写出竟何益。
不レ言不レ笑愁二殺人一。

とあるのに一致する。「楊貴妃のかたち」は、李夫人のかたち、と読みかえるべきだろう。「甘泉殿裏令レ写レ真」の「真」はカタチと訓読してきた字であった。(6)

私が構想的な問題として、李夫人説話の重要性を思うのは、以上のことばかりでなく、

(桐壺更衣の病勢すすむ)

いとにほひやかにうつくしげなる人の、いたう面痩《おもや》せて、いとあはれと物を思ひしみながら、言《こと》に出《い》でても聞《き》こえやらず、……　(桐壺の巻、一-七ページ)

という、苦しげな病の底で、なお帝に仕えており、帝が、「さりともうち捨《す》てては行《ゆ》きやらじ」(一-八ページ)と言うのにたいして、

(桐壺更衣の贈歌)

女もいといみじと見《み》たてまつりて、

「限《かぎ》りとて、わかるゝ道《みち》のかなしきに、いかまほしきは命《いのち》なりけり

いとかく思ひたまへましかば」と息《いき》も絶《た》えつゝ、聞《き》こえまほしげなることはありげなれど、いと苦《くる》しげに……

(一-八ページ)

という叙述が、李夫人説話を背景にして読まれることにより、従来、不明確な憾みのあった、「聞《き》こえまほしげなること」の内容や、「いとかく思ひたまへましかば」の意味を、かなり限定できるように思われるからで、すなわち李夫人におなじく、「聞《き》こえまほしげなること」とは、一子をこの世にのこし置くことについて、その将来を帝に懇願する内容であり、子供の将来のためになら生きのびたいと思うのに、それがならない現実を反実仮想であらわしたのが「いとかく思ひたまへましかば」の意味だと考えられる。

桐壺更衣の、最初にしてさいごの発言が、みぎの「限《かぎ》りとて……」のうたであり、「いとかく思ひたまへましかば」であった。『源氏物語』の冒頭は、若宮をこの世にのこして、自身、横死のごとく世を去らなければならないくやしさをあらわす。桐壺更衣や、その父故大納言の祈りの込められたひとり子、光宮が、苦難をへて栄えきわまる地位に行きつくまでを、物語はこれより描きつづけてゆくことだろう。『源氏物語』第一部といわれる全体にかかわる、構想の出発点をなすのがこの桐壺更衣のことばであった。李夫人説話は確実にその着想にかかわってくる。(7)

四　宇治十帖の李夫人

『白氏文集』の「李夫人」はまた宇治十帖のなかに点々と利用される。反魂香の故事（総角の巻、宿木の巻）、甘泉殿のうちに絵姿を画く故事（宿木の巻、蜻蛉の巻）、それと「人非㆓木石㆒皆有㆑情」の一句が薫によって朗詠されるところ（蜻蛉の巻）、および東屋の巻に一か所利用される、という頻度はかなり集中的だという印象を抱く。

（薫の誦詩）

さま〴〵に思ひ乱《みだ》れて、「人木石《ぼくせき》にあらざればみな情《なさけ》あり」と、うち誦《ずう》じて臥《ふ》し給へり。（蜻蛉の巻、五―二七九ページ）

これは、いわれているように、「人非㆓木石㆒皆有㆑情」ばかりでなく、それにつづく「不㆑如不㆑遇㆓傾城色㆒」（＝なまじ美女には遇《あ》わないほうがよい）という詩句をも込めた、薫のにがい思いをあらわしている、とみるのが至当だろう。用いられるのは片言隻句でも、ふまえる一編の趣旨が全面的に用いられる、(8)という場合としてある。

宿木の巻の、

（薫の言）

むかしおぼゆる人形《かた》をもつくり、絵《ゑ》にもかきとりて、を《(お)》こなひ侍らむとなん思ふ《(う)》給へなりにたる（宿木の巻、五 - 八二ページ）

について、最近の注釈書では出典を指摘しない傾向にあるものの、『河海抄』にくわしい。

（『河海抄』宿木）

むかしおほゆる人かたをもつくりゑにもかきとりておこなひ侍らんと

白氏文集曰　香炉峯《ノ》北《ニ》有レ寺。号二遺愛寺一。件《ノ》寺者《ハ》高宗皇帝有二最《サイ》愛《ノ》王子一、至《テ》二七歳一忽薨《ニコウス》。不レ堪二哀傷《ニ》一、建二立《ス》堂舎《ヲ》一。王子《ノ》形《ヲ》安置《ス》二其寺《ニ》一。草堂記

画図事《ハ》　漢武帝初喪《サウス》二李夫人《ヲ》一。々々々《ハ》甘泉殿裏令《ム》レ写《ウツサ》レ真《ヲ》。丹青画出《カキイタシテツイニ》　竟何《ノ》益《ソ》。不レ言《モノイハ》不レ笑愁《ワラシウサツス》二殺君《ヲ》一。白氏文集

彫刻事《テウコクノ》

武帝以二薫仲君一李夫人《ノ》皃《ヲ》作《ルニス》　以二温石一。温石ハ和ナル石也　（『紫明抄　河海抄』角川書店）

これに三つの出典が出されているうちの、第一の「草堂記」からというのは疑問がある。しかし「むかしおぼゆる人形《かた》をもつくり……を《(お)》こなひ侍らむ」というのが、遺愛寺に王子の形を安置したという故事をふまえたものということは言えるかもしれない。

第二の『白氏文集』からという「李夫人」については疑問がない。

第三の「彫刻事」については、出典が明記されていないので、四辻善成が直接、何に拠って書いたのかわからない。「薫仲君」は誤字ないし誤写で、董仲君とあるべきもの。方士少翁が神《たましい》をよぶ術で李夫人を呼びだし、武帝にいっそう悲痛な思いをさせたことは、『漢書』で見てきた通りで、諸書に見いだすことができる。『漢武故事』では李少翁、『拾遺記』(漢魏叢書)によると李少君とある。この『拾遺記』にみると、「温石」の故事らしいものが書かれている。暗

海にある潜英《せんえい》という石で、色は青く、毛羽のように軽く、寒い盛りには石温かく、暑い盛りには石冷たい。これを刻して人像にすれば、まことの人とことならないという。暗海にいたり、十年を経て還った。この石をえて、工人に命じて、さきの図に依って、夫人の形を刻し作った。刻成ってうすい紗幙のなかに置いてみると、あたかも生きているときのよう。帝は大いに悦び、少君に問う、「近づいてもよいか」。少君曰う、「たとえば真夜中の夢のごときものは、昼間、近づいて見ることができるでしょうか。この石は毒ですから、とおくからのぞみみるのがよいので、近づくことはできません」云々、と。帝はこの諫めにしたがう。夫人を見おわると、少君はこの石人をついて、丸薬にした。これを服するともう恋しい夢を見ることがなかった。霊夢台を築いて、これを祀った、という。

『太平広記』七一にこれとほぼ同文が載せられ、出拠も「出㆓王子年拾遺記㆒」と明記されるものの、この『太平広記』では李少君でなく、董仲君とある。これだと『河海抄』の記事にあう。董仲君は『神仙伝』(西晋、葛洪撰)によると、臨淮《りんわい》の人で、簡単な尸解《しかい》説話を伝える。李少君とは別人であった。

恋々たる薫の情念はたしかに武帝のそれにかようものがある。女色を捨てて仏道のほうへおもむかなければ、という薫の心の揺れは、「人木石《ぼくせき》にあらざれば」という詩句の教訓的意図と微妙にかさなりあう。

薫の「人形《かた》」をもとめるきもちは浮舟の物語をみちびくことだろう。「李夫人」が宇治十帖の構想軸にかかわるものであるらしいことは十分に認められる。(9)

五　から人の袖ふること、后言葉

趙后飛燕のはなしは川口久雄氏の研究(10)にくわしく、それ自体につけ加えることは何もない。『源氏物語』の構想に重大な影響をあたえた説話として、李夫人のそれを取りあげたついでに注意しておかなければならない。

『琱玉集』に、

飛鷰、姓趙、前漢平陽公主家侍者、字飛鷰、纖軟美麗、又善二歌舞一。漢成帝見而悦之、乃進二入宮一。後偏得レ幸、遂立為二皇后一。出二前漢書一。

(『琱玉集』飛燕)

とある。正史(『漢書』)にくわしく、『西京雑記』『蒙求』など諸書にとられ、『飛燕外伝』として小説にしたてられ、漢土で大流行するとともに、日本へ、確実な影響をあたえたらしい。

成帝が太液池に飛燕と遊ぶという避風台の故事は、特に文人たちの好尚にかなう内容であった。帝、常に三秋の閑日をもって飛燕と太液池にたわむれる。雲母をもって飾った一名雲舟という、沙棠木《さとうぼく》の舟を浮かべる。風がかろやかに吹くと飛燕はほとんど風のままにまに水にいらんばかりになる。帝は翠纓《すいえい》をもって飛燕の裙《もすそ》を結んだという(『拾遺記』巻六)。

『飛燕外伝』では、飛燕が登仙せんばかりになる太液池の歌舞の記事が印象的である。飛燕の歌たけなわにして風、大いに起こる。馮無方《ふうむほう》が、后の裾をおのれの髀にしばりつけて、「我を顧みよ、我を顧みよ」という。后、神をあげて「仙か、仙か」、と云々。帝曰く、「無方、我がために后をつかまえていよ」、と。無方は、笙を投げすてて、后の履きものをしっかりとおさえる。風が止み、ついに仙になりそこねた。飛燕はそれほどにも軽いという、留仙裙の故事である。川口氏とともに、私もまた、『源氏物語』紅葉賀の巻のあたりの人物関係やシチュエーションと飛燕説話との近似性を思わずにいられない。飛燕の妹、趙昭儀が、『漢書』(外戚伝)などで特に嫉妬深い、残忍な人物に描かれていて、帝が別の後宮女性に産ませた子供を殺すのは、さすがに『源氏物語』のなかでそれほどふるまわないにしろ、弘徽殿女御の形象にかよう。飛燕が藤壺(——この紅葉賀の巻で中宮に立つ)に、飛燕と密通する若い愛人(—馮無方)

は源氏の君に対応し、成帝が桐壺帝にあたるという関係もさることながら、試楽に青海波を舞う源氏の胸のうちと、それを夢の心地でみていた藤壺の心のうちとに、飛燕説話が想起されたことは疑いない。

（光源氏の贈歌）

もの思《おも》ふに、たち舞《ま》ふべくも―あらぬ身《み》の、袖《そで》うちふりし心知《し》りきや　（紅葉賀の巻、一-二四一ページ）

（藤壺の返歌）

から人の袖《そで》ふることは―とを《(ほ)》けれど、立《た》ちゐにつけてあはれとは―見《み》き　（同）

という源氏と藤壺との贈答は、傍線の部分に特にあらわれているように、飛燕の故事をふまえた内容だろう。ふることは、袖をふることに故事《ふること》が懸けられる。舞い手とそれを夢の心地で見守る者との、立場こそ逆転させられるものの、故事を思いおこすのに支障のないところであろう。「限《かぎ》りなふ《(う)》めづらしう、かやうの方《かた》さへたど〳〵しからず、人のみかどまで思《おも》ほしやれる、御后言葉《きさきことば》のかねても、とほゝ笑《ゑ》まれて、持《ぢ》経のやうに引《ひ》きひろげて見《み》い《(ゐ)》たまへり」（一-二四二ページ）という源氏の感慨にそれはつづく。

「后言葉《きさきことば》」という語について、河内本に「かねても、と」が欠けているのは意味をなさない。立后するまえから、后であることにふさわしいうたのさまだ、という意味であるから、「かねても」を必要とする。「かねても」の欠けた本文（河内本）で読むならば、ここで后でない藤壺には該当しないから、「もろこしの皇后の事を思ひての給へる」（『紫明抄』）こととという意味になる。則天武后のことを『紫明抄』は挙げる。

『河海抄』は「御后言葉のかねても」という本文で読むから、どうしても、『紫明抄』の読みにたいして反論する。いまだ「立后なけれども、后がねにておはしませば后詞と云」うのだろう、と。「たとひ継母に通ずる異朝例ありとも藤壺女御いかでかさるためしありと自称したまふべき」と、則天武后説をしりぞけるのはただしい。(11) しかし「袖ふること」について「凡楽曲、唐朝の伝なれば、から人の袖ふるとはいへる也」というのは、川口氏もいうように失考であろう。唐楽を舞うひとを唐人《からひと》に見立てたからといって、機知にならないし、「故事《ふること》」という懸け詞を読み落としてもいる。

「后言葉《きさきことば》」とは、その直前の「人のみかどまで思《おも》ほしやれる」という一句で説明されつくしている。薄雲の巻で、実父光源氏が臣下でいるという(それなのに自分は至高の地位にいるという)事の順逆を知った冷泉帝が、異朝にさまざまな実例をしらべようとした「学問《がくもむ》」(薄雲の巻、二―二三七ページ)のことを、ここに思いあわせる。そのような学問がそなわらなければならない。后たることにもまたおなじようにいえるのではないか。后としての教育、教養であり、紅葉賀の巻の「から人の袖《そで》ふることは……」という返歌には、とおく異朝の故事を知る后たることのふさわしさがかねてそなわる、というのが源氏の君の感慨であった。「后言葉《きさきことば》」、后たるにふさわしい返歌とは、本邦はもちろんのこととして、異朝の故事をも詠みこむところにあった。后たるにふさわしく教育されてある、という。ふまえて詠まれた故事は一般的であるにしても、そのような知られる故事を史実にまでさかのぼって理解することが教育、学問としてある。うたのなかに詠みこむのにふさわしいかどうか、的確な判断が要求されることだろう。それにはまた広い教養がなければならない。帝や后の傍らに、すぐれた進講者がいたことを仮想してみるならば、かれは、時代の現在とゆくすえとを、その由来や、あるいは未然において知るのに、中国の文学や歴史を、本邦の風土のなかで、絶えず緊張させてみることを必要とした。『源氏物語』を書いた作家が、日常生活のなかで、そうした進講者のひとりであったらしいことを、『紫式部日記』は伝えている。

注

（1）川口久雄、増訂版、明治書院、一九六四《昭和三十九》年、六九四ページ。

（2）朱紫は高位高官の人。蕙荷《けいか》は隠者の様子。「鱸魚蓴菜興」は晋の張翰の故事。張翰官に在り、秋風の起るにより急に呉中のすずきの膾《なます》、じゅんさいの羹《あつもの》を思い、直ちに官を棄て駕を命じて呉に帰った。

（3）丸山キヨ子、東京女子大学文学会、一九六四《昭和三十九》年。

（4）『拙堂文話』に、「物語草紙の作は漢文が大いに行われてののちに在るために、則ちまたもとづく所が無いということはできない」として、「枕艸紙はその詞を多く李義山（商隠）の雑纂に沿《よ》る、伊勢物語は唐の本事詩や李章台の楊柳伝より来たるものの如く、源氏物語はその体、南華の寓言にもとづき、その閨情を説くことはけだし漢武内伝、飛燕外伝、及び唐人の長恨歌伝、霍小玉伝などの諸篇より得る」（原漢文、一八三〇《文政十三》年）とする。

『霍小玉伝』は唐の蔣防の作。霍小玉は男から身を引いて、のち死して幽鬼となり、つきまとう。夕顔の形象や夕顔の巻にかげを落とす。

（5）古典保存会複製、山田孝雄解説、一九三四《昭和九》年。

（6）参照、池田利夫『日中比較文学の基礎的研究』笠間書院、一九七四《昭和四十九》年。

（7）藤井貞和「桐壺の巻問題ふたたび」『国語通信』一四九、一九七二《昭和四十七》年九月、『源氏物語入門』所収。

（8）↓注3。

（9）三田村雅子「『李夫人』と浮舟物語——宇治十帖試論」『文芸と批評』三ノ七、一九七一《昭和四十六》年十月（『源氏物語感覚の論理』有精堂、一九九六《平成八》年、所収）。

（10）↓注1、六九ページ以下、および「『源氏物語』における中国伝奇小説の影」『西域の虎』吉川弘文館、一九七四《昭和四十九》年。

（11）ただし「藤壺女御」とあるのは藤壺妃の宮がただしい。

第二節　長恨歌、李夫人、桐壺の巻

一　「長恨歌」説話の流行と源氏物語

桐壺の巻のごく冒頭から、そのなかばを過ぎる若宮の参内記事の直前まで、「長恨歌」説話にもとづく場面の構成、人物の造型が色濃く見られることは、よく注意されてきた。「長恨歌」説話とは、白楽天(白居易)の「長恨歌」(および陳鴻の『長恨歌伝』)により大いに喧伝されたので、かく呼ばれる。それらは楊貴妃事件ののち、まもないころから、中国の民間に説話化されてきた内容が、あらためて作品化されたものだろう。

日本社会には「長恨歌」を通して知られたらしく、九世紀末以後に流行した。『伊勢集』『拾遺和歌集』に「長恨歌の御屛風」の歌人伊勢の作歌が見えるほかに、〝長恨歌の絵〟は諸書に散見し、「長恨歌といふ文を、物語にかきて」というのも『更級日記』に見える。源順の漢詩「対〻雨恋〻月」による「楊貴妃帰つて唐帝の思、李夫人去つて漢皇の情」は『和漢朗詠集』(上、十五夜)に見え、「長恨歌」を和歌にしたてたことは伊勢の場合のほかに、『後拾遺和歌集』や『大弐高遠集』にある。『うつほ』『枕草子』などにも「長恨歌」は引用される。『源氏物語』がその冒頭部に「長恨歌」をふまえたことは時代の流行に見合うものがあった。

しかも、単に「長恨歌」の趣向を借りたという程度の影響ではないらしい。「処々に長恨歌の語を用ひながら、而も換骨脱胎の妙を得た」(水野平次)(1)、「最も深き意味に於て、長恨歌をよく読み消化した」(神田秀夫)(2)、「桐壺更衣哀史が長恨歌の移しであると見る立場に立つと、問題は字句にとどまらない。また、類似点の指摘に満足できず、相違点の解釈に努めたくなる」(玉上琢彌)[3]、「長恨歌をその主題的、本質的な意味で源氏物語に引用し、言及し、又類似の表現を多々用ひて物語の世界の具象化に援用した」(丸山キヨ子)[4]、「邦人の嗜好に適い、長篇物語の序曲にふさわしい様に巧みに換骨している作者の手腕は、絶讃に値する」(大曾根章介)[5]と論じられる。高橋和夫氏は『源氏物語の主題と構想』[6]において〝原桐壺〟の存在を想定し、現在の桐壺巻の前半を、「長恨歌」によって膨張したものとみ、その長恨歌的粉飾によって、〝原桐壺〟にはなかった抒情的性格を出した、と考えた。

かく論じられてきた。これらのうち〝原桐壺〟を認めるかどうかについては、大いに議論の余地のあるところだとして、これを除くほぼ大すじにおいて、みぎの諸意見は現在のところ承認されている、といってよい。

二　〝楊貴妃のためしも引き出でつべく〟

たしかに桐壺の巻のある部分は楊貴妃説話の磁場にある。ややこまかく問題点を出してみると、まず物語の冒頭部の、まばゆい(―正視にたえない)更衣にたいする帝の御寵愛ぶりが、上層部をはじめとして、世間一般でも、もてあましの種となって、「楊貴妃《やうきひ》のためしも引出《ひきい》でつべくなり行《ゆく》」と、はっきり「長恨歌」説話を思いおこす。

(非難にもかかわらず寵愛する帝)

上達部《かむだちめ》、上人《うへびと》などもあいなく目《め》を側《そば》めつゝ、いとまばゆき人の御おぼえなり、唐土《もろこし》にもかゝることの起《お》こりにこそ世も乱《みだ》れあしかりけれ、とやうやう天の下《した》にもあぢきなう人のもてなやみ種《ぐさ》に成《なり》て、楊貴妃《やうきひ》のためしも引出《ひきい》でつべくなり行《ゆく》に、いとはしたなきこと多《おほ》かれど、かたじけなき御心ばへのたぐひなきを頼《たの》みにてまじらひ給ふ。

(桐壺の巻、一 - 四ページ)

「楊貴妃《やうきひ》のためしも引出《ひきい》でつべくなり行《ゆく》」とは、直前に「唐土《もろこし》にもかゝることの起《お》こりにこそ世も乱《みだ》れあしかりけれ」とあるから、寵妃のために、帝王が政治を疎略にして、兵乱などの国難を招き寄せることを言う。類似の表現はあとにもくりかえされており、更衣の死後、政務をかえりみない帝を、人々は「いとたい〴〵しきわざなり」（一－一八ページ）と、他国の朝廷の例を引いて、ひそひそと嘆きをくりかえす。

　人のみかどのためしまで引出《ひきい》で、さゝめき嘆《なげ》きけり。（同）

全集の頭注が、これについて、〝楊貴妃のためしも引き出でつべくなりゆく〟とあったのが、〝引き出で〟にまですすんだことを注意する。微妙なちがいながら、注意されるべきことだ。〝引き出でつべく〟は、引き出しかねないぐらいに、つまり、実際には楊貴妃のなまえを出して憂えたかどうかを問わない。ひいてはこの表現は物語の方向が血なまぐさいあらそいに進展する可能性をとざす。兵乱のような物語になることは否定される。桐壺更衣の、それほどにまではげしい寵愛のされ方だけが、ここはつよく印象づけられる。

血なまぐさいあらそいに物語がすすむ可能性をとざすことは、桐壺の巻の後半部でもくりかえされるようだ。かの高麗の相人の予言の前半の、

（高麗の相人の予言）

　国の祖《おや》と成《なり》て、帝王の上《かみ》なき位《くらゐ》に上《のぼ》るべき相《さう（お）》をはします人の、そなたにて見《み》れば乱《みだ》れ憂《うれ》ふることやあらむ。

（一－二〇ページ）

は、光宮が即位するとすれば乱世になる、の意味にとるなら、桐壺帝がかれを源氏にしたことは物語の方向を兵乱へすすめないための処置であった。巻の冒頭の「世も乱《みだ》れあしかりけれ」という危惧と、後半の高麗の相人の予言の「乱《みだ》れ憂《うれ》ふること」とは、一すじつながりがあるように思われる。すくなくとも、高麗の相人が占い見た未来の〝源

氏治政〃下の「乱《みだ》れ憂《うれ》ふること」とは、「長恨歌」の背景となる兵乱のようなものではなかったか。であるとすれば、桐壺帝はおのれの失政(桐壺更衣を溺愛して国政をあやうくしたこと)をわが子にくりかえさせないために、即位への道を断ちきり、臣籍降下させたことになろう。

三　桐壺更衣の形象

桐壺更衣は、一身に帝寵を受けたために、方々から恨みを負い、そのためにか病づき、一子光宮の生まれてからはさらに方々のにくしみがつのり、ついにまるで何か毒物でも盛られたかのような異常な死に方で、急速に死んでいった。冒頭から死まで、そのあえかな桐壺更衣の印象を、われわれは従来、楊貴妃なるひとにかさねあわせて受けとってきた。それは無理からぬことで、またかならずしもあやまりでなく、死後における帝の悲しみが明らかに「長恨歌」にもとづいていてかたどられているために、嫋々と迫害されてある生前の更衣にまでわれわれは「長恨歌」をかさねてよむことになる。作者がそれを計算にいれていたとしたら、後代でのそのような、つまり桐壺更衣の印象をもって何となくかの楊貴妃もそのようであったろう、と受けとる読み方に不都合さはない。

著名な冒頭「いづれの御時《とき》にか」(一-四ページ)は「長恨歌」の冒頭の「漢皇」を和文化した表現だろう、と小西甚一氏[7]はいう。

(「長恨歌」冒頭)

漢皇重㆑色思㆓傾国㆒　御宇多年求不㆑得
楊家有㆑女初長成　養在㆓深閨㆒人未㆑識
天生麗質難㆓自棄㆒　一朝選在㆓君王側㆒

回レ眸一笑百媚生　六宮粉黛無二顔色一

〔漢の皇帝《唐の玄宗の言い換え》は美色を重んじ、傾国《美人》を大切にする。在位のあいだ、多くの年を、さがしても見つからない。

楊家に娘がおって、ようやく年ごろとなる。養われて奥深い居室にあり、だれもまだ知らない。

自分からは捨てることのできない美質、天の造型物、一朝にして選ばれて君王のお側に在る。

眸《ひとみ》をめぐらせ、一たびにっこりすると、百の媚が生じる。六つの宮殿の化粧美人は顔色無しといったところ。〕

小西氏のいう和文化の趣なるものを氏のこの論文から書きだしてみると、「重レ色思二傾国一」は「女御、更衣《かうい》あまたさぶらひ給ひける」、「一朝選在二君王側一」は「すぐれてときめき給ふ有《あり》けり」、「六宮粉黛」は「我はと思ひ上《あ》がりたまへる御方《かた》〴〵」、彼女たちが「無二顔色一」という状態であることは結局「めざましき物《もの》におとしめそねみ給ふ」ことになる。

（『源氏物語』冒頭）

いづれの御時《とき》にか、女御、更衣《かうい》あまたさぶらひ給ひける中《なか》に、いとやんごとなき際《きは》にはあらぬがすぐれてときめき給ふ有《あり》けり。はじめより我はと思ひ上《あ》がりたまへる御方《かた》〴〵、めざましき物《もの》におとしめそねみ給ふ。（桐壺の巻、一 - 四ページ）

つぎに「承レ歓」は「わりなくまつはさせ給ふ」、「侍レ宴」は「さるべき御遊《あそ》びのおり《を》〳〵」、「日高起」「不二早朝一」は「あるときには大殿籠《おほとのごも》り過《すぐ》して」、「無二閑暇一」は「あながちに御前《おまへ》さらずもてなさせ給ひし」にあたる、と。

（「長恨歌」）

春宵苦レ短日高起　従レ此君王不二早朝一
承レ歓侍レ宴無二閑暇一　春従二春遊一夜専レ夜
〔春の夜は短きに苦しめられ、日が高くなって起きる。このとき以来、君王として早朝のまつりごとをしなくなる。
歓楽のかずかずをお受けして女はひまなく宴会に侍し、春は春の遊びにしたがうし、夜という夜を独占状態。〕

（桐壺帝の溺愛するさま）

上《（じやう）》ずめかしけれど、わりなくまつはさせ給ふあまりに、さるべき御遊《あそ》びのおり《（を）》〱、何《なに》ごとにもゆへ《（ゑ）》あることのふし〲には、まづ参《ま》うのぼらせ賜《（たま）》ふ、あるときには大殿籠《おほとのごも》り過《（すぐ）》してやがてさぶらはせたまひなど、あながちに御前《おまへ》さらずもてなさせ給ひし程に、……　（一－五ページ）

つづいて、「後宮佳麗三千人」は「あまたの御方《かた》〲」に、「三千寵愛在二一身一」は「ひまなき御前渡《まへわた》り」に相当する、というように指摘される。

（「長恨歌」）

後宮佳麗三千人　　三千寵愛在二一身一
〔後宮の美人たちは三千人いる。その三千人分の寵愛が一身にあつまる。〕

（ひまなき前渡り）

あまたの御方《かた》〲を過《（すぎ）》させ給ひて、ひまなき御前渡《まへわた》りに、……　（一－六ページ）

みぎのようにならべて納得できる点がすくなくない。

しかしながら、類似は類似として、小西氏のような挙例にもかかわらず、この物語冒頭の嫋々たる女主人公が、一子を産み、周囲の女性たちによって迫害され、重篤となって帝との恋々たる別れののちに世を去る、というストーリーの骨格から見ると、かならずしも楊貴妃の形象には近くないことにも覚めておく必要を感じる。「長恨歌」や陳鴻の『長恨歌伝』の語る楊貴妃の形象からの距離ということに十分に配慮して、桐壺更衣がどんなプレテクスト群から生じてきた女主人公であるかをもうすこしさぐってみたいようにきもちをうごかされる。

四　神仙思想か鎮魂性か

神仙思想の影響といわれることについて、ここに一応ふれておく用意があろう。

桐壺更衣の死後、帝は、靫負命婦を母君のもと(―光宮とともにいる)に派遣する。従来、この部分に、「長恨歌」の方士が仙界を訪ねて楊貴妃に会うくだりを考えあわせる意見がおこなわれることについて、疑問がある。もしそれが言えるなら、いわば「長恨歌」の神仙的面の適用、展開ということになる。靫負命婦は仙界を訪ねる人であり、その仙界から形見の品がもたらされた、というはなしに落ち着く。

なるほど「長恨歌」や『長恨歌伝』制作の意図自体には、多分に神仙趣味があったのではないかと思われ、本邦の初期物語が中国の神仙思想と関係深かったことを考えあわせて、軽視しえない意見としてある。けれども、もはや初期物語でありえないはずの『源氏物語』が、神仙思想からの脱出をもくろむところにいま十分に来ているのではないか、ということにもまたわれわれの想像がすすむ。

靫負命婦が更衣の母君のもとに派遣される場面は、巻のなかでも印象深いところとして知られる、しかしその場面に具体的に「長恨歌」が引用ないし言及されるということはない。もし作者が、仙界を訪ねて楊貴妃に会う「長恨歌」の方士を靫負命婦にかさねたいなら、引用や言及として「長恨歌」がその場面にどんどん出てきてほしい。しかるにそのような引用ないし言及を見ない。

これに反し、「長恨歌」からの引用ないし「長恨歌」への言及は、そのあとの、靫負命婦が宮廷へ帰還して帝に復命し、かたみの品をみて帝が嘆き悲しむ、という場面において顕著に見られる。

つまり『源氏物語』の冒頭の巻に、「長恨歌」や『長恨歌伝』の影響が見られることはそれとして、語り手に神仙思想に深入りするつもりがないこともまたそこにはうかがえる、ということではないか。古沢未知男氏が「長恨歌」と桐壺の巻との〝相違〟の一つに神仙説の有無を挙げる通り[8]、桐壺の巻のうえにたしかに直接に神仙思想というべきほどのものをほとんど見ない。「長恨歌」によってこの長編物語を開始したというそのことに神仙趣味のなごりを見るにしろ、それは乗りこえ対象としてである。次節に見るように、死者儀礼としてのシャマニックな道術は古代中国で民俗として生きていたかと考えられ、「長恨歌」自体の後部に方士が冥界飛行するのは、その切実な反映であったと見られる。桐壺の巻としてこの部分をしかし取りいれることはしなかった。

物語としてはただひたすら死者への鎮魂の語りが欲しかったのだろうと思う。その場面こそ靫負命婦が復命し、帝が更衣の遺品を見て恋々たる悲しみにふける描写の意図として位置づけられよう。その場所に、みぎに言ったように、桐壺の巻のうちでもっとも顕著な「長恨歌」の投影がみられる。

（遺品をみて悲しむ桐壺帝とその独詠歌）

かの送り物御覧《らん》ぜさす。亡《な》き人の住《す》みか尋《たづ》ね出《い》でたりけむしるしの髪《かむ》ざしならましかば、と思《おも》ほすもいとかひなし。

尋《たづ》ねゆくまぼろしもがな。つてにても―玉《(たま)》(―魂)のありかをそこと知《し》るべく　（一－一六ページ）

これをあえて神仙思想の残滓とみることもできるにしろ、「しるしの髪《かむ》ざしならましかば」「まぼろしもがな」とは、仮定やありえぬ希望を語るだけで、むしろ直接的な神仙趣味からとおのき、そこからはなれる分だけ抒情的な死者への鎮魂の思いが深い。

（桐壺帝《独詠》）

　月も入《い》りぬ。

　　雲のうへも―涙に暮《く》るゝ秋の月。いかで住《(すむ)》らむ。浅茅生《(あさぢふ)》の宿

おぼしめしやりつゝ、灯火《ともし(び)》をかゝげ尽《つ》くして起《お》きを《(お)》はします。（一-一七ページ）

ここの「灯火《ともし(び)》をかゝげ尽《つ》くして起《お》きを《(お)》はします」が、「長恨歌」の、

（「長恨歌」）

　孤燈挑尽未レ成レ眠

の移しであることはいうまでもない。林田孝和氏(9)はこれを、夜間の照明器具としての燈火でなく、亡き桐壺更衣の霊を呼ぶ火――招魂の迎え火ではなかったかと説く。これはだいじな意見であるとともに、これの表現が「長恨歌」から来ていることを否定することはないので、鎮魂性のつよい箇所としてある。つづく、

（桐壺帝の悲嘆）

あしたに起《お》きさせ給ふとても、「明《あ》くるも知《し》らで」とおぼし出《い》づるにも、猶《(なほ)》朝まつりごとはを《(お)》こたらせ給《(たまひ)》ぬべかめり。（一-一七～一八ページ）

なども「長恨歌」にもとづく。「明《あ》くるも知《し》らで」は、『伊勢集』によると歌人伊勢が「長恨歌の御屛風」のために詠んだ「玉すだれ―明くるも―知らで、寝しものを、夢にも―見じと思ひかけきや」（これは群書類従本）で、伊勢のうた

のなかの「夢にも―見じ」は「魂魄不ニ曾来入レ夢」によるかと言われる。更衣の霊と夢にも会うことができない、との思いをこめるのだろう。桐壺更衣の霊は物語のなかにこののちも出てくることがない。彼女の心のこりである一子光宮の処遇はすべて帝の手にゆだねられる。

五　梅妃、藤原沢子、李夫人

桐壺更衣の桐壺の巻での人物の印象ということでならしかし、ほんとうに説話上の楊貴妃のそれだろうか。

近年、桐壺更衣の造型のうえに、漢土や本邦における楊貴妃とは別の歴史上あるいは文学史上の女性のイメージをあわせ考えよう、とする意見があり、唐の蔣防の『霍小玉伝』を川口久雄氏の『平安朝日本漢文学史の研究』(10)は取りあげ、さらに唐―宋代伝奇『梅妃伝』の梅妃と桐壺更衣との類似をも指摘する。梅妃については全集にも「この更衣の運命に、唐小説『梅妃伝』の趣向の投影が指摘される」(頭注)と述べられる(新編全集では削除し、代わりに『後漢書』清河王慶伝の宋貴人なども投影するか、とある)。おなじく全集の頭注に、死にゆく更衣の描写が『続日本後紀』承和六年六月三十日条の藤原沢子の卒去記事と酷似する、と指摘されることも無視しえないところで、『河海抄』以来、注意されてきた。

白楽天(白居易)の「上陽白髪人」(『白氏文集』巻三)の女主人公が、次々節にもふれるように、桐壺更衣の迫害されるという形象に参加してゆくのではないかということを、感じずにいられない。

けれども、何といっても、具体性を帯びた桐壺更衣の形象ということからさぐると、楊貴妃以上に浮かびあがってくる説話上の人物がいる。けっして高貴ではない身分の家から出て、皇子ひとりを産んで病にたおれ、帝と悲しい別れを演じて世を去り、没後、帝はひたすら亡きひとの魂を思うてやまなかった、という骨格においてならば、かならずや作者は李夫人を脳裏にうかべて物語の冒頭部分を構想したことだろう。前節に『琱玉集』を引き、『漢書』にもとづいてあらあら述べておいた李夫人説話であり、白楽天もまた新楽府の「李夫人」(『白氏文集』巻四)を書く。

(「李夫人」、意訳)

漢の武帝は李夫人をうしなった、その夫人が病んではすぐに別れず、死後に生前の恩をとどめた。帝は似せ絵を書かせたが、言わず笑わずの絵では益がない。方士を呼んで反魂香で霊を降ろしたが、ふわふわと去る。それは健康なときのすがたであった。灯に背き、帳をへだてているので物語りもならない。

云々とある。まどい易き人情には美女に遇わぬのが一番であると戒める。

ここにある写真絵の故事も、反魂香の故事も、『源氏物語』のあちらこちらに見ることができるのではないか。『源氏物語』のそのような李夫人説話が、白居易の「李夫人」に直接に依拠するかどうか、ということになると、たしかにそういう判定にはむずかしい感じがあって、限定して考えることにあまり益がない。

(「李夫人」)

夫人病時不レ肯レ別　死後留得生前恩

〔夫人ひとたび病気におちいっては、別れに恋々として、死ののちへとつなぎとめる、生前の恩を。〕

という簡潔な表現は印象深く、たしかに桐壺更衣の形象にすなおにかようものがある。しかしまた、

(「李夫人」)

此恨長在無二銷期一

〔この恨みは長く在りつづけて消える時期がなかろう。〕

はそのまま「長恨歌」にあっておかしくなかろう。すなわち、桐壺の巻についてその女主人公の印象をつくりだした

のは、単一のものでなく、複数の参加を認めるのがよい(11)。

前項にふれた、伊勢の「明《あ》くるも―知《し》らで」(一‐一七ページ)のうたは、かならずや桐壺帝の見ていた「長恨歌《(ちやうごんか)》の御絵《ゑ》」(一‐一五ページ)に書かれていた、という趣向のはずで、その記述によると、亭子院(宇多天皇)が描き、伊勢、貫之に詠ませたという。

これを受けるのが、

(桐壺更衣のうつくしさについて)

絵《ゑ》にかける楊貴妃のかたちは、いみじき絵師《し》といへども、筆限《かぎ》り有《(あり)》ければ、いとにほひ少《すく》なし。大液芙蓉《(たいえきのふよう)》、未央《(びやうの》柳《やなぎ)》もげに通《かよ》ひたりしかたちを、唐《から》めいたるよそひはうるはしうこそ有《(あり)》けめ、なつかしうらうたげ成《(なり)》しをおぼし出《い》づるに、花鳥《とり》の色《いろ》にも音にもよそふべき方《かた》ぞなき。(一‐一六～一七ページ)

云々という描写で、文脈として連続し、桐壺更衣を楊貴妃に比較する口調であることはいうまでもないとして、それとともにここにも李夫人説話の故事がかさねられているとみたい。

注

(1) 水野平次『白楽天と日本文学』目黒書店、一九三〇《昭和五》年。
(2) 神田秀夫「白楽天の影響に関する比較文学的考察」『国語と国文学』一九四八《昭和二十三》年十月。
(3) 玉上琢彌「桐壺巻と長恨歌と伊勢の御」『国語国文』一九五〇《昭和二十五》年四月(『源氏物語研究』(『源氏物語評釈』別巻)、角川書店、一九六六《昭和四十一》年)。
(4) 丸山キヨ子『源氏物語と白氏文集』東京女子大学文学会、一九六四《昭和三十九》年。
(5) 大曾根章介「漢文学と源氏物語との関係――長恨歌を中心にして」『国文学 解釈と鑑賞』一九六八《昭和四十三》年五月。

（6）高橋和夫、桜楓社、一九六六《昭和四十一》年。
（7）小西甚一「いづれの御時にか」『国語と国文学』一九五五《昭和三十》年四月。
（8）古沢未知男『漢詩文引用より見た源氏物語の研究』桜楓社、一九六四《昭和三十九》年。
（9）林田孝和「源氏物語における死後の描写——ともし火をかかげつくして」『野州国文学』一九七九《昭和五十四》年二月。
（10）川口久雄、明治書院、一九五九《昭和三十四》—一九六一《昭和三十六》年。『霍小玉伝』（蔣防）については前節（→第一節）を参照のこと。
（11）藤井貞和「光源氏物語の端緒の成立」『文学』一九七二《昭和四十七》年一月（『源氏物語の始原と現在』、『源氏物語入門』所収）に論じた。新間一美氏に『漢書』から論じるところがある（「李夫人と桐壺巻」『論集日本文学・日本語2 中古』、一九七七《昭和五十二》年）。

第三節　中国文学はいかに摂取されているか——長恨歌の鎮魂要素

勘十郎一念発起して、これ清十郎、今は我も懺悔《さんげ》せん、かの七十両の小判は此の勘十郎坊主が盗んで、源十郎めに塗らんと思ふ折ふし、切られしを幸に、其方《そなた》に負《おほ》せたり、地色 怨みを晴れて成仏あれ、跡弔《とぶら》はんといふ所を、さてこそ盗人顕はれたり、そいつ括れ、承ると、踏みつけ踏みつけ腕捻ぢあげ、フシ はや切り縄にぞかけてげる。地 直《すぐ》に国中引き渡し、獄門に切りかけよと、引立つれば、妄執も晴れつゝ、清き清十郎、臨終顔も菩薩の数、二十五歳の命は消えて、浮き名は今に残りける。お夏も共にと取り付くを、宥《なだ》め伴ひ立ち帰り、その夏衣、墨に染め、年忌、年忌の手向け草、花の帽子に修行の笠、笠がよく似た阿弥陀笠、弥陀の御国に生まれける。

（『〈おなつ清十郎〉五十年忌歌念仏』近松門左衛門、一七〇九〈宝永六〉年一月上演）

一　葬送儀礼と方士

日本物語に、中国文学がいかに影響をあたえているか、この謎にたいする興味はつきない。「長恨歌」をとりあげてみよう。

植松明石氏から、「祭を考える」という講座（寺子屋教室という自主講座）[1]での、台湾の葬送儀礼についてうかがったはなしは、大いに興味をかきたてられた。死んだばかりの人の魂が、どこまで行ったかということを、パノラマ風にして見せるということがあるのだという。大がかりな見世物のようになっていて、いま魂はどのあたりにあるかを、会葬者たちに、眼のあたり繰りひろげて見せる。お金をはずめば、より極楽に近いところにまで、その見世物師（？）は、コマをすすめてくれるのではなかろうか。堕落し切ったかたちであるとしても、その見世物師こそはかの道術の方士たちの成れの果てとしてであろうと、おはなしをうかがいながら私は考えた。

法官による法教、霊媒を利用するもの、仏教による場合とともに、非常に盛んであるのが道士による道教のそれであるらしく、死者の霊魂を管理する重要な部位に道士はいるらしい。

道術の方士たちは、自分の魂を飛ばして、ありありと冥界を見てくるのではなかろうか。帰還して、死者からの報告を遺族にもたらす際に、遺族のなかには、ほんとうに方士が冥界にゆき、目ざす死者に首尾よく会うてきたか、いぶかしむ向きもあったろう。だからぜひとも方士は、死者と遺族とだけしか知らないことを、冥界からのメッセージとしてもたらす必要があったわけで、「長恨歌」の、

(「長恨歌」)

臨レ別殷勤重寄レ詞　詞中有レ誓両心知
七月七日長生殿　夜半無レ人私語時
在レ天願作二比翼鳥一　在レ地願為二連理枝一

(別れるのに臨んで殷勤に重ねて詞を寄せる、詞の中に誓いがあり、心をおなじくするものだけが知る。
七月七日、長生殿の、夜半、だれもほかにはいない語らいの時、
「天に在っては願わくは比翼の鳥となり、地に在っては願わくは連理の枝と為らん」、と。)

という数句は、そのような方士の習俗を反映していよう。かかる無形の遺物、それに有形の遺物(「長恨歌」の場合は鈿合と金釵と)をもたらせば、遺族(「長恨歌」の場合は玄宗皇帝)を容易に納得させることができる。

二　長恨歌の三部構成

「長恨歌」および陳鴻の『長恨歌伝』は、ほぼおなじ内容を、一方は「歌」とし、一方を〝物語〟とする。いま「長恨歌」についていうと、三部分に分かれる。すなわち、前部は楊貴妃が殺されるまでの顛末を描く三十八句、中部は恋々と悲しみ嘆く玄宗の描写、夢に楊貴妃を見ることのない日々を語る三十六句、後部は玄宗が、道術の方士に、楊貴妃の魂を尋ねさせる四十六句。

(前部)

漢皇重レ色思二傾国一　御宇多年求不レ得
……

……（中略）

六軍不㆑発無㆓奈何㆒　宛転蛾眉馬前死

……

（中部）

花鈿委㆑地無㆓人収㆒　翠翹金雀玉掻頭

……

……（中略）

……

悠悠生死別経㆑年　魂魄不㆓曾来入㆒㆑夢

（後部）

臨邛道士鴻都客　能以㆓精誠㆒致㆓魂魄㆒

……

……（中略）

……

天長地久有㆑時尽　此恨綿綿無㆓尽期㆒

どうなのだろうか、後部というのは「長恨歌」における単なる後日談なのであろうか。そうだとすると四十六句というかずは多すぎはしないことであろうか。たしかに、前部がなければ「長恨歌」はなりたたない。中部は「長恨歌」のなかの抒情的な部位にあってやはり大切だろう。だから前部と中部とがあれば「長恨歌」はひとまずなりたつ。

われわれはそう思いたくなる。しかし事実上、全体の三分の一以上をついやす後部の、方士が楊貴妃の魂を尋ねる入冥飛行のくだりは、その分量から見て、もしかしたら最重要なところなのではないか、との感想をもつことを抑ええない。極端にいえば、後部のほうにこそ制作の興味の中心があり、そのために前部はむしろ導入部として置かれるのだ、という受けとり方が、不可能であるかどうか。

「長恨歌」や『長恨歌伝』が、歴史的事件に取材し、脚色したかたちで民間にすでに伝説化されてある話題を、白楽天（白居易）や陳鴻の興味によって「歌」や〝物語〟にしたてたことは、まずもって〝長恨〟という題名により暗示されよう。〝長恨〟といえば、楊貴妃事件の顛末をたれしも思いうかべるという、民間の基礎があってはじめて「長恨歌」なり、『長恨歌伝』を産むということであろう。さいごの歌句、

天長地久有㆑時尽　此恨綿綿無㆓尽期㆒

は「長」と「恨」とを読みこむ。これは「長恨歌」やその『長恨歌伝』を書いた白楽天や陳鴻の発明した語でなく、民間におこなわれた〝長恨〟なる伝承をふまえ、「歌」とし、さらにそれを〝物語〟となしたことを端的に意味する。

三　楊貴妃死後五十年

民間におこなわれていた伝説的な話題であったろうということが、はっきりした証拠として、後部の道士の入冥飛行をくわしく「長恨歌」や『長恨歌伝』に語ること自体に見てとれよう。民間の〝長恨〟説話が、方士の活躍によって、楊貴妃の魂のありかを尋ねるくだりを語りの主眼に置いたからこそ、それが「歌」や〝物語〟に大きく反映してくるのではなかろうか。では民間の流布説話としての〝長恨〟説話が、入冥飛行の部分をはたして主眼としていたかどうかということになる。むろん、直接の証明をなす方法はない。しかし冥界入りの説話が、六朝をピークに、大い

におこなわれたことについて、くだくだしくここに述べる必要があろうか。

その変遷史は、前野直彬氏「冥界遊行」(2)に六朝までのそれがたどられている通りで、それを要するに、死後の世界にたいする信仰にはじまるとともに、説話としての興味を追って発展してゆく。唐代にはいっても、またそれ以降も、民間において、冥界への興味がうすらいだと言いがたい。私はそこに、死者儀礼として、方士が呼ばれ、シャマニックな飛行によって死者の魂のゆくえを尋ねる民俗のあったことをぜひ想定しようと思う。もしそれが言えるとするなら、冥界への興味が容易にうすらぐことはなかったろう。楊貴妃事件は、冥界への興味のなかへとりいれられてこそ民間に成長してきたのではなかろうか。

白楽天(白居易)たちはそのような〝長恨〟説話を知っており、それを脚色し「長恨歌」なり『伝』なりにしたてた、ということになる。元和元(八〇六)年というのが、楊貴妃の死んだ七五六年からかぞえて、ちょうど五十年めにあたることに注目したい。死者が祖霊になりきるのに、たとえば五十年を大きな区切りとみるような民俗的心意を、日本社会でなら観察することができそうに思える。

『(おなつ清十郎)五十年忌歌念仏』(一七〇九《宝永六》年一月上演)は、清十郎の事件が一六六〇《万治三》年のこと、それの四十九年めにあたり、文字通り五十年忌にあわせた作品としてある。五十年祭なり、五十年忌なりの観念が中国大陸であったかどうか、魂のゆくえを見さだめる区切りとしてあったかどうか、儀礼的な区切れとして五十年というのが、中国中世におこなわれていたか、あるいはいまにのこる民俗にあるのかどうか、なかなかたしかめられないので、限界内での仮説であり、また楊貴妃の場合はちょうど五十年めということになって、すこしずれを認めるべきかもしれない。『長恨歌伝』の跋文に、
元和元年冬十二月に(中略)、相携えて仙遊寺に遊び、語ってこの事におよび、相与に感歎する

という趣旨のことを見る。白楽天が「長恨歌」を作り、陳鴻に物語をつけさせたという〝制作事情〟はこれによってわかる。この五十年めということには意味がありそうに思える。

仙遊寺に遊ぶという記事を欠く簡単な跋文もおこなわれており(『太平広記』四八六)、議論(3)のあるところで、くわしい跋文のあるほう(『文苑英華』七九四)を原型であると認めて、「仙遊寺の会が、架空」である可能性を考える前野氏の意見(4)がわかりやすいかもしれない。いずれにせよ『太平広記』においても、元和元年に白楽天(白居易)が「長恨歌」を作ったという年号は明記されるから、根拠のある「長恨歌」著述年代なのであろう。五十年をへての制作というところはうごかないのではなかろうか。何らかの鎮魂的意図を込めて、つまり楊貴妃の魂のゆくえということにはげしい興味を抱く民間文芸の傾向に沿ってこの「長恨歌」が書かれた、と言うことではあるまいか。

四　「まぼろしもがな」――桐壺の巻

『源氏物語』において、女主人公の死をいたみ、鎮魂の思いにひたるとき、場面内に「長恨歌」が思いだされてくるという描かれ方は、物語中に何度もくりかえされる、顕著な形式であるといってよい。言うまでもなく桐壺の巻がそのように描かれる。

桐壺更衣死後の、恋々たる帝の悲しみを叙述するところに「長恨歌」が深くかげを落としているという、よく知られたことながら、このごろは「長恨歌《ちゃうごんか》の御絵《ゑ》」(桐壺の巻、一‐一五ページ)に明け暮れる。

贈り物として、装束一くだりに髪上げの調度めく物が添えられてたてまつられる。それを見ながら、「亡《な》き人の住《す》みか尋《たづ》ね出《い》でたりけむしるしの髪《かむ》ざしならましかば」(一‐一六ページ)と、かいなく思う。

(桐壺帝《独詠》)

尋《たづ》ねゆくまぼろしもがな。つてにても━玉《たま》(━魂)のありかをそこと知《し》るべく　(同)

と、帝による鎮魂の独詠歌が口ずさまれる。「まぼろし」とは方士のことを言う。かく「長恨歌」がここは濃密に引用される。

この帝の作歌は、桐壺の巻の最初のうたであり、更衣の生前さいごのうたともなるところの、

(桐壺更衣の贈歌)

限《かぎ》りとて、わかるゝ道《みち》のかなしきに、いかまほしきは━命《いのち》なりけり　(一‐八ページ)

と呼応して、生死を超える〝贈答〟になっているのではなかろうか。

絵《ゑ》にかける楊貴妃のかたちは、いみじき絵師《し》といへども、筆限《かぎ》り有《あり》ければ、いとにほひ少《すく》なし。(一‐一六～一七ページ)

云々以下、引用するまでもなく知られているところ。桐壺更衣が死し、帝が生きのこされる場面と、光宮が宮廷によびいれられる場面とのあいだにはさまった、むしろ狭いこの部位に「長恨歌」の影響があふれかえる。

亡くなった女主人公の鎮魂に、どうしても欠かせない部位として、それを書き手はむせかえるような「長恨歌」の影響によってうずめるところ。これによって更衣鎮魂が終わりを告げると、あとは若宮が物語の舞台に呼びだされる。もはやこの巻のなかでは「長恨歌」の引用が見られない。更衣という人は藤壺という高い身分の女性にとって代わられる。場面のなかで女主人公への鎮魂を終わってしまえば、もうその人、桐壺更衣は要らなくなる、そういう箇所を「長恨歌」が受けもつ、ということだろう。

「長恨歌」はこうして物語内部の鎮魂要素として使われる、という顕著な傾向をここに指摘することができる。

五　「旧き枕故き衾、たれとともにか」——葵上哀悼

葵の巻にも「長恨歌」の引用が見られるのは、みぎの桐壺の巻とおなじ方法としてある。葵の巻の読者に、ときに非難がましいことを言うひとがいる。葵上の死の描写と、光源氏の紫上との結婚の記事とが、同一の巻に書かれることに、読者として割りきれないものをおぼえるのであろう。

葵上に死なれたのが秋八月下旬であった。中陰まで左大臣方に滞在して、二条院にもどり、その冬、紫上との新枕がある。夕霧を産み落とし、死なされてみれば、物語のなかに葵上は不要な人物としてそとへ押しだされ、代わってつぎの女性に眼の注がれてゆくことが、けっしておかしいわけでない。源氏の子を産んで、もう要らなくなるこの女性を物語の舞台から丁寧に送りだすにあたって、「長恨歌」が使われる。「長恨歌」の引用によって、彼女にたいする鎮魂を終えたと書き手は考えて、つぎの紫上との新枕の記事へ筆をすすめる、ということだろう。

故葵上の父左大臣が光源氏の書いた筆跡を見つけて悲しむ、というところ、

(光源氏《手習》)

御丁《(ちやう)》の前《まへ》に御硯《すゞり》などうち散らして、手習《ならひ》捨《す》て給へるを(大臣ハ)取《と》りて、目《め》をおしゝぼりつゝ見《み》給《(たまふ)》を、若《わか》き人とは、かなしき中にも、ほを《(ほ)》ゑむあるべし。あはれなるふる事ども、唐《から》のも大和《やまと》のも書《か》きけがしつゝ、草《さう》にも真名《まな》にも、さまぐ〜めづらしきさまに書《か》きまぜ給へり。「かしこの御手《て》や」と、空を仰《あふ》ぎてながめ給《(たまふ)》。よそ人に見《み》たてまつりなさむがお《(を)》しきなるべし。「旧《ふる》き枕故《ふる》き衾《(ふすま)》、たれとともにか(5)」とある所に、

なき玉《(たま)》(—魂)ぞ——いとゞかなしき。寝《ね》し床《とこ》の、あくがれがたき心ならひに

又、「霜の花白《しろ》し(6)」とある所に、

君なくて、塵積《ちりつ》もりぬるとこなつの、露うち払《はら》ひ、いく夜寝《ね》ぬらむ　（葵の巻、一‐三三五〜三三六ページ）

これらのうたをのこして源氏は左大臣邸を去り、二条院へかえってくる。一人の女主人公を死なしめて、場面を転回させるのに、「長恨歌」は利用価値が高い。

六　「夕殿に蛍飛んで」——幻の巻

幻の巻にも印象ぶかく「長恨歌」が利用される。まさに同工異曲というべき方法だろう。幻の巻が紫上鎮魂の意味の深い正編のとじめであるからには、桐壺の巻の場合や葵の巻の場合とおなじように「長恨歌」が利用されるのは、きわめてわかりやすいこととしてある。桐壺の巻の場合、それが利用されるとすぐ、光宮が呼びだされる。葵の巻の場合、それによって鎮魂が〝果たされる〟とただちに、紫上が前面に出て新枕にすすむ。幻の巻の場合はどうかというと、やはり、正編にひきつづく続編である、匂宮の巻以下の物語がひらかれてくることを、「長恨歌」の利用価値のひとつではないかと考えざるをえない。

（光源氏《独詠》）

蛍のいと多《おほ》う飛《と》びかふも、「夕殿に蛍飛《ほたると》んで」(7)と、例《れい》の古言《ふるごと》もかゝる筋《すぢ》にのみ口馴《くちな》れたまへり。

夜《よる》を知《し》る蛍《ほたる》を見《み》ても—かなしきは—時ぞ—ともなき思《おも》ひなりけり　（幻の巻、四‐二〇一〜二〇二ページ）

（同）

雲居《ゐ》を渡《わた》る雁の翼《つばさ》もうらやましくまぼられ給ふ。

大空《おほぞら》をかよふまぼろし。夢にだに見《み》えこぬ玉《たま》（—魂）の、ゆくゑ《へ》たづねよ(8)　（四‐二〇三ページ）

従来、桐壺の巻と幻の巻とが、ともに「長恨歌」を強力に想起する点において、呼応した関係ではないかといわれてきた。あいだに葵の巻をおいてみるとき、桐壺の巻、葵の巻、幻の巻と、同一の手法がくりかえされたことになろう。幻の巻において、ぜひ「長恨歌」の援用されなければならない理由があったのではなかろうか。それは女主人公の生涯を鎮魂の思い深くとざしてゆくための常套手段であった。この場合、正編をとざすことにより、結果的に、続編を構想あらたにひらいてゆくための、効果的な転回をうながしたことになる。

「長恨歌」の中国大陸における制作の意図が、鎮魂の思いを凝らすところにあるとすると、『源氏物語』の書き手のみぎにみてきたような「長恨歌」援用は制作の意図に沿うこととしてあった。

七　結ぼおれたる人々

それでは夕顔はどうなのか、六条御息所はどうなのか、あるいは宇治大い君はどうなのか。物語の構想として、これらの女主人公たちは、簡単に鎮魂されることがない。いわば、あとあとに存在しつづけ、物語のそとがわで死者としてあることはもちろんのこと、しばしば物語のなかにまで出てきたり、物語のうちなる人物を引きうごかしたりする。これらの女性たちの場合には、顕著なこととして、桐壺の巻、葵の巻、幻の巻のような「長恨歌」的鎮魂をゆるされない。

夕顔の巻に、たしかに一か所、「長恨歌」が場面内に想起される箇所がある。しかし夕顔の死後ではない。

（光源氏の贈歌）

　優婆塞《うばそく》が行《おこな》ふ道《みち》を、しるべにて、来《こ》む世も—深《ふか》き契《(ちぎり)》たがふな

長生殿《(ちやうせいでん)》の古《ふる》きためしはゆゝしくて、翼《はね》をかはさむとは引《ひ》きかへて、弥勒《みろく》の世《よ》をかねたまふ。（夕顔の巻、一-一一八ページ）

女主人公の死を予感する不吉な例として、「長恨歌」がここに思いうかべられている。が、不吉であるために、引詩されなかった。不吉な予感は的中して、そののち女主人公は世を去ることになる。夕顔の死にたいする鎮魂のうたは、「見《み》し人の、煙を雲とながむれば、夕《ゆふ》べの空も—むつましきかな」(一‐一四一ページ)という独詠歌があって、そのあと、

まさに長《なが》き夜　(一‐一四一ページ)

と、白楽天(白居易)の「聞夜砧」(『白氏文集』巻十九)の詩句を口ずさむ(9)。鎮魂の常套手段に近い引用のしかたとはいえ、しかし「聞夜砧」は本来、鎮魂の意図のある詩でなく、またこれで夕顔の叙述が終わるわけでもない。空蟬らのことに筆を一旦、逸らすものの、四十九日のことに引きかえして、源氏のうた、「泣《な》く〳〵も—けふは—わが結《ゆ》ふ下紐《したひも》を、いづれの世にか—とけて見るべき」(一‐一四四ページ)もまた、けっして夕顔事件を締めくくる内容でありえず、あとを引いて、結ぼおれた思いを将来へ投げてゆく歌意としてあり、玉鬘十帖がはるかに予定されてあることをそれはあらわしていよう。

宇治大い君の死もまた、総角の巻で締めくくられるはずがなく、彼女自身、この世に執をのこしたから、去りやらぬ魂は宇治の地にとどまり、ついに浮舟事件をひきおこしたというべきだろう。そのような女性の場合は、総角の巻なる死の場面に「長恨歌」の使われることがない。

宇治大い君を回想する場所で「長恨歌」の使われるのは宿木の巻の二か所が指摘されている。浮舟へと女主人公が受け渡されてゆく場所の、

(薫の言)
世《よ》を海中《うみなか》にも、魂《たま》のありか尋ねにには、心のかぎり進《す》みぬべきを、いとさまで思ふべきにはあらざなれど、いとか

く慰《なぐさ》めんかたなきよりはと思ひ寄り侍《はべる》人形《ひとかた》の願《ねが》ひばかりには、などかは山里《ざと》の本尊《ぞん》にも思《おもひ》はべらざらん。なを《ほ》たしかにの給はせよ」と、うちつけに責《せ》めきこえ給《たまふ》。（宿木の巻、五 - 八四ページ）

と、

（薫の思い）
蓬萊《ほうらい》まで尋《たづね》て、髪《かむ》ざしのかぎりを伝《つた》へて見《み》給けんみかどは、猶《なほ》いぶせかりけん。これは異《こと》人なれど、慰《なぐさ》め所ありぬべきさまなりとおぼゆるは、この人に契りのおはしけるにやあらむ。（五 - 一一四ページ）

とで、いよいよ浮舟が見いだされ、あるいは薫がこの女性に、〝ちぎりがあるのではないか〟と思う、その意味で、大い君から浮舟へ、女主人公の交替するところにいたって、例の、「長恨歌」への想到がみられる、という文脈にまさに注意させられる。

六条御息所は、「長恨歌」によって鎮魂されるというかたちをとっていない。のちに死霊となって物語内部を脅かしつづけるからには、鎮魂を果たされない女性として描かれるので、「長恨歌」が利用されないのはまことに当然のことでしかない。

八　節度と摂取

『源氏物語』のとりあつかわなければならない鎮魂の描写に、「長恨歌」が大いに活用されるさまを以上のようにみてきた。

一つだけ、補足的な問題を書いておくと、「長恨歌」の影響といっても、道術の方士のような存在が直接に物語に出てきて大活躍するかたちでなく、むしろ「尋《たづ》ねゆくまぼろし」(=道術の方士)をえがたい、という非在として描く、という節度のある摂取のしかたを、平安物語の特質として、大きく評価したい。早い『はこやのとじ』など、たしかに神仙的傾向[10]が濃かったろう。だが同時に何らかの節度のようなこともまた、平安文化の発展のなかで成長したと考えられ、荒唐無稽への氾濫をくいとめている。「長恨歌」が、玄宗の依頼による入冥術の神秘を克明に綴ることと、わが『源氏物語』が、桐壺帝の、「尋《たづ》ねゆくまぼろしもがな」と、うたとして、抒情の願望として述べる程度であることとの差は、無視できないほど大きい。うた的な抒情において「長恨歌」が想起されるという限定は顕著に観察される。〝中国文学はいかに摂取されているか〟という問いにたいして、反面の、ある節度のような点を指摘しなければ手落ちであろう。そのような節度は中世の虚構群のなかで、漸次うしなわれてゆくことだろう、という見通しとなる。

中国文学では、『三国志演義』の原形態などに、冥界との交流が大胆に描かれたようであるし、『西遊記』にはかの唐の太宗の入冥物語が、二回にもわたって、長々と語りこまれる。それが民間の好むところであったという理由によろう。唐の太宗の入冥物語は敦煌の変文に見いだされるように、民衆の文学であった。『源氏物語』の書かれたのとおなじころ、中国大陸で成長しつつあったそれらの長編小説類と比較するとき、貴族小説、宮廷物語としてのわが物語文学のある種の限定、特質は、注意しておかなければならないように思う。

「長恨歌」の利用は、そのほかの巻々(絵合の巻、真木柱の巻、蜻蛉の巻など)にも見られることが指摘されている。[11]それはそれとして、鎮魂の主題に沿う利用はみぎのような例に尽きる。

注

(1) 七十年代を通して活躍していた民間講座で高田馬場(東京)にあった。なお『儀礼文化』17(一九九二《平成四》年六月)に浅野春二「台南地区の做功徳」という事例報告を見る。

(2)　前野直彬『中国文学史考』秋山書店、一九七五《昭和五十》年。
(3)　近藤春雄、花房英樹両氏の意見の対立があるという。参照、↓注2、一七一ページ。
(4)　↓注2、同。
(5)　現存本一般に「翡翠衾寒誰与共」とあるところ、金沢文庫本系統に「旧枕故衾誰与共」とある。『源氏物語』の書き手のみた『白氏文集』の原文を伝えるという(丸山キヨ子『源氏物語と白氏文集』一九六四《昭和三十九》年)。『大弐高遠集』(桂宮本叢書所収)もおなじ。
(6)　「鴛鴦瓦冷霜華重」を受けるものの、「重」を「しろし」とは訓みがたく、誤写の可能性がある。
(7)　「夕殿蛍飛思悄然」。
(8)　「夢にだに見えこぬ」は「魂魄不曾来入夢」による。『伊勢集』に「玉すだれ—明くるも—知らで、寝しものを、夢にも—見じと思ひかけきや」。このうたには異文が多い。
(9)　「八月九月正長夜、千声万声無㆓了時㆒」(『和漢朗詠集』上、擣衣)。
(10)　参照、藤井貞和「『はこやのとじ』一論」『物語研究』一、一九七九《昭和五十四》年四月(『物語文学成立史』東京大学出版会、一九八七《昭和六十二》年、所収)。
(11)　古沢未知男『漢詩文引用から見た源氏物語の研究』(桜楓社、一九六四《昭和三十九》年)や、注5の丸山論著の漢詩文一覧による。

第四節　白楽天の日本社会への受容

一　学者と物語作者

女性だったからその道を閉ざされていたと、頭から決めてかかるなら、かれらの性的、職業的差別について、われわれは安易に同意したことになる。紫式部は自分が学者であってもよいと思っていたろう。『紫式部日記』によると、夫の藤原宣孝の遺品である漢籍を、つれづれのあまり、引きだして見ていた彼女を、女房たちがあつまって、「何で女が漢字の書物を読むのか、むかしはお経をよむのをさえ人は制止した」(岩波文庫、七五ページ)とかげ口する。兄だか弟だかの式部丞よりもよくできた紫式部を、父親の藤原為時は、「口惜しいことよ、この子が男子でなくて(—男子なら学問の家を継がせることができるのに)」(七九ページ)と、いつも嘆いたという。日本紀(—歴史書)などをも読む(—朗読する)ことをしているらしい。彰子中宮に『白氏文集』のうち「楽府」二巻を「しどけながら教へたてきこえさせて」(八〇ページ)いることも知られないようにする、と彼女は書く。

これに見ると、周囲の女たちがうるさいことと、家は男が継ぐ、という考えがあることとを知る。紫式部自身は幼少時からの才能によって、漢文が読めることを、隠しこそすれ、はずかしいなどの否定的な心意をこれっぽちも持ち合わせていない。漢文が読めることを隠す理由として「男だに才がりぬる人は、いかにぞや、はなやかならずのみ侍るめるよ」(七九ページ)と言うところがある。女はましてそうであるにせよ、学識ぶってしまう人はうだつのあがらぬ一方であるようだというのは、ある真実を言いあらわしているのではないかと思われる。

学者であることと物語作者であることとが、二者択一の、あい矛盾することであるとは言えそうにない。よくわからないにせよ、十世紀の、つまり『源氏物語』以前の物語文学の作り手は学者たちではなかったか、としばしば推定される。ただし学者といっても、いわゆる文人であること、すなわちどちらかと言えば〝うだつのあがらぬ〟タイプの、傍流と化して文才を持て余した一群の学者を物語作者たちに引きあててきた。

物語の話題を提供したり、語り手になって活躍したりする女性たちの存在を大いに認めるとして、実際に文章をまとめるような書き手は学者たちの仕事だったか、ということならば、文人作者説に異論を立てたくない。しかし、かれらが余技として物語制作に従事したかのようにときに論じられることについてなら、それは本職の漢文にたいしてそうだ、というだけのことで、書けばもっと大いなる虚構文学なりと書けたのに力をぬいて物語文学をものした、というようなことでは全然あるまい。物語文学を作る際には、それに全力を注いだので、それを匿名で書く理由にしろ、物語文学が民間伝承の形式をおそう、むかしからの言い伝えのかたちで叙述をすすめる性格である以上、もともと名をあらわしえない文学であるからに過ぎない。本来なら、というのは『源氏物語』の場合、紫式部の名が知られているのでそのように言わざるをえない。

二 表現の自由な借用——上陽白髪人など

藤原公任の著と言われる『和漢朗詠集』(1)に、詩句が約八百首あるとして、白楽天(白居易)のそれはだいたい百四十首とすると、全体の五分の一から六分の一を占める。まさにずば抜けて多い、というほかはない。朗詠に長らく供されてきた詩句をあつめたとはかならずしも言えない。朗詠に供されるべく編纂に際してえらびあつめられた、といった感があって、この集以前に朗詠されていた証拠のつかめるものは限られる。また『源氏物語』の作者が『和漢朗詠集』の存在を知っている、またそれを直接に利用している、と見るべき内部の根拠はまったくないから、『源氏物語』ののちにそれは成立した。もし『源氏物語』以前にそれに類する書があって利用されていたら、物語内部の漢文引用の状況はかなり変わっていたろう、と思われる。白居易の作品について見ると、丸山キヨ子氏の調査によれば、詩句そのものの引用、そうでない引用をあわせて、『和漢朗詠集』に見られるそれで『源氏物語』にも見られるものは十六首ある。[2] 約一割といったところ。それらの十六首はまた大体『千載佳句』に一致する、という特徴がある。

そしてそれらの十六首というかずは『源氏物語』が引く白楽天の五十ほどの作品の三分の一というところ、つまり三分の二は『千載佳句』『和漢朗詠集』に見られない。そしてそれらはいわゆる秦中吟や新楽府からの引用がすくなくない、という次第だが、秦中吟は見られぬものの、新楽府についてなら『和漢朗詠集』に「上陽白髪人」「太行路」「五絃弾」「昆明春」「驪宮高」「百練鏡」「牡丹芳」「井底引銀瓶」がある。

「上陽白髪人」のなかから『和漢朗詠集』(巻上、秋夜)にとられる、

(「上陽白髪人」)

秋夜長　夜長無レ眠天不レ明　耿々残灯背レ壁影　蕭々暗雨打レ窓声

という詩句は、『源氏物語』幻の巻に、

(光源氏の朗唱、夕霧と)

「窓《まど》を打《う》つ声《こゑ》」など、めづらしからぬ古言《ふるごと》をうち誦《ず》じ給へるも、　(幻の巻、四‐一九九ページ)

と、まさにめずらしくもない朗詠向けのそれとして知られる。『源氏物語』では五月であるから季節をことにしており、新楽府の「上陽白髪人」の呻吟は源氏のそれにそのままかさねられない。なぜここにこの引用があるのか。幻の巻が全体に和歌色のつよいなかに、五月の雨のかなりはげしい降りが和風の抒情を超えるものを要求している、と見

るべく、漢詩の朗詠はそこにはたらくか、と思われる。しかし極端に言えば、このように作中人物が朗詠する場合ですら、「上陽白髪人」なら「上陽白髪人」の詩句の出典も背景も、ここに知らなくてすまされぬというほどのことではない。朗詠の利用とはそういう微妙な部位にかかわろう、とぜひ言いたい。ほかにも、

　火ほのかに壁《かべ》に背《そむ》け、（帚木の巻、一 - 四九ページ）

といった表現にそれは借りられる。あるいは六条御息所の、

　十六にて故《こ》宮にまい《(ゐ)》り給《(たまひ)》て、（賢木の巻、一 - 三四九ページ）

また、

　うとき人にはさらに見《み》え給はず。（幻の巻、四 - 一九〇ページ）

あるいは、

　遥《はる》かに目《め》を側《そば》められたてまつらむもわづらはしく、（竹河の巻、四 - 二五三ページ）

というのも指摘されている。(3)

　これらの表現は「上陽白髪人」からのまさに自由な借用である、と見たい。表現の自由としてこそ物語文学に生きられる、と見るべきことであった。

　楊貴妃により目を側められて上陽宮に配せられるというその女性が、物語の構想として参加してくる場合はないか、ということになると、楊貴妃を弘徽殿女御に、上陽人を桐壺更衣にあてはめてみるなら桐壺の巻の構図に近づく、という指摘がある。しかしこれも、桐壺の巻が書かれるとき「上陽白髪人」が思いうかべられていたというたしかな証拠は、ないといえばない。むろんそういうことでよいはずだろう。創作とは模倣や直接の影響であるよりは距離の創出であり、引用の反転であって、そこに文学的な自由を確保することがもとめられる。

三　原主題からの離脱――牡丹芳／五絃弾ほか

もうひとつ、幻の巻との関係を見ると、「牡丹芳」は、『和漢朗詠集』(下、親王)に引くところ、

庫車軟轝貴公主　香衫細馬豪家郎

については『源氏物語』にそれを引くらしい箇所を見ることができないのでおき、『河海抄』などに、

(匂宮の言)

まろが桜は咲《さ》きにけり。いかで久《ひさ》しく散《ち》らさじ。木のめぐりに帳を立《た》てて、帷子《かたびら》を上《あ》げずは、風もえ吹《(ふき)》寄《よ》らじ

(幻の巻、四‐一九二ページ)

というところを、「牡丹芳」にあたると、

共愁㆓日照芳難㆒㆑駐　仍張㆓帳幕㆒垂㆓陰涼㆒

がそれだとある。一方は匂宮の愛らしいさま、一方は牡丹の花を大切にするあまり帷幕を垂らして日かげを作り、その香をすこしでも長くとどめようとする人々のめでしれるさまを言う。『花鳥余情』は『雲仙雑記』という本に拠って唐の穆宗の括香の故事を指摘する。新編全集は「牡丹芳」のほうを源泉としての可能性が大きいか、とする。むしろ幻の巻を読むのにこれらの出典らしきものを知らなくて一向にさしつかえない。偶然似ている、と言えなくもない。「牡丹芳」なら「牡丹芳」を知るなら、両者をへだてる距離がつくりだす、その自由な、軽く表現を借りて物語の状況に引用のかげりを一刷けの筆のように産みだしていることに感心する。『和漢朗詠集』の引用にしても、「牡丹芳」の〝農を憂う〟という主題に関係がないことに知られるように、漢詩文の引用は、朗詠であれ、そうでなくても、原主題からの離脱が腐心するところであったろう。もうすこし言えば新楽府自体、花をめでることをけっして否定せず、

それに淫することを戒めて楽府らしくととのえるに過ぎないとも読める。

つぎに「五絃弾」にしても、それ自体、五絃を弾く名人を惜しみこそすれ、けっして否定する性格ではなかったようで、「古瑟有絃人不ㇾ撫」云々というようなのは楽府に沿う主題の提示としてある。その主題的な箇所を、しかし深くたどるという感じでなく、むしろ距離をつくりだして、山里の尼たちの古風な琴の弾奏に引きあてる。

（琴の演奏）

むすめ尼《あま》君、これもよき程のすき物《もの》にて、「むかし聞《き》き侍《はべり》しよりも、こよなくおぼえ侍《はべる》は、山風をのみ聞《き》きなれ侍《はべり》にける耳《み》からにや」とて、「いでや、これもひがことに成《なり》て侍らむ」と言《い》ひながら弾《ひ》く。（手習の巻、五-三五二ページ）

このあたり、丸山キヨ子氏が秦中吟のなかの「五絃」から引くのは[4]、それでもよかろう。どこがどうとはっきり指摘はできなくて、物語のにない手は「五絃」ないし「五絃弾」をここに思いうかべて作品内の状況に表現的なかげりを産みだし、わかる読者にわからせている、という感じがする。この場合は詩句としてははっきりと引用の表現をここと示すこともできなくて、しかも物語の状況からそれらしく読まされる。『和漢朗詠集』（下、管絃）が取った箇所は第一第二の絃が云々という長めのところであった。

『和漢朗詠集』の取りあげる新楽府「上陽白髪人」「太行路」「五絃弾」「昆明春」「驪宮高」「百練鏡」「牡丹芳」「井底引銀瓶」と、『源氏物語』が引用を試みるそれら（丸山キヨ子氏の挙げられるのを列挙すると「海漫漫」「上陽白髪人」「縛戎人」「五絃弾」「驪宮高」「両朱閣」「牡丹芳」「李夫人」「陵園妾」「古塚狐」「采詩官」）とは、見られるように作品がそれほどかさならない。両者に直接の影響関係のないことがここからも知られる。紫式部はさきに述べたように中宮をまえに新楽府二巻を進講したというから、「太行路」や「昆明春」や「百練鏡」や「井底引銀瓶」など、よく知っていたろう。

（「太行路」）

行路難　難二重陳一　人生莫レ作婦人身　百年苦楽由二他人一

などはかならずや『源氏物語』のどこかに影響をあたえていそうではないか。また妻と妾との区別に言がおよぶ「井底引銀瓶」も紫式部の知るところであった、と思えてならない。ただしそれを新楽府の主題に沿って物語にヒントをあたえるという作用であるというよりは、述べてきたように距離の創出であり、表現の自由の確保であって、そういうのをどんな引用関係としてみたらよいのか、用語がわれわれにはない。

四　雨夜のしな定めの議婚

「凶宅」（『白氏文集』巻一）という作品や、「議婚」「重賦」「傷宅」「不致仕」という秦中吟十首の作品が、『源氏物語』に直接に、あるいは内容にふれて引用されることは特徴として大いに知られるところとしてある。これらも大体、紫式部の引用のしかたは原作からの距離をつくりだす、という消化を見せる。ただし「議婚」ばかりは露骨にその主題が利用されるところに特異点がある。

帚木の巻の雨夜のしな定めに参加したのは源氏の君と頭中将と、それに左馬頭と藤式部丞との四人。頭中将は中の品（—中層貴族）の女の、さらに刻み刻みがあってその上層部を推奨し、左馬頭が応じて一家を任せられる主婦は階層よりもその女の身の処し方によって決まる、と議論を発展させ、不足な所のある女はおしえて理想的な人にしたててゆくことがよいらしい、と源氏の君は納得をする。この雨夜のしな定めには、男性同士の座談ということもあってか、中国文学における女性像の投影がありそうで、新間一美氏のかぞえる新楽府の「陵園妾」はそれであろうし(5)、さきにふれた「太行路」「井底引銀瓶」なども影を落としているかもしれない。「議婚」が単に藤式部丞のはなしに出てくる、というだけでなく、雨夜のしな定めの構想自体にかかわってくるのではないか、とするやはり新間氏の意見[6]は聴くべき点があろう。

雨夜のしな定めのなかの、

（中の品の女について）

父《ちゝ》の年老《としお》ひ（い）、ものむつかしげに太《ふと》り過《す》ぎ、せうとの顔《かほ》にくげに、思ひやりことなる事なき閨《ねや》のうちに、いといたく思《おも》ひあがり、はかなくし出《い》でたることわざもゆへ（ゑ）なからず見《み》えたらむ、かたかどにてもいかゞ思ひのほかにをかしからざらむ。（帚木の巻、一―三七ページ）

と言うところは、従来、左馬頭の言であるとされてきた箇所ながら、議論の内容としては中の品の女の多様性、意外性を述べるくだりであるから、すなおに読むなら頭中将の言かとみなすべきもの。頭中将はこのように述べると、式部丞のほうを見遣る。式部丞は、自分の姉妹によろしいのがいるという評判を思って頭中将はそのように言うのだろう、と心えるのか、警戒して返事をしない。頭中将としては、順送りに会話をしてゆくということから見ると、式部丞にはなしを引きとるようにうながす感じである。

みぎの頭中将のはなしを要約すると、〃姑や小舅が肥満や醜男では、その娘は冴えない人かと思うと、意外や意外、気位の高い、ちょっとした言動も風情のありそうな、そんな女がいるものさ〃と言った感じ。このようにはなしを振られて、雨夜のしな定めのさいごにみごとにこれに答えて見せたのが式部丞の語る〃博士家の女〃の話題で、むろんそのはなしは作り話であろう、と言っておく。頭中将の言う〃気位の高い、ちょっとした言動も風情のありそうな〃女をひっくり返して、あまりにも〃気位の高〃く、〃ちょっとした言動も風情のありそうな〃どころか大ありの女のはなしを持ってきた式部丞はたいした語り手だ。作り話であることをここでは一旦、不問に付して、式部丞が文章の生のころかよった娘の父親というその学者はかならず肥満で醜男であったろうと推定しておく。その娘に式部丞が言い寄ったことを聞きつけて、父親は盃を持ちだすと、

（「議婚」の引用）

「わが両《ふた》つの途歌《みちうた》ふを聴《き》け」（帚木の巻、一 - 五七ページ）

と申しわたした。

「両《ふた》つの途《みち》」とは、〝富める家の女は嫁し易いがその夫を軽んじる〟というのと、〝貧しい家の女は嫁しがたいが姑に孝行する〟というのとで、聴けと呼びかけるのは男にたいしてであろう。『源氏物語』の本文が「聞《き》こえごち侍《はべり》しかど」とあって疑問をなしとしないが、聞き役の源氏の君が目のまえにいるので話題のなかの学者を謙退させたかと見ておく。

学者としては〝貧しい家の女は嫁しがたいが姑に孝行する〟と、その賢き女を押しつける心積もりであった、という次第であるものの、あまりの学識、才能が鼻につく（にんにくの匂いまでが鼻につく）女であるために、式部丞はほうほうのていで逃げて破談に終わる。このはなしが作り話だ、ということは、この賢き女のはなし以前の、左馬頭の女の話題二つ（物怨じの女、浮気な女）、頭中将の女のはなし（常夏の女）がすべて女との別れ話になっている、いかに女と別れるかという話題のパロディとしてこの賢き女のそれもある、というのが大きな証拠になっていよう。「議婚」はそのパロディとしてのはなしを形成するために露骨に持ちだされた。

五　不致仕、凶宅、傷宅

「議婚」以外では、「不致仕」が、

あしたの露にことならぬ世《よ》を、何《なに》をむさぼる身の祈《いの》りにか、（夕顔の巻、一‐一一七ページ）

という引用例もあるにせよ、

齢《よはひ》など、これよりまさる人、腰《こし》たへぬまでかゞまりありくためし、むかしもいまもはべめれど、（行幸の巻、三‐六四ページ）

などは「不致仕」の内容をさすと言われる。

「凶宅」は、夕顔の巻に、

荒《あ》れたる所は狐《きつね》などやうのものの人をおびやかさんとてけおそろしう思《おも》はするならん。（夕顔の巻、一‐一二三ページ）

ふくろう《（ふ）》はこれにや、（同、一‐一二五〜一二六ページ）

蓬生の巻に、

いとゞ狐《きつね》の住《す》みかになりて、うとましうけどを《（ほ）》き木立《だち》にふくろう《（ふ）》の声《こゑ》を朝夕《あさゆふ》に耳馴《みゝな》らしつゝ、（蓬生の巻、二‐一三二ページ）

とあって、

梟鳴㆓松桂枝㆒　狐蔵㆓蘭菊叢㆒

に合致する。源氏の君が夕顔をさそい連れだした院は、あずかりがいて立ちはたらいているから、住むもののない幽霊屋敷とちがう。大きな屋敷であるから手入れの行きとどかない感じがあるにしても、廃院（荒廃している院）としばしば言われるほど廃墟みたいな感じではない。凶宅（不吉な凶相のある家）というのからはとおいと知られる。ここに方法としての距離の創出があり、その距離に沿ってきつねやふくろうが呼びこまれてくることを大いに評価すべきであろう。

「傷宅」は大邸宅を経営する人たちがおごって他人をかえりみなくなることを戒める内容であるから、『源氏物語』がもしその主題を取りこむとすると、胡蝶の巻の引用はいささか不穏当ということになる。引用箇所は、

繞レ廊紫藤架

で、これを、

廊《らう》をめぐれる藤《ふぢ》の色　（胡蝶の巻、二一四〇一ページ）

とする。「大邸宅の奢りを諷し誡めた意味は拭ひ去られて、ただその美邸の描写のみが応用された、むしろ原詩の意味とは逆に、讃美の用に供されてゐる。けれども、原詩を知つてゐる人にとつては、春の御殿の美しさがその為に一層印象的に受け取られ、巧みな転用として味はれる」(7)と丸山キヨ子氏は言われる。まさにその意味での、換骨奪胎という「転用」の方法こそは『源氏物語』の腕のふるい所であった。

注

（1）日本古典文学大系『和漢朗詠集』川口久雄校注、一九六五《昭和四十》年による。
（2）丸山キヨ子『源氏物語と白氏文集』東京女子大学学会、一九六四《昭和三十九》年、一一二ページ。
（3）順に「入時十六今六十」「外人不見見応笑」「已被楊妃遥側目」。「側目」は『長恨歌伝』にもある語。
（4）注2、一〇五ページなど。
（5）新間一美「夕顔の誕生と漢詩文」『源氏物語の探究』第十輯、風間書房、一九八五《昭和六十》年。
（6）新間一美「漢詩文をどのように取り入れているか」『源氏物語講座』六、勉誠社、一九九二《平成四》年。
（7）↓注2、一九四ページ。

第十五章　距離の創造としての伝奇、志怪、書記言語

第一節　光源氏物語のもうひとつの端緒の成立

一　「小説」の評価

日本社会でよく知られている魯迅の『中国小説史略』(1)のなかで、かれは、明の胡応麟のことばを引いて、六朝から唐代への小説観の一変を簡潔に説明する。

胡応麟いわく、「変異之談、盛二於六朝一、然多是伝二録舛訛《せんか》一、未三必尽二幻設語一、至二唐人一乃作レ意好レ奇、仮二小説一以寄二筆端一」(変異を談話することは、六朝に盛んであった、しかし多くはよい加減なうわさばなしを記録しており、かならずしも虚構の文章を尽くしたものでなかったのが、唐代の人になると、作意し、奇を好み、小説にかりて文才のよすがとした)、と。すなわち「作意」と言い、「幻設」とするのは、意識した創造のことであるという。

ところで、胡応麟は、それにつづけて、「如二毛穎南柯一之類尚可、若二東陽夜怪録一称二成自虚一、玄怪録元無有、皆但可レ付二之一笑一。其文気亦卑下、亡レ足レ論」(『毛穎伝』や『南柯太守伝』のたぐいはまだよいのに、『東陽夜怪録』のごときになると、主人公の名を成自虚と称し、『玄怪録』は元無有と名づけるなど、みなもう一笑に付すべきだ。文章の気品も下等で、論じるに足りない)と書いている。(2)

唐代伝奇の類に「毛穎」というものを見ない。これはおそらく韓愈の『毛穎伝』で、毛穎(毛筆のこと)を人に擬す

るところに作為があった。「南柯」は唐代の伝奇『南柯太守伝』(李公佐作)をさす。これは『太平広記』四七五に主人公のなまえで「淳于芬(=棼)」と見え、「出二異聞集一」と注記される。[3]

『東陽夜怪録』は『太平広記』四九〇にあり、成自虚というひとが雪のよる動物たちの怪に会うという内容で、『玄怪録』は『唐書』芸文志に「牛僧孺玄怪録十巻」とみえ、そのなかの短編「元無有」は『太平広記』三六九に引かれてのこる。元無有というひとが空荘(空き家)で道具の怪にあうはなしは『東陽夜怪録』と同工異曲だと言える。

胡応麟の攻撃は成自虚や元無有などの命名に向けられたことが分かる。[4] そして文気もまた卑下であると言い、唐代小説のたぐいをその文章の面から論じていることは注意しておくに足る。

魯迅の試みた引用は誤解を招きやすかったようだ。たしかに『中国小説史略』の言うように、「小説亦、如レ詩、至二唐代一而一変」した。また彼が引用したように「至二唐人一乃作レ意好レ奇、仮二小説一以寄二筆端一」、つまり小説にかりて思いを寄せたことも事実にちがいない。だがしかし、そのことによって、虚構文学の成立を胡応麟が高く評価したわけではない。唐代小説が一変したということならば、それは作品に即して見てゆくしかない。

宋の趙彦衛の『雲麓漫鈔』に、

(温巻について)

唐世挙人、先藉二当世顕人一、以二姓名一達二諸主司一、然後投二献所レ業、踰二数日一又投、謂二之温巻一。如二幽怪録伝奇等一皆是。蓋此等文備二衆体一、可レ見二史才、詩筆、議論一。至二進士一、則多以レ詩為レ贄。今有下唐詩数百種行二於世一者上是已。

(唐代の挙人(学生)は、まず当世の顕人によって、姓名を諸々の主司に達し、しかるのちに自分の作品を投献し、数日を経てまた投じる、これを温巻という。『幽怪録』や『伝奇』などはみなこれだ。けだし、これらの文は衆体をそなえており、史才、詩、散文、議論を見るに足る。進士にいたれば多くは詩を進物にする。いまに数百種の唐詩が世におこなわれているのはこれだ。」

とある、温巻とは唐の挙人[5]がまず当世の顕人によって姓名を主司に達し、しかるのちに作った文章を投献し、数日を踰《こ》えて又投ずるをいう、と諸橋『大漢和辞典』七にある。幽怪録、伝奇などみなこれであると趙彦衛のいう、この「幽怪録伝奇」が唐代伝奇ではないかと思われるので、いま問題になる。唐代からそれほどへだたらない宋代におけるこの人の言は、かつて『四庫総目』も根拠ありとする。魯迅はこの文を引用しないが、文人が名士に面会に行くときに小説を作って行巻にしたことについては書くところがある[6]。

『幽怪録』は『玄怪録』に同じであると考えられるものの、『唐書』芸文志にその名称が見えない。『伝奇』は『唐書』芸文志に「裴鉶伝奇三巻」とあり、当時からよく知られていた。趙彦衛のいう「如二幽怪録伝奇等一皆是」の「皆」の限定がよくわからない。だが、このたぐいの作物のうちのいくらかは温巻、あるいは行巻の性格を背負って作られたにちがいない。〝筆端を寄せる〟ということが、そのような性格のことであったとすれば、明代の胡応麟のいう小説と、これはかさなってくる。『毛穎伝』『南柯太守伝』『東陽夜怪録』『玄怪録』などが、温巻、あるいは行巻として作られた、という想定をゆるされる。

唐代小説がもしも温巻、あるいは行巻のようなものであったとすると、それは〝筆端を寄せる〟と言うものの、けっして藻思を託したままに秘筐に匿蔵するものではなく、文章を見せあう公然たる性格を帯びることになる。文章を彫琢することを文学と呼ぶ限りにおいて、それは文学を目的に書かれた作品であった。しかしながら、それが、このように文学の効用とでもいうべき性格に連続することを見落としてはならない。

二　「小説」の意図

小説史を問うことは、まず小説観の史的流れの一刻一刻における〝小説とは何か〟を問うことにはじまり、そこに小説の意味を発見し、それをおしすすめて、いわば小説の精神の歴史をさぐりあてることだ。

小説とは、よく言われているように、本来的に、小なる説、取るに足りない議論という意味であって、「飾二小説一以干二県令一」（小説を飾って、県の長官にとりいる）（『荘子』外物）は早い例としてしばしば引用される。

儒教からみた小説にたいする評価は、いきなり二つに分裂していた。『論語』子張篇に「雖二小道一、必有二可レ観者一焉、……」（小さな〝道〟でも、かならず観るべきものがある）云々とあることばは、『漢書』芸文志の「小説家」条に引かれ、桓譚の『新論』はこれをうけて、「治レ身治レ家、有二可レ観之辞一」(7)（身を治め、家を治めるうえで、観るに足る言辞がある）と言う。

しかし、一方、おなじく『論語』述而篇には、「子不レ語二怪力乱神一」（孔子は怪、力、乱、神を語らない）と、有名なことばが吐かれる。王充の『論衡』骨相に「若二夫短書俗記竹帛胤文一、非二儒者所一レ見」（短書、俗記、竹帛、胤文は儒者の見るものでない）とある、「短書」はたしかに魯迅のいうように(8)「小説」というのに近いかもしれない。

このように小説にたいする儒者の評価は、小説といえども一見する価値があるという一方に、儒者の語るものではないというように、文字通り両価的であった。そして、この両価性は、結局、おなじところへゆきつくのではないか。小説は儒教の倫理のそとがわに位置していた。それゆえ、正史からはみだした価値と考えられた。稗官たちの活躍もあって、民俗の現場から生ま生ましく吸いあげられてくるので、儒教の思想に抵触しない限りで、政治の参考に供されたろう。いわば儒教の思想にたいして、小説は無思想的な内容として、あるいは民俗的な教訓をふくむ内容として価値づけられた。そこに小説の価値性が、つまり無価値の価値が感じられたのだと考えられる。

小説はこのように、いきなり、両価的な、つまり曖昧でとらえにくい性格を本領として誕生した。小説史とは無価値の価値に仮寓した精神の営為の歴史としてある。六朝の志怪のたぐいは小説であろうか。志怪のたぐいは『唐書』芸文志にいたって小説であると認定される。『隋書』や『旧唐書』では史部雑伝類にいれられていたろう。神怪な説話が、史的意味を漸次、うしなってゆき、「史」から「小説」へ格下げされた(9)ということにすぎないのであろうか。おそらくそんな消極的な理由から志怪が小説なのではない。無価値の価値に仮寓した精神が不断に志怪のたぐいをくいあらしたとみたい。

証拠があまりつかめないのだが、志怪のたぐいは、書かれ、読まれていた当初から、〝これは小説である〟、つまり小なる、取るに足りない作品である、として提出されていたのではないか。小なる説であるという謙辞、隠れ蓑に隠れて、神怪なるものへの渇きをいやし、異端への思いをこらし、しかも文章の技癢を晴らす尊大な精神がそこには秘められてあったのではないか。私はこのような尊大な卑下をこそ小説の精神と呼ぶ。厖大な量産に耐えた志怪のたぐいをささえる秘密をこの小説の精神にもとめようと思う。志怪のたぐいを「小説」であると称したからこそ、何らかの機縁によって、『唐書』芸文志に小説類として登録されることができたのだ。

何らかの機縁によって、と私はいま述べた。伝奇の出現が、『唐書』芸文志の時期における「小説」の概念に影響をおよぼし、概念を変えたのではないかという意見がある。(10)これは重要な意見であるものの、肝腎の『唐書』芸文志に、唐代の伝奇のたぐいが、単行の作品としては『補江総白猿伝』ぐらいしか載せられていない事実をどう説明するかが、難点といえば難点となる。しかし、とにかくに、唐代の伝奇のたぐいもまた、ときが移れば小説とみなされることになるのにちがいない(――実際は魯迅の『中国小説史略』を待たなければならなかった)。後代のことはともかくも、ここでやはり重要なこととして、これもあまり証拠をつかめないにしろ、伝奇のたぐいもまた志怪のたぐいとおなじように、〝これは小説である〟、小なる、取るに足りないものであると、ひそかに、あるいは公然と、いわばほこらしく卑下されたということがなかったかどうか。

いわば小説の精神をそこに読みとることによって、唐代伝奇を小説史の一ページにわりあてることができる。唐代伝奇の典型として、李公佐の『南柯太守伝』をとりあげてみよう。跋にあたる部分に、a「公佐、貞元十八年秋八月、自レ呉之レ洛、暫泊二淮浦一。偶覯二淳于生棼一、詢二訪遺跡一、飜覆再三。事皆摭レ実、輒編録成レ伝、以資二好事一」（私は、貞元十八年の八月、呉から洛陽にゆく途中、しばらく淮浦に碇泊した。たまたま淳于棼を見かけたので、その事跡を訪ねて、何度もしらべてみた。事実をすべて拾いあつめ、つなぎあわせて伝（―物語）にし、もの好きな人のために参考に供しようとする）というのは、あたかも西欧古典小説のロンゴス作『ダフニスとクロエー』の趣向と同一で、あとに述べるように仮構の重要な常套手法であった。

つづいてb「雖三稽レ神語レ怪、事渉二非経一、而竊レ位著レ生、冀将レ為レ戒。後之君子、幸以二南柯一為二偶然一、無下以二名位一驕中於天壌間上云」（神怪なことを言い立てて、内容が聖人のおしえのそとに出るけれども、官位を盗んで世を渡る連中には、ねがわくは教訓ともならんことを。後代の君子たちは、どうか南柯の夢を偶然のこととして、名声や地位があるからといって、天地の間におごりをきわめることのないようにしてほしい」と、物語を制作した意図が述べられる。神を稽し、怪を語って、語の内容が非経（儒教のおしえにあらざるもの）に渉るといえども、戒めになるところがあれば幸いである、というのであるから、本来の小説の意味に拠って教訓をさぐろうとする、あるいは教訓にかりる伝奇の意図が露骨ではないか。

こうした教訓の意図ということが、伝奇の目的であるのか、あるいは伝奇の衣裳であるのか、かならずしも判断は易しくない。おそらく伝奇の目的であるとともに伝奇の仮装でもある、未分化な心理が作者を駆って物語を書かせるということだろう。さきに述べたように、中国の小説は、本来的(第一義的)に、正史からはみだしたもの、儒教からはみだしたもので、しかも一見の価値のあるような説話を、一括して小説と称した。唐代の有名な伝奇である『柳氏伝』もまた、短いながら、作者許尭佐は文尾でこのように言う。

c「然即柳氏、志二防閑一而不レ克者、許俊慕二感激一而不レ達者也。向使柳氏以レ色選、則当レ熊辞レ輦之誠可レ継、許俊以レ才挙、則曹柯澠池之功可レ建。夫事由レ跡彰、功待レ事立。惜鬱堙不レ偶、義勇徒激、皆不レ入二於正一。斯豈変之正乎。蓋所レ遇然也」〔しからば柳氏は、防備をかためながら守りおおせなかったのであり、許俊は直情径行をもとめながら、やりとげることができなかった。もし柳氏が美貌をもって宮仕えしていたならば、馮婕妤のように熊のまえに立ちはだかって帝をかばい、班婕妤のように帝と同乗するのを辞退した心意気を継ぐことができたろうし、許俊が才能によって登庸されていたならば、曹沫や藺相如のように、大功を立てることができたろう。一体、仕事は行為によって顕彰され、功績は仕事によって樹立される。おしいことに、このはなしは世に知られず、義勇の行為ばかりがはげしくて、いずれも正統の記録にはいらなかった。これは異端であって同時に正統的な行為ではないのか。けだし境遇がそうさせたのである〕、と。

つまり、正(正史などの正統)にいらず変(異端)ではあるが、また正でもある、とは小説というものの意味をみごとに言いあてたので、伝奇の書かれる端的な意図ではないか。

『謝小娥伝』(李公佐作)の跋部もd「知レ善不レ録、非二春秋之義一也。故作レ伝以旌二美之一」〔善行を知りながら記録しないのは、『春秋』の道にはずれる。それゆえ、物語に作って、これを賞美することにする〕と締めくくる、これが伝奇を書く理由であった。つまり正史にはいらないものが筆録されるというのは本来的な小説であるにほかならない。そこに李公佐や許尭佐は仮寓してゆく。

三 「小説」という虚構(その一)——鶯鶯伝

問題はこのさきにある。唐代の伝奇を書くことが、強烈な小説の精神にささえられるにしても、なぜ、みぎにみたaやbやcやdのような、物語を制作するときの意図や成立の事情が、作品そのもののなかに書きつけられなければならないのか。(1)その物語をなぜ書くかという意図と、(2)それはどのような状況で制作されたかということとが、作品そのもののなかに書き込まれる。これは唐代の伝奇における、それ以前の時代の「小説」類とは異質な、新しい事態であった。どんな作品でも(1)制作の意図と(2)制作の事情／状況とは普遍的に存在する。しかしながら、それは、いわば作品外的な条件であって、作品に書き込まれる必要のないこととしてある。しかるに唐代の伝奇においては、かならずといってよいほど、(1)制作の意図と(2)制作の事情／状況とが書き込まれる。その理由を考えてみなければならない。

『鶯鶯伝』(元稹作)は張生が崔娘に会う顚末をしるした一編で、さいごをつぎのように書いている。「(1)時人多許レ張為二善補レ過者一。予嘗於二朋会之中一。往往及二此意一者、夫使二知者不一レ為、為レ之者不レ惑。(2)貞元歳九月、執事李公垂宿二於予靖安里第一、語及二於是一、公垂卓然称レ異、遂為二鶯鶯歌一以伝レ之。崔氏小名鶯鶯、公垂以命レ篇」(当時の人々は、多く、張がうまく過ちをとりつくろったものだとその行為を認めた。私が友人のあつまりにしばしばこの意味についてはなしをするわけは、知る者にはおなじ過ちをさせず、これを為した者にはこれ以上、まどわせまいと思うからだ。貞元年間の九月、執事の李公垂が私の靖安里の家に泊まったとき、はなしがこの奇談におよぶや、公垂は大いにめずらしがり、ついに「鶯鶯の歌」を作り、私に物語を書かせた。崔娘は幼名を鶯鶯といったので、公垂が歌の題につけたのである」、と。

(1)の「予」とは元稹自身であって、「朋会之中」にあってしばしば「此意」についてはなしをするのは、「夫れ知る者をして為さず、之を為す者をして惑はざらしめむ」と思ってであるという。(2)では貞元某年、李公垂が靖安里の自分(元稹)の家に泊ったときに、「語」がこのことにおよぶや、公垂はこれを大いに「異」とし、ついに鶯鶯歌を作って、元稹にこれの伝を書かせたという。この(1)と(2)とは唐代伝奇の特徴をよくあらわしている。(1)は、作品一篇を構成した意図を表明した、(2)はそれがどのような状況で物語されたかを説明する。その(2)は、唐代以前の「小説」のたぐいがそうであったように、この時代においても元稹たち文人が「朋会」をもよおすや、しばしばそのような伝奇の興味を語りあったという事実をおしえる。しかし、この伝奇作品で、(2)のように、元稹と李公垂とが語りあったという事実をここに書いているということ自体の意味は何であるか。

おそらく元稹が李公垂にこの張生と崔娘との物語を語ったという事実そのものを疑うことはできない。とすれば、その事実を物語のさいごに書きつけることによって、物語の内容もまた事実であることをこれはつよく印象づけようとしている。張生と崔娘との物語は事実であって、張生が元稹にしたしかったので、これをはなし、元稹が(1)のような意図をもって友人たちのあいだにひろめたという。

しかしながら、このことはとりもなおさず、張生と崔娘との物語の事実性を疑わせるに足る。事実でないからこそ、事実めかすために、この説話内容が、李公垂に語られたという事実に連続させられたにちがいない。張生とはだれか。張籍かとする人もある一方に、伝記の符合に根拠をもとめて、元稹の託名であろうとみる意見があるので、いまそれにしたがう。もちろん張生と崔娘との物語は虚構であり、したがって(2)は虚構の方法、つまり事実めかす技術であるにほかならない。「小説」を生産する物語の状況の実在と、その状況に隠れて作品を提出する文人たちの姿勢とを、

(2)は同時に証しだてる。

また、(1)は小説を書きあらわした理由、創作の意図をあらわす部分としてある。しかしながら、小説を唐代の文人たちが書きあらわすことのいくつかの理由に、前述したような温巻、あるいは行巻に使用するといういわば効用的側面があり、また属文の行為に文人としての不如意を託し、あるいは技癢を晴らすといった側面があると考えられるので、(1)にあらわされる教訓的な意図を、私はかならずしも額面通りに受けとれないような気がする。(1)もまた、いくらか、(2)のように、説話内容の事実らしさを読者に印象づけるのにあずかって力があるのではないか。小説にいわば教訓的意図があることは当然のことだ。それを文中にわざわざ書きしるして確認しなければならない理由は、もともとありえない。それを唐代伝奇が文中に書きしるす理由は、したがって、(2)のように虚構の方法であるとみるほかない。

四　「小説」という虚構(その二)——李娃伝／任氏伝／古岳瀆経

『李娃伝』(白行簡作)は冒頭に「汧国夫人李娃、長安之倡女也。節行瓌奇。有二足レ称者一。故監察御史白行簡為伝述」(汧国公夫人の李娃は、長安の娼妓であった。その気節ある行為はすこぶる珍しく、称讃するに足るものがある。よって監察御史白行簡が物語に作る)とあり、以下に伝述がつづく。青年の流離と、その流離のすえに李娃に再会する物語で、構成に亀裂が観察される。それゆえ、あるいはたしかに談話の場で披露された説話内容であるかもしれない。しかしつぎのような文のさいごはこの作品の創作作品らしさ、ならびに作者の姿勢を示していよう。

すなわち、「(1)嗟乎、倡蕩之姫、節行如レ是。雖二古先烈女一、不レ能レ踰也。焉得レ不二為レ之歎息一哉。(2)予伯祖嘗牧二晋州一、転二戸部一、為二水陸運使一、三任皆与レ生為レ代、故暗二詳其事一。貞元中、予与二隴西公佐[11]一話二婦人操烈之品格一、因遂述二汧国之事一。公佐拊レ掌竦聴、命レ予為レ伝、乃握レ管濡レ翰、疏而存レ之。時乙亥歳秋八月、太原白行簡云」（ああ、遊女の身でありながら、気節ある行為はこの通りなのだ。むかしの烈女といえども、超えることはできない。これを感歎せずにはいられない。私の祖父の兄は晋州の長官で、それから戸部に転じ、水陸運使をつとめたが、三つとも、この物語の男主人公にあたる人の後任だったので、その人の事跡を詳細に知っていたのだ。貞元年間、私は隴西の李公佐と、婦人の貞操を守る態度について語ったとき、内容が内容だからついに汧国夫人のことを述べた。公佐は手を打って聞きいっていたが、私にその物語を書けという。そこで筆を握り、墨に濡らして、ことの次第を書き上げて保存することにする。時に貞元十一年八月、太原の白行簡申す）とある。

(1)は何らかの意図を、(2)は白行簡が李公佐に語った次第を明らかにする。実際に語られた物語にすぎないのならば(2)のような記述は不要であるから、(2)を書きしるすこと自体に、語る物語を超える作家の姿勢があらわれていると理解しなければならない。

(2)の作品制作の状況をかきとめた伝奇として、『離魂記』を見よう。『太平広記』三五八に「王宙」と題し、下に注して「出二離魂記一」とあり、また本文中に「事出二陳玄祐離魂記一」と後注かと思われる一句がみえるので、もとは短編集だったかもしれない。それにつづく文の締めくくりは、「玄祐少常聞二此説一、而多二異同一、或謂二其虚一。大暦末、遇二莱蕪県令張仲規一、因備述二其本末一。鎰則仲規堂叔、而説極備レ悉、故記レ之」（私は若いころいつもこのはなしを聞いていたが、筋にちがいがあるので、作り話かと思っていた。ところが大暦年間の末、莱蕪県の知事の張仲規にあったら、はなしの全部をくわしく語ってくれた。張鎰（主人公）は仲規の父方の叔父にあたるので、話をくわしく知っていたのだ。よってそのままをここに記録する）とある。

唐代伝奇を確立したと考えられる『任氏伝』（沈既済作）は、(2)「大歴（―暦）中、沈既済居二鍾陵一、嘗与レ崟遊、屢言二其事一、故最詳悉……」（大暦年間に、私は鍾陵に住んで、崟とつきあったことがあり、しばしばこのはなしをしてくれたから、一番くわしい……」というように、作者が説話内容の主人公のひとりである、崟と知り合いであることを強調したあと、動物の情に人間の心とかわらないものがあることを感嘆して、(1)「向使淵識之士、必能揉二変化之理一、察二神人之際一、著二文章之美一、伝二要妙之情一、不レ止三於賞二翫風態一而已二」（もしも知識の深い人であったならば、きっと物の変化する道理を議論し、神と人との関係について考察し、うつくしい文章にあらわし、物ぶかい心理を伝え、すがたかたちを鑑賞するだけにはとどまらなかったろう」と述べたあと、もう一度、(2)「……建中二年、既済自二左拾遺一、……皆適二居東南一、自レ秦徂レ呉、水陸同道。時前拾遺朱放、因二旅遊一而随焉。浮レ潁渉レ淮、方レ舟沿レ流、昼讌夜話、各徴二其異説一。衆君子聞二任氏之事一、共深歎駭、因レ請既済伝レ之、以志レ異云」（……建中年間、私は左拾遺の職から、……仲間とともに東南の地方へ流されることになり、秦から呉へ行く途中、陸上の旅も船旅も道づれであったとき、前の拾遺の朱放が旅行に出ていて一緒になった。潁水から淮河へ船をすすめながら、昼は宴会をし、夜は物語りをして、それぞれめずらしいはなしを出しあった。諸君が任氏のことを聞いて、みな深く感心するので、たのまれるままに物語にする」と、成立事情を語る。

李公佐の『古岳瀆経』（『太平広記』四六七に「李湯」）も伝奇で、その冒頭に「唐貞元丁丑歳、隴西李公佐泛二瀟湘蒼梧一、偶遇二征南従事弘農楊衡一、泊二舟古岸一、淹二留仏寺一、江空月浮、徴レ異話レ奇、楊告二公佐一云、永泰中……」（貞元十三年、隴西の李公佐は、瀟水や湘水に舟をうかべて蒼梧の野を旅するうち、たまたま征南軍の従事、弘農の楊衡に会った。舟を古びた船つき場に泊め、寺院にしばらく留まったのだが、川にも空にも月の明るい夜、めずらしいはなしをもとめて語りあううち、楊が私に語ってくれたものに、永泰年間……」とあるのが注意されよう。おなじく李公佐の『廬江馮媼伝』にも「元和六年夏五月、……宵話徴レ異、各尽二見聞一、鉞具道二其事一、公佐因為二之伝一」（元和六年の五月、……夜語りに、めずらしいはなしを語りあい、おのおの見聞したことをことごとく出しあったとき、高鉞がくわしくこの話題を聞かせたので、私が書きとどめて物語にする」とある。

五　説話内容の事実性を強調するとは

こうして見てくると、唐代伝奇は、結局、中心に説話の部分があり、それのまえかうしろに、あるいは前後に、(1)と(2)のような説明がつけ加えられて、一つの作品をなすという構造を持つ。(1)や(2)は、いまみぎにみた『任氏伝』の例でもわかるように、主人公と作者とが知りあいであることを述べるところなど、説話内容の事実性を強調するらしいことに気づかされる。『任氏伝』は女妖を主人公とする志怪ふうの伝奇で、そのような説話内容の事実性を強調するとはどういうことであるか。誤解してはならないところだろう。作者は説話の内容が事実であることを、言いかえれば女妖が実在することを説得しようとして虚構の技術を凝らすのとちがう。事実でないことはまあ、見えすいている。作者はこどもをだますように事実でないことを事実であると言いくるめるのでなく、ここに事実らしくみえる数瞬の時間をつくりだそうと苦心しているのにすぎない。

おそらくここに、前代にたいする唐代の「小説」史の大きな飛躍がある。前代から唐代への小説の精神の不断の発展が虚構にたいする飛躍的な自覚をもたらしたのだとみるほかない。そこでは信じられた限りでの説話の直接性がうしなわれる。説話の内容にたいする何らかの姿勢や意見を書くことが作品にほかならなくなる。説話から表現へ「小説」史の重心が移動した。(1)や(2)が要請されなければならなかったのはそのときだ。

文学をある対象化の作業のようなものであるとみることができるとすれば、(1)や(2)のような書く意図や状況をあきらかにすることばは、いわば対象化の作業そのものをもういちど対象化することにほかならない。唐代伝奇の文人たちは、(1)や(2)に、多くかれらの事実を述べたのであろう。どのようなつもりで作品を作ったのかということ(1)や、だれから聞いたはなしであるとかいうこと(2)は、たぶんほんとうだろう。だが、もちろん、(1)や(2)もまた虚構であって一向にかまわない。『鶯鶯伝』の作者元稹が、物語の主人公の張生なる人物と仲がよかったとか、『任氏伝』の作者沈既済が物語の主人公の崟から任氏という女妖のはなしを聞いたとかいう事実はまゆつばだ。しかし、それにもかかわらず事実であるかもしれないという一抹の不安がのこる。と、読者にそう思わせた瞬間に、作者は、絶対的にすがたを隠す。虚構の完成された一形態をわれわれはここにみることができる。

引きたい唐代伝奇はほかにもあって、(1)の意図を書いた作品としては『柳毅(伝)』や『湘中怨解』があるなど、なお小説史をたどることができる。ここより私は中国文学から本邦のそれへと目を移し、『源氏物語』に分けいる作業を、桐壺の巻に引きつづき[12]、もう一つの〝物語〟のはじまりに向けておこないたい。

六 「小説」としての源氏物語

『源氏物語』の桐壺の巻を読みすすめて、第二の帚木の巻にさしかかる。われわれは、そのとき、帚木の巻の冒頭に、桐壺の巻の方法や文体とはあまりにも異質な、新しい、別の光源氏物語を見いだすことになる。それは冒頭だけでなかった。帚木、空蟬、夕顔の三帖は普通、ひとまとめにして帚木三帖と言われ、桐壺の巻が本伝系であるのにたいして別伝系であるというように理解をほどこされる。

つまり『源氏物語』は複数の冒頭を持ち、いきなり異質なるものの二つ、あるいは二つ以上のからまりあいからはじまる。この二つ、あるいは二つ以上の異質なるものの抱合状態が作家の本質力によって持続させられる限りで、物語は存在し、そのような本質力がおとろえてゆくとともに、漸次、物語の変質、解体が余儀なくされていった、と私は見たい。物語が変質、解体させられてゆくことと反比例的に、主題的側面が露頭を見せることになるとしても。

第二の冒頭にあたる帚木の巻がつぎのように書きだされることはあまりにもよく知られる。

（光源氏の隠しごと）

(イ) 光《ひかる》源氏名のみこと〳〵しう、言《い》ひ消《け》たれたまふ咎多《とがおほ》かなるに、いとゞ、かゝるすきごとどもを末《すゑ》の世にも聞《き》き伝《つた》へて、かろびたる名をや流《なが》さむと忍《しの》び給《(たまひ)》ける隠《かく》ろへごとをさへ語《かた》り伝《つた》へけむ、人のもの言《い》ひさがなさよ。さるは、いといたく世を憚《はゞか》りまめだち給《(たまひ)》けるほど、なよびかにをかしきことはなくて、交野《かたの》の少将には笑《わら》はれ給《(たまひ)》けむかし。（帚木の巻、一‐三二ページ）

〔光源氏（という）評判ばかり大仰で、そうでもないと言われなさる欠点（も）多いとか聞くのに、えらくまあ、そんな浮気沙汰を後代にまで聞き伝えて、軽々しいという評判を流そうやと隠してこられてある秘密のことをさえ語り伝えたという、口さがない人（もおるもの）よ。でも、たいそう世間に気がねし、まじめそうにしてこられたあいだ、女性方面の、おもしろいことはなくて、交野の少将には笑われなさったろうよ、きっと。〕

さて私はこのような文体が唐代伝奇の方法にほかならないことを説くために、前項までの紙数をついやしてきた。ここに世間の口は覆えないことで、光源氏の秘事を語り伝えてきた、と説明し、交野の少将なる〝実在人物〟には笑われたろう、と光源氏が〝実在人物〟と交渉のあったことを示して実在性を強調する。この冒頭はこれも周知のように夕顔の巻の結びと呼応している。

（語り手の弁明）

(ロ) かやうのくだ〳〵しき事は、あながちに隠《かく》ろへ忍《しの》び給《(たまひ)》しもいとを《(ほ)》しくて、みな漏《も》らしとゞめたるを、「など、みかどの御子《みこ》ならんからに、見《み》ん人さへかたほならず物ほめがちなる」と、作《つく》りごとめきて取《と》りなす人ものし給《たまひ》ければなん。あまりもの言《い》ひさがなき罪《つみ》、さりどころなく。（夕顔の巻、一 - 一四六ページ）

〔それらのようなごたごたすることは、無理に隠していらっしゃったのも気の毒で、ぜんぶ書くのを控えているのに、「どうして、帝の皇子であるからといって、知っていよう人までが、欠点のないかのように、賞めてばかりなのか」と、作り話であるかのように取り沙汰する人がいらっしゃるのでのう。あまりに口さがない（―おしゃべりの）罪は、のがれようがなくて。〕

なぜこの帚木、空蟬、夕顔の三帖を書いたのかという意図をここに明かす。この方法が唐代伝奇の影響であると、私は言わないようにしよう。おそらく唐代伝奇を規制した小説の方法がここ帚木の巻―夕顔の巻をもつらぬいてあると見るべきところにちがいない。(13)

唐代伝奇において、⑴物語の意図や⑵状況そのものが虚構であってかまわないこと、実際に虚構であるらしい作品が存在すること、それによって作者がついに隠れることを前項のおわりに私は述べた。いま帚木の巻―夕顔の巻にあって、それらが虚構であることはいうまでもない。光源氏伝説――光源氏の実在――を物語の原始構想に想定する考え(14)がある。しかし実在の光源氏が、その当時、信じられていたならば、みぎの(イ)や(ロ)のごとき説明的な語り口は不要だ。光源氏伝説が作者のつくりだした〝伝説〟であることは言うまでもない。

なぜこのような、伝説をあったこととして提出する文体を作者は採ったのであるか。もはや確認するまでもないことだろうが、この文体は物語内的世界を対象化しようとする。帚木の巻―夕顔の巻の物語内的世界はどんな世界であるか。光源氏の色好み譚ないし怪異譚、つまり言ってしまえば、伝奇および志怪にほかならない。その物語内的世界にたいして、作者はそれがどんなであるかを語る語り手の場所へ隠れた。説話をはなす人間でなく、説話内容にたいいして姿勢をとり、創造してゆく物語になった。もし先行の文学にたいして意見があるならば、『源氏物語』自身が色好み譚を、怪異譚を、他のどの作品よりも明瞭、あるいは表現に描きあげてゆくことによってのみ、先行の文学(――たとえば交野少将物語)を超えてゆく、物語の書き手がここに生まれている。

七　志怪と伝奇

かくて空蟬の物語を伝奇として、夕顔の物語を志怪ふうの伝奇として読みすすめることができる。思いきり新しい手法が古めかしい民俗的感覚や物語的伝統とぶつかって奇妙な雰囲気をつくりだしたのが帚木、空蟬、夕顔の三巻としてある。

空蟬をねらった源氏があやまって軒端荻と契るという伝奇的な新しさと、〝二人の女〟や〝かいま見〟などの古めかしい伝統との対照が空蟬の巻に見られる。

夕顔の巻になると、はっきりと志怪の意図で書かれたと思われる。大体、『源氏物語』の作者の、超自然的な存在にたいする好奇心にはただならないものがある。身をやつして夕顔のもとへゆく源氏が描かれるところ――

(忍び通う光源氏の様態)

いとことさらめきて、御装束《さうぞく》をもやつれたる狩《かり》の御衣《ぞ》をたてまつる。さまを変《か》へ、顔《かほ》をもほの見《み》せたまはず、夜深《ぶか》きほどに、人を静《しづ》めて出《い》で入《い》りなどし給へば、むかしありけんものの変化《へむげ》めきて、……　(一-一一四ページ)

〔まるで故意みたいに、ご装束をも粗末な狩衣をお着けになり、成りをかえ、かお(まで)をも袖でお隠しになり、夜更けごろに、人を寝静まらせて出入りなさるから、昔あったとかいう神怪な存在のようで……〕

この前半は民俗の通りだとして、それを夕顔が「むかしありけんものの変化《へむげ》めきて」と受けとめているのは、その民俗がすでに古風なものであるかもしれないにしても、単に「変化の如き異常人は逆に嫌悪されるやうになつた」(15)という時代の趨勢をあらわしているのでなく、やはり物語の方法としての〝志怪〟がここに「ものの変化《へむげ》」の登場を要請しているのではないか。

（光源氏の言）

げにいづれか狐《きつね》なるらんな。たゞはかられ給へかし（一 - 一一五ページ）

〔なるほど、どちらかきつねなのだろうよ。どうぞ化かされなされよ〕

と源氏は夕顔に応じる。もちろん、きつねの化性は信じられていたろう。しかしわれわれはかならずしもそのことによって、源氏のことばを、単にその実感覚に乗ったと説かなくてよい。『白氏文集』の「古塚狐」、唐代伝奇の『任氏伝』、『善家秘記』の「賀陽良藤伝」などを思いだしながら、志怪を読んでいるつもりになればよかろう。

夕顔をもののけにとられるところに、志怪らしさはもっとも明瞭に知られる。「奥《おく》の方《かた》は暗《くら》う物むつかし」（一 - 一二一ページ）と言い、「ものをいとおそろしと思ひたるさま、若《わか》う心ぐるし」（同）とあるのは、もののけを呼びいれる古い民間信仰的恐怖をよくあらわす。源氏のみた実際はそれと対照的に新しい感覚だ。

（もののけの出現）

御枕上《まくらがみ》にいとお《(を)》かしげなる女い《(ゐ)》て、「を《(お)》のがいとめでたしと見《み》たてまつるをば……」とて、この御かたはらの人をかきを《(お)》こさむとすと、見《み》給《(たまふ)》。（一 - 一二二ページ）

〔枕もとに、たいへんうつくしい感じの女（が）すわって、「われがいたく絶讃し申す（お方）をば……」とて、お傍らの人（―夕顔）を引き起こそうとする、と（夢を）ご覧になる。〕

あるいは、

（もののけの女）

たゞこの枕上《まくらがみ》に、夢《ゆめ》に見《み》えつるかたちしたる女、面影《おもかげ》に見《み》えてふと消《き》えうせぬ。（一－一二四ページ）

〔ついその枕がみに、夢にあらわれたばかりの容貌をしている女(が)、幻影に見えてふっと消えてしまう。〕

この霊女はあたかも『捜神記』やらどこやらに出てくる幽界の美女の印象だ。「むかしの物語などにこそかゝる事は聞《き》け」(同)、昔物語のなかのことかと思っていたら、現代にだってあるのだ、と源氏が思うところ。『源氏物語』が先行の志怪のたぐいに拠りながら創造した領域ではないか。夕顔の巻のもののけは他の巻のそれらと性格がずいぶんちがうという印象を持たせられる。夕顔の巻のもののけは他の巻のそれらと切りはなして論じられなければならない。葵の巻以後に出てくる六条御息所関係のもののけは主題的な超自然的存在であった。そのことについては私に論じるところがある。(16)

注

（1）『中国小説史』岩波文庫、上、一一三ページ。

（2）『少室山房筆叢』巻三十六。

（3）『唐書』芸文志に「陳翰異聞集十巻」とみえるのがそれかと思われる。

（4）成自虚とは「おのずから虚と成る」、元無有とは「元から存在しない」の意味。

（5）挙人とは進士の試験をうけるものをさす。なお温巻については今日に研究の進捗が見られ、細説を要する。

（6）↓注1、一一四ページ。

（7）「善曰、桓子新論曰、若其小説家、合㆓残叢小語㆒、近取㆓譬喩㆒、以作㆓短書㆒、治㆑身治㆑家、有㆓可㆑観之辞㆒」(『文選』三十一、雑擬下、李善)

（8）↓注1、一五ページ。

(9) 風巻景次郎は次のように言う。「怪力乱神を語らずの立ち場が一層明確になってゆき正史の線からはずれた神怪不思議は神怪の故に史部に列しえなくなる、したがって小説家に移される、ということは有り得ることでそうなると一方において小説そのものも神怪不思議の説話を包含するものとして観念されるように変化してくる」(「古代物語の成立」『日本文学史の研究』下、角川書店、一九六一《昭和三十六》年、四三ページ)。

(10) 竹田晃「六朝志怪から唐伝奇へ――志怪に見られる〝物語り化〟の可能性」『東大教養・人文科学科紀要』48、一九六九《昭和四十四》年十二月。

(11) 李公佐。かれを中心にした伝奇作家圏のあったことがわかる。この李公佐が白行簡と婦人論を交わしたというところに、中国の列女伝の伝統や、行簡の兄白楽天の「議婚」を思いあわせる必要があり、さらに『源氏物語』の帚木の巻を思いうかべる。ちなみに『李娃伝』は日本の中世小説『李娃物語』となって愛好された。

(12) 藤井貞和「光源氏物語の端緒の成立」『文学』一九七二《昭和四十七》年一月(『源氏物語の始原と現在』、『源氏物語入門』所収)。

(13) 帚木の巻の(イ)と、夕顔の巻の(ロ)とは、対話になっているのではなかろうか。(イ)「……語《かた》り伝《つた》へけむ、人のもの言《い》ひさがなさよ」という〝非難〟をうけて、(ロ)「あまりもの言《い》ひさがなき罪《つみ》、さりどころなく」と述べるのは、代々語り伝えてきたもののすえにある語り手の言いわけで、(イ)と(ロ)とは言い合いになっている。

(14) 高橋和夫「源氏物語の原始構想」『国語と国文学』一九五五《昭和三十》年五月(『源氏物語の主題と構想』桜楓社、一九六六《昭和四十一》年、所収)。

(15) 三谷栄一『物語文学史論』、一四一ページ。

(16) 「光源氏物語主題論」『国語と国文学』一九七一《昭和四十六》年八月(『源氏物語の始原と現在』所収)。→本書第十章第一節。

第二節　書記言語の成立

一　漢文訓読は翻訳文からへだたる

漢文訓読からとおくへだたる言語世界は何か、と問われるならば、まずもって翻訳という行為や翻訳文を思いうかべて憚るまい。言葉のどんなに厳密な意味で近づいても翻訳は漢文訓読にかさならないので、たとえば翻訳文をあげてみようか。

（『論語』十一、世界文学大系69、筑摩書房）

先生が匡《キョウ》であぶないめにあわれたとき顔淵《ガンエン》が後《おく》れてきた。先生「わたしは君が死んだものと思ったよ。」「先生が（御無事で）おられますのに回《カイ》（＝顔淵）が死になど致しましょうか。」

（『春秋左氏伝』隠公元年、岩波文庫）

その昔、鄭の武公は申《しん》から武姜《ぶきょう》を夫人に迎え、荘公（寤生《ごせい》）と共叔（段《だん》）が生まれた。荘公は逆児《さかご》で生まれて母親姜氏を驚かせたため、「寤生《ごせい》」と名づけられ、そのまま悪《にく》まれるようになった。姜氏は共叔段のほうを可愛がり、これを大子に立てようと、しきりに夫の武公に請うたが、武公は許さなかった。……

（『遊仙窟』、岩波文庫《新版》）

その昔、張騫《ちょうけん》の通った道が、十万里の彼方へ起伏しながら奔りゆき、禹《う》の歩いた跡は、二千年を経てなお険しい坂であった。深い谷が大地をとりまいて、きりたった崖の形を彫り、高い嶺が大空に横たわって、そそりたった峰の格好を作り、もやや霞がはっきり見え、川水も岩石もそれと目につき、まことに天上の神秘的な世界か、さもなければ、この世に稀な境地であって、目にも見ず、耳にもきかぬ光景であった。

日は暮れたが、前途はまだ遠く、馬も人も疲れはてた。……

『遊仙窟』のみぎの箇所をできるだけ原文から《直訳》してみると、

張騫の古の跡は、十万里の波濤であり、夏の禹の遺す蹤は、二千年の坂磴となる。深い谷が地をめぐり、崖の形を鑿して穿ち、高い嶺が天に横たわって、崗巒の勢いを刀もて削り、もやや霞がこまかで、泉も石も分明で、まことに天上の霊奇であって、世の中の妙絶であり、目に見ぬ所、耳にきかぬ所だ。

日は晩れ、前途遠くして、馬疲れ人は乏《たゆ》む。

(『遊仙窟』、日本語訳)

となろう。原文から切りはなされて言語として成立するという翻訳なるものを、漢文訓読と混同することはゆるされない。みぎらのうち、前三者は、「〜た」「〜た」「〜た」という〝時制〟で示されているさまをはじめとして、原文からとおくかけはなれる(『論語』には敬語まであらわれる)。

一方、訓む、読む行為だけから成り立つ言語ということがあろうか。ところが漢文訓読のおくにはそういう現象が起きているということではあるまいか。聖なる書物を羊皮紙のうえに解読する、学問の言語に似ると言えば似る。しかしテクストという漢文にたいしては徹底して〝書くことのパロール〟とでも言うべき不思議な現象をもたらしつづける。符号という記号、加点という施し、付属語の選択、文選読み、語の訓みのオルターナティヴをくりかえしながら、ない訓みからはじめて、漢文訓読の最終の出現とともに、至福の合一か、古代中国語の書記から日本語へと、言語をまんまと越境する。

二　書記言語としての日本物語文

くりかえすと、あるものをかれは訓むのではない。日本叙事文の、たとえば『伊勢物語』二段なら二段を、（『伊勢物語』を〝読む〟）

むかし、をとこありけり。ならの京は離れ、この京は人の家まださだまらざりける時に、西の京に女ありけり。その女、世人にはまされりけり。その人、かたちよりは心なんまさりたりける。ひとりのみもあらざりけらし。……（二段）

と〝読む〟のと、まるで漢文訓読はことなる。未決の、ない訓みが最初にあって、訓みながらそれはあらわれ、どう訓むかが決定されたときに漢文訓読は終わる、というより、さいごにあらわれる漢文訓読をもって最初の決定であったかのごとくふるまわせる。終わるところからはじまるとは、あたかも制度が自由であるような倒錯としてあることだろう。

日本物語文が書記言語であることは前提だった。みぎの「むかし、をとこありけり。ならの京は……」で言えば、口承文学に負うものの、それを負うことによって書かれた書記であるから、これを口頭の資料であるかのようにあつかうことはできない。その関係は漢文から漢文訓読が学んできたことに似ていると言えるし、そんな言語制度の倒錯を乗りこえて実現させようとしている苦心だとも言える。叙事文の発生は書記言語である以上、漢文からの意図的な身の躱しを考えにいれなくてはかなわない。

日本語の叙事文は、物語文学にみる限り非過去を基調としていて、つぎのような文体からなる。……古代中国語の書記言語が非過去をもって骨格とすることと無関係だとは言えまい。

（『竹取物語』、忠実な現代語への〝翻訳〟で）

……みかど（が）仰せなさる、「みやつこまろが（―の）家は山もと近くあると聞く。み狩り行幸しなさろうふりで、見てしまうつもりだ」とおっしゃられる。みやつこまろが申すよう、「まことによいことである。何か、用心もなくてござるような（時）に、不意に行幸してご覧になろう（時）に、（自然と）ご覧になってしまおう」と奏するから、みかど（が）にわかに日を決めて、み狩りにお出になって、かぐや姫の家にはいって見なさると、光り（が）満ちて清らかで座っている人（が）いる。これだろうとご念慮あり近くお寄りあそばす（時）に、逃げて（おくへ）はいる袖をとらえなさるから、おもてを覆って控えるけれど、最初ご覧になってしまってあるから、たぐいなく称讃（にあたいすると）思われあそばして、「ゆるすまいとする」とて、連れていらっしゃろうとする（時）に、かぐや姫（が）答えて奏する、「おのれが身はこの国に生まれてござらばこそお（召し）使いになろう、まことに連れていらっしゃりがたくござるのでは」と奏する。みかど、「どうしてそうあろう。やはり連れていらっしゃろう」とて、おん輿を寄せなさる（時）に、このかぐや姫（が）きっとかげ（―光）になってしまう。

ここに書記言語が、意図的につくりだされているのではないか、という感触はそれとして、また時制が非過去であることもむろんのこととして、会話文以外の文末を順に見て行くと、「のたまはす」「……人あり」「奏す」「……かげになりぬ」と、さいごを除き動詞をそのまま投げだしてゆく。そんな流儀をかれらが知るのは漢文との接触によってであろう。

三　漢文訓読文からの距離の創発

（『源氏物語』賢木の巻、忠実な現代語訳で）

斎宮のおん下り(が)近くなりゆくままに、御息所(は)何心細くお思いになる。捨てておけず気のおけるものに(―であると)思われいらっしゃっていた大殿の君(―葵上)も亡くなりなさってのち(は)、そうあるとも(正妻に)と、世(の)人も申し噂し、宮(―御殿)のうちにも(期待で)心ときめきした(の)を(―にたいして)、そののちしも(訪問が)途絶し、冷淡きわまるご態度を見なさるに(つけて)、(御息所は)(源氏の君が)真実に「つらい」とお思いになることこそ(が)あったろう、と知り果ててしまわれるから、一切の感情をお思い捨てになって、一途にいで立ちなさる。(賢木の巻、一-三四二ページ)

『源氏物語』もまた多くみぎのような文体であって、非過去であるうえに、文末は「思《おも》ほす」「出《い》で立《た》ち給《(たまふ)》」というようにはだかの動詞で投げだしており、以下をも見てゆくと、本文や訳文の引用は省略するけれども、「通《かよ》ふ」「おぼす」「なるべし」「え知《し》り給はず」「参《ま》うで給《(たまふ)》」とあって、ついでケリ文末文が「……人知《し》れず待《ま》ちきこえ給《(たまひ)》けり」として出てくる。

(みぎの本文)

斎宮の御下《くだ》り近《ちか》う成《(なり)》ゆくまゝに、御息所、もの心《こゝろ》ぼそく思《おも》ほす。やむごとなくわづらはしきものにおぼえたまへりし大殿の君も亡《う》せ給《(たまひ)》てのち、さりともと、世人《(よひと)》も聞《き》こえあつかひ、宮のうちにも心ときめきせしを、そののちしもかき絶《た》え、あさましき御もてなしを見《み》給《(たまふ)》に、まことにおぼす事こそありけめ、と知《し》り果《は》て給《(たまひ)》ぬれば、よろづのあはれをおぼし捨《す》てて、ひたみちに出《い》で立《た》ち給《(たまふ)》。

衣裳のようにここから付属語や修飾のかずかずを着こんで日本叙事文らしい動態をつくりだすのは漢文訓読に似るというより、そこからの距離によって試みられることだ、と思いたい。いうまでもなく漢文訓読文自体が、多くの古語をこらし、特有の訓読語や、古来の付属語を散々に垂らして書記言語を創造する。日本叙事文が漢文訓読によって学んだ、とはおそらく言わなくてよかろう。漢文と漢文訓読との関係は、ない叙事文を日本語のなかから書記言語として取りだす物語文の発生にこそ似る。おそらく漢文訓読文と日本叙事文とは双生児としてあるのだろう。平安時代語の魅了とは、『平安時代の漢文訓読語につきての研究』(築島裕氏)[1]によって曇りなく示されたように、物語その他にあらわれにくい訓読語類と、逆に〝和文〟にのみ使用されるわれわれにしたしげな非訓読語たちとの、区別ないし並立という現象にほかならなかった。

『竹取物語』以下の物語文学は日本の叙事文としてつくりだされた新奇な文体としてあることを銘記したい。日常の会話にはありえない書記文体の創造であって、もし匹敵するものや現象をさがすなら、欧米の翻訳文体としてはじまった明治の言文一致のそれ、「である」文のような書きことばによって表記しとどめられる文体の行為ということになるけれども、古代社会にあっても、それに類するものをかれらは知らないはずがなかった。それが漢文にほかならない。しかも明治の言文一致のそれとは正反対の、けっして翻訳ではありえない書記言語の骨格をそれはうながしたとくりかえしておく。

四　影響とはどういうことか

日本叙事文の実態にいささか随いてみる。『源氏物語』賢木の巻は、みぎにつづき、野の宮に御息所を訪問する記事が綴られて印象深い。時制は紛うかたなき〝現在〟をもって進行する。つまり現在において源氏の君は野の宮に歩をすすめつつあり、ついで御息所とうたをかわし、夜を明かして帰途につく、という流れが、動画の刻々を見るような〝いま〟というときの連続によってあらわされる。皆無というわけではないにせよ、そんな現在進行において「けり」をなかなか(文中にすら)見ることがない。

「けり」は時間の経過があるということを示すためにのみ用いられる。

(源氏の訪れを下心に待つ六条御息所)

九月七日ばかりなれば、むげにけふあすとおぼすに、女方《がた》も心あは《(わ)》たゝしけれど、立《た》ちながらとたび〳〵御消息《せうそこ》ありければ、いでやとはおぼしわづらひながら、いとあまりうもれいたきを、物越《ご》しばかりの対面《たいめ》は、と人知《し》れず待《ま》ちきこえ給《たまひ》けり。(賢木の巻、一-三四三ページ)

〔九月七日ばかりであるから、(下向が)ぎりぎり今日明日(にせまる)とお思いになると、女のほう(として)も心あわただしいけれど、立ちながら(でも)とたびたび(源氏の)ご消息(が)あったことだから、さあ(どうしたもの)やら、とは思いわずらいなさりながら、えらくあまりに引っ込み過ぎ(なの)を(—なので)、物越しばかりの対面は(ありたい)と、人にわからせず待ち申しこられてある。〕

「ご消息(が)あったことだから」(原文「御消息《せうそこ》ありければ」)は、「たび〳〵」とあるように、何回か、消息(手紙など)がありつづけていまにいたることをさす。「人にわからせず待ち申しこられてある」(原文「人知《し》れず待《ま》ちきこえ給《たまひ》けり」)は御息所の思いが過去からそうであり、いまもつづくことを意味する。「けり」の意味する時間の経過は「待つ」という語やその内容にまことにふさわしい、つまり理性で否定しても心よわく男の訪問が待たれる時間の経過を「けり」に読みこまずして賢木の巻のここの正解はなかろう。

現在に帰結する時間の流れがすべてではなくて、少数の「けり」はずっと過去から近い過去への流れを示し、あるいはまれに、未来の確実な時点を到着点とする時間の流れを示す事例もあるけれども、語りの場所での現在であるか、物語内容での現在であるかの双方をふくみつつ、実に多くの事例が過去から現在へのそれをあらわしており、これが包括的な「けり」の用法ということになる。野の宮の段のうちで、めずらしく「けり」が出てくる箇所を引く。

（光源氏、六条御息所対面）

月ごろのつもりを、つきぐ〵しう聞《き》こえ給はむも、まばゆき程に(1)なりにければ、さか木をいさゝかお《(を)》りて(2)持《も》給へりけるを、さし入《い》れて、「変《か》はらぬ色をしるべにてこそ斎垣《いがき》も(3)越《こ》え侍《(はべり)》にけれ。さも心うく」と、

……（一－三四五ページ）

〔(源氏は)月々の積もりを、それらしく(─もっともらしく)申しなさろう(というの)もそぐわぬ(感じの)時になってしまいいまにあるから、賢木をすこし折ってお持ちでいらっしゃりある(の)を、(御簾のうちに)さしいれて、「変わらぬ色をしるべでこそ(神の)斎垣(を)も越えてしまい(いまに)あってござるよ。そ(のように)もなさけなく」と、……〕

「けり」を厳密な現代語にしようもなくて、いろいろに言い換えるほかない。私の言いたい要点として、「けり」文は、「ぬ」文もむろんそうだが、非過去であって、けっして過去や回想のあつかいをすべきでない、というところにひとつある。みぎの傍線箇所、(1)「なりにければ」は思いがつきあげてきて、何だか通り一遍の会話がはずかしくなってしまってあるさまをあらわし、(2)「持《も》給へりける」はすでに折りとってある賢木をいま手にしているさまを示し、(3)「越《こ》え侍《(はべり)》にけれ」は会話文での事例で禁断の結界をもう越えてしまっていまにあるさまを言う。すべて時間の経過を「けり」によってあらわし、さらに「ぬ」や「り」を組みあわせてこまやかに時間の細分に応じる表現をかちえている。

このようにして書記言語を苦心の日本語として創造してゆく機微には、反翻訳とでもいうべき言語の超え方がある、と思えてならないものがある。

和歌の創造にもそのような機微を考慮しなくてすむものではあるまい。

（三千里のほかの心ち）

うちかへり見《み》たまへるに、来《こ》し方《かた》の山は霞《かす》みはるかにて、まことに三千里のほかの心《ここ》ちするに、櫂《かい》の雫《しづく》も耐《た》へがたし。

　ふるさとの、峰《みね》の霞《かすみ》は―へだつれど、ながむる空《そら》は―おなじ雲井か

　つらからぬものなくなむ。（須磨の巻、二-二二一～二二三ページ）

「三千里のほかの心《ここ》ち」が「冬至宿ニ楊梅館ニ」（『白氏文集』巻十三）からくることはほぼ言えるとして、文集の他所にも、また日本漢詩などにも「三千里」云々は散見するから、どこがどうという詮索をやめておく。いま注意したいのは「来《こ》し方《かた》の山は霞《かす》みはるかにて、まことに三千里のほかの心《ここ》ちするに」という行文と、つづく和歌「ふるさとの、峰《みね》の霞《かすみ》は―へだつれど、ながむる空《そら》は―おなじ雲井か」とのあいだのみごとな距離の創出ということにある。もう一度書くと、

　（光源氏《独詠》）

　ふるさとの、峰《みね》の霞《かすみ》は―へだつれど、ながむる空《そら》は―おなじ雲井か

が、

　来《こ》し方《かた》の山は霞《かす》みはるかにて、まことに三千里のほかの心《ここ》ちするに、

の磁場に置かれているさまを、もし気づかない人がいるならば（―とくにあげつらわない注釈も多い）、それは気づくほうが断然よい、と思うものの、漢詩の影響下にこの和歌がある、といった論法で比較文学を試みようとする程度ならば、むしろそれよりは距離の感覚によってそんな〝影響〟をわからなくさせられていることに、おどろき覚めてよいかもしれない。そんな気分だ。

五　「大江殿と言ひける所」「唐国に名を残しける人」

ついでをもって言ってよいか、みぎの引用の直前にも〝漢文世界の引用〟として知られる箇所があって、

（光源氏《独詠》）

大江殿《おほえどの》と言《い》ひける所は、いたう荒《あ》れて、松ばかりぞしるしなる。

唐国《からくに》に名を残《のこ》しける人よりも―ゆくゑ《（へ）》しられぬ家居《いへゐ》をや―せむ　（二一－二二ページ）

というのがそれだ。これは屈原の故事による箇所だろうと、どんな注釈にも書かれる。しかし失考ではなかろうか。「大江殿《おほえどの》と言《い》ひける所は」云々とあって、それを追うかのように和歌「唐国《からくに》に名を残《のこ》しける人よりも―ゆくゑ《（へ）》しられぬ家居《いへゐ》をや―せむ」がある、という展開は、日本国から「唐国」へわたって名をのこしていまにあるひとのことをふまえる、とすなおに受けとれる。散逸物語『唐国』の内容を異国にわたった日本貴族のはなしだろうと、これまで複数の研究者が推定しているのを、ここに思い合わせてよかろう。屈原へ言及しなければならない理由は薄弱だと思う。

そう思える理由は、というと、「大江殿《おほえどの》と言《い》ひける所は」という言い方にでてくる「けり」、そして和歌のなかの「唐国《からくに》に名を残《のこ》しける人」の「けり」という、二つの「けり」がそう思わせてならない、というところに焦点化される。伝承の〝いまにそう伝えられてある〟という「けり」は、いままのあたり松のみを遺跡として見る源氏一行の思いにかさなっていると思う。屈原ならばせめて〝唐国に名をのこしケム〟程度であってほしい感じのところではなかろうか。

ちかごろの加藤浩司氏の『キ・ケリの研究』[2]は「き」および「けり」をあつかう専攻の書として、漢文訓読への注意や、基礎的なデータの提示もあり、待たれていた出版としてある。しかしどうなのだろうか、加藤氏のこの書には、

「けり」なら「けり」がほとんど出てこない、たとえば私がみぎにあげた『源氏物語』賢木の巻の野の宮の場面を、「けり」が多発する箇所と比較する、といった観点がうかがえないことを遺憾とする。発話の時点を顧慮している点はよいとして、「けり」を過去や回想の範囲内で考察しようとするらしいのは、物語などの叙事を過去時制文であるかのように思いこんだ前提が敷かれているからではないか。

現在どころか、「けり」が〝未来〟の時点にかかわって使われる、『源氏物語』での著名な少女の巻の事例、

式部卿宮《しきぶきやうのみや》、明《あ》けん年《とし》ぞ五十になり給《たまひ》ける。（少女の巻、二-三二ページ）

があるし、もう一つ、それらしい事例を須磨の巻にみつけたので挙げておくと、

（須磨への下向予定）

三月二十日《はつか》あまりのほどになむ、みやこを離《はな》れ給ひける。（須磨の巻、二-五ページ）

というのは、都をはなれることがすぐやってくる未来の時点でのこととしてあり、とりあえず源氏の君は都にいつづける。何とここから新大系でいえば二十ページ近くも、都での、各方面の挨拶その他に明け暮れてから、ようやく「その日」の夜になって出発する（二-二二ページ）。みぎの「みやこを離《はな》れ給ひける」は〝未来〟に使われた事例だと見てよかろう。時間の経過は現在に固執せず、その流れの注ぎいる帰結点が未来の時点であっても「けり」は使われうる。

注

（1）東京大学出版会、一九六四《昭和三十九》年。

（2）和泉書院、一九九八《平成十》年。

第十六章　異界と仏教要素

第一節　源氏物語に見る妖怪変化

一　生き霊／死霊と妖怪変化

『源氏物語』に跳梁するもののけどものかずはまことにおびただしい。ひっくるめてもののけという。大きく二種類に分けることができる。生き霊／死霊のたぐいと、その他の妖怪変化とに分けられる。前者はすがたや個性をともなって物語のなかへあらわれることがある。後者(妖怪変化)は、実際にかたちをなしてあらわれるというのでなく、話題になる程度であって、その点、両者にちがいがあった。

後者は、話題になる程度だ、といっても、きつね、こたま、おに、かみ、など種類が多く、また何度も話題になるので、それらがかたく信じられた時代であること、それにもかかわらず物語の舞台上にはあらわれることのなかった、ある種のけじめを見せていることに興味が持たれる。

たとえばきつね。ここにいうきつねとは、ただちに動物のきつねを意味するというより、霊的存在としてのきつねをさす。つまり神秘な動物の名として、観念と現実とのあいだを揺れうごく。このことは重要だろう。霊的存在の名が実体をもとめたので、その逆ではあるまい。話題となるばかりで、容易に物語のなかにすがたをあらわさないのは、むしろ当然のことではないか。

(光源氏の言)

げにいづれか狐《きつね》なるらんな。たゞはかられ給へかし　(夕顔の巻、一‐一一五ページ)

〔なるほど、どちらかきつねなのだろうね。そのまま、だまされなされよ。〕

素姓を隠して、光源氏が女(—夕顔)と逢うところ。「げに」とあるのは、しばしばまえを受ける語なので、ここもしいてそれをもとめると、直前に女が「なを《(ほ)》あやしう、かくのたまへど、世《よ》づかぬ御もてなしなれば、ものおそろしくこそあれ」〔やはりわけがわからなくて、そうおっしゃるけれど、世間とちがうお取りあつかいだから、何となくこわいよ〕(同)とある。源氏の君が、女を、心やすい所につれてゆこうとさそったのにたいする返辞で、これだけだとよくわからないかもしれない。きつねが化けるはなしは中国に多くて、『河海抄』などにいくらも見える、「狐」が女に化けて男をさそったりたぶらかしたりする。日本社会でもやはり化けて女となることが多いのにたいして、ここ『源氏物語』夕顔の巻は男が女を連れだそうとするはなしであるから、「世《よ》づかぬ御もてなし」なのだろう。それを受けて、「なるほど、どちらかきつねなのだろうね」と、一般は女のほうがきつねなのに、このケースではわたし(—光源氏)のほうがきつねなのかもしれないよ、と、機知たっぷりに答える場面だ、と理解される。『源氏物語』の会話はこんな調子ですすめられる。

(光源氏の言)

こはなぞ、あなもの狂《ぐる(ほ)》おしのものを《(お)》じや。荒《あ》れたる所は狐《きつね》などやうのものの、人をおびやかさんとてけおそろしう思《おも》はするならん。まろあればさやうの物にはおどされじ。(一‐一一三ページ)

〔これは何(である)ぞ。何と物狂いのようなおびえようよ。荒廃している所は、きつねなどのようなものが、人をおびやかそうとて、何かおそろしく感じさせるのだろう。わたし(が)おるのだから、そのような化け物

にはおどされまい。〕

女君は、もののけにおそわれて倒れ、傍らに右近がうつぶしている。かれらに語りかける光源氏のことばは荒廃した家にきつねが住むとされる観念にもとづく。さきに「どちらかきつねなのだろうね」と軽口をたたいていたのが、いま冗談でなくなる。

夕顔がここでもののけにとり殺される。読者はまずもって夕顔をとり殺したもののけはきつねであったかと思うかもしれない。そう思わせるのは作者の意図だろう、と考えられる。思わせたっぷりな表現は、きつねについてばかりでない。「さりとも鬼《おに》などもわれをば見《み》ゆるしてん」〔そうであっても、おになどにしても、私をば見のがしてしまおう〕（一‐一二〇ページ）という一節と、「六条は《(わ)》たりにもいかに思《(おもひ)》乱《みだ》れたまふらん」〔六条の女だっても、どんなに思い乱れていらっしゃろうか〕（一‐一二一ページ）という一節とがある。よって読者は、夕顔が亡くなるにおよんで、これをとり殺したもののけの正体は、①六条の女の生き霊か、②おにか、③きつねか、と、考えめぐらすことになる。作者のしかけであるのに相違ない。

実際には何だったのか、というと、夕顔がとり殺されるとき、光源氏はあやしい美女を夢に見、現実にも見る。それとおなじ女を、夕顔の巻のさいごで、法事を終えたつぎの夜、光源氏は、夢に見る。

（もののけの正体）

君は夢《ゆめ》をだに見《み》ばやとおぼしわたるに、この法事し給《(たまひ)》てまたの夜《よ》、ほのかに、かのありし院ながら、添《そ》ひたりし女のさまも同《おな》じやうにて見《み》えければ、荒《あ》れたりし所に住《す》みけんもののわれに見入《みい》れけんたよりにかくなりぬること、とおぼし出《い》づるにも、ゆゝしくなん。（一‐一四五ページ）

〔源氏の君は、せめて夢にでも会いたいと、ずっとお思いでいると、この法事をなさってつぎの夜、ほのかに、あの廃院のまま、寄りそっていた女の様子(まで)もおなじ状態で(夕顔が)見えてきたので、荒れていた所に住んでいたらしいもののけが、わたしをとりこにしようとしたついでに、そんな事態になってしまうこと、とお思いだしになるに(つけて)も、ぞっとしてくる。〕

つまり①でもなく、②でもなく、③でもなく、④何かの死霊であった、とこれは確認しているのではないか。夕顔にならんで出てきたこの女は、夕顔が死者である以上、死霊であるにちがいない。つまり①生き霊ではない。事前にそう思わせた②おにでもなく、③きつねでもなく、結局④女の死霊であった、と主張する謎の解決であると読まれる。しかしおにの正体は『源氏物語』十九例にみても、あまりさだかでない。さだかでないところにおにの正体があると思える。

蜻蛉の巻に、

(中将の君のいぶかしみ)

鬼《おに》や食《く》ひつらん、狐《きつね》めくものや取《と》りもて去《い》ぬらん、いと昔物語《むかしものがたり》のあやしきもののことのたとひにか、さやうなる事も言《い》ふなりし……　(蜻蛉の巻、五-二七〇ページ)

〔おにが食ってしまったのだろうか、きつねめく何ものかが取っていったのだろうか、まことに、昔物語が、不可思議な事件のたとえごとにか、そんなことも言ったようだ……〕

と、浮舟の母(―中将の君)が、浮舟の失踪を、はかりかねている。「鬼《おに》」は浮舟の物語に何度も出てきて、浮舟自身も、自分がふらふらと、入水のために家を出ようとしたときのことを思いだす。

(浮舟の回想)

……心つよく、此世《(この)》に亡《う》せなんと思《(おもひ)》たちしを、お《(を)》こがましうて人に見《み》つけられむよりは鬼《おに》も何《なに》も食《く》い《(ひ)》失《うしな》へと言《い》ひつゝ、つく〲とゐたりしを、いときよげなるお《(を)》とこの寄《よ》り来《き》て、いざ給へ、を《(お)》のがもとへと言《い》ひて、抱《いだ》く心《(ここ)》ちのせしを、宮と聞《き》こえし人のしたまふとおぼえし程より、心《(ここ)》ちまどひにけるなめり、(手習の巻、五 - 三三六ページ)

〔……気づよくして、この世より消えてしまおう、と決意したものの、見苦しいさまで人に見つけられようよりは、おにでも何でも食い殺せ、と声に出しながら、茫然とすわっていたところ、えらくきれいな男が寄ってきて、「さあいらっしゃれ。わたしのもとへ」と言って、抱く感じがしたので、宮と申しあげた方のなさることと思われたころから、正気をうしなってしまってあるようだ。〕(現代語訳は三三八ページにもかかげた)

手習の巻のこの一節に見ても、おには人を食う存在としてあるらしい。入水しようとして、家を出ようとしたものの、足がすくんだようになって、おにに、声を出して呼びかけたところ、その呼びかけに乗じて、「いときよげなる」男があらわれた。この男すなわちもののけは、おにか、きつねか、それともそれ以外の何かの死霊のたぐいであろうか。もののけ自身が、「むかしは、を《(お)》こなひせし法師《し》の、いさゝかなる世にうらみをとゞめて、漂《たゞよ》ひありきし」(以前は修行をした法師(であるの)が、いささかこの世に恨みをのこして、徘徊した)(五 - 三三五ページ)と、名のり出たというから、これを信用するなら、宗教者の怨霊、つまり死霊であった。このように生き霊や死霊は物語のなかにすがたをあらわす。それにたいして、おにやきつねなど、妖怪変化は、物語のなかに、容易にすがたをあらわそうとしない、ということができる。

二　化ける、化かすの区別

きつねやおにのほかに、かみとこたまとがいる。だが、きつねが代表のようなので、いましばらくきつねを中心にして、他の妖怪変化どもをあわせ観察することにしよう。

大きな木の下に倒れている浮舟を、横川僧都の一行が発見して、大さわぎするところ。

（発見）

森《もり》かと見《み》ゆる木の下を、うとましげのわたりやと見入《みい》れたるに、白《しろ》き物のひろごりたるぞ見《み》ゆる。「かれは何《なに》ぞ」と立《（たち）》とまりて、火《ひ》を明《あ》かくなして見《み》れば、もののゐたる姿《すがた》なり。（手習の巻、五－三二五ページ）

〔森かと見られる木の下を、（何と）気味わるいあたりよと視線で追うと、白い物のひろがっている（何）ぞ見える。「あれは何だ」と立ちどまって、火を明るくして見ると、何かのすわっているすがただ。〕

「森《もり》かと見《み》ゆる」とは、普通の木でなく、神秘な存在が宿る木と感じられたのを、そう言うのだろう。のちに宿守が、この木のもとに、きつねが、しばしば怪奇なことをするのだ、という。

（僧都と宿守との対話）

（宿守）「狐《きつね》の仕《つか》うまつるなり。この木のもとになん、時ゝあやしきわざなむし侍《（はべる）》。をとゝしの秋も、こゝに侍《（はべる）》人の子《こ》の、二《（ふたつ）》ばかりにはべしをとりてまうで来《き》たりしかど、見《み》を《（お）》どろかずはべりき」

〔きつねがいたすのです。この木のもとにのう。時々怪奇なしわざをばいたしまする。一昨年の秋も、ここにおりますこどもが、二つばかりでございました（の）をくわえて、やって参ったけれど、見（ても）びっくりする（ことは）ござらなかった。〕

（僧都）「さて其児《そのちご》は死《し》にやしにし」
〔それで、そのこどもは死んだりしてしまったのか。〕
（宿守）「生《い》きて侍り。狐《きつね》は、さこそは人をびやかせど、ことにもあらぬ奴《やつ》」（五-三三七ページ）
〔生きてございます。きつねはそのように人をおどかすけれど、たいしたこともないやつで。〕

これらの発言によると、きつねは、神木に仕える「ことにもあらぬ奴《やつ》」で、人をたぶらかすにしても、それ以上の、危害を加えるようなことはない、という存在であることがわかる。

これは僧都の一行が、浮舟が木の下に倒れているのを発見して、「狐《きつね》の変化《へんぐゑ》したる。にくし。」〔きつねが化けているのは、こしゃくだ〕（五-三三五ページ）、「狐《きつね》の人に変化《へんぐゑ》するとはむかしより聞《き》けど、まだ見《み》ぬもの也《なり》」〔きつねが人に化けるとは以前より聞くけれど、まだ見ないものだ〕（五-三三六ページ）と、言うのとちょっとちがう。きつねが化ける、というのは、さきにみた夕顔の巻における、光源氏の発言にあった。今日でも、きつねが化ける、ということを口にする。しかもだれひとり、たしかにきつねが化けて人になるのを、見たことがない。「むかしより聞《き》けど、まだ見《み》ぬもの也《なり》」とは、現代でも以た認識だろう。つまりこれは一種の神話としてある。神話としてあるとは、異郷に発する異物の身体が、しばしば人間ならざるかたちをなして、それがこの世に来て人間の身体をまとう、というような神話的な認識をここにみるからで、それを軽い調子で〝きつねが化ける〟などと言う。

それにたいして、宿守のことばは、ありえぬ神話でない、はるかに現実的な、信じられる精霊としてのきつねを提示した。神聖な木に仕え、さまざまに怪奇なことをなすものの、自身が人間に化けるというような荒唐無稽な存在ではないことを宿守のことばとして証す。いたずらもの、きつね。人をとったりする。しかし人をあやめるまでにはいたらない「奴《やつ》」。この宿守のきつね観が倒れている浮舟を救う。ここに倒れている女性はまぎれもなく人間であって、きつねの化けたものでありえず、ただきつねのためにたぶらかされてあるのにすぎない、という理屈。これによって、きつねが化けたかもしれないと思ってきた僧都の一行は、この女性をもう一度、しっかりと、人間かそうでないか、観察しようという気になる。

整理しよう。

きつねが化ける、ということは、中国の志怪小説でも、本邦の志怪ふうの説話でも、かならずや神話から降りてきた、こういってよければ神話的思考としてある。それにたいして、きつねが化かす、というのは民俗的思考であろう。物語の観念内容に、つっこまれてきた民俗的思考が浮舟を救おうとする。

きつねは宿守らの生きる民俗的地面での、一種の精霊として、「まだ見ぬもの」でありえない、したしい存在としてある。沖縄のキジムン、奄美のケンムン、あるいは韓国のトケビでもよいので、人間にわるさをするやつが、民俗的地面にはわんさといる。宿守のことばのなかのきつねは、多分にそうした民俗的信仰のそれであって、きつねが化けた存在ならば浮舟は見捨てられるかもしれないところを、たぶらかされた程度のことならば救ってやろうという考え方によって助けられることになる。

いや、まだ浮舟は、救われるにいたっていない。

（僧都の言）

さらば、さやうの物のしたるわざか、猶《なほ》よく見《み》よ　（五‐三三七ページ）

〔そうならば、そんなようのもののなしたるわざか、もっとよく見よ。〕

こういって、物おじせぬ法師に、近寄らせる。

（法師、おっかなびっくり）

鬼《おに》か、神か、狐《きつね》か、木霊《こたま》か。かばかりの天《あめ》の下《した》の験者《げんざ》のおはしますには、え隠《かく》れたてまつらじ。名《な》のり給へ〱（名のり給へ）（同）

〔おにか、かみか、きつねか、こたまか。かかる天下一の修験者（―僧都）のいらっしゃるからには、隠れ申すなどできないぞ。名のりなされ。名のりなされ。〕

ここに㋑おに、㋺かみ、㋩きつね、㋥こたま、とならべられるのは、泣く眼前の女性が、㋑㋺㋩㋥いずれの化けた存在か、となお疑って責めている。そればかりではない、かおを見ようとして、もしかおを向けてきたらのっぺらぼうがバアッとやるのではないかと、ぞっとした。「顔《かほ》を見《み》んとするに、昔ありけむ目《め》も鼻《はな》もなかりける女《め》鬼《おに》にやあらん」〔かおを見ようとするに、むかしあったとかいう目も鼻もなかったという女のおにではないか〕（同）というのは、今日の怪談にのこる、のっぺらぼうの女の化け物のことだろう。法師は自分が勇気のあるところをひとに見せようと思って、衣をぐいぐい引く。浮舟はうつぶして泣くばかり。

この様子から、僧都はこれがけっしておにでもかみでもきつねでもこたまでもなく、人間の女性であるらしいことをしだいに確信してゆく、という段取りであるらしい。

それにしても、「鬼《おに》か、神か、狐《きつね》か、木霊《こたま》か」というならべ方は、精霊どもの順位を示しているのではないかと思える。劣位の神、悪しき神。「木霊《こたま》」は、キジムンやケンムンにあたるか。夢浮橋の巻では、「天狗《てんぐ》、木霊《こたま》などやうのもの、あざむきい《ゐ》てたてまつりたりけるにや」（夢浮橋の巻、五‐三九四ページ）と、僧都が語る。「天狗《てんぐ》」も、木に住み、鳥化した精霊だ。

三　平安時代の文学らしさとして

妖怪変化は物語上にすがたをあらわさない。化けるにせよ、化かすにせよ、それは話題としてか、しわざとしてか、物語のなかへ報知されるのであって、出現するのではない。

それにたいして、『源氏物語』のうちがわに、ときあって臨み、去ってゆくことをくりかえすのは生き霊、および死霊であった。

しかし、生き霊、死霊にしても、実際には、よりまし(―憑坐)が演技するのだ。生き霊、死霊は、よりましの身体をかりて表現するのであって、やはりみずからは肉体を持たない以上、すがた、かたちをあらわしようがない。妖怪変化と、この点で深くも一致する。ただ生き霊、死霊の場合、物語の現場に臨み、そこに存在することが語られる。よりましの口をかりて、生き霊、死霊は声も、表情も、現前させる。

六条御息所が、生きては生き霊、死しては死霊となり、光源氏の周囲にまつわり、葵上をとり殺したり、紫上や女三宮をなやませたりしたことはよく知られる。

人が恨みをのこして死んだあとの霊魂をなぐさめたり、そのたたりを畏れたりする考え方は、いったいいつごろからはじまることとしてあるか。『古事記』には「魂」という字と「霊」という字とが使いわけられてあるといわれ、日本思想大系『古事記』によると、「魂」十例がすべて生きている人や神のたましいをあらわすのにたいして、「霊」二例は、顕宗天皇が、父の王(市辺忍歯王)を殺した雄略天皇を深く恨んで、その霊に報復しようと欲した、というように、死んだ人の霊魂についていう、これによると、死者の恨みをのこして死んだ霊魂を他から区別して認識するらしいことが知られる。

御霊信仰といわれる、怨霊を畏れ、鎮撫しようとする思想は奈良時代からある、とされるにしろ、その淵源は古いことだろう。とともに、それが国家的信仰として拡大されたのは奈良時代から平安時代にかけてで、長岡京を廃し、平安を祈って新都がひらかれたのは、御霊鎮撫の意味合いが多分にあるのではないかと言われる。つまり平安時代の出発点が、血ぬられた政争の犠牲者の血と恨みとを背景に、それへの鎮撫をこめて開始されたとの見方は忘れることができない。

怨霊は、それによって鎮撫されるわけでなく、たとえば菅原道真はおそろしい怨霊でありつづける。為政者たちはたくさんの政敵をかかえて、しばしば怨霊になやまされたのに相違なく、平安時代を通じて怨霊の時代であった、ということができるかもしれない。怨霊の問題を大胆に正面から取りあげたのが『源氏物語』ではないかと思われる。いかにも平安時代らしい文学は『源氏物語』だ、という言い方ができるのではないか。

怨霊とは、しかしひたすら怨霊でしかなかったわけでなく、一方に、守護すべきものがこの世にいるか、いたかするから、それを守護するために、それ以外のものにたいして怨霊としてはたらくというので、守護されるべきひとがこの世できちんと優遇され、あるいは慰撫されるなら、怨霊が怨霊として出てくる理由はない。六条御息所が、娘の秋好中宮や、明石の君らの一族にたいして守護霊としてはたらいていることについては、もうよく私に述べてきたことなので、ここにくりかえす必要がない。

第二節　物語を流れる水

一　海の女、川の女

『源氏物語』のなかの水の女はというと、たれしも明石の君と浮舟の女君とを挙げるのではなかろうか。物語のみごとな対照の構図に思いあたらないわけにゆかない。海の女と川の女、明石の君と浮舟の女君とをめぐりあわせるのは読者ながら、正編に海の女、明石の君を描いたあと、どうしても続編に川の女、浮舟の女君を描かずにいなかったのは、作者の執念だろう。なぜ浮舟か、という物語学上の解きがたい謎は、明石の物語からの持ちこしの主題としてみると、その解決が一条、見えてこないことであろうか。

明石の地は、いうまでもなく今日の兵庫県明石市のあたり、淡路島を直南にながめるところ、東経百三十五度線がその頭上を走る。古来、聖なる注目をあつめる地名のようであるものの、その意味がもう一つ、つかめないところがあった。『源氏物語』は須磨の巻につづいて、明石の君の登場しようという巻を持つ。明石とは何か、『源氏物語』の読者なら納得できるまで考えてみなければならない問題ではないか。

『平家物語』の語り本を完成したのは明石覚一という琵琶法師で、明石というからにはこの土地を拠点にした平曲語りであった。書写山には宗教的な芸能の徒が巣食って活躍していた。陰陽師を名のる占い、判断など、吉凶の管理者もまた集合していたろう。『源氏物語』の明石にそんな宗教的雰囲気を読みとろうとしたのは筑土鈴寛氏(1)だった。しかし鎌倉、室町期の記録で平安朝の『源氏物語』を説明するのはよろしくないと、律儀な学者からは非難の声があがるかもしれない。

　地図をにらんでいたら、須磨と明石とのあいだに超えがたい一本の線が幻影ながらはっきりと描かれてあるのを〝発見〟したときはうれしかった。東経百三十五度線が日本列島を東と西とに分割する。それは古来のことであった。『日本書紀』に書かれる通り[2]、須磨は畿内、明石は畿外へ出たところの要所、つまり須磨から明石への通路は、畿内と畿外とを分かつ、狭い境界線上の出入口をなす。畿内とは王化の地であり、畿外とは化外の民の住む異郷であるという王権の地図は、なぜ光源氏が、京都を追われるようにして出て、ここ須磨にいたったあと、〝関所破り〟を犯してまで、明石に来てはじめて京都へ復帰することができたのかを強力に説明する。つまり王権のおよぶ範囲に踏みとどまるならば、光源氏はついに一臣下でしかない。王権のそとへ出ることが反逆のあかしというわけだ。光源氏はどうしても明石の地へ行かなければならない。明石の巻で手に入れた一女子を擁して光源氏はさいごに権力の頂上におどりでることになる。

　ただし、単純に畿内と畿外との双分的図式をあてはめるだけでは、なぜ須磨か、そして明石か、という固有の意味をなお明らかにすることがむずかしい。つまりこういうことではなかろうか。神話論的な読みという限りで言うと、われわれの水の女は、ある境界線上にあらわれてくるのだ、と。異郷からやってくる水の女はどうしても明石の地に来なければならない、と。他界の妻が地上の男との聖婚を遂げる砂辺のなぎさは、この世と異郷とを分かつ境界線上の特殊な点でなければならない。松本清張の『Ｄの複合』ではないが、畿外と畿内とを分かち、水の女が海の異郷からやってくる交点は明石の地にある。

二　死霊としての水

中国の物語類には死霊がたくさん出てくるのにたいして、本邦の物語はどうなのだろうか。志怪や、志怪系統の伝奇が、中国の六朝から唐代にかけて多く見られる。日本の物語はそれの影響を大いに受けた、といえることであろうか。このあたり、あまり話題にならない傾向にあるにせよ、不思議なことであって、考えてみる価値がある。初期の物語という限定づきで考えると、死霊譚は話題から避けられてきた、というのが至当だろう。『竹取物語』のかぐや姫を、どのように読んでも死霊であるとみなすことはできない。かぐや姫はぱっと光《かげ》になった。八月十五夜に月の都へ帰還する。これは典型的な天女でこそあれ、死霊の化した神女であるとどうしても思いたくない。物語がえらんだ女主人公は天上界から降りてくる天女の印象であるほうがよい。

ところが、『篁物語』という物語がある。親の大切にしている娘がいて、漢籍の学問までさせようと、異母兄が大学の学生だったので、これを家庭教師にしたところ、最初はすだれ越し、几帳を立てての授業であったのに、次第に馴れて、かおを見られたり、したしく雑談をかわすようになったりして、ついにはこの妹の寝ているところへはいってしまう。逢うようになっても、なかなかいつも、というわけにゆかず、心ばかり空に、夢のようであるうちに、懐妊する。もう漢籍を勉強する気にもならない。女が食事をとらず、はなこうじ、橘を食べたいというのは、つわりであろう。宴会から兄の持ってきた甘橘類を食べて向きあっていたら、母御がついに様子を知って、娘を居室にとじこめる。父ぬしは「娘ももうこどもじゃないのだから」と、鷹揚であったのにたいして、母親はいよいよ鍵穴に土まで塗って、ふたりを引き裂く。女は三、四日、ものも食わず、「消えはてて身こそは—灰になりはてめ。夢の魂、君にあひそへ」と詠んで、息絶えてゆく。

以下、死霊との冥婚型の物語になってゆくところがきわめてめずらしい。夜になって、火をほのかにかきあげて、泣き臥していると、足もとにざわざわという音がして、火を消してみると、何かの添い臥す感じがする。死んだ妹の声で、泣くのも言うのも妹そのものだったから、一緒に語らうものの、さぐろうとして手にはふれない。「ふところにかきいれて、わが身のならんやうもし(ら)ず、臥さまほしきことかぎりなし」〔ふところにかきいだいて、わが身がどうなろうともかまわず、共寝したいきもちがしてならない〕というから、実際に冥婚がとげられたわけではないにしろ、それの印象がここに見られることに十分に注意しておく。

あけがたの別れにうたを贈答することも、生者同士の場合におなじで、男のうたにたいして、女は、

常に寄るしばしばかりは―泡なれば、つひに溶けなんことぞ―悲しき

(『篁物語』)

と詠んで、夜が明けると、もうすがたはなかった。泡になって溶けてゆく、というところ、単なる比喩、消えることのたとえであるとは思われない。『長谷雄卿草紙』の、死霊の女が溶けて水になってゆく、その水が縁がわから庭にしたたり落ちて流れてゆく画面を思いださずにいられない。死霊の女は水となって溶けてゆく。若き日の小野篁の愛した異母妹が、泡となって溶けてしまおう、と詠むのは、死霊となるのにふさわしい。篁が妹の死んだ日に詠むうたというのは、『古今和歌集』にあって、

泣く涙、雨とふらなん。わたり河。水まさりなば、かへりくるがに　(小野篁、十六‐八二九歌)

(『古今和歌集』哀傷歌)

というように見える。「わたり河」は三途の川、葬頭川のこと。

わが泣く涙よ、雨となって降ってくれればよい、降っておくれよ。

わたり河が増水してしまうなら、(あなたがわたれなくて)帰ってくるように死霊は、泡になって溶けると言い、わたり川をわたってゆくと言い、流れる水の印象をまつわりつかせる。『篁物語』は貴重な死霊の水を覗かせてくれた。この流れの印象は『源氏物語』の続編、宇治十帖の世界へ注ぎいるように思われる。

三　源氏物語の多重構造

さきに述べたことをくりかえすと、物語文学の女主人公は、死霊的であるよりもはるかに天女的で、それは生の原型である、といってもよい。天女は白鳥のすがたをまとい、水辺に降りてくる。天の羽衣をぬいで水浴する。吉村貞司氏の文章を借りると、「たとえばヨゴの小江の天女も、白鳥となって天からくだり、水浴のところ羽衣を奪われて、人妻となってとどまる。しかし、羽衣を取り戻すとたちまちに天へ飛び去った。三保の松原の天女も、沖縄の組踊りになった銘苅子《めかるし》も、羽衣を得て天に舞い上がってゆく。これを整理すると、彼女たちは羽衣をつけると白鳥になり、ぬぐと人間の形になった。水浴していたのは白鳥でなく、美女のはばかりない素裸だった。だからこそ異性が興奮にふるえながら羽衣をかくす。隠せば自分のものになるという公理が、この神話では動かしがたいものになっていた。囚《とら》えられた美女は白鳥としてではない。人間であり、なまめかしい女体であった。人間の妻になる可能性をもっていたこと、つまり私たちと同じ構造の肉体の所有者であった」(『日本神話の原像』「水の神話学」(3))。ここに言われていることで過不足ない。白鳥処女＝天女説話は紛《まご》うことなき生の原型を神話とする。天女が現世的に肉体化されたところに物語ははじまり、物語の終わりとともに天女は地上を去る。したがって物語のなかみはきわめて現世的な、生のさまざまを描きつくす場所としてある。

水の女、といったのはむろん折口信夫だ。水の女を言いかえれば、白鳥処女＝天女は清らかな水辺に降臨する、ということにほかならない。水の女は、けっして死霊的でありえない。鬼女のように描かれた立烏帽子という女性は、池のなかに住んでいた。折口は彼女のことを「他界の妻なるが為に、男同様、鬼に見なされてゐる。唯、人間英雄に持つ恋心だけは、古代の物語のまゝ変ることなく、やさしさを失うては居ぬ」(『日本文学の発生序説』「文学と饗宴と」[4])と説明する。鬼女は処女性の象徴で、恋する女に変貌したのだ、という。立烏帽子はまぎれもない水の女の生を生きた。生のかがやかしいまでの魔性を女主人公たちはみずからのものとする。死ははるかかなたにしりぞけられなければならない。

民間伝承たる昔話は多く後生(死後の世界)との交渉を語る。だがその死後の世界とは、いわれるような死霊のゆきつく世界とすこしちがう。たしかに後生は恐れられる。だが、死が恐れられることそのものを主題化して、昔話の世界では、みごとに現世と後生との交渉や、後生の克服が語られようとする。死霊が跳梁してひたすら鎮撫の対象になったり、生者を呪縛したりするようになるのは、やはり新段階だという気がする。

新段階とは、端的にいえば奈良朝から平安朝にかけての御霊信仰の発生と、深く関係するのではないかと思われる。時代考証をからめて言えば、『竹取物語』の生まれたころは、菅原道真の怨霊が暴戻をきわめていたかとされる。初期の物語文学が、怨霊など死霊をその内部に跳梁させても、時代的におかしくなかった。それにもかかわらず、初期の物語文学は、主人公に、天女をえらんだ。死霊の女を中心にすることがなかった。物語文学が、はるかな神話の時代に淵源を持ち、そこにあたためられてきた生の印象を土壌に開花させられた文学であることを意味する。新興の御霊信仰を背景に死霊を登場させるのは初期の物語文学のよくするところでない。

『源氏物語』が、死霊を、そして死霊ばかりでなく、生き霊をふくめるもろもろのもののけを、これでもかこれでもかと登場させ、あるいは作品のそとがわにその存在をつよく感じさせる、きわめて構造的な物語世界をつくりだしたことは、野崎守英氏の発言にあったように[5]、もののけという、まさに平安朝的なるものを作品についに持ちこんだという点で、ほんとうの意味での平安時代の文学がここに産みだされたことを意味する。

『源氏物語』のような大きな物語は、みずからのうちに初期物語ふうの、神話的な水の女もいれば、新段階といってよい死霊的な、もうひとりの水の女をも描くという、多重構造をもって生まれたように思われる。このことを言いたかった。

四　宇治川の流れ

『源氏物語』正編の明石の君は、水の女として、ある境界線上にあらわれ、神話の豊玉毘売とおなじように子を産む。明石の姫君だ。琉球古代の察度王は天女の子であり、第二尚氏の尚真王もまた夫人の一人に天女の娘を迎えた王として知られる。天女は夫と子とを置いて天上界へ還るのが大原則で、後者の天女について見ると、水浴しているところを男に見られて結婚し、三人の子をもうけるものの、飛び衣を発見すると、すぐに天上界へ還ってゆく、そしてのこされた子のうち一人だけ成長する、その子が尚真王の後宮にはいり、夫人となる、というので（『琉球国由来記』巻十二）、物語としてはありうることだろう。つまりありうることだ、とは、天女ののこした一女が国王の夫人になる、というありふれた物語が、尚真王に付会されたのにすぎない、という意味において、歴史化されうる。これを『源氏物語』にひきあててみると、明石の君は、明石の姫君を産んだあと、この子をのこして現世から立ち去らなければならない。そうでなければ水の女として完結しない。

これは『源氏物語』正編の大きな謎であるといってよかった。しかも、明石の君はついに『源氏物語』の表層部位から立ち去ることなくありつづける。この謎は、解きほぐすことがなかなかできないように思う。つまり明石の君の存在によって、『源氏物語』は神話から物語へと展開する。天女系の神話はもともと現世的性格がつよいと、述べてきた通りだ。現世に来た天女が、天女であることを一旦やめて、人間の夫婦生活をする。子育てのさなかに、飛び衣を偶然発見して、ふたたび天女になって去る。だから現世的な夫婦生活の部分をふくらましてゆけば、物語がはじまる。かぐや姫の物語は、現世的な求婚者たちのドラマを展開し、かなりあやうかったにしても、さいごに神話の世界へ帰還した。神話が勝ったのだと言ってよい。神話の世界へ帰ることのない物語の女主人公は、といえば、『源氏物語』の明石の君が浮上する。明石の君は物語最大の謎の女性といってよく、阿部秋生氏が『源氏物語研究序説』という大著で、[6]『源氏物語』全体の枚数(四百字詰二千数百枚あろう)をしのぐ枚数をついやして、この女性をあいてに論じたのは、結局その謎に挑戦したことになる。

『源氏物語』のさいごをかざる女主人公は宇治十帖の浮舟としてある。いろんな意味で、明石の君と浮舟とは正反対であるにしろ、しかし大きな共通点がある。水の女であることがそれだ。浮舟は宇治橋をわたってやってくる(宿木の巻)。宇治川にかけられた橋をわたってやってくるとは、どういうことを意味しているか、ということだが、今日、橋寺や神社のあるあたりから、川をへだてて、対岸に宇治の平等院が見える。あの平等院ははるかな西方浄土を身近なところに幻想した世界といわれる。浮舟が橋をわたって平等院がわからこちらがわへ来た、ということは象徴的だ。『源氏物語』の当時、平等院が建てられていたかどうかでなく、西方浄土の観じられるところに平等院の建てられたことが肝腎なので、浮舟はそのような、異郷の観じられるかなたから、現世と対岸とを分かつ川をわたって、こちらがわへやってきた。その浮舟は男主人公の薫にとって、宇治大い君という女主人公の再来かと思われた。浮舟と宇治川とは切っても切れない関係にある。宇治川のほとりは文字通り水の女の出現し、またここから去ってゆく、出入口でなければならない。宇治川のほとりならばどこでもよいわけでなく、宇治という地、橋のかけられたこの場所を境界線とする。明石の地とまったくおなじ構造だと考えられる。

しかし浮舟には死霊の匂いがつきまとう、と感じられる。いかがであろうか。ここに明石の君との大きなちがいがあろう。第一に、浮舟は、宇治大い君の再来であると観じられていた。死んだ宇治大い君はこの世を去って、死霊のまま、この宇治の地近くにやすらいながら、成仏の機会を狙っていよう。私はそのことについて、薫の君が浮舟に近づこうとした深部にある理由として、浮舟の肉を借りて男君と交じわろうとする宇治大い君そのひとの冥婚の要求がそこにある、と論じたことがある。(7) 浮舟は大い君の死霊によって必要な、呼びだされるべき、冥婚のために用意させられた人形《ひとかた》としてあるのではなかろうか。

第二に、浮舟は、人形として、川に流される。つまり入水を決意したことにして、家を出てゆく途中、もののけにおそわれ、気をうしなうというところもまた彼女の死霊性を証しだてることのひとつではあるまいか。死霊は水と化して溶けてゆく、という趣旨のことをさきに述べた通り、浮舟が川に落ちて死のうと決意したのは、天女になりえない、反〝天女〟の去り方であろう。水の女は水辺から飛びたつべきなのに、浮舟はまことに異常な死に方によって死霊になろうとした。

宇治川の流れは、宇治十帖のはじまりから、不気味な音をたてていた。不吉な川音であった、と言いかえてもよい。読者は、宇治十帖のはじまりである橋姫の巻以来、その不吉さを絶えず身体感覚のように引き受けて読みすすめないわけにゆかない。はたして、大い君が亡くなり、浮舟もまたこの不吉な水にいざなわれる。宇治川が死の水であったことは明らかだ、といわれなければならない。

かかる死霊を救済する力を持つと考えられたのが、当時の仏教であった。『源氏物語』は仏教者によって救出させられた浮舟が堅固な宗教者の生活にはいってゆこうとするところで終わる。

注

（1）「明石の覚一以前に有力な琵琶法師の団体があったかどうか、源氏物語明石の巻の『入道琵琶の法師になりて』は播磨のそれの連想があったかどうか、又広峯祇園社と京の祇園と盲僧の関係は何かあったかどうか。こうした問題を考えることも平家成立を考えるうえに重要なことであろうと思う。……」（筑土鈴寛「仏教唱導文芸と琵琶法師の物語」『大正大学々報』32、一九四一《昭和十六》年、『中世芸文の研究』有精堂、一九六六《昭和四十一》年、所収）。

（2）藤井貞和「越境する源氏物語」。↓第三章第三節。

（3）吉村貞司、読売選書、一九七三《昭和四十八》年、二七八ページ。

（4）折口信夫、『折口信夫全集』七、新『折口信夫全集』四。

（5）『日本学』創刊号（名著刊行会、一九八三《昭和五十八》年）の座談会での氏の発言。

（6）阿部秋生、東京大学出版会、一九五九《昭和三十四》年。

（7）藤井貞和「形代浮舟」。↓第十二章第一節。

第三節　異界と生活世界

一　異界を管理する者

異界にかかわる論議にくさびを打ち込んだ、百川敬仁氏の『内なる宣長』[1]という本に注目する。江戸時代以来、日本古典の読まれ方について、「感性のファシズム（画一的統制）」だと断罪するばかりでなく、それを産みだす古代—

中世の感性的な風土にたいしてまで鋭い筆鋒はおよぶ。「すなわち、当時の貴族達は」——と百川氏は言う、当時の貴族達とは奈良／平安時代のかれらのことだが、（かれらは）「依然として三次元的空間としてしか異界を幻視することができなかったのだ」、と。そして、いわゆる遁世者は現世を絶対的に否定しうる論理性を持っていたろうかと氏はさらに問う。かれら遁世者もまた、氏の言によれば、人間的現実への強い郷愁を抱いていた、つまり未練がましく中途半端な否定や肯定をくりかえしたというべきか、いやもっと正確に言うと、かれらは現実と異界とのあいだを往還していたと考えるべきなのだ、と。だから仏教形而上学によって〝虚仮〟として否定されたかに見える日常の現実は、いささかもリアリティを傷つけられはしなかった、と。なかなかうまい説明をする。

またこのようにも指摘する。いわゆる方たがえのような方角の禁忌について、

現代の私達にとっては奇怪なこれらの禁忌も、ここでの本稿の文脈から眺めれば、身分に縛られて自由に旅行することもかなわず精神的にも窒息しかねなかった王権都市空間の中の特権的居住者達に、いわば「移動する異界」を提供する仕掛けだったように見える。(2)

とする。

いささか異質な世界にも引かれる私のようなものにとっては、異界をほとんど自然と同置して、場や内部の問題、さらにそれの変容へと論を展開してゆく氏にたいして、不満がないといえばうそになるものの、しかし異界を身近な生活空間にすれすれのところ、あるいはもしかしたら生活空間そのもののある種の変容であるかのような位置に引き寄せてみせる手口に、魅力を感じる。

異界といえば、われわれには普通、神仏やもののけの住む視界を考えさせられる、むろんそれであやまりない。しかし、百川氏からおしえられることは、異界そのものは何らかのかたちで現世の現実や観念の反映である以上、異界

論はわれわれの〝生活空間〟論との往還としてであろう、と言うことだ。異界にはそれを管理する者がいなければならないので、それにかかわる研究との接点を探ることも大切になる。異界の管理者に注意をはらいながら、異界と生活空間とのかかわりについて以下に小考を綴る。

二　加持から念仏へ

十世紀物語文学の〝異界〟が、およそそれに関心を注がないかのように見られる『落窪』などを別にして、かぐや姫の月の都（『竹取物語』）や俊蔭の訪れるエデンの東（『うつほ』）のようなのだとわかりやすい。それらにたいして、一条朝に深くはいって成立する『源氏物語』が、〝異界〟を大胆に物語の動機づけとして、もののけども、つまり黒いやみの生き物たちをこれでもかこれでもかと跳梁させていることは、ささやかでもない謎、考えつづけてよいこととしてであろう。葵の巻の六条御息所の生き霊、若菜下の巻、柏木の巻の同死霊や、夕顔の巻のもののけ、宇治十帖での大い君や浮舟にかかわるそれら、さらには怨霊藤壺までが登場するこの物語から、これらの存在を無視し、排除して『源氏物語』論がなりたとうと思えない。

この物語内的な現象は、大まかな見当として、物語外の十世紀―十一世紀の交点、つまり一条朝の生活上の事実を反映させた結果であろうと考えることができる。むろん十世紀初頭の菅原道真霊、十世紀なかばの藤原元方霊など知られるものの、『枕草子』『紫式部日記』『栄花物語』などを通じてもののけどもや憑霊現象はわれわれに急速にしたしいものになってくる。その一環に『源氏物語』もまたあるのだということは言うまでもない。

そいつどもを退治するためにどうするか。験者たちが加持祈禱をおこなって、それに拮抗し、ついに克服するプロセスはよく研究されている。その験者たちが、多く仏教者、高徳の僧侶であることをどう考えたらよいのであろうか。

もののけ調伏(とは病人祈禱のことにほかならない——)の宗教活動に深く仏教が侵入する、その活動たるや仏教のよそおいを借りるといったかたちであるのか、仏教のある種の延展ないし逸脱としてあるのか、というような疑問がある。なるほど宗教そのものに医療、治病活動があることは、キリスト教の『聖書』などによって知られることで、仏教でも例外でない。しかし仏教が治癒をはかるのは本人の病や苦悩にたいしてであるのが第一義であろうと信じられる。ブッダはさいごの病に悪魔の誘惑を排してみずから病苦をこらえ、〝寿命のもと〟をとどめて三か月生きた。仏教の魅力はその精神主義的な、つまり肉体の病や衰亡とりわけ精神の不調や苦悩にたいして心の平安をもとめるある高さにあるのではないかと思われる。もしひと不治の病にいたれば、そのひとの欲界に結びつける束縛(煩悩)をほろぼして、ふたたびこの下界に還ってくることのない、復活のないニルヴァーナ(涅槃)にはいることをめざす。これが菩提にほかならない。

仏教は死霊が跳梁する平安時代になって、ある種の試練を迎えた、と称してよかろう。仏教的にあるべきでないはずの〝復活〟がそこにある。死霊は病人に取りつき、それを重態ならしめ、死にいたらしめる。民間宗教者たち(聖たち)が仏教のよそおいによって病人祈禱に従事することはわかりやすい。高徳の僧侶が貴族家に出入りし、加持祈禱して病人のもののけ退散にこれ努めるさまは、こう言ってよいか、正視に耐えない印象がある。『栄花物語』巻第二十一「後くゐの大将」に見る、一条朝からややくだる藤原教通室の病人祈禱の悲惨さは言語に絶する。それによると、もののけ(小松の僧都の霊)が女房に憑いて、「この加持とめよ。あなかしこ〳〵、あやまつな。ただひき声をよめ〳〵」と言う。加持をとめるようにもののけが要求し、僧たちは加持をしたほうがよいのになどと口惜しく思う、そのほどに教通室は絶息し、ついに亡くなる。その加持たるや、「柿ひたしの汁をものの葉につけて参らすれど、すべて御口もふさがせ給ひて術なければ、心誉僧都参りて、おさへて加持参り給ふに、しばしありて御口動かせ給へば、御湯など露ばかり参らす」という、苛酷なしかたであった。うわごとに訴える病人の苦しみを、もののけがそのひとに憑いての言葉かと、さらに心を合わせて加持をののしる。むしろもののけが加持をゆるめるように要求するのが救いで、教通が命じてそれをやめさせるのはせめてもの死にゆく妻への愛情かとすら見られる。すぐあと、死後のホトケオロシ(〝復活〟儀礼と称してよいか)[3]にこの若い女性の霊が出現するあわれがつづいてかたどられるだけに、ひとしお加持祈禱の残酷さは目をそむけたくなる。

もっともこの記事をいかに読むか、山折哲雄氏の見解を引いておくべきだろう。

女房にのり移った小松僧都の物怪が加持を停めて引声念仏を願っているのは、加持が物怪を苦しめ、念仏がそれを解除するという対極的な構造をきわだたせるものである。加持の効験が不動明王の忿怒相と火焰によって代表されるとすれば、念仏の功徳は阿弥陀仏の慈顔と光明によって象徴される。それは不動信仰と阿弥陀信仰の対照性としてあらわされるが、同時に、平安末から鎌倉初期にかけて、密教修法と浄土思想とが接触しつつ次第に交替していく歴史過程の凝縮されたエピソードを、その対照性はよく示している。(『日本人の霊魂観』、傍点山折氏、二〇一ページ)[4]

と氏は言う。

加持と念仏との関係はなるほど氏の言われる通りかと思う。『源氏物語』でも、「加持《かぢ》の僧《そう》どもこゑ静《しづ》めて法華経をよみたる」(葵の巻、一-三〇六ページ)とあるのがこれに相当するはずだ。ただし、対極的、対照的という以上に、加持と念仏との激しい矛盾葛藤がここ、『栄花物語』の記事にはあろう。死の苦悶を加持にゆだねることへの疑問、人間的、愛情的な反省があるのではないか。結果は一つの仏教(密教)からもう一つの仏教(念仏、浄土思想)への交替過程として現象するのにしても。

加持への不信を山折氏はほかでもない藤原道長のなかに見る。

（『栄花物語』巻第三十「つるのはやし」）

「更に〳〵。己れをあはれと思はん人は、このたびの心地に祈りせんは中〳〵恨みんとす。己れをば悪道に落ちよとこそはあらめ。ただ念仏をのみぞ聞くべき。この君達、更に〳〵な寄りいませそ」など仰せらるれば、「御もの、けの思はせ奉るなめり」などささめきの給はすれば、御祈り絶えたり。

「祈り」とは祈禱のことだ。氏は「自分の子女のためあれほど加持祈禱に意を用いた道長が、自分の死にさいしては最大級の言辞をつらねてそれを否定しようとしている」（一八九ページ）と、これを加持祈禱への不信と見る。私もまたこの道長の認識に深い時代的反省を読み取るのがよいと考えてみたい。仏教のやむをえぬ平安前期の在り方として、その中心部分が加持仏教となりそのピークを迎える、その一条朝の終わりとともに深くも加えられる時代の反省が、結果として念仏を招きいれるにせよ、この交替期における宗教的価値観の混在、それはある種の自由な時代であることが、『源氏物語』の書かれた一理由づけとしてわりあい重要なことではないか、という気がする。言うまでもなく『源氏物語』には念仏の諸例もまたあふれる。

加持仏教と声や観想のあふれる念仏とのあわいに『源氏物語』はある自由を見いだしたかと思う。かならずしも宗教べったりではない、生活空間の似せ絵としての物語空間を書きひらく。例の蛍の巻の「菩提《ぼだい》と煩悩《ぼむなう》との隔《へだ》たり」という表現について、そんな方向からも考えすすめてみたい。

三　「菩提と煩悩との隔たり」

久しい疑問は『源氏物語』の蛍の巻、例の物語論のなかに「菩提《ぼだい》と煩悩《ぼむなう》との隔《へだ》たり」[5]とある言いまわしが、たとえば『河海抄』に『妙楽釈(法華玄義釈籤)』を引いて「煩悩即菩提、生死即涅槃」と注し、現代でもこれにしたがうのが一般であるものの、〝菩提と煩悩との隔たり〟を「煩悩即菩提」によって説くのは天台本覚論以後にこそしかれ、『源氏物語』の解釈にそれをおしつけることをすくなくとも近代のわれわれのしてよいことであるか、といったことどもに関してであった。「煩悩即菩提」と〝菩提と煩悩との隔たり〟とのあいだには、どう言えばよいのか、超えようのない距離があろう。それを無視してよいことであろうか。

こんな大切な疑問を最初に出したのはやはり本居宣長であった(6)。久しいこの疑問がそのままにほうっておかれる理由は〝菩提と煩悩との隔たり〟の正確な出典を見つけることができない、という一点にかかっていよう。しかしだからと言って「煩悩即菩提」をそれの出典とし、『源氏物語』を、ひいては『源氏物語』時代をできあがってしまった天台浄土の宗教時代であるかのように見ては、何か大きな取り落としがあるように思えてならない。菩提と煩悩とがへだたるという、出典不明ながら、だいじなことが書かれるところなのに、一教理でかたづけてこと足るのかという疑問は、かかげつづけられてよい。『源氏物語』に生成される宗教時代の泡立ちみたいなものを後世の知識から判断しては、一面的な理解でしかなくなろう。

菩提と煩悩とがへだたるとはどういうことか、名案はなくても、その広大無辺な感じやわかりやすさがここで大切なことではないかと思う。『源氏物語』の基底に、天台だ何だといった分別以前の仏教そのものの雄大な受容がある、と見ることのほうが奈良仏教以来の流れとしてはわかりやすい、と考えもさせられる。宗教学の中沢新一氏に、そんな流れを華厳と称して『源氏物語』の底辺を透視することはゆるされるか、と信州でのある祭のあけがたに、久しいその疑問をうちあけたところ、それもまあ一興であろうという賛意をいただいたので、「もののけの世界と人間の世界(7)」という書き物のなかに、そっとその思いを吐露してみたことがある。でも〝菩提と煩悩との隔たり〟が華厳であろうとは、みぎに述べたように直接の出典があるわけでなく、ただ大乗的に（華厳経を要約するとそういうことになるのではないかという一凡俗の意見として）そんな見通しをすべりこませるに過ぎない。

仏教が日々の生活の精神性を重視する理由はわかるような気がする。「煩悩」を去って「菩提」にいたること、ゆきつくところが死であるとするのは、わかりやすい。それを教理として「煩悩即菩提」と称することに議論の余地はないといわれれば、それまでであるにしても、しかし「煩悩即菩提」と言ってしまうとき、難解をきわめる一元論となる。しかも涅槃経（大パリニッヴァーナ経[(8)]）などをひもといても、われわれのような凡俗にはついに「煩悩即菩提」がブッダによって説かれているようにどうしても悟れない……

想像するしかないが、ある無名の（華厳系の？）説経者、いやそのひとは加持祈禱家であってもよく、また念仏者であっても一向にかまわない、その無名の説経者が、ふとわれらの生活空間を〝菩提と煩悩との隔たり〟と説明してみせた、といま考えてみる。そういうことではないか。「煩悩即菩提」が死であるならば、〝菩提と煩悩との隔たり〟は生だ。難解とはついに死のことであるとすれば、死を知覚できない難解さが「煩悩即菩提」にあるのにたいして、〝菩提と煩悩との隔たり〟は知覚可能な生活世界としてあろう。物語が〝菩提と煩悩との隔たり〟を描くとしたのはそんな認識のおおげさな比喩としてであろう。全然ことなるようでも、本節の冒頭にふれた、方たがえの俗信を受けいれて都の夜を右往左往していたかれらの迷妄などは、〝菩提と煩悩との隔たり〟という表現にふさわしくなくもない。唐突のようながら、この〝菩提と煩悩との隔たり〟は、フッサールの「生活世界」への還帰、ヴィトゲンシュタインの「生活形式」に引きくらべられるのでは、とふと言っておきたい思いがする。

異界論から遠ざかったように見えて、けっしてそうでないことを、冒頭に百川氏を引いて説明したつもりだから、くりかえさない。

注

（1） 百川敬仁、東京大学出版会、一九八七《昭和六十二》年。
（2） 同右、八ページ。
（3） 「巫女《かうなぎ》」の「口寄《くちよせ》」に、死霊らしきものがあらわれ、泣きに泣いて、「あはれ、いかがし給はんとする。……」と、左近の乳母をさがしあてて胸をかきあけ、「乳《ち》飲まん」と言う（『栄花物語』下、日本古典文学大系、一三五ページ）。ホトケオロシという語が出てくるわけではない。
（4） 山折哲雄、河出書房新社、一九七六《昭和五十一》年。
（5） 「仏《ほとけ》のいとうるはしき心にて説《と》きを《(お)》き給へる御法《(みのり)》も、方便《はうべむ》といふ事ありて、悟《さと》りなき者《もの》は、こゝかしこ違《たが》ふ疑《うたが》ひをおきつべくなん、方等《はうどう》経の中に多《おほ》かれど、言《い》ひもてゆけば、一《ひと》つ旨《むね》にありて、菩提《ぼだい》と煩悩《ぼむなう》との隔《へだ》たりなむ、この人のよきあしきばかりの事は変《か》はりける。……」（蛍の巻、二一-四三九ページ）。
（6） 「又菩提と煩悩とのへだゝりといへるところに、龍女成仏の事などを引出て、煩悩菩提差別なきことをいはれたるは、へだゝりとあると、表裏《ウラウヘ》のたがひにて、いみしきひがことなり、」（『源氏物語玉の小櫛』一〈大むね〉、『本居宣長全集』四、筑摩書房、一九六一～一九七七ページ）。
（7） 『国文学 解釈と鑑賞』一九八七《昭和六十二》年十一月号に初出（→第八章第四節）。天台の教養からは華厳を包摂することになる。これの古注釈上の議論について、参照、三角洋一「蛍巻の物語論」『東大教養・人文科学科紀要』97、一九九三《平成五》年三月（『源氏物語と天台浄土教』若草書房、一九九六《平成八》年、所収）。
（8） 『ブッダ最後の旅』中村元訳、岩波文庫。

第十七章　世界の文学として読むために

第一節　世界の文学として読むために

一　再現と読解

〝世界へ発信する『源氏物語』〟という思いが、今日の校注作業や読解のしごとのなかで、非常につよくしてこないことだろうか。日本語を母語とする人と、母語としない読者とが、完全に対等に出会える場所としての、新しい、読むという知的な行為を提案したいと思う。もしそういうところが今後、考え足りないままだと、日本文学（特に研究）の将来は暗くなるかもしれない。『源氏物語』の読みが国際時代に踏みとどまることを怠るなら、〝国民〟文学への後退を引きおこす心配がある。

日本語なら日本語を丁寧にあつかえば、その丁寧さは、たとい他の言語に翻訳されてもきっと伝わる、と信じたい。考え尽くされた日本語なら、現在の〝民族〟を、現在の国境をきっと越えられる。むろん『源氏物語』そのものがそれらの〝壁〟を越える。たぶん母語をしかあやつれないはずの校注作業の従事者が、世界に散らばる読者に伝えるための言語は、とりあえず現代日本語でしかないとしても、古典語の物語を、おなじ日本語として、どんな構造で、どんな思いで書かれているかについて、忠実に〝再現〟してみようとする。『源氏物語』がそれをさせている、という思いはいつでもどこかに存在する。

母語ということについて、もうすこし言いたい。『源氏物語』は十一世紀初頭におこなわれていた日本語を基礎にして、それを母語とする一作家により、書きことばとしてのわくを拡大させながら書き切られた。漢語や、漢語による詩、さらに引用としての諸外国の説話をうちに包みながら、それらがすべて日本語として嚙みくだかれてある。その作家ののこした作品の意識の底に、われわれは、できるなら近づいてみたかった。注釈の作業として、一字一句に下りて尋ねる言語の文法的な事実や感情のくまぐまは、かえって特殊であるより普遍的な言語との出会いであったように思われる。校注者が母語使用者であることを無防備に粗暴に前面に立てておこなわれるタイプの注釈のしごとから、徹底して距離を取る必要がある。何よりもまず古典日本語であるから、それをただちに母語のようにあつかうことはゆるされない。しかし、とあえて言おう、現代日本語の母語使用者としての校注者の有利さは大いに利用されてよい。

新しい言説的研究によって物語文を判断することも、注釈作業として、避けるにこしたことはない。『源氏物語』の物語文そのものがむしろ普遍的な〝物語学(narratology)〟を提供してくれることだろう、という信頼のほうへ賭けることにする。むろん比較文学者や〝物語〟学者が『源氏物語』を読むことのうちには、方法上の比較がかならずあるのでなければならない。しかし、日本文学から発信すべき注釈の作業や、基礎的な報告において、非日本語圏からの言説的研究が安易に導入されるとすると、日本語を非母語とする研究者や読者をとまどわせるばかりであり、避けられるべきことだろうと思う。それでは真の意味で言語の壁を越えることにならない公算が大きい。そう考えて、むしろ母語を大切にする読解の再編を注釈の作業にゆだねる。

二　読者の参加のしかた

『源氏物語』は、それでは、どれぐらいの校注作業をほどこすなら、現代に生きられるそれとして納得できる〝源氏物語〟だといえることになるか、なかなか難問だと思う。すぐれた古典文学ならば、読者は同時代にのみいるはずがない、後代の、非在の読者へ向けてもまた書かれてある。このことは口承の語り物などにも見られる現象であって、後代へ伝えられることは〝文学〟自体の要求するところではないか。文字が発明され、その表現を通してあらわされる、ということは〝古典〟を成立させる端的な要因であるはずだろう。

現代人は、みぎのことが言えるとするなら、非在の読者であることを引き受けて、読むことを現在へ実現する読み手になろうとする。むろん現代に限らないことだろう。生活一般、とりわけ文学生活を中心にして後代の人々に指針をあたえるという〝教育〟効果が、古典作品の一面にはあると信じられる。物語の作中人物の批評が盛んであったという現象はそういう古典の側面であるのにちがいない。写本や注釈書の生産はそのまま積極的な読書の行為でもあったはずだ。そこまでいたらない一般の読者が無数にそのかげに存在していたことをかいま見させる。こいつは長すぎる、むずかしい、しかし読みたい。そんないそがしい読者たちが、いろんな工夫をして、『源氏物語』に取りくんできた。梗概書や源氏物語系図のたぐいの需要は現代と変わるまい。現代語訳と化したり、はなはだしい場合としては劇画つまり漫画のたぐいに化けたりする現代読者向けの〝提供〟はそんな梗概書や何やの中世の読書行為にやや似ると言えば似る。

『源氏物語』が黙読されたか、音読されたか、という問いは児戯よりも劣る。文字は実際の音声を省略して物語内面の表現の声たちと直対するために力を尽くす。音読をせずともよい経済のために書くことが供される一方に、むろん感に堪えながら大いに音読することがあってかまわない。『更級日記』の作者はひとり起きて『源氏物語』を「よむ」こと=音読をしていた。

（『更級日記』〝大納言の姫君〟条）

五月ばかり、夜更くるまで、物語をよみて起きゐたれば、……

女君たちに読んで聞かせる、という記事は『源氏物語』帚木の巻にあり、

（左馬頭の言）

童《わらは》に侍《(はべり)》しとき、女房などの物語《がたり》読《よ》みしを聞《き》きて、いとあはれにかなしく心深《ふか》きことかな、と涙をさへなん落《お》とし侍《(はべり)》し。（帚木の巻、一－四一～四二ページ）

東屋の巻での音読もある。

（中の君、浮舟を慰める）

絵《ゑ》など取《と》り出でさせて、右近に言葉《こと(ば)》読《よ》ませて見《み》給ふに、向《む》かひてものはぢもえしあへ給はず、心に入《い》れて見《み》給へる火影《ほかげ》、……（東屋の巻、五－一六四ページ）

みぎの場面を絵画化する『源氏物語絵巻』東屋の巻の場面描写はあまりにもよく知られる。けれども、声に出して読むことをしなければ物語をあじわえない、というように論じられるならば、それはあまりにも文字によって書くことの意義を軽視している。黙読にささえられてわれわれの『源氏物語』は今日にいたる、と弁じたい。黙読されたという証拠を出せ、などとどうか無茶を言わないでほしい。音読と黙読とのあいだに〝読むこと〟の差別はどこまでいっても実証しえないことをもって証拠としたい。

玉上琢彌氏の〝物語音読論〟は戦後の『源氏物語』批評のその方面を領導した。作中世界があり、それを語り伝える古御達がおり、それの筆記編集者がおり、それを鑑賞者に読み聞かせる女房がいて、それが現存の物語本文だと言う。氏の『物語文学』(1)に見ると、昔物語は、近世の演劇台本にたとえると、根本《ねほん》ぐらいのところであったのが、『源

氏物語』によって上演用台本として本文にすみずみまで書きあらわすにいたった、とうまい言い方をする。けれども氏の言う昔物語(『源氏物語』以前)というのが、どんな生産の形態であったか、よく分からない現在にある。女房が読んで聞かせる、ということもまた不明な点が多くて、ごく限定的な享受の形態かもしれないとすると、〝物語音読論〟は実証不能な仮説と言うほかない。

玉上氏のもう一つの重要な仮説に、『源氏物語』は、その特徴として〝女による、女のための、女の物語〟だ、というのがある。『物語文学』の〝物語音読論〟の章を「女による女のための女の物語」と題する。けれども『源氏物語』が男の読者を排除していた証拠はないばかりか、表現に即する、というわれわれの鉄則にしたがうと、日本語が基本的に男女によって表現の差をほぼ持たない言語であることを無視しえないと思われる。あるのは少女らしさ、少年らしさの言語や、侍女など、仕える人たちの言語や、年配の婦人の言語やという区別、さらには場面場面に生きられる言語の実態だろう。そういう社会言語学的な文脈の理解をぬきに、『源氏物語』から会話の一節を取りだしてきて、これは男の会話か女の会話か、と尋ねるのはおかしいし、また表現上の性差のない以上は、そんな質問に答えることがむずかしい。もし答えることができるとしたら、文脈のなかできちんと内面の声を聞きとりながら読みふける読者でいられる限りにおいてだ。書かれて声をうしなっているとしても、読書行為の参加によってその声が起動する、ということにとりたてて疑問はなかろう。

読者の参加する行為は端的に言って句読点の添加というところにある、ということにもふれておきたい。底本をはじめとして、朱やその他の色で句点ないし読点がほどこされてあるのが、読み手による読書の行為であることは見やすい。平安時代初期にはほぼはじまった、訓点をつけるという読みの一千年の経歴のすえに、現代において句読点をほどこすという行為が、いよいよ書き手の文作りに任されるにいたって、読書の行為であるという本性を見うしないつつある。しかし、一般の書き手の作文であろうと、さらには全面的に書くことを支配する近代の作家の行為であろうと、構文の継ぎ目に句読点を置く瞬間瞬間は、その作家なら作家がみずからの書き物の最初の読者になることを引き受けて、読むがわに立つ、ということなのではあるまいか。

校注作業の結果、原文にはない段落が定められ、会話文は括弧によって指示され、そして句読点がほどこされて、現代人の読書に耐えられる性格の本文になってゆく。本文を改めたのではなく、原文のもつ本文の性格を現代において探求する結果だ、ということはその通りだとして、校注者によるこれが読書行為に帰せられることもまた言うまでもない。校注者の、いわば読書の行為を先行的に任されての、まさに原文にとってのメディア、つまり媒介者に徹して句読点その他の施行を試みる。しかし、句読点が本来的に読者の自由領域にあるからには、新大系なら新大系を読む読者が筆を執って、新たなそれを添加あるいは削除して、より深遠の読みに到達する、というようにあるのがよかろう。

日本古典文学大系の校注者、山岸徳平氏の、細微に句読点をつけてゆかれる方法は、聞くところによると漢文訓読の応用であるらしい。新日本古典文学大系にあっては、反対に、むしろ句読点を惜しみ、必要な構文上の要請、文脈に息づく緩急、呼吸のようなもの、または読み誤りを避けるなどの意図を大切にしてある。

三　近代の現代語訳

原文から見ると、現代語訳の〝源氏物語〟は、いうまでもなく古典語そのものを消失してなりたつので、現代語によって会話文以外まで支配されてしまうそれが、極端な言い方をすると、漫画よりはそれでもましだと、ほんとうに言えるかという、立ちどまるぐらいの価値のある問題かと思う。

〝源氏物語〟が、全体は「いづれの御時《とき》にか」(桐壺の巻の冒頭)とあるように、過去のわくであるにもかかわらず、刻々とすすむ叙述の時間が〝現在〟に所属する、という端的な事情は、何だか映画やテレビのドラマの画面の進行に似る。全体の舞台が過去という時であろうと、刻々とすすむ時は〝現在〟におもに所属する。そこが物語文学の非過去という時制の基本によく一致する。『源氏物語』に限った特徴ではなくて、日本古典語の叙事文学は刻々とすすむ叙述を〝現在〟で示すのが基本としてある。

明治十—二十年代の言文一致運動では、書きことばをどう作るかという中心の問いに付随して、どう古典語の文を書くか、という課題があった。下田歌子はそれについて、「口語にて、「花は咲きた」といふ時の、たは、咲きをはりたるを、いふ語なれば、過去なり。此過去の、たといふ所は、文章法にては、たり、とも、けり、とも、き、とも、つ、とも、ぬともいふ故に、適当の語を、撰びて用ふべし」(『(国文)小学読本』七「例言」(2))と述べる。「咲きをはりたる」が果たして〝過去〟かどうかはおいて、文語文を書くのに「たり」「けり」「き」「つ」「ぬ」を適当にえらぶようにと、現代語からは、たしかに、そのように言うほかはない。同様に未来は「ん」か「べし」かを用いて口語の「う」をあらわすことになろう。

みぎのことは、口語文のほうから言うと、「た」だけ、あるいは「う」だけで過去と未来とをあらわせるから、その簡便さを表現の経済だ、とする見方が容易におこなわれることになろう。「しやしんぶん では…… くわこ みらい の とき を あらはす すけことば が、くわこ に ひとつ、みらい に ひとつ のみ で、はなはだ べんり で ある」(平井正俊『にほんのぶんぽう』(3))とあると言う。近代主義的な文体の考えからすると、古い時間関係の語である「たり」「けり」「き」「つ」「ぬ」がたった一つになる、というのは「はなはだ べんり」というほかないことらしい。

桐壺の巻の冒頭は、
いづれの、御時でありたらうか。女御更衣、あまたさぶらひ給うた中に、いとやんごとなき、きはではなくて、すぐれて、ときめき給ふ、人がありた。（物集高見『言文一致』(4)）
となる。

与謝野晶子の現代語訳を現行の角川文庫で見よう。

（早蕨の巻）
「日の光林藪《やぶ》しわかねばいそのかみ古《ふ》りにし里も花は咲きけり」と言われる春であったから、山荘のほとりのにおいやかになった光を見ても、宇治の中の君は、どうして自分は今まで生きていられたのであろうと、現在を夢のようにばかり思われた。

（宿木の巻）
そのころ後宮《こうきゅう》で藤壺《ふじつぼ》と言われていたのは亡き左大臣の女《むすめ》の女御《にょご》であった。

（東屋の巻）
源右大将は常陸守《ひたちのかみ》の養女に興味は覚えながらも、しいて筑波《つくば》の葉山繁山《しげやま》を分け入るのは軽々しいことと人の批議するのが思われ、自身でも恥ずかしい気のされる家であるために、はばかって手紙すら送りえずにいた。

（蜻蛉の巻）
宇治の山荘では浮き舟の姫君の姿のなくなったことに驚き、いろいろに捜し求めるのに努めたが、何のかいもなかった。

（夢浮橋の巻）

薫《かおる》は山の延暦寺《えんりやくじ》に着いて、常のとおりに経巻と仏像の供養を営んだ。

みぎに冒頭の箇所を五巻ほど書きだしてみた。その文末に注意して、原文にそれぞれ見ると、「おぼえ給ふ。」(早蕨の巻)、「おはしける。」(宿木の巻)、「え伝《つた》へさせ給はず。」(東屋の巻)、「もとめさはげど(わ)かひなし。」(蜻蛉の巻)、「供養《くやう》ぜさせ給(たまふ)。」(夢浮橋の巻)と、ぜんぶちがっている。しかし与謝野晶子訳の『源氏物語』では、「思われた。」「女御《にょご》であった。」(宿木の巻)、「送りえずにいた。」(東屋の巻)、「何のかいもなかった。」(蜻蛉の巻)、「営んだ。」(夢浮橋の巻)と、すべて「た」に統一される。

その他をさらに宿木の巻に見ると、「たり」が「た」になることはむろんのこととして、「もてなし給へり」→「おかしずきをしていた」、「負《ま》けさせ給ひぬ」→「帝はお負けになった」、「おぼしなりにたり」→「兵部卿の宮を目標として進むことに定めた」、「思ひ侍(はべり)つる」→「思っておりました」、「くはしく聞《き》き侍(はべり)にき」→「くわしく知ることができました」などとある。これを要するに、「(に)たり」「り」「けり」「(に)き」「つ」「ぬ」が全部「た」になり、さらに「(に)たり」「り」「けり」「(に)き」「つ」「ぬ」以外の、つまり非過去の〝現在〟になっている文までがすべて「た」にきれいに所属させられる。〝はなはだ便利だ〟と平井正俊の言った近代主義的〝言文一致〟のまさに無惨な完成形態をここにみることができる、と言うほかはない。

四　物語の場面の臨場感

古文の〝時制〟は基本としてけっして過去にならない。

(宮中の詩会で)

雪《ゆき》にはかに降《ふ》り乱《みだ》れ、風《かぜ》などはげしければ、御遊《あそ》びとくやみぬ。この宮の御殿(との)ゐ所に人〳〵まい(ゐ)り給(たまふ)。物《もの》まい(ゐ)りなどしてうちやすみ給へり。大将、人に物のたまはむとて、すこし端近《はしちか》く出《い》でたまへるに、雪《ゆき》のやう〳〵積《つも》るが星《ほし》の光《ひかり》におぼ〳〵しきを、闇《やみ》はあやなしとおぼゆる匂《にほ》ひありさまにて、「衣《ころも》かたしきこよひもや」とうち誦《ず》じ給へるも、はかなきことを口《くち》ずさびにのたまへるも、あやしくあはれなるけしき添《そ》へる人ざまにて、いともの深《ふか》げなり。言《こと》しもこそあれ、宮は寝《ね》たるやうにて御心さは《(わ)》ぐ。（浮舟の巻、五-二二〇ページ）

薫大将が、心のおくをふと覗かせるかのような古歌「さむしろに、ころもかたしき、今宵もや―われを待つらむ。宇治の橋姫」（『古今和歌集』恋四、十四-六八九歌）を口ずさみ、匂宮は心をかきたてられずにいない。そんな男同士の事情が、ここにはいない浮舟の女君の運命を追いこんでゆく。緊迫するこのような場面の描写が刻々と〝現在〟時制ですすむ。こんなのを歴史的現在などと説明してきた従来の読みに屈して、現代語訳としては与謝野晶子のそれのように「た」という過去に変えてしまうことが、その緊迫感をうすらがすことにならないか、なによりも原文に忠実でなくなることをわれわれの痛みとしないでよいのか、重大な反省期にいまきているかと思う。

誤解のないように言い添えれば、「御遊《あそ》びとくやみぬ」の「ぬ」は管絃の演奏がもう止まってしまうことをさし、いわゆる完了で、現在という時にたいして深く影響をあたえる。「ぬ」がくると、物語の場面が一つうごくけはいがする。はたして匂宮の宿直所に人々が参上する、というように展開する。ここにはない、物語にとって重要な「けり」という助動詞は、過去から現在への時間の経過をあらわす。現在へ注ぎこむ時間を引き受けるだいじな要素として「けり」はある。「ぬ」に近いように感じられるものの、「けり」には現在へ影響をあたえる感じよりは、過去からつづけてきていまになおつづくさまをあらわすことが中心だから、物語の場面がその「けり」ごとにうごくというようにならない。物語にとっての過去（現在との断絶）は「き」（連体形「し」、已然形「しか」）が効果的に引き受けて、それとの対比によって「けり」は一層現在へ連続してくる時間をさしあらわす。その「き」や「けり」を全部「た」

にしてしまっては、物語が微妙な時間を把握しわけて描写してきた文学らしさを削ぐことになる。これはまったく難問だというほかはない。

世界の古典として生きられる『源氏物語』がどう世界の言語に翻訳されるのがよいか、という問題にただちにつながることは言うまでもない。その場合、研究として苦心される翻訳はどうか、ということと、文学として伝えられるべき『源氏物語』の世界語化、ということとは分けて考えるのがよいかと思う。前者にはたとえばシャルル・アグノエルのフランス語訳（桐壺の巻のみ、一九五九年）があり、後者にはたとえばエドワード・G・サイデンスティッカー訳の英語による『源氏物語』（一九七六年）がある。英語の訳文としては、文学として、どうしても過去時制文にせざるをえないという事情があろう。そうだとして、日本古典語では緊迫する場面をはじめとして臨場感をもつ〝現在〟時制によって刻々と叙述がすすむという物語言語の特性を訴える必要があろう。

注

（1）玉上琢彌、塙書房、一九六〇《昭和三十五》年。

（2）一八八七《明治二十》年。山本正秀『近代文体発生の史的研究』（岩波書店、一九六五《昭和四十》年）、四四七ページより。

（3）一八八八《明治二十一》年。同、二八一ページより。

（4）一八八六《明治十九》年。同、二八八ページより。

第二節　源氏物語的時間

一　語り手のいる《構造》

〝『源氏物語』を専攻する〟という人間は、どのようにして誕生するのだろうか。ある物語作品に、読者として熱中することがあるからといって、それが〝研究〟や〝専門〟へ踏みだせる理由にはならない。『源氏物語』よりは、世界の文学のほうがあいてになるような気がしても自然なことで、そんな際には、どんどんさかのぼって読むというくせが、もしかしたら自分の特徴だったかもしれない。『源氏物語』を専攻するつもりはさらさらなかった。

(A)

もしホメーロスの一件をそうとは信じておられないのならば、この愉快で珍奇な物語についても、同じように考えていただけないわけはあるまい?

(B)

だが、この『物語』をする前に、時間も暇もあることだから、……

(C)

レスボスの島で猟をしていたおり、私はあるニンフらに捧げられた森の中で、これまでにもなく美しいものを目にした。それは似姿でかきあらわされた、愛の物語であった。……

みぎの引用の(A)は『ガルガンチュア物語』の「作者の序詞」、(B)は『カンタベリー物語』のプロローグ、(C)は『ダフニスとクロエー』が絵解《えと》きの物語であることをあらわす序詞で、さいごのなどはほんとうに絵解きかどうか、虚構の方法だろう、と思わずにいられない。

これらはプロローグだからわかりやすいとして、実は本文の全体が語り手を設定して語らせる、という《物語》の構造をもっているのではあるまいか。《構造》が気になって、手当たり次第に読みあさる、ということがあった。読む作品、読む作品が《物語》の構造をもつ、ということはわが幼い発見だったと思う。こうして第一段階の構造主義者に私はなってしまう。

『源氏物語』が、そこまでくると、たしかに私にさしせまってくることだろう。読みかけの旧大系の山岸源氏[1]をひっぱり出して、読みあげないわけにゆかなくなって、大学三年生の春から夏にかけて、生涯に一度の通読という読みを試みた。そのあと国文学科に私は転向するのだから、『源氏』によって人生を曲げられた人たちのひとりだとは自分についてたぶん言えることだろう。

二　表現のもつ《構造》

昭和三十年代にはいってからも、中学校や高校で、授業時間を割いて、軽くふれるという程度ながら、時枝文法をおしえてくれるということがあった。時枝誠記という学者の文法の学説で、言語過程説、詞《し》と辞《じ》、入子《いれこ》型構造、零《れい》記号、形容動詞を認めない、などの術語や考え方で圧倒する、なんだかえたいの知れない斬新さにどぎもをぬかれた私が、帰宅して母に尋ねると、「それは異端の説ながら、ひと通り目を通しておくように」と、国語の教鞭を以前にとっていた彼女は言って、何と教師用指導書なるものを貸しあたえてくれた。

知る人ぞ知る、中田剛直氏は、『竹取物語』や『狭衣物語』の著名な研究者で、上智大学の教授だった、そのひとを、二年間も、当時の都立高校というのはすごいと思うが、講師として、高校生たちのために呼んできて、『源氏物語』を学ばせてくれるということがあった。

私は、母が講義を聴いたという、山岸氏の出しはじめたばかりの『源氏物語』で〝武装〟(=予習)をして、中田氏に教室であいまみえた。いまからみると、私には夢のような〝対決〟だったと思う。

中田さんの授業を聞いたり、山岸源氏から古典の世界を覗いたりすると、学校文法以外に、多くの文法のあることがわかってくる。古文は言語の原型をよくのこしているだけに、現代人にしたしみやすい、ある種の法則性をもつ、ということが見えてくる。時枝文法のような〝異端の説〟にこそは、谷崎潤一郎の言い方につけば「独創的な国文法」が宿るのではないか、との思いを勝手に深めていった。

大学にはいってから、時枝氏の『国語学原論』(2)を読んでみると、その言語過程説は、私には〝文学過程説〟とでもいうべきものに置き換え、応用させてみるとわかりやすい、と思えてきた。つまり、一文における〝詞〟(客体的表現を引き受ける語、体言や用言など)と〝辞〟(主体的表現、つまり語り手の直接表現としての助動詞、助詞、感動詞など)との対応は、物語なら物語全体の構造的な特質に応用できるのではないか、という考えを抱く。あとに言う〝時間〟の表現など、主体的な〝辞〟を通して出てくる、ということをどう考えるのか、という課題となる。

三　《構想》は超えられるか

物語には前後の〝矛盾〟ということがよくある。匂宮の巻以下で言うと、

(1)　薫の官位昇進を基準に年立て(=年表)をつくると、紅梅大納言は竹河の巻で右大臣に昇進しているにもかかわ

らず、紅梅の巻で依然として大納言のままにいる。

(2) 紅梅の巻の〝春〟を椎本の巻二年めのそれにかさねると、前者で匂宮は宇治の女君たちのもとに出入りしていると書かれ、後者だとこのあとに中の君を訪問しはじめることになるのではないか、という不自然。

(3) 夕霧は竹河の巻で左大臣に昇進しているのに、そののちの宇治十帖で信じられる本文は右大臣であることが多い（総角の巻や蜻蛉の巻では左大臣であるなど、左右に揺れる）という不思議。

という問題がたとえばあって、(1)で言うなら、視点を変えて紅梅大納言を基準に年立てをつくると、こんどは薫の官位に矛盾が生じる。それゆえに〝矛盾〟なのだ、ということになる。

しかし、巻の順序と年立てとは、切りはなせるとするなら、両者、巻序と年立てとのあいだに厳密な意味で矛盾はありえなくなり、真実には年立てのうえにのみ矛盾が露呈する。

つまり物語の進行上の、時間におけるそれであって、時間の複数化により時間と時間とのあいだが矛盾する、ということがその本質であるらしい。

このような課題を、《構想》という考え方の範囲内であつかえるかどうかについて、私は一時、大いになやんだ。残念ながら、構想論では、作品自体の現実から遊離して、書いたはずの作者の頭のなかや、極端に言うと研究者の頭のなかでだけでもなりたってしまう。

作者や研究者の頭のなかに解消せずに、古代人の信仰や、神話的世界の想像や、王権をめぐる宇宙観に根拠をもとめ、そこに文学の形成力を見いだした『源氏物語』の研究に、たとえば深沢三千男氏の『源氏物語の形成』(3)がある。構想論を超える手がかり、突破口はそういう考え方にあった。作風や、あるいは文体という、テクストにこだわるような構想論の超え方も一方にたしかにあって、野村精一氏(4)、清水好子氏(5)といった研究者たちの出版がまぶしい。

吉本隆明氏の『言語にとって美とはなにか』の刊行は一九六五《昭和四十》年で、時枝氏に対決した希少な成果を世に問いかけている。そのころの氏はまことに颯爽としており、いまから見ると、一種の構造主義批評の日本版であったことがわかる。時枝氏その人が堂々と反論していたのがいまなお印象に深い。

四　時間の輻湊化

《構造》として捉えるとするなら、それは一種の時間論にならざるをえないことだろう、というのが私の見通しとなった。構造と時間。しかし《構造》ということと《時間》ということとが、従来の、固定的な《構造》の考えや《時間》の考えからすると、どうしても、それ自体〝矛盾〟する、ということがある。構造主義者たちが、はまり落ちてゆく陥穽はその矛盾のうちにしかけられてある。

《構造》は、従来だと、成立過程論として、早くから『源氏物語』批評をみちびく動力をなしていた。近代の研究として、大正年間に和辻哲郎が「源氏物語について」(6)という論文で、成立過程論の端緒を切りひらいてから、もう歳月がたつ。

大正のすえと言うと、そのころの改造文庫の近刊予告に、折口信夫の〝新編源氏物語(上・下)〟というのを見かける。折口は『源氏物語』をばらばらにして、強引にも古い『源氏物語』と新しいそれとにわけようとしたということらしい。

私も《構造》という観点から、成立過程論にかかわり、問題点を洗いだして見たことがある。(7)ホメーロス研究の歴史を日本に持ち込んだ和辻哲郎以来、阿部秋生、玉上琢彌、そして著名な武田宗俊、風巻景次郎らの諸氏が、すべて若菜上下巻以前の考察にとどまっていることが、どうしても解せないこととしてあった。宇治十帖については池田亀鑑の示唆や小山敦子氏ら、あるいは時枝氏もふくめて、いくつかの考えがおこなわれる程度の、断片的な段階でしかなかった。どうなのだろうか、御法の巻、幻の巻は明らかに本伝系(つまり紫上系)である一方に、玉鬘のでてくる〝原〟竹河の巻や紅梅の巻は、時間を精査してゆくと、宿木の巻以下につながることが確認されるなど、紫上系と玉鬘系との二グループ分けはほとんど宇治十帖のさいごにいたるまで観察される。これはそらおそろしいぐらいの〝発見〟として私のうちにのこる。

そういう〝発見〟も、時間の考えを導入することによって知られてきたことではなかったか。このようにして〝時間〟という最初の振り出しへ、何度考えても、いろんな経路で考えても、もどってしまう。〝矛盾〟は、時間の複数化により、時間と時間とのあいだが矛盾する、ということがその本質らしい、とする直観を、もうしばらく理論化することに努めたい、と思った。巻序と年立てとのあいだが切りはなされるという前提で、巨視的に《時間》のかさなり方として見いだそうとしたことが、創意といえば創意で、説話的時間と物語的時間との差異を『源氏物語』のうえに調査していった。

年立ての矛盾はその二つの時間を語りなす語り手の姿勢のちがいのなかに生じる。そのうえに立って、源氏物語的時間というべきものがある。

源氏物語的時間になると、さきに述べたような、語り手の位置や視線などは、実を言うとそんなに重要なことでもなくなる。もっと内在的なてこでつきうごかす物語の意志みたいな〝時間〟として、引用なら引用、批評なら批評を、作品自体が自在に試みることのできる重層的な〝うごき〟そのものとなる。

作中人物の心理によって時間が統率されてゆくとすれば、物語的時間(=典型的には『うつほ』)を〝批判〟する、源氏物語的時間とでもいうべきものが生じざるをえないことだろう。

そんな自在な源氏物語的時間の設定によって、私は〝構造と時間〟という陥穽をまぬがれたかどうか、ともあれわが最初の源氏物語論である「匂薫十三帖をめぐる時間の性格」(8)はまとまってきた。

注

(1) 山岸徳平校注『源氏物語』一～五、岩波書店、一九五八《昭和三十三》年～一九六三《昭和三十八》年。
(2) 時枝誠記、岩波書店、一九四一《昭和十六》年。
(3) 深沢三千男、桜楓社、一九七二《昭和四十七》年。
(4) 野村精一『源氏物語文体論序説』有精堂、一九七〇《昭和四十五》年。
(5) 清水好子『源氏物語の文体と方法』東京大学出版会、一九八〇《昭和五十五》年。
(6) 和辻哲郎、『思想』一九二二《大正十一》年十二月。
(7) 阿部秋生編『(諸説一覧)源氏物語』(明治書院、一九七〇《昭和四十五》年)の項目執筆。
(8) 藤井貞和、『へいあんぶんがく』2、一九六八《昭和四十三》年九月。↓第十一章第一節。

第三節　源氏物語の「今」

一　非過去の文体ということ

『窯変《ようへん》源氏物語』(橋本治、中央公論社)が、待たれていた完結によって、その全貌をあらわす。〝窯変〟という新語が示す変化は、口承文芸が、歳月に耐えて構成や文体を変えてゆく、という場合でのそれに似ている。

さいわい、一千年まえの古い『源氏物語』をも知る今日のわれわれは、その変化をたどることができる。たとえば

「浮舟」巻末だった物語が、〝窯変〟では「蜻蛉」という巻の冒頭に移動してきて、〝古『源氏物語』〟とは別の緊張を醸しだす。また、語り手が据え直され、和歌に変化がみられ、人物の性格に新たに付与されるところがあるなど、興味は尽きない。

〝古『源氏物語』〟について、その語りの性格を、ここであらためて考えてみよう。まず物語文学の基本の文体は、けっして過去の時制が中心になっていない(―非過去)、ということがある。このことはあまりにも大きな問題であり過ぎて、なかなか気づかれない。なるほど物語を大きくわくづけする時間は、もう過ぎ去った〝むかし〟のこととして設けられる。しかし、光源氏がどうする、とか、女君がどうする、とか言う叙述がすすむ場面などは、概して過去の時制で書くことがない。

基本時制で、あるいはもっとわかりやすく、現在の時制で物語の叙述はすすむ、とそのことを言うのがよかろう。これを歴史的現在などと説明するのは何かをごまかすことになる。

物語のなかには過去の時制が中心になる場合もある。会話文のなかで自分の体験を披露するという際には「〜き」「〜し」「〜しか」や「けむ」という過去(推量)の助動詞を使って人物たちが語る。『古事記』や『大鏡』などの歴史の叙述にはそのような過去の時制を基本にして書かれることがあり、体験談の叙述はそれらに似る。

そのような体験談の箇所以外での、物語の叙述は大体、非過去ですすむ。日本文学の古典のこれは大きな特徴であって、時代がずっとさがる西鶴にしろ、上田秋成にしろ、書きことばの基本はけっして過去の時制にならない。

江戸の読本などのなかには過去の時制を見せるものがあり、また口語なら室町時代以来、「〜た」「〜た」と完了的な叙述をする。江戸の噺本《はなし》でも「〜た」「〜た」。明治の口演される三遊亭円朝の『怪談牡丹燈籠』(一八八四《明治十七》年)などを参照し、欧米からの翻訳の文体を基礎に二葉亭四迷が『浮雲』を書いて、書きことばにおいて「〜た」「〜

た」という過去の叙事形式が一般になった。いわゆる〝言文一致〟の本質は書きことばに過去時制文が広範に成立したことにほかならない。

小説としては、現代のそれのように過去の時制で書くことが優勢となってまだ百年あまりしか経っていない。古典から見た叙事文学の大勢は日本文学の場合、叙述を現在のこととして書く、あるいは語る。

二　書く文学として

『源氏物語』をはじめとする物語文学は、語りのことばに拠っているのか、それとも書きことばのそれか。むろんそこここに実際に〝書き手〟が出てくることに知られるように、物語文学は基本的に書きことばのそれとしてある。だからと言って語りのことばと関係がないわけでなく、二葉亭四迷が円朝を参照したように、物語文学も、その書きことばをつくりだすにあたって、語りのことばを利用する。

語りの文体に二種あることをたったいまみぎにふれた。一つは歴史の、ある場合を語る過去時制文。それは物語のなかで体験談という会話文に利用される。もう一つの語りの文体が「けり」という助動詞を多用して、過去から現在へつづく事柄として語る、という方法であって、そちらのほうを物語は、自分らの書きことばとして採用したらしい。だから物語の書きことばは非過去を中心とする。

それはけっして会話的なはなしことばでない、ということを強調しておきたい。はなしことばには「〜でございます」という意味の「はべり」がなければならない。物語の地の文にはそれ(—「はべり」)を基本的に見いださない。とは、「〜する」「〜だ」「〜ない」などの言い切る感じの書きことばを考えだして物語は書いていることになる。

アメリカ合州国なら合州国において、日本文化へ関心が寄せられ、日本文学がときに鋭く読解され、また日本語で書かれた原文はもとより、論文のたぐいが広く読まれ、ときに批判される。日本社会での、狭い基礎はあっても広い視野からのそれ(―基礎)が欠ける研究の現状は、とりわけ批判の対象となる。『源氏物語』のような大きな文学の、みぎに私の書いた時制ないし文体のことは、ごく基本的なこととしてあろう。そういう基本のことについての情報提供すら日本社会では貧困な場合がある。

日本国内では『源氏物語』など、大きな作品ばかりが出版界や読者の人気をあつめるので、研究者も、人情としてその現状に引きずられる。研究として大切なことであるはずの〝小さな文学〟は、基礎研究すらおこなわれていない場合が多くて、それらをわけへだてなく研究したい世界の大学院生たちを残念がらせる。

『源氏物語』は英語やフランス語に翻訳される場合、それらの言語のしきたりによって過去の時制になる。それでよいのであろうか。それぞれの言語の叙事として奇妙に見られるとしても、日本文学の古典の基本的な了解としてなら、非過去の時制に翻訳すべきではなかろうか。英語の完了形の、継続/経験、完了/結果、到来などの意味は、日本の古典語だとそれぞれ「けり」「つ」「ぬ」がかえってわけ持つ。完了と言われる「たり」はむしろ現在進行に近いことが多い。そういうところをどう翻訳するかの課題も急務だろう。

しかし日本文学の古典が過去の時制に翻訳されるということもまた〝窯変〟の一種なのかもしれない。

第四節　「もののあはれ」の展開

一　源氏物語の思想

本居宣長によれば、この物語は実に「もののあはれ」を知ることを旨として書かれたもので、「もののあはれ」とは心のうごくことをさし、それは思いにおいてこそきわまると言う（『源氏物語玉の小櫛』）。心がうごくとは和歌が直接に表現することで、物語はたしかに多くの和歌を擁する、『源氏物語』の場合はさらに引詩や修辞によって歴史や中国文学やとわたりあう知識人の文学でもあった。宣長は、物語そのものが価値ある趣きを持つ書物として、儒教や仏教の書物が持つ趣きとは別のものであることを示そうとした。蛍の巻のいわゆる物語論のなかの《菩提と煩悩との隔たり》という言いまわしについて、宣長は仏教家がこれを「煩悩即菩提」だとするのは「隔たり」という表現を無視したはなはだしい歪曲だとする。これは物語自体の有する思想というものがある、とする発見としてある。《菩提と煩悩との隔たり》の範囲内にこの世の善行から悪業までがすべてふくまれる、とは、それがこの蛍の巻にいう「世に経《ふ》る人のありさま」（二-四三九ページ）にほかならない。《世》という語は世界や世代を意味するとともに、生活ないし寿命をも一つにあらわすことのできる基本語彙としてあって、『源氏物語』は、その現象としての世を興味津々と描くことにこれ努めた。本格的な文学はその意味で、モデルや準拠とまったくかかわりなしに時代の切々とした証言であり、また作者の思想家としての資質が賭けられる創造的な世としてあろう。

その世は現世と過去世とに広がっている。現世が過去世からの決定にしたがっているという運命的な考え方はたしかにこの物語のなかに〝宿世〟や〝ちぎり〟という語によって示され、登場人物の特に宗教者らが主張するところとなる。しかし物語作者の創造する世界が仏教の理解にかならずしもかさなるわけではなかろう。過去世からやってくるもののけにより、執拗に現世の快楽が否定されるのにたいし、光源氏は異郷に起源を持つかのような神話的、潜在的な王権を貴種流離と色好みとを通して実現するために、もののけの世界との融和ないし緊張した関係を持続する。罪の意識があるといっても、王権の犯しとしてむしろそれは希求されるとすら言うことができる。予言、霊験の構造をもって物語がはじまり、鎮魂へずらされ、念仏へと傾斜してゆく仏教変遷史への観察がそこにあるとともに、それらと混在するかのようにして固有信仰もまた根づよくあって、俗に雑種文化と言われる〝日本〟社会の多様な層的性格をよく描き切る。宇治十帖になると人物たちは来世志向をつよめるとされるものの、依然として〝まどひ〟という人間らしい迷いにある限りで物語の主人公でいられる、という範囲は歴然としてある。その意味では時間の文学だと片づけにくい空間性がこの物語には強く感じられる。

おもに異性関係がその迷いの中心ながら、宇治大い君が薫という男主人公を拒否するさまに性的なゆらぎを主題として見つめ、あるいは浮舟の女君の出家後をも描こうとする物語の展開には恋の情緒としての「もののあはれ」を大きく踏みこえるものがあろう。さきの物語論のほか、自然観察や芸術、音楽論も豊富であり、非充足美を頂点とする美意識は『枕草子』とともにこの物語のよく探求するところとしてある。

二 『源氏物語玉の小櫛』

『源氏物語玉の小櫛』は宣長晩年の一七九九《寛政十一》年に刊行された。『紫文要領』(一七六三《宝暦十三》年奥書)を増補しようとして、一七七九《安永八》年には書きはじめていたのが、依頼を受けて新たに一七九六《寛政八》年になって完成を見るにいたったもの。内容を大きく分けると、懇切に平易に『源氏物語』を論じる部分(『紫文要領』の補訂)と、ことばの意味にこだわる読みにもとづく簡潔な語注の部分とからなる。入門書に終始している点がおなじく晩年の『古事記伝』(一七九八《寛政十》年成立)と対照的だと言える。

中世以来の準拠説や硬直した儒教、仏教観にもとづく読み方をしりぞけることは、儒家の立場から熊沢蕃山(『源氏外伝』一六七七《延宝五》年ごろ)や、『源氏物語』の評論として著名な安藤為章(『紫家七論』一七〇三《元禄十六》年)という先駆的な著述がすでにあり、明らかに宣長はそれらを受ける。ただひたすら『源氏物語』は紫式部が作るという基本に徹し、「物語」という語の語義を調査しあげて、物語はそれ自体ひとつの趣旨をもつ存在としてあるとする。作るのも読むのも聞くのもすべて、世のなかのあらゆることを書いてもてあそびにしたりなぐさめにしたりし、または世のなかのありようを心え、「もののあはれ」をも知ること、とりわけ恋にこそそれがあらわれると知ることがその趣きであると説き、そのような物語の趣意は蛍の巻に光源氏が物語を論じるところによく出ているとする。一例を挙げると、仏教的な解釈では「煩悩即菩提」と理解される箇所である《菩提と煩悩との隔たり》という表現について、「即」(差別なし)ではなく「隔たり」(広がり)ではないかと鋭く指摘し、物語のうちの人々の「よき(善)」と「あしき(悪)」とが仏説にたとえられながら内実は仏教と正反対であることをあかす。当時おこなわれていた勧善懲悪や好色の戒めとしてこの物語を読む傾向は、このようにして大きく乗りこえられていった。巻五以下の注釈もまた、実証的な契沖の『源註拾遺』(一六九六《元禄九》年)を尊重しながら、初学の指南として適切であるように心がけられる。

三　「もののあはれ」

「もののあはれ」は本居宣長が、和歌および『源氏物語』の読みを通して発見したところの、平安時代王朝の文学ならびに貴族の生活態度の中心にある美の理念。平安時代語として「あはれ」と「もののあはれ」とのあいだに区別はとりたててなく、宣長もまた「あはれ」「もののあはれ」「ものあはれ」を同一にあつかっている。『安波礼弁』（一七五八《宝暦八》年）に「大方歌道ハアハレノ一言ヨリ外ニ余義ナシ」と言い、『石上私淑言』（一七六三《宝暦十三》年）では「歌」が「もののあはれ」を知ることから出てくる、と説くように、うたとはなにか、という考察から気づかれた理念であったのが、『安波礼弁』に、物語もまたすべてその本意は「アハレ」の一言をもって覆うことができる、とあるように、その認識が『源氏物語』を読むなかで深く掘り下げられて、『紫文要領』に、ついで『源氏物語玉の小櫛』に結実する。『源氏物語』蛍の巻のいわゆる物語論を宣長は取りあげて、そこで光源氏が言う、〝物語といういつわりどものなかになるほどありそうなことだと「あはれ」を見せ〟る、とは作りごとだと知っていながら「あはれ」と思えて心がうごくことがある、という意味で、これが『源氏物語』の眼目だと言う（『源氏物語玉の小櫛』）。この物語はそのように「もののあはれ」を知ることをさせようとして書かれる、と指摘する。心がうごく、ということが「あはれ」の内実であるとすると、たしかにそれが和歌のはたらきでもあることは言うまでもない。実際の「あはれ」という語が、『古語拾遺』に見えるうたや古代歌謡のなかに散見でき、「ああ」とか「はれ」とかいう感嘆の声をもらす語意から発することは疑いないものの、『源氏物語』においては「もののあはれ」とあわせて一千例を超える頻用語として、〝ああうれしい〟〝ああ悲しい〟という嘆きや情愛、切なさの意味から、〝ああしかたがない〟といった道理の受けいれをあらわすような心情にまで使用例が広がる。このもっともありふれた語にこそ美の理念を集約して発見することができた宣長の功績は大きい。

第五節　紫式部、時間意識

一　宮仕えの時間

『紫式部日記』時代に限定した、紫式部の閉鎖的な想世界の葛藤を、時間意識のあらわれにかいま見ようというのが本節の意図にある。彼女に内在する時間の意識だけがここでの興味であって、外在する時間の流れはさしあたり問題にしない。さしあたり、とは物語作家たる彼女にとって、さまざまに外在する時間が関心のそとにあるとはついに考えられないからだ。しかしここでの問題は、さまざまに外在する時間によって規制もされ、返照もする、内在的な時間に何よりもまず引きしぼられる。

一般の宮廷的な生活の時間が問題なのではない。紫式部が自身、そこに馴れつくして、朽ちはててしまうかとすら思われる宮仕えの時間にそれはある。

引用するまでもないが、あえて引くならば、「こよなくたち馴れにけるも、うとましの身のほどや」(岩波文庫、五八ページ)、「いまより後のおもなさは、ただ馴れになれすぎ、ひたおもてならむもやすしかし」(五四ページ)という変貌と、さらなる変貌への予感。

宮仕えの時間のなかに、身をも心をも、うしない尽くしてゆくかのようであり、また自己の才能をひた隠しにして、「おいらけもの」へと、単なる演技でなく、「わが心とならひもてなし」てゆく(七六ページ)。

出仕以来の、数年の歳月の流れの実質はこのような宮仕えの時間であった。この、自己をも、また女房たちをも変貌させるという[1]宮仕えの時間は、『日記』があらわす身に貼りついた時間の第一にかぞえることができる。『日記』の描写は、多くこの宮仕えの時間のなかに変わりはてようとする自己をみつめ、また具体的に証明しようとする[2]。
その意味でこの『日記』は、無惨なものを書き綴っている。宮廷的な生活のなかにおもなれ、はぐれてゆく自己を記録する。

彰子中宮と、紫式部とのあいだについて、すでに多くの意見は、両人の年齢のひらきもあって、冷静なものがあったとみる。定子皇后と清少納言との関係の熱さに較べるとき、それはあたっていることだろう。紫式部の宮仕えの当初に、紫式部という存在が、どうも彰子にはけむたく、うちとけにくかったとは、中宮自身がそれをはっきりと述べる、「いとうちとけては見えじとなむ思ひしかど」(七七ページ)、と。そのうちとけがたい状態はどうなるか。うちとけてはあなたにお会いできないと思ったときもあったけれど、――彰子はつづける、「人よりけにむつましうなりにたるこそ」(同)、と。

ひとにもまして紫式部と昵懇になってしまう。けむたい女教師然とした紫式部であった宮仕えの当初を証言する。中宮はこれを敬遠していた。それが、いま、むつましい状態にあるという。

紫式部自身の自己証言によってみても、〝おいらか〟に、別人のように変わりはてる以前には、「物語このみ、よしめき、歌がちに、人を人とも思はず」(七六ページ)という、鼻もちならない女であったことを知る。

宮仕えの時間に抵抗したのではない。むしろ自己改造して無惨な宮仕えの時間に寄りそい、馴れることをみずからにゆるした。〝おいらか〟な人物(=「おいらけもの」)と他者から見おとされるまでの自己改造、これが、宮仕えの時間の獲得に一致し、そしておそらく彰子中宮にしたわれるにいたる過程にも一致するとみてよい。

二　「うつし心」について

では、紫式部は、彰子中宮を愛しているか。年少者へのいたわりがある。お産を越えた若い女性への共感がある。それは十分に愛情的だといえる。しかし、国母としての彰子を評価することはない。「かく国の親ともてさわがれ給ふうるはしき御けしきにも見えさせ給はず、すこしうちなやみ、面やせて、おほとのごもれる御有様、つねよりもあえかに、わかくうつくしげなり」(二七ページ)。この寝姿の描写は何となくつめたい。描写のはてはては「えぞかきつづけ侍らぬ」(同)、と。それは「かけまくもいとさらなれば」だ。何か、憚るような描写のためらいがある。いまさらめいているので、ことばに出していう必要もないという表面が何かを隠す。有名な、冒頭に近いところの中宮の描写にも、ふと職業的なしらじらしさが浮く。

　御有様などの、いとさらなることなれど、憂き世のなぐさめには、かかる御前をこそたづねまゐるべかりけれと、うつし心をばひきたがへ、たとしへなくよろづ忘らるるも、かつはあやし。(七ページ)

ここにも「いとさらなること」という言い方や、傍点をほどこしたあたりの「こそ―けれ」と言い、「べし」と言い、微妙な屈折であることを否定できない。もちろんこの表現は彼女の本心から出ているので、敬意の深さを疑うことはできない。しかしその敬意が公式発言をはみ出さない。ここに重苦しくはみ出てくるのは、いうまでもなく、よく注意されているように、「ひきたがへ」「たとしへなくよろづ忘らるる」といわれているにもかかわらず「うつし心」であり、「かつはあやし」という語調であって、この重苦しさに較べれば、中宮の御前の「なぐさめ」なるものは白けてくる。

「うつし心をばひきたがへ、たとしへなくよろづ忘らるる」というのは、中宮の御前に象徴される、紫式部の獲得された宮仕えの時間の結果としてあろう。されば「かつはあやし」はそれと異質な時間に支配されている。「うつし心」の時間という言い方をするのがよかろう。しかし「うつし心」とは何か。まっ向うから対立する説がおこなわれる。「思ひかけたりし心のひくかたのみ強くて、ものうく、思はずに、なげかしきことのまさるぞ、いと苦しき」(三〇ページ)という、「思ひかけたりし心」におなじだといわれる。「うつし心」と「思ひかけたりし心」とはほぼかさなると見ぬくことがたしかにここで避けてはならない読み取りとしてある。中宮の御前では、ふと宮廷の時間の雰囲気にのまれて「よろづ忘らるる」きもちになっても、ほんとうは、けっして忘れることのできない「うつし心」がある。それはどのような心なのであろうか。

三 「思ひかけたりし心」の時間

この「思ひかけたりし心」について、これもまたまっ向うからぶつかる意見がおこなわれる。

色々うつろひたるも、黄なるが見どころあるも、さまざまに植ゑたてたるも、朝霧の絶え間に見わたしたるは、げに老《おい》もしぞきぬべき心地するに、なぞや、まして、思ふことの少しもなのめなる身ならましかば、すきずきしくももてなし若やぎて、常なき世をもすぐしてまし、めでたきこと、おもしろきことを見聞くにつけても、ただ思ひかけたりし心のひくかたのみ強くて、……　(二九～三〇ページ)

『源氏物語』における「思ひかく」の用例を石川徹氏がしらべているのによると、[3] 諸用例に共通なのは「将来についての望みや期待であって、計画・企画・意図でさえある」という。『岩波古語辞典』「おもひかけ」の項に①懸想する、②推測する、予想する、を挙げるのはよい。ただし②について《予想を掛ける意》というのは疑問で、やはり「かく」は空間的にも時間的にもかけわたす意味と見られる。未然の時間のさきへかけわたすから、「思ひかく」に

「将来についての望みや期待」の意味が出てくる。「思ひかけたりし心」の「し」はそのような期待が過去の時間の一点にあったことをあらわす。

すでに秋山虔氏「紫式部の思考と文体(二)」の精緻な分析[4]により、このあたりの思考と文体とが過不足なく照らし出された。別に小谷野純一氏による、「思ひかけたりし心」をめぐる考察[5]もここに忘れえない。氏によればこれは「個の世界を覗き込んでしまうような思考」「自己への深淵の眼」であるという。賛同したく思う論考ながら、惜しむらくは「思ひかけたりし心」の「し」を無視しているといわざるをえない。

岩瀬法雲氏は、足立稲直の『紫式部日記解』(『国文註釈全書』九)を引いて、これは出家の望みを言うとの説にしたがわざるをえないとして、それはすぐつづいて「いかで、いまはなほもの忘れしなむ、思ふかひもなし、罪も深かなり」とあるからだとする。そして『源氏物語』御法の巻の、出家をゆるされない紫上の、「我《わが》御身をも罪《つみ》かろかるまじきにや」(御法の巻、四―一六三ページ)に思いあわせて、紫式部の場合もこれにおなじで、前世の罪業の深さによるものと考える、とする[6](傍点/傍線、岩瀬氏)。

みぎについて言えば、『日記』の精緻をきわめたぬきさしならない文体の世界と、物語のうちなる文脈がつくりあげる世界とを、ただちにかさねあわせることはゆるされない。『日記』中の念仏誦経の思いを述べる「いまはただ、かかるかたのことをぞ思ひ給ふる」(八〇ページ)との比較は必要だ。自己を「罪ふかき人」と規定し、「さきの世しらるることのみおほう侍れば、よろづにつけてぞ悲しく侍る」(八〇～八一ページ)というのは前世の罪業によって出家がかなわないかもしれない危惧をいう。これならば、たしかに紫上に似た心的機制と見られる。しかし「思ひかけたりし心」につづく部分の「いかで、いまはなほもの忘れしなむ、思ふかひもなし、罪も深かなり」(三〇ページ)は、精緻な前後の文体の渦中にあくまではめこまれてある。安易に出家のためらいをここに読みこむことはできない。

「うつし心」という憂愁の身の自覚のよってきたる時点を明らかにし、「思ひかけたりし心」の内実に立ちいろうとすれば、前述の石川氏の論考が、ここに、やはり、強力に想起されてくる。「紫式部のこの「思ひかけたりし心」——昔からの念願とは、何であったのだろうか。源氏物語完成の意志ではないであろう。彼女にとって先行の物語の世界に遊ぶだけでは物足りず、自分でその創作を試み、好きなように人物や事件を動かしたのは、彼女のその「思ひかけたりし」念願が叶えられないが故の代償行為であったに違いないから、この念願が彼女の心中に生じたのは、源氏物語起稿以前の若かりし頃であったと思われる」「とすれば、彼女の少女時代からの夢ということになる。すでに多くの人々によって説かれている事だが、彼女の家系を遡れば、天皇の女御・更衣となった女性もあり、師輔・兼家・道隆などはそれぞれ受領貴族の娘を妻に迎えているのであって、少女時代の紫式部は、おそらく天皇や皇太子ほどでなくても、親王や一世の源氏のような高貴な男性の寵を受けることか、または人臣でも権門高家の室に入ることを望んでいたのであろう」(『源氏物語とその周辺』二七〇ページ、傍点石川氏)。

この石川氏の見解を嚙みしめたい。ただし玉の輿にのる夢がやぶれはてたといってよい年齢と境遇とに達していまあることを思えば、結婚方面に「思ひかけたりし心」を限定することには不穏当さが感じられる。以前あった念願とは何か。『蜻蛉日記』の作者は実際に権門高家の男性を受けいれて家門意識を高くかかげた。家門を高くたもとうとする意識は、この『紫式部日記』のそこここにも隠されてあるのではないか。「藤原ながら門わかれたるは、列にも立ち給はざりけり」(三七ページ)と紫式部がいうとき、彼女の家門はけっして道長家と「門わかれ」ていない、一類なのだという自覚にある。

「高きまじらひ」(三二ページ)をなすべき式部家であるのに、現実はまぎれもやらず道長的栄華の暗部へとさしはなたれようとしている。「まことに心のうちは、思ひゐたることおほかり」(二九ページ)と言い、「かねても聞かで、ねたきことおほかり」(三七ページ)とあるのは、前記秋山論文にくわしい考察があった。

再度、石川氏の意見を噛みしめる。高い家門意識と結婚の夢とはどこかで不可分にある。式部の暗いエロス(7)は、やり場のない抑圧によって耐えさせられつつ、こうした家門意識に屈折して連続する。秘められるべき道長との愛欲関係が『日記』のなかで何となくあらわにされようとするの(8)も、その心理においてである。道長家に対抗する思いと道長そのひとの〝妾〟のような位置に甘んじることとが相即する。宮仕えの時間のゆくすえ、「身の有様の夢のやうに思ひ続けられて、あるまじきことにさへ思ひかかりて」(五四ページ)とは、多くの議論があり、確言できないにしても、ほぼこの文脈の軌道にあろう。

四　物語(文学)の時間

過去からたえず締めつけてくる「思ひかけたりし心」の時間を、石川氏は、前引したように「源氏物語完成の意志ではないであろう」という。そういう意志ではなかろう、とたしかに思われる。しかしそれと別に、物語制作は式部の過去の時間を大きく支配してきたし、いま『日記』に脈々と、物語の、そこに織り込まれた生と現在的な自己との遭遇がかたどられてあるように観察されるので、物語(文学)の時間をさらにかぞえあげておかなければならない。

『日記』の叙述は、物語にたいして、愛着と、それからの離反とを示しており、複雑にある。愛着と、離反とは、おそらくおなじことのふたつのあらわしなのだろう。物語作家であることの特殊な位置がそれらを統率する。この『日記』は深くもその本性において作家の日記であった。

物語にほめたるをとこの心地し侍りしか。(九ページ)

絵にかきたる物の姫君の心地すれば、口おほひを引きやりて、「物語の女の心地もし給へるかな」といふに、

……　（一一ページ）

宮廷のさまは「墨絵」（一〇ページ）あるいは「女絵」（三四ページ）、「絵にかきたる物合《ものあはせ》」（三九ページ）にほかならないのであった。絵／物語未分化としてある。

弁の宰相の君の寝姿を引き起こしてしまうことには、何か意識の底の激越なものを感じさせる。広川勝美氏は、紫式部の視線が、「現実を見ながら、その視線は現実を超出した物語の世界をのぞみている」とも、「物語の世界から現実を見ていた」とも指摘する。(9) それを引き起こしたのは破壊であろう。「むしゃぶりつきたいほどたまらない愛着」と「偶像を破壊して幻想の世界から脱け出したいという焦燥」と（萩谷朴『紫式部日記全注釈』上、一三六ページ）。愛着のうらがわの破壊をここに容易に見ることができる。ただし幻想の世界から脱けだすというよりは現実にありえぬ物語の内実を守ろうとした情動としてあろう。

実際の宮廷の時間にはなきものとして物語内的現実に身をおき、藤原公任の「あなかしこ。このわたりに、わかむらさきやさぶらふ」（四一ページ）という呼びかけにたいして返辞しなかったことはよく知られる。「源氏に似るべき人も見え給はぬに、かのうへはまいていかでものし給はむ、と聞きゐたり」（同）とある雰囲気にみれば、疎ましい酔人あいてとはいえ、そのために返辞を拒否したのでなく、「わかむらさきやさぶらふ」の呼びかけそのものを紫式部は無視した。

しかしまた一方で、物語（文学）の時間ほど、宮廷の時間のなかでぼろぼろに、ずたずたに裂かれてしまう脆弱さもほかになかった。

こころみに、物語をとりて見れども、見しやうにもおぼえず。あさましくあはれなりし人の語らひしあたりも、われをいかにおもなく心浅きものとや思ひおとすらむと、おしはかるに、それさへいとはづかしくて、えおとづ

れやらず。（四五～四六ページ）

「見しやうにもおぼえず」という、物語を見る眼の仮借ない変貌がここにある。「見しやう」の「し」が、時間を前後に切りはなつ変化をあらわす指標としてある。「あはれなりし人」「語らひしあたり」、それはうしなわれた過去をあらわす。現在は宮仕えの時間のなかに「残ることなく思ひしる身のうさ」（四五ページ）。

冊子作りの記事（四三～四四ページ）と、かかる「身のうさ」の自覚とは、文脈上、ないし連想的に、対比させられてあると見える。冊子作りの場面において、紫式部が、迷惑そうにしているか、得意なおもざしをなかば隠した晴れがましいきもちでいるか、よくわからない。「心もとなき名をぞとり侍りけむかし」（四四ページ）とあるようなところに、わずかに得意げなすがおを見いだすか。それならば、その得意は、宮仕えの時間がそれをさせる、一時の倒錯的な晴れがましさでしかない。

一転して、自宅へ退居すれば、かつての物語（文学）制作の充実した時間が、いまいかにうしなわれ、むなしくばらけてしまったかを思い知る。こうして物語の時間から見られるとき、自己の境涯の変転が痛切な意識となってあざやかに露頭する。宮廷と自宅とが倒錯し果てた思いを吐露する箇所はすぐそのあとにある。

住み定まらずなりにたりとも思ひやりつつ、おとなひくる人もかたうなどしつつ、すべて、はかなきことにふれても、あらぬ世に来たる心地ぞ、ここ（――自宅）にてしもうちまさり、ものあはれなりける。（四六ページ）

ここまで、あえて三つの時間を分けてみようとしたのにすぎない。人生の老化とともに、そうした時間の異質なもの同士のからまりあいということは、無意味になってすすむことだろう。老いの意識は最終的にさまざまな時間をのみこんでゆくにちがいない。すでに『日記』のそここにそれを覗かせる。

日記文学や『紫式部日記』の時間的構造について、執筆時期を起点にした考察がおこなわれる。(10) しかし時間意識の問題は、『紫式部日記』の場合、紫式部自身に接近した、具体性を帯びた内容であると思われるので、以上のような三つの時間の葛藤のうちに『日記』を読んでみようと提案をする。時間は葛藤し、また仮借なく変化する。この変化こそが時間意識を構成することだろう。

注

(1) 女房たちの描写に、容姿や髪の変貌、境遇の変化を細心に書き綴る。若くうつくしい彼女たちにしのびよる衰え、老いをまじまじと、また未然において見ようとしている。一二三ページの小馬が、「髪いと長く侍りし。むかしはよき若人」であったことなど(六五ページ)。これは一例でしかない。
(2) すぐに想起されるのは左京馬(左京の君?)を紫式部が首謀者になり、いじめる(五四～五五ページ)など。
(3) 石川徹「紫式部日記管見――「思ひかけたりし心」をめぐって」『源氏物語とその周辺』紫式部学会編、一九七一《昭和四十六》年、二六九ページ。
(4) 秋山虔『源氏物語の世界』東京大学出版会、一九六四《昭和三十九》年。
(5) 小谷野純一「紫式部の内部的問題――「思ひかけたりし心」を巡って」『解釈』一九七一《昭和四十六》年六月(『平安後期女流日記の研究』教育出版センター、一九八三《昭和五十八》年、所収)。
(6) 岩瀬法雲「紫式部日記の機構」『源氏物語と仏教思想』笠間書院、一九七二《昭和四十七》年。
(7) 藤井貞和「紫式部論のために」『深層の古代』国文社、一九七八《昭和五十三》年。
(8) 『日記』は、いわゆる消息文の終わり(八二ページ一行め)をもって、随筆的ながら、擱筆し完結させようとしているらしい。なおそのあとに雑纂的に寛弘五年の旧日記の一部や、執筆時期に近い寛弘七年の記録を入れたのは紫式部自身であろう。そのなかに「夜もすがら」歌、「ただならじ」歌の贈答(八四ページ)を入れているのは、旧日記のうち廃棄しえなかった部分か。求愛を拒否するうたを返していること自体、八千矛の神を一夜拒否して明日の夜御合《みあい》する『古事記』の沼河比売の神話におなじで、求婚習俗であった。

(9) 広川勝美「『紫式部日記』の情動の構造——時間性と視覚性について」『日本文学』一九七二《昭和四十七》年十月。

(10) 三谷邦明氏は『蜻蛉日記』について、体験、回想、叙述の三時間に分けるものの、執筆時期を起点とした抽象的な議論の範囲を出ない(「古代叙事文芸の時間と表現(下)」『文学』一九七四《昭和四十九》年二月)。執筆時期を考察した論文に中野幸一氏「『紫式部日記』の時間的構造——その回想と執筆時期について」(『日本文学』一九七二《昭和四十七》年十月)がある。執筆時期について、部分的寛弘六年説が出るのは多く同年条の「ことし」(六〇ページ)にひっかかるからであろう。中野氏はこの「ことし」が此年の意味ではないことを証明しようとする。しかし、つぎの場合はどうだろう。

○つねの年よりも、(ことしは)いどみましたる聞こえあれば　(五〇ページ)

○かからぬ年だに……おろかならざるものを、(ことしは)ましていかならむなど　(五二ページ)

○去年《こぞ》まではいとつきづきしげなりしを、(ことしは)こよなくおとろへたるふるまひぞ……　(五七ページ)

とくにさいごの例など、(ことしは)の省略されている語勢をよみとることが容易で、いずれも寛弘五年の記事としてある。

あとがき

成立過程論、主題論、王権論、東アジア、語り、神話性、物語の結婚、歴史叙述論といったいくつかの岩塊に立ちむかいながら、論文をつみかさねて自分の書きすすめてきた『源氏物語』の読みは、いまかえりみる好機にいたるかと思う。凡例に書いたように、書き下ろしをふくむものの、各節のもとをなす論文が大体あって、一九六〇年代よりそれらは書かれだした。二種の翻訳論文をふくめ、『源氏物語論』にふさわしく、五十四節をもってこのたび集成し、日本語の論文についてはこれらを十七章に分かち、多様な課題をほぼ一覧できるようにする。

最古、一九六八年の論文は「匂薫十三帖の時間の性格」(第十一章第一節)で、成立過程論の季節のさいごに位置し呼吸する世代であることを覗かせる。タイプ印刷の研究誌『へいあんぶんがく』は平安文学研究会の名と、東大文学部国文学研究室内という発行所とを負って、六十年代アカデミズム変革期直前の、あるいはそれを予感する何かをたたえているかもしれない。

つづく「光源氏物語主題論」(第十章第一節)は、「光源氏物語」が〃正編〃を意味し、「主題論」のほうに重心をもつ。書き継いで一九七二年には『源氏物語の始原と現在』(三一書房)にまとめ、東アジアからの視座をもつ「光源氏物語のもうひとつの端緒の成立」(第十五章第一節)や、宇治十帖論の「王権・救済・沈黙」をそこに収録する(後者は『源氏物語入門』に再録)。

「雨夜のしな定めから蛍の巻の〃物語論〃へ」(第二章第一節)そして「三輪山神話式語りの方法」(第五章第一節)や、

「思ひ寄らぬくまな」き薫」(第十二章第三節)、「夢に読む」(第九章第二節)など、私にとって主題論の季節がつづく。これらが比較的よく読まれた論文群であることをうれしく思う。

七十年代の後半はおもに三種の課題をかかえる。すなわち、一に前代からひきつづき、東アジアの視野を拡大すること。これは「故事そして出典」(第十四章第一節)、「長恨歌、李夫人、桐壺の巻」(同、第二節)などを産む。二に沖縄地方での神話や古い歌謡をフィールドにして、直接に『源氏物語論』にはかかわらぬものの、わが文学観の変革とでもいうべきこととなる。三に『源氏物語』からみちびかれる、言ってみるなら女性学への関心が『国語と国文学』(一九七八《昭和五十三》年十月)誌の「タブーと結婚」を書かせ、一九八五年になって『物語の結婚』(創樹社)に結実する(「タブーと結婚」は『源氏物語の始原と現在』(定本)および『物語の結婚』ちくま学芸文庫に収録)。九十年代にはいってから批判の対象となるにしろ、私には愛着が大きい方面のしごととしてある。

「神話としての源氏物語」(第五章第四節)、「末摘花の巻の方法」(第七章第一節)、「六条御息所のもののけ」(第八章第二節)などはすべて亡き親が現世にのこした子孫を見守る、という共通の性格に、古代社会の神話や宗教性をみる。わがもののけ論はこうして〝守護霊〟論として再発見される。さきの「光源氏物語主題論」の延長でもある。Micael Kelsey 氏の翻訳による「The Relationship Between the Romance and Religious Observances : Genji Monogatari as Myth」は「神話としての源氏物語」(初稿の題「物語と祭祀」)を礎稿とする論文で、『源氏物語』は一般に、洗練された王朝文化の粋と思われてきたのにたいし、いわばどろどろした民間信仰的な課題を提唱する論文であったから、Kelsey 氏としてもこれを英文にして世界に紹介することには、八十年代の初頭において、いくぶんか勇気が必要だったろう。幸いにも、これを読まれた複数の研究者の、日本文化への関心をその後、かきたてることとなる。宇治大い君が死後になって生ける浮舟の君を呼びよせることになったのではないか、とする議論はこの英文論稿および「形代浮舟」(第十二章第一節)によって読みとっていただきたい。

物語にみる和歌をめぐる論議は、私の場合、八十年代にはいる前後からで、明石の君の作歌の〝評価〟をめぐる「うたの挫折」(『源氏物語及び以後の物語』一九七九《昭和五十四》年、『源氏物語入門』に収録)や、浮舟の作歌の〝成長〟を論じる本書所収の「歌人浮舟の成長」(第一章第一節)がつづく。虚構の方法として読むということに徹底しないと、和歌論はすぐに甘やかな日本文化論議に足をすくわれることになるのではないかと恐れる。「光源氏の作歌をめぐり」(第一章第二節)は光源氏の和歌を利用して地名歌枕の課題に応えようとしている。

「越境する『源氏物語』」(第三章第三節)は須磨と明石との境界を光源氏が越えるところに意味をもとめる。この課題は「うたの挫折」においても詳論するところで、議論を呼んだと思う。

一九八六年、桜楓社の大学院講座に出講し、まとめた藤壺論は「もののけの世界と人間の世界」(第八章第四節)、「密通という禁忌の方法」(第四章第三節)となり、なお「異界と生活世界」(第十六章第三節)を産む。すこしずつかさなるところがあることを避けられない。

“iichiko intercultural” のために書いた「The Essence of Genji Monogatari」(Janet Goff 氏訳)を書き直して、勉誠社版『源氏物語講座』に「源氏物語の本質」(本書第三章第一節「もう一つの王朝の実現」)として発表する。

「源氏物語と歴史叙述」(第三章第二節)は天皇代替わり儀礼前後でのやや状況的な関心のもとに、『源氏物語』がいわば現代を解読する準拠のようなものとして機能させられることに、すこしでも抗おうとしている。思い通りにゆかないことはしかし言うまでもない。

「源氏物語の「今」」(第十七章第三節)はニューヨークでの宿舎に朝日新聞の故黛哲郎氏から電話があって、そのころ完結した橋本治氏の『窯変源氏物語』を枕に、興に乗るままに書く。アメリカ滞在を決意したのは湾岸戦争が終わったのちになってのことで、私としては九十年代以後の文学や研究を異郷にあっていささかでも占いたいきもちがあったろう。

初稿「物語歌に見る出会いと別れ」は講演ののちにまとめ、本書では「うたと別れと」(第十三章第一節)に発展させる。渡米前後に入稿したいくつかの講座や記念論集の論文「源氏物語作品論――第一部」(第四章第四節)、「桐壺院の生と死」(第四章第一節)、「白楽天の日本社会への受容」(第十四章第四節)、「怨霊」(第八章第三節)などについては各編者にいろいろに迷惑をかけたかもしれない。

一九九四年後半に参加した国文学研究資料館での共同研究では二回発表して、「源氏物語 表現の展開――夕顔の巻」はその一つ。私としては初期の論文「三輪山神話式語りの方法」の再論および未解決だった問題の再挑戦をなす。旧稿「「見返る」「見合はす」「うち見やる」」はおなじく「見返る人に」とともに、本書第九章第三節にまとめた通り、通説への挑戦という体裁を有する。「見返る人に」は歌人との競作というかたちをとったので、今回論文にしたてることにする。

「紫上の運命を縫いつける」(第六章第一節)は東京大学教養学部の改革の嵐の一環である〝知の三部作〟に『源氏物語』を参加させるという試み。

「「などやうの人々」との性的交渉」(第十三章第四節)は『源氏物語』研究世界での、これもまさに改革の嵐と称してよい、三田村雅子、河添房江、松井健児という三名の編集する『源氏研究』(翰林書房)の創刊号に寄稿する。私としては新しいかたちの問題関心をかきたてられての執筆としてある。

『源氏物語』(全五冊、新日本古典文学大系、一九九三《平成五》〜一九九七《平成九》年)の校注に参画して、柳井滋、室伏信助両氏の指揮のもと、細部にわたり本文を読むという基礎作業に没頭することができた数年を振り返ると、研究の至福とでもいうべき時間の経過であったと思わずにいられない。機会をあたえてくださった関係各位、岩波書店編集部の各位に深甚の感謝の念をささげる。このたびの私の『源氏物語論』が、岩波セミナーブックス古典講読シリーズ『源氏物語』(一九九三《平成五》年)でもご一緒した、松本瑞枝氏のご尽力を賜ってなるに際し、心より謝辞を表明してやまない。多くは単行本未収録の論文が、当時よく読まれたとはいえ、私自身すら探せなくなって困惑しはてていた状況であるのにたいし、今回の大胆な書き改めをもふくんで錯雑をきわめる原稿類を、丹念に解読し、再生命の賦与によって活用できるかたちにしてくださった。おなじく新大系以来の赤峯裕子氏には本文や出典のすべてにわたり照合し、疑問点を洗いだしていただいた。あわせて、研究仲間、同僚、学生諸君にもありがとうを言いつづける心積もりである。

二〇〇〇年二月二十日

著　者

初出一覧

第一章
第一節　物語における和歌――『源氏物語』浮舟の作歌をめぐり　『国語と国文学』一九八三《昭和五十八》年五月。
第二節　歌枕としての地名――光源氏の詠歌をめぐりて　『源氏物語　方法と地名』南波浩編、桜楓社、一九九〇《平成二》年。
第三節　物語文学と和歌　『日本文学史事典』中古編、有精堂、一九九五《平成七》年。
謡う歌、語らぬ語り――「うたとかたり」　日本口承文芸学会発表、島根大学、一九八八《昭和六十三》年六月四日。
（両者をあわせる）
第二章
第一節　雨夜のしな定めから蛍の巻の〝物語論〟へ　『共立女子短大（文科）紀要』十八、一九七四《昭和四十九》年三月。
第二節　物語論――蛍の巻　『講座源氏物語の世界』五、有斐閣、一九八一《昭和五十六》年。
第三章
第一節　源氏物語の本質　『源氏物語講座』一、勉誠社、一九九一《平成三》年。
第二節　源氏物語と歴史叙述　「文藝」別冊『天皇制』一九九〇《平成二》年十一月（『日本〈小説〉原始』所収、一部未発表）。
第三節　クロスオーバー源氏　『歴史読本』一九八〇《昭和五十五》年三月。
第四章
第一節　桐壺院の生と死　『源氏物語作中人物論集』森一郎編、勉誠社、一九九三《平成五》年。
第二節　藤壺　「国文学　解釈と鑑賞」別冊『人物造型から見た源氏物語』鈴木日出男編、一九九八《平成十》年五月。
第三節　密通というタブーの方法　『物語の方法』桜楓社、一九九二《平成四》年。
第四節　源氏物語論――作品論（第一部）　『平安時代の作歌と作品』石川徹編、武蔵野書院、一九九二《平成四》年。

第五章

第一節　三輪山神話式語りの方法そのほか——夕顔の巻　『共立女子短大（文科）紀要』二十二、一九七八《昭和五十三》年三月。

第二節　かの夕顔のしるべせし随身ならびに惟光の会話文の一節　『学芸国語国文学』二〇〇〇《平成十二》年三月。

源氏物語　表現の展開——夕顔の巻　国文学研究資料館発表、一九九四《平成六》年十一月二十四日。

（両者をあわせる）

第三節　玉鬘　「國文學」別冊『源氏物語必携』Ⅱ、一九八二《昭和五十七》年二月。

第四節　物語と祭祀——神話としての源氏物語　『悠久』創刊号、一九八〇《昭和五十五》年四月（『日本〈小説〉原始』所収）。

第六章

第一節　紫上の運命を縫いつける——『源氏物語』の「語り」と「物」　『知の論理』東京大学出版会、一九九五《平成七》年。

第二節　（未発表）

第三節　疑問をいだきながらも　「国文学　解釈と鑑賞」別冊『源氏物語をどう読むか』一九八六《昭和六十一》年四月。

第七章

第一節　末摘花巻の方法　『講座源氏物語の世界』二、有斐閣、一九八〇《昭和五十五》年。

第二節　末摘花という表象——どのような女性像なのか　ＳＰＡＣ創立一周年記念公演プログラム「問題としての《男と女》」静岡県舞台芸術センター、一九九八《平成十》年八月（『詩の分析と物語状分析』所収）。

第八章

第一節　もののけを押さえこむ技法——古代作歌の手応え　『図書新聞』一九九、一九八〇《昭和五十五》年四月五日（一部未発表）。

第二節　六条御息所の「物の怪」　『講座源氏物語の世界』七、有斐閣、一九八二《昭和五十七》年。

第三節　怨霊　『仏教文学講座』五、勉誠社、一九九六《平成八》年。

第四節　物怪の世界と人間の世界　『国文学　解釈と鑑賞』一九八七《昭和六十二》年十一月（『物語の方法』所収）。

第九章
第一節　（一部、『新潮』一九九八《平成十》年二月号の作品「赤い糸のうた」とかさなる）
第二節　夢を読む　『国文学 解釈と鑑賞』一九七七《昭和五十二》年八月（『深層の古代』所収）。
柏木と古代性　物語研究会発表、長浜市、一九七六《昭和五十一》年八月二十六日。
（両者をあわせる）
第三節　「見返る」「見合はす」「うち見やる」――柏木と女三宮　『むらさき』三十二、一九九五《平成七》年十二月。
見返る人に　『笛』13、笛の会、一九九六《平成八》年五月。
（両者をあわせる）
第四節　源氏物語の研究　『日本文学』一九七六《昭和五十一》年十一月。
柏木と古代性　物語研究会発表、長浜市、一九七六《昭和五十一》年八月二十六日。
（両者をあわせる）

第十章
第一節　光源氏物語主題論　『国語と国文学』一九七一《昭和四十六》年八月（『源氏物語の始原と現在』所収）。
第十一章
第一節　匂薫十三帖の冒頭をめぐる時間の性格　『へいあんぶんがく』2、一九六八《昭和四十三》年九月。
第十二章
第一節　形代浮舟　『講座源氏物語の世界』八、有斐閣、一九八三《昭和五十八》年。
第二節　形代の人――東屋／浮舟　『國文學』一九八七《昭和六十二》年十一月。
第三節　「思ひ依らぬ隈な」き薫　『日本文学』一九七五《昭和五十》年十一月（『源氏物語の始原と現在』（定本）所収）。
第十三章
第一節　歌と別れと　新日本古典文学大系『源氏物語』三（解説）、一九九五《平成七》年。
物語歌に見る出会いと別れ　『むらさき』二十七、一九九〇《平成二》年十二月。

（両者をあわせる）
第二節　未発表
第三節　文学をつくる　物語に語る　『女と男の時空』Ⅱ、藤原書店、一九九六《平成八》年（一部未発表）。
第四節　「などやうの人々」との性的交渉　『源氏研究』1、翰林書房、一九九六《平成八》年四月。

第十四章
第一節　源氏物語と中国文学　「国文学 解釈と鑑賞」別冊『講座日本文学 源氏物語』上、一九七八《昭和五十三》年五月。
第二節　桐壺巻と「長恨歌」　『講座源氏物語の世界』一、有斐閣、一九八〇《昭和五十五》年。
第三節　中国文学はいかに摂取されているか――長恨歌を考える　『國文學』一九八〇《昭和五十五》年五月。
第四節　源氏物語を中心に　『白居易研究講座』四、勉誠社、一九九四《平成六》年。

第十五章
第一節　光源氏物語のもう一つの端緒の成立――《小説》からの視座　『源氏物語の始原と現在』三一書房、一九七二《昭和四十七》年。
第二節　書記言語の成立　『國文學』一九九九《平成十一》年四月。

第十六章
第一節　『源氏物語』と妖怪変化　『ユリイカ』一九八四《昭和五十九》年八月。
第二節　物語を流れる水　『理想』一九八四《昭和五十九》年七月（『日本〈小説〉原始』所収）。
第三節　異界と生活世界――文学空間としての平安京　『國文學』一九八九《平成元》年八月（『日本〈小説〉原始』所収）。

第十七章
第一節　世界の文学として読むために　新日本古典文学大系『源氏物語』五（解説）、一九九七《平成九》年。
第二節　源氏物語的時間の発見　『AERA MOOK』一九九七《平成九》年七月。
第三節　源氏物語の「今」　『朝日新聞』一九九三《平成五》年三月四日夕刊。
第四節　「もののあはれ」の展開　『哲学思想事典』岩波書店、一九九八《平成十》年。

第五節　紫式部、時間意識　『國文學』一九七八《昭和五十三》年七月。

The Relationship Between the Romance and Religion: Genji Monogatari as Myth (translated by Micael Kelsey) "Japanese Journal Religious Studies" (Nanzan University) June-September, 1982, Volume 9, Numbers 2-3.

The Essence of Genji Monogatari (translated by Janet Goff) "iichiko intercultural" 1991, Numbers 3.

初出論文は多く本書において書き改められ、再構成される。（一九九九年十一月）

＊

初出に関連する著者の著書群

『源氏物語の始原と現在』三一書房、一九七二《昭和四十七》年。
同右（定本）、冬樹社、一九八〇《昭和五十五》年。
同右、砂子屋書房、一九九〇《平成二》年。
『深層の古代』国文社、一九七八《昭和五十三》年。
『物語の結婚』創樹社、一九八五《昭和六十》年。
同右、ちくま学芸文庫、一九九五《平成七》年。
『物語文学成立史』東京大学出版会、一九八七《昭和六十二》年。
『物語の方法』桜楓社、一九九二《平成四》年。
『源氏物語』岩波セミナーブックス古典講読シリーズ、岩波書店、一九九三《平成五》年。
『日本〈小説〉原始』大修館書店、一九九五《平成七年》。
『源氏物語入門』講談社学術文庫、一九九六《平成八》年。
『詩の分析と物語状分析』若草書房、一九九九《平成十一》年。

■岩波オンデマンドブックス■

源氏物語論

2000年 3月22日　第1刷発行
2016年 4月12日　オンデマンド版発行

著　者　藤井貞和《ふじいさだかず》

発行者　岡本　厚

発行所　株式会社　岩波書店
〒101-8002　東京都千代田区一ツ橋 2-5-5
電話案内　03-5210-4000
http://www.iwanami.co.jp/

印刷／製本・法令印刷

ISBN 978-4-00-730399-9　　Printed in Japan

人名索引

さ　行

た　行

な　行

は　行

ま　行

や　行

ら　行

わ　行

文献・作品名索引

あ 行

か 行

さ　行

た　行

な　行

は　行

ま　行

や　行

ら　行

わ　行

事項・説話索引

あ　行

か　行

さ　行

た　行

な　行

は　行

ま　行

や　行

Genji Monogatari as Myth

Introduction

It may seem like an extreme digression, but I will begin by mentioning a story told by an *itako*, a blind medium or shamaness, called *Oiwaki-sama ichidai ki* (The Life of Oiwaki-sama). An autobiographical story—that is, one recounted in the first-person—by the deity of Mt. Iwaki,[1] the tale seems to me to make use of a rather old form of narrative, of the type one might find in myth:

> I am Oiwaki of Tsugaru, born in Kaga province. My mother was the woman known as Osada of Kaga province. She bore three children in three years: when she was sixteen she had Tsusōmaru; then my older sister, Ofuji, when she was seventeen; and me, when she was eighteen.

A description of "my" terrible ordeals—a detailed account of personal experiences—follows. "I" refers to Anjugahime,[2] a girl who, after undergoing a variety of ordeals, becomes the deity of Mt. Iwaki. As the opening sentence—"I am Oiwaki of Tsugaru, born in Kaga province"—implies, the narrator has already become a deity. The work takes the form of a *zenshō-tan*, or account of her previous existence.[3] Such a narrative approach must be said to faithfully preserve the original narrative form found in myths. Myths contain two sections: an account of the previous existence of the hero; and his or her transformation into a deity, something that takes place as a result of being revered for the depths of the sufferings undergone in the first section.

The very intention of a myth, naturally enough, results in an emphasis on the account of how the hero becomes a deity. Even so, this process of transformation is actually quite secret and hence cannot be narrated internally; instead it remains a factor external to the narrative. It is for this reason that a myth inevitably focuses all of its narrative attention on the romance-like account of the deity's previous existence. Because the myth is intended to show that this transition to a deity is a certainty, such a narrative concern cannot be absent from the story. When this account of the deity's previous existence finally reaches the point where it is spun off from the myth, we are at the dawn of the *monogatari*, or romance.

Genji monogatari, as a typical romance, has already expelled any narrative of the gods to a place outside the text. The *Genji* is a wholly this-world-centered example of romance literature. True as that may be, there is, as I noted above, something in the structure of myths that, from an early point, has already begun leaning toward the romance. Somewhere there is a link between the myth and the romance. Is it not possible, then, to find myth existing within a romance? Even if it is not actually contained therein, does it not exist at least in the manner of a shadow's reflection on a wall? I am convinced that the expression that the romance is descended from myth is more than a mere figure of speech.

Beyond the Frame of the Romance

In the *Genji*, *matsuri* (religious observances) often appear in tandem with *harae* (purifications). For instance, when Prince Niou is overcome with sorrow at having lost Ukifune, we are told that he is surrounded by commotion caused by people around him performing "rites, sutra readings, religious observances, and purifications" ("Kagerō" chapter).[4]

There is a similar passage in the "Yūgao" chapter. When Genji, also overcome with sorrow, is confined to his sickbed, his father the emperor causes such a commotion as can scarcely be described, with ceaseless prayers and "religious observances, purifications, rites and the like" (I: 136). (The Kawachi-bon, a variant text of the *Genji* compiled in the thirteenth century, has "sutra readings, rites, religious observances, and purifications.")

These are descriptions of characters desperately clinging to the gods and buddhas.

A purification that everybody may recall occurs on the third day of the Third Month in the "Suma" chapter, when Genji goes down to the seashore. In this scene, he "has very simple curtains erected, and, summoning fortunetellers who have come to that province, has them perform a purification" (II:44). During the ceremony, a large image, or *hitokata*, is placed in a boat and floated out to sea.

This is a purification as opposed to a religious observance. In this case, fortunetellers are summoned.[5] Genji, however, composes a poem on this occasion that I will cite later, which in fact calls upon the gods. It is surely unnecessary to note that the result is a mysterious, violent storm. It would appear that a religious observance and purification are somehow conflated here. Why is that so?

The kind of curtain (*zejō*) mentioned in the quotation would normally be used indoors attached to bamboo blinds (*sudare*). In this passage, they seem to have been a sort of makeshift tent, draped on three sides, so that Genji might have some privacy. They are natural enough for an aristocrat's purification ceremony on the seashore. Thus there is nothing strange about them, but they bring to mind a penetrating observation once made to me by the poet Satake Yayoi, who thought that they were similar to the bamboo in *Taketori monogatari* or the hollow tree in *Utsuho monogatari*—enclosed, empty spaces, a place where communication can be made with the Other World.[6] Such communication with an existence not of this world is made in both *Taketori monogatari* and *Utsuho monogatari*, but in the *Genji* it is only here in "Suma" that the Other World draws near and can be seen through a thin veil.

The curtains have been erected for a purification, but imperceptibly they come to play the role of a mysterious sacred implement that can effect communication with the mythic Other World.

The poem that Genji goes on to compose serves the function of directly invoking the gods:

> The myriad gods are surely looking upon me with pity right now,
> for I have committed no particular sins.

Poetry originally was—and continues to be—a key element in religious observances. We could even go so far as to call it a "sacred implement." Here we have a poem close to the very origin of poetry itself—a poem imbued with magical power that constituted an appeal to the gods.

The romance has banished the world of the deities to a place outside the narrative, but the *Genji* was, of course, written in an ancient period, and it doubtless contains a strong sense of co-existing with the deities that, while understandable to both the characters in the work and to the work's first readers, cannot be fully comprehended by the modern reader. The characters in the *Genji* are being watched intently from some place outside the work. A characteristic of the romance is that the area outside the actual descriptive passages is included as one of its parts. Because the descriptions in a romance relegate the world of the deities to a place outside the actual work, there is no particular need to depict that world in the manner of tales about a visit to the Other World. Nor is there any need to continually remind the reader that its characters are constantly under observation. Even so, when on occasion a romance depicts a religious observance or manifests a structure that displays the nature of an observance, the Other

World responds forcefully to the observance outside the romance. This is the kind of relationship that exists between the world of the romance and the world that lies beyond it.

Genji's poem brings forth a violent storm. This is the sort of storm that blows violently when things are not being conducted properly in the world of man. The god of Sumiyoshi, who is to become Genji's ally, appears in the midst of the storm. When we move into the following chapter, "Akashi," the dead emperor Kiritsubo (Genji's father) also makes an appearance.

Pacification of the Soul

How did the *Genji* come to be so long, and why was it necessary to add what resembles a sequel—an account of the people left in the world after Genji's death?

This question is intimately linked to the structure of the *Genji*, where the internal world is being watched from outside.

The discipline of folklore teaches us that a person becomes a deity (that is, becomes one with the ancestral spirits) after death, a process that takes thirty-three or fifty years. During the long period before becoming a deity, the dead demand offerings from the descendants that they have left behind. Spirits of the dead invoked by mediums sometimes complain that the offerings of their descendants are insufficient.

What, then, is the deep underlying reason behind the fact that the same medium performs the double duty of transmitting the words of the dead and handling myths—as in the case of Oiwaki, mentioned at the beginning of the present essay? It seems obvious that the myth of Oiwaki was told by the deity through the deity's possession of the medium—that it constituted, in short, the very words of the deity. It is for this reason that *Oiwaki-sama ichidai ki* is told as a first-person narrative.

Numerous dead characters appear in the *Genji*. There are also many characters who undergo various tribulations in the world of the living before their deaths. These characters do not become deities; rather, they keep watch on their descendants in the story, from houses, the sky, or other places that lie outside the story but are still close to this world.

Take the case of Yūgao, who falls in love with the young Genji, though his rank is far above hers. She rashly allows herself to be led off by him to a dwelling where she is killed by a *mononoke*, or evil spirit.[7]

Yūgao had a daughter from another relationship. The daughter, who was fathered by Tō no Chūjō, later appears in the tale as Tamakazura. Because

Yūgao met with an unexpected death at a young age, she left no final testament, even though she had a child. A final testament was an important element that bound those who were left behind after a person died, but Yūgao did not express one.[8] The conclusion we must draw is that her bitter feelings thus lingered even more strongly in this world.

Long after "Yūgao" we come to the "Tamakazura" chapter, a brilliant story that unfolds around Yūgao's beautiful, grown-up daughter Tamakazura. From the perspective of "Tamakazura," the earlier chapter forms an account, so to speak, of Yūgao's previous existence. In "Tamakazura," Yūgao, as a dead person, protects her daughter.

If, at this juncture, a blind medium or somebody else who could summon the spirits of the dead existed, then Yūgao would probably appear before Tamakazura. She would tell her the story of this previous existence, announce that she would watch over her well-being from the sky, and then demand substantial offerings, before leaving the medium, apparently full of regret.

Yūgao must stay on guard until her daughter's final happiness is well in hand. The story has been lengthened so that it can describe clearly how a young lady such as this attains happiness. If romances did not continue from mother to daughter (or for a third generation), they could not pacify the souls of the dead. The ten Tamakazura chapters (*Tamakazura jūjō*) — Tamakazura, Hatsune, Kochō, Hotaru, Tokonatsu, Kagaribi, Nowaki, Miyuki, Fujibakama and Makibashira—depict the pacification of Yūgao's soul.

Folklorists report that special memorial services are required if a woman dies before being married, or ends her life in an inauspicious way. Because Yūgao herself was at least temporarily married, and even had a child, she is able to escape the sin of dying unmarried. Even so, her death at the age of nineteen is both unnatural and untimely. The bitterness she left behind must be lessened, if only slightly, by the happiness experienced by her daughter.

Summoning Yūgao's Soul

Does Yūgao's dead spirit appear?

Instances exist in which the souls of the dead manifest themselves in the *Genji*. In the case of female characters, Lady Rokujō appears before Genji in the "Wakana" chapters as well as in "Kashiwagi." In "Wakana," she appears first as a woman to relate her bitter feelings, and then as the mother of the empress, Akikonomu, to demand offerings, before she departs.

Yūgao does not manifest herself in this way after death. Nonetheless she surely hovers in the sky over the entire ten Tamakazura chapters, even though she might not appear with the violence of Lady Rokujō, who breaks through the framework of the story in order to appear in this world. That spiritual ambience is palpable in the "Kagaribi" chapter, when Genji is lying down with Tamakazura. What is the significance of *kagaribi*, or flares? Large fires are burning brightly on the estate grounds, illuminating the area. As summer gives way to autumn, the nights are still by no means easy to bear. During that period, the bright illumination is actually cool to someone who is far enough away from the fires.

The question arises as to whether the scene is set in autumn, or whether it is still summer at this point. The work announces the commencement of autumn, saying *aki ni narinu* ("Autumn is here."). Yet, reading further, we find Genji saying, "In summer when there is no moon, the absence of light in the garden is gloomy and unsettling" (III: 29-30).

The ancestral spirits, accompanied by the spirits of the newly dead, visit the living during the *bon* festival, an annual event that lasts for a week or so until the fifteenth day of the Seventh Month under the lunar calendar. The ancient indigenous practice of lighting fires to welcome the souls of one's ancestors, conducted during the gap between summer and autumn, began to take form as the *bon* festival in the Nara period (710-784). The flares here are unquestionably a kind of welcoming fire for the spirits, religious implements for the purpose of inviting the souls of the dead. The grounds, flickering brightly in the flames, are thus the site of a religious observance.

As I have noted already, in scenes that depict an observance or that have themselves taken on the structure of an observance, the *Genji* begins to communicate with the spirit world existing outside the tale. Genji and Tamakazura cannot, certainly, remain indifferent to the sacred atmosphere unwittingly created here by sacred implements such as the flares. Surely the spirit that has descended here, that is now so near them, is that of Yūgao. Light the flares, make them burn brighter, Genji orders. Have someone stay there to keep the fires going.

At this point Genji and Tamakazura exchange poems that surely do not deal merely with the subject of love. Genji declares:

The smoke of love rising with the flares continues even now—
a flame that will never cease in this world.

Tamakazura replies:

Let it vanish in the sky
if it is smoke that is casually likened to the flares.

These indeed are very much like love poems. Nevertheless, what is "love?" If Yūgao were still alive, there would be no need for her to deliberately use love as a means to enable Tamakazura to marry. Love is an emergency measure when the mother is not present. But even so, Tamakazura's mother is causing this to happen from the skies above. The girl's love is being watched over by her real mother. That is why tales about the persecution of a stepdaughter invariably take the form of a love story. It is quite clear that the ten Tamakazura chapters are themselves a variation on this pattern.

The stepdaughter who is being persecuted by her stepmother pleads, as in the case of *Ochikubo monogatari*, for her real mother to come quickly to take her away because her life is so painful. In that tale, the heroine, alone and unable to sleep, cries out, "Mother, please come and take me with you. It is so painful here." Then she composes the following poem:[9]

If you feel a drop of pity for me, come back and vanish with me!
I would be certain to forget my suffering.

This takes place at the beginning of the Eighth Month. One could almost say that scenes such as this in which the girl pleads in this manner to her real mother are obligatory in tales about mistreated stepdaughters.

In their exchange of poems in "Kagaribi," I believe that both Genji and Tamakazura are implicitly obsessed with Yūgao, and compose their poems accordingly.

In Genji's poem, the words "a flame that will never cease in this world" are nothing less than an attempt to evoke memories of the love between him and Yūgao. The smoke of love continues to tie the flame of passion from the mother Yūgao to the daughter Tamakazura.

To reiterate, this is *not* the case of a man losing a woman through death, and then, unable to forget her, continuing to keep burning the flames of his grief. Rather, it is a picture of a dead person, unable for thirty-three or fifty years to fully die, demanding offerings from the living. Yūgao does not simply live on in Genji's heart as a memory. After a mere fifteen years or so, his consciousness of her presence has yet to dim even a small amount, so he cannot stop making offerings to her. Or, to take the case of Kaoru, whom I discuss below, it is an utter mistake to interpret him, the way most modern people are prone to do, as having made away with Ukifune because he cannot forget the existence of Ōigimi at Uji.

Whom is Tamakazura addressing in her poem when she says "Let it vanish in the sky"? This is nothing other than an appeal, in the manner of a stepdaughter tale, to her real mother to come and take her away. Does her poem not strikingly resemble that of the heroine in *Ochikubo monogatari* quoted above?

Needless to say, Tamakazura is clearly calling out to Yūgao in this poem. Poems come into existence with numerous original worlds embedded in them. It is enough for us to realize that the atmosphere of a religious observance in "Kagaribi" foregrounds the archetype of a heroine's plea to her mother in stepdaughter tales, and that the composition of Tamakazura's poem is based on that association.

The Case of Ōigimi at Uji

Here I will give way to my desire to turn to the Uji chapters and say something about the story of Ukifune. I believe that the *Uji jūjō*, or ten Uji chapters, can be read in terms of many of the same concerns discussed above.

Ōigimi is a woman who died without being married. Uematsu Akashi, who is engaged in research on the folklore of Taiwan, has told me about examples from Chinese society there of women who died before marriage and were married to men after their deaths. Nakada Mutsuko, who has done research on actual examples in Taiwan of marriages between living people and spirits, reports the case of a dead woman's marriage to a living person; if she had still been alive, she would have been twenty-nine years old. The woman, who had died when three months old, appeared before her father twenty-nine years later in a dream, demanding to be married. Uematsu, too, cites cases that illustrate the danger of not worshiping the spirits of the dead.[10]

I myself not long ago happened to have the opportunity to visit Ryūshakuji, a mountain temple also known as Yamadera, in Yamagata prefecture, where I saw a large number of bridal dolls and tablets on which wedding pictures were painted. These offerings had been presented on behalf of women who died before they married. The idea seems to be that a marriage can be brought about by presenting the dolls. The reason for offering pictures of the wedding ceremony is that there were, of course, no photographs.

The old women in Ōigimi's service have this to say about their unmarried mistress: "She must be possessed by the *frightening deity* that people

seem to talk about" ("Agemaki" [IV: 406]; emphasis added). These words, however, are part of a conversation after the women have successful led Kaoru to the place where Ōigimi is sleeping, and so they most likely were spoken with a sigh of relief by an old woman, who, her mind finally at rest, said something that otherwise would never have been uttered.

In *Sairyūshō*, a sixteenth-century *Genji* commentary, "frightening deity" is explained as follows: "According to a popular saying, a woman who has passed the marriage age without getting married is possessed by a deity." A poem on the subject can also be found in the *Man'yōshū* (II: 101):

> The beautiful, jeweled vine: trees that bear no fruit.
> A violent deity, it is said, possesses every tree that bears no fruit.

The poem says that there is a deity that stands in the way of marriage.

Kaoru creeps into Ōigimi's room, but she flees and so the marriage fails to take place. The joke made earlier by the elderly lady-in-waiting about the "frightening deity," thus, soon ceases to be a joke. Ōigimi dies in an unmarried state. She inevitably must become an angry spirit that wanders in the area of Uji. Hashihime is clearly an alias for Ōigimi.[11] According to legend, Hashihime herself is a "frightening deity" that resembles an angry spirit.

Ōigimi's story thus far might be called the account of the previous existence of her angry spirit. The tale most certainly does not end there; it has to depict what happens after her death. This is the most pressing reason for the inclusion in the tale of Ukifune's story.

Ukifune's Role as a Substitute

Ukifune is the half sister, by a different mother, of Ōigimi and Nakanokimi. She does not appear until midway through the Uji chapters, that is to say, after "Sawarabi." In short, her character has not yet been conceived of while Ōigimi is still alive.

Toward the end of the "Yadorigi" chapter Ukifune finally makes her entrance. The chapter has been included expressly for that purpose. Her appearance is put off until the chapter is nearly finished—a finely crafted structure, indeed. The reader has been waiting impatiently for her appearance, and she enters our field of vision in an impressive manner:

> An unpretentious woman's carriage, accompanied by a large band of rough Eastern men bearing something [a sword] at their sides, together

> with numerous dependable-looking servants, can be seen coming across the bridge. (V: 109–110)

The bridge here is, of course, the one at Uji. Kaoru immediately feels a sense of destiny looking at the figure of Ukifune, who appears from the opposite side of the bridge, across which Ōigimi earlier had disappeared. "As he gazes at her [Ukifune], he cannot help thinking of the other one [Ōigimi], and tears end up falling, as usual." A little later, the text says:

> The Chinese Emperor must have remained disconsolate when, it is said, he gazed at the hairpin, which was all that he obtained from a search that extended as far as the island of Hōrai. Unlike the case of Yōkihi, she [Ukifune] is a different person [from Ōigimi]. All the same, somehow the feeling that there is clearly something about her that would console him suggests that there is a bond from the previous world. (V: 114)

Kaoru thinks that it is fated that his love for Ōigimi should cause his heart to go out to Ukifune.

Here we have Ukifune as a *hitokata* (image) or *katashiro* (substitute). Her true identity is that of a replacement. The question is, Can she shed that nature and recover her physical existence? To do so, she must commit suicide (*jusui*; literally, "enter the water") and be swept away in the river as a *hitokata*. Does casting herself into the water enable her to recover her physical form? The recovery of one's physical form means entering the world of desire. The Uji chapters force Ukifune into this dilemma.

We must clearly recognize, however, that *hitokata* and *katashiro* are terms that are completely unknown to Ukifune herself. This very ignorance, indeed, is what ensures that it is her fate to be a "substitute."

Toward the end of the "Azumaya" chapter Kaoru finally takes Ukifune, Ōigimi's substitute, to Uji from Kyoto. As time passes and the location changes, the inside of the carriage in which they are riding gradually becomes enveloped in a by now familiar spiritual aura. Kaoru silently composes a poem:

> As I gaze at the keepsake [of Ōigimi],
> my sleeves are drenched with morning dew. (V: 180)

This poem must be perceived as a sacred implement. To compose a poem for oneself—in other words, to present it to the spirit of a dead person—amounts to half a poetry exchange. Where is Ōigimi's spirit now? At Uji, of course. She keeps calling them from the sky. Ukifune has been summoned

to Uji. Kaoru is clearly aware of that when they arrive there. He says, "Ah, does her dead soul reside here, watching?" (V: 181).

Ōigimi, I would argue, casts a long shadow like that of the evening sun because the problem regarding her soul is not fully resolved either in the tale or in the mind of the author. The dead by no means die completely. Rather, they are standing quietly off stage, but close to the action, in the *Genji*. Ōigimi has obviously left behind an attachment to the world at her death. Kaoru is unable to forget her. His inability to do so is a reflection of the desires of the dead.

Returning to "Yadorigi," let us examine a passage that foreshadows an important motif in Ukifune's dramatic entrance:

> In his heart, it seems to Kaoru that he will never be able to forget one thing: his still incessant unhappiness about the person who died. Consequently, he cannot help wondering, Why did the person with whom he has had such a deep bond from the previous world, in spite of that, nevertheless end up dying without forming a relationship? A person who might, however slightly, resemble her—even if she were of humble rank—would without question win his affection. His mind is filled with the desire to see once more the incense smoke that was said to exist long ago. And so he does not feel like pressing ahead with his marriage to one [the Second Princess] whom he cannot cast aside. (V: 34-35)

In this scene, Kaoru, so deeply in love with Ōigimi, pines for a woman to take her place, even if she is someone of "humble rank." This remark could be said to prefigure the appearance of Ukifune.

It is surely simplistic to mistakenly conclude that love for a person is a matter of fate, and assume that the mysterious nature of this feeling is due to the fact that one is being called by the other person's soul. His words—"Why did the person with whom he has had such a deep bond from the previous world, in spite of that, nevertheless end up dying without forming a relationship?"—evoke a feeling of doubt, or a lack of persuasive power, concerning the fate of a love that was never physically consummated. This presumably expresses the fact that Ōigimi herself is not completely dead because the problem of her soul has not been adequately taken care of. It is Kaoru who has sought out Ukifune, and through Ukifune we see an attempt to deal with Ōigimi's soul. Metaphorically speaking, Ōigimi covets Ukifune's body. There is no possible way for her to become united with Kaoru other than through the use of the body of her half sister.

Let us return for the moment to "Azumaya" and the carriage in which

Kaoru is taking Ukifune to Uji. Spiritually, Uji has been transformed in its entirety into the site of a religious observance. What religious observance is it? Ukifune is a substitute. Has not the spirit of Ōigimi demanded her body? A secret ritual in which Ōigimi's spirit is implanted in Ukifune's body will be conducted at Uji. From the perspective of myth, we would expect it to take the form of an account of the character's deification.

I would like to close with a few words about the concept of *hitokata*, or *katashiro*. This, needless to say, is an extremely important concept—one that defines the character of Ukifune in her totality. It reveals, as I have noted, the way in which her existence thematically flows in a straight line from Ōigimi. In order for Ukifune to escape from being Ōigimi's *hitokata* or *katashiro* and gain her own individual existence, she must, in an action perfectly suited to a *hitokata* (image), attempt an act of suicide in which she is swept away in the river.

Judging just from the *Genji* text itself, the idea of Ukifune's casting herself in the river must be regarded as having originated in Nakanokimi's comment in "Yadorigi" (V: 82) : "It is painful even to think of those images near the Mitarashi River." Nakanokimi's remark is a distortion of Kaoru's comment about "making an image reminiscent of those made long ago."

This is the first scene in which Ukifune is mentioned by Nakanokimi. From this we can see that Ukifune's metamorphosis from a *hitokata* or *katashiro* into a new person with her own individual existence—something that is brought about by her entering the water and her subsequent rebirth—is already at the time of her first appearance in the *Genji* clearly envisioned.

(Translated by Michael Kelsey)

Notes

1. *Oiwaki-sama ichidai ki* was set down in writing in 1931 by Takeuchi Nagao. It was published in *Bungaku* (Oct. 1940), pp.110–18; and reprinted in vol. 17 of *Nihon shomin seikatsu shiryō shūsei* (San'ichi Shobō, 1972), pp. 359–62. The work is thought to originally have had a long multi-act structure like a *ko-jōruri* play. See Iwasaki Takeo, *Zoku Sanshō Dayū kō* (Heibonsha, 1978).
2. Anjugahime is identical to "Anjuhime," a character in the Sanshō Dayū legend. The daughter of a late Heian official, she is sold with her brother to Sanshō Dayū, a powerful local figure. She helps her brother to escape and is herself tortured and put to death.
3. Accounts of a previous existence (*zenshō-tan*) are similar to the *Jataka* tales, which relate the previous existences of Buddha.
4. Yanai Shigeshi et al., eds., *Genji monogatari*, vols. 19–23 of *Shin-Nihon koten bungaku taikei* (Iwanami Shoten, 1993–1997), vol. 5, p. 279. Hereafter, all quotations from

the *Genji* are based on this edition.

5. Fortunetellers (*onmyōji*) were in fact magic practitioners who went to the provinces and settled down there. The phrase "fortunetellers who have come to that province" makes it appear as if they live in the capital and only come to a province when summoned, but this is merely an explanation that they themselves concocted.

6. "Other World" denotes the spirit world. In *Taketori monogatari* it is referred to as the "capital on the moon" (*tsuki no miyako*).

7. Yūgao is killed by a *mononoke*, a low ranking spirit in the spirit world, or one that is evil and causes calamities. They might also be thought of as "fallen" members of the Other World.

8. Final testaments in the *Genji* leaves a very strong impression; they are something that limits the acts of those still living, and something that must be followed closely by the living. In cases where these testaments are not kept, there is usually punishment, as in the case, for example, of the Suzaku emperor, who disregarded his father's instructions and treated Genji badly. As punishment he was afflicted with pain in his hands. Blindness or the loss of rank could also result from ignoring a final testament. The belief existed that these testaments in themselves had magical power.

9. Fujii Sadakazu and Inaga Keiji, eds., *Ochikubo monogatari, Sumiyoshi monogatari*, vol. 18 of *Shin-Nihon koten bungaku taikei* (Iwanami Shoten, 1989), p. 8. Tales of persecuted stepdaughters (*mamako ijime*) begin with works such as *Sumiyoshi monogatari* and *Ochikubo monogatari* in the Heian period. During the middle ages and later, they were produced in inexhaustible quantities. They also appear frequently in myths and folktales. They were apparently popular because they depict a heroine who was able to gain happiness as a result of love. The stepmother in these tales is merely a minor figure. The essence of the tales is that the real mother, in order to arrange a marriage for the daughter she has left behind, causes the daughter to fall in love. Thus love rather than a normal parental arrangement is the institution through which the marriage is achieved.

10. See Uematsu Akashi, "Taiwan Kanjin (Hakka-son) no chūgen setsu: Sorei saishi ni kansuru yobiteki hōkoku," *Nihon minzokugaku* 129 (1980), pp. 60-81. Also see Nakada Mutsuko, "Meikon kara in'yōgōkon e: Taiwan ni okeru meikon ruikei no henka to sono imi," *Kikan jinruigaku* 10: 3 (1979), pp. 1-29.

11. Hashihime is also known as "Uji-no-hashihime." This deity is the guardian spirit of Uji bridge, but there are many cases of the deity belonging originally to the ranks of violent deities before becoming a benevolent guardian spirit. These deities are often the subject of medieval tales about slaying monsters.

The Essence of *Genji Monogatari*

Introduction

Terms such as story, novel, romance, tale, fiction, narration, *récit*, *histoire*, *roman*, and *Erzählung*, have enjoyed a long history in their respective languages. When translated into Japanese, they are casually rendered as *monogatari*, *hanashi*, *shōsetsu*, or *setsuwa*, words whose meanings overlap and diverge in varying degrees although all of them denote something that is narrated.

In addition to being the oldest indigenous Japanese term, *monogatari* also has the most depth.[1] It denotes both a story and the act of telling stories and includes idle chatter, conversations, and lovers' talk. The term first appears in the eighth-century poetry anthology *Man'yōshū* regarding a poet from the preceding century, but it probably dates from an even earlier age. There are two verb forms: *monogatari su* has been in existence since ancient times, whereas *monogataru* dates back only to the fifteenth or sixteenth century. *Hanashi* (verb form = *hanasu*) is similar to *monogatari* in the sense that it denotes both what is spoken about and the act of speaking. But unlike *monogatari*, which began to flourish in the ninth century, *hanashi*, a widely used term in recent centuries, can be traced back with certainty only to the sixteenth century. *Shōsetsu* and *setsuwa* are relatively modern terms of Chinese derivation.

In 1950 the distinguished scholar of *monogatari bungaku* (classical Japanese prose fiction) Tamagami Takuya wrote a memorable essay called "Monogatari ondokuron josetsu" (A Preliminary Study of Fiction as Oral Performance) in which he argued that *monogatari*, namely, literary works such as the late ninth- or early tenth-century *Taketori monogatari* (The Tale of the Bamboo Cutter) and the early eleventh-century *Genji monogatari* (The Tale of Genji), are distinguished by their nature as *monogatari*.[2] Defining *monogatari* as "talk about something," Tamagami sought to explain the nature of prose fiction in terms of the idea that *monogatari* represented something that was not written down. In other words, they were read aloud. Even the *Genji*, one of the foremost examples of the *monogatari* tradition, is written as though the story were being presented orally. Displaying its true

nature as a *monogatari*, it is cast as a story or revelation transmitted by a female attendant who has seen years of service (an elderly woman, according to Tamagami). When the attendant reads the story aloud to a girl, it springs to life once more as a tale told by an elderly attendant; as she listens to the story, the girl imagines that it conveys what the attendant has seen and heard. As Tamagami notes, the twelfth-century *Genji monogatari emaki* (illustrated scroll) depicts a girl gazing enthralled at a picture while a nearby attendant reads aloud the story.

I, too, begin by assuming that *Genji monogatari* basically represents talk or chatter. The wonderful heroes and heroines, the magnificent architecture, settings, time, and historical context depicted in Murasaki Shikibu's masterpiece do not actually exist; they are nothing but fictional elements in a story. Along with the author, Murasaki Shikibu, the *Genji* posits the existence of an implied author as well as a person who appears to tell the story. This storyteller, whose presence is felt from time to time and who seems to be an elderly woman, is fictional. Fiction differs from falsehood and lies in the sense that it is not perceived to be true.

The reason I feel compelled to begin with this patently obvious observation has to do with the view of the *Genji* that prevailed in medieval Japan, that is, from the twelfth to the sixteenth century. During that lamentable age, scholars were loath to accept the idea that neither the characters, events, historical period, narrative space, nor storyteller (*katarite*) existed. Instead, scholars sought models, allusions, and historical and literary precedents for the characters, as though the *Genji* were a historical text. Yotsutsuji Yoshinari (1326–1402), the author of an influential commentary called *Kakaishō*, is a prime example. These approaches to the *Genji* assume that the work is based on the life of a ninth-century courtier, Minamoto no Takaakira, just as the tenth-century historical tale *Eiga monogatari* (Tale of Flowering Fortunes) depicts the glorious age of the powerful noble Fujiwara no Michinaga and the generation that followed him. Bluntly speaking, these sources, allusions, and models were nothing but illusions engendered in scholars' minds by whoever wrote the *Genji*, whether it be Murasaki Shikibu alone or several authors, of whom she figured most prominently.

If the unfortunate tradition that produced this sort of reading had become a thing of the past, there would no need to belabor the subject here. I regret to say, however, that some scholars today seem convinced that such ghosts from the past represent a fresh reading of the *Genji*. I strongly recommend going back to a very basic level and studying *monogatari*, or prose fiction, solely from the point of view of its nature as *monogatari*. Because of

its very fictionality, prose fiction must be regarded as inexplicable. Whereas architecture entails the use of materials, technology, and blueprints, together with physical labor, prose fiction—which is completely fictional—may be viewed as literature that springs into existence by combining different elements. Whereas *parole*, or speech (whether it is essays, commentaries, advertisements, or translations), always tries to explain something, prose fiction, or *monogatari*, alone is excluded from this company because it tries to explain something that does not exist. To put it another way, one could say that a *monogatari* generates its own existence by combining various selves, as though a *monogatari* emerged in the very process of generation. The *Genji* constitutes a form of gossip (*seken-banashi*) on a vast scale. No matter how vividly an attempt is made therein to depict the structure of authority based on kingship, it is nothing but an active impression that disappears the instant that one becomes conscious of what is happening. This is explained in more detail below.

The Use of the Present Tense in Fiction

I shall begin by discarding all modern preconceptions and faithfully read the text as it was written in ancient Japanese. The emergence of warrior rule in the thirteenth century inaugurated a sad chapter in Japanese history that ended in the demise of court culture. By the fifteenth or sixteenth century, the language that flourished prior to the advent of warrior control had been eradicated. The notion that the Japanese language is vague and imprecise applies to the language that developed thereafter. In contrast, the ancient language was able to express subtle emotional nuances. By that I mean that tense and aspect were expressed using seven different auxiliary verbs: *-ki*, *-keri*, *-tsu*, *-nu*, *-tari*, *-ri*, and *-kemu*. There were also many auxiliary verbs denoting mood. All of these forms vanished along with the ancient language, while failing for the most part to generate any substitutes.

I maintain that during the fifteenth and sixteenth centuries the Japanese language abandoned fine emotional distinctions and became a truly "barbaric" tongue out of which a new, modern language eventually emerged. The language, however, had still not managed to become refined by the time that the Meiji era (1868–1912) dawned. In contrast, ancient Japanese was a logical language capable of expressing precise emotions by means of a large number of auxiliary verbs. Although its logicalness may differ from the sense in which the word is used to describe Western languages, ancient Japanese

was logical (in both an affective and a rational sense), in terms of its ability to express complex emotions. As a work of fiction written at the start of the eleventh century, the *Genji* is representative of the ancient language. In other words, it was written in a highly emotive and rational way, and so reading it straightforwardly in light of the principles of the ancient written language should enable us to grasp fully the psychology of the characters and the phenomenological significance of the settings and events. I recommend reading the *Genji* using this sort of approach. Take, for instance, the opening of the *Genji*, which literally says: "During a certain unknown reign, there have been innumerable high-ranking consorts (*nyōgo*) and low-ranking consorts (*kōi*) in the emperor's service, among whom has been, and still is now, a lady from a family of no particular distinction who enjoys the special favor of the emperor."[3]

The *Genji* begins by introducing a low-ranking consort at a court in a certain country long ago that featured a system of polygamy surrounding the emperor. The lady, known to later readers as the Kiritsubo lady, enjoys the special favor of the emperor, and is persecuted by his other wives. The above translation departs from other modern renderings, whether in English, Japanese, or French, by trying to convey faithfully the ancient Japanese verb tenses and the auxiliary verb *-keri*. I maintain that, as a rule, *monogatari* should be translated in the present tense.

To put it another way, the *Genji* consists basically of a text in which the narrative interweaves events that, from the point of view of the *katarite*, or teller of the tale, occur in, or are conjectured about, the past, but are recounted as though they take place in the present. It has long been customary to read the entire *Genji* in the past tense, on the premise that ancient Japanese did not develop tenses. To be sure, the overall narrative framework has to do with the past. The text is in the past tense when the presence of the storyteller is manifested on the narrative surface. (Passages where the presence of the narrator, or *katarite*, is clearly expressed are commonly known as *sōshiji*.) Nevertheless, in my opinion, reading a text as though all of the contents were in the past tense does not seem consonant with the realities of Japanese *monogatari*. The unlimited use of the past auxiliary verb form *-ki*, which indicates certain pasts, was possible in ancient Japanese; not doing so surely signalled the author's desire for the text to be read in the present tense. It is precisely in that sense that ancient Japanese is a logical language.

The auxiliary verb *-keri* contains the element *-ari* ("to be"), demonstrating that *-ki/ari*, or *-keri*, belongs overall to the present tense and denotes an ac-

tion that begins in the past and continues in the present.[4] The form *-ki* probably derives from the verb "come," which in Japanese denotes action that began in the past and continues in the present. Furthermore, *-nu*, which is thought to signify completed action, is also used to indicate the future perfect tense, showing that the verb form inherently possesses no fixed tense. Generally, it indicates action that is completed in the present. The forms *-tari* and *-ri* in no way indicate a past state, but, like the modern *-te iru* form, denote the continuation of an action or state, or the result thereof, in the present. Thus the tenses that developed in *monogatari* are designed to enhance the impression that the contents of the narrative are taking place in the present, thereby strengthening the sense of immediacy. Despite the stern warnings of a handful of experts on the Japanese language, *-keri*, *-nu*, and *-tari* have long been interpreted as expressing a past state. I wish to stress that this interpretation, whose emergence dates from the development of the vague modern language, has little basis in fact. Consequently, translations of the *Genji* into modern Japanese should be rewritten.

Transcending the Level of the Plot

The *Genji* narrative generally unfolds in terms of a progression from one event to another in the present, with an admixture of the past and future. The Kiritsubo lady dies, leaving behind a child, "the shining prince," who is later known as Hikaru Genji. After the lady's death, her elderly mother reveals that she had gone to court in keeping with the wishes of her late father, a major counsellor (a member of the upper nobility). The goal of serving at court was to win the affection of the emperor. This passage, which marks an instance where the past is related by one of the characters in the book, is the means by which we learn the origins of the Kiritsubo lady's service at court.

What future lies in store for the small boy that the Kiritsubo lady left behind?[5] "Hearing that the people visiting from Koma include a physiognomist with special spiritual powers, and mindful of the emperor Uda's injunction against receiving foreigners at court, [the emperor] secretly sends the boy to the Kōro residence where foreign embassies stay." The *Genji* proceeds to tell how a prophecy about the boy's future is handed down by a person from Koma, namely, a subject of the ancient kingdom of P'o-hai, which covered parts of present-day North Korea and northeastern China.

It seems to me that the feeling of immediacy created by the prophecy about the future emphasizes the present more than the past. It is not my in-

tention to offer an analysis of the story. Undeniably, from the point of view of the plot this passage has a bearing on the future, for it leads to the introduction of Fujitsubo, the emperor's new consort, and, after passing through various twists and turns in the plot, the boy (Genji) eventually attains the status of pseudo-emperor. I would argue that the *Genji* uses the enigmatic prophecy as a point of origin to lay the groundwork for the future. Its purpose is to create a present that is designed to achieve something that transcends the level of the plot. In other words, it represents a sort of phenomenology of time, which in turn illustrates the nature of narrative.

Deeply puzzled, the physiognomist says, "He bears the aspect of one who is destined to ascend to the highest position in the realm as the emperor and founder of his country. If that happens, the country may fall into turmoil and the people may suffer. On the other hand, he does not seem destined to assist in governing the country as a bulwark of the court."

The Japanese text of this enigmatic prophecy contains the word *oya*, or "parent," which I have rendered as "founder." In Japanese, particularly in the *Genji*, it is not unreasonable to interpret *oya* in that sense. Inasmuch as the prophecy was handed down by a person from Koma, where the influence of Chinese civilization was strong, I feel justified in taking *oya* to mean "founder," under the assumption that the utterance was written with Chinese dynastic cycles in mind. Japanese are wont to assume that dynasties continue indefinitely, and so scholars tend to take *oya* literally to mean "parent." Hence supporters of the view that the prophecy refers to a founder are in the minority. But since the idea originated in China, it is natural to regard the term in the sense of a person who overthrows a dynasty and founds a new one. As a writer steeped in Chinese literature, Murasaki Shikibu surely intended it in that sense. Leaving aside the question as to whether this prophecy predicts that the shining prince will become emperor (or attain the rank of pseudo-emperor), I take it to mean that Genji will become king of a new realm.

In other words, the *Genji* is written in such a way that, at this juncture, the outcome of the plot is already pretty much of a foregone conclusion. A weakness of discussions centering on the plot of a work is that doubts about their validity always linger. In short, plot analyses are always futile in the end. About all that one can assert is that reader and author look forward eagerly to what happens when a prophecy about the new emperor of a realm is handed down. The reason is that keeping the narrative in the present tense builds suspense, so that, for both the reader and the author, the unfolding of the plot involves intense creative pleasure.

The Creation of a Latent Court

The emergence of the founder of a new dynasty can be expected to adhere to the following sort of pattern: a mystical birth, prophecy, sacred marriage, the appearance of a special omen or sign, suffering and exile, victory over a ruler, coronation, and construction of a palace. It is not my aim here to ascertain the extent to which Hikaru Genji's attainment of kingship follows this pattern. However intriguing this sort of analysis may be in its own right, I do not intend to go into the subject here for the simple reason that *The Tale of Genji* is a work of fiction, not myth. Regardless of how one approaches the subject, the hero of the *Genji* fulfills some conditions and fails to meet others. For instance, according to Hinata Kazumasa, Genji's affair with Fujitsubo constitutes a sacred marriage and thus fulfills the third condition.[6] Inasmuch as the *Genji* is a *monogatari*, or work of fiction, even if it is based on a mythic pattern we need to pursue the question as to what sort of thematic intention lay behind the author's choice of that pattern, and whether she succeeded in giving it concrete form.

What is more, in terms of the story Hikaru Genji can in no way be said to have fulfilled all eight conditions, since he does nothing violent to gain the throne, such as disturbing the imperial succession, which passes from his father the Kiritsubo emperor to his brother the Suzaku emperor, and then from the Kiritsubo emperor's tenth son, the Reizei emperor, who is actually Genji's son, to the unnamed "current emperor," who reigns during the last twenty chapters of the *Genji*. The Suzaku emperor was the oldest son of the Kiritsubo emperor and the father of the "current emperor."

Thus, echoing the Koma soothsayer's prophecy, Genji manages to avoid causing turmoil in the realm and making the populace suffer. Since he does not become emperor, he cannot be said to have fulfilled the seventh condition. Instead, Murasaki projects a latent court, presided over by Genji, onto the "reality" of imperial rule depicted in the *Genji*, which portrays the transferal of the throne from the Kiritsubo emperor to his descendants. This brilliant strategy is designed to allow Murasaki to create a tale about the birth of a new dynastic order without at the same time turning the *Genji*, as a work of court literature, into an obvious fantasy. Moreover, "Suma" and "Akashi" (chapters 12 and 13), which depict Genji's exile, prove that Murasaki does not shrink from depicting mystical or unrealistic events. The unrealistic material includes the presence of supernatural phenomena and a mysterious storm marked by violent wind and rain, together with a

visit by the spirit of Genji's dead father. The fact that Genji's defenseless child, the future Reizei emperor, remains unharmed in the capital without any protectors during Genji's absence is also unrealistic.

After returning to Kyoto from exile, Genji attains the highest court rank, just as the Koma soothsayer had predicted. The prophecy that becoming the mainstay of the court and holding the reins of government would contravene Genji's destiny should include his attainment of the pinnacle of power as a commoner. The interpretation that he becomes king *after* attaining the pinnacle of power follows the conventional view that the prophecy is fulfilled when Hikaru Genji attains the rank of pseudo-emperor in "Fuji no uraba" (chapter 33). Although I am not entirely opposed to this interpretation, I would argue that the magnificent Rokujō-in mansion built by Genji at the end of "Otome" (chapter 21) should be regarded as a palace built for Genji as king, a theory advanced by Fukazawa Michio.[7] In short, Hikaru Genji simultaneously serves as a subject in one realm and a king in another.

As the Second Month nears an end during the third year that elapses in "Otome" the Reizei emperor pays a visit to the retired emperor Suzaku. Genji, who, as chancellor, is now the highest minister of state, is asked to attend. Like the emperor, he is dressed in red. The *Genji* notes, "In their splendor, they looked even more alike than usual."[8] The reader is justified in concluding that Genji is, in effect, an emperor. The performance of a court dance called *The Trilling of Warblers in Spring* (Shunnōden) inspires Genji to compose the following poem:

> The trilling of the warbler is the same as long ago;
> The once familiar shadows of the blossoms are completely different.

Genji performed the dance long ago in "Hana no en"(chapter 8), when his father was on the throne. At the time Suzaku was just the crown prince; now he is the retired emperor, and the Reizei emperor, Genji's illegitimate son by Fujitsubo, is on the throne. The above poem obviously alludes to the changes that have take place in the world. On a deep level it suggests that the Reizei emperor is secretly a king who reigns in Genji's court, not that of the retired emperor. It seems clear that Genji's court covertly begins in "Miotsukushi" (chapter 14), when the Reizei emperor is installed on the throne. This scenario brings to mind the history of the Ryūkyū Islands, when Shōhashi, the founder of an imperial line, installed his father Shōshishō as the first king and named himself successor. The passage in "Usugumo" (chapter 19) where the Reizei emperor studies various prece-

dents in an effort to find a way to proclaim his father, Genji, emperor seems to illustrate Shōhashi's intentions.

Building a Palace

After the sumptuous feast that highlights the imperial visit in "Otome," Genji accompanies the emperor to the chambers occupied by Kokiden, Suzaku's mother, who had been a high-ranking consort of Genji's father, the Kiritsubo emperor. She plays the role of villain in the *Genji* as the central figure in the persecution of Genji's mother the Kiritsubo lady and in Genji's banishment to Suma and Akashi, efforts motivated by a desire to protect her son Suzaku.

What are the underlying sentiments of this aging woman, the emblem of the court long ago, when Genji and his son the Reizei emperor visit her? The scene ends by describing the remorse of this lady who had been Genji's chief enemy:[9] "Kokiden is disquieted by all the fuss surrounding Genji's sudden departure. 'What does he think about the past?' she wonders, repenting of the events long ago. She realizes that his destiny to rule the world is ineluctable." The reader's attention is arrested by her admission that Genji had been bound by fate to rule. Indeed, it is highly significant. Does she now assume that Genji will eventually be installed as emperor? No, it is precisely because she assumed as much from the very beginning of the *Genji* that she kept persecuting Genji and those around him. The above passage is an admission of defeat, an acknowledgement that Genji's destiny has not changed. Not knowing the truth, Kokiden can say no more. All she can do is express defeat. We are told that afterwards she becomes querulous, and in her old age she grows increasingly suspicious and cantankerous, a stereotype of old age that can be found in *Ochikubo monogatari* (The Tale of the Sunken Room), a work of fiction written shortly before the *Genji* that depicts an elderly stepmother with a warped nature.

The construction of the Rokujō-in immediately after the imperial visit in "Otome" leaves no room for doubt that the narrative moves from the royal progress to the construction of the mansion on account of Genji's latent kingship.[10] Once his kingly status has been confirmed by the imperial visit, Genji proceeds to preside over a palace. Compared to the construction of the Eastern Pavilion (Nijō no Tōin) four years earlier, whose description occupies considerable space, the creation of the Rokujō-in, a larger project, disappointingly takes up only a page or two at the end of "Otome." The reader is forced to conclude that Murasaki was motivated simply by a need

to introduce the mansion, which serves as the principal setting for the next ten chapters (chapters 22-31), a sequence known as the "Tamakazura chapters." That such considerations form an element in the narrative starkly reveals the true nature of the *Genji* as a made-up story.

The Real World Depicted in the *Genji*

Setting aside temporarily the proposition that the overall framework of the *Genji* concerns kingship, let us examine the society and life lying at the heart of the narrative, which are manifested as a phenomenon generated by means of the reader's imagination. Although no clever way to explain this process comes to mind, perhaps it could be described as a world that is evoked through a process of literary phenomenology. As I noted at the beginning of this essay, the *Genji* forms a world of "gossip" that is created by means of an endless flow of concrete details. What special characteristics are manifested by the society and life that are thereby evoked?

The fourth Tamakazura chapter, "Hotaru" (chapter 25), contains a famous discussion between Genji and Tamakazura about the nature of *monogatari* as a literary form. Commonly known as the "theory of prose fiction," it provides valuable insight into Murasaki's attitude toward *monogatari* as a literary form, and, specifically, toward the *Genji*. The discussion includes a statement that a *monogatari* "does not depict anything other than this world."[11] What is depicted may not actually exist; this does not mean, however, that the represented material is a complete lie. The text compares *monogatari* to Buddhist *hōben* (*upāya*), or expedients, which convey religious truths. Since the parables are a temporary means designed for the Buddha to instruct and lead mankind, unenlightened mortals may harbor suspicion that various aspects are contradictory. Upon deeper consideration, however, parables are based upon the same principles as *monogatari*, argues the *Genji*, adding, "The distance between enlightenment (*bodhi*) and illusion (*kleśa*), is no greater than that between good and evil in the characters in a *monogatari*."

The idea that the difference between good and evil in a character falls within the bounds of the distance between enlightenment and illusion is worthy of special note. Surely this difference between good and evil in a character applies to the society and life depicted in the *Genji*. The idea that man's life and society lie somewhere between the poles of enlightenment and illusion is not hard to grasp. But a problem arises from the difficulty of finding instances in Buddhist scriptures that expound upon the distance

between enlightenment and illusion. The fourteenth-century *Genji* commentary *Kakaishō* cites the phrases *bonnō soku bodai, shōji soku nehan* (Illusion is inseparable from enlightenment; death is inseparable from nirvana) in a Buddhist text called *Hokke gengi shakusen* (A Commentary on the Profound Meaning of the Lotus Sutra). Although this gloss is generally followed today, it is not without problems, since "the distance between enlightenment and illusion" can hardly be considered equivalent to "illusion is inseparable from enlightenment." Whereas *hedatari* ("distance") indicates a gap or disparity, *soku* denotes identity or equivalence. If that is true, "the distance between enlightenment and illusion" is a broad, multidimensional idea, as found in the *Kegon-kyō* (*Avataṃska-sūtra*), which denotes the attainment of great virtue through religious practice. "Illusion is inseparable from enlightenment," on the other hand, represents a monistic belief centering on a single point: enlightenment is predicated upon death.

This important-seeming issue, like many others, was first raised by Motoori Norinaga (1730–1801), one of the most influential of all *Genji* scholars.[12] Norinaga simply noted the problem without offering a solution. I have no solution either, but, like Norinaga, I advise dispensing with the custom from the middle ages of glossing the above *Genji* passage with the phrase "illusion is inseparable from enlightenment." Whereas that expression equates enlightenment with death, an idea that is difficult for human beings to grasp, "the distance between enlightenment and illusion" seems to represent life, which lies between those two extremes. Since the *Genji* depicts the perceptual world, it must embody Murasaki's phrase rather than the Buddhist expression "illusion is inseparable from enlightenment." I would also like to point out that Murasaki's phrase merits comparison with Husserl's *Lebenswelt* and Wittgenstein's *Lebensform*.

Conclusion

The foregoing discussion shows how Murasaki tries to depict the creation, development, and decline of a latent court, while at the same time drawing on court life and politics in the Heian period (794–1185) to establish the historical background and setting and prevent the contents from becoming too unrealistic. This sort of approach represents one possible way of writing a work of fiction. I have also demonstrated how, as a *monogatari*, the *Genji* tries to realize this goal by diligently exploring the phenomenological world in terms of specific details. Needless to say, the represented material constitutes only one of a myriad possibilities.

Nothing could be more futile than examining item by item the contents of a *monogatari* in terms of a whole range of possibilities that might have existed. And yet the term "possibility" is frequently employed by *Genji* scholars, perhaps because of the appealing mode of thought that lies behind it. The contents of a *monogatari* consist of the realization of one of an endless multitude of possibilities. The word "possibility" may be inappropriate regarding something that has been realized, but if the work had been written in a different manner, the contents presented before us would be obscured, becoming one of many possibilities inherent in the text. We must recognize the fact that the contents of a *monogatari*, even if they have been expressed in writing, represent only one of a host of possibilities.

Therein lies the nature of fiction. This inevitably leads us to the conclusion that the essence of the *Genji* lies in its fictionality. If it is the uniqueness of the *Genji* that is in question, we need only analyze the special characteristics not found in other works. Its essence must be sought in the common ground that it shares with all other *monogatari*. This is not on the same order as aesthetic concerns found only in the *Genji* regarding Heian society, *monogatari* written by and for women, love, *mono no aware* (sensitivity to things), *miyabi* (courtly beauty), *irogonomi* (fondness for amorous pursuits), kingship, Pure Land Buddhism, and salvation. These issues, which form part of the author's own consciousness, are a major undercurrent that runs throughout the *Genji*. Murasaki has chosen to create the overarching framework of a fictional court along with a clear-cut *Lebenswelt*, to allow her free rein to pursue the above themes.

Hikaru Genji was the first and last king. If we assume that it is imperative to write about a second king, then the honor must go to Kaoru, the hero of the last ten chapters of the *Genji*, which take place after Genji's death. These chapters are commonly known as the "Uji chapters" because they are set mainly in Uji, a few miles from Kyoto. Kaoru is the main reason behind the need to write the Uji chapters as a sequel to the main narrative. Although believed by the world to be Genji's son, Kaoru is actually the illegitimate son of the courtier Kashiwagi by Genji's wife the Third Princess. The nature of Kaoru's relationship to Genji means that he is not, in fact, related by blood to the first king. Consequently, he must be said to possess a latent qualification to serve as the protagonist in a story about kingship. The tale of the imposter can be considered a fitting sequel to the main narrative. By depicting Kaoru's ineffectual relationships with women, the Uji chapters from the very beginning expose this false king's true nature as an amorous hero.

(Translated by Janet Goff)

Notes

1. Fujii Sadakazu, *Monogatari bungaku seiritsu shi* (Tōkyō Daigaku Shuppankai, 1987), pp. 627-646.
2. *Kokugo kokubun* 19:3 (Dec. 1950); reprinted in Tamagami Takuya, *Genji monogatari kenkyū*, in *Genji monogatari hyōshaku bessatsu 1* (Kadokawa Shoten, 1966) ; pp. 143-55. Below, all quotations from the *Genji* are based on the edition in Yanai Shigeshi et al., eds., *Genji monogatari*, vols. 19-23 of *Shin-Nihon koten bungaku taikei* (Iwanami Shoten, 1993-1997); hereafter cited as SNKBT.
3. SNKBT, I: 4.
4. See chapters 5 and 9 of *Monogatari bungaku seiritsu shi.*
5. SNKBT, I: 19-20. Koma is generally taken to refer to the kingdom of Korea; in fact, emissaries from P'o-hai were apparently known as *komaudo.*
6. Hinata Kazumasa, *Genji monogatari no ōken to ryūri* (Shintensha, 1989), p. 35.
7. Fukazawa Michio, *Genji monogatari no keisei* (Ōfūsha, 1972), p. 70.
8. SNKBT, II: 318-19.
9. SNKBT, II: 320.
10. Fukazawa, *Genji monogatari no keisei*, p. 70.
11. SNKBT, II: 439.
12. See Motoori Norinaga, "*Genji monogatari Tama no ogushi,*" vol. 4 of *Motoori Norinaga zenshū* (Chikuma Shobō, 1969), pp. 196-97.